중국의 외교정책과 대외관계

David Shambaugh 편저
김지용, 서윤정 옮김

명인문화사

중국의 외교정책과 대외관계

제1쇄 펴낸 날 2021년 8월 30일

편저자 David Shambaugh
옮긴이 김지용, 서윤정
펴낸이 박선영
주 간 김계동
디자인 전수연

펴낸곳 명인문화사
등 록 제2005-77호(2005.11.10)
주 소 서울시 송파구 백제고분로 36가길 15 미주빌딩 202호
이메일 myunginbooks@hanmail.net
전 화 02)416-3059
팩 스 02)417-3095

ISBN 979-11-6193-044-2
가 격 27,000원

China and the World

Edited by David Shambaugh

간략목차

세부목차

6부 패턴과 전망

도해목차

표

도표

저자 서문

70년 전 건국 이래, 중화인민공화국(PRC: People's Republic of China)은 글로벌 행위자이자 세계 강국이 되었다. 중국은 다방면으로 세계와 국제관계에 영향을 미치고 있다. 시간이 흐를수록 더욱 그럴 것이다. 그만큼 세계는 국제문제에 있어서 중국의 입지가 갖는 차원과 함의를 이해할 필요가 있다.

이 책은 시기적절하면서도 포괄적인 내용을 모두 다루고자 한다. 이 책은 두 개의 장(제2장과 제3장)을 제외하면, 2020년대 중국의 대외관계와 세계에서의 중국의 역할을 살펴본다는 점에서 상당히 동시대적이다. 각 장은 중국외교정책을 연구하는 많은 세계적 석학들에 의해 집필되었다. 이 책은 6개의 부와 16개의 개별 장으로 나뉜다. 제1장은 70년 역사 동안 중국의 외교관계가 어떻게 발전해 왔는지에 대한 전반적인 요약을 시도한 도입부다. 여기서 우리는 중국의 정책과 행동을 형성해 온 많은 동인(動因) 뿐만 아니라, 시간이 지남에 따라 나타난 여러 패턴을 파악한다. 제2장은 중국의 정치적 계산 및 '대전략(grand strategy)'에 지속적인 영향을 미치는 무수한 요인을 고려한다. 제3장은 중국의 정책입안자들의 결정과 행동을 형성하고 기여하는 동시대적인 국내 요인(지각적, 사회적, 제도적, 리더십)의 범위를 평가한다. 이 책의 제4장과 제5장은 뚜렷이 구분되는 두 가지 차원에 따른 중국의 위치를 고찰한다. 첫째는 중국의 4개의 구별되는 기능적 영역(경제, 문화, 글로벌 거버넌스, 군사/안보)에 걸친 국제교류이고, 둘째는 지리적 영역에서의 국제교류다. 후자에는 세계의 다른 두 강대국(미국과 러시아)과의 관계뿐 아니라, 다양한 지역과 다자기구(유럽, 아시아, 중동, 아프리카, 중남미, 지역적 다자주의)와의 관계도 포함된다. 결론에서는 세계정세 속 중국 앞에 놓인 도전과제를 파악함으로써 미래를 내다보고자 한다.

요컨대 (제목에서 알 수 있듯이) 이 책이 기여하고자 하는 바는 독자들에게 중국이 세계에 미치는 영향에 대한 완전한 이해를 제공하는 것이다. 이 책은 주로 중국외교정책 및 국제관계를 전공하는 학생(학부 및 대학원)을 위한 교재로 쓰였지만, 동시에 학자를 비롯한 전문 분석가에게도 적합하다. 편집자로서 이 책이 불변하는 내용을 담고 있다기보다는 나중에 진화할 수 있는 역동적인 책으로 생각한다. 우리는 중국외교관계의 중요한 변화를 고려하기 위해 5년에서 10년마다 이 책을 업데이트할 수 있기를 희망한다.

이 책을 기획하고, 원고를 모으고, 편집하기로 결정한 데에는 몇 가지 이유가 있다. 첫 번째는 30년 이상 대학의 중국외교정책 전공을 맡은 교수로서 기존 교과서가 시대에 뒤떨어져있거나 적용 범위가 제한적이라는 사실을 알게 되었기 때문이다. 이 책은 매우 최신의 정보를 담고 있으며 책의 구성은 이 주제에 대한 나의 강의안을 구성하는 방식과 유사하다. 나의 연구방식은 본질적으로 투입과 산출의 선험적 도식(schema)으로서 먼저 투입에 해당하는 중국의 정책과 행동을 형성하는 요인을 탐구한 후, 산출에 해당하는 글로벌 무대에서의 중국의 행동을 다양한 차원에서 조사한다.

전자에 관해서, 우리는 중국의 현재 셈법에 계속해서 영향을 미치는 역사적 요소와 전통을 더 잘 이해할 필요가 있다. 1949년 중국공산당(CCP: Chinese Communist Party)이 집권하거나 1978년 이후 덩샤오핑(鄧小平)이 국가 방향을 재정비했을 때까지도 중국 국가경영은 거의 시작되지 않았다. 따라서 현재까지 중국의 대외관계 부침(浮沈)과 전반적인 발전에 대한 일반적인 이해가 필요하다. 제1장에서는 이에 대한 시간의 흐름에 따른 일반적인 개요를 제공한다. 또한, 지난 40년간 중국이 보다 다원화된 사회가 된 만큼, 중국의 대외적 태도를 형성하는 데 있어 국내 행위자들의 연결성을 더 잘 이해할 필요가 있다. 중국의 대외정책 분석에 "사회를 복원시켜야"하지만 (제4장 참조), 결국 중국외교정책은 시진핑(習近平) 통치하의 긴밀하게 조율되고 더욱 강력한 레닌 관료체제 안에서 여전히 행해지고 있다. 따라서 최대한 정책을 심의하고 집행하는 제도적 지형을 이해할 필요가 있다 (제5장 참조).

후자에 대해서는 중국의 주요 강대국들과의 양자관계 및 지역관계 모두 최근 몇 년간 상당한 진화와 변화를 경험했다. 따라서 제5부에서는 이러한 관계에 대한 동시대적인 평가를 포함한다. 그러나 중요한 것은 우리가 양자관계와 지역관계를 넘어, 특정 운영 영역 내부와 전반에 걸친 중국의 행동과 상호작용을 고려할 필요가 있다는 것이다. 이는 각 영역에 대한 더 깊은 이해를 제공할 뿐만 아니라, 지리적 영역에 걸친 패턴의 식별을 용이하게 한다. 이는 제4부에서 다루었다.

이 모든 내용을 이해한 독자들은 당연히 궁금해할 것이다, 과연, 미래는 어떠할 것인가? 중국과 세계와의 상호작용에서 무엇을 기대할 수 있는가? 내게 미래를 내다보는 수정구슬이 있지는 않지만, 결론 장에서 국제적 위치를 형성할 몇 가지 주요 요인과 변수들을 확인하고, 어떤 분석가들이 계속해서 미래를 잘 주시할 것인지 추측해 보았다. 이 책의 총 16장으로부터 독자들이 중국의 국제질서로의 점진적인 통합의 복잡성, 중국의 셈법과 행동을 형성하는 요소들, 수많은 분쟁 영역과 지역에 걸친 중국의 현 위치, 그리고 향후 중국이 나아갈 가능성이 있는 궤적에 대한 완전하고도 상세한 이해를 얻을 수 있기를 바란다.

또한, 이 책을 결실을 맺는 데 도움을 준 많은 사람들에게 개인적이면서도 직업적 차원의 깊은 감사를 하고 싶다. 이런 책은 "그냥 만들어"지지 않는다. 이런 책들은 많은 계획과 시작부터 완성까지의 오랜 시간, 장시간의 연구와 집필, 마감일 준수, 다양한 자료의 지속적인 확인, 편집형식에 대한 고민, 각 장 사이의 지적 일관성과 소통, 그리고 아마도 무엇보다 동료애가 필요하다. 각 장에 참여한 열다섯 명의 저자들과 함께 일하는 것은 진정한 직업적인 즐거움이었다. 이들은 모두 중국외교관계를 연구하는 선구적인 학자들이며, 미국 이외의 많은 지역에서 활동하는 학자들이 이 책의 저자로 참여하게 되어 기쁘다 (그런 의미에서 이 책은 진정한 국제적 '감각'을 지닌다고 할 수 있다). 모두 극도로 바쁜 일정과 개인 생활 중에도 상당한 시간을 할애하여 1년 이상에 걸쳐 연구하고 집필했다 (이 프로젝트는 2017년 말 시작해 2019년 초 결실을 보았다). 모든 저자들은 나의 초기 제안, 각 장을 구성하는 방법에 대한 의견, 편집 방향, 질문, 그리고 나의 간헐적인 재촉에 변함없이 협조적이고 건설적으로 응답했다. 각 장은 여러 초안을 거쳤으며, 최종 결과물은 그간의 고된 노력을 보여준다.

이와 같은 책들을 제작하는 것은 또한 재원을 필요로 한다. 나는 조지워싱턴대학교 엘리엇 국제관계학과의 중국정책프로그램(CPP: China Policy Program)의 지원, 특히 이 책을 포함한 지난 20년 동안의 많은 CPP의 프로젝트에 지대한 공헌을 한 싱가포르의 퍼스너(Christopher J. Fussner)에 감사한다. 이 책은 그의 아낌없는 지지와 전략적 선견지명이 없었다면 현실이 되지 못했을 많은 책과 프로그램들 중 하나일 뿐이라는 점에서 매우 고맙다.

기고자와 재정 후원자 없이 이런 책이 출간될 수 없긴 하지만, 단연코 출판사 없이는 이 책은 현실화될 수 없다. 따라서 뉴욕에 있는 옥스퍼드대학출판부(OUP)의 맥브라이드(David McBride) 편집장에게 깊은 감사를 표하고 싶다. 이 책은 맥브라이드와 OUP와의 공동 작업의 기쁨을 누린 세 번째 책으로, 각각은 즐거운 작업이었다. OUP 출판팀은 최초 책 제안에 대한 검토 및 최초의 책 제안 및 동료검토 단계에서의 검토와 원고 교열, 교정, 조판 및 색인화에 이르는 전체 제작 과정에서부터 최종 출판, 출시 및 마케팅에 이르기까지의 모든 면에서 진정한 일류이며, 이 모든 방면에서 탁월하다. 특히 이 주제에 관한 책을 출간함에 있어 OUP가 매우 '세계적인' 출판사라는 점에서 특별히 적절하다. 바로 이 점에서 뉴욕과 전 세계의 OUP 출판부와 맥브라이드 편집장에게 가장 감사하게 생각한다.

또한, 이와 같은 책은 다른 사람들의 이전 작업을 기반으로 하며, 해당 분야에 풍부한 기존 문헌들이 있다. 그러나 이러한 이전 저작들 외에도, 우리는 여러 분야에서 우리를 교육한 사람들에게 깊은 영향을 받는다. 대학(학부 및 대학원)에서 중국정치와 중국외교관계 연구 등에서 몇몇 유수의 학자와 선구자로부터 배우고 지도 받은 것이 가장 행운이었지만, 화이팅(Allen S. Whiting[1926–2018])[1)]보다 두각을 나타낸 학자는 없다. 최근 세상을 떠났지만, 그의 직업적 유산과 중국외교 분야에 대한 누적된 영향력은 상당하다. 그는 중국 전문가 이상이었으며, 중국과 미국의 대중(對中)정책뿐만 아니라 대대적으로 아시아의 국제관계를 연구하는 데 깊이 관여했다. 그는 공교육자이면서 동시에 정책수립자의 역량을 겸비한 학자의 모범적인 역할모델이었다. 나는 화이팅을 대단히 존경한다. 따라서 나는 그를 기억하며 이 책을 그에게 헌정하고 싶다.

끝으로 이 책을 출간하기 위해 많은 생각, 준비, 노력을 기울여 가능한 한 완벽한 연구를 완성하고자 노력했지만, 당연히 부족한 점이 있다. 따라서 나는 이 책을 교과서로 지정할 교수들과 독자들의 모든 피드백을 환영한다. 위에서 언급한 바와 같이, 우리는 업데이트 버전을 주기적으로 발행할 계획이며, 향후 개선을 위한 모든 제안에 감사할 것이다.

데이비드 샴보(David Shambaugh)

워싱턴 DC

2019년 8월

주

1) Jonathan Pollack and David Shambaugh, “In Memoriam: Allen Suess Whiting,” *The China Quarterly* 236 (December 2018)“ 917–929.

역자 서문

전쟁의 원인과 평화의 조건을 규명하는 국제정치학자로서 마주할 수밖에 없는 거대한 정치담론이 있다. 바로 미중관계다. 최근에는 이 담론에 '투키디데스의 덫'이라는 주제까지 추가되어 세간에서 널리 회자되고 있다. 그 이유는 중국의 급부상이 국제정치적 불안정성을 초래할 것이라는 전망 때문이다.

세계은행이나 IMF 등의 평가지표에 따라 조금씩 차이는 있지만, 2020년 현재 중국은 경제력에서 이미 미국을 추월했거나 추월 직전에 있다. 20세기 동안 미국에 도전했던 독일, 일본, 소련 그 어느 국가도 경제력에서 중국만큼 미국을 추월하거나 추격하지 못했다. 2020년도 SIPRI 자료에 따르면 군비 측면에서 미국은 중국보다 2.6배를 더 지출하고 있지만, 미중 양국이 각각 GDP의 3.2퍼센트와 1.9퍼센트를 군비에 투자하고 있다는 점에서 중국이 미국만큼 투자한다면 군비 격차는 가파르게 좁혀질 것이다. 특히 해군력의 세력전이가 주목할 만하다. 2020년도 Military Balance 자료에 따르면, 항모를 제외한 호위함 이상의 수상전투함, 초계/연안전투함, 잠수함의 수에서 중국은 미국의 85.14퍼센트, 200퍼센드, 98퍼센트로 추월 직전에 있거나 이미 추월한 상태이다. 1941년, 태평양 지역에서 도전국이었던 일본의 종합 국력은 이 지역 지배국인 미국의 약 40퍼센트에 불과했지만, 태평양전쟁 개전 직전에 일본의 해군력이 미국의 해군력을 추월했었다는 사실을 상기한다면, 현재의 미중 해군력 세력전이는 우려할만한 상황임이 틀림없다.

많은 논자들은 붕어빵 찍듯 생산되는 중국 함정의 질적 성능을 과소평가하고 미국이 보유한 4차 산업혁명의 기술적 우위와 압도적인 소프트파워를 언급하곤 한다. 그리고 2010년까지 연평균 10퍼센트대의 경제성장률을 기록하다가 그 이후 6퍼센트대로 감소한 중국 경제성장의 둔화세를 지목하기도 한다. 그러나 세계 최대 조선사를 보유한 중국의 세계 선박수주 점유율은 35퍼센트인 데 반해 미국의 점유율은 고작 1/100인 수준인 0.35퍼센트에 불과하다. 특히, 경량급 중소형 무인함정 개발이 추세인바, 국가 발주 대형함정 소요는 줄어들고 있고 이 때문에 미국 조선업은 갈수록 고사 상태에 빠지고 있다. 또한 중국이 배수량 톤수에서 미국보다 열세인 것은 사실이나 미 해군은 6개 함대에 분산 배치되어 있다는 점에서 동아시아에 집중적으로 배치된 중국 해군은 반접근/지역거부(A2/AD) 전력과 더불어 미 해군을 크게 위협하고 있다. 과학·기술·공학·수학(STEM) 분야에 종사하면서 4차 산업혁명을 주도할 연구인력에서도 중국은 약 500만 명으로 미국보다 8.3배 이상 많다. 1960년대에는 미국이 320만 명이었고 중국이 190만 명이었던 사실을 감안하면, 이것은 엄청난 기술인력의 세력전이라고 할 수 있다. 양적 변화가 질적 변화를 초래할 수 있다는 사실을 간과해서는 안될 것이다. 또한, 최근 들어 공자학원 퇴출이 논란이 되고 있긴 하지만, 2007년부터 소프트파워 증진을 위해 노력한 결과, 어느 국가를 리더로 생각하는지를 묻는 2019년도 Gallup의 세계여론조사에서도 중국은 31퍼센트로 미국을 1퍼센트 앞서고 있다. 마지막으로 인구노령화, 임금상승, 포화상태에 빠진 국내 산업의 노동수용력, 노동집약적 수출경쟁력 하락 등에도 불구하고, 중국은 여전히 매우 높은 저축률을 기록하는 국가이자 세계 최대의 외환보유국이며, 미국이 비판하던 환율조작과 금리인하도 위안화 국제화 정책을 위해 현재는 상당히 자제하고 있다. 그리고 2015년엔 한 자녀 정책도 폐기하여 인구노령화를 극복하고 있다. 20세기 초의 미국은 총수요의 부족 때문에 대공황에 빠졌지만, 현재의 중국은 총수요의 부족이 아닌 과잉투자의 문제에 빠져 있다. 하지만 중국은 과잉투자의 문제를 일대일로 및 에쿼티 오일 등 해외직접투자로 해결하고 있기 때문에, 중진국 함정에 빠질 것이라는 세간의 주장은 과장된 것일 수 있다.

이러한 점에서 중국의 급부상은 이제 기정사실이 되었다. 그렇다면, 급부상한 중국이 국제정치적 불안정성을 초래할 것인가? 이러한 질문에 답하기 위해 역자를 포함한 다수의 국제정치학자와 지역전문가가 많은 논문과 책을 출간하고 있다. 그러나 그러한 논문과 책은 상대적으로 짧은 특정 시점에 일어난 중국의 외교·안보적 행위 또는 특정 지도자들의 발언에 주목하여 위 질문에 대한 답을 제시해왔다. 그 결과, 특정 시점에 있었던 사건에 근거해 전문가들이 내놓는 전망은 자본주의평화론의 예측처럼 낙관적일 때도 있었고 세력전이론의 예측처럼 비관적일 때도 있었다. 마찬가지로, 미중전쟁을 예측하는 데 유용한 세력전이론 내부에서도 합의가 도출되지 못하고 있다. 가령, 예방전쟁의 유인을 갖는 지배국과 조급한 인정욕구에 휩싸인 도전국 간의 전쟁발발 가능성은 세력전이 직전에 가장 높다고 주장하는 연구가 있는 반면, 세력전이 이후에 도전국에 의한 전쟁발발 가능성이 높다고 주장하는 연구도 있다. 또한, 현재의 미중과 같이 세력전이가 빠르게 전개될 경우, 전쟁발발의 가능성이 낮아지고, 설사 발발해도 그 강도가 낮아진다고 주장하는 연구도 있다.

이에 역자는 중국의 외교정책과 대외관계를 일시적인 시류에 근거하여 전망하거나 합의에 이르지 못한 가설적 차원의 이론에 근거하여 전망하기보다는 중화인민공화국이 건국되고 현재까지의 70년을 체계적으로 분석하여 중국 외교정책과 대외관계의 '특정 맥락에서 일반화된 규칙성'을 규명하고 향후를 전망하는 교재의 필요성을 절감하고 있었다.

이러한 필요에 부합한 책이 바로 2020년 1월 옥스퍼드대학교 출판사에서 출간한 *China and the World*라는 책이었다. 국내에 잘 알려진 데이비드 샴보를 비롯해 중국 연구에서 가장 뛰어난 성과를 거둔 15명의 세계적 석학이 집대성한 이 책은 1949년부터 2020년까지 수많은 시행착오를 겪은 중국의 외교 70년을 결산하여 패턴을 찾고 이를 바탕으로 2030년까지를 전망하고 있다. 무엇보다 이 책의 저자들은 중국을 바라보는 다양한 관점으로 중국

위협론이나 평화굴기론을 비교분석하고 있어, 독자들이 균형 잡힌 시각을 가지는 데 매우 유용하다. 이것이 이 책의 번역을 결심하게 된 이유이다. 다만, 한 가지 아쉬운 점은 이 책이 2020년 말 중국 우한에서 시작되어 세계적으로 확산된 코로나19 국면과 2021년 1월에 출범한 미국 바이든 행정부의 등장을 반영하지 못하고 있다는 점이다. 그러나 편저자인 샴보가 서문에서 언급했듯이 지속적으로 출간될 이 책의 개정판들은 코로나19 국면과 바이든 행정부의 등장은 물론 새로운 사건들을 포함하게 될 것이다. 또한, 2021년 상반기까지의 미중관계 진전사항들을 매 장마다 '역자 주'를 통해 상당히 많이 추가했으므로 독자는 이 부분에 대한 갈증을 어느 정도 해소할 수 있을 것이다.

이스라엘의 역사학자 유발 하라리는 역사를 공부하는 이유가 과거로부터 해방되기 위해서라고 역설했고, 미국의 역사학자 존 루이스 개디스는 역사적 이해를 자동차의 백미러와 사이드미러로 은유한 바 있다. 중국외교 70년을 조명하고 있는 이 책은 미국과 중국의 틈바구니에서 생존을 모색해야 하는 우리에게 매우 훌륭한 백미러와 사이드미러가 되어 외세의 풍파에 시달려온 과거가 재현되는 것을 예방하는 실마리를 제공할 것이라 믿어 의심치 않는다. 학부생, 대학원생, 연구자, 정책결정자는 물론 일반 독자에게도 일독을 권유한다.

코로나19로 인해 육아와 홈스쿨링을 병행하며 새벽마다 번역에 공들인 공역자이자 아내인 서윤정에게 감사의 마음을 전한다. 중국과 미국에서의 오랜 유학 경험과 중국어와 영어에 능통한 그녀의 도움이 없었다면 이 책은 단기간에 완성도 있게 번역되지 못했을 것이다. 끝으로 이 훌륭한 책의 번역을 제안하고 격려해 주신 김계동 교수님과 이 모든 과정을 프로페셔널하게 진두지휘한 명인출판사 박선영 대표와 출판사 관계자들께도 감사의 말씀을 전한다.

독도함이 보이는 연구실에서

2021년 7월 김지용

1부

서론

글로벌 파워를 향한 중국의 대장정

1장

데이비드 샴보(David Shambaugh)

이 책은 2020년 이후 중국의 대외관계 및 상호작용이 보여줄 다차원적 특징들을 보여주고 있다.

나는 **외교정책**(*foreign policy*) 대신 **외교관계**(*foreign relations*)라는 용어를 의도적으로 선택했다. 외교정책은 주로 여러 가지 문제에 대한 중국정부의 선언적인 정책들로 구성되어 있고 외교술을 강조하며, 국가적 차원의 분석을 요한다. 이에 반해 외교관계는 한 국가의 선언적인 외교술로 환원될 수 없는 훨씬 광범위한 국가의 상호작용을 의미한다. 이것은 의미론적인 차이일 수 있지만, 나는 그 차이가 중요하다고 생각한다. 나는 국제문제를 연구할 때, 분석가들이 국가의 수도, 공식 발표, 외교적 공약을 훨씬 넘어서는 타국의 사회 및 국제기구(정부 및 비정부)와의 광범위한 대외관계를 고려해야 한다고 오랫동안 믿어왔다. 어떤 국가의 하위수준에 있는 행위자들을 종합적으로 이해하려면 국가 수준에만 국한된 행위자 이외의 것들을 탐구하는 것이 중요하다. 즉, 국제문제를 분석함에 있어 "사회를 복원시켜야" 한다. 마찬가지로, 한 국가가 국경 너머로 자신을 드러내는 방법에 영향을 미치는 역사적 유산뿐만 아니라 국내 제도, 국가정체성, 인식과 같은 국가 내부의 사회적 행위자들과 요인들을 고려해야만 한다. 이론가와 실무자 모두 그 국가가 국제무대에서 무엇을 그리고 어떻게 하는지를 이해하는 것만큼이나, 그 국가가 왜 그렇게 하는지를 이해할 필요가 있다.

2부과 3부에 있는 네 개의 장들은 이러한 역사적이고 국내적인 맥락요인을 탁월하게 탐색하고 있다. 베스타(Odd Arne Westad)와 프리먼(Chas W. Freeman Jr.)은 수많은 중국의 역사적 경험들을 설명하는 동시에 그러한 경험이 현대 중국의 정체성, 정치적 고려, 그리고 '대전략'을 어떻게 형성하게 되었는지를 살펴보고 있다. 그리스(Peter Gries)는 국가정체성, 특히 민족주의 문제와 오늘날 세계에 대한 중국의 인식을 좌우하는 다른 사회적 요인들을 보다 상세히 조사하고 있다. 자오(Suisheng Zhao)는 중국의 대외정책결정기구와 정책결정과정에 개입하는 고위 지도자(특히 시진핑)의 역할이 담겨진 '블랙박스'안으로 독자들을 인도하고 있다.

따라서 이 책은 단순히 좁은 의미에서 중국의 외교나 외교정책을 다루고 있지 않다. 중국이 '글로벌하게 성장함에' 따라, 다양한 중국의 행위자들이 기회를 찾아서 지구를 누비고 있다. 중국은 이제 모든 대륙과 (아직 공식적인 외교관계를 맺지 않은 17개국까지 포함한) 모든 사회, 우주와 사이버 공간, 북극과 남극, 심지어 달에까지 깊이 관여하고 있다. 또한 중국은 정부간 기구에 적극 참여하여 66개의 기구에서는 정식 회원국이 되고, 9개의 기구에서는 옵저버국이 되는 등 여러 국제기구에도 참여하고 있다.[1]

이와 같은 존재감으로 인해 중국은 완전한 국제적 행위자이면서 강대국으로 간주되고 있다. 그러나 (2003년에 출간된 저서 *China Goes Global*에서 주장했던 것처럼) 나는 중국의 지위가 여전히 '부분적인 강대국'에 머물 것이라고 본다.[2] 즉, 글로벌한 강대국으로 규정하기에는 중국의 힘은 사안별로 천차만별이다. 4부와 5부에서 보여주듯이, 중국의 힘은 특정 영역에서는 강하지만 다른 영역에서는 약하다.[3] 이러한 평가는 힘에 관한 두 가지 정의로부터 도출된 결론인데, 그들은 **보유하고 있는 능력으로서의 힘**(달리 말하면, 자산)[4]과 **영향력으로서의 힘**(자산을 활용하여 타국의 행동을 변화시킬 수 있는 능력)이다.[5] 확실히, 경제적/상업적 힘은 중국의 가장 강력한 자산이 되었고, 과학적이고 기술적인 힘은 이제 세계 정상급이 될 정도로 성장했다. 베이징의 외교적 존재감 역시 최근 몇 년 사이에 크게 증가했다. 2017년, 중국은 전 세계에 264개의 외교 공관(166개의 대사관, 90개의 영사관, 8개의 대표부)을 설립했다.[6] 양자관계로 본다면, 중국은 그 어느 국가보다 적극적인 외교적 행위자이다. 매년 중국 지도자는 모든 대륙을 방문하고 수십 명의 국가 정상들을 베이징에 초청한다. 혹자는 시진핑(習近平)이 집권하면서 오랫동안 수동적 경향을 보였던 중국의 외교술이 보다 적극적으로 변화하기 시작한 것에 주목하기도 한다. 이러한 변화를 잘 포착한 모튼(Katherine Morton)의 제8장에서 상세히 설명한 바대로, 중국은 국제제도와 다자적 글로벌 거버넌스에서 매우 적극적이고 영향력 있는 행위자가 되었다. 한때 '무임승차자'였던 중국은 이제 '책임 있는 국제적 이해관계자(2005년 졸릭[Robert Zoellick]의 발언으로 유명해진 단어)'로 변신하고 있으며,[7] 국제공공재의 창출과 유지를 위해 상당한 공헌을 하고 있다. 중국의 군사력도 크게 성장했지만, 전력투사(power projection) 측면에서 본다면(과거에 비해 대폭 증강된 미사일 능력과 사이버전 능력에도 불구하고) 중국인민해방군은 아직 아시아 지역에 국한된 군사강국에 불과하다. 그러나 손더스(Phillip Saunders)의 제9장에서 볼 수 있듯이, 국제적 상호작용의 측면에서 본다면 인민해방군은 매우 강력한 국제적 행위자이다. 브레슬린(Shaun Breslin)의 제7장에서 강조하듯이, 중국의 문화적 '소프트'파워는 국제적 이미지와 문화적 유대를 향상시키기 위해 투자한 막대한 자금에도 불구하고 글로벌 차원에서는 상당히 제한되어 있다. 이것이 바로 존재감과 영향력 사이의 간극이 가장 잘 드러나고 있는 영역이다. 중국은 확실히 글로벌 차원의 문화적 자산을 가지고 있으나, 소프트파워 영향력은 주로 개발도상국에만 국한되어 있다 (이 영향력의 크기 또한 천차만별이다).[8]

중국이 이러한 다양한 권력의 도구를 휘두르는 방식은 전 세계 지역별, 국가별로 다양하다. 5부에 수록된 장들은 두 개의 주요 강대국인 미국과 러시아, 그리고 다양한 지역들과 중국의 관계를 다루고 있다. 미국과의 관계에 관해서는 서터(Robert Sutter), 러시아는 보스크레센스키(Alexei Voskressenski), 유럽은 고드망(François Godement), 아시아는 야후다(Michael Yahuda), 아프리카/라틴아메리카/중동 지역은 아이젠만(Joshua Eisenman)과 헤긴보담(Eric Heginbotham)이 썼으며, 콘다팔리(Srikanth Kondapalli)가 쓴 5부의 마지막 장은 중국의 지역적 다자주의를 다루고 있다.

지금까지 소개한 역사적인 그리고 최신의 내용들을 마주하기에 앞서, 독자들은 이제부터 지난 70년간 중국의 외교관계가 어떻게 진화해 왔는지, 진화과정에서 주목해야 할 변곡점들이 무엇이었는지, 시간의 흐름 속에서 중국의 정책과 관계를 변화시킨 주요 '추동력'이 무엇이었는지 등에 관한 설명을 듣게 될 것이다. 단언컨대, 이는 쉬운 작업이 아니며, 이 주제와 관련하여 셀 수 없을 정도로 많은 책과 논문이 출간되었다.[9] 이 서론의 나머지는 조금 다른 방식으로 접근하고자 한다. 지난 70년간 중국이 세계에 관여해온 방식을 간략히 설명하고 중국이 그러한 방식을 채택한 동기가 무엇인지를 규명하고자 한다.

1950년대: 고립

중국은 국제적으로 고립된 상태에서 시작되었다. 세계를 양분한 냉전의 시작은 '신생국 중국'이 유엔과 국제공동체의 독립적인 회원국으로 인정받는

데 영향을 미쳤다. 1949년에 단 12개국만이 중국을 외교적으로 승인했는데, 그들 모두 소련 진영내에 속한 국가였다. 1950년에는 10개국 — 신생독립국인 아시아 4개국과 서방 6개국 — 이 추가적으로 중국을 승인했다. 건국 후 10년 동안 중국은 불과 35개국과 외교관계를 맺는 데 그쳤다.

마오쩌둥(毛澤東)은 중국의 '친구'와 '적'과 관련된 숫자놀이를 좋아했다 — 건국 직후에는 적이 친구보다 훨씬 많았다. 중국은 깊이 고립되어 있었다. 서방세계뿐만 아니라 아시아와도 유대관계를 형성하지 못했다. 이러한 현실에 직면한 마오와 신생 중국은 경제지원과 안보를 소련에 의지할 수밖에 없었다. 1950년에 마오는 모스크바를 방문하여 중소우호동맹상호원조조약을 체결했다. 중국에게 이것은 필요와 선택에 의한 결과였다. 즉, 중국은 마르크스주의, 레닌주의-스탈린주의-마오주의 이념이 이끄는 공산당이 지배하는 국가였다. 말하자면, 중국은 계획적인 사회주의 경제 건설을 추구하고, 공산주의 국가의 수를 늘리며, 전 세계의 '제국주의'에 맞서 싸울 것을 헌신한 정권이었다. 이러한 상황에서 소련은 신생국인 중국이 지원을 받을 수 있는 유일한 국가였다. 모스크바는 군사동맹을 통해 중국의 국가안보를 보장해주었다. 소련은 또한 중국의 롤모델이었다. 두 공산 당-국가는 정치적 형제였고, 이념적 동반자였다 (더 나아가 동유럽에 있는 소련의 위성국가들, 몽골, 북베트남, 북한도 같은 관계였다). 이런 의미에서 중소관계는 단지 필요와 상호편의만을 위한 것이 아니었다. 이는 중국이 추구했던 것이고, 레닌주의의 일반적인 정치체제와 세계관 속에서 강화되었다.

1950년 6월에 발발한 한국전쟁은 중국의 국가안보에 대한 위협을 증가시켰을 뿐만 아니라, 공산진영으로의 밀착과 비(非)공산진영으로부터의 분리를 공고히 했다. 또한, 한국전쟁은 중국이 대만을 '해방'시키고 국민당 정권과의 오랜 내전을 종식시킬 수 있었던 기회를 좌절시키는 결과를 낳았다 — 미국이 제7함대를 대만해협에 배치했을 때 마오 역시 해협을 건너 대만섬을 공격하여 내전을 종식시킬 준비를 하고 있었다. 당시에 대만은 미국의 극동 '방위선' 바깥에 위치해 있었고, 트루먼정부는 장제스 잔당들에 대한 지원을 지속하는 것에 결정하지 못하고 있었다. 그러나 한국전쟁의 발발과 유럽과 아시아에서 공산주의 확산 방지를 천명한 트루먼독트린 덕분에 미국은 대만의 안보와 중화민국의 대만 정착을 지원하기 시작했다. 이것은 1954년 타이페이와의 상호안보협정에 명문화되었다.

그러나 1953년 3월 스탈린 사후, 형제 같던 중소관계에 이상 징후가 나타나기 시작했다. 스탈린의 후임자인 후르시초프(Nikita Khrushchev)와 마오 사이에 의견충돌이 잦아지면서[10] 7년 동안 소련은 거의 1,400명에 달하는 고문단을 돌연 철수시켰고, 200개의 공동 산업기술 프로젝트에 관한 협력사업도 백지화했다.[11] 양국관계가 파탄이 난 2년 동안 악감정은 고조되었다. 그러나 상황은 이미 돌이킬 수 없게 되었다.

따라서 1950년대 세계와 중국의 관계는 중국의 국제적 고립과 소련과의 관계로 특징지어진다. 유일한 중대한 예외는 1954년 제네바회의와 1955년 반둥회의라는 두 개의 국제회의에 중국이 참여한 것이다. 이 두 회의는 중국의 참여를 허용했고, 중국의 수상이자 외교장관인 저우언라이(周恩來)가 세계무대에 첫발을 내디딘 순간이었다.

3년에 걸친 참혹한 한국전쟁은 38선에서 교착상태에 빠지게 되었고, 1953년 정전협정이 체결되었다. 이후 1954년 5월부터 7월까지 스위스 제네바에서 주요 강대국들이 인도차이나의 미래와 한반도 분단을 조율했다. 두 가지 문제는 별개로 다루어졌다. 인도차이나 딜레마를 해결하기 위해 프랑스, 영국, 베트민(Viet Minh)이 참여한 가운데, 남한과 북한, 중국, 소련, 미국은 한반도 문제를 다루었다. 두 가지 문제를 조정하기 위한 기준은 동일했다. 그 기준은 각각을 임시 정부가 있는 두 개의 구역으로 나누고, 국제사회의 감독 하에 총선을 진행하는 것이었다. 전자는 두 지역 모두에서 실행(한국은 38도선, 베트남은 17도선에서 분할)되었지만, 후자는 시행되지 않았다.

제네바회의에서 저우언라이는 조용한 품행, 사적인 교양, 외교적 감각으로 주목받았다. 그의 행동은 건국 직후에 중국이 보여준 호전적인 이미지와 크게 대비되었다. 한반도 휴전협정은 1949년 건국 이후 최초로 중국 외교관들에게 미국과의 첫 교류의 기회를 제공했지만, 제네바회의는 보다 심층적인 토론과 건설적인 분위기를 제공했다 (그럼에도 불구하고, 덜레스[John Foster Dulles] 국무장관은 TV 카메라 앞에서 저우언라이와의 악수를 거절한 것은 유명한 일화다). 또한, 제네바는 베이징이 프랑스, 영국, 미국과 간접적으로 소통하는 채널을 열었다. 특히 미국과의 창구인 '바르샤바 채널'도 작동했다 (중미 대사회담은 1955년 8월 1일 제네바에서 시작되어 한동안 교착상태에 빠졌다가 9월 15일 바르샤바에서 재개되었다 – 역자 주).

인도네시아에서 개최된 1955년의 반둥회의는 중국이 타국과 상호작용할 수 있는 또 다른 창구가 되었다. 제네바회의와 마찬가지로, 저우언라이는 중요한 역할을 했고, 놀라운 성과를 냈다. 아시아와 아프리카에서 총 29개국 정상이 참가한 아시아-아프리카회의는 냉전 시기 대립했던 두 개의 진영(사회주의와 제국주의)[12] 사이에서 '제3의 길'을 모색하기 위해 마련된 자리였다. 마오는 이 회의가 세계문제의 '중재 장소'가 될 것이라고 선언했다.[13] 반둥회의는 이후에 비동맹운동회의(Non-Aligned Movement)를 창출하는 계기가 되었다. 여기서 중국은 회원국이 아닌 옵저버국으로 활동했다. 또한, 발전하는 탈식민국가라는 '두 번째 정체성'(첫 번째 정체성은 사회주의-공산주의 국가)을 널리 전파하여 반둥회의 국가들과의 외교관계를 넓혔다. 반둥회의에서 채택된 선언은 중국과 인도가 1년 전에 합의한 평화공존5원칙[14]의 상당 부분을 재확인했다. 중국의 국제적 정체성 가운데 한 요소 — 개발도상국 — 는 현대 중국 역사를 통틀어 가장 일관된 중국외교술의 특징이다. 중국외교술의 다른 특징들은 상당한 부침을 겪어 왔으나[15] '제3세계', 탈식민 개발도상국들과의 동일시는 매우 일관적이었다.

제네바회의와 반둥회의가 신생국 중국에게 소련 및 소련의 위성국가 이외의 다른 국제적 행위자들과 연대할 수 있는 유용한 기회를 제공하기는 했지만, 중국은 여전히 세계와 상대적으로 단절되어 있었다. 1950년대 말에도 중국의 공식적인 외교관계는 단 25개국에 머물러 있었다. 더구나, 중국의 국내정치가 반우파투쟁(1957), 인민공사운동(1958), 대약진운동(1958~1960)으로 인해 급진적으로 변모하면서, 중소 마찰 역시 심해지기 시작했다. 후루시초프는 이러한 중국의 국내정치를 비판했다. 소련과의 마찰을 더욱 가속화한 또 다른 중요한 요인은 바로 제국주의 미국과의 '평화공존'을 천명한 후루시초프의 정책이었다. 마오는 이에 크게 반발했다. 제네바회의와 반둥회의를 통한 개방의 조짐은 국내 좌경화와 범세계적으로 미국과 대결하려는 마오쩌둥으로 인해 사그라들었다.

1960년대: 설상가상

중국은 1950년대보다 더 위태로운 상황에서 1960년대로 진입했다. 후원자와 안보 제공자 없이 중국은 두 개의 주요한 적인 소련과 미국이 지배하는 세계와 맞서야 했다. 따라서 1960년부터 중국은 '이중의 적(敵)' 전략을 시작으로 '제국주의자'(미국)와 '사회제국주의자'(소련)라는 두 '패권'에 맞서 투쟁했다. 1950년대 우호적이었던 인도, 인도네시아 등 주변 비동맹 국가들과의 관계마저 1960년대 들어 크게 악화됐다. 1962년에는 인도와 국경 무력충돌이 일어났다 (이 분쟁은 오늘날까지도 양국관계에 부정적인 영향을 미치고 있다). 또한 중국공산당은 인도네시아공산당(PKI)에 재원과 무기를 밀수출하고 PKI 지도자인 아이딧(D.N Aidit)을 수차례 베이징에 초대함으로써 양당 간의 유대를 공고히 했다. 1965년 8월 5일, 베이징에서 아이딧을 면담한 마오는 "반동세력인 장군들과 장교들을 한꺼번에"[16] 제거하도록 강력히 권고하면서 3만 개의 경화기(輕火器)를 PKI에 보내주겠다고 약속했다. 곧이어 9월에 무기이전이 진행되었다. 이 때문에 중국은 1965년 9

월 30일 자카르타에서 시도된 (실패한) 쿠데타를 배후조종한 것으로 의심받았고 수하르토 장군이 이끄는 군사정권은 중국을 강하게 비난했다. 그러나 이후 공개된 정보에 따르면 중국공산당, PKI 그리고 쿠데타 음모 사이에 직접적인 연결관계 — 일명, '스모킹 건' — 는 없었다.[17] 그럼에도 자카르타는 베이징이 쿠데타를 부추겼다고 비난하면서, 쿠데타 이후 100만 명 이상의 중국인 화교를 학살했다. 이것은 악화되는 양국관계에 기름을 끼얹었다. 결국, 1967년에 인도네시아는 중국과의 외교관계를 공식적으로 중단했다.

인도네시아공산당(PKI)에 대한 중국공산당의 지지는 사실상 1960년대 중국외교정책의 급진화를 보여주는 전조였다. 아시아, 아프리카, 심지어 중남미 전역의 공산당 및 반군운동을 지원하는 '혁명 수출'이 가장 주목할 만한 시도였다. 확실히 1960년대는 중국외교정책의 혁명적 단계였다. 왜냐하면, 베이징이 이들 전 지역에서 기존 정부를 전복하려는 급진적인 현상변경 세력을 지원했기 때문이다.[18] 이 모두는 세계 혁명과 미국에 대항하는 '통일전선'을 조성하려는 노력의 일환이었다. 이러한 맥락에서 마오쩌둥 주석은 1960년 5월에 다음과 같이 선언했다. "적을 제외한 모든 세력과 연합하여 통일전선을 구축하고 힘든 투쟁을 지속적으로 전개해야만 한다. … 우리는 연대하여 미 제국주의를 아시아, 아프리카, 라틴아메리카로부터 북미 지역으로 몰아내야 한다."[19] 이 선언이 있은 직후인 1964년, 아프리카를 방문한 저우언라이도 아프리카 대륙에서 "혁명이 무르익었다"고 선언했다. 1965년 9월 국방장관 린뱌오(林彪)는 유명한 『인민전쟁의 승리 만세』라는 제목의 선언문에 베이징의 혁명적 임무를 명문화했다.[20] 미 국방장관 맥나마라(Robert McNamara)를 포함한 몇몇 서방인사들은 린뱌오의 선언문을 베이징의 세계 정복을 위한 청사진으로 간주했는데, 실제로 그 선언문에는 '세계의 농촌 지역'(개발도상국)으로 '세계의 도시들'(북미와 서유럽)을 '포위한다'는 계획이 있었다. 많은 이들은 이와 같은 중국공산당 혁명 전략의 외연화를 매우 공격적인 표출로 보았다. 더구나 중국은 핵무기로 무장한 위험한 국가로 인식되었다 (중국의 첫 번째 핵폭발 실험은 1964년 10월 16일에 있었다). 어떠한 다른 선언보다 린뱌오의 선언은 존슨(Lyndon Johnson) 행정부로 하여금 베트남전쟁이 중국의 지시로 발발한 것이라고 점차 믿게 했고, 이는 1965년에 미국이 군사력을 급격하게 증강시키는 기폭제가 되었다.

불안정성을 유발하는 공격적인 행위자로서의 중국 이미지는 3년간(1966~1969) 진행된 소위 프롤레타리아 문화대혁명(GPCR: Great Proletarian Cultural Revolution)에 의해 더욱 고착화되었다.[21] '유산계급을 일소하고' 중국공산당 내의 '불순분자'를 공격하려는 마오의 의도로 시작되긴 했지만 GPCR은 극도로 배타적이고 특히 반서방적인 대중운동이었다. 베이징 거리에서는 홍위병들이 서방 지도자들을 형상화한 인형들을 불태웠고, 1967년 8월에는 영국 대사관이 전소되었다. 그리고 마구잡이식 무정부적 폭력이 중국 대륙을 휘감게 되면서, 중국에 잔류했던 몇몇 외국인들은 박해와 구금을 당했다. 중국은 자국의 외교부를 해체했고, 이집트에 있던 황화(黃華)를 제외한 모든 대사들을 소환했다. 그리고 외교부 직원들은 오칠간부학교(五七干校)에서 노동 교화를 받았다. 이러한 혼란 속에서도 중국은 개발도상국 세계에서 반군운동(소위 '민족해방운동')을 하는 다양한 공산주의자, 사회주의 정당을 계속 지원했다. 중국은 다수의 아프리카 및 소수의 라틴 아메리카 국가는 물론 모든 동남아시아 국가(신생 독립한 싱가포르는 제외)에서 일어난 민족해방운동을 지속적으로 지원했다. 중국공산당의 대외연락부가 민족해방운동 세력에게 재원과 무기를 전달하는 역할을 도맡았다.[22] 중국은 남서부 윈난성(雲南省)에 있는 장거리 송신기를 통해 동남아시아 국가에 24시간 연중무휴로 혁명적인 선전을 송출했다.

1960년대는 중국의 외교관계사에서 가장 파괴적이고 불안정한 시기였다. 이러한 흑역사는 오늘날 중국이 세계에 보여주고자 하는 선량한 평화공존의 이미지와 불일치하기 때문에 중국 역사책에서 완전히 왜곡되거나 사라졌다.[23] 하지만 다른 국가들, 특히 동남아시아는 이 시기 중국의 악의적인 대외 행동을 잊지 않고 있다. 1960년대 말에도 중국은 여전히 세계로부터 고립된 상태에 있었다. 10년간 새로운 외교관계를 수립한 국가는 20개국 남짓에 불과했다.

또한, 1960년대 내내 중소관계의 긴장이 중국의 국가안보에 심대한 압박으로 작용했다. 1968년에 소련이 체코슬로바키아를 침공하고 브레즈네프독트린(모스크바가 '반혁명'을 막기 위해 모든 사회주의 국가에 개입할 권리를 보유한다는 내용)을 발표한 이후, 중국 지도자들은 진정한 실존적 위협을 느꼈다. 이러한 긴장은 1969년 3월 중소가 국경문제로 다투고 있던 지역의 동쪽 편인 우수리강(Ussuri River)에서 고조되었다. 양측이 발표한 사상자의 수는 달랐지만 양측 모두 수십 명의 군인들이 전사했다. 동시에, 워싱턴 주재 소련 대사는 모스크바가 뤄부포(羅布泊) 호수와 란저우(蘭州)에 있는 중국의 핵무기 시설들에 대한 '정밀(surgical)' 타격을 심각하게 고려중임을 닉슨 신행정부에 알렸다.

문화혁명이 고조되던 시기, 권력의 최정점에서 자신감이 넘쳤던 마오에게도 이러한 상황은 엄청나게 위태로운 것이었다. 그의 대응방식은 "굴을 깊게 파고, 식량을 비축하며, 패권자라고 칭하지 말라(深挖洞, 广积粮, 不称霸[원서의 深挖洞, 储粮食, 不称霸는 오류로 보임 – 역자 주])"였다 — 이러한 교시 때문에 중국의 도시 지하에 대규모 민방위 건설계획이 활발해졌다. 마오의 또 다른 대응방식은 중국이 처한 국가안보 상황에 대한 분석을 네 명의 장성들 — 천이(陳毅), 네룽전(聶榮臻), 쑤위(粟裕), 예젠잉(葉劍英) — 에게 위임한 것이었다.[24] 이들은 미국 및 소련과의 전쟁 가능성을 분석했다. 이들의 연구는 중국의 안보가 실제로 양쪽으로부터 위협을 받고 있고, 소련이 약간 더 큰 위협이라고 결론을 내렸지만, 양측의 공격이 조기에 일어날 가능성은 일축했다.

이들의 연구는 구체적인 정책적 고려사항을 제공하지는 않았지만 마오와 저우언라이가 미국과의 관계개선을 시도하는 데 기여했다. 마르크스 변증법에 의거하여, 마오는 소련이 '주요모순'(主要矛盾)인 데 반해 미국은 부차적인 위협이라고 결론내렸다. 마오와 저우언라이에게 알려지지 않았지만, 지구 반대편에 있던 닉슨 대통령과 그의 안보보좌관인 키신저(Henry Kissinger) 역시 유사한 평가에 근거하여 완전히 동일한 결론을 내리고 있었다. 즉, "나의 적의 적은 나의 친구다"라는 결론과 "중국 카드를 활용하는 것이 소련과의 힘겨운 투쟁에서 미국에 득이 된다"라는 결론이 그것이다. 닉슨 또한 남베트남에 있는 미군의 획기적인 감축이 베이징의 관심을 끌 수 있다고 계산했다. 더구나 닉슨은 중국을 불량국가가 아닌 '냉전으로부터 끌어내어' 국제공동체의 일원으로 받아들여야 할 대상으로 보았다. 대통령 임기 시작 전인 1967년, 닉슨은 저명한 저널인『포린어페어스(*Foreign Affairs*)』에 논문 하나를 기고했는데, 여기에서 그는 중국과의 관계개선을 완곡하게 암시했다. '붉은 중국'이라는 일반적 표현 대신 닉슨은 아래와 같은 유화적 표현을 사용했다.

> 장기적 관점에서 우리는 중국을 국가공동체 바깥에 영원히 방치해서는 안될 것입니다. 그렇게한다면, 중국의 적대적 상상만을 풍부하게 하고, 증오심으로 가득찬 중국은 이웃들을 위협하게 될 것입니다. 이 작은 행성에는 분노에 찬 10억이나 되는 잠재력이 강한 사람들을 고립시킬 만한 공간적 여유가 없습니다.[25)]

따라서 문화대혁명으로 인한 내부적 혼란 및 두 개의 초강대국과 지속된 외부적 대결에도 불구하고, 1960년대 말 베이징과 워싱턴에서 진행된 새로운 전략적 재검토는 중국과 세계의 새로운 관계가 등장할 것임을 예고했다.

1970년대: 중국, 세계에 합류하다

1970년대는 중국외교관계에서 주목할만한 세 가지 사건이 일어난 시기였다. 첫째는 1970년에 캐나다와의 외교관계가,[26)]그리고 1971~1972년에는 미국과의 외교관계가 극적으로 개선된 것이었다. 둘째는 많은 국가와의 외교관계가 수립되어 (이들 중 상당수는 미중관계 개선 때문이었다) 1971년에 유엔 가입이 허용된 것이었다. 셋째는 소련과의 경쟁이 가속된 것이었다. 이러한 경쟁구도 속에서 베이징은 모스크바에 대항하기 위해 광범위한 '통일전선'을 구축하고자 했다.

미국과의 관계개선은 20년간의 적대감과 비접촉의 종식뿐만 아니라 세계문제에서 소위 '전략적 삼각관계'의 탄생으로 귀결되었다 (사실 이러한 삼각관계로 인해 중소 밀착관계가 파탄났지만, 오늘날 두 국가는 다시 미국에 대항하기 위해 연합하고 있다). 1968년과 1969년 동안 상대와의 관계개선 가능성을 타진했던 마오와 닉슨의 결정에 뒤이어, 1970년과 1971년에 양측은 일련의 비밀 회동을 했다. 이 회동을 통해 양측 모두 고위급 차원의 직접 대화를 할 의사가 있음을 확인했다. 베이징과 워싱턴 모두 항상 상대방의 애매모호한 의도를 이해하지 못했었다. 1971년 중반 양측은 세 가지 주요 채널을 통해 메시지를 주고받기 시작했다 (바르샤바, 부다페스트, 이슬라마바드). 키신저도 1971년 7월에 첫 비밀 해외순방지로 (파키스탄을 경유) 베이징을 선택했다. 첫 번째 방문과 뒤이은 베이징 방문은 1972년 2월 닉슨 대통령의 극적인 중국 방문을 위한 물밑작업이었다. 닉슨의 중국 방문은 "세계를 바꾼 한 주(週)"로 불렸다. 실제로 이것은 과장이 아니었다. 이를 통해 미중관계가 완전히 새로운 시대로 진입했을 뿐만 아니라, 중국 역시 '세계에 동참하기 위해' 배타적인 껍데기로부터 탈피하는 기나긴 과정을 시작했다. 고립된 채 등장한 전체주의 국가가 20년 만에 외부세계와 잠정적이나마 접촉하기 시작한 것이었다. 소위 사인방(四人帮, Gang of Four)[**]

이 미국 및 서방과의 관계개선에 반대하고 있었다는 점에서 중국의 급진적인 국내정치는 여전히 국제적 상호작용을 제약하고 있었다. 그러나 닉슨의 극적인 방문과 1973년의 '4대 근대화정책'에 힘입어 중국은 새로운 여정을 시작하게 되었다.

닉슨의 방문 이후 베이징과 워싱턴 사이의 국교정상화가 이루어지기까지 7년이 더 걸렸지만, 그 사이에 양국 수도에는 임시연락사무소가 설립되었고, 이곳을 통해 양국은 연락을 주고받았다. 1979년 1월 1일 공식적인 외교관계가 수립되고 나서야 국교가 정상화되었다. 중국과 미국 간 화해는 국제문제를 근본적으로 변화시켰다.

이 사건은 중국의 외교관계를 확장하는 중대한 단계였다. 1960년대 말까지 중국과 외교관계를 수립한 국가는 단 45개국에 불과했으나, 1970년대 말에는 115개국으로 증가했다.[27] 특히, 미국과의 관계개선으로 미국의 동맹이었던 다른 서방 및 아시아 국가와의 외교관계 수립이 가능해졌다. 이로 인해 중국은 이들 국가들과 협력하여 소련에 맞설 수 있게 되었다. 또한, 서방과의 상업적·문화적 교류도 증가했다. 1971년 11월 15일, 미국의 지지를 바탕으로 중국은 유엔에서 중국대륙을 대표했던 중화민국(대만)을 밀어내고 그 자리를 차지할 수 있게 되었다.

따라서 1970년대 초는 중국의 외교관계가 크게 도약한 시기였다. 그러나 1970년대 중반에 이르러 중국의 내부 상황이 외부 세계와의 관계개선에 영향을 미치기 시작했다. 저우언라이 수상과 마오 주석 모두 1975년에 불치병에 걸려 1976년에 사망하고 말았다. 이 기간 동안, (마오의 부인인 장칭[江青]이 주도한) 사인방, (덩샤오핑[鄧小平]이 주도한) 온건세력, 마오가 후계자로 지목한 화궈펑(華國鋒) 사이에 정치적 승계를 위한 권력투쟁이 치

** 역자 주) 마오쩌둥의 주위를 맴돌며 문화대혁명을 주도하고, 홍위병을 선동해 마오쩌둥의 혁명동지와 국가원로를 공격하면서 권력을 장악한 4인의 급진파 유력인사이다.

열했다.

마오가 사망하고 4개월 후, 화궈펑과 군부실세들은 사인방을 체포했다. 장칭과 그녀의 측근들이 지탄 대상이었기 때문에 이러한 과감한 조치는 국가 차원에서 보면 상당히 다행스러운 일이었으나, 승계문제가 완전히 해결된 것은 아니었다. 화궈펑은 여전히 (1976년 봄 사인방이 숙청을 시도했던) 덩샤오핑이 주도하는 온건세력과 권력투쟁을 하고 있었다. 따라서 덩샤오핑이 1977년 여름 '복권되어' 고위직으로 부상하기 전까지 섬세한 전략적 시기가 있었다. 덩샤오핑이 화궈펑을 완전히 고립시켜 권좌에서 축출하기까지 5년이 더 걸렸다 — 그러나 그 유명한 11기 3중전회의가 있었던 1978년 12월에는 덩샤오핑이 이미 권력을 장악한 상태였다.[28]

11기 3중전회는 중국 내부와 중국과 세계와의 관계 모두를 변화시켰다. 이제 "경제가 모든 사안을 압도하게 되었다." 이제 외교관계의 방점은 중국의 근대화를 위한 기술, 투자, 원조, 전문성에 기여할 수 있는 선진국과의 유대관계를 발전시키는 데 놓였다. 소련과 (베트남 같이) 소련에 의존적인 국가들에 맞서는 것은 여전히 중국의 지전략적 도전과제로 남아 있었다 — 그러나 이제부터 경제발전은 중국의 모든 정책에 있어 필수요소가 되었다.

1980년대: 낙관주의에서 비관주의로

따라서 중국은 '개혁과 개방'이라는 새로운 낙관적 기대를 가지고 1980년대를 시작했다. 그러나 1980년대가 저물어갈 즈음인 1989년 6월 4일, 중국은 톈안먼(天安門)사태라는 암초에 부딪혔다. 이 10년 사이에 중국은 국내적으로나 대외적으로 엄청난 변화를 겪고 있었다. 1989년 봄, 베이징에서는 연일 시위가 벌어졌으며, 이는 정치적 전체주의, 명령 하달식 경제, 개인의 자유를 속박하는 사회적 분위기로 특징지어지는 마오의 시대와 결별해야 한다는 대내외적 열정에 기름을 끼얹었다. 그러나 1989년 6월 시위대를 향해 살상무기 사용을 승인한 덩샤오핑의 결정은 중국을 역행시켰고, 국제적 평판을 손상시켰다. 또한, 수년 동안 서방국과의 관계를 얼어붙게 했다.

1980년대에 중국은 외국인 투자에 문호를 개방했고, (수입 대체전략에 의거하여) 대외무역을 급속히 확대했다. 그리고 다양한 국가와 교육 및 문화적인 교류를 했다. 이를 통해 다른 (자유주의적) 정치체제를 연구하고 (자국에게 무기를 판매한) 서방세계의 군대와도 교류를 했다. 또한, 외국인의 방문을 수용하기 시작했다. 베이징은 19개 국가와 추가적으로 외교관계를 수립함으로써 외교적 지평을 보다 넓혔다. 중국은 심지어 옛 적국인 소련과의 관계를 복원했다. 세계은행(World Bank)과 국제통화기금(IMF: International Monetary Fund) 같은 국제기구에 가입하기 위한 초기 절차도 시작했다. 전체적으로 봤을 때, 중국은 매우 긍정적인 방향으로 나아가고 있었다. 적어도 탱크가 톈안먼 광장으로 밀고 들어와 베이징 거리에서 약 1,500명에서 2,000명에 이르는 민간인을 살해한 6월 4일 전까지는 그랬다.

1990년대: 고립에서 복원으로

톈안먼사태는 중화인민공화국을 다시 고립시켰다 — 이 문제를 크게 우려한 서방 세계는 중국정부와 군대에 대해 다양한 제재 조치를 취했다. 서방세계의 시민사회와 정부는 각종 미디어를 통해 대중적 비난과 분노를 쏟아냈다. 그러나 비(非)서방 세계는 베이징의 비극적 사태에 대해 상대적으로 침묵을 유지했다. 일본은 G7의 제재 조치에 동참했지만, 1년도 안되서 제재 동참을 철회했다. 한국만이 '유감스러운 사건'이라는 입장을 발표했다. 동남아시아 국가들은 신중한 입장을 보였다. 싱가포르의 원로 정치인인 리콴유(李光耀)도 공식적인 논평을 했다. "내각 동료들과 나는 이 참사로 인해 충격과 공포 그리고 슬픔을 금치 못했다." 이것 역시 비난이라기보다는 사건에 대한 단순한 진술이었다. 리콴유 수상의 회고록이 그것을 방증한다. "나는 그들을 비난하지 않았습니다. 나는 그들을 소련과 같은 압제적인 공산주의체제와 동일시 하지 않습니다."[29] 이후에 그는 중국을 고립시키는 것이 장기적으로 비생산적이라고 주장했다. 따라서 싱가포르는 중국과 유대관계를 유지한 유일한 아시아 국가였다. 리콴유의 관점은 중국을 동아시아 지역에 긍정적으로 편입시켜 구속하려는 전반적인 전략과 일치했다. 세계 각지의 정부들도 톈안먼사태에 대해 여전히 침묵했고 중국과의 유대관계를 중단하지 않았다. 따라서, 1989년 6월의 사건만큼이나 중국의 평판은 국제적으로 큰 손상을 입었지만, 그렇다고 베이징이 고립된 것은 아니었다.

G7 국가들이 중국에 대한 제재를 철회하고 중국과의 관계를 시도하는 데까지 약 5년이 걸렸다. EU와 미국은 무기수출 중단을 유지했고 중국인민해방군과 거의 교류하지 않았다. 미국 의회 역시 다른 경제제재를 유지했다. 그러나 1995년에 이르러 중국은 1989년에 강요된 고립으로부터 벗어나기 시작했다.

1989년부터 1995년 사이 베이징의 지도부는 동유럽의 공산당 일당 독재자들이 줄줄이 권좌에서 밀려나는 것을 목격하면서 정치적 충격에 빠졌다. 1991년 8월에는 상상할 수도 없는 일이 발생했다. 소련이 해체되었고 소련 공산당의 일당 독재도 운명을 같이 했다. 이러한 일들이 중국에서도 재현될지도 모른다고 두려워한 중국공산당 지도부는 망상과 공포에 사로잡혔다. 그러나 6월 4일(톈안먼 사건 발생일 – 역자 주) 이후의 봉쇄조치로 이러한 일은 일어나지 않았다. 이러한 분위기 속에서 노령의 덩샤오핑은 두 가지 중요한 조치를 취했다. 첫째, 그는 건강악화로 인해 공식적으로는 모든 지위에서 물러났으나, 1990년에 도광양회(韬光养晦)라는 '대전략'을 처음으로 발표했다. 다시 말해, 중국은 국제사회가 우려하거나 국제정세에 불안을 초래하는 일로 주목을 받아서는 안 된다는 것이다. 둘째, 1992년 초에 그는 유명한 '남순(南巡)강화'를 단행하여 경제개혁에 재시동을 걸었다.**

이와 같은 중국 리더십의 변화와 활동으로 인해 중화인민공화국은 세계와의 관계를 재개하기 시작했다. 중국은 소련 붕괴로 중국 지도부가 충격을 받은 만큼 구(舊)소련에서 독립한 열네 개의 신생국가들 및 새로운 러시아 연방과의 외교관계를 수립하는 데 빠르게 주력했다. 1995년 이후에는 EU와의 관계도 활성화되기 시작했다. 1997년 홍콩의 중국 반환도 중대한 전환점이었다. 1990년대 말에 이르면, 중국은 다양한 아시아 지역 다자제도에 참여하기 시작했다. 이는 이웃 국가들과의 유대관계가 강화되는 단초가 되었다.[30] 중국이 1997년 외환위기 당시 동남아국가들에 도움을 준 것도 유대를 강화하는 데 한몫했다. 심지어 미국과의 관계도 1997년과 1998년에 있었던 장쩌민(江澤民) 주석과 클린턴(Bill Clinton) 대통령의 상호 국빈방문 교환으로 회복되기 시작했다.

요컨대 1990년대 10년 동안 중국의 외교관계는 양 극단을 오갔다. 중국은 (적어도 서방세계에 의해) 따돌림을 당하는 국가에서 그 어느 때보다 지역 및 국제체제에 통합된 정상 국가로 변모했다. 이 기간, 중국과 공식적인 외교관계를 맺은 국가 명단에 32개국이 새롭게 추가되었다. 험난한 폭풍을 이겨낸 중국은 보다 자신 있게 새천년의 미래를 맞이하게 되었다.

2000년대: 전방위적 외교

세계 대다수의 국가와 외교관계를 수립하고 국제적 위상을 넓혀가면서 중국은 다자외교에 점차 익숙해지게 되었다. 이제 중국의 선결과제는 세계 도

** 역자 주) 1992년 1월 18일부터 2월 22일까지 우한, 선전, 주하이, 상하이 등 남부 지역을 시찰하고, 아시아의 네 마리 용을 따라잡기 위한 개혁과 개방과 관련된 중대 담화를 발표한 사건이다.

처에 존재감을 각인시키는 것이었다. 그 일환으로 중국은 "밖으로 나간다(走出去)" 혹은 "세계로 나아간다(走向世界)"는 정책에 착수했다. 1990년대 중반 장쩌민이 처음 제안한 이 정책은 2000년대 중반에 이르러서야 기업, 지방자치단체, 교육 및 기타 기관, 언론 및 개인을 포함한 다양한 범주의 행위자들에 의해 세계에서의 중국의 입지가 구축되기 시작했다.[31] 이 시기 다양한 중국 행위자들의 활동 영역은 아프리카, 유럽, 남미였다. 중화인민공화국이 진정한 국제적 발자취를 남긴 시기였다. 어떤 활동은 사적 행위자들에 의해 수행되기도 했지만, 국영기업(SOEs), 국영석유회사(NOCs), 국영미디어가 주된 행위자였다. 급성장 중인 경제 때문에 원자재 상품과 에너지 공급원에 대한 중국의 왕성한 수요가 이러한 역동성을 추동했다.

이외에도 중국정부는 러시아와 더욱 깊은 관계를 맺었고, 상하이협력기구(SCO: Shanghai Cooperation Organization)를 설립하여 중앙아시아 국가들을 가입시켜 외교적 지평을 넓혔다. 인도와 중국 간의 관계도 안정되었고 개선되었다. 특히, 동아시아국가들과 중국의 관계는 이 10년 동안 정점을 찍었는데, 혹자는 이 시기를 '황금의 10년'(1999~2009년)으로 지칭하기도 한다.[32] 2001년 초 EP-3 사건[**]에도 불구하고, 미중관계는 부시(George W. Bush) 대통령의 재임 기간 동안 안정적으로 유지되었다.

따라서 장쩌민과 비교할 때, 후진타오(胡錦濤)의 통치 시기 동안 중국의 외교관계에는 상대적으로 주목할 만한 변화가 있었다. 그 변화는 주요 강대국(미국, 러시아, EU)에 최우선 순위를 두었던 것에서 제3세계(Global South)에 방점을 두는, 보다 다양하고 전방위적 외교로의 전환이었다. 이러한 변화는 지역적·양자적·다자적 차원 모두에서 나타났다. 콘다팔리의 제15장에서 설명하듯, 새로운 10년 동안 중국은 지역 다자기구와 대화그룹을

** 역자 주) 2001년 4월 미 해군 정찰기 EP-3가 남중국해의 중국 하이난섬 남동쪽 공해상에 진입하자 중국이 전투기 2기를 출격시켜 경고하는 와중에 충돌하여 중국 조종사가 사망한 사건이다.

모든 대륙에 걸쳐 설립했다. 특히, 후진타오 시기에 주목할만한 변화는 중국이 '소프트파워'의 중요성을 인식하고 이를 적극적으로 활용했다는 점이다. 2007년의 제17차 중국공산당 전국대표대회에서 연설한 후진타오 주석은 처음으로 '소프트파워'(软实力)라는 용어를 공식 사용했다. 따라서 중국의 글로벌 이미지 개선과 중국에 대한 국제서사에 영향을 미치기 위해 중국은 국제정보 분야에서 적극적인 조치를 취하기 시작했다. 브레슬린의 제7장에서 밝히듯이, 이것은 막대하고, 다면적이며, 매우 풍부한 자원이 투입된 노력이었다.[33] 그러나 노력에 상응하는 결과가 모든 영역에서 동일하지는 않았다. 다양한 여론조사에 따르면, 적도 이남에서는 중국의 평판이 높게 나온 반면, 적도 이북에서는 낮게 나왔다. 소프트파워 관련 활동에 사용된 어마어마한 지출에도 불구하고(추정컨대, 연간 100~200억 달러) 투자 대비 효과는 크지 않았다.

이 10년 동안 중국의 외교관계는 대체로 매우 긍정적이었고, 2000년대 말에 이르면 그것이 더욱 전방위적으로 새롭게 변화하는 조짐이 뚜렷해졌다. 특히, 2009년과 2010년은 중국의 '공세적인 해(year of assertiveness)'로 알려져 있다.[34] 몇몇 학자들은 상당히 긍정적으로 평가할 수 있는 중국의 행태적 변화가 있다고 주장하지만,[35] 많은 관찰자들은 좀 더 신랄하고 대립적인 중국의 대응방식에 주목했다. 중국은 대수롭지 않아 보이는 사건들로 많은 이웃 국가들과 연속해서 갈등을 빚었다. 술에 취한 중국 어부들이 분쟁지역인 센카쿠/댜오위다오 열도 근처의 일본 수역에 실수로 들어가자 일본 당국이 이들을 체포한 일이 있었다. 이때 베이징은 외교적, 경제적 보복을 할 것이라고 도쿄를 위협했다. 남중국해에서 영유권 갈등을 겪고 있는 필리핀에 대해서도 비슷한 위협을 했다. 북한은 한국의 초계함인 천안함을 폭침시켜 46명의 해군 병사를 사망케 했는데, 중국정부는 이를 규탄하는 유엔안보리결의안 채택을 거부하여 한국을 분노케 했다. 중국은 인도와 국경을 맞대고 있는 분쟁지역에 대한 영토 주장을 강화하고 이 지역에 병력을 증강했다. 중국의 알루미늄 대기업 치날코(Chinalco)는 호주의 광산업체 리오 틴토(Rio Tinto) 그룹을 인수합병하고자 했는데, 호주정부가 반대하자 중국은 호주의 사업가들을 체포하고 구금했다. 티베트의 영적 지도자인 달라이 라마(Dalai Lama)를 코펜하겐에 초청한 것 때문에 중국과 덴마크간 외교관계는 1년 동안 냉각되었다. 투옥 중인 반체제 인사 류샤오보(劉曉波)의 노벨평화상 수상 때문에 중국과 노르웨이는 7년 동안이나 냉각기를 가졌다. 다자적인 측면에서도 마찬가지였다. 중국 외교관들은 코펜하겐에서 개최된 기후변화회의의 최종합의와 공동성명을 거부함으로써 기후변화에 대처하려는 국제사회의 의지를 반감시켰다. 베이징은 다른 사안들에 대해서도 EU와 매우 불편한 관계에 놓이게 되었다. 2009년 11월 베이징에 국빈 방문한 오바마(Barack Obama) 대통령에 대해서도 냉담한 반응을 보였다.

이러한 '공세적인' 조치 모두 2009년과 2010년에 걸친 18개월 동안 일어났다. 이로 인해, 중국과 세계와의 관계에서 꽤 성공적이었던 10년은 일련의 악재로 끝이 났다. 2011년과 2012년에 중국은 위에서 언급한 국가들과 긴장을 완화하기 위해 정책을 재조정했지만, 이미 중국에 호되게 당한 국가들은 다음 10년 동안에도 이에 대한 기억을 지우지 않았다. 지난 10년 동안 중국은 특히 아시아와 유럽에서 점점 더 생산적인 파트너로 인식되어 왔지만, 2009~2010년 동안 보여진 중국의 행동은 과거의 나쁜 기억을 되살려 많은 국가들이 중국을 더욱 경계하게 만들었다.

2010년대: 자신감과 명성의 증가

2012년 시진핑 집권 이후, 중국은 자신감이 넘쳤고, 세계무대에서 적극성을 보이기 시작했다. 알려진 대로, 시진핑 주석은 덩샤오핑이 권고한 수세적인 외교 — "자신을 드러내지 않고 때를 기다리며 실력을 키워라(韬光养晦

不当头)" — 대신, 자신의 공세적인 교시인 "분발하여 성취하라(奋发有为)"를 채택했다. 또한, 그는 중화민족의 '대부흥(大复兴)', '중국의 꿈(中国梦)', '인류운명공동체(人类命运共同体)'를 강조했다. 외교정책에 우선순위를 둔 그는 중국이 '대국외교(大国外交)'와 '새로운 형태의 강대국 관계(新型大国关系)'를 실현해야 함을 역설했다. 자오의 제5장에서 기술한대로, 시진핑은 외교정책과 주변국 외교(周边外交)에 관한 고위급 중앙업무회의를 여러 차례 소집하여 외교정책 수립 과정을 재정비하고 중앙집중화를 꾀했다. 외교에 매우 적극적이었던 그는 전 대륙과 많은 국가들을 순방했다. 그가 승인한 '일대일로(一帶一路)' 구상은 국제적인 주목을 받고 있다. 왕이(王毅) 중국 외교부장에 따르면, 2019년 현재 123개국과 29개 국제기구가 이 구상에 서명했다.[36] 특히, 시진핑은 중국이 글로벌 거버넌스(全球治理)와 다자외교(多边外交)에서 보다 중요한 역할을 맡아야 한다고 강조했다. 그러면서, '중국에 관한 서사를 잘 활용하여' 중국의 '대외선전(对外宣传)'을 개선시켜야 한다고 역설했다.

종합하면, 이러한 개념들과 구상들은 시진핑이 이끄는 적극적인 중국외교의 특징들을 잘 보여준다.[37] 중국공산당 중앙정치국 위원이면서 노련한 고위급 외교관인 양제츠(杨洁篪)는 언론에 다음과 같은 발언들을 거침없이 쏟아냈다.

> 우리는 시진핑 주석이 제시한 외교 사상이 작금의 시대에 얼마나 중요한지를 날카롭게 인식해야 합니다. … 시진핑 주석이 제시한 외교 사상에 구현된 혁신 정신에 대해서도 날카롭게 인식해야 합니다. … 시진핑 주석이 제시한 외교 사상을 뒷받침하고 있는 전략적 지혜에 대해서도 날카롭게 인식해야 합니다. … 또한, 시진핑 주석이 제시한 위대한 외교 사상의 정치적, 이론적, 실천적, 방법론적 중요성에 대해서도 완전히 이해해야 합니다. 이러한 임무, 책임감, 목표, 헌신이 막중하다는 인식을 가지고, 우리는 이러한 사상을 연구하고 이것을 열정적으로, 체계적으로, 철저하

> 게 실현시키기 위해 최선을 다해야 합니다. 우리가 이 사상의 본질과 핵심을 깊이 숙지하기 위해 고군분투한다면, 차별화된 중국만의 특색을 가진 대국외교를 수행하기 위한 강력한 영감과 장점을 얻게 될 것입니다.[38)]

발언의 아부적 측면은 논외로 치고, 시진핑이 이끄는 중국이 새롭고 보다 직설적인 외교적 자세를 취하고 있다는 점은 분명하다. 이는 몇몇 국가들을 긴장시켰다. 그러나 시진핑은 2017년 제19차 중국공산당 전국대표대회에서 역사적인 연설을 통해 세계를 안심시키고자 했다. "중국의 발전은 다른 국가에 위해를 끼치지 않을 것입니다. 중국이 어느 발전 단계에 도달하든, 중국은 결코 패권을 추구하거나 확장에 관여하지 않을 것입니다."[39)]

이 말은 1970년대 저우언라이가 처음 언급한 이후 자주 듣는 후렴구이기도 하다. 그는 아마도 베이징이 지금까지 자신의 선의와 '평화적 부상'(和平崛起 – 역자 주)에 대해 다른 국가들을 안심시키지 못했기 때문일 것이다. 중국이 더욱 강해질수록, 그러한 회의적 시각도 더욱 커질 것이고, 따라서 다른 국가를 안심시켜야 하는 필요성도 끊임없이 증가할 것이다. 물론, 중국은 1979년 이후 전쟁을 한 적이 없으며, 공개적인 군사적 확장이나 타국 정복에 관여한 적도 없었다. 오히려 타국과 신뢰구축 대화장치를 마련하기 위해 노력하고 있다. 중국은 세간에서 논의되는 '중국위협론(中国威胁论)'에 대처하는 방법을 모색하고 있다. 그러나 중국의 엄청난 인구와 경제 규모, 경직된 정치체제, 급속도로 현대화되는 군사력, 그리고 증가하는 물실적 힘의 특징들은 모두 다른 국가들의 불확실성과 의심을 증가시키는 원인이 되고 있다. 따라서 외교관계에서 향후 중국이 해결해야 할 가장 큰 당면 과제는 정보 영역과 공공외교 영역에 있다.

2020년대로 진입하는 중국의 힘과 세계적 위상은 그 어느 때보다 커졌다. 이러한 추세는 바뀌지 않을 것이고 역행할 가능성은 없어 보인다. 지금까지 중화인민공화국이 좌충우돌하면서 세계와 마주한 지난 70년을 살펴

보았다. 이 장에서 요약한 바대로, 현재 중국의 위상은 정말 놀랍다. 중국은 국제공동체와 상호작용하면서 많은 성공을 거두었고 앞으로도 그러할 것이다. 중국의 외교관계가 앞으로 어려움을 겪지 않을 것이라고 주장하는 것은 아니다. 어려움은 불가피하며 이는 이미 발생하고 있다. 이 책의 4부와 5부에 있는 장들은 모든 대륙과 다양한 영역에서 증가하고 있는 중국외교관계의 복잡한 특징들을 아주 상세하게 규명하고 있다. 이제 중요한 질문은 다음과 같다. 중국이 필연적으로 직면하게 될 도전과제들은 무엇인가? 이러한 도전과제들에 대해 중국은 어떻게 대응할 것인가? 결론 장에서 나는 이 질문에 대한 몇 가지 생각을 밝힐 것이다.

주

1) George Mason University Index Mundi, "China's International Organization Participation" https://www.indexmundi.com/china/international_organization_participation.html.
2) David Shambaugh, *China Goes Global: The Partial Power* (New York: Oxford University Press, 2013).
3) 워싱턴 DC의 전략국제문제연구소(CSIS: Center for Strategic and International Studies)의 차이나 파워 프로젝트는 중국 국력에 대한 최상의 다차원적 평가를 제공하고 있다. https://www.csis.org/programs/china-power-project.
4) 이 견해의 고전적 설명은 다음을 참조. Hans Morgenthau, *Politics Among Nations: The Struggle for Power and Peace* (New York: McGraw-Hill, multiple editions).
5) 다음을 참조. Joseph Nye, *The Future of Power* (New York: Public Affairs, 2011).
6) 외교 네트워크를 비교평가하기 위해 고안된 2017년 글로벌 외교지수에서 중국은 세계 2위를 차지했다. 다음을 참조. https://globaldiplomacyindex.lowyinstitute.org/#.
7) Robert Zoellick, "Whither China: From Membership to Responsibility," Remarks to the National Committee on US-China Relations, September 21, 2005: https://2001-2009.state. gov/s/d/former/zoellick/rem/53682.htm.
8) Pew Research Center, "Five Charts on Global Views of China," October 19, 2018: https://www.pewresearch.org/fact-tank/2018/10/19/5-charts-on-global-views-of-china/.

9) 가장 잘 통합된 개념서는 다음을 참조. John W. Garver, *China's Quest: The History of the Foreign Relations of the People's Republic of China* (New York and Oxford: Oxford University Press, 2016); Robert G. Sutter, *Chinese Foreign Relations: Power and Policy since the Cold War* (Lanham, MD: Rowman and Littlefield, fourth edition 2016); Robert G. Sutter, *Foreign Relations of the PRC* (Lanham, MD: Rowman and Littlefield, second edition 2019); Henry Kissinger, *On China* (New York: Penguin Press, 2011); Samuel Kim, ed., *China and the World: Chinese Foreign Policy Faces the New Millennium* (Boulder, CO: Westview Press, fourth edition 1998); Thomas W. Robinson and David Shambaugh, eds., *Chinese Foreign Policy: Theory and Practice* (Oxford: Clarendon Press, 1996); Michael H. Hunt, *The Genesis of Chinese Communist Foreign Policy* (New York: Columbia University Press, 1998); John Garver, *Foreign Relations of the People's Republic of China* (Englewood Cliffs, NJ: Prentice Hall, 1993); Xue Mohong et al., *Diplomacy of Contemporary China* (Hong Kong: Horizon Press, 1990); Harry Harding, ed., *China's Foreign Relations in the 1980s* (New Haven: Yale University Press, 1984); John Gittings, *The World and China, 1922–1972* (New York: Harper & Row, 1974); Harold C. Hinton, *China's Turbulent Quest: An Analysis of China's Foreign Policy since 1949* (New York: Macmillan, 1970); Michael B. Yahuda, *China's Role in World Affairs* (London: Croom Helm, 1978); 그리고 Harold C. Hinton, *Communist China in World Politics* (London: Macmillan, 1966).

10) 중국과 소련 간 분열의 또 다른 원인은 다음과 같다. 우선 소련은 중국의 대만 주변 도서 폭격과 중국의 워싱턴에 대한 벼랑 끝 전술을 지지하지 않았다. 또한 마오쩌둥의 농업 집단화와 대약진운동을 비판했고, 약속한 원자폭탄 샘플을 제공하지 않았다. 그리고 소련은 자국 잠수함의 중국 해군기지에 대한 접근성을 보장하고 그곳에 장거리 무선장치를 설치해달라는 무리한 요구를 했다. 한편, 중국(특히 마오쩌둥)은 1956년 흐루시초프의 스탈린 격하와 관련된 "비밀연설", 1956년 헝가리와 폴란드에서 있었던 정치적 소요에 대한 소련의 대응방식, 1958년 미국에 대한 '평화공존정책'등에 대해 비판적인 입장을 보였다. 마오와 흐루시초프의 성격뿐만 아니라 다른 이념적 문제들도 있었는데, 이 모든 것들이 시너지효과를 발휘하여 두 사람을 갈라놓았다. 중국과 소련의 관계 분열에 관한 최고의 연구들은 다음과 같다. Odd Arne Westad, ed., *Brother in Arms: The Rise and Fall of the Sino-Soviet Alliance, 1945–1963* (Washington, DC, and Stanford, CA: Woodrow Wilson Center Press and Stanford University Press, 1998); Austin Jersild, *The Sino-Soviet Alliance* (Chapel Hill: University of North Carolina Press, 2014); Donald Zagoria, *The Sino-Soviet Conflict, 1956–1961* (Princeton: Princeton University Press, 1962); Herbert Ellison, ed., *The Sino-Soviet Conflict* (Seattle: University of Washington Press, 1982); Lorenz M. Luthi, *The Sino-Soviet Split* (Princeton: Princeton University Press, 2008); 그리고 Sergey Radchenko, *Two Suns in the Heaven: The Sino-Soviet Struggle for Supremacy, 1962–1967* (Washington, DC, and Stanford, CA: Woodrow Wilson Center Press and Stanford University Press, 2009).

11) 다음을 참조. "Note from the Soviet Embassy in Beijing to the Ministry of Foreign Affairs of the People's Republic of China," July 18, 1960, available at:

https://digitalarchive.wilsoncenter.org/docu-ment/117052.

12) 다음을 참조. David Kimche, *The Afro-Asian Movement* (New Brunswick, NJ: Transaction Books, 1972).

13) 마오쩌둥은 1946년 8월 안나 루이즈 스트롱(Anna Louise Strong) 미국 특파원과의 인터뷰에서 부상하는 소련과 미국 사이에 놓여 있는 국가들을 지칭하기 위해 이 용어를 처음 사용했다. 다음을 참조. Chen Jian, "Bridging Revolution and Decolonization: The 'Bandung Discourse' in China's Early Cold War Experience," *The Chinese Historical Review* 15, no. 2 (fall 2008): 212.

14) 1954년 4월 29일에 체결된 중국의 티베트 지역과 인도 간의 무역 및 교섭에 관한 인도공화국과 중화인민공화국 간의 협정. 다음에서 확인가능. https://digitalarchive.wilsoncenter.org/document/121558.

15) 외교적 우유부단함의 특징은 서터(Robert Sutter)의 *Foreign Relations of the PRC* 에서 다루고 있는 주된 내용이다.

16) 다음에서 인용. John W. Garver, *China's Quest*, 221.

17) 가버(Garver)는 "CCP와 PKI 지도자들이 인도네시아 혁명을 위한 전략을 논의했고 중국정부는 PKI 투쟁을 찬양하고 격려했다"라고 결론내렸다. 그러나 "중국정부가 계획을 도왔다거나, 곧 일어날 재앙적인 PKI 쿠데타 시도까지 알고 있었다는 증거는 없다"라고 말했다. 다음을 참조. Garver, *China's Quest*, 222. 또한 다음을 참조. Devina Heriyanto, "Was China Behind the September 1965 Failed Coup?" *The Jakarta Post*, October 20, 2017: https://www.thejakartapost.com/academia/2017/10/20/qa-was-china-behind-the-sept-30-1965-failed-coup.html. 이 글과 유사한 결론에 도달한 최근의 다른 연구는 대부분 조지워싱턴대학교의 국가기밀해제센터(National Declassification Center) 및 국가안보기록보관소(National Security Archive)를 통해 이용할 수 있는 기밀 해제된 미국 정부문서에 기초하고 있다. https://nsarchive.gwu.edu/briefing-book/indonesia/2017-10-17/indonesia-mass-murder-1965-us-embassy-files.

18) 이 시기에 대한 유익한 논고는 다음을 참조. Michael B. Yahuda, *China's Role in World Affairs*, chapter 5.

19) *Chairman Mao Tse-tung's Important Talks with Guests from Asia, Africa, and Latin America* (Beijing: Foreign Languages Press, 1970), 5–6.

20) Lin Piao, *Long Live the Victory of People's War!* (Beijing: Foreign Languages Press, 1965).

21) 중국 관리들과 역사학자들은 GPCR이 1966년에서 1976년까지 10년간 지속되었다고 주장하지만, 사실상 '활성기'(积极阶段)는 1969년 제9차 당대회까지 3년 남짓만 지속되었다.

22) 이 주제에 대한 고전적인 연구는 다음을 참조. Peter Van Ness, *Revolution and Chinese Foreign Policy: Peking's Support for Wars of National Liberation* (Berkeley: University of California Press, 1970).

23) 예를 들어, 이 기간 동안 외교부의 공식 기록에는 "아시아, 아프리카, 중남미 국가 및 국민과의 단결과 협력 증진"과 "선린우호정책 추구 및 역사에서 남겨진 문제의 점진적 해결"이라는 제목의 간단한 두 개의 챕터만 포함되어 있다. 다음을 참조. Editorial

Board, *Diplomacy of Contemporary China* (Hong Kong: New Horizon Press).

24) 이 문헌은 다음에서 확인 가능 https://digitalarchive.wilsoncenter.org/document/117146.pdf?v=fa3a7c3c65e5433277 128b2427a6702a.

25) Richard M. Nixon, "Asia after Viet Nam," *Foreign Affairs* 46, no. 1 (October 1967): 111-125.

26) 트뤼도(Trudeau) 수상의 집권 이후 캐나다-중국관계에 대한 탁월한 연구는 다음을 참조. Paul Evans, *Engaging China: Myth, Aspiration, and Strategy in Canadian Policy from Trudeau to Harper* (Toronto: University of Toronto Press, 2014); 그리고 David Mulroney, *Middle Power, Middle Kingdom: What Canadians Need to Know About China* (Toronto: Penguin Canada, 2015).

27) "Dates of Establishment of Diplomatic Relations with the People's Republic of China"는 다음에서 확인 가능. https://en.wikipedia.org/wiki/Dates_of_establishment_of_diplomatic_relations_with_the_People%27s_Republic_of_China #1960s.

28) 이 과도기에 대한 연구는 다음을 참조. Roderick MacFarquhar, ed., *The Politics of China* (Cambridge: Cambridge University Press, third edition 2011), chapter 4; and Robert Weatherley, *Mao's Forgotten Successor: The Political Career of Hua Guofeng* (London: Palgrave Macmillan, 2010).

29) Lee Kuan Yew, *From Third World to First: The Singapore Story, 1965-2000* (Singapore: Times Media, 2000), 693.

30) 다음을 참조. David Shambaugh, "China Engages Asia: Reshaping the Regional Order," *International Security* 29, no. 3 (winter 2004/2005): 64-99, and *Power Shift: China and Asia's New Dynamics* (Berkeley: University of California Press, 2005).

31) 다음을 참조. Shambaugh, *China Goes Global*.

32) 다음을 참조. Shambaugh, *Power Shift* and "China Engages Asia."

33) 다음을 참조. Shambaugh, *China Goes Global*, chapter 6; and Shambaugh, "China's Soft Power Push: The Search for Respect," *Foreign Affairs* (July-August 2015): 99-107.

34) 예를 들면, 다음을 참조. Michael D. Swaine, "Perceptions of an Assertive China," *China Leadership Monitor* 32 (2010), available at: http://media.hoover.org/sites/default/files/documents/CLM32MS.pdf.

35) 다음을 참조. Alastair Iain Johnston, "How New and Assertive Is China's New Assertiveness?" *International Security* 37, no. 4 (spring 2013): 7-48.

36) "Full Text of Foreign Minister Wang Yi's News Conference at Second Session of 13th NPC 2019," Xinhua, March 8, 2019.

37) 다음을 참조. Jianwei Wang, "Xi Jinping's 'Major Country Diplomacy': A Paradigm Shift?" *Journal of Contemporary China* 28, no. 115 (January 2019): 15-30.

38) Yang Jiechi, "Study and Implement General Secretary Xi Jinping's Thought on Diplomacy in a Deep-going Way and Keep Writing New Chapters of Major-Country Diplomacy with Distinctive Chinese Features," Xinhua, July 19, 2017: http://www.

xinhuanet.com/english/2017-07/19/c_136456009.htm.

39) 2017년 10월 18일 개최된 중국공산당 제19차 전국대표대회에서 시진핑 주석이 발언한 연설은 다음을 참조. "Secure a Decisive Victory in Building a Moderately Prosperous Society in All Respects and Strive for the Great Success of Socialism with Chinese Characteristics for a New Era."

2부

역사적 근거

과거의 유산

2장

오드 아르네 베스타(Odd Arne Westad)

모든 국가 및 사회와 마찬가지로, 중국의 현재는 과거가 투영된 산물이다. 물론 현재의 지도자들이 국가발전과 관련된 최상의 결정들을 자유롭게 선택한다. 그러나 그러한 결정과 선택은 과거가 그들에게 물려준 정신과 영토라는 틀 속에서 이루어진다. 중국의 경우 다른 나라보다 과거가 훨씬 중요하다는 주장이 자주 제기된다. 중국에서 과거는 단순한 과거 이상의 의미를 지니고 있기 때문이다. 특히 지적인 측면에서 중국의 역사는 수천 년을 거슬러 올라간다. 역사가 중국문화를 만들었고 그러한 중국문화가 중국의 현재 모습을 만들어냈다고 볼 수 있다. 그러나 특정 왕조가 수천 년 동안 존재한 것이 아니라 수많은 이민족이 세운 많은 왕조에 의해 그 역사가 전개되어 온 만큼 중국 역사는 수많은 이민족의 정치적·이념적 담론의 산물이기도 하다. 따라서 중국이 중요시하는 역사는 연대기나 지속성에 의해 주어진 어떤 것이라기보다 이념적으로 만들어진 인위적 산물로 보아야 한다.[1)]

오늘날 중국의 외교를 이해할 때 과거를 이해하는 것이 다른 것을 이해하는 것보다 중요한 이유는 두 가지다. 하나는 제국의 유산이다. 오늘날의 중국은 그 형태와 내용이 청나라에서 유래되었고, 청나라의 많은 특징을 그대로 취하고 있다. 다른 하나는 중국의 오랜 과거에서 비롯된 권위주의라는 중국정부의 기본 형태이다. 많은 중국인은 흔치않게 권위주의적 정부가 자신들에게 적합하다고 믿고 있다 (중국정부도 그렇게 믿고 있다). 최근, 많은 중국인은 (그리고 몇몇 소수민족은) 성공적인 발전모델로서 중국의 상황에 매우 적합한 독재정부를 칭송해왔다. 중국 과거의 이러한 두 가지 특징 모두가 현재와 관련되어 있기 때문에 이들에 대한 추가적인 연구가 필요하다.

제국

20세기 중반 이전까지만 해도 글로벌 차원에서 제국은 정치조직의 주요한 형태였다. 우리가 알고 있는 중국에도 많은 제국이 존재했었고, 영토와 응집력에서 차이가 있었다. 지난 이천년 동안, 중국의 많은 제국들 모두 영토를 확장하고 민족을 통합했으며, 히말라야 산맥에서 중앙아시아, 한국, 베트남에 이르기까지 광대한 지역을 통치했다. 또한, 중국에는 작은 국가들도 존재했고, 500년 전에 형성된 유럽의 국가체제와 유사한 형태의 국가들도 존재했었다. 그러나 전반적으로, 오늘날의 중국을 있게 한 제국의 유산이 있는데, 이는 바로 마지막 중국제국인 청나라이다. 전성기의 청나라는 너무나 강력하고 엄청난 영향력을 가진 존재였다. 유럽제국 또는 남아시아제국과 마찬가지로 중국의 많은 제국은 그 특성과 성향에서 많은 차이가 있다. 이 가운데 오늘날의 중국에 미친 제국의 직접적인 영향을 논의할 때 이는 주로 1644년부터 1912년까지 중국을 통치했던 청나라임을 유념해야 한다.[2)]

물론, 청나라에 초점을 두는 것이 옳다 하더라도 현재 중국의 외교에 영향을 미치는 더 근본적인 제국의 유산이 있을 수도 있다. 하지만 그러한 유산을 너무 특별히 다루는 것은 무의미하다. 현 중화인민공화국(PRC: People's Republic of China)의 전략이 손자(孫子)와 맹자(孟子)에 바탕을 두고 있다고 믿는 전략가가 있다면 그것은 확실히 잘못된 것이다. 가령, 미국의 정책이 투키디데스(Thucydides)나 크세노폰(Xenophon)에서 파생한 것이라고 믿는 중국 전략가를 본다면 어떤 생각이 드는가? 현재의 외교정책에 영향을 미치는 것은 특정 시기의 사상가가 아닌 오랜 세월 누적된 경향성이다. 그러한 경향성은 스스로를 인식하는 방식에도 큰 영향을 미친다. 특히 두 가지 경향성이 중요하다. 문화적 응집력과 중심성이라는 개념, 이 개념들은 아주 오랫동안 중국과 세계가 상호작용하는 방식을 결정했다.[3)]

중국의 문화적인 응집력은 한자에서 비롯되었다. 한자는 제국 안팎의 수많은 지식인이 상호작용할 때 사용한 수단이었다. 한나라가 건국되고 천년이 지날 즈음, 중국 문자는 동아시아에서 주요한 문화적 기록 수단이 되었다 — 어떤 제국이 중국 대륙을 통치하든지 간에 그 제국은 엄청나게 복잡한 문화적 연결망의 테두리 내에 있었다. 한자는 사용자들이 어느 국가에 소속되어 있는지에 구애받지 않고 중국문화에 대한 친밀감과 특수한 연결고리를 제공했다. 중국 대륙과 동아시아는 물론 동아시아 주변 지역을 통치하는 제국이 무엇이 되었든 간에 문자는 사상과 기술을 전파하는 전송 수단으로 기능했다. 따라서 한자는 한자문화권이라는 한 지역을 규정하는 문화적 응집력을 창조했다.[4)]

구성주의적 주장에 따르면 정치적 중심성은 중심부와 주변부 간의 상호작용에 의해 형성된다. 그러나 역사적인 관점에서 중국 엘리트들은 중국의 문화적 우월성을 주장해 왔다. 중국은 근원이자 뿌리였기 때문에, 공통 문화의 중심에 있었다. 그중에서 제국의 우월성과 황제 — 시간이 지남에 따라 '천자(天子)'로 알려진 — 는 하나였다. 특히 황제가 그의 지위를 뒷받침할 수 있는 상당한 물리적 힘을 보유했을 때에는 제국의 중심성이 훨씬 많이 강조되었다. 그러나 문화적 중심성을 강조하자는 주장은 중국 대륙과 인접한 한국과 베트남에 국한된 것이었고, 그 범위를 넓힌다 해도 일본 정도였다. 하지만 이 경우에도 중국의 중심성을 단순히 중국의 군사적 영향력으로만 치부하는 것은 잘못된 것이다. 아주 오랫동안, 중국 중심성은 중국인뿐만 아니라 타국인도 수용한 개념이었다.[5)]

이러한 개념의 장기적인 결과는 아주 명확하고 지금도 확인이 가능하다. 많은 중국인은 엄청난 문화적 자부심을 갖고 있다. 나는 거의 문맹에 가까운 중국인조차도 자국이 지역 문화의 (그리고 오늘날 점점 더 글로벌한) 뿌리가 되는 것에 대해 기뻐하는 것을 목격한 많은 사람들 중 한 명이다. 그러나 중심성의 모든 개념들과 마찬가지로 실천은 다른 방향으로 나아갈 수 있다. (독일이 1945년 이전에 유럽에서 했던 것처럼) 중국인들은 지역을 정복하려는 시도를 정당화할 수도 있고, (독일이 1945년 이후에 유럽에서 그랬던 것처럼) 지역을 통합할 수 있다. 그러나 아무리 중심성의 개념이 실행되더라도, 이는 종종 타자에 대한 예외주의를 낳게된다.

따라서 중국의 오래된 과거로부터의 유산은 중요하지만, 이는 잘 변화한다. 중화인민공화국이 청나라로부터 물려받은 것은 인식과 제도 면에서 더욱 두드러진다. 몇몇 중국 역사가들은 이것을 역설적으로 본다. 왜냐하면 중국의 민족주의적 역사 기록학은 청나라의 '오랑캐' 만주족 출신 통치자를 비난하고 중국에 대해 청나라가 갖는 의미를 평가절하하는데 많은 노력을 들였기 때문이다.[6)] 그러나 여러 면에서 제국의 유동성과 변화 가능성을 부정하고 제국과 제국 이후의 국가 사이의 단절을 강조하는 것은 제국 이후 등장한 국가에서 나타나는 공통적 태도이다. 그러나 청나라에 대한 중국인의 혐오는 붕괴한 제국이 현재를 미화하는 데(또는 적어도 현대적 결함에 대한 핑계거리로서) 유용한 역할을 하는 상황 속에서 반복된다.[7)]

대신, 오늘날 중국에서 두드러지는 것은 지금의 중화인민공화국이 청나라의 인식과 실천을 물려받은 다양한 방식이다. 극단적인 중앙화와 관련된 개념들은 청나라에서 온 것이다. 가령, 현 중국은 청나라의 가족등록제도인 호구(戶口)제를 시행하고 있다. 이 제도에 따라 중국인은 태어난 곳 이외에서 거주할 수 있는 권리를 부여받을 수도 있고 그렇지 못할 수도 있다.[8] 전반적인 측면에서, 중국의 현 권위주의, 국가제일주의, 사적 기업, 기구, 종교 공동체를 통제하고 조직하는 방식은 청나라를 답습하고 있다 (물론 이 가운데 상당수는 청 이전의 기원을 가졌을 수도 있다). 전반적으로 오늘날 중국은 제국주의 이후에 등장한 대다수 국가들보다 제국주의 유산을 덜 제거했다.

중국의 국제문제를 이해하기 위해선 이러한 상대적인 연속성과 그 영향력을 파악하는 것이 핵심이다. 이는 현재의 중국이 어떤 존재인지, 그리고 중국이 어떻게 외부 세계를 인식하고 있는지에 대해 강력한 영향을 미친다. 청나라는 중국 영토를 몽골, 중가르(Dzungar), 타림(Tarim)분지, 티베트, 동북지방(만주), 남서쪽의 허몽(Hmong)과 롤로(lolo) 지역으로까지 확장했다. 더욱 중요한 것은, 오늘날 중국이 중국화(中國化)를 본격 가동하는 시점부터 이들 지역에 대한 대규모 식민지화를 실행했다는 점이다. 따라서 중국의 확장은 주변 영토를 확장하고, 확장한 지역 내의 다른 집단을 동화시키거나 소멸시킨 러시아나 미국과 여러 측면에서 유사하다. 중국에 거주하는 인구 가운데 92퍼센트를 차지하는 중국인(또는 공식 명칭인 한족)은 러시아에 거주하는 인구 가운데 81퍼센트를 차지하는 러시아인, 그리고 미국에 거주하는 인구 가운데 85퍼센트를 차지하는 유럽인 또는 아프리카계 미국인에 견줄 수 있다.

오늘날 중국의 국경선 상당 부분은 청나라의 것을 상속받은 것이다. 다만 (러시아와 인접한) 동북지역 끝에 있는 거대한 땅인 외몽골(오늘날의 몽골 공화국)은 떨어져 나갔다 — 마오쩌둥은 중국이 이와 관련해 모스크바에 보상을 청구해야 한다고 말하곤 했다.** 이외에도, 중국의 국경선은 청이

** 역자 주) 청나라가 몰락한 직후 외몽골은 소련의 도움으로 독립을 성취했다.

멸망한 1912년 이후에도 놀라울 정도로 안정적인 상태를 유지하였다. 그런 의미에서 중국은 큰 영토 손실 없이 제국에서 민족국가로 변모한 유일한 제국이다. 이것이 현 중국의 내적 구성뿐만 아니라 외교에도 상당한 영향을 미치고 있다.[9]

청나라는 자국의 이념적 중심성을 보호하는 동시에 자국의 안보와 경제적 이해를 추구하는 방식으로 주변국 관계를 규제하고자 했다. 역사가들은 종종 이러한 정책을 '조공체제'로 부르기도 하지만, 조공은 관계의 일부분일 뿐이었다. 각국이 중국과 관계를 맺는 방식은 개별적이었고 특수했으며, 심지어는 매우 다양했다. 공통된 요소가 있다면 그것은 모든 주변국들이 원칙적으로 제국에 복종하고, 주변국 대표가 정기적으로 제국의 수도를 방문하여 경의를 표해야 한다는 청나라의 요구였다. 이외의 주변국들과의 관계는 문화적 유대, 역사적 유대, 지역적 필요에 따라 매우 차별적이었다.[10]

이러한 청나라의 외교 의례에서 가장 밀접한 유대관계를 가지면서도 독립적인 주권을 보유한 국가가 한국과 베트남이었다. 한국은 매우 오랫동안 중국과 교류했고 명나라 시대에는 군신관계이기도 했다. 이러한 관계는 청나라 때까지 지속되었다. 한국의 통치자는 항상 행동의 자유를 잃지 않으려고 투쟁했다. 비록 한국의 왕은 청나라 황제를 종주(宗主)로 인정하긴 했지만, 한국에서 청나라의 정치적 영향력은 매우 제한되어 있었다. 이유는 깊이 내재된 문화에 있다. 만주에 기원을 둔 청나라가 유교적 관점에서 부족하다고 판단한 한국 지배 엘리트는 자신들이 중화사상을 대변한다고 인식했다 (이것을 중화의 정통계승자 또는 소중화사상이라고 한다 – 역자 주).[11]

한국을 제외하면, 베트남과 나머지 인도차이나 지역은 다른 지역보다 청나라와 직접적인 관계를 맺었다.[12] 때때로 양국관계에서 문제가 발생하기도 했다. 베트남 왕이 스스로를 황제의 신하로 규정했다는 사실은 청나라가 왕위계승의 정통성 같은 문제를 결정한다는 의미였다. 그러나 한국과 달리, 18세기 후반부터 격동 속에 빠진 베트남정치는 중국의 무수한 내정간섭으로 이어졌다. 역설적으로, 한국과 비교해 어느 정도 더 거리를 두었던 관계가 더 많은 개입을 불러일으켰다. 왜냐하면 청과 베트남의 문화가 좀 더 이질적이었기 때문이다. 내정간섭은 장기간에 걸쳐 베트남의 분노를 낳았고 그러한 분노는 지금까지도 사그라지지 않고 있다.[13)]

일본은 중국문화권의 일부이면서도 일부가 아니기도 했다. 중국의 영향력 아래에서 (종종 한국을 통해) 문화적·정치적 틀의 상당 부분을 형성했음에 불구하고, 일본 내 국가들은 대체로 중국제국의 직접적인 통치를 받지 않았다. 청나라는 다른 주변국을 지배한 방식으로 일본을 대하지 않았다. 청의 지배층은 인접한 문명국가들 너머에 자리한 해적질로 유명한 일본을 멸시하는 경향이 있었다. 그리고 17세기 초부터 도쿠가와 막부가 일본을 통일하면서, 일본 지도자들은 외세에 느꼈던 두려움만큼이나 직접적인 영향력을 행사하려는 중국을 두려워했다.

'새로운 국경'(신장, 新疆) 너머의 투르크와 페르시아, 동남아시아 반도와 섬, 히말라야 너머 남아시아에 대한 청나라의 영향력 행사는 훨씬 약했다. 중국의 관점에서 보면, 적어도 이들 지역의 대다수 국가들은 어떤 형태로든 제국과 연결되어 있었다. 그러나 베이징의 지도자들은 이들 지역의 국가들에 대해 막연한 생각만을 가지고 있었기 때문에, 그 관계는 가깝지도 않았고, 어떤 경우에는 전적으로 추상적이었다. 이런 경우 현실과 동떨어진 제국의 위상만을 강조하게 된다. 청나라 내에서 제국적 통치에 대한 담론은 주변국에 실제로 행사하는 영향력보다 중요했다.[14)]

이것이 19세기 말 중국 중심의 제국주의 지역질서가 붕괴하기 전의 청나라의 모습이다. 때때로 회자되는 것과 달리, 이 질서는 돌아올 것 같지 않다. 그러한 인식은 역사적인 메아리와 어느 정도 짜맞춰진 기억 속에서만 존재한다. 그럼에도 그것은 아시아 정치에서 매우 강력한 수단이다. 특히 중국 중심성에 대한 인식은 중국의 최근 경제적 성공으로 인해 더욱 강화되었다. 이웃 국가들은 (적어도 한국과 베트남은) 중국문화와의 상호연결성을 체감하면서도 중국에 지배당할 것을 두려워하고 있다. 이들 국가에서 민족주의가 부상하는 것은 중국 중심 체제가 복원될 가능성을 저지하는 새로운 현상(단, 한국의 경우는 예외)이다.

제국주의 중국의 붕괴 이후, 일부 학자는 국제관계에 대한 소위 '서구적인' 접근법과 '동양적인' 접근법의 차이를 이론화했다. 이러한 담론에서 주목할 만한 한 가지는 유럽의 국제적 지배로부터 해방되면 '동양적인' 상호작용이 보다 평화적이고, '서구적인' 상호작용보다 덜 적대적일 것이라는 주장이다.[15] 하지만 이러한 주장을 뒷받침하는 역사적 기록은 거의 찾아보기 힘들다. 중국의 제국들(특히 청나라)은 팽창적이고 공격적이었다. 때문에, 주변국의 대응 역시 공격적이었다. 아시아 내 제국의 유산에 대해 말할 때 우리는 아시아 기반 제국과 유럽 기반 제국의 영향을 고려해야 한다.

물론 유럽과 아시아 국가체제 간의 질적 차이가 있다고 해서 두 체제가 완전히 상반된 것임을 의미하지는 않는다. ('베스트팔렌' 질서라고 통칭되는) 유럽의 국가체제와 명나라 이후 동아시아에 존재했던 국가체제 사이에는 매우 중대한 차이점들이 있다. 유럽의 국가체제는 국가 사이의 법적, 외교적 평등을 함축했지만, 동아시아 국가체제는 중국 중심의 제국적 위계 개념을 가장 강조했다. 동아시아에서 주권 개념은 희미했고, 약소국은 중국제국으로부터 실익을 얻기 위해 어느 정도 그들의 주권을 포기했다.[16] 제국이 공식 선포한 내용에 대해 다양한 국가들이 제각각의 방식으로 해석하는 것이 용인되었기 때문에 유럽과 비교하여 훨씬 더 다양한 비공식적 교류가 있었을 뿐이었다. 제국이 동아시아 국제질서의 심장부에 있긴 했지만, 그렇다고 사법권, 권력, 혹은 권한까지 보편적인 것은 아니었다.

권위주의

대부분의 제국은 바로 그 속성으로 인해 권위주의적이다. 다양한 많은 집단을 통치하기 위해, 지배 엘리트는 압제적이고 비자유주의적인 제도와 정책의 필요성을 강조한다. 따라서 중국 제국들이 정치적으로 권위주의적이었다는 사실은 다른 제국들도 과거에 그랬다는 점에서 양자는 차별성이 있다기보다 유사한 측면이 있다. 차이가 있다면 중국은 오늘날까지도 과거의 권위주의를 채택하고 있고 어느 정도 그것을 칭송한다는 점이다. 현재 중국공산당은 참여 민주주의가 중국에 적합하지 않다고 주장한다. 왜냐하면, 중국은 크고 다양한 국가이기 때문에 사회안정과 경제성장을 보장하기 위해선 확고한 결단력이 필요하다고 보기 때문이다. 친(親)권위주의 주장이 갖는 문제는 그것이 잘못된 국내 거버넌스에 대한 변명으로 활용된다는 점에만 있지 않다. 그것은 중국에 대한 대외적으로 좋지 않은 이미지를 창출하여 기술적 진보와 상업적 성공을 이룬 중국의 명성을 훼손한다. 전 세계의 많은 사람들과 아시아인들이 느끼는 중국의 위협은 그 크기나 국력에 있지 않다. 이러한 위협은 중국정부가 일당독재와 권위주의를 채택하고 있기 때문이다.[17]

따라서 중국의 현재 외교관계를 이해하기 위해서는 중국 권위주의의 기원을 아는 것이 중요하다. 몇 가지가 그 기원으로 거론된다. 약 천년 동안 중국에 영향을 미쳤던 신유교사상, 청나라가 시행했던 제국주의적 관행, 20세기에 태동한 중국 공산주의 등이 그것이다. 이들 각각을 순차적으로 살펴보자.

모든 유교사상이 위계적이지만 그렇다고 모두 권위주의적인 것은 아니다. 참된 유교사상은 황제로부터 미천한 노비에 이르기까지 위계의 사다리 위아래에 있는 모든 이들의 의무와 책임을 규정한다. 사회가 유교사상을 받아들이고 국가가 시책으로 이를 채택하면, 그것은 매우 응집력 있는 사회환경을 만들어낼 수 있고, 개인은 그러한 환경에서 권한을 부여받고 안정감을 느낄 수 있다. 송나라 이래로 중국에서 크게 유행한 유교사상인 신유교사상은 더 나은 사회를 만들어내는 유일한 방안으로 자기계발을 강조한다. 이 사상은 대중적 인기보다 개인의 자질을 더 강조한다. 특히, 청나라 시기 고위공직자가 되기 위한 자질로서 청렴과 총명이 강조된 것은 제국이 선호하는 체계와 직결되어 있었다. 그리고 이러한 자질들은, 대대로 제국을 섬겼던 가문의 관리들 사이에서 더 많이 발견되었다. 따라서 오늘날의 중국에서는 실력주의가 정실주의나 족벌주의를 대체하게 되었다.[18]

지배 엘리트의 세습이 공고화된 것은 아마도 중국 출신이 아닌 이민족 황실이나 청나라에 의해 촉발되었을 것이다. 한 세기 동안 중국을 통치한 후에도 왕조의 뿌리가 만주인 청나라의 외부자적 속성은 지배 엘리트로 하여금 배타성과 차별성을 갖게 했다. 청나라는 내외적으로 중국을 무력 정복하고 공포정치를 통해 다스렸다. 이 과정에서 청나라의 엘리트는 배타적 의식을 갖게 되었다.[19] 공산주의자들은 목적과 기원은 달랐지만 만주족이 지배하는 청의 엘리트들과 놀라운 유사성을 가지고 있었다.

중국공산당이 청나라로부터 배운 통치술의 하나는 전체주의에 대한 정당화이다. 강한 국가라는 중국의 통치이념의 기원은 마지막 왕조인 청나라 때보다 더 과거로 거슬러 올라가지만, 중국의 국가제일주의를 확장하고 완성시킨 것은 청나라였다. 청나라에게 있어서 권위주의 정부의 대안은 자유가 아닌 혼돈이었다. 따라서 때로는 아주 세부적인 부분까지도 인구를 규제해야 할 필요성이 그들에게는 당연한 것이었다. 이러한 이상은 국가를 위해 최선을 다해 일해야 하는 청렴한 이상주의자들이 이끄는 정부를 통해 실현될 수 있었지만 실제로 그러한 정부는 단 한 번도 구성된 적이 없었다. 종교, 사업, 교육, 오락, 심지어 가정문제와 같은 사회생활의 모든 측면들은 국가의 업무에 포함되어야 했다. 독재는 하늘의 뜻이었고, 엄중한 통제는 정권의 의무였다.[20]

중국 역사에서 지난 백년은 과거의 유령을 제거하느냐 못하느냐의 싸움이었다. 미래가 크게 열린 것처럼 보였던 시대가 있었고, 과거에 사로잡혀 청나라를 답습하는 것처럼 보였던 시대도 있었다. 다른 국가의 경우에도 그렇지만, 중국의 국내문제가 전개되는 것을 보면 중국의 외교문제가 어떻게 전개될 것인가를 예상할 수 있다. 중앙집권적인 독재국가 중국은 필요에 따라 자국민을 억압하고 소수민족을 가혹하게 대하며 모든 정치활동을 위축시키고 있다. 따라서 중국의 이웃 또는 타지역 국가들은 중국이 양자 혹은 다자문제를 공정하고 신속하게 해결할 것이라고 믿지 않는다. 그 국가들의 판단이 틀렸을 수도 있다. 하지만 최근 동아시아에서 중국의 행보는 이를 확인시켜 주는 것 같다.

'백년국치'

공산주의 국가로 통일되기 전까지 중국은 약하고 착취당하기만 했다는 생각은 중국공산당의 신조로 굳어졌다. 중국공산당은 그 원인이 제1차 아편전쟁이 발발한 1839년부터 중국 내전이 종식된 1949년 사이에 있었던 많은 사건들을 총칭하는 '백년국치'에 있고, 그로부터 해방되기 위해 중화인민공화국이 탄생했다고 주장한다. 19세기 중반 무렵 청나라의 국정실패와 외세로부터의 굴욕을 회복하기 위한 중국 인민의 선택이 중국인민공화국이라는 것이나. 중국이 현재 민족주의, 중앙집권주의. 권위주의를 지향하게 된 것은 영국과 일본 등 외국의 제국주의자가 중국에 자행한 만행 때문이라는 것이다. 다시 말해, 부유하고 강한 중국을 재건하고 잘못된 것들을 제자리에 되돌리기 위해서는 중국공산당의 독재가 필요하다는 것이다.[21)]

이러한 역사적 해석은 진실이 아님은 물론 세계 속에서 중국이 제자리를 찾아가는 데에도 도움이 되지 못한다. 집권 말기의 청나라는 자국의 영토를 잠식해 들어오는 강한 제국들과의 전쟁에서 패배했다. 그래서 유럽인들은 해안과 주요 강에 인접한 점령지역에서 중국인에 대한 인종적 우월감을 드러냈고, 여전히 종종 그러고 있다. 일본은 1937년에 중국에 대한 전면전을 감행했고 이후 일본군은 심각한 전쟁범죄를 저질렀다. 그러나 전반적으로 중국은 식민지화되지 않았고 오늘날 중국의 국경선도 청나라 당시의 국경선과 놀라울 정도로 유사하다. 서방의 특권도 중국공산당이 통일하기 이전의 청나라 상태로 온전히 반환되었다. 중국이 외세의 침략으로 고통받긴 했지만 그렇다고 외세의 지배하에 있던 적은 없었다. 심지어 그 고통의 기간이 길지도 않았다.

'백년국치'에 대해 정말 사실이 아닌 이야기는 중국인들이 공산당에 의해 구출될 때까지 외세의 공격에 의한 수동적인 희생자였다는 이미지로 중국인들을 소개한 것이다. 그러나 청나라의 국정실패 국면에서 각계각층의 중국인은 다른 소수민족처럼 청나라의 압제로부터 해방되기 위해 할 수 있는 모든 것을 다했다. 그들은 자유롭게 이동해서 직장을 구하고 거래하고 발명하며 종교의 자유를 누리는 등 청나라가 금지했던 모든 것을 했다. 그들은 외국인들과도 협력했다. 또한, 새로운 형태의 정치적 대의제도와 문화 또는 성별 관계에 관한 사회적 실험을 했다. 즉 중국인은 자신의 삶을 스스로 관리하기 위해 할 수 있는 모든 것을 했다.[22)]

제국주의 말기와 공화정 시대의 중국은 모든 것이 순탄치만은 않았다. 중앙정부의 약화는 특히 농촌에서 만연한 착취의 형태로 나타났고, 자본주의는 사람들이 과거에 의존해 왔던 많은 사회적 유대를 약화시켰다. 그러나 20세기 초 동안, 중국은 청나라의 숨 막히는 압제나 초기 공산주의 시기의 피비린내 나는 전쟁을 경험하지 않았다. 이것은 중국사회의 목표가 강한 국가를 만드는 것이라고 믿는 사람들에게 좋지 않은 소식일 수 있다. 그러나 이것은 1980년대와 1990년대의 경제개혁 시대 이전까지는 갖지 못했던 기회를 중국인들에게 제공했다.

현재 속의 과거

오늘날의 중국정부는 제국 특히 마지막 제국의 권위주의가 남긴 유산을 상속받았다. 또한 중국정부는 공산당 지배를 정당화하기 위해 중국인의 피해의식을 강조하는 근현대사를 구성했다. 이러한 근현대사 관점에 따르면, 중국공산당 지배에 대한 유일한 대안은 국내적 혼란과 외세에 의한 국치로의 회귀뿐이다. 공산당의 대표적인 정치이론인 공산주의는 독일인 마르크스(Karl Marx)에 의해 개발되었고, 러시아인 레닌(Vladimir Illich Lenin)과 그루지야 출신의 스탈린에 의해 처음 시행되었다. 그런데도 오늘날 당 지도부는 이러한 사실(외세의 이론이 중화인민공화국의 기틀이 되었다는 사실 – 역자 주)을 망각한 듯이 보인다. 시진핑 총서기의 주요 목표인 일당독재 강화는 중국 민족주의와 국가적 필요에 의해 정당화되고 있다.

마찬가지로 이 책 전반에서 서술되고 있는 중국의 최근 경제적 성공 때문에 중국공산당의 역사조작도 강화되고 있다. 중국경제의 성장과 증가하는 국제화는 중국공산당 지도자들이 관리하기 힘든 외부 세계와의 연결고리를 만들었다. 이에 중국공산당은 대외 이미지를 긍정적으로 만들기 위해 중국의 성공과 관련된 서사를 조작했다. 고성장과 첨단기술 생산라인을 꿈꾸는 아시아와 아프리카국가들에게 중국은 선망의 대상이 되고 있다. 반면에 서양인들은 글로벌 리더로서의 입지가 위태로워지는 것을 우려하고 있다. 대부분의 중국인은 그들의 경제적 성취에 대해 자랑스러워하고, 동시에 이러한 엄청난 성장을 이끈 공산당의 독재를 좋게 받아들이고 있다.

제국의 역사적 유산과 권위주의 그리고 가장 최근의 민족주의와 결합된 중국의 경제발전은 타국과의 협력을 더욱 어렵게 하고 있다. 이것이 앞으로 중국에 문제를 야기할 것이다. 중국의 지속적인 발전은 타국과의 협력에 달려 있기 때문이다. 베이징이든 워싱턴이든 간에, 중국이 확고부동한 패권국으로 군림하던 1750년경의 국제적 상태로 동아시아가 회귀할 것이라고 믿는 사람들, 혹은 중국이 새로운 강대국으로서 과거의 다른 신흥 강대국들과 똑같이 권력을 휘두르고 다른 국가를 소외시키면서 제 갈 길을 갈 것이라고 믿는 사람들 모두 확실히 틀렸다. 동아시아와 세계는 전보다 더욱 복잡해졌다. 민족주의와 주권수호에 대한 열망은 보다 확산되고 있다. 중국이 국내적 도전을 이겨내고 지속적으로 부상하더라도 타국에게 자국의 의지를 강제하지는 못할 것이다. 지역적으로나 세계적으로 국제체제가 크게 바뀌지 않는 한, 중국정부가 이를 어떻게 인식하든 자국의 이익을 증진시키기 위해서는 타국과 협력해야 할 것이다.

이것이 중국의 외교정책이 직면하게 될 가장 큰 도전이 될 것이다. 평화롭고 수용적인 중국이라는 가공된 이미지는 사실이 아닐뿐더러, 주변국들이 받아들이고 있지도 않으며, 중국의 외교정책결정과정에도 도움이 되지 않는다. 중국이 제한적이나 투명한 외교정책의 이해관계를 가진 정상국가(비록 그 규모가 매우 크기는 하지만)로 스스로를 규정할 때 자국과 주변국에게 더 이롭다. 그러나 중국의 제국적 유산은 사상적으로 더욱 공고해졌다. 아시아와 타 지역 국가들을 두렵게 하는 중국의 권위주의도 마찬가지이다. 권위주의적 정부가 민주적이거나 다원적인 정부보다 더 공격적이라는 절대적 규칙은 없지만, 중국의 권위주의가 국내로만 제한될 것이라고 다른 국가를 설득하기는 어렵다. 중국이 억압적인 권위주의 국가로 남아 있는 한, 중국의 외교, 군사, 경제, 문화적인 대외 조치는 중국의 가치를 공유하지 않는 다른 국가의 의심을 살 것이다. 과거를 극복하고 새로운 시각으로 스스로를 변화시킬 때에만 중국은 중국인과 외국인 모두에게 매력적인 국가로 보일 것이다. 지난 세대 동안 중국이 경험한 엄청난 변화는 단기적으로는 그 가능성이 높지 않더라도, 전혀 다른 중국이 될 가능성을 보여준다.

주

1) 이에 대한 고전적 논의는 다음을 참조. Prasenjit Duara, *Rescuing History from the Nation: Questioning Narratives of Modern China* (Chicago: University of Chicago Press, 1995). 또한 다음을 참조. Julia C. Schneider, *Nation and Ethnicity: Chinese Discourses on History, Historiography, and Nationalism (1900s–1920s)* (Boston: Brill, 2017).
2) 근대 초기의 아시아 제국에 대한 개요는 다음 두 권의 책을 참조. Brian P. Farrell and Jack Fairey, eds., *Empire in Asia: A New Global History*, vol. 1,과 Brian P. Farrell and Donna Brunero, eds., *Empire in Asia: A New Global History*, vol. 2 (both London: Bloomsbury, 2018). 제국적 상호작용에 대한 자세한 내용은 다음을 참조. Odd Arne Westad, "Empire in Asia: The Long Nineteenth Century?," in Farrell and Brunero, vol. 2.
3) 다음을 참조. Odd Arne Westad, *Restless Empire: China and the World since 1750* (New York: Basic Books, 2012).
4) 이에 대한 좋은 개요서는 다음을 참조. Hongyuan Dong, *A History of the Chinese Language* (London: Routledge, 2014).
5) 다음을 참조. Alexander Woodside, *Lost Modernities: China, Vietnam, Korea, and the Hazards of World History* (Cambridge, MA: Harvard University Press, 2006); 그리고 Alexander Woodside, "The Centre and the Borderlands in Chinese Political Theory," in *The Chinese State at the Borders*, ed. Diana Lary (Vancouver: UBC Press, 2008).
6) 중국제국, 만주제국, 또는 만주, 중앙아시아, 중국의 특징이 혼재된 제국 등 청나라를 어떻게 이해해야 할지는 여전히 뜨거운 논쟁거리이다. 다음을 참조. Ding Yizhuang and Mark Elliott, "How to Write Chinese History in the Twenty-first Century: The Impact of the 'New Qing History' Studies and Chinese Responses," *Chinese Studies in History* 51, no. 1 (January 2, 2018): 70–95.
7) 이에 대한 기원은 다음을 참조. Wang Chunxia, "*Pai Man*" *yu minzu zhuyi* ["Anti-Manchuism" and Nationalism] (Beijing: Shehui kexue wenxian chubanshe, 2005).
8) 이에 대한 개요는 다음을 참조. Wang Weihai, *Zhongguo huji zhidu: lishi yu zhengzhi de fenxi [China's Huji System: A Historical and Political Analysis]* (Shanghai: Shanghai wenhua chubanshe, 2006).
9) 남서쪽과 티베트에 대해서는 다음을 참조. Charles Giersch, *Asian Borderlands: The Transformation of Qing China's Yunnan Frontier* (Cambridge, MA: Harvard University Press, 2006); and Yingcong Dai, *The Sichuan Frontier and Tibet: Imperial Strategy in the Early Qing* (Seattle: University of Washington Press, 2009). 개념적 문제에 대한 좋은 개요는 다음을 참조. A good overview of conceptual issues is James Leibold, *Reconfiguring Chinese Nationalism: How the Qing Frontier and Its Indigenes Became Chinese* (New York: Palgrave Macmillan, 2007).
10) 청나라의 외교관계가 실제로 어떻게 운영되었는지를 보여주는 문헌은 다음을 참조. Dittmar Schorkowitz and Ning Chia, eds., *Managing Frontiers in Qing China:*

The Lifanyuan and Libu Revisited (Leiden: Brill, 2017)

11) 다음을 참조. Odd Arne Westad, *Empire and Righteous Nation: Six Hundred Years of China-Korea Relations* (Cambridge, MA: Harvard University Press, forthcoming).

12) 이에 대한 개략적인 내용은 다음을 참조. Jaymin Kim, "The Rule of Ritual: Crimes and Justice in Qing-Vietnamese Relations during the Qianlong Period (1736–1796)," in *China's Encounters on the South and Southwest: Reforging the Fiery Frontier over Two Millennia*, ed. James A. Anderson and John K. Whitmore (Leiden: Brill, 2014).

13) Tuong Vu, "The Party v. the People: Anti-China Nationalism in Contemporary Vietnam," *Journal of Vietnamese Studies* 9, no. 4 (2014): 33–66.

14) 18세기 중엽부터 19세기 초까지의 변화를 보기 위해서는 다음을 참조. Matthew W. Mosca, *From Frontier Policy to Foreign Policy: The Question of India and the Transformation of Geopolitics in Qing China* (Stanford, CA: Stanford University Press, 2013).

15) 유럽 베스트팔렌(Westphalian) 질서와 대조적인 "이스트팔리아(Eastphalia)"라는 용어까지 쓰기 시작한 이들도 있다. (Sung Kim, David Fidler, and Sumit Ganguly, "Eastphalia Rising? Asian Influence and the Fate of Human Security," *World Policy Journal* 26, no. 2 (2009): 53–64). 이 용어는 국제관계이론의 현재 논쟁과 무관하게 독일 동부에 실제로 이스트팔리아(Eastphalia)가 있기 때문에 널리 사용될 것 같지는 않다.

16) 일반적 관점은 다음을 참조. Zvi Ben-Dor Benite, Stefanos Geroulanos, and Nicole Jerr, eds., *The Scaffolding of Sovereignty: Global and Aesthetic Perspectives on the History of a Concept* (New York: Columbia University Press, 2017); 19세기 동아시아에 관해서는 다음을 참조. Junnan Lai, "Sovereignty and 'Civilization': International Law and East Asia in the Nineteenth Century," *Modern China* 40, no. 3 (2014): 282–314, 그리고 Tong Lam, "Policing the Imperial Nation: Sovereignty, International Law, and the Civilizing Mission in Late Qing China," *Comparative Studies in Society and History* 52, no. 4 (2010): 881–908.

17) 근대 초기에 관해서는 다음을 참조. Michael Ng-Quinn, "The Normative Justification of Traditional Chinese Authoritarianism," *Critical Review of International Social and Political Philosophy* 9, no. 3 (2006): 379–397. Current affairs are covered in Wenfang Tang, *Populist Authoritarianism: Chinese Political Culture and Regime Sustainability* (New York: Oxford University Press, 2016) 그리고 Daniel Koss, *Where the Party Rules: The Rank and File of China's Communist State* (Cambridge: Cambridge University Press, 2018). 경각심을 불러일으키는 국제관에 대해서는 다음을 참조. Stefan Halper, *The Beijing Consensus: How China's Authoritarian Model Will Dominate the Twenty-first Century* (New York: Basic Books, 2010).

18) 일반적인 개요는 다음을 참조. Peter Bol, *Neo-Confucianism in History*, Harvard East Asian Monographs 307 (Cambridge, MA: Harvard University Press, 2008).

19) 만주의 정체성에 대한 훌륭한 논의는 다음을 참조. Pamela Kyle Crossley, *A Trans-*

lucent Mirror: History and Identity in Qing Imperial Ideology (Berkeley: University of California Press, 1999).

20) 다음을 참조. Willard J. Peterson, "Dominating Learning from Above During the K'ang-Hsi Period," in *The Cambridge History of China: Volume 9: The Ch'ing Dynasty to 1800*, ed. Willard J. Peterson, vol. 9 (Cambridge: Cambridge University Press, 2016), 571–605 and Wang Fansen, "Political Pressures on the Cultural Sphere in the Ch'ing Period," in Peterson, 606–48. 또한 다음을 참조. Jonathan D. Spence, *Treason by the Book* (New York: Viking, 2001), 그리고 청나라의 권위주의 질서가 붕괴하기 시작한 청나라 말기에 대한 개괄적인 내용은 다음을 참조. Zhongguo shehui kexueyuan jindaishi yanjiusuo and Suzhou daxue shehui xueyuan, eds., *Wan Qing guojia yu shehui [State and Society in Late Qing]* (Beijing: Shehui kexue wenxian chubanshe, 2007).

21) 다음을 참조. William A. Callahan, *China: The Pessoptimist Nation* (Oxford: Oxford University Press, 2010), especially 31–60; Zheng Wang, *Never Forget National Humiliation: Historical Memory in Chinese Politics and Foreign Relations* (Columbia University Press, 2014); 그리고 Jonathan Unger, *Chinese Nationalism* (London: Taylor and Francis, 2016).

22) 다음을 참조. Westad, *Restless Empire: China and the World since 1750*, 19–52.

3장 중국의 국가적 경험과 국가대전략의 진화

차스 프리먼(Chas W. Freeman Jr.)

중국은 하나의 문명이면서 동시에 하나의 국가다. 국가는 보통 전략을 갖고 있지만 문명은 그렇지 않다. 하지만 문명적 경험은 문명을 지배한 국가의 정책적 우선순위를 결정한다. 하나의 문명이었던 중국은 오래된 역사와 지속성을 지닌 문화적 실체이며 다음과 같은 차별적인 특징을 갖고 있다.

- 알파벳이나 음절문자 대신 표의문자 사용
- 위계적, 성과주의적 거버넌스 선호
- 국정운영을 하는 학식 있는 사람에 대한 존경과 다른 직업군에 대한 비하
- '체면'(面子: 타인의 존경에서 비롯된 위신, 품위, 지위, 영향력) 중시
- 연령과 혈통 중시
- 종교보다 불가지론(초자연적인 존재는 인식불가능하다고 보는 철학사조 – 역자 주)을 선호하는 엘리트적 편향성

- 질서유지, 갈등해결, 사회안정을 위해 법보다 공동의 예(禮) 강조
- 연료 효율이 매우 높은 요리와 젓가락을 사용할 수 있는 크기의 음식을 기반으로 한 요리 전통

중국 문명은 노동집약적 농업(서양의 관점에서 보면, 농사라기보다는 텃밭 경작에 가깝다)을 가능하게 한 엄청난 인구밀도와 관련되어 있다. 중국의 농업경제는 곡식과 채소를 경작하고 물고기와 가금류를 키우기 위해 동물(특히 돼지)과 인간의 분뇨 재활용에 의존한다. 오늘날 중국의 동아시아 이웃 국가들은 중국문화를 선별적으로 수용했지만, 이러한 종류의 농업에 부합된 환경조건 때문에 동아시아는 오랫동안 중국 문명에 속해 왔다.[1)]

중국은 산맥, 사막, 산림, 바다로 둘러싸여 있기 때문에 야만적인 유목민이나 바다를 통한 외세의 공격에 취약하다. 동시에 이러한 지리적 환경 때문에 중국은 다른 선진 사회와 오랫동안 단절되어 왔다. 그 결과, 중국은 비슷한 문화적 우수성을 가진 다른 세계와 경쟁하지 않고 안주하게 되었다. 중국인은 경쟁 대상인 문명의 존재를 알고 있었지만 그것이 자신들의 삶과 국내적 안정과 무관하다고 여겼다. 그러나 16세기부터 20세기 사이 서방세계는 중국인의 '체면'을 엄청나게 망가트렸다. 이로 인해 외국인에 대한 뿌리 깊은 혐오를 갖고 있던 중국 엘리트의 정신적 외상은 더욱 커졌다.

국가정체성

고유의 개성과 세계관을 가졌던 많은 국가들이 중국 대륙 전체 또는 일부를 통치해 왔다. 최초의 국가는 토착민에 의해 건국되었다. 시간이 흐르면서 침략자들이 중국 대륙에 새로운 국가들을 건국하기 시작했다. 역사적으로 증명된 중국의 첫 번째 통일은 기원전 221년에 일어났다. 현대 중국 영토에서 경합하던 7개국 중 하나인 신나라가 중국을 통일한 것이다. 고대 그리스

의 마케도니아처럼, 진나라는 덜 호전적이면서 더 발전된 문명(주나라 – 역자 주)에 동화된 주변부 제후국에 불과한 국가였으나 패권을 쟁취한 후 중심부를 정복했다. 진나라의 통치는 불과 14년만인 기원전 207년에 막을 내렸다.[2] 하지만 진나라는 이천년 이상 지속된 중국의 정치문화를 정착시켰다.

진나라 이전에도 중국인들은 통일을 자연법칙이 지시하는 유일한 합법적 명령으로 여겼다.[3] 중국 대륙을 지배했던 모든 신생 국가는 자국을 과거 질서와 다른 새로운 시대의 질서이자 합법적인 실체로 규정했다.[4] 지난 천년간 중국 대륙을 지배한 원나라(칭기즈칸의 손자인 쿠빌라이칸이 1271년 중국 대륙에 건국한 몽골 제국 내의 한 국가), 명나라(1368년 중국의 농민 반란으로 수립된 국가), 청나라(1644년 만주 정복자가 중국대륙에 건국한 국가)도 그러했다.

국가정체성과 관련된 이러한 불연속성은 중화민국(ROC, 1911년 10월 10일 건국)과 중화인민공화국(PRC, 1949년 10월 1일 건국)에서도 나타난다.[5] 각각은 이전 체제의 몇 가지 특징을 계승했지만, 핵심적인 요인들은 폐기했다.

중화인민공화국은 한 국가로서 진화하는 과정에서 몇 가지 단계를 거쳤다. 건국 이후 시간이 흐르면서, 중화인민공화국은 과거 문화를 이해하고 포용하려는 태도를 보였다. 그러나 과거의 중국에 세워졌던 나라들과 마찬가지로, 중화인민공화국은 계속해서 스스로를 '중국'을 통치하고 있는 유일한 합법국가로 규정함은 물론 중국의 정치질서를 완전히 새로운 것으로 변화시킨 독특한 체제로 보고 있다. 부분적으로 이러한 자기 이미지는 중화인민공화국의 뿌리가 중국이 아닌 유럽에 기원을 두고 있는 마르크스-레닌주의에 있다는 것을 강조하기 위한 것이다.

(중화민국을 포함하여) 이전의 나라들과 달리, 중화인민공화국은 놀랍게도 중국 통치와 관련된 중국력(中國曆)을 만들지 않았다. 중국은 국제적으로 널리 통용된 그레고리력을 채택했다. 돌이켜보면, 중국은 국제적인 국가

체제와 단절하기보다 그러한 체제로의 편입을 추구했다. 이 점은 중화민국(ROC)과 유사하고 청나라와는 판이한 모습이다. 그러나 국제적인 국가체제로의 편입이 즉각적으로 이루어진 것은 아니었다. 중국은 동화되고자 하는 현존 질서를 지지하는 데 인색한 신중한 학생처럼 행동했다. 중화인민공화국이 건국되고 20년 동안 미국은 중화인민공화국이 유럽연합이나 미국 주도의 세계질서에 동참하지 못하도록 적극적으로 노력했고, 그 결과 중국은 국제적인 국가체제 외부에 방치되었다.

지상명령이 된 평화질서

'중국'을 어떻게 정의하는가에 따라 지난 천년 중에 365년 또는 542년은 외부 정복자들이(창족, 여진족, 몽골족, 만주족) 중국 대륙의 대다수 또는 전부를 통치한 시기였다. 또 다른 107년(1842년의 제1차 '아편전쟁' 이후부터 중화인민공화국이 건국된 1949년까지) 동안에는 동중국해와 남중국해로부터 몰려든 유럽, 미국, 일본 제국주의자들이 중국을 침략했다. 이러한 외세 침략자들은 청나라와 중화민국(ROC)에게 치욕을 안겨주었다. 그들은 중국인들 스스로에 의한 중국 통치를 위태롭게 한 외부위협 세력이었다.

19세기에 들어 청나라는 서양의 지배에 대항하여 중국을 보호하거나 국내질서를 유지할 수 없다는 사실이 입증되었다. 이 때문에 최소 5,000~6,000만 명의 중국인이 폭력으로 사망했다.[6] 20세기에는 중화민국(ROC, 1911~1949)이 중국의 무능함을 드러냈다. 그 결과, 중국 내 군벌, 일본군, 공산주의 폭도에 대항하기 위해 외부 세력에 의존하는 것이 중화민국의 국가안보정책이 되고 말았다. 이러한 중화민국의 정책은 외부지향적이거나 전략적이라기보다는 전술적이었고 임시변통적인 것이었다.

이렇게 나라의 존립마저 위태로운 상황에서 장제스(蔣介石)는 외세를 배격하는 민족주의에만 호소할 수 없었다. 오히려 중국 영토에 남아 있는 유럽 및 미국 제국주의와 타협해야 했다. 그에게는 중화민국의 국경 너머로 투사할 힘이나 전략이 없었다. 대신에, 장제스는 자신의 군대를 보호하는 데 주력했다. 또한, 해외 중국 동포와 중국과 관련된 외국인을 대상으로 중국의 문화적 매력을 호소하는 데 주력했다. 이러한 노력 때문에 그는 대내외의 적에 대항하기 위한 군사지원, 보조금, 정치적 보호를 미국으로부터 얻을 수 있었다. 물론, 일본 제국주의와 싸우기 위해 중국이 전략적으로 중요하다는 미국의 지정학적 인식도 한몫을 했다. 하지만 장제스의 중화민국은 대내외적인 적 어느 하나에 대해서도 만족스러운 대응을 하지 못했다.

중국 본토에서 패배한 중화민국은 결국 대만섬으로 쫓겨나게 되었다.** 장제스체제는 소련과 제휴한 공산중국에 의해서 최종적으로 패배하는 것을 막아주기 위해서 미 해군이 내전에 개입한 후에야 대만에 뿌리 내릴 수 있었다 (미국이 중화민국을 보호한 이면에는, 대만섬으로 이주한 중화민국이 중국에서 자유민주주의를 번창시킨 최초의 국가로 진화했기 때문이다).

오래 지속된 중국의 무력함은 중국 민족주의에 큰 상처를 주고 있으며, 약 9,000만 명에 달하는 집권 공산당원들의 마음속에 깊게 남아 있다. 그러한 흑역사를 지우는 데 혈안이 된 중국공산당 당원들은 '문화대혁명'(1966~1976년)이라는 무정부적 대학살을 통해 국내안정을 공고히 했다. 거의 예외 없이 중국인들은 중국의 부와 국제적 지위를 회복하고 호전적인 외세의 지속적인 위협으로부터 중국 인민을 보호하기 위해 강한 국가와 집중화된 정치질서가 필요하다고 믿고 있다.

제2차 세계대전 이후 설립된 국제적인 국가체제는 강대국과 약소국 모두 행동규칙과 행동표준을 따르게 함으로써 강대국으로부터 약소국을 보호하

** 역자 주) 1895년 청일전쟁 패배로 인해 대만섬은 일본에 할양되었다가 태평양전쟁에서 패배한 일본이 1945년에 연합군에게 양도하면서 중화민국 소유가 되었다.

는 데 방점을 두었다. 중국사를 고려하면, 중국인들이 이런 보호를 찬성해야할 만한 충분한 이유가 있었다. 국내 발전에 집중하기 위해 중국의 주변부에 '평화적인 국제 환경'을 조성하는 것이 중국 대전략의 초기 목표였다. 중국은 중국 국경의 평화를 번영과 외세침략을 막을 수 있는 필수조건으로 여기게 되었다.

중국의 거버넌스

중화인민공화국은 건국자이자 초대 지도자 마오쩌둥의 변덕스럽고 때로는 망상적인 정책들로 인해 많은 시간을 허비하고 고통을 받았다. 또한 중국을 불안정하게 하고 전복하려는 미국의 장기적인 위협에도 시달렸다. 그럼에도 불구하고 중화인민공화국은 중국문화가 국가를 수립한다는 기대에 대체로 부합했다. 중국은

- 새로운 표준제정 국가로서 문자 체계와 문화적 정체성을 단순화하고 이를 유지했다.
- 서툴게 시작했지만 레닌주의와 시험에 기반한 능력주의 전통을 통합하여 중국의 전통적 관료주의적 지배구조의 현대화된 형태를 만들었다.
- 처음에는 중국의 전통 교육, 전문성, 특권 사이의 연결성을 거부했으나, 이후 이를 복원했다.
- 종교를 용인하기 보다 억압했다.[7)]
- 관료주의적 정책 해석의 대안으로 법치주의를 도입하기 위해 혼합적이고 다양한 성과를 놓고 고심했다.

이러한 진화는 중국의 과거를 반영했다. 그러나 새로 건국된 중화인민공화국은 소련식의 산업 봉건주의와 형편없는 형태의 농촌 집단화를 단행함

으로써 중국 유산의 주요한 요소들마저 파괴했다.

외교관계와 관련된 중국의 접근방식도 이전의 중국 국가들과 달랐다. 소련 영향권에 있던 1950년대에 중국은 제2차 세계대전 이후의 국제질서에 관한 모스크바의 관점을 그대로 답습했다. 또한, 국가의 주권 평등과 관련된 국제법 규범을 채택했는데, 이는 중국의 국가 전통과는 다른 개념이다. 그런데도 이를 채택한 이유는 이러한 규범이 외세의 지배를 비난하면서 동시에 백년국치라는 중국의 악몽에서 벗어날 수 있는 수단이었기 때문이었다.

얼마되지 않아 소련은 자국의 이념적 리더십에 중국이 복종하기를 기대했다. 1960년대에 이르러 중국은 소련의 군사적 지배를 우려하게 되었다. 중국의 전근대 정권들은 최정점에 있는 중국 국가를 중심으로 한 국제적 위계질서를 주변국이 수용해야 한다고 주장했다. 이제 소련과 중국은 국제문제가 어떻게 조직되어야 하는지에 대해 비슷한 견해를 가지고 있는 것처럼 보였지만, 소련이 가장 높은 자리에 있어야 했다. 그리고 중국은 이를 거부했다.

중국이 베스트팔렌 질서를 수용하다

중화인민공화국은 자신만의 독특한 개성, 선호, 절차 등을 갖고 있다. 이 모든 것은 이전의 제국들과 다르다. 이전의 중국 국가들은 통치자들의 '체면'을 세워주기 위한 정교한 의식과 진정성이 결여된 상납 같은 국가 무역 관행을 가지고 있었다. 이러한 과거의 조공체제는 독립된 정치 주체로서 국가의 고유한 평등을 강조하는 새로운 중국적 예절강령으로 대체되었다.

'평화공존5원칙'(혹은 중국과 인도가 1954년에 체결한 양자 합의에 명문화된 '5가지 원칙')은 베스트팔렌 질서 수칙을 간단하게 요약하고 있다.

- 상대방의 영토 및 주권에 대한 존중

- 상호 불가침
- 상호 내정 불간섭
- 호혜적 상호협력
- 평화적 공존

1950년 아시아에서 발발한 한국전쟁은 냉전의 서곡이었다. 5대 원칙은 바로 이 시점에 탄생했다. 당시 미국과 소련이라는 두 초강대국은 작은 국가들을 복속시켜 자국의 영향권으로 끌어들이려고 안간힘을 쓰면서 경쟁하고 있었다. 5대 원칙은 이러한 두 초강대국에 대한 중국, 인도, 인도네시아의 입장표명이었다 (아시아에서 이러한 경쟁 과정은 '동맹'이라는 형태로 귀결되었다. 미국과 소련이라는 상대방의 세력권에 속하지 않는 국가에 대해 '보호국[protectorate]' 또는 '피후견국[client state]'[8]이라는 지위를 부여함으로써 미소 양국은 자국의 세력권을 확장했다).

무엇보다 5대 원칙은 동아시아 식민시대 이전인 중국 중심의 질서에 대하여 명확한 거부감을 나타낸다 (서방세계의 많은 사람들은 원, 명, 청이 구축한 중국 중심적인 조공체제의 관점에서 중국의 행동을 이해하는 경향이 있다. 그러나 이것은 매우 잘못된 것이다. 그러한 관점은 중국과 아시아 전체에서 일어난 많은 변화들을 간과하고 있다). 5대 원칙은 중국의 외교정책을 이해하고 제대로 예측하기 위한 안내서이다. 중국은 영토와 거주민에 대한 배타적 통제권을 갖고 활동하는 국가 모두를 명목상 동등한 국제사회의 일원으로 간주한다는 베스트팔렌조약의 정신을 수용했다. 그것은 중국을 정점에 두고 권위의 위계에 대한 충성이라는 아시아 개념이라든지 혹은 중국과 미국의 'G2'의 복점(複占)을 지지하지 않는다.

대신, 베이징은 이념적 차별성과 다양한 정치적·사회경제적 체제를 갖고 있는 모든 국가의 독립성과 자기결정권이 보장받아야 한다고 주장하면서 주권 평등의 원칙을 강조했다. 이것은 중국이 가장 크고, 가장 강력한 국가의 지도자 방문 시에 행하는 상징적인 관례와 의전을 작은 국가의 지도자 방문 시에도 똑같이 하는 이유를 설명해준다. 베이징은 '인도적 개입'이나 '보호책임'과 같이 주권 존중 원칙에 예외조항을 만들려는 서방의 노력에 대해서도 강력히 반대해 왔다.

국경 불안과 미중대립

1949년 10월 1일 중화인민공화국의 건국이 선포된 직후, 북한이라고 일컬어지는 '조선민주주의인민공화국'의 지도자이자 소련을 후견인으로 둔 김일성은 회의적인 스탈린과 주저하는 마오쩌둥을 설득하고 있었다. 즉, 한반도 무력통일에 대한 자신의 계획을 지원해달라는 것이었다. 1950년 6월 25일, 김일성의 육군 사단들은 미국과 제휴 관계에 있는 대한민국을 침공했다. 미국은 이 침공을 소련과 중국이 미국의 봉쇄를 뚫고 나오기 위해 북한을 이용하는 것으로 보았다. 미국은 한국뿐만 아니라 대만해협에서도 군사적으로 대응했다.

미국의 한반도 개입은 중국 국경은 물론 북한이라는 완충 국가의 존립까지 위태롭게 했고, 인민해방군(PLA)의 반격을 촉발했다. 남한, 북한, 미국, 중국은 사력을 다해 싸웠지만 교착상태에 빠졌고,[9] 결국 한반도는 분단되었다.

미 해군의 대만해협 전개는 중국 내전에서 패배하여 대만섬으로 쫓겨난 중화민국에 대한 중화인민공화국의 최종 승리를 저지했다. 이는 중국을 분열시켜 '대만문제'를 낳았다.

한반도와 대만해협에서의 대결로 인한 미중 간 지정학적 적대감은 향후 20년 동안 더욱 공고해졌다. 요약하면, 내전 승리로 인해 중국의 정치적 위상이 높아졌음에도 불구하고, 김일성의 호전적인 한국 민족주의가 촉발한 전쟁은 북한은 물론 중국과 미국 모두에게 전략적인 재앙을 초래했다.

봉쇄 대(對) 혁명

1950년대와 1960년대 전반에 걸친 미국의 봉쇄정책은 주된 목표인 소련뿐만 아니라 중화인민공화국까지 겨누고 있었다. 대만에 대한 인민해방군의 압박과 대만을 방어하기 위한 미군의 지원도 지속되고 있었다.[10] 미국은 중국 해안을 순찰하면서 중국을 불안정하게 하고 주의를 분산시키기 위한 비밀작전을 수행했다.[11] '봉쇄'에 맞서기 위해 중국은 동남아시아를 대상으로 혁명을 선동하고 반(反)서방 소요를 일으키는 글로벌 전략을 추진했다. 중국은 "국가들은 독립과 자유를 원하고 인민은 혁명을 원한다"고 선언하면서, 미국이 주도하는 국제질서의 전복을 획책했다. 또한, 제2차 세계대전 직후 브레튼우즈(Bretton Woods)에서 창립된 다자기구들을 비난했다. 미국은 외교전을 통해 중국이 유엔 및 다른 기타 국제 포럼 등에 참여를 막는데 성공했다. 그리고 국제사회에서 중국의 인지도와 존재감이 높아지는 것을 막기 위해 전력투구했다.

중화인민공화국은 인도차이나반도(라오스, 베트남, 궁극적으로는 캄보디아까지)에서 전개되는 독립투쟁과 내전에 참전한 공산주의자 및 말레이시아와 필리핀의 공산주의 반란군을 지원했다. 그리고 워싱턴과 모스크바에 대항하는 비동맹운동을 양성하여 식민지배에서 해방된 인도 및 인도네시아와 연대했다. 또한, 스스로를 '제3세계'로 규정하면서 동아프리카에 대한 외교지원 프로그램을 시작했다. 이러한 중국의 활동에 위기감을 크게 느낀 미국은 동남아시아조약기구(SEATO: Southeast Asia Treaty Organization)를 설립하고 중국과의 달러 무역 금지를 강화했다. 케네디 대통령이 제안한 '평화봉사단(Peace Corps)'은 중국이 개발도상국에서 진행하고 있는 풀뿌리 영향력 구축에 대한 대응의 일환이었다.

미국의 보호국 및 협약 파트너로서의 중국

20년간 미국은 중화민국이 중국의 유일한 합법 정부임을 자처하는 장제스의 주장에 대한 지지와 대만을 중국 본토와 실질적으로 분리하는 정책이 중화인민공화국을 봉쇄하고 소련의 외교를 좌절시키는 데 유용하다고 보았다. 그러나 1971~1972년에는 미국은 중국을 봉쇄하기 위해 대만을 활용하는 정책을 전면백지화하는 대신, 소련을 봉쇄하기 위해 중국을 활용하는 급진적 정책을 채택했다. 미국이 국가로 인정하지 않았던 중화인민공화국의 수도에 닉슨 대통령이 전격 방문하여 1972년에 성사된[12] 상하이공동성명(Shanghai Communiqué)은 미중 간 지정학적 협력을 가능하게 했다. 양측은 솔직하게 양국 간 입장에 차이가 있다는 점을 인정했지만,[13] 그럼에도 불구하고 전략적 협력이 가능하다는 것에 합의했다. 비록 미국에 대한 중국의 주요 효용성은 지칠 줄 모르는 독립적이고 반소련적 국가라는 점이었지만, 그래도 양국은 제한적이나마 정상 관계처럼 협력했다.

7년 정도 지난 시점인 1978년 12월 중순경, 덩샤오핑은 미국과 서방으로부터 선진문물을 배우기 위해 중국을 개방했고, 소련의 교시와 마오쩌둥의 영향으로 구축된 이념적 엄격성을 상당 부분 완화했다.[14] 그리고 중국은 무력으로 대만을 해방시킨다는 정책을 보류하고 대신 '평화적 재통일을 이루기 위한 근본적인 정책'을 채택했다. 또한, 신세계 질서를 도모하기 위한 혁명적 수사(修辭)를 중단했고, 미국 주도의 현존 국제체제에 편승하기 위한 수순을 밟기 시작했다. 다시 말해, 중국은 마르크스주의-레닌주의-마오쩌둥 사상에 부합된 세계를 만들기보다 중국 화교와 서방세계의 생각과 관행을 절충적으로 도입함으로써 스스로를 변화시켰다. 중국 엘리트의 자녀들은 무리지어 미국 대학으로 유학을 떠났다.

덩샤오핑 지지자들의 대전략

대전략에 따라 장기적인 목표가 수립되면 그러한 목표를 이루기 위한 다양한 정책들이 제시되고 각각의 정책에 정치·경제·정보·문화·군사적 자원이 할당된다.[15] 마찬가지로 덩샤오핑의 정치, 경제, 국가안보정책의 수정은 자본주의 세계에 대한 국내 '개혁과 개방'을 통해 부와 권력을 회복하겠다는 새로운 대전략의 시행을 의도했다. 이 전략의 핵심은 미국이나 다른 강대국을 적대시하면서 그들과 논쟁하거나 분쟁에 연루되는 것을 피하고, 오로지 경제발전에만 집중하여 중국을 순조롭게 재부상시키는 것이었다. 이러한 목적을 위해 덩샤오핑의 중국은 다음과 같은 것을 달성하고자 했다.

- 중국 국경에 평화적 환경을 구축하고 유지한다.
- 동맹체결, 적대관계 또는 다른 분쟁에서 일방의 편을 들어 연루되는 것을 피한다.
- 정치적 목소리와 군사적 위세를 낮춘다.
- 이념에 구애받지 않고 모든 국가와 우호적으로 지내며 무역을 증진한다.
- 중국에 대한 무시나 모욕에 대한 대응을 자제하여 타국과의 갈등을 최소화한다.

14개국과 맞닿아 있는 중국의 육상 국경선은 세계에서 가장 길다 — 2만 2,000km 또는 약 1만 4,000마일에 달한다. 14개국 가운데 몇몇 국가는 과거에 중국을 침공했거나 중국과 전쟁을 치르기도 했다. 그럼에도 불구하고, 덩샤오핑의 '4대 현대화'정책은 농업, 공업, 과학기술에 우선순위를 두었고, 국가방위를 후순위에 두었다 (1980년 국가예산의 16퍼센트를 차지하던 중국의 국방지출은 1987년에 8퍼센트로 줄었다). 그는 경제발전에 집중하기 위해서는 적대 세력의 위협으로부터 안전해질 수 있는 효과적인 보장 조치가 필요하다고 보았다. 이를 위해 그는 국경 지역에서 장기적인 평화와 안보를 성취하고자 했다. 가장 먼저 중국을 포위·압박하려는 소련의 명백한 위협을 완화하고, 가능하다면 제거해야 했다. 그는 당시 라오스와 캄보디아를 장악하고 있던 소련과 베트남의 동맹을 이 위협의 핵심 고리로 보았다.

1979년 1월 1일 워싱턴과 전격적인 관계개선(미중 국교수립 – 역자 주)을 통해 중소관계에서 우위를 점한 덩샤오핑은 곧이어 같은 해 2월, 베트남에 대한 공격을 단행했다. 공격 목적은 중국의 적인 소련과 연대한 베트남에게 인도차이나에 제국을 건설하는 것이 불가능하다는 교훈을 주는 것이었다.

오랜 전쟁경험을 통해 세계에서 가장 강력한 보병을 보유하게 된 베트남을 상대로 인민해방군(PLA)의 형편없는 전쟁수행 능력이 드러났다. 중국은 기대했던 것보다 훨씬 값비싼 군사적 비용을 치루고 나서야 교훈을 줄 수 있었다. 군사충돌 이후 시간이 좀 더 지난 뒤에 중국의 의도를 이해한 베트남은 캄보디아에서 철수했고, 라오스에 대한 통제권을 완화했으며, 모스크바와의 동맹과 협력을 약화했다. 10년 후인 1991년, 소련의 붕괴로 중국은 소련의 포위·압박 위협에서 벗어날 수 있었다. 이것은 중국과 베트남 간의 조심스런 관계회복과 상호존중을 촉진했다.

1979년 12월 24일 소련의 아프가니스탄 침공이 있자, 중국과 소련 양측 인접지역에 소련군의 주둔을 적극적으로 막기위해 미중 협약관계(entente)가 활성화되었다. 1980년대 동안 미국은 수십억 달러 상당의 중국산 무기를 구매하여 아프가니스탄의 무자헤딘(이슬람 성전을 위해 싸우는 전사 – 역자 주)에게 제공했다.[16] 그리고 소련이 설계하고 중국이 제조한 수억 달러 상당의 중국산 장비들을 미군 훈련용으로 구매했다.[17] 미국의 지원은 중국이 항공기,[18] 대전차무기, 어뢰, 포탄, 대포병 레이더 시스템(counter-battery radar systems) 등을 현대화할 수 있는 밑거름이 되었다. 양국은 중국 주요 국경에 공동으로 관리하는 청음초소 네트워크를 구축하고, 소련의 군대와 무기체계에 관한 전략적·전술적 정보를 공유했다. 이러한 협력은 소련을 압박하는 핵심적인 역할을 했고 결국 냉전을 종식시켰다.

외세의 개입을 혐오하는 베이징에게 워싱턴과의 협약(entente)은 대단한 예외조치였다. 그러나 이러한 협약은 1989년 구소련 제국의 종말을 장식한 베를린 장벽의 붕괴와 함께 막을 내렸다. 마침 이 시점에 그간 미국이 중국에 대해 가졌던 우호적인 태도마저 중국 내부의 정치적 소요로 인해 증발해버리고 말았다.

1989년 이후 중국의 대전략

1989년 6월, 베이징과 다른 도시에서 일어난 학생들의 정치적 소요가 무자비하게 진압되었다. 이때부터 1년간 중국을 바라보는 서방의 시선은 냉담해졌고 덩샤오핑에 대한 비난은 거세졌다. 덩샤오핑은 여섯 가지 어구(총 24개의 한자)로 함축된 중국의 외교정책을 제시했다.

- 冷静观察(냉정관찰) – 냉정하게 관찰하라
- 站稳脚跟(참온각근) – 입지를 확고하게 하라
- 沈着應付(침착응부, 원문에는 身着警付로 되어있으나 이는 오류로 보인다 – 역자 주) – 침착하게 대응하라
- 韬光养晦(도광양회) – 주목받는 것을 피하고, 어둠 속에 자신을 감춰라
- 善于守拙(선우수졸) – 세태에 휩쓸리지 말고 우직함을 지켜라
- 决不当头(결부당두) – 실력을 갖출 때까지 절대로 우두머리가 되지 말라

위 여섯 가지 어구는 보통 다음과 같이 번역되어왔다 (아주 정확한 것은 아니다). “조용하게 관망하라, 우리의 지위를 확보하라, 문제를 조용하게 극복하라, 능력을 숨기고 때를 기다려라, 저자세를 유지하는 데 능숙해라, 절대로 리더십을 행사하지 마라.” 이후에 그는 유소작위(有所作爲)라는 어

구를 추가했는데 이것은 "어떤 성과를 내라" 또는 "어떤 일을 성취하라"로 번역된다. 즉, 조심스럽게 행동하고 저자세를 취한다고 해서 중국이 얻을 수 있는 이익이 배제되어서는 안된다는 의미이다.

혹자는 덩샤오핑의 네 번째 어구인 韬光养晦(도광양회)에 함축된 내용을 매우 사악한 기만으로 보기도 한다. 왜냐하면, 그것은 보통 영어로 "능력을 숨기고 때를 기다려라"로 번역되기 때문이다. 그러나 중국어에서 이 어구(은퇴한 유능한 관리를 의미하는 관용표현[成語])는 "행동하기 전까지 때를 기다릴 것"이라는 의미를 전혀 내포하고 있지 않으며, 오히려 그 반대다. 위의 번역("주목받는 것을 피하고, 어둠 속에 자신을 감춰라")이나 또는 "빛을 숨긴 채 은둔하라"가 더욱 정확하다.[19]

더 평화로운 주변을 향해

소련 해체에 대한 베이징의 대응은 덩샤오핑의 지침에 따라 이루어졌다. 베이징은 소련의 갑작스러운 해체로 인해 독립한 구 중앙아시아 통치지역은 물론, 가장 크고 역사적으로 최악의 약탈적 이웃 국가인 러시아연방과의 관계를 정상화하기 시작했다. 베이징의 목적은 서쪽 국경 지역에 평화를 정착시키는 것은 물론, 더 중요하게는 러시아가 재부상할 때를 대비하여 우호적인 관계를 구축해 놓는 것이었다.

평화적인 국제 환경을 조성하려는 중국의 적극적인 노력은 러시아에만 국한되지 않았다. 10년에 걸쳐, 중국은 라오스(1992), 러시아연방(1994), 카자흐스탄(1994~1995), 키르기스스탄(1996), 타지키스탄(1999, 비준은 2011)과 국경문제 해결을 위한 협상을 시작했다. 베이징과 하노이는 육상 국경문제를 해결했고(1999), 통킹만 지역의 배타적 경제수역(EEZs: Exclusive Economic Zones)의 분할에도 합의했다. 곧이어 양국은 남중국해에서의 영유권에 관한 양자 협상을 조용히 시작했다. 그러나 이 협상은 예상치 못한 미국의 개입으로 난관에 부딪혔다. 힐러리 클린턴(Hillary Clinton) 미 국무장관이 2010년 7월 개최된 하노이 아시아안보포럼에서 남중국해 문제를 제기하여 논란이 일었기 때문이다 (오랫동안 중단된 양자 협상은 최근 재개되었다).

미해결된 국경

이웃 국가와 국경문제를 해결하고자 하는 중국의 가시적인 의지에도 불구하고 몇 가지 문제는 미해결된 상태로 남아 있다. 이 가운데 중요한 것은 인도와의 국경문제다. 1996년에 중국과 인도는 국경분쟁을 해결하기 위해 신뢰구축 장치를 마련하고 실질 통제선을 구획하는 것에 합의했다 (인도는 부탄, 미얀마, 네팔, 파키스탄과 국경이 맞닿아 있는 지역에서 중국과 영토분쟁을 벌이고 있다). 양국은 1950년대부터 간헐적으로 국경문제를 논의해 왔다. 당시 중국의 수상인 저우언라이(周恩來)가 중국이 영유권을 주장하는 티베트 지역과 인도가 영유권을 주장하는 티베트 지역의 맞교환을 제안했으나 인도 수상인 네루(Jawaharlal Nehru)는 그 제안을 묵살했다. 1962년, 양국은 소규모 국경전쟁을 했고, 우세했던 인민해방군이 실질 통제선을 넘기도 했으나 곧 자발적으로 철수했다. 현재까지도 종종 발생하는 양국 간 군사적 대치의 현장이 바로 실질 통제선이다.

북한, 몽골, 미얀마와 중국 간의 국경에서는 분쟁이 없지만, 해양영토를 둘러싸고 중국은 이웃 국가들과 분쟁을 겪고 있다. 중국은 센카쿠 열도 또는 댜오위다오섬에 대한 일본의 영유권을 문제시 삼으면서 그것이 대만 일부라고 주장하고 있다. 대만과 중국의 관계에 문제가 있는 만큼, 중국은 이 분쟁의 해결을 일본과 협상할 수 없다. 그래서 양국은 이 문제와 관련된 협상을 무기한 연기했다. 그러나 2010년 이후 양국 모두 이 분쟁을 쟁점화하지 않는다는 암묵적 합의가 깨지면서 양국의 해상경비대 간의 준군사적 대치가 지속되고 있다. 미국은 이 문제와 관련해 일본을 지지했다.

남중국해에 산재해 있는 작은 섬, 바위, 암초, 해저 자원에 대해 영유권을 주장하는 국가들이 많이 있다 (하노이, 쿠알라룸푸르, 마닐라는 물론 '중국'을 대표하여 베이징과 타이베이까지). 1945년에 일본이 항복한 이후, 타이베이는 '중국'을 대표하여 남사군도의 작은 섬 하나를 소유하게 되었다. 중화인민공화국은 1949년 이후, 파라셀(서사)군도의 대부분을 점령했고 1974년 이후에는 서사군도 전체를 장악했다.

1970년대와 1980년대에는 중국 이외의 국가들이 남사군도에서 해양영토 확장을 시도하여 다수의 작은 섬, 바위, 암초를 점령하고 요새화했다 (말레이시아는 5개, 필리핀은 9개, 베트남은 48개의 전초기지를 획득했다). 중국은 아무런 조치를 취하지 않고 있다가 1980년대 후반에 들어와서야 7개의 바위와 암초를 점령했다. 미국은 이러한 중국의 해양영토 확장을 2010년부터 단호히 반대했다. 2014년, 중국은 점령 중인 7개의 바위와 암초를 인공섬으로 만들어 요새화했다. 이에 맞서 미 해군은 '항행의 자유작전'을 전개했다. 미중 양국은 상대방이 존재감을 행사하는 방식에 반대했다. 양측 해군 간에 고조되는 긴장국면을 완화할 수 있는 외교 과정은 없었다.

1995년과 1996년에 대만을 둘러싸고 벌어진 미중 해군의 대치[20] 및 1999년에 대만에서 본격화된 중국과의 영구적인 분리 움직임[21] 때문에, 중국은 미국의 군사적인 보호에 맞서 대만을 제압할 수 있는 군사적 능력의 필요성을 절감했다. 이때까지만 해도 중국은 군사적 능력을 증강하기 위한 계획을 갖고 있지 않았다. 중국 지도층은 2008년까지 군사적 능력을 성취한다는 목표를 설정하고, 군사 현대화 계획에 우선순위를 두었으며, 미군과 관련된 대만 사태에 대비하는 것을 그들의 핵심 목표로 삼았다 (동시에, 중국 지도층은 중국 본토와의 평화통일에 대한 대만인들의 반대를 완화할 목적으로 통일전선 작업의 대대적인 확대를 승인했다).

미군과의 근접 조우 및 대만 사건에 대한 중국의 반응

대결국면을 피한다는 대전략이 여전히 유효했기 때문에, 미국을 겨냥한 군사적 보복을 정당화할 수 있었던 두 가지 사건에 대해서도 중국은 공세적으로 대응하지 않았다.

- 1999년 5월 7일, 미 공군 B2 폭격기가 베오그라드 주재 중화인민공화국 대사관을 정밀유도탄으로 공격하여 세 명의 중국인이 사망하고 20명이 부상을 당했다. 클린턴 대통령이 사과하고 미 관료는 그 폭격이 지도 오류 때문이라고 설명했다. 어떤 중국인도 그 폭격이 우발적이었다고 믿지 않았다(또는 믿지 않고 있다).
- 2001년 4월 1일, 미 해군 정찰기와 중국인민해방군 공군 요격기가 하이난(海南) 섬 상공에서 충돌하여 중국 조종사가 사망하고 미국 정찰기는 하이난 섬의 중국 공군기지에 비상착륙을 했다. 쌍방 모두 상대국의 무모한 비행으로 인해 사고가 발생했다고 주장했다.

한편, 중국은 양안(兩岸, 중국과 대만)문제 해결을 위한 열쇠가 미국이 아닌 대만에 있다고 보았다 (중국은 미국을 대만에 계속 무기를 판매하고 대만과의 관계를 조금씩 '공식화'하는 훼방꾼으로 보았다). 대만 통일을 위해 무력을 사용해야 할 경우, 미국을 저지할 수 있는 능력을 2008년까지 완성한다는 군사 현대화 계획이 드디어 종료되었다. 21세기의 첫 20년 동안, 대만 정치는 독립을 요구하는 것에서 양안의 화해를 요구하는 단계를 거쳐 다시 독립을 요구하는 방향으로 움직였다. 긴장이 고조되었다가 인민해방군(PLA)이 새로운 군사적 능력을 선보임에 따라 긴장이 완화되었다. 2018년까지 미국의 도발이 종종 있었지만, 중국은 대만 및 그 주변에 대한 군사적 우위를 효과적으로 달성했다.

미국에 대한 중국의 환멸과 성취에 대한 자부심

1978년에 '개혁과 개방'을 도입한 이후 30년 동안, 중국은 미국의 제도와 관행을 수용하려는 열렬한 학생이었고 모방자였다. 많은 측면에서, 중국은 미국을 은행, 보험, 주식시장 같은 금융체계와 '부의 관리'를 현대화하기 위한 모델로 보았다. 미국은 중국인의 일상적인 삶은 물론 심지어 중국 군대에 이르기까지 거의 모든 영역에서 영향을 미쳤다 (홍콩이 반환된 1997년, 홍콩에 처음 등장한 인민해방군은 맵시 있는 미국식 군복을 입고 있었다).[22] 그러나 2008~2010년의 금융위기 당시 미국 금융 엘리트들은 중국 금융 엘리트들에 비해 저조한 실적을 냈고 이에 많은 중국인은 이제 미국으로부터 배울 것이 거의 없다고 확신했다. 미국식 모델을 신봉했던 중국인의 믿음이 사그라들면서 중국인의 자신감은 자만심이 되었다.[23]

2020년이 가까워지면서 중국경제는 세계 2위, 어떤 면에서는 세계 1위가 됐다. 국방비 지출은 GDP의 2퍼센트 미만으로 유지하고 있어, 필요한 경우 급증할 여지가 많았다. 하지만 중국의 국방예산은 2000년 146억 달러에서 2018년 1,750억 달러로 늘었다. 중국의 과학, 기술, 공학, 수학적(STEM) 노동력은 현재 세계 최대 규모로 다른 국가의 노동력을 초라하게 만들고 있다.[24] 인민해방군은 미국을 포함하여 세계에서 가장 현대적이고 뛰어난 군대와 맞서 자신을 방어할 수 있는 능력을 보유하게 되었다. 또한, 유엔 평화유지 활동에 상당한 자금과 병력을 기여하고 있으며, 국제적으로 점점 더 관여의 폭을 넓히고 있다.[25]

중국은 지난 1세기 동안 여러 방면에서 미국을 제치고 세계 1위로 올라서고 있다. 중국은 이제 세계에서 가장 큰 제조국가(글로벌 상품생산에서 25퍼센트 이상을 차지한다) 및 가장 강력한 무역경제가 되었다. 중국의 경제는 글로벌 성장의 30퍼센트를 담당하고 있다. 미국은 브레튼우즈에서 창립된 국제금융제도를 개혁하거나 재투자하려는 의지를 상실했다. 이로 인한 국제사회의 결핍은 중국에 의해 충족되고 있다. 중국은 과거의 유산인 현재의 국제금융제도와 조화로우면서도 기존의 약점을 보완할 수 있는 새로운 금융제도들을 조직하고 있다. 이러한 제도들은 미국의 영향과 통제로부터 자유롭다. 이외에도, 미국은 글로벌 기후변화와 싸우려는 국제적인 공조에서 이탈했는데, 중국은 이로 인한 공백을 조심스럽게 메꾸고 있다.

소원해진 미중관계

과거에는 미국이 선두에서 국제 거버넌스 사안들의 해결을 지휘·감독했다. 그런데 그러한 사안들에 대한 중국의 관여가 증가하자 미국의 심기가 불편해지기 시작했다. 미국인들은 그 이유로 미국의 해외 영향력에 대한 중국의 잠식과 불쾌한 사업 관행을 지적하고 있다. 또한, 현재 미국인들의 불안 원인이 주로 국내적인 것이며 중국이나 다른 외국인의 책임이 아니라는 널리 퍼진 견해를 거부하고 있다.

19세기의 미국과 20세기의 일본과 마찬가지로, 중국은 자국 산업기반의 현대화를 위해 다른 국가와 해외 기업의 지적재산권을 얻고자 했다. 이 과정에서 공정한 수단 및 반칙 모두를 활용했다. 글로벌 경제에서 차지하는 위상이 갈수록 높아지고 기술탈취를 위한 사이버 비밀작전의 규모가 커질수록 중국의 기술획득은 미중관계를 껄끄럽게 했다. 해외에 의존하던 중국의 기술발전은 이제 상당부분 자생적으로 이루어지고 있다. 그럼에도 불구하고, 대다수 미국인은 중국의 발전이 미국의 원천기술을 탈취함으로써 이루어진 것이라고 잘못 믿고 있다.

다른 한편, 중국이 (세계에서 두 번째로 많은 국방예산을 보유한) 군사강국으로 부상하자 미국 군대는 위협을 느끼게 되었다. 제2차 세계대전 이후 70년 동안, 특히 냉전 종식 이후 유라시아 대륙에서 미국에 도전할 만한 군사적 경쟁자는 존재하지 않았다. 그러나 이제 중국은 자신의 지역은 물론, 점점 이를 넘어서까지, 권력을 휘두를 수 있는 위치로 올라왔다. 미국인은 미국의 동맹국들이[26] 중국의 위협으로부터 지켜줄 수 있는 미국의 능력을 의심하게 될까 두려워한다.

이 때문에 '안보딜레마'의 고전적인 예시와 같은 현상이 나타나고 있다. 미국의 군사-산업-의회 분야의 주도층은 지난 수 세기 동안 경험했던 외세 침탈을 막고자 방어적인 차원에서 국방력을 강화하고 있는 중국의 노력을 미국에 대한 공격 의도로 해석하고 미국의 대응을 요구하고 있다. 중국의 방어적인 국방 현대화는 이미 어마어마한 미국 국방예산을 다시 증가시키는 추동력이 되고 있으며, 미국은 새로운 무기체계를 개발하기 위해 노력하고 있다. 마찬가지로, 중국 주변부에서 수행되고 있는 미국의 군사작전은 이제 인민해방군의 군사 구조 및 무기체계를 변화시키는 주요 동인으로 작용하고 있다.

경제가 성장하고 군사력이 강력해질수록, 중국은 덩샤오핑이 주창했던 대전략의 전제들을 계속 수용하기가 어렵게 되었다. 중국의 부상은 강박적으로 미국의 적대반응을 불러일으켰고, 이것이 당장 바뀔 것 같지는 않다. 중국은 더 이상 국제적인 동향과 사건들을 관망하는 조용한 관찰자가 아니다. 오히려 이에 관여하는 적극적인 참여자이자 대상이 되고 있다. 중국은 더 이상 주목받는 것을 피할 수 있는 처지가 아니다. 중국은 이웃 국가와 미국 모두에게 초미의 관심사가 되었다. 다른 국가들은 세계문제에 적극적으로 관여했던 미국이 손을 떼면서 생긴 리더십 공백을 메꾸고 있는 중국을 지켜보고 있다. 중국도 이러한 기대에 부응하며 서서히 세계문제를 주도하기 시작했다.

동아시아에서 나타나고 있는 명백한 경향은 중국 중심의 경제질서가 심화되고 있다는 점이다. 중국은 세계의 공급망이 모이는 곳이다. 오바마 행정부(2009~2017년) 동안, 중국에 대한 미국의 환멸과 의구심이 증가했다.

그러나 '아시아 재균형'이라는 군사적인 수사와 '환태평양경제동반자협정(TPP)' 체결을 통해 인도-태평양에서 우위를 유지하려는 미국의 노력은 실패했다. 2016년의 대선 후보자 가운데 '아시아 재균형'을 언급한 사람은 없었다. 또한, 대선 후보자 모두 미중 간의 경제적 경합구도에 대해 우려를 표명했지만, TPP에는 반대했다. 대선에서 승리한 트럼트(Donald Trump)가 첫 번째로 한 일은 미국의 TPP 탈퇴였다.

수정된 중국의 대전략을 향해

부와 국력이 괄목할 만한 성장을 이룬 2013년이 되자 미국과 동등하게 대우받아야 한다는 중국 내 인식이 확산되면서 미중관계에 대한 상호불신이 커졌다. 이 때문에 시진핑(習近平) 총서기는 미중관계를 신형대국관계(新型大國關係)로 재조정할 것을 제안하게 되었다. 그가 설명했듯이, 이 개념은 중국과 다른 강대국 간의 경쟁은 물론 미중경쟁을 완화시킬 수 있는 장점을 내포하고 있다. 그는 미중관계가 제로섬 계산법 대신 상대방의 핵심적인 국익을 존중하는 대화법을 지향해야 한다고 말했다.

그의 제안은 제2차 세계대전 이후 미국이 유엔에서 고안하고 제도화한 세계질서와 완전히 일치했다. 만약 중국을 적대시하지 않는다면, 제2차 세계대전 이후 아시아에서 공고화된 미국의 존재를 인정하고 공존하겠다는 것이다. 그러나 미국 내 다수는 시진핑 총서기의 제안에 냉소적이었다. 미국에게 이 제안은 중국을 미국과 동등한 지위로 격상시켜 인도-태평양은 물론 글로벌 차원에서 미국의 우위를 침식하려는 수작으로 보였기 때문이다. 미국은 이 모호한 제안을 자국에 유리한 구체적인 무엇인가를 만들어 낼 기회로 삼기보다는 무시하는 쪽을 선택했다. 이 때문에, 중국은 아시아에서 존재감을 유지하려는 미국의 목적이 아시아 국가들과의 관계를 원활히 하려는 것이 아니라 중국의 부상을 저지하는 것임을 확신하게 되었다.

결국, '신형대국관계'라는 제안은 중러관계를 명시하는 것에 그치고 말았다. 양국에 대한 미국의 전략적인 적대감, 군사적 압박, 경제전쟁 때문에 두 유라시아 거인들의 관계는 전성기를 맞이하게 되었다.

미중 경쟁관계가 적대관계가 되다

2017년에 트럼프 행정부가 집권하자, 미국은 10년 동안의 미중관계를 협력적 교류주의(交流主義)에서 경쟁적 적대관계로 신속하게 이행했다. 다음과 같이 미국은 스스로 중국의 글로벌 적대국임을 명확히 했다.

- 지정학적으로 (아프리카, 중남미, 러시아와의 동반자관계 확대를 통해 미국 주도의 세계질서와 다른 새로운 세계질서를 조직하려는 중국의 야심을 주시하면서)
- 외교적으로 (일대일로 구상이나 글로벌 공공재를 통해 유라시아 대륙과 인접 지역의 문제를 다루려는 중국을 국제사회에서 배제함으로써)
- 경제적으로 (제재, 투자제한, 관세와 수입제한, 지적재산의 중국으로의 법적 이전을 금지하기 위한 개입, 미국이나 미국에 우호적인 다국적기업들이 전통적으로 우세한 해외 시장에 중국의 첨단 기술 기업들이 침투하는 것을 저지하는 등의 경제전쟁을 통해)
- 정보와 문화적으로 (제3세계와 중국 간의 외교관계를 파탄내고 미국과 해외에서 영향력을 확대하려는 중국의 공작을 분쇄함으로써)
- 군사적으로 (중국 근교 해상에서 해군 작전 및 정보 수집 작전을 수행하여 중국이 해안선이나 연안의 섬 요새로부터 군사력을 투사하는 것을 어렵게 함으로써)
- 사이버와 우주 같은 비전통적 전략 분야에서도 군사적으로 경제적으로 경

쟁을 가속함으로써

지속적으로 성장하고 있는 중국에 대한 미국의 적대감은 중국이 이전에 채택했던 수용주의적(미국 주도의 세계질서를 인정하는 – 역자 주) 대전략을 무효화시켰다. 2019년에 중국은 어려운 선택의 기로에 놓였다. (1) 중국의 번영과 안보를 성취하는 데 효과적이었던 기존의 접근법을 폐기하라는 미국의 요구에 굴복할 것인가, (2) 중국의 번영과 안보를 촉진했던 미국이 만든 질서의 제도와 관행을 보존하고 심지어 강화할 것인가, (3) 중국의 부와 국력이 성장하는 것을 방해하고 중국의 체제변환을 시도하는 미국에 강경하게 맞서야 할 것인가.

40년 전, 덩샤오핑의 지침에 따라 중국이 채택한 '개혁과 개방'은 글로벌 지정학과 지경학을 변환시켰다. 1970년대 이전의 전략적 적대관계로 회귀한 미국에 대응하기 위해 중국이 재조정한 대전략 역시 새로운 변환을 만들어 낼 것으로 예상된다. 중국은 미국의 요구를 수용하겠다는 의사를 밝혔지만 중국 정치경제의 근본적인 변화를 요구하는 것에는 굴복하지 않겠다는 뜻을 분명히 했다. 미국의 아시아 주둔은 중국에 맞서 중국의 경제성장, 군안보, 주권과 영토 보전의 전망을 약화시키는 것을 목표로 하고 있다 (특히 평화적이든 무력으로든 대만을 본토와 재통일함으로써).

미국의 적대감에 대한 중국의 대안적인 전략적 반응

양국 간 경제적 긴장구도가 외교협상을 통해 완화되기는 했지만, 중국은 여전히 공세적으로 적대적인 미국에 대응하기 위한 정책을 재조정하고 있다. 중국은 글로벌 차원에서 미국과 대등한 능력 및 책임감을 가질 필요가 없다. 중국이 집중해야 하는 것은 미국의 공격으로부터 자국을 보호하는 것이다.

즉, 중국은 미국의 하이테크 생산품 및 상품들에 대한 의존도를 낮추거나 아예 없애는 작업에 착수할 것이다. 이 때문에, 중국의 사업 관행의 몇몇 요소들이 주요 무역 상대국을 난처하게 만들 수 있다. 중국은 미국의 지역적·글로벌 리더십과 영향력 같은 소프트파워를 와해시키는 공세적인 방법 또는 미국의 하드파워를 손상시키는 방법 가운데 하나를 선택해야 하는 상황에 직면해 있다. 중국은 이 두 가지 대안 모두를 지지한다.

이러한 맥락에서 중국이 현재 직면해 있는 미국의 위협에 대해 상대적으로 절제된 반응은 상상컨대 다음과 같은 정책들을 포함할 수 있다.

- 미국의 은행, 증권사, 보험사만을 제외한 채 금융시장을 개방한다.
- 미국 이외의 모든 국가와 상호출자를 촉진하기 위한 양자 투자협정을 체결한다.
- 미국의 일방적인 제재를 받는 국가들과 협력하여 미국과 단절된 은행시스템의 구축을 가속화하고 달러의 글로벌 패권을 종식시킨다.
- EU, 일본, 다른 국가들과 협력하여 세계무역기구(WTO: World Trade Organization)와 다른 다자주의적 제도들을 개혁하고 강화하며 미국이 창립하고 지배해 온 국제제도들을 대체할 수 있는 새로운 대안들을 구축한다.

이와 달리, 중국이 미국에 대해 강경한 대응을 하려면, 중국은 다음과 같은 조치들을 채택할 수 있다.

- 미국으로부터 일방적인 제재를 받고 있거나 배척을 당하고 있는 국가들을 지원하는 정책을 채택한다 — 정상국가를 중국 편으로 끌어들이기 위해 미국과 힘겨루기를 하는 것이 아닌 미국의 배척으로 인해 생긴 공백을 적극적으로 활용하는 것.
- 다른 국가와 협력하여 쿠바, 이란, 북한, 베네수엘라 등을 압박하고 있는 미국의 노력을 방해한다.
- 다른 독재국가들과 협력하여 사이버공간, 인공지능 사용 및 디지털 기술의 적용에 대한 다자주의적 통제 대신 국가 단독의 통제가 가능한 표준을 설

정한다. 이렇게 함으로써 정치적 표현을 통제하고 사이버공격에 대한 취약성을 낮춰 국내 안정을 유지한다.

- 미국의 일방주의, 약속불이행, 체제변환과 같은 내정간섭에 대한 공세적 비난을 세계적 차원으로 확장한다.
- 미국의 위협을 받고 있는 러시아, 이란, 북한, 다른 국가들과 연대하여 미국의 동맹국 및 미국과 제휴한 국가 내에서 미군이 자국 영토에 주둔하거나 시설을 사용하는 것에 항의하기 위한 움직임을 장려한다.
- 한반도 통일을 지지하고 통일한국이 중립국이 될 수 있도록 한다.
- 대만이 다른 국가들과 유지하고 있는 외교관계를 파탄내고 해외에 있는 대만의 준(準)공식 대표부가 철수되도록 하여 대만이 정상국가로 인정되지 않도록 한다.
- (미국이 아직도 비준하지 않고 있는) 유엔 해양법협약의 개정을 추진하여 해양영토 주권 및 해안선 인근 타국 해군 활동의 범위를 정하는 기준선 설정에 관한 중국의 관점(그리고 국제 다수의 의견)이 개정안에 반영되도록 한다.
- 미국은 신뢰할 수 없는 대상이라는 점과 어떤 형태로든 중국 본토의 재통일이 이제 임박해 있다는 점을 대만에 각인시킨다.

미국에 대한 더욱 강경한 중국의 대응은 다음과 같은 정책들을 추가할 수 있다.

- 미국의 일방적 제재에 대한 보복 차원에서 미국 은행과 기업에 대해 직간접인 제제를 가한다.
- 미국을 WTO에 공격적으로 제소하고 이 문제를 유엔으로 이관하여 쟁점화시킨다.
- 파리기후협약 가입국들을 설득하여 비회원국의 상품에 관세를 부과하고 탄소세를 도입하지 않은 국가의 상품에 대해서도 세금을 부과하게 한다 (트럼프 행정부는 이 협약에서 탈퇴했고 탄소세를 시행하지 않았다 – 역사 주).

- 현재 일본이 주도하고 있는 TPP처럼 미국이 탈퇴했거나 참여하지 않고 있는 무역 자유화 및 관세인하 협정에 가입한다.
- 미국으로 중국의 첨단 기술 수출을 금지하는 수출 통제를 한다.
- 중국의 지적재산권을 탈취하려는 외국의 시도를 불법화한다.
- 중국의 '핵선제사용금지' 원칙을 수정하여 특수한 상황에서는 선제공격이 가능할 수 있도록 한다.
- 중국의 핵무기 수를 대폭 늘리고 미 대륙 본토를 위협할 수 있는 핵투발 수단인 잠수함과 장거리 폭격기를 증강 생산하여 배치한다.
- 중국의 우주 프로그램에 미국이 참여하는 것을 상호 배제하는 동시에 다른 국가와의 관계 확보를 위해 이를 이용한다.
- 미국을 배제한 채 북한이 한국에 평화협정을 제안하는 것을 찬성하고 이를 유엔에 보고하여 한국에 있는 '유엔사령부'의 해체를 요구한다.[27]
- 남중국해 영유권을 둘러싼 분쟁 협상이 타결될 때까지 해당 도서를 어떻게 획득했는지에 관계없이 이미 소유하고 있는 것을 인정하는 다자간 협정을 체결한다 (중국은 이미 남중국해에서 가장 많은 도서를 무단 점령하여 소유하고 있다 – 역자 주).
- 남중국해 서사군도와 남사군도에 있는 중국의 소유지 및 인공물을 정당화하고 이들에 대한 미 해군의 접근을 금지할 수 있는 중국식의 국제법 법리 해석을 개발한다.
- 미사일기술통제체제(MTCR: Missile Technology Control Regime)를 준수하겠다는 약속을 포기하고, 미국을 타격하고 억지할 수 있는 미사일을 서반구와 다른 지역에 있는 반미 국가에 수출한다.
- 중남미와 아프리카 북서지역에 해군 기지를 포함한 군사력을 주둔시키고 미국을 겨냥한 미사일 발사 잠수함을 배치한다.
- 일본, 한국, 인도네시아 및 기타 국가의 전략적 통신망을 확보하기 위한 공동안보 작전 및 훈련을 개발한다.
- 미국의 반응과 상관없이, 대만을 초토화시킬 수 있는 능력을 보여주는 군사훈련 프로그램으로 대만을 압박한다. 그리고 '중국의 제안을 거부할 수

없도록' 만든다.

다른 말로 하면, 중국은 이제 굳이 해야만 한다면 미국에 심각한 고통을 안겨주고 미국의 이익을 심각하게 훼손할 수 있는 능력을 보유하게 되었다. 미국과의 경쟁에서 중국이 유리한 점은 대부분의 미국인이 생각하는 것 보다 훨 씬 더 강력하다.

- 중국의 제조 능력은 미국보다 50퍼센트 이상 더 크다.
- 중국의 과학, 기술, 공학, 수학적(STEM) 노동력은 최소한 미국보다 8배 이상 크고 심지어 더 빠르게 증가하고 있다.
- 중국의 국방지출은 국가예산 및 GDP 대비 적절한 수준이나 국방지출은 언제든지 현 수준보다 두 배 또는 세 배 이상 증가할 수 있다.
- 미군은 상당히 멀리 떨어져 있는 본토에서 군사력을 투사하여 작전을 수행해야 하는 반면, 방어적 위치에 있는 인민해방군(PLA)의 최전방은 중국 본토의 국경선이다.
- 중국은 타국과의 '동맹'에 구속되어 있지 않다. 따라서 동맹 눈치를 볼 필요가 없으며 행동이 자유롭다.
- '동맹들'이 없기 때문에 중국을 미국과의 전쟁에 쉽게 휘말리게 할 국가는 없다. 이에 반해 미국을 중국과의 전쟁에 휘말리게 할 국가는 많다.
- 중국은 지구상 거의 모든 국가의 주요한 무역 파트너이다.
- 세계가 보기에 전도유망한 국가는 중국이다. 때문에, 미중 사이에서 양자택일을 원하는 국가는 없다.
- 중국의 내부 보안 및 방첩 시스템은 미국보다 훨씬 견고하여 침투하기가 어렵다.

미중 대립의 장기화가 어떠한 결과를 초래할지는 확실치 않다. 그러한 대립이 본격화되면 그것은 21세기의 진로와 앞으로 다가올 세계의 모습을 결정짓는 사건이 될 것이다.

결론

17번째로 중국 대륙을 통일한 국가가 되었음을 경축한 1949년 당시만 해도 중화인민공화국은 이전의 영토 복원이나 국경문제 합의 같은 필수 과제를 완수하지 못한 상태에 있었다. 때문에 이 두 가지는 계속해서 중국의 '핵심 관심사'로 남게 될 것이고 중심 목표가 될 것이다. 하지만 중국의 부, 국력, 기술적 능력의 성장은 다시 한번 미국의 강력한 견제에 직면해 있다. 글로벌 차원이나 지역적 차원에서 리더십을 추구하지 않아도 중국은 이제 이를 추구하지 않을 수 없게 되었다. 적대감을 표출하고 있는 미국에 맞서 중국은 지역적·글로벌 차원의 지정학을 재편성할 필요가 있다.

덩샤오핑 지지자들의 소극성과 자제 때문에 중국은 — 적어도 지금까지는 — 평화롭게 부상해 왔다. 이제는 더 이상 그렇게 할 수 있기를 기대하기는 어렵게 되었다. 중국은 러시아연방과의 협력을 제도화하여 글로벌·지역적 문제를 지배하려는 미국의 노력을 상쇄할 수 있게 되었다. 그리고 중국은 일대일로 구상을 통해 유라시아 대륙을 포함한 동반구(東半球) 전체로 경제적 영향력을 확대할 것이라고 천명했다. 미국은 중러 연대와 일대일로 구상 모두에 대해 적대감을 공표했다.

중국은 이제 미국이 구축한 세계화된 질서에 완전히 통합되어 있다. 미국이 중국을 적대시하고 있는 맥락 속에서, 미국은 기존 세계질서에서 한 발짝 물러나려 하고 있으며, 이 때문에 미국의 파트너국과의 관계마저 소원해지고 있다. 이러한 상황 전개는 중국이 자국의 이익을 방어하고 증진시키는 방식으로 세계질서를 재편할 수 있는 기회가 되고 있다. 그렇게 하기 위해서 중국은 유럽, 중남미, 아프리카의 강대국 및 중견국들을 포함한 대다수 국가와 공동의 조직을 만들어야만 한다. 이들 국가의 대부분은 오랫동안 미국과 협력해 왔다. 이들의 지지를 얻기 위해 중국은 그들의 환심을 사는 것은 물론, 기존의 외교방식을 현대화하여 동류(like-minded)국가 연합을 이끌 수 있는 능력을 가져야 한다. 그렇게 되기 위해서는 중국의 외교관행에서 지금까지 잘 찾아볼 수 없었던 타국의 이익에 대한 이해를 요구한다.

중국의 대전략 앞에 놓인 도전과제는 명확하다. 하지만 그것들을 해결할 수 있는 중국의 능력은 여전히 불명확하다.

주

1) 중국의 전통적인 집약 농업경제는 댐, 계단식 재배 및 기타 기술공학을 이용할 수 있는 환경에만 적합하다. 중동에서도 지리적이고 문화적인 요인들 때문에 정착해서 농사를 짓는 사람들도 있지만 유목하면서 양을 키우는 사람들도 있다. 중국인들은 자신들을 둘러싼 산악지대, 사막지대, 삼림지대에 거주하는 이민족 전사들의 침입과 약탈에 취약했다. 이러한 취약성으로 인해 중국인들은 전통적으로 아시아 내부에 방점을 둔 방어지향적인 태세를 취하게 되었다.
2) 알렉산더 대왕이 통치했던 제국의 존속기간인 13년(기원전 336~323년)보다 1년 남짓 더 길었다.
3) 그러나 중국은 종종 경쟁하는 여러 주권국가들로 분열되어 있었다.
4) 각각의 왕조를 헌법 질서로 볼 수도 있다. 중국의 전통적인 역사기록학에 따르면, 개별 왕조는 약 225~275년 정도 존속되었고, 이민족들의 침입으로 전복되어 사라지곤 했다. 일반적으로 이민족들은 침입하기 전에 이미 반(半)중국화된 상태에 있었다. 몽골족은 중국 전역을 점령하기 전에 이미 중국 북쪽에 중국식 왕조를 세웠었다. 선양(瀋陽)의 만주 법정도 베이징의 명나라 법정을 모방한 것이었다. 중국인의 시각으로 보면, 아픈 기억이지만 20세기 중반 중국 정복을 시도한 일본 역시 반중국화된 상태에 있었다.
5) (필자는 1972년에 닉슨 대통령의 방중 당시 통역관으로 수행했었다 – 역자 주). 나는 베이징에서 PRC(중화인민공화국) 관리들과 처음 대면했을 때 크게 놀란 적이 있었다. 왜냐하면 PRC와 '중국(China)'을 동일시하지 않는 그들의 태도 때문이었다. 그들은 PRC를 과거의 중국과 완전히 절연된 새로운 정치질서로 보고 있었다.
6) 타이핑(Taiping)과 니안(Nian) 반란은 2,000만~3,000만 명의 목숨을 앗아갔다. 통지후이(Tongzhi Hui) 반란으로 800만에서 1,200만 명이 사망했다. 1차 중일전쟁에서 약 4만 5,000명이 사망했다. 의화단(義和團) 사건에 대한 외세의 탄압으로 약 4만 명의 중국인이 사망했다. 일본의 중국침략(1931~1945)으로 약 2,000~2,500만 명의 사망자가 발생한 것으로 추정된다. 중국 내전(1945~1949년)으로 800~1,100만 명이 사망했다.
7) 그러나 2018년에 중국은 다시 종교를 억압하기 시작했다. 무슬림 소수민족에 대한 '중국화' 조치가 대표적인 예이다.

8) '동맹(alliance)'은 필요시 서로 지원하겠다는 당사자 간의 광범위한 상호 약속을 구체화한 조약이다. '협약(entente)'은 특정한 목적을 위해서만 그리고 한정된 기간에만 협력하는 당사자 간의 제한적인 약속이다. 지속적인 독립과 영토 보전을 위해 강대국의 안전보장을 일방적으로 제공받는 약소국을 '보호국(protectorate)'이라고 한다. 이 경우 강대국은 안전보장 제공에 상응하는 대가를 보호국으로부터 받기 때문이 아니라 약소국의 전략적 중요성 때문에 안전보장을 제공한다. '의존국(client state)' 관계는 우월한 국가와 열등한 국가인 의존국 간에 이익을 교환하는 관계를 의미한다. '거래(transactional)' 관계는 양측이 평등에 기초하여 어떤 것을 주고받는 관계를 의미한다. 예를 들어, 초창기 중소관계는 동맹이었다. 북한은 중국과 소련 모두의 공동 보호국이었다. 중소관계가 이완됨에 따라 양국의 관계는 미국을 적대시하는 사안에 대해서만 협력하는 협약관계가 되었다. 이후 양국은 적대관계가 되기 전까진 거래관계를 유지하면서 경쟁을 했다. 아시아에는 미국의 보호국과 의존국만 있었다. 제2차 세계대전 당시 대만은 미국의 의존국이었고, 패전한 일본 역시 미국의 의존국이 되었다. 남베트남, 캄보디아, 한국, 대만은 미국의 보호국이었다 (한국과 대만은 현재도 미국의 보호국이다). 필리핀과 태국은 미국의 의존국이었다. 지난 80년 동안의 미중관계를 미국 관점에서 보면, 중국은 미국의 보호국(중화민국 – 역자 주), 적국(1950~60년대의 중화인민공화국 – 역자 주), 보호국과 협약 상대국(1970~80년대의 중화인민공화국 – 역자 주), 거래 상대국(2000년대의 중화인민공화국 – 역자 주)이었다가, 현재는 경쟁국과 적대국(2010~20년대의 중화인민공화국 – 역자 주)이 되었다.

9) 한국전쟁에 참전한 중국군은 의용군인 '중국인민지원군'이었다.

10) 이것은 다첸군도(大陳 群島) 내의 여러 '해안 섬의 위기'로 나타났다 (1954~1955, 원서에서는 1854~1955년으로 되어 있으나 이는 저자의 오류로 보임); Jinmen and Mazu (Quemoy and Matsu) (1955); Jinmen and Mazu (1958).

11) 이러한 작전에는 티베트에서 반란을 선동하고 1959년에 정치적 망명을 시도하던 달라이 라마를 인도(현재까지도 그가 망명 중인 곳)로 호송하는 임무도 포함되어 있었다. (이에 비해 훨씬 비효과적이었지만) 중국은 보복조치로 푸에르토리코 분리독립주의자들, 미국 인디언 운동, 그리고 미국의 다른 급진적인 반체제 단체들에게 상징적인 지지를 표명했다.

12) 본문은 여기를 참조. https://history.state.gov/historicaldocuments/frus1969-76v17/d203.

13) 미중 양국이 서로의 입장차이를 인정한 것은 쌍방 모두 자국의 이익을 포기하지 않을 것임을 상대에게 주지시킨 결과였다.

14) 미중 '정상화'는 1978년 12월 16일 베이징에서 발표되었다. 12월 18일 덩샤오핑은 중국공산당 제11기 3중전회에서 '개혁개방'정책을 선언했다.

15) 중국의 대전략에 대한 다른 연구에 대해서는 다음을 참조. Michael D. Swaine and Ashley J. Tellis, *Interpreting China's Grand Strategy: Past Present, and Future* (Santa Monica, CA: Rand Corporation, 2000); Avery Goldstein, *Rising to the Challenge: China's Grand Strategy and International Security* (Stanford, CA: Stanford University Press, 2005); Ye Zicheng, *Inside China's Grand Strategy: The Perspective from the People's Republic* (Lexington: University of Kentucky Press, 2010); Henry Kissinger, *On China* (New York: Penguin Press, 2011);

Michael Pillsbury, *The Hundred Year Marathon: China's Secret Strategy to Replace America as the Global Superpower* (New York: St. Martin's Griffin, 2016); Sulmaan Wasif Kahn, *Haunted by Chaos: China's Grand Strategy from Mao Zedong to Xi Jinping* (Cambridge, MA: Harvard University Press, 2018); 그리고 Wang Jisi, "China's Search for a Grand Strategy: A Rising Power Finds Its Way," *Foreign Affairs* 90, no. 2 (March/April 2011): 68–70.

16) Bruce Reidel, *What We Won: America's Secret War in Afghanistan, 1979–1989* (Washington, DC: Brookings Institution Press, 2014).

17) https://acesflyinghigh.wordpress.com/2015/02/25/usaf-aggressor-squadrons/. 'Constant Peg' 프로그램 전반에 대한 설명은 다음을 참조. https://www.globalsecurity.org/military/systems/aircraft/constant-peg.htm.

18) 소련의 설계도면을 바탕으로 제작된 것이지만, J-8은 중국이 자체 기술로 독자개발한 최초의 고고도 초음속 전투기였다. J-8을 현대화하기 위해 조력한 미 공군의 프로그램은 '평화의 진주'라고 불렸다. 'J-8'의 'J'는 '전멸'을 뜻하는 한자어 'Jian'(歼)에서 따온 말이다. 영어로 전투기/요격기에 사용하는 'F'를 따서 J-8을 종종 F-8이라고 부르기도 한다.

19) 도광양회(韬光养晦)는 콩룽(孔融) (기원후 153~208, 후한 말의 학자로 공자의 20세손 – 역자 주)의 시에서 따온 4자 성어(成语)이다. 중국어 사전에서는 동의어로 '韬晦隐居(빛을 숨기고 은둔 생활을 하다)'를 지시하고 있다. 이 성어는 황제에 의해 면직된 재상에게 한 콩룽의 충고에서 비롯되었다. 즉, 권력에서 밀려나면 복귀하려고 애쓰지 말라는 것이다. 역설적으로, 콩룽 본인이 도광양회를 지키지 못해서 조조에게 처형을 당했다. 현재 중국 때리기에 여념이 없는 이들이 경쟁하지 말라는 콩룽의 도광양회를 권좌를 되찾기 위한 사악한 계략으로 왜곡한 것은 마지막 역설이다.

20) 이 위기에 대한 설명은 다음을 참조. "Preventing War in the Taiwan Strait," *Foreign Affairs* 77, no. 4 (1998).

21) 대만 지도자 리덩후이(李登辉)는 1999년 7월 9일 독일의 라디오 방송, 도이체 벨레(Deutsche Welle)와의 회견에서 자신의 양국론(两国论)을 언급했다. 그러나 굳이 양국론이 아니더라도 그는 다른 여러 방식으로 대만 독립을 선포했다.

22) 이외에도 인민해방군은 미국에서 시작된 많은 관행을 모방하고 있다. 군복무 우수자에게 혜택을 제공하거나, 군부대 방문자들에게 기념주화를 증정하는 것 등이 그것이다.

23) 그러나 중국 부모들은 계속해서 그들의 자녀를 미국 대학에 보내고 있고, 인민해방군은 그들이 모방하고 싶은 전문지식을 얻기 위해 계속해서 미군을 주시하고 있다.

24) 2016년 현재, 중국의 STEM 근로자는 470만 명, 미국은 56만 8,000명이다.

25) 중국은 국제평화유지작전에 두 번째로 큰 자금을 지원하는 국가이며 (1위는 미국, 3위는 일본) 최대 8,000명의 병력을 제공하기로 약속했다.

26) 현실적으로 약소국가인 보호국과 의존국, 그 어느 국가도 적대국의 위협으로부터 미국을 보호해야 할 의무를 가지지 않는다.

27) 엄밀히 말하면, 북한과 전쟁을 한 당사자는 미국이 아닌 유엔이었다. 이 때문에 미국 대신 유엔이 중국 및 북한과 한반도 정전협정(1950년)을 체결했다.

3부

내부적 근거

민족주의, 사회적 영향력, 그리고 중국의 외교정책

4장

피터 그리스(Peter Gries)

국내적인 지원도 필요하지만, 대외적 지원도 중요하다. … 후자가 국가이미지를 긍정적으로 만들고 국제적 영향력을 확장하는 데 도움이 되기 때문이다. (웨이보 사용자, 2017년 5월)[1)]

정부가 다른 국가에 재원 낭비하는 것을 멈춰야 한다. 도움을 받고 나면, 그 국가들은 중국에 등을 돌릴 것이다. 중국정부는 정말로 도움이 필요한 사람들에게 초점을 맞춰야 한다. 식량과 옷을 구하기가 어려운 먼 지역에 있는 (중국) 아이들에게 지원해 주는 것이 더 낫다! (웨이보 사용자, 2017년 5월)[2)]

일대일로(OBOR, 一帶一路) 구상은 시진핑 중국 주석의 대표적인 외교정책 구상이다. 그가 국가부흥 비전으로서 제시한 '중국몽(中国梦)'과 관련하여, 중국공산당(CCP: Chinese Communist Party)은 대내외적으로 일대일로를 공세적으로 홍보하고 있다.

그러나 첫머리에 있는 인용구절을 통해 알 수 있듯이 중국인들은 이 국제적인 대형 프로젝트를 놓고 의견이 분분하다. 2017년 즈후(知乎, 대중적 인기를 누리고 있는 중국판 Quora, 한국의 네이버 지식인과 유사 – 역사 주)의 한 블로거는 "전쟁을 통해 동맹을 얻는 미국과 달리 세계를 긍정적인 방식으로 연결하는 것은 대단히 훌륭한 생각이다"라는 글을 게시했다. 하지만 모든 이가 이에 동의하는 것은 아니다. 즈후의 또 다른 블로거는 "그것은 너무나 위험하다"라는 글을 게시했다. 이 블로거는 테러리스트가 중국의 기반시설 프로젝트를 파괴할 것이고 "미국 역시 방해를 시도할 것이다"라는 의견을 개진했다.[3]

이와 같은 중국 블로거의 의견과 그들 간의 논쟁이 중국의 외교정책에 중대한 영향을 미치는가? 국제관계학의 많은 주류 이론가들은 그렇지 않다고 주장할 것이다. 구조적 현실주의자들과 신자유주의적 제도주의자들에게 국내 사회와 정치는 큰 의미가 없다. 이들에게 있어 외교정책을 추동하는 것은 힘의 균형과 같은 체제 차원에서의 국가관계이다.[4] 그러나 다른 국제관계 이론가들은 국가 내에서 일어나는 일이 국제적인 문제의 향방을 결정한다고 반박한다. 민주평화이론가들과 자본주의평화이론가들은 국내정치·경제체제의 특성이 국가 간 전쟁과 평화를 결정지을 정도로 매우 강력한 힘을 발휘한다고 주장한다.[5]

제5장에서 자오(Suisheng Zhao)는 중국의 정치 엘리트가 외교정책을 어떻게 결정하는지를 상세히 검토하고 있다. 그가 적절히 지적하고 있듯이, 국내 외교정책 전문가의 숫자는 급격히 증가했지만, 시진핑은 너무 많은 의사결정권을 독점했다. 이것은 오판으로 인한 무력충돌의 가능성을 증가시킨다.

자오는 당-국가인 중국의 하향식 의사결정 구조를 상세히 분석하고 있는데 반해, 이 장은 상향식 관점에서 중국의 의사결정 구조를 분석하고 중국의 외교정책이 만들어지는 광범위한 사회적 맥락을 살펴본다. 이 장을 관통하는 일관된 주장은 사회적 영향력이 중요하다는 것이다. 시진핑 주석과 중국공산당(CCP)은 "중국을 다시 위대하게 만들고 있다"는 명분에 상당 부분 정치적 정통성을 걸고 있기 때문에, 중국의 사회적 행위자들은 중국의 외교정책을 어떻게 추진해야 하는지에 대한 민족주의적인 반론을 할 수 있고, 또 그렇게 하고 있으며, 종종 더 강경한 외교정책을 요구하기도 한다. 중국공산당은 중국외교정책에 대한 사회적 영향력을 주시하고 있으므로, 외부 관찰자인 우리도 그렇게 해야 한다. 이 장은 다음과 같은 내용을 집중적으로 살펴볼 것이다. (1) 각계 각층의 중국인들이 세계에 대해 느끼고 생각하는 것, (2) 중국이 세계와 마주했던 지난 과거를 국가가 사회화한 결과로 나타난 세계관의 기원, (3) 민족주의 및 기타 사회적 영향력의 외교정책적 결과.

중국 본토인은 다윈의 관점으로 사회화되어 세계를 계층적이고 경쟁적으로 바라본다. 이러한 세계관은 세 가지 방식을 통해 사회화되었다. 첫째, 중국공산당은 유교주의를 부활시켰고 이것이 세계와 마주했던 지난 과거를 바라보는 중국 중심의 세계관을 만들어냈다. 즉, 중국이 계층적인 '천하(天下)'의 맨 꼭대기에 있다고 보는 것이다. 둘째, 베스타(Odd Arne Westad)가 쓴 제2장에서 강조하듯이, 당-국가가 최근 들어 지속적으로 조작하고 있는 '백년국치'라는 대중적 서사가 일본과 서방에 대한 분노를 자아내고 있다. 백년국치는 19세기 중반 중국이 국제사회 정상의 자리를 부당하게 빼앗겼으나, 이를 다시 탈환할 것이라는 담론이다. 마지막으로 지금까지 40년 동안, 개혁의 기치 하에 중국은 무자비한 자본주의 경쟁의 장이 되어 왔기 때문에, 중국인들은 그들의 국가가 외부세계와 별반 차이가 없다고 인식하게 되었다. 가장 강한 자만이 살아남는다. 그것은 중국이 될 수도 있고 외국인이 될 수도 있다. 중국인이든 외국인이든 믿을 사람은 없다.

이렇게 인식된 글로벌 정글에 대한 두 가지 주류적 반응은 민족주의와 세계주의다. 민족주의자는 중국에 대한 사랑(애국심)을 넘어 타국에 대한 중국의 우월성을 강조한다. 세계주의자는 두 가지 입장으로 나뉘는데, 편협주의를 거부하고 보편주의를 선호하는 입장과 자신들을 과거의 후진적인 중국이 아닌 현대적인 서양과 동일시하는 입장이 그것이다. 이 가운데 후자에 해당하는 친(親)서방 세계주의가 더 압도하는 것처럼 보이지만 사실 민족주의와 세계주의 모두 세계에 대한 다윈의 사회진화적 관점을 공유하고 있다. 다만 세계주의자는 위계를 뒤집어 서양이 맨 꼭대기에 있다고 보고, 미국 및 유럽, 그리고 그들의 사회문화적 생산물에 감탄하고 소비한다.

중국의 부상과 세계화는 중국과 세계의 직간접적인 접촉의 증가로 이어졌다. 해외여행 증가로 중국의 젊은이들은 글로벌 대중문화에 더 많이 노출되었다. 그러나 이렇게 증가하고 있는 국제적인 접촉이 중국외교정책에 어떠한 효과를 미치게 될지는 상황에 따라 다르다. 세계화는 외국에 대한 포용적 혹은 배제적 반응, 즉 세계주의 혹은 민족주의를 촉진할 수 있다.[6] 서양세계가 중국의 존엄성을 모독한다고 인식할 경우, 파리나 상하이에 있는 세계적인 젊은 중국인들조차 민족주의자로 변신할 수 있다. 따라서 우리는 이러한 사회집단을 도식화할 때 주의를 기울여야 한다. 그들의 정체성과 태도가 매 순간 극단적으로 변할 수 있기 때문이다.

복잡하긴 하지만, 이러한 국제적인 태도는 체계적인 연구대상이 될 만큼 다양하다. 모든 중국인이 똑같은 것은 아니며, 다양한 집단들이 다른 태도를 보일 수 있다. 이 장에서 재검토되는 제한적인 증거에 따르면, 대체로 젊고 남부 출신이면서 도시에 거주하는 중국인일수록 친(親)서방적이고, 나이가 많고 북부 출신이면서 농촌에 거주하는 중국인일수록 민족주의 성향을 보인다. 그럼에도 불구하고, 세계를 바라보는 모든 본토 중국인의 관점은 크게 차이가 나지 않는데 그 이유는 바로 중국공산당이 주도해 온 강력한 사회화 과정 때문이다.

이 장은 대중이 중국의 외교정책을 형성한다는 점을 제시는 하지만 증명을 하지는 않을 것이다. 당-국가와 사회 간의 관계는 상호적이다. 중국공산당은 중심적인 역할을 할 뿐만 아니라 교육, 미디어, 엔터테인먼트 산업까지 일일이 통제하는 작은 역할까지 도맡아 하고 있다. 이를 통해 중국공산당은 중국 본토인들이 중국에 적대적인 세계 — 특히 서양 — 에 대해 다윈의 사회진화적 관점을 견지하도록 사회화한다. 그러나 중국인들도 중국외교정책에서 중심적인 역할을 한다. 특히, 민족주의 여론과 거리 시위가 확산되고 더 강경한 외교정책에 대한 요구가 빗발칠 때 더욱 그러하다. 일본이나 대만과 관련된 외교적 사안이라면, 중국사회의 역할은 상당히 중요해진다.

이 장은 사회적 영향력이 중요하다는 전제를 가지고 시작한다. 외교정책 성과에 관한 전권을 보유하고 있는 중국공산당은 사회 및 외교정책과 불가분의 관계에 있다. 곧이어, 이 장은 다음과 같은 어려운 경험적 질문을 한다. 아시아의 이웃 국가, 애증의 대상인 유럽과 미국 같은 1세계, 그리고 러시아 및 아프리카와 중남미 같은 어둡고 발전이 뒤쳐진 제3세계 등에 대한 중국인의 감정과 태도에 관해 우리는 무엇을 알고 있는가? 이 질문에 답하기 위해 각각의 세계에 대한 중국인의 관점이 어디에서 비롯되었고 무엇이 그러한 관점을 갖도록 추동했는지(왜?)를 추적한다. 그리고 인구통계학(가령, 연령과 주거지)과 개인적 성향(가령, 민족주의와 세계주의)이 중요하지만, 정치적 사회화와 동료 사회화가 중국 인민의 국제적 관점의 폭을 제한하는 강력한 효과를 갖고 있다고 주장하면서, 이러한 세계관의 원인/동인(왜?)을 추적한다. 특히 사회화와 관련하여, (1) '천하'에 대한 전통적인 유교적 관점의 부활, (2) '백년국치'에 대한 지속적인 담론, (3) 개혁개방 이후 중국에서의 삶이 어떻게 오늘날 중국의 세계관을 강하게 형성하는지를 탐색한다. 그리고 중국인의 세계관이 초래하는 결과와 관련하여, 대중 민족주의가 중국외교정책에 미치는 효과에 관한 논쟁을 살펴본다. 결론에서는 중국이 앞으로 세계에 어떻게 관여할 것인지에 대해 분석하고 그로부터 몇 가지 함의를 도출한다.

주의사항: 이 주제에 대해 우리가 얻을 수 있는 최상의 증거조차도 불완전

하고 부분적인 것에 불과하다. 따라서, 이 장에서 논의된 많은 증거와 관련하여 논란이 있을 수 있다. 이러한 이유로 중국외교정책에 미치는 사회적 영향에 대해 확신할 수는 없다. 지적인 겸손함으로 이 장을 읽어주길 바란다.

국가의 정당성을 결정하는 중국 민족주의 정치

민주국가가 독재국가보다 외교적으로 불리하다는 것은 오래된 통념이다. 독재국가와 달리 민주국가의 정치인은 국내적 제약에 얽매여 있기 때문이다. 냉전 시기 미 국무장관을 역임한 애치슨(Dean Acheson)은 "내가 보기에 외교관계에서 민주국가는 다른 정부체제보다 훨씬 열악한 조건에 있다"라고 한탄했다.[7] 그러나 여기서는 통념과 다른 주장을 할 것이다. 즉, 오늘날의 중국은 민주적으로 선출된 정부에게 있는 절차적 정당성이 부족한 독재국가이기 때문에 시진핑 주석과 중국공산당은 외교정책을 결정할 때 대중 민족주의 같은 사회적 영향력으로부터 자유롭지 못하다는 주장이 그것이다.

"중국 인민이 일어났다!"라는 말은 마오쩌둥이 1949년 10월 1일 톈안먼 광장에서 중화인민공화국 수립을 선언하면서 천명한 문구로 널리 알려져 있다. 마오는 후난지방 억양이 강했고 기록영상의 오디오도 형편없기 때문에 실제로 그가 그러한 말을 했는지는 알 수 없다. 다만, 중국 본토인은 — "세계 노동자여 단결하라"라든가 다른 마르크스주의 구호가 아닌 — 마오의 민족주의적 구호를 먼저 배운다는 점이 중요하다. 중화인민공화국의 탄생 직후부터 마오와 중국공산당은 통치이념으로서 공산주의보다 민족주의에 방점을 두었다. 왜냐하면 서방과 일본에 대한 반제국주의 투쟁, 특히 20세기 중엽의 '항일전쟁(抗日战争)'을 중국공산당이 주도했기 때문이다. 또한 중국공산당은 1940년대 후반 경쟁세력이었던 국민당을 대만으로 축출함으로써 내전에서 승리를 거머쥐었다. 이것은 중국 인민들에게 중국공산당이 국민당(*Nationalists*)보다 더욱 민족주의(*nationalist*)적이라는 확신을 주었다.[8)]

이후 70년간 민족주의는 중국공산당이 통치를 정당화할 때 공산주의보다 더 중요한 요인이 되었다. 문화대혁명(1966~1976년)과 톈안먼사태(1989)로 말미암아 공산주의는 통치를 정당화하는 이념적 지위를 상실했다. 이에 따라, 중국공산당은 대안으로서 민족주의에 주목하게 되었다. 1990년대 초, 중국공산당은 톈안먼사태로 흔들린 정당성을 복원하기 위해 '애국주의 교육(爱国主义教育)'이라는 국가차원의 운동을 전개하기 시작했다.

지난 10년 동안 중국공산당은 시진핑의 '중국몽'을 더욱 강하게 밀어 부쳤고, 그럴수록 통치의 정당성을 위해 민족주의에 더욱 의존해야 했다. 상하이 어느 지역에 걸린 두 개의 현수막(도표 4.1 참조)에 써있는 "중국의 꿈, 나의 꿈"과 "부강"이라는 구호는 현재(시진핑의 대표적인 구호)와 과거(청나라 자강운동을 추동한 상징적 구호, 1861~1895년)를 결합한 것이다. '부와 권력(富强)'의 성취라는 국가 목표는 현대 중국에서 오랫동안 열망한 강력한 서사였다.

오늘날 널리 알려진 '중국식 사회주의(有中国特色的社会主义)'란 표현에서 방점은 바로 '중국식'에 있다. '베이징컨센서스(Beijing Consensus)'나 '중국식 모델'도 정의상 민족주의적 표현이다. 이제 중국인들은 유교적 능력주의에 기반한 베이징컨센서스 혹은 중국식 모델이 시장친화적 경제학에 기반을 둔 '워싱턴컨센서스'보다 우위에 있다고 생각한다. 왜냐하면, 2008년 세계금융위기 이후 워싱턴컨센서스가 쇠퇴하고 있기 때문이다. 이로 인해 애국심이 민족주의로 변질되고 있다. 중국공산당의 입장에서 보면, '중국에 대한 사랑'은 규범적으로 타국에 대한 분노를 필요로 한다. 시진핑 주석의 중국에서 나타나고 있는 전략적 커뮤니케이션을 신중히 분석한 람스(Lutgrad Lams)는 "자화자찬은 보통 위협적인 타인에 대한 악마화를 동반한다"라고 쓰면서 이것을 '자아의 부정적인 거울'로 은유했다.[9)]

민족주의는 오늘날 중국에서 양날의 검과 같다. 중국공산당은 통치를 지

도표 4.1 "중국의 꿈, 나의 꿈: 부강(富强)"

출처: 저자 사진, 상하이, 2017년 11월 29일.

속하기 위해 민족주의가 주도하는 분위기를 조성하고 활용하고 있지만, 아래로부터 위로 분출하는 민족주의적 열망이 오히려 중국공산당의 통치 정당성을 위협하기도 한다. 이러한 열망은 심지어 공격적이기도 하다. 중국 민족주의는 더 이상 '국가'가 내리는 '공식적인' 하향식 의사결정의 종속변수가 아니다.[10] 대중 민족주의자들을 따르는 추종자들이 많다는 것을 감안한다면, 중국 엘리트는 이들을 달래야만 한다. 이제 중국 엘리트는 민주국가의 엘리트보다 '비(非)민주적 이점'을 누리지 못한다. 외교정책을 만들 때, 자신들 역시 사회적 영향력에 반응해야만 한다.

중국의 세계관에 대한 연구

평범한 각계각층의 중국인은 세계 및 세계 속 중국의 위상에 대해 무엇을 느끼고 생각하고 있는가? 안타깝게도 언뜻 쉬워 보이는 질문인데도 답하기는 쉽지 않다. 개념적인 문제와 경험적인 문제 때문이다.

개념적으로는, 두 가지 장애 요인이 있다. 첫째, 세계에 대한 감정과 태도는 개인과 상황에 따라 나타나는 것이기 때문에 매우 유동적이다. 둘째, 성별이나 인종 같은 변수는 시간이 흘러도 상대적으로 안정적인 데 반해, 민족주의나 세계주의 같은 성향 변수는 시시각각 크게 변할 수 있다. 따라서 성향 가운데에서도 비교적 오랜 지속성을 보이는 것과 최근 사건의 영향을 받는 일시적인 것을 구별하는 것이 유용하다. 예를 들어, 베이징 거주민의 민족주의 수준이 감소하고 있다고 주장한 존스턴(Iain Johnston)의 주장은 맞을 수도 있고 틀릴 수도 있다.[11] 국제적인 사건이 일시적으로 민족주의를 점화시킬 수 있기 때문이다. 실제로 외국을 상대로 한 민족주의 거리 시위의 선두에 선 사람들은 대체로 중국에서 가장 세계화된 사회집단인 도시청년들이다.

경험적 입증의 어려움도 상당하다. 오늘날 중국에는 중국인의 세계관에 관해 정치적으로 민감한 문항을 만들어 답변을 직접적이고 체계적으로 수집할 수 있는 전국적인 설문조사가 없다. 따라서 우리가 할 수 있는 최선의 방법은 부분적으로나마 가용한 증거를 가지고 조심스럽게 추론하는 것이다. 그러한 증거는 설문조사, 텍스트(예를 들어, 소셜미디어 게시글, 텔레비전, 영화), 행동(예를 들어, 거리 시위, 거부 운동)을 포함한다.

설문조사는 중국인이 세계 및 세계 속 자신의 위치에 대해 무엇을 느끼고 생각하는지 포착할 수 있는 한 방법이다. 그러나 현재의 조사들은 변수측정과 일반화에서 많은 문제를 내포하고 있다. 질문 문항의 어법이 어색하거나 객관식 답안 항목의 범주가 잘못 설계되었을 경우, 해석이 불가능하지는 않더라도 상당히 어려울 수 있다.

또한, 샘플이 전체 인구의 대표성을 갖지 못할 경우, 샘플에 기초한 결과로 전체 중국인을 일반화할 수 없다. 중국인의 세계관에 관한 대다수의 설문조사는 대학생,[12] 특정한 한 개 도시,[13] 또는 온라인 편의성을 활용할 수 있는 사람들[14]로 국한되어 있다. 따라서 민족주의 또는 미국이나 일본을 향한 특정의 국제적인 태도와 같은 이념적 성향의 절대적 수준을 일반화하기란 매우 어렵다.

그렇다면, 현재의 설문조사로부터 우리는 무엇을 알 수 있는가? 카네기 국제평화재단은 베이징대의 현대중국연구센터(RCCC: Research Center for Contemporary China)와 함께 2012년 미중 안보인식 조사를 수행했다. 다른 국가에 대한 신뢰도를 묻는 이 조사에서 사용된 데이터는 우리가 미국에서 사용하는 데이터만큼이나 양질의 데이터이다. 조사 대상이 된 10개국은 "전적으로 신뢰한다"에서 "전혀 신뢰하지 않는다"까지 4점 척도로 연속 측정되었다. 이것은 문항의 수가 적거나 범주형 질문에서 일반적으로 나타나는 측정 오차를 줄인다. 그리고 GPS에 기반한 지역 샘플링 기법을 동원하여 중국의 도시지역 인구를 대표할 것으로 기대되는 2,597명의 성인을 대상으로 설문을 했다.[15] 그러나 설문 결과가 모든 중국인으로 일반화될 수 있는 것은 아니다.

도표 4.2에 따르면, 중국인은 10개국 가운데 러시아와 파키스탄을 가장 많이 신뢰하고, 일본, 필리핀, 미국을 가장 신뢰하지 않는다. 주목할 만한 것은 중간값이 2.5인 1~4 척도에서 러시아와 파키스탄의 평균조차 2.6점과 2.4점에 불과하다는 점이다.

즉, 다른 국가에 대한 감정/태도와 관련하여 가용한 가장 좋은 설문 결과에 따르면 도시 거주 중국인은 다른 국가를 신뢰하지 않는 것으로 밝혀졌다. 또한, 도시에 거주하는 중국인은 특정 국가(예를 들면, 일본, 인도, 필리핀, 미국, 베트남)를 더욱 싫어하는 것으로 밝혀졌다.

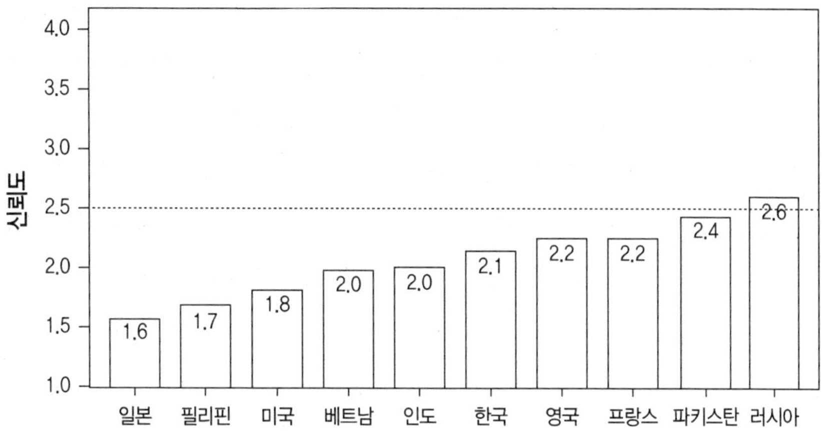

도표 4.2 다른 국가에 대한 중국인들의 신뢰도

출처: 카네기국제평화재단, 2012 미중 안보인식 조사.

텍스트 분석

마찬가지로, 중국어 텍스트도 평범한 중국인이 외국 문제에 대해 어떻게 느끼고 있는지를 우리에게 알려줄 수 있는 귀중한 증거다. 맥락적 분석은 질적인 형태와 양적인 형태 모두를 취할 수 있다. 대다수의 질적 연구는 사람들의 글에 대한 요약이나 해석과 같은 내용분석을 포함한다. 예를 들면, 중국인이 인터넷을 사용하기 시작한 시점이자 베오그라드 중국 대사관 폭격 직후인 1999년, 필자는 중국인이 이메일, 팩스, 우편으로 『광명일보(光明日报)』 (중국공산당 기관지 – 역자 주)에 보낸 총 281개의 조문 편지, 에세이, 시를 읽었다. 『광명일보』는 폭격으로 사망한 특파원 쉬싱후(许杏虎)와 주잉(朱颖)을 애도하는 글들을 자사의 초창기 웹사이트의 특별판에 게시했다.[16] 이 글들은 광범위한 (하지만 대표성이 있는 것은 아님) 중국인들의 세계관을 일찍부터 보여 주었다.

지난 20년간 인터넷의 급속한 성장과 소셜미디어의 확산 때문에, 세계를 바라보는 평범한 중국인의 감정과 태도에 관한 질적인 내용분석도 기하급수적으로 증가했다. 가령, 미아오펑과 일레인 위안은 2012년 댜오위다오 시위 당시 웨이보 트윗을 대상으로 감정 분석을 실시했다. 이를 통해 그들은 중국 중산층이 표출하는 반일(反日) 분노의 뿌리를 탐구했다.[17)]

중국어 텍스트에 대한 공식적인 담화 분석은 중국 세계관의 근간을 더 깊이 파고들 수 있게 해준다. 예를 들어, 람스는 미국(2001년) 및 일본(2010년)과의 외교적 교착에 대한 중국 신문의 보도를 의미론적으로 분석했다. 그녀는 중국공산당이 미국/일본과 중국을 각각 침략자와 희생자로 자연스럽게 서술하는 다양한 언어적 기법을 보여주고 있다.[18)]

양적 내용분석도 더욱 증가하고 있다. 예를 들어, 장, 류, 원은 중국의 최대 소셜미디어 플랫폼인 웨이보에서 활동하는 146명의 중국 여론 주도 인사가 작성한 6,000개 남짓의 트윗 내용을 코딩하고 분석한 학자들이 있다. 이들에 따르면, 웨이보 엘리트들은 "중국체제의 정통성을 옹호하기보다 오히려 의심"하는 "자유주의적 민족주의자"다.[19)]

오늘날 도전과제는 중국의 사이버공간에 넘쳐나는 글들의 진정한 의미를 파악하는 것이다. 이것이 중요한 이유는 어떤 사건이 발생한 뒤 우리가 글을 통해 간접적으로 그 사건을 알게 되는 과정에 개입하는 검열의 역할 때문이다.[20)] 킹(Gary King)과 그의 하버드 학생들은 컴퓨터 기반 텍스트 분석 방법을 사용하여 소셜미디어에 게시된 글들 가운데 검열된 것과 검열되지 않은 것을 비교했다. 그 결과, 그들은 중국공산당의 검열 이유가 통치를 위협할 수 있는 모든 사회적 동원을 사전에 방지하는 데에 있다고 주장했다.[21)] 이는 이 장을 관통하는 주장, 즉 중국공산당은 자신의 통치를 정당화하기 위해 민족주의 주장을 활용한다는 점에서 사회적 영향력이 중국외교정책에서 중대하다는 주장과 일치한다.

행동 분석

평범한 중국인의 행동방식도 그들의 세계관을 나타내는 간접적인 증거가 될 수 있다. 나는 이 장 끝의 두 번째 절에서 중국 사람들이 국가의 단순한 꼭두각시 인형이 아니라 그들 자신의 독립적인 주관성을 갖고 있다고 주장할 것이다. 예를 들어, 도시에 거주하는 중국인은 노동분쟁이나 님비(NIMBY)논쟁뿐만 아니라 외교문제에 대해서도 거리 시위에 나선다. 거리 시위에 대한 민족학 연구는 중국인의 세계관을 이해할 수 있는 귀중한 통찰력을 제공했다. 예를 들어, 니리와 장은 2008년의 티베트 봉기사태에 대한 서방 언론의 보도 행태에 항의하는 시드니와 캔버라 거주 중국 젊은 학생들의 '세계주의적 민족주의'를 깊이 탐구했다.[22]

그러나 민족학은 종종 학문적 내용보다 민족학을 공부하는 학자에 대해 더 많은 것을 알려주기도 한다. 패러(James Farrer)는 2005년 봄 상하이에서 열린 반일 시위에 참가했다. 당시 그는 '반일 인종주의'와 '공격적인 중국 민족주의'가 확산된 사실을 인정하면서도,[23] 반일 시위자들에 동화되고픈 열망 때문에 인종주의에 대해서는 눈을 감았다.[24]

중국 소비자들도 외국 상품과 서비스에 대해 불매운동을 하면서 특정 국가와 기업에 대한 불쾌감을 드러냈다. 한국이 미국의 사드(THAAD, 탄도미사일이 요격고도 40~150km의 상공에 있을 때 요격하는 무기 – 역자 주)를 설치하기로 결정했던 2017년 한국의 중국인 관광객 수는 곤두박질 쳤다. 2018년에 인종차별주의 요소가 담긴 홍보 영상을 방영한 돌체앤가바나(Dolce & Gabbana)는 중국 소비자들의 분노를 샀다. 온라인상에서 행해지는 이러한 시위, 불매운동, 관련 담론은 평범한 중국인들이 호주, 일본, 한국, 이탈리아 등에 대해 가지고 있는 감정을 보여주는 귀중한 창(窓)이다.

중국이 바라보는 세계

그렇다면, 이러한 다양한 사례는 아시아 이웃국가, 서방, 러시아, 제3세계 등에 대한 중국의 관점에 대해 무엇을 말해주고 있는가? 이러한 사례로부터 일반화하는 것이 무리라는 것을 충분히 알고 있음에도 불구하고, 필자는 이제 몇 가지 일반화를 시도한다.

2012년의 설문조사 결과를 요약하고 있는 도표 4.2는 도시 거주 중국인들이 중국의 동쪽(일본과 한국), 동남쪽(필리핀과 베트남), 그리고 남쪽(인도) 아시아 이웃을 신뢰하지 않았음을 보여준다.

오늘날 본토 중국인은 일본을 싫어한다. 일본 만화와 코스프레를 즐기는 젊은이들(哈日族)과 일본에 동화되기 위해 중국적인 것을 거부하면서 '영적 일본인(精神日本人)'이 되기를 갈망하는 소수의 중국인이 있긴 하지만, 평균적인 본토 중국인은 70년 전 중국을 침략해서 점령했던 제국주의 일본과 오늘날의 일본을 다르게 보지 않는 듯하다. 2003년, 인본주의 관점에서 일본에 대한 증오를 멈추자고 동포들에게 호소한 마리청(馬立誠)과 미일동맹을 균열시키기 위한 현실정치적 관점에서 일본과의 관계개선을 주장한 스인훙(時殷弘)은 소셜미디어와 공공미디어에서 맹비난을 당했다.[25] 반일감정은 10년 뒤인 2012~2013년에 더욱 심해졌다. 당시 수많은 도시를 뒤흔들었던 사건은 바로 댜오위다오(釣魚島) 열도와 관련된 시위였다.[26] 영국과 미국을 '악(鬼子)'으로 규정할 때는 악에 영국의 또는 미국의와 같은 수식어가 필요한 반면, 중국인에게 '악' 그 자체는 일본인을 의미했다. 물론 '일본 악마(日本鬼子는 중국에서 일본인을 비하하는 표현이다 – 역자 주)' 라는 표현은 불필요한 동의어 반복일 뿐이다.

한국과 북한에 대한 본토 중국인의 정서는 상당히 양면적이다. 북한에 대해서는 두 가지 대립적인 인식이 존재한다. 자유주의적인 중국인에게 낙후된 북한은 — 많은 중국인이 기억에서 지우고 싶어 하는 중국의 흑역사인 마오쩌둥 시대를 떠오르게 하는 존재이다. 반면 보수주의적인 중국인에게 북한은 자본주의와 불평등이라는 때가 묻지 않은 사회주의의 성지다. 이들에게 북한은 '항미원조전쟁(抗美援朝戰爭)'을 통해 중국이 구해낸 '동생'이나 다름없다. 때문에, 그들은 북한을 온정적으로 본다.

한국에 대한 중국인의 정서 역시 양면적이다. 도시에 거주하는 젊은이들은 패션, 음악, TV 드라마, K-팝에 매료되는 경향이 있다. 예를 들어, 2010년과 2011년에 중국 네티즌 1,413명을 대상으로 한 온라인 설문조사는 한국 TV 드라마 시청 경험이 한국에 대한 호의적 태도와 관련되어 있다는 사실을 보여주었다. 다른 한편, 중국 민족주의자들은 일본에 대항하는 한국의 민족주주에 경의를 표하지만, 한국인들이 중국의 역사적, 문화적 빚을 인정하지 않을 때는 경멸을 표한다.[27]

중국인은 베트남과 필리핀 같은 동남아시아 국가들을 과거에 자신들이 자비를 베풀었던 대상으로 본다. 따라서 그들은 동남아시아 이웃국가의 배은망덕한 행동에 대해 쉽게 분노하기도 한다. 2010년 하노이에서 열린 아세안지역안보포럼(ARF: ASEAN Regional Forum)에서 양제츠(杨洁篪) 외교부장이 "중국은 큰 나라고, 다른 나라는 작은 나라다. 이것은 사실이다"라고 말하면서 격노한 것으로 알려졌다. 중국인 대다수는 어린이라면 당연히 어른을 공경해야 한다는 그의 가부장적인 분노에 동의할 것이다.

남아시아에서, 중국인들은 미국의 동맹국이자 중국의 부상(浮上)을 방해하는 잠재적 경쟁자로 여겨지는 인도를 계속 불신하고 있다. 도표 4.2가 보여주듯이, 중국인은 파키스탄에 대해 우호적인 감정을 갖고 있다. 인도에 대한 반감 — 나의 적의 적은 나의 친구다 — 을 공유하는 파키스탄과 '강철동맹'의 관계에 있다.

서방은 중국인이 분노를 표출하는 동시에 존경도 표시하는 대상이다. 미국과의 초강대국 경쟁 때문에 중국인들은 영국이나 프랑스보다 미국을 더욱 불신하고 있다. 2012년의 설문조사가 간접적인 증거가 될 수 있다 (도표

4.2를 참조). 그러나 서유럽의 주요 강대국들 역시 다음 절에서 논의하게 될 '백년국치'라는 담론과 연관되어 있으며, 이는 불신의 주된 원인이다. 서방의 외교정책은 분노가 집중되는 대상인 반면, 서방의 국내정치, 사회, 문화는 선망의 대상이다. 가령, 중국의 블로거인 'itsRae'는 뉴욕에서의 하루라는 동영상을 올렸는데 이 동영상에 대해 한 시청자는 "솔직히 말해서, 내가 뉴욕을 가장 좋아하는 이유는 도시에 가득 찬 자유 때문이야. 아직은 안 가봤지만, 반드시 가 볼 거야"라는 글을 남겼다.[28]

중국인, 특히 도시 거주 젊은이들 사이에서 친서방적 세계주의는 반서방적 민족주의와 공존하고 있다. 도표 4.2가 보여 주듯이, 2012년의 설문조사에서 도시 거주 중국인은 러시아에 대해 양면적인 태도를 보이긴 했지만, 설문에 포함된 10개국 가운데 가장 신뢰하는 국가로 러시아를 지목했다. 물론, '백년국치' 기간에 러시아가 만주를 침공했던 사건과 1969년의 전바오섬(珍宝岛) 국경 충돌과 같은 1960년대의 중소분쟁 때문에, 중국인은 러시아에 대한 의심의 눈초리를 거두고 있지 않다. 다른 한편, 푸틴(Vladimir Putin)의 강력한 리더십에 탄복하고 있는 많은 중국인은 러시아의 글로벌한 영향력을 과대평가할 수도 있다. 로즈먼(Gilbert Rozman)에 따르면, 오늘날 양국의 유대는 공산주의라는 공통된 유산 및 서방에 대한 반감에 기인한다.[29]

다음의 일화는 중국인이 아프리카와 제3세계를 후진적인 유색인종 국가들로 보면서 멸시한다는 것을 보여주는 예시가 될 수 있다.[30] 세계에서 가장 많이 시청된 TV 프로그램인 2018 중국 음력 설날 쇼에는 아프리카에 사는 중국인에 관한 장황한 촌극이 포함되어 있었다. 주인공은 까맣게 칠한 얼굴과 원숭이 복장을 한 채 등장했다. 〈황인의 짐〉**이라는 촌극에 함축된 내용은 '검은 대륙'에 번영을 가져다주는 중국의 가부장적 책임이었다.[31] 미국이

** 역자 주) 정글북의 저자인 키플링은 1899년에 제국주의를 옹호하는 시 〈백인의 짐〉이라는 시를 쓴 적이 있는데 아마도 이것을 중국식으로 표현한 것으로 보인다.

나 다른 곳에서와 마찬가지로 인종차별주의는 중국의 세계관 형성에도 영향을 미치고 있다.[32)]

사회화가 중국인의 세계관을 형성하는 방식

무엇이 이렇게 넓은 스펙트럼의 세계관(민족주의/세계주의)과 특정한 국제적 태도(예를 들어, 아시아, 아프리카, 러시아, 서방을 향한)를 만들어내고 있는가?

인구통계학적 증거가 중요하긴 하지만, 대단히 중요한 것은 아니다 — 왜냐하면, 일관된 결론을 낼 수 없을 정도로 증거가 혼재되어 있기 때문이다. 접근이 가능한 한정된 자료에 가중치를 둔다면, 다음과 같은 결론이 도출된다. 평균적으로, 남부에 거주하며, 도시 거주 젊은이일수록 세계주의적이며 친서방적인 성향이 나타나고, 북부에 거주하며, 농촌 거주 노년층일수록 더욱 민족주의적 성향이 나타난다. 1998년부터 2015년까지 베이징 주민을 대상으로 한 설문조사에 근거하여 존스턴(Iain Johnston)은 나이 든 시민들이 젊은이들보다 더 민족주의적이라고 주장한다.[33)] 베이징에 거주하는 대학생을 대상으로 한 2007년의 설문조사를 바탕으로 싱코넨(Elina Sinkkonen)은 중국 농촌 거주자들이 더 민족주의적이라고 주장한다.[34)] 이러한 경험적 발견들은 직관적으로 수긍이 되는 내용이다. 개인적으로 가난을 경험한 고령의 중국인들은 '개혁개방'에 따른 중국의 업적에 대해 더 큰 자부심을 갖고 있으며, 이를 인정하지 않는 외국인들에 대해서는 분노를 표출한다. 반대로, 경제적 번영을 당연하게 여기는 도시 거주 젊은이들은 서방세계로 여행을 많이 다니면서 그들 자신과 서방을 동일시할 가능성이 크다.

성별, 교육, 소득이 세계관에 미치는 효과는 명확하지 않다. 2009년 닝보 쇼핑센터에서 수행한 현장 실험을 토대로, 호프만(Hoffman)과 라너(Larner)

는 여성, 고령자, 저소득자, 농촌 거주자, 교육을 받은 사람일수록 민족주의적 성향이 강하다고 주장한다. 하지만, 민족주의를 측정하기 위해 그들이 사용한 지표는 사실 애국심에 가까웠다.[35] 카네기평화재단의 2012 미중 안보인식 조사를 재분석한 그리스(Peter Gries)와 샌더스(Matthew Sanders)는 7개의 인구통계학적 변수가 외국에 대한 미국인의 신뢰에서 9퍼센트의 중대한 변화량을 설명하지만, 외국에 대한 중국인의 신뢰에서는 변화량에 전혀 영향을 못미친다는 점을 발견했다.[36]

정치적 사회화와 동료 사회화는 서방보다 중국에서 더 중요한 것으로 보이며, 중국인의 세계관 형성에 강력한 영향을 미치고 있다. 카네기평화재단의 2012 미중 안보인식 조사에 수록된 중국 데이터에 대한 통계적 분석은 중국공산당이 그들이 원하는 세계관을 성공적으로 주입했음을 시사하고 있다.[37]

질적 연구를 사용하는 학자들도 중국공산당이 '골육상쟁'의 세계를 불신하도록 사회화하기 위해 선전과 교육시스템, 신구(新舊) 미디어, 엔터테인먼트 산업 등을 성공적으로 활용하고 있다고 보았다. 브래디(Anne-Marie Brady)는 톈안문사태 이후 중국공산당의 선전과 이념적 활동이 어떻게 강화되었는지를 보여주었다.[38] 다양한 문서들을 분석한 캘러핸(Bill Callahan)은 오늘날 중국의 '애국 교육'이 실제로는 매우 민족주의적이라고 주장했다. 그에 따르면, 중국공산당은 국민들에게 외국인들을 야만인으로, 즉 미국을 사악한 패권국으로, 일본인을 악마로 보는 방법과 '굴욕, 증오, 복수'와 같은 '느껴야 하는 감정'까지 가르친다.[39] 유사한 맥락에서 덴튼(Kirk Denton)은 외국인과 마주했던 역사를 바라보는 관점을 형성하는 데 있어 중국 박물관이 어떠한 역할을 했는지를 탐구했다. 그의 결론에 따르면, "중국공산당은 중국인의 기억 속에 남아 있는 세계와 중국의 미디어가 보여주는 세계에 지대한 영향을 미친다."[40] 니(Annie Nie)는 중국공산당이 반일 민족주의를 조장하기 위해 중국 컴퓨터 게임산업을 수용하고 육성하는 방식을 보여주었다.[41]

본토 중국인을 다윈의 사회진화적 세계관으로 사회화하는 데 있어 두 가지 역사적 담론이 중요하다. '천하(天下)'와 '백년국치(百年國恥)'가 바로 그것이다.

'천하(天下)'

문화대혁명의 '4대 구습(舊)' 타파운동[**]이 전개되던 1966년, 홍위병은 공자의 고향인 산둥성 취푸(曲阜)에 가서 그의 묘를 훼손했다. 홍위병은 공자 76대손의 사체를 묘에서 끌어내 나무에 매달았다. 유교의 사형이 집행되었다.

그러나 50년 후 유교는 좀비처럼 중국에서 부활했다. 1994년 초, 샤오궁친(蕭功秦)은 톈안먼 대학살 이후의 이념적 공백을 메우기 위해 유교에서 파생된 민족주의의 활용을 주창했다. 크리스텐슨(Tom Christensen)은 "중국공산당은 더 이상 공산당이 아니기 때문에 훨씬 더 중국다워야 한다"고 간결하게 설명했다.[42] 이후 10년간 유교 부흥은 가속화되었다. 청(Kelvin Cheung)은 "사회주의 이념은 중국적인 것으로 대체되었다"라고 말하면서 유교가 "중국 현대화의 새로운 정통성의 원천"이 되었다고 설득력 있게 주장했다. 유교는 '새로운 민족주의 담론'이 되었다.[43] 국제노동자/노동절과 같은 사회주의 공휴일이 단축되고 대신 중국의 전통적인 공휴일이 늘어난 것은 이러한 변화를 상징적으로 보여준다.

'천하(天下)' 사상은 중국공산당이 새롭게 시작한 프로젝트의 핵심이었다. 통찰력 있는 최근의 분석에서, 샤오보는 전 세계를 지칭할 때 '천하'라는 용어를 사용하게 되면 편협주의를 초월한 진정한 보편주의적 세계주의를 지향할 수 있게 된다고 주장했다. 그러나 유교적 도덕 질서의 틀 안에 놓이게 되면, 천하는 중국 중심적이고 민족주의적이 된다. "중국제국의 역사 전반에 걸쳐 중국인과 비중국인의 구별이 끊임없이 강조되어 왔기 때문이다."[44]

** 역자 주) 착취계급이 의존하고 있는 구사상, 구문화, 구풍속, 구관습을 타파하자는 운동이다.

〈백인의 짐〉과 같이 〈황인의 짐〉 역시 차이와 우위에 바탕을 두고 있다 — 이는 분명히 세계주의적 관점이 아니다.[45] '유교적 민족주의'는 모순어법이 아니다.[46] 그것은 야만인이 중국적 가치를 거부할 때 문화·인종적 경계를 강화하기 위한 이념이다. 또한, 그것은 검은 피부의 아프리카인들을 밑바닥에 앉히고 중국인들을 꼭대기에 올려놓는 인종화된 세계관에도 기여한다. 심지어, 동아시아 이웃 국가들을 중국에 빚지고 있는 과거의 속국으로 묘사하기까지 한다. 이런 관점에서 보면, 중국의 이웃 국가들은 천년간 지속된 팍스 시니카(Pax Sinica, 중국 주도하에 세계평화가 유지되는 시대 – 역자 주)의 수혜자인 것이다.

'수치와 모욕의 세기'

'백년국치(百年國恥)'라는 역사적 담론도 중국인이 세계를 적자생존의 정글로 바라보도록 사회화하는 데 일조했다. 이 담론은 중국인이 '서방'을 바라보는 틀을 강력하게 규정하고 있는데, 그러한 틀 속에서 일본은 물론이고 영국, 프랑스, 미국은 아편전쟁 이후 백년 동안 중국을 착취한 세력으로 간주되어 왔다.[47]

현재 가용한 증거에 가중치를 둔다면, 본토 중국인들은 일본을 증오하도록 교육받아 온 것으로 보인다. 허이난(何忆南)은 '수십년간 중국의 중앙집권적 학교 교육과 공식적인 선전'이 과거에 대한 '악의적인 신화'를 만들었고, 이것이 오늘날 중국에서 '본능적인' 반일 민족주의에 기여한다고 주장했다.[48] 유사하게, 니도 중국공산당이 일본을 증오해야 하는 악마로 만들기 위해 게임 산업을 어떻게 육성했는지를 보여주었다.[49] 일본인을 일차원적인 악당으로 묘사하고 있는 '항일전쟁' 관련 TV 드라마도 오늘날 중국 어디에서나 찾아볼 수 있다. 참전 일본군을 보다 사려 깊고 인간적으로 그린 장원(姜文)의 영화 〈*Devil on the Doorstep*(鬼子来了)〉은 검열을 통해 사장되고 말았다.

'백년국치'라는 담론은 미국과 서유럽을 바라보는 중국인의 관점에도 계속해서 영향을 미치고 있다. 1993년에 방영된 TV 드라마 〈*A Beijinger in New York*(北京人在纽约)〉는 톈안먼사태 이후의 반미감정과 1990년대 초 '애국 교육'의 발단이 되었다. 이 드라마에서는 미국인들에 대한 인종차별적인 발언이 반복되었다. 주연을 맡은 장원(姜文)은 경쟁관계인 백인 남성을 제치고 자기 뜻대로 백인 여성을 대하며 중국 남성의 민족주의적 환상을 충족시켜 줬다. 이 TV 드라마는 대성공했다.

복수극은 보다 노골적이었다. 2017년에 방영된 〈전랑II(战狼II)〉는 감독 겸 주연인 우징(吴京)이 중국판 람보인 렁펑(冷锋)으로 등장하여 미국 용병 '빅 대디(Big Daddy)'를 마지막 장면에서 죽이는 액션 영화다. 영화 홍보 포스터 하나는 렝펭의 가운데 손가락과 "중국을 공격한 자는 아무리 멀리 떨어져 있어도 죽음을 면치 못할 것이다(犯我中华者, 虽远必诛)"라는 표어를 전면에 내세웠다. 이 영화는 지금까지 개봉된 중국 영화 가운데 가장 높은 수익을 거두었다.

일부 학자는 중국인이 민족주의적 세계관으로 사회화되었다는 사실에 동의하지 않을 수도 있다. 중국의 4개 도시를 대상으로 한 2013년도의 설문조사를 근거로 고등학교 역사 교과서가 민족주의를 부추기지 않았다는 주장도 있다.[50] 그러나 '민족주의'(타국에 대한 우월성)를 측정하는 세 가지 지표 가운데 두 가지가 사실은 애국주의(조국 사랑)를 측정하고 있다. 따라서 일관성이 없는 측정오류 때문에 잘못된 결론이 도출되었을 가능성이 크다. 오히려 그들의 질적인 데이터가 더 많은 정보를 제공한다. 박물관과 '애국 교육 거점기지'를 방문한 고등학생들과의 인터뷰는 인터뷰 장소에 따라 그들의 민족주의 성향이 달라질 수 있음을 시사한다. 가령, 핑베이라는 작은 마을에서 인터뷰가 진행되었다면, 지루해하던 고등학생들의 민족주의 성향은 잘 드러나지 않았을 것이다. 그러나 난징 대학살 희생자 기념관처럼 애국교육 장소가 환경적으로 잘 조성된 곳에서 인터뷰가 진행되었다면, 그들의 뇌리에 반일증오가 성공적으로 박혀 민족주의 성향이 매우 잘 드러났을 것이다.

자본주의와 경쟁

40년 동안 진행된 '개혁개방' 역시 오늘날 중국인의 세계관을 형성했을 가능성이 크다. 중국이 세계와 조우한 과거사를 '천하'와 '백년국치' 같은 담론으로 재창조한 것이 국가 주도의 하향식 사회화였다면, 지금부터 살펴보게 될 동료 사회화는 수평적이다. 자본주의가 중국을 먹고 먹히는 경쟁과 만연한 착취의 장으로 변모시키면서 많은 중국인은 동료 중국인들을 신뢰하지 않게 되었으며, 아마도 이러한 불신은 외국인에게도 동일하게 적용될 가능성이 크다.

세계를 경쟁적인 골육상쟁의 장으로 보는 다윈의 사회진화적 관점은 중국인의 세계관 형성에 강한 영향을 준 것으로 보인다 (도표 4.3 참조). 왕지항은 아프리카에 거주하는 중국인 이민자들이 신식민주의자도 인종주의자도 아니라고 주장했다. 대신, "어떤 희생을 감수해서라도 생존하여 성공해야 한다는 강박관념이 그들의 국가정체성 일부로 내면화되어 있다"라고 주장했다.[51] 아프리카에 대한 중국인의 관점에 영향을 미친 것은 크게 세 가지다. 〈황인의 짐〉은 유교 문명을 우월한 것으로 높이는 동시에 아프리카를 열등한 것으로 인종화한다. '백년국치' 담론은 중국인이 식민주의의 영원한 피해자인 것 마냥 사회화시키는 동시에, 아프리카인이 아프리카에서 활동하는 중국인을 신식민주의 착취자로 보지 않도록 하는 눈속임 역할을 한다. 그리고 왕지항의 주장처럼, 중국인이 아프라카인을 불신하는 것이 아닐 수도 있다 — 치열한 자본주의 경쟁이 서로를 불신하도록 사회화시킨 것일 수 있다.

도표 4.3 자본주의와 경쟁: "시간은 돈이고, 효율은 삶이다"

출처: 저자 사진, 베이징 소재 국립예술박물관, 2018년 9월 30일.

요약하면, 오늘날 본토 중국인은 적자생존이 지배하는 계층적이고 경쟁적인 다윈의 사회진화적 관점을 갖도록 삼중으로 사회화된 것으로 보인다.** 이러한 사회화의 영향은 민족주의를 조장하지만, 범세계적인 반응도 가능하게 한다.

범세계주의적 상하이?

오늘날 중국에 편협한 민족주의를 거부하는 보편주의적 세계주의가 설 자리가 있는가? 루(Sheldon Lu, 鲁晓鹏)는 중국 세계주의의 기원을 추적하기 위해 20세기 초의 상하이로 거슬러 올라간다. 상하이의 저우쭤런(周作

** 역자 주) 특히, 사회화는 세 가지 층, 즉 중국인과 중국인, 중국인과 제3세계 외국인, 제3세계 외국인과 제3세계 외국인으로 확산되고 있다.

人)과 린위탕(林語堂) 같은 중국 작가들은 '민족주의와 전면적인 서구화라는 양극단 사이에 있는, 즉 전통주의와 급진적인 반(反)전통주의 사이에 있는' '중간 현대'라는 영역을 만들고 그 안에서 활동했다.[52] 북부의 정치 수도인 베이징에 비해, 중국의 문화 상업 수도인 상하이는 오늘날 더 국제적인 도시로 남아 있다.

이것은 상하이의 세계주의가 마오주의와 문화대혁명이라는 광풍을 견뎌냈음을 의미하는가? 오늘날 중국에는 세계주의의 싹이 조금씩 돋아나고 있다. 중국 젊은이들은 〈빅뱅이론(*Big Bang Theory*)〉 (미국의 유명 시트콤 – 역자 주)부터 〈셜록(*Sherlock*)〉에 이르기까지 미국, 영국, 한국의 TV쇼를 보며 자란다. 'KatandSid' 같은 사려 깊은 젊은 블로거는 동·서양 사이의 유사성과 차이점을 절충할 수 있는 가상의 공간과 (계층적이지 않은) 동등한 글로벌 시민권 구축을 위한 가상의 공간도 제공한다. 그리고 한편, 쥐징이(鞠婧祎) 같은 예술가들과 라이닝(Lining)과 같은 스포츠용품 브랜드들은 중국과 서양의 요소들을 그들의 예술적, 상업적 상품에 융합하여, 동등한 세계주의의 출현을 예고하고 있다.

그러나 중국공산당은 오랫동안 중국 TV의 외국영화와 쇼 프로그램 상영을 제한해 왔다. 그리고 '올바른 가치(正确价值观)'의 함양이라는 명목하에 온라인상에서도 외국영화와 쇼 프로그램을 점점 더 규제하고 있다.[53] 이외에, 보편주의적인 내용에 대한 상당한 반발도 존재한다. 예를 들어, 'KatandSid'의 비디오에 대한 몇몇 논평은 동등한 글로벌 시민권이라는 세계주의를 옹호하지만, 다른 논평은 친서방적 세계주의든 반서방적 민족주의든 간에 뿌리 깊은 위계적 세계관을 폭로한다. 친서방적 세계주의자들은 눈에 띄는 서양 제품을 소비하거나 그것을 과시함으로써 현대적인 자신들과 전통적이고 후진적인 중국 동포들을 구분한다. 또한 그 기준이 서양일 때에도, 위와 동일한 중국 젊은이들은 2008년 글로벌 금융위기 이후 뒤처진 것으로 보이는 서방보다 자신들이 우월하다고 생각할 수도 있다.

대중 민족주의는 중국의 외교정책을 형성하는가?

이러한 중국인의 세계관이 중요한가? 구체적으로 말해서, 대중 민족주의가 중국의 외교정책 형성에 영향을 미치는가?

첫째, 비교적인 관점: 민주국가에서 대중여론은 외교정책결정에 지대한 영향을 미치는가? 윌다브스키(Aaron Wildavsky)의 "두 명의 대통령"이라는 논문은 베트남전쟁 이전까지의 미국외교정책 연구를 주도했다. 이 논문에 따르면, 미 의회는 외교정책에 관한 거의 모든 권한을 대통령에게 이양했다. 단, 국내정책은 아니다.[54] 그러나 베트남전쟁을 겪으면서 외교정책을 둘러싼 당파적 대립이 첨예해졌다. 설문조사를 종적으로 분석한 페이지(Benjamin Page)와 샤피로(Robert Shapiro)는 국제 사건에 대한 여론의 변화가 미국외교정책의 변화보다 먼저 일어난다는 규칙성을 발견했다.[55] 이러한 발견을 설명하기 위해 새로운 논문이 등장했다. 미국은 민주국가이고 외교정책을 결정하는 선출직 공직자들은 대체로 재선을 원하기 때문에, 대중이 원하는 것이 외교정책에 반영된다는 내용의 논문이 그것이다. 이 논문에서 듀크대의 알드리치(John Aldrich)는 "외교정책 관점이 선거결과에 미치는 잠재적 영향은 대중의 태도와 엘리트의 결정을 이어주는 중요한 기제다"라고 결론지었다.[56]

그렇다면, 이러한 '선거와의 연결성'이 존재하지 않는 중국 같은 비(非)민주주의국가에서도 대중여론이 외교정책결정에 영향을 미칠 것인가? 이 주제는 치열한 논쟁의 대상이다. 예를 들어, 샤오린(Duan Xiaolin)은 그렇지 않다고 주장했다. 중국 민족주의가 증가하지 않았고, 중국공산당이 이를 감시·견제하고 있기 때문이라는 것이다.[57] 그러나 이에 동의하지 않는 랴오닝(Liao Ning)은 "매우 높은 청중비용** 때문에" 중국공산당의 외교정책 엘리

** 역자 주) 청중비용이란 말과 행동의 불일치로 인해 지도자가 감수해야 하는 정치적

트는 "종종 타협없는 강경노선을 채택하도록 강요받는다"라고 주장했다.[58)]

레일리(James Reilly)와 와이스(Jessica Chen Weiss)는 대중 민족주의가 중국의 외교정책에 영향을 미친다는 주장을 비판하는 저명한 학자들이다. 2012년에 출간된 저서, 『강한 사회, 영리한 국가(*Strong Society, Smart State*)』에서 레일리는 중국의 일본정책이라는 맥락 속의 대중여론, 대중동원, 국가 사이의 관계를 연구했다. 그는 중국공산당이 대중의 불만에 능숙하게 대응하고, 대중 민족주의자들을 합리적으로 관리하면서 신속하게 실용적인 일본정책으로 되돌아가는 '적응형 권위주의(adaptive authoritarian)' 정권이 되었다고 주장했다. 국가가 대중의 태도를 국가 목표에 부합한 방식으로 재설정하기 위해 선전 캠페인을 활용한다는 점에서 중국이라는 국가는 영리하다는 것이 그의 핵심 주장이다.[59)]

그렇다면, 중국공산당은 레일리의 주장처럼 정말 대응, 억압, 설득을 자유자재로 사용하고 있는가? 중국공산당은 '영리'한가, 아니면 레일리가 분석한 사례에서 중국공산당이 대중 불만을 손쉽게 다룬 것은 우연의 산물이었을까? 2012년의 댜오위다오/센카쿠 열도 시위에서 나타난 폭력성과 뒤이어 전개된 중국인민해방군의 군사 증강으로 인한 긴장 고조는, 중일관계가 '상대적으로 안정적'이고 "현재 중국이 일본과 전쟁을 벌일 가능성은 2000년때보다 훨씬 낮다"는 레일리의 주장을 반증하는 것처럼 보인다.[60)] 2012~2013년에 있었던 댜오위다오 열도 시위는 강력한 반증 사례이다.

와이스는 약간 다른 주장을 했다. 국제관계학의 협상이론을 중국에 적용한 그녀는 중국 지도자들이 강경한 의지(예를 들면, 1999년의 베오그라드 주재 중국 대사관 폭탄 사건)나 또는 미국과의 외교에서 협력할 의지(예를 들면, 2001년의 하이난섬 EP-3 정찰기 사건)를 전달하기 위해 대중 민족주

비용이다. 민주국가의 경우엔 여당지지층 이탈, 야당 지지층의 정치공세, 정권재창출 실패, 재선 실패 등이 청중비용에 해당되고, 독재국가의 경우엔 숙청, 사형 등이 청중비용에 해당된다.

의를 전략적으로 조종한다고 주장했다.

그녀에 따르면, 중국 민족주의자들을 자극하는 국제 사건이 대중 시위를 촉발할 조짐을 보이면, 중국공산당은 선택을 한다. 국내 민족주의자들에게 '적색등'(시위를 중단하라 – 역자 주)을 전달하고 국내 청중비용을 감소시켜 '시위가 고조될 가능성을 미연에 방지'하거나 또는 '녹색등(시위를 전개하라 – 역자 주)'을 허락하는 방식으로 중국공산당 스스로 손을 결박함으로써 외교상대에게 강경한 의지를 천명한다.[61] 결국, 중국 내부의 민족주의 정치는 외부 세계에 어떤 메시지를 전할 것인가에 대한 지도자의 결정에 좌우된다는 것이 그녀의 결론이다.

그러나 현재의 미중관계에 합리주의 협상이론을 적용하는 것은 다른 국제 위기를 설명할 때에도 나타나는 동일한 문제에 봉착하게 된다. 스나이더(Jack Snyder)는 협상이론이 현실세계를 대상으로 한 검증에서 실패한 '추측'에 다름없다는 것을 설득력 있게 주장해 왔다. 예를 들어, 그가 수행한 역사적 분석에 따르면, 지도자들은 강경한 의지를 전달하기 위해 의도적으로 청중비용을 증가시키는 일종의 '벼랑 끝 외교'를 거의 사용하지 않는다. 오히려 반대로 그들은 모호함을 통한 유연성을 추구함으로써 배수진 같은 상황에 처하지 않도록 주의를 기울인다.[62]

그러나 미중관계의 경우에도 와이스(Jessica Weiss)는 중국공산당이 주로 전략적 이익에 근거해 국내 시위를 허용하거나 금지한다고 주장했다. 예를 들어, 그녀는 중국정부가 '신호 결단(signalling resolve)을 통한 국제적 이익'을 얻기 위해 1999년 반미 시위를 허용했다고 주장했다. 그러나 또 다른 가능성이 존재할 수 있다. 중국인 3명의 죽음과 중국사회의 전 영역에서 나타난 분노 때문에, 중국공산당 엘리트들은 시위를 진압하는 것이 민족주의에 기반한 통치의 정당성을 크게 훼손한다고 판단했을 수도 있다. 따라서 국내 민족주의자들에게 '녹색등'을 전달한 것은 '국제적 이익' 때문이 아니라 시위의 진압이 중국공산당의 통치 정당성을 위태롭게 하기 때문이라고 볼 수 있다.

실제로, 이 분야의 지배적인 견해에 따르면, 중국의 외교정책에 미치는 대중 민족주의의 영향은 점점 커지고 있다. 화이팅(Allen Whiting)은 처음으로 중국 민족주의를 '공격적'으로 묘사하면서 중국의 국내외 정책이 얽혀 있다고 주장했다.[63] 1990년대에, 자오(Sam Zhao)는 중국의 민족주의가 '국가 주도적'이고 국가 통제 하에서 '실용적'이었다고 주장했다.[64] 그러나 2008년 이후 급격히 호전적으로 변화한 중국외교정책을 분석한 그는 기존의 주장을 재고하게 되었고, 2013년에 그는 "정부가 대중 여론에 점점 더 반응하고 있다"는 결론을 내렸다.[65]

중국공산당은 통치의 정당성을 위해 외교문제를 민족주의적 관점에서 해결하고자 한다. 때문에, 중국인들은 국가 스스로 주창한 민족주의적 관점에서 반론을 제기함으로써 중국공산당에 보다 강경한 정책을 취하도록 압력을 행사할 수 있다.[66] 그리스(Peter Gries), 스테이거(Derek Steiger), 왕(Tao Wang)은 2012~2013년의 댜오위다오 열도 시위 당시 중국의 강경한 대일본정책이 온라인과 거리에서 표출된 대중적인 반일 감정을 얼마나 잘 반영했는지를 보여주었다.[67] 원인이 결과에 선행하여 발생한다는 점에서, 이 연구는 대중 민족주의가 실제로 중국의 일본정책에 영향을 미쳤다고 하는 강력한 정황 증거를 제공했다. 이외에도 그들은 대중의 분노가 일본은 물론 일본에 유화적인 태도를 보인 중국공산당을 향했다는 것을 발견했다. 동일한 시위에 대한 또 다른 분석에서도 케언스(Cairns)와 칼슨(Carlson)은 "블로거들이 쏟아낸 가혹한 민족주의적 독설은 일본이 아닌 그들이 보기에 무능하고 부패한 조국을 향한 것이었다"라고 주장했다.[68]

지난 10년 동안 대중 민족주의가 중국외교정책을 더욱 공세적으로 만들었다는 견해는 이제 통념이 되었다. 2013년의 기고글에서 로스(Robert Ross)는 "중국의 외교에 논란이 초래되고 있는 이유"로 중국공산당 리더십에 "가중되고 있는 사회적 압력"을 지목한 바 있다. 마찬가지로, 크리스텐슨(Tom Christensen)은 2015년에 출간된 저서 『중국의 도전(*The China Challenge*)』에서 대중 민족주의가 2010년 중국의 대미정책을 강경일변도로 만든 '가혹한 전환점'이 되었다고 주장했다.[69]

중국인과 세계

샤오보는 오늘날의 세계화가 '민족과 문화 간 이해, 수용, 상호 존중'과 '다양한 형태의 외국인 혐오, 문화적·인종적 타자에 대한 적대감, 자민족 중심주의적 오만' 이 모두 증가하는 '실망스러운 합금(合金)' 같다고 말하면서 애통해했다.[70] 21세기 중국도 예외가 아니다. 중국인과 세계 간에 여행과 같은 직접적인, 또는 대중문화와 같은 간접적인 접촉이 증가하면서, 포용적인 반응과 배타적인 반응 모두 가능해졌고 이것이 세계주의 또는 민족주의를 추동할 수 있다.

이 장은 이러한 사회적 영향력이 중국의 외교정책에서 중요해졌다고 주장한다. 중국이 민주주의 국가는 아니지만, 중국공산당이 "중국을 다시 위대하게 만들겠다"는 약속에 근거한 통치의 정당성을 주장하기 때문에 국내 민족주의적 여론에 매우 민감하다. 그 결과, 중국의 외교정책결정자들은 타국에 대한 대응, 그리고 국내 사회집단에 대한 대응이라는 지정학적 양면게임을 해야 한다.

또한, 이 장은 중국공산당이 교육, 미디어, 문화체계를 적극적으로 활용하여 중국인들을 다윈의 사회진화적 세계관으로 사회화하고 있다고 주장했다. 이러한 세계관을 통해 중국인은 세계를 위계와 경쟁의 장으로 바라보게 되었다. 오늘날 부활한 유교는 도덕적·인종적 우월성을 강조함으로써 애국심이 아닌 민족주의를 조장하고 있다. '천하' 개념은 종종 키플링(Kipling)이 1899년도에 쓴 〈백인의 짐〉과 별반 차이가 없는 〈황인의 짐〉을 함축하고 있다 — 두 가지 모두 식민주의를 합리화하고 있다. '백년국치'라는 담론에서 파생된 소위 반제국주의 애국심은 복수와 보상의 열망을 조장한다. 이는 중국이 국가 간 평등질서가 아닌 국제 위계질서의 꼭대기로 복귀되기를 바라는 확실한 민족주의적 열망이다. 마지막으로, 오늘날 중국 내에서 삶의 중심이 된 치열한 자본주의 경쟁은 외국을 상대로 투영될 가능성이 높으며, 골육상쟁의 세계관을 형성하는 데 기여하게 될 것이다.

결론적으로, 오늘날 평균적인 중국인은 외국을 신뢰하지 않는 것처럼 보인다. 식민지를 경험한 많은 지역들과 마찬가지로 중국에서 서방세계는 존경과 분노의 동시적 대상이며, 이는 친(親)서방 세계주의, 그리고 반제국주의적 민족주의를 동시에 양산하고 있다. 이제 중국인은 K-팝을 즐기면서도 동아시아 이웃 국가들을 과거에 중국의 시혜를 받은 속국으로 보고 있다. 이런 가운데 주변국들이 중국의 지역적 의도를 의심한다고 여겨질 때는 '배은망덕'하다며 서슴없이 분노를 표출한다. 심지어 아프리카와 제3세계를 후진적인 유색인종으로 보면서 멸시한다.

이는 바람직한 모습이 아니다. 중국의 상대적인 경제력과 군사력이 증가함에 따라 엘리트와 대중 민족주의자들은 중국이 더욱 강경한 외교정책 입장을 취하도록 지도부를 압박할 것으로 예상된다. 그리고 시진핑 주석은 이러한 압박을 수용하여 대만을 '강제 병합'함으로써 황제에게 걸맞은 업적을 남기고 싶어 하는 것처럼 보인다.[71] 설상가상으로, 전 세계적으로 포퓰리즘과 토착주의[**]가 득세하고 있는 상황에서 중국 대중 민족주의자들의 영향력이 커지고 있다. 따라서 갈등을 피하기 위해서는 상호 이해와 신뢰구축이 그 어느 때보다 시급하다.

** 역자 주) 외국인, 외국관습, 외국사상을 배척함으로써 전통적 가치를 회복하려는 운동을 말한다. 세계화에 대한 대응으로 등장한 이슬람근본주의가 대표적인 예이다.

주

*) 필자의 연구를 도와준 예준얀, 탕옌치, 송징이와 유용한 논평을 해준 왕타오, 스즈키, 바라반체바에게 감사의 말을 전한다.

1) https://www.weibo.com/2150758415/F2WZElGl5?type=comment.

2) https://www.weibo.com/5682172050/D1YvYaj6d?type=comment#_rnd1541643724719.

3) https://zhuanlan.zhihu.com/p/26905507.

4) 구조적 현실주의와 자유주의에 대해서는 다음을 참조할 것. Ken Waltz, *Theory of International Politics* (Long Grove, IL: Waveland Press, 1979); and Robert Keohane and Joseph Nye, *Power and Interdependence: World Politics in Transition* (Boston: Little, Brown, and Company, 1989).

5) 다음을 참조할 것. Michael Doyle, "Kant, Liberal Legacies, and Foreign Affairs, Part I," *Philosophy and Public Affairs* 12, no. 3 (1983): 205–235; Erik Gartzke, "The Capitalist Peace," *American Journal of Political Science* 51 (2007): 166–191.

6) Chi Yue Chiu, Peter Gries, Carlos Torelli, and Shirley Cheng, "Toward a Social Psychology of Globalization," *Journal of Social Issues* 67, no. 4 (2011): 663–676.

7) Peter Hays Gries, *The Politics of American Foreign Policy: How Ideology Divides Liberals and Conservatives over Foreign Affairs* (Stanford, CA: Stanford University Press, 2014), 22–25.

8) Chalmers A. Johnson, *Peasant Nationalism and Communist Power: The Emergence of Revolutionary China, 1937–1945* (Stanford, CA: Stanford University Press, 1962).

9) Lutgard Lams, "Examining Strategic Narratives in Chinese Official Discourse under Xi Jinping," *Journal of Chinese Political Science* 23, no. 3 (2018): 387–411.

10) Peter Hays Gries, *China's New Nationalism: Pride, Politics, and Diplomacy* (Berkeley: University of California Press, 2004); Peter Hays Gries, "Chinese Nationalism: Challenging the State?" *Current History* 104, no. 683 (2005): 251–56.

11) 설문조사에 사용된 중국어 원문 혹은 많은 통계수치가 제공되지 않아 존스턴의 주장을 검증하는 것이 어렵다. 다음을 참조. Alastair Iain Johnston, "Is Chinese Nationalism Rising? Evidence from Beijing," *International Security* 41, no. 3 (2016): 7–43.

12) 다음 예를 참조. Peter Hays Gries, Qingmin Zhang, H. Michael Crowson, and Huajian Cai, "Patriotism, Nationalism, and China's US Policy: Structures and Consequences of Chinese National Identity," *China Quarterly* 205 (2011): 1–17.

13) 다음 예를 참조. Alastair Iain Johnston, "Is Chinese Nationalism Rising? Evidence from Beijing," *International Security* 41, no. 3 (2016): 7–43.

14) 다음 예를 참조. Peter Hays Gries, "Disillusionment and Dismay: How Chinese Netizens Think and Feel about the Two Koreas," *Journal of East Asian Studies* 12 (2012): 31–56.

15) Pierre F. Landry and Mingming Shen, "Reaching Migrants in Survey Research:

The Use of the Global Positioning System to Reduce Coverage Bias in China," *Political Analysis* 13, no. 1 (2005): 1–22.

16) Peter Hays Gries, "Tears of Rage: Chinese Nationalist Reactions to the Belgrade Embassy Bombing," *The China Journal* 46 (2001): 25–43.

17) Miao Feng and Elaine J. Yuan, "Public Opinion on Weibo: The Case of the Diaoyu Islands Dispute," in *The Dispute over the Diaoyu/Senkaku Islands: How Media Narratives Shape Public Opinion and Challenge the Global Order*, edited by Thomas A. Hollihan, 119–140 (New York: Palgrave, 2014).

18) Lutgard Lams, "Othering in Chinese Official Media Narratives During Diplomatic Standoffs with the US and Japan," *Palgrave Communications* 3, no. 33 (2017), 1–11.

19) Yinxian Zhang, Jiajun Liu, and Ji-Rong Wen, "Nationalism on Weibo: Towards a Multifaceted Understanding of Chinese Nationalism," *The China Quarterly* 235 (2018): 772.

20) 다음 예를 참조. Rongbin Han, "Defending the Authoritarian Regime Online: China's 'Voluntary Fifty-Cent Army'," *The China Quarterly* 224 (2015): 1006–1025; Florian Schneider, *China's Digital Nationalism* (New York: Oxford University Press, 2018).

21) Gary King, Jennifer Pan, and Margaret E Roberts, "How Censorship in China Allows Government Criticism but Silences Collective Expression," *American Political Science Review* 107, no. 2 (2013): 1–18.

22) Pál Nyíri, Juan Zhang, and Merriden Varrall, "China's Cosmopolitan Nationalists: 'Heroes' and 'Traitors' of the 2008 Olympics," *The China Journal* 63 (2010): 25–55.

23) James Farrer, "The Multiple Contexts of Protest: Reflections on the Reception of the MIT Visualizing Cultures Project and the Anti-Right Japanese Demonstration in Shanghai," *Positions: Asia Critique* 23, no. 1 (2015): 59–90.

24) Kevin Carrico and Peter Gries, "Race, Knowledge Production, and Chinese Nationalism," *Nations and Nationalism* 22, no. 3 (2016):428–32.

25) Peter Hays Gries, "China's 'New Thinking' on Japan," *The China Quarterly* 184 (2005): 831–850.

26) Peter Hays Gries, Derek Steiger, and Tao Wang, "Popular Nationalism and China's Japan Policy: The Diaoyu Islands Protests, 2012–2013," *Journal of Contemporary China* 25, no. 98 (2015): 264–276.

27) 다음 예를 참조. Peter Hays Gries, "Disillusionment and Dismay: How Chinese Netizens Think and Feel about the Two Koreas," *Journal of East Asian Studies* 12 (2012): 31–56.

28) 다음을 참조할 것. http://n.miaopai.com/media/933BEna5-gOn98iioZ22FfRhytagKvts.

29) Gilbert Rozman, *The Sino-Russian Challenge to the World Order: National Identities, Bilateral Relations, and East Versus West in the 2010s* (Stanford, CA: Stanford University Press, 2014).

30) Frank Dikotter, *The Discourse of Race in Modern China* (Hong Kong: Hong Kong

University Press, 1992).
31) Pál Nyíri, "The Yellow Man's Burden: Chinese Migrants on a Civilizing Mission," *The China Journal* 56 (2006): 83-106.
32) Gries, *Politics of American Foreign Policy.*
33) Johnston, "Is Chinese Nationalism Rising?."
34) Elina Sinkkonen, "Nationalism, Patriotism, and Foreign Policy Attitudes among Chinese University Students," *The China Quarterly* 216 (2013): 1045-1063.
35) 또한 주제 측면에서도 혼란이 있었다. 외국 자선단체는 국경없는 의사회였고, 중국 자선단체는 빈민을 위한 희망 프로젝트였다. 따라서 의료지원과 빈곤구제 가운데 하나를 선택하여 돕겠다는 대답은 대안적인 설명(즉, 외국 대 중국이라는 민족주의가 아니라 의료지원 대 빈곤구제의 선호도에 따라 다른 대답이 가능했다는 점에서 다른 해석이 가능하다 - 역자 주)을 필요로 한다. 다음을 참조할 것. Robert Hoffmann and Jeremy Larner, "The Demography of Chinese Nationalism: A Field-Experimental Ap-proach," *The China Quarterly* 213 (2013): 189-204.
36) Peter Hays Gries and Matthew Sanders, "How Socialization Shapes Chinese Views of America and the World," *Japanese Journal of Political Science* 17, no. 1 (2016): 1-21.
37) Ibid.
38) Anne-Marie Brady *Marketing Dictatorship: Propaganda and Thought Work in Contemporary China* (Lanham, MD: Rowman & Littlefield, 2008).
39) Bill Callahan, *China: The Pessoptimist Nation* (Oxford: Oxford University Press, 2010), 194.
40) Kirk Denton, *Exhibiting the Past: Historical Memory and the Politics of Museums in Postsocialist China* (Honolulu: University of Hawaii Press, 2014).
41) Annie Hongping Nie, "Gaming, Nationalism, and Ideological Work in Contemporary China: Online Games Based on the War of Resistance Against Japan," *Journal of Contemporary China* 22, no. 81 (2013): 499-517.
42) Tom Christensen, "Chinese Realpolitik," *Foreign Affairs* 75, no. 5 (1996): 37.
43) Kelvin Chi-Kin Cheung, "Away from Socialism, Towards Chinese Characteristics: Confucianism and the Futures of Chinese Nationalism," *China Information* 26, no. 2 (2012): 206.
44) Shaobo Xie, "Chinese Beginnings of Cosmopolitanism: A Genealogical Critique of *Tianxia Guan*," *Telos* 180 (2017): 17.
45) Nyíri, "The Yellow Man's Burden."
46) Prasenjit Duara, "Nationalists among Transnationals: Overseas Chinese and the Idea of China," in *Ungrounded Empires: The Cultural Politics of Modern Chinese Trans-nationalism,* edited by Aihwa Ong and Donald Nonini (London: Routledge, 1997).
47) Gries, *China's New Nationalism*; Callahan, *China: The Pessoptimist Nation*.
48) Yinan He, "History, Chinese Nationalism, and the Emerging Sino-Japanese Con-

flict," *Journal of Contemporary China* 16, no. 50 (2007): 2.

49) Nie, "Gaming, Nationalism, and Ideological Work in Contemporary China."

50) Licheng Qian, Bin Xu, and Dingding Chen, "Does History Education Promote Nationalism in China? A 'Limited Effect' Explanation," *Journal of Contemporary China* 26, no. 104 (2017): 199–212.

51) Zhihang Wang, "Understanding Chinese Immigrants in Africa from the Perspective of National Identity," *Asian Ethnicity* 20, no. 1 (2019): 31.

52) Sheldon Lu, "Cosmopolitanism and Alternative Modernity in Twentieth-Century China," *Telos* 180 (2017): 110.

53) http://www.sohu.com/a/159392388_674734.

54) Aaron Wildavsky, "The Two Presidencies," *Transaction* 4, no. 2, (1966): 162–173.

55) Benjamin Page and Robert Shapiro, "Effects of Public Opinion on Policy," *The American Political Science Review* 77, no. 1 (1983): 175–190.

56) John Aldrich et al., "Foreign Policy and the Electoral Connection," *Annual Review of Political Science* 16, no. 3 (2006): 477–502.

57) Duan Xiaolin, "Unanswered Questions: Why We May Be Wrong about Chinese Nationalism and Its Foreign Policy Implications," *Journal of Contemporary China* 26, no. 108 (2017): 886–900.

58) Liao Ning, "Presentist or Cultural Memory: Chinese Nationalism as Constraint on Beijing's Foreign Policy Making," *Asian Politics & Policy* 5, no. 4 (2013): 543–565.

59) James Reilly, *Strong Society, Smart State: The Rise of Public Opinion in China's Japan Policy* (New York: Columbia University Press, 2011), 6–7.

60) Ibid.

61) Jessica Chen Weiss, "Authoritarian Signaling, Mass Audiences, and Nationalist Protest in China," *International Organization* 67, no. 1 (2013): 26–27.

62) Jack Snyder and Erica D. Borghard, "The Cost of Empty Threats: A Penny, Not a Pound," *American Political Science Review* 105, no. 3 (2011): 437, 439.

63) Allen S. Whiting, "Assertive Nationalism in Chinese Foreign Policy," *Asian Survey* 23, no. 8 (1983): 913–933; and Allen Whiting, "Chinese Nationalism and Foreign Policy after Deng," *The China Quarterly* 142 (1995): 295–316.

64) Suisheng Zhao, "A State-led Nationalism: The Patriotic Education Campaign in Post-Tiananmen China," *Communist and Post-communist Studies* 31, no. 3 (1998): 287–302.

65) Suisheng Zhao, "Foreign Policy Implications of Chinese Nationalism Revisited: The Strident Turn," *Journal of Contemporary China* 22, no. 82 (2013): 536.

66) Gries, *China's New Nationalism*; Gries, "Chinese Nationalism."

67) Gries, Steiger, and Wang, "Popular Nationalism and China's Japan Policy."

68) Christopher Cairns and Allen Carlson, "Real-World Islands in a Social Media Sea: Nationalism and Censorship on Weibo during the 2012 Diaoyu/Senkaku Crisis,"

The China Quarterly 225 (2016): 24.

69) Thomas Christensen, *The China Challenge: Shaping the Choices of a Rising Power* (New York: W. W. Norton, 2015), 259. Cited in Xiaolin Duan, "Unanswered Questions," 896.

70) Shaobo Xie, "Chinese Beginnings of Cosmopolitanism," 8.

71) Peter Gries and Tao Wang, "Will China Seize Taiwan? Wishful Thinking in Beijing, Taipei, and Washington Could Spell War in 2019," *Foreign Affairs* snapshot, February 15, 2019.

5장

중국의 외교정책 수립과정: 행위자와 제도

수이성 자오(Suisheng Zhao)

중화인민공화국 설립 이후 여러 해 동안 중국의 외교정책결정과정, 특히 국가안보 사안에 관한 외교정책결정과정은 외부의 관찰자들에게 블랙박스와 같은 존재였다. 중국인들은 자국의 외교정책결정 사항과 그로 인한 결과에 대해 주로 공식 뉴스와 당국의 발표를 통해 알게 되는 반면, 학자들과 분석가들은 중국의 외교정책을 결정하는 조직 내의 행위자들과 기관들을 식별하고 정보의 신뢰성을 확인하기 위해 정보 조각들을 짜맞추어야 했다. 1980년대부터 시작된 개혁개방은 중국이 국제문제에 관여할 기회를 크게 확장시켰고, 이것은 학자들이 중국의 외교정책결정과정을 들여다볼 수 있는 기회를 제공했다. 여전히 투명성 부족이라는 장벽이 남아있긴 하지만, 학자들은 중국 출판물과 은퇴한 중국 외교관들과의 인터뷰를 통해 더 많은 정보를 수집할 수 있게 되었고, 그 결과 외교정책결정자들 및 그들과 관료기관 간의 상호작용 등에 관해 점점 더 정확한 윤곽을 이해할 수 있게 되었다.[1] 이러한 노력 가운데, 샴보(David Shambaugh)는 중국의 외교정책결정을 이해하는 데 있어 유익한 다섯 가지 동심원 즉, 최고위급 수준의 의사결정 권한, 관련 부처, 정보기관 및 연구기관, 지방정부와 기업, 그리고 사회를 개념화했다.[2]

이러한 다섯 가지 동심원이 어느 정도 완성된 윤곽을 보여주고 있지만, 이 장은 외교정책 분야에서 최고위층에 있는 외교정책결정자들과 기관 그리고 몇 가지 새로운 행위자들에 초점을 맞추고 있다. 중국의 외교정책결정 권한은 중국공산당과 중국공산당 최고지도자에게 집중되어 있다. 이들은 중국공산당 중앙외사공작영도소조/중앙국가안보영도소조 및 국가안전위원회(Foreign Affairs/National Security Leading Small Groups and Commission) 같은 중앙의 외교정책 및 협조기구(协调议事)들의 도움을 받는다. 권력 서열의 정점에 있는 최고지도자와 다른 고위 지도자들은 국가안보전략을 수립하고 국제위기를 관리하는 등 중국의 전반적인 외교정책 방향을 잡는 데 있어서 항상 결정적인 역할을 해왔다. 그러나 그들은 정보의 수집, 정책의 실행 및 권고가 주요 역할인 국가, 당, 군의 많은 관료기관과 같이 불투명한 막후 조정 기관에 의존해야 한다. 또한, 싱크탱크, 언론, 지방정부, 초국가적 기업 등과 같은 새로운 행위자들도 중국의 외교정책 수립과정에서 다양한 역할을 하고 있다. 이 장은 중국외교정책의 수립과 변화에 있어서 최고지도자, 외교정책 조정과 정교화 기관, 관료, 그리고 새로운 행위자들의 역할을 탐색할 것이다. 또한 역사적 개요와 더불어, 시진핑 주석이 통일된 당 리더십 강화라는 명분하에 외교정책결정 권한을 집중화하고 사유화한 방법을 살필 것이다.

지도자들이 중요하다: 혁명적 외교에서 저자세 외교로

중국의 권위주의 정치체제는 당과 당의 최고지도자에게 외교정책을 포함한 모든 정책의 결정 권한을 부여한다. 표면적으로 보면, 중국공산당중앙위원회가 최고위급 정책결정 기관이다. 중앙위원회는 일 년에 단 한 차례 회의를 하기 때문에 중앙정치국과 중앙정치국 상무위원회가 더 자주 만나(회의 일정과 의제는 거의 공개되지 않는다) 중앙위원회를 대표하여 의사결정을 한다. 통상적으로 최고지도자는 중국공산당중앙위원회의 총서기(또는 당서기나 총비서) 직책을 맡고 있고,** 중앙정치국 회의를 소집할 권한을 갖고 있으며, 외교정책 수립에 적극 관여해 왔다. 따라서 최고지도자의 성격, 개인적인 정책 선호도, 미래상, 의사결정 스타일이 중국의 외교정책을 수립하는 데 중요하다. 중국 역사상 가장 강력한 3대 최고지도자인 마오쩌둥, 덩샤오핑, 시진핑은 중국의 역사적 흐름 속에서 — 혁명적 외교에서 발전적 외교로, 그리고 대국외교로 — 외교정책의 변혁을 추동한 중대한 역할을 했다.

중화인민공화국의 건국자인 마오쩌둥은 카리스마적이고 혁명적인 지도자였기에 모든 반대와 불만을 억누르고 빈번히 독단적인 결정을 내렸다. 마오는 제도적 제약과 다른 관료정치적 제약에 구애받지 않고 자신의 관점에 근거하여 행동했고 개인적인 결정을 상의하달식으로 통보했다. 중국의 한국전쟁 참전 결정이 전형적인 예였다. 중국공산당 수뇌부 내부에 상당한 회

** 역자 주) 최고지도자는 영문표기로 Paramount Leader이며, 중국공산당, 입법부인 전국인민대표대회, 중국인민해방군의 최고 실권자를 말한다. 따라서 중국공산당 중앙위원회 총서기, 전국인민대표대회 국가주석, 중앙군사위원회 주석이라는 세 가지 직함을 갖는다. 이와 별도로, 행정부 역할을 맡는 국무원의 수장인 총리는 전국인민대표대회에서 선출된 국가주석이 임면한다. 주석의 영문표기는 Chairman 또는 President이며, 총서기의 영문표기는 General Secretary이다. 이 세 가지 직함을 전부 보유했던 최고지도자는 마오쩌둥, 장쩌민, 후진타오, 시진핑 네 명에 불과하다.

의적인 분위기와 반대가 존재했지만 마오의 의지대로 중국군은 1950년 한국전쟁에 파병되었다.[3] 또한, 1958년과 1960년의 대만해협 위기, 1962년의 중국-인도 국경충돌, 1969년의 중국-소련 국경충돌, 1971년의 중국-미국 관계회복 등의 사건에서도 마오의 의지가 결정적으로 작용했다.

반제국주의, 사회주의 혁명, 민족해방투쟁의 필연적인 승리를 믿은 마오는 중국외교의 주요 의제가 전쟁과 혁명이라고 주장했다 — 왜냐하면 (고전적 레닌주의에 따르면) 제국주의가 존재하는 한, 전쟁은 불가피했고 그 결과 혁명이 일어날 것이기 때문이다. 그는 또한 "동풍이 서풍을 압도하고 있다"(자본주의 세계는 쇠퇴하고 있지만 사회주의 세계는 부상하고 있다)고 확신했다. 이러한 신념에 따라, 마오는 미국 주도의 자본주의 세계에 맞서 소련과 제휴했고, 1950년대와 1960년대에는 제3세계에 중국식 사회주의 모델을 수출했다. 그리고 중소분쟁 이후인 1960년대와 1970년대에는 초강대국인 미국과 소련에 단호히 맞섰다.[4]

그러나 이 강력한 지도자는 중국의 국가이익을 극대화하기 위해 현실적으로 필요한 정책결정의 유연성과 타협이 부족했고, 그로 인해 현실과 괴리되어 있었다. 국제 사회주의운동을 주도하려는 투쟁에서 스스로를 독재자이자 십자군으로 여긴 마오는 두 개의 초강대국과 전쟁까지도 불사하는 매우 위험천만한 상황으로 중국을 밀어 넣었고, 1960년대에는 사회주의와 자본주의를 포괄한 더 큰 세계로부터 중국을 고립시켰다. 이 때문에 중국인과 세계 모두 엄청난 비용을 치러야 했다. 1966년 문화대혁명을 시작한 마오는 중국을 국가적 재난과 대혼란에 빠뜨렸다. 1970년대에는 국제적 고립에서 벗어나기 위한 미중관계 정상화에 착수했다.

문화대혁명이라는 혼돈을 물려받은 덩샤오핑은 1980년대부터 개혁과 경제 현대화에 착수했다. 그리고 문호를 개방하여 중국을 고립된 혁명적 국가에서 국제공동체의 적극적인 일원으로 탈바꿈시켰다. 평화와 발전을 세계의 두 가지 주요 경향으로 본 덩샤오핑은 새로운 세계대전을 연기 혹은 피할 수 있다고 믿었다. 그래서 그는 중국의 외교정책을 마오주의라는 이념적 지향에서 실용주의에 기초한 정책으로 전환시켰다. 마오에 비해 십자군적 사명감이 덜했지만 보다 실용적인 덩샤오핑은 새로운 정보에 매우 수용적인 자세를 취했고 커다란 유연성을 보였다. 그는 외교정책결정과정, 특히 미국, 일본 등 주요국과의 외교관계를 다루는 과정에 적극적으로 참여하면서, 제도적/관료정치적 제약을 존중했고 점진적이고 제도화된 정책과정을 통해 목표를 달성하고자 노력했다.

덩의 실용주의를 반영한 가장 중요한 외교정책결정은 **도광양회**(韬光养晦)라는 강령 — 중국의 힘을 숨기고, 외부의 관심을 최소화하기 위해 저자세를 취하며, 시간을 끌면서, 주도하지 않는 정책 — 이었다. 이러한 강령은 1989년 톈안먼사태가 발생한 시점에 등장했다. 그 이유는 당시 중국이 국제공동체의 거센 비난에 직면해 있었고, 미국과 서방 국가의 제재에 놓여 있었기 때문이다. 톈안먼사태 직후 냉전이 종식되었다. 경제, 인권 등 다양한 정치적 의제들이 전면에 등장하면서 중국과 서방 국가의 관계가 복잡해졌다. 글로벌 차원에서 중국의 지위와 향후의 도전과제를 냉철하게 진단한 덩샤오핑은 중국의 경제발전과 개혁에 초점을 맞추었고, **도광양회**정책을 구체화할 수 있는 세 가지 부속 강령을 제시했다. (1) 상황을 면밀히 평가하고(冷静观察), (2) 중국의 입장을 단호하게 표현하며(稳住阵脚), (3) 도전과제들을 조용하게 극복하라(沉着应付).[5] 이러한 전략적 결정은 톈안먼사태와 냉전의 종식이라는 그림자 속에 갇힌 중국을 안전하게 인도하는 지침이었다.

전략적이고 중대한 외교정책결정을 내리는 최고지도자로서 1977년 권좌에 복귀한 뒤 덩샤오핑은 중국공산당중앙위원회 총서기나 중화인민공화국 주석을 맡지 않았다. 중앙군사위원회 주석으로서만 군을 통제했을 뿐이다. 그의 권위는 개인적인 위상, 인맥, 풍부한 경험에서 비롯되었다. 개인적으로 그리고 상의하달식으로 중요한 결정을 내릴 때에도 덩은 관료에게 권한을 위임하기 위해 분권 절차를 개시했다. 또한, 고위급 지도자 집단과 공동으로 의사결정을 하는 집단지도체제(集体决策) 구축을 위해 노력했다. 왜냐하면, 개혁과 개방이 중국의 외교정책 의제의 폭을 넓혔고 점증하는 수많은 행위자들이 외교정책과정에 관여하게 되었기 때문이다.

비록 덩샤오핑이 마오쩌둥의 일인 결정모델을 대체하는 집단지도체제를 추구했지만, 국가안보와 관련된 주요 결정은 통치 기간 내내 그의 특권으로 남아 있었다. 진정한 집단지도체제는 1990년대 초, 덩이 은퇴한 뒤에야 이루어졌다. 덩의 후계자인 장쩌민과 후진타오는 덩이 갖고 있었던 개인적 권위가 없었다. 그들은 최고위직 공무원(중화인민공화국 주석 – 역자 주)에 방점을 둔 최고지도자의 역할을 수행했다. 이른바 그들은 동등한 권한을 갖는 중앙정치국 상무위원회 위원들 중 한 명이었고 그 가운데 서열 1위의 자리에 있는 존재일 뿐이었다. 장쩌민은 개별적으로 토의하고(个别酝酿), 분담하여 책임지며(分工负责), 회의에서 결정한다(会议决定)는 관점에서 집단지도체제의 규칙을 정리했다.[6] 다른 말로 하면, 중요 사안은 각 단계의 모든 구성원 간에 논의되어야 하며, 회의 전에 정보가 준비되어 배포되어야 하고, 의견이 교환되어야 한다. 결정은 공식적인 회의에서만 이루어져야 하며, 합의 또는 최소한 전체 참가자의 과반수 이상의 찬성으로 승인되어야 한다.

외교 업무와 국가안보 업무를 책임지는 지도자로서 중앙정치국 상무위원회가 지명한 장쩌민과 후진타오는 여전히 전략적인 의사결정과 국가안보 관련 의사결정에 있어 최종 승인 권한을 갖고 있었다. 왜냐하면, 그들은 집단지도체제의 원칙 하에서 외교정책을 개시, 거부, 또는 비준할 수 있기 때문이었다. 다른 상무위원회 위원들은 장쩌민과 후진타오의 정책적 선호를 존중하고, 특별히 배려 한다. 이것은 다른 상무위원회 위원들이 관할하는 사안에 대해서는 총서기 위원들의 선호를 지지해주는 것에 대한 보상 차원이다. 따라서 총서기에 대한 경의 표시는 정치적인 편의를 위한 것이기도 했다. 이외에, 국가안보문제에 있어 집단지도체제의 원칙은 집단적 의사결정을 위해 상무위원회로 이관될 전략적인 사안에만 국한되었다. 통상적이고 일상적인 국가안보문제는 주로 총서기가 담당했다.[7]

혁신적 리더십 유형의 마오쩌둥이나 덩샤오핑과는 달리 장쩌민과 후진타오는 거래적(transactional) 리더십 유형의 지도자였고, 덩샤오핑이 설정한 외교정책을 지향했다. 두 지도자는 중국의 경제발전에 집중하면서 중국을 보다 넓은 국제경제에 통합시키고 중국의 현대화를 위해 장기간 안정적이고 평화적인 대외환경을 조성하기 위해 힘썼다.[8] 다시 말해서 그들은 중국의 국내 경제발전에 우선 순위를 두고, 현실주의 세력균형 지정학과 국제경제적 상호의존성을 고려했다. 이를 통해, 대외정책의 지속성을 유지할 수 있는 기회를 제공하고 중국의 국제적 행동을 실용적이고 예측가능하게 만들었다.

1992년 11월, 장쩌민은 베이징에서 열린 미국 의회 대표단과의 회담에서 중국의 저자세 외교정책에 대한 덩샤오핑의 3원칙을 공개했다.[9] 덩샤오핑의 원칙을 충실히 이행하고 미국과의 대립을 피한 장쩌민은 1993년 시애틀에서 열린 클린턴(Bill Clinton) 대통령과의 첫 회담에서 중미관계에 관한 원칙을 16글자로 제시했다 — "신뢰강화, 갈등완화, 협력확대, 대결회피"(增加信任, 减小麻烦, 加强合作, 不搞对抗).[10] 다극화된 세계를 추진하면서도 장쩌민은 '패권국과 함께 살아가는 법을 배우기 위해' 노력했다. 또한, 국제체제에서 미국 우위의 현실에 적응하고 이를 위해 정책을 조정했다.[11]

후진타오 재임 동안 중국은 국제문제에 대해 점점 더 자신감을 갖게 되었고, 특히 2008년 글로벌 금융위기 이후에는 공세적인 모습까지 보였다. 그러나 후진타오는 덩샤오핑의 도광양회정책을 유지했다. 왜냐하면, 중국의 부상이 국제적 불안정성을 초래할 것이라는 우려가 확산되었기 때문이다. 이에 후진타오는 중국의 '평화적 부상'을 다른 국가들에게 확신시키기 위해 노력했다. 후진타오는 원래 그의 보좌관인 정비젠(郑必坚)이 제시한 '화평굴기'라는 개념을 지지했지만, '굴기'라는 단어가 아시아 일부 국가들에게 위협감을 줄 수 있고 중국이 초강대국 지위를 노린다는 것을 암시할 수 있다는 점 때문에 평화굴기는 '평화발전'으로 신속히 대체되었다. 후진타오는 우호적인 외부 환경에서 중국의 현대화 프로그램을 추진할 수 있는 전략적 기회의 기간 연장을 위해(战略机遇期) 현상유지(维护现状)와 위기회피(危机规避)의 원칙을 강조하면서 국내안정(内政主导)에 계속 주력했다.[12]

시진핑과 중국의 대국외교

2012년 10월, 시진핑은 집권하자마자 지도부의 '핵심'인 자신에게 엄청난 권력을 집중시켰다. 2012년의 18차 당대회에서 중앙정치국 상무위원회 위원의 수를 7명으로 줄인 뒤, 그는 자신의 임기 제한을 철폐하기 위해 2018년 전국인민대표대회에서 중국 헌법을 수정하는 데 성공했다. 반부패운동을 통해 경쟁상대를 제거한 그는 강력한 리더십을 복원하고 신뢰하는 소수 우군의 도움으로 성공적으로 권력을 집중시켰다. 이제 '집단지도체제'는 까마득한 기억이 되어버렸다. 국내문제에 주안점을 두었던 전임자인 장쩌민과 후진타오에 비해, 시진핑은 외교정책 사안에도 개인적 관심을 두었다. 최소한 국내문제와 동등할 정도의 시간과 정력을 외교에 할애했다 — 새로운 외교정책 구상, 개념, 담론을 눈부신 속도로 세계 곳곳을 다니며 알렸다.[13] 점진적으로 진행되는 관료제 일처리 방식을 참지 못하는 개인적인 리더십 기질을 반영하듯, 시진핑은 전략적 통찰 개발, 전략적 계획 수행, 어려운 의사결정을 위한 '정층설계'(顶层设计)[**]와 '한계적 사고'(底线思维)[***]를 강조했다.

** 역자 주) 시진핑을 정점으로 하는 국가지도부가 외교분야의 총체적인 대전략과 정책방안을 직접 연구하고 제시하는 것을 말한다. 이는 제도절차적 장벽과 관료정치적 저항을 최소화하기 위한 것이다.

*** 역자 주) 底线은 한계선, 마지노선을 뜻하는 단어로 한계적 사고는 최악의 상황을 염두에 둔 전략적 사고를 말한다.

그는 중국 고유의 미래상과 우선순위에 따라 국제정세를 형성하고자 중국의 국가적 위대성과 국력을 활용하는 외교정책을 펼쳤다. 그러면서 덩샤오핑의 저자세 외교에서 탈피하여 중국적 특색을 가진 적극적인 대국외교(大國外交)로의 전환을 주도했다. 즉, 국내 경제발전에 이로운 평화적 대외환경을 추구했던 외교가 글로벌 영향력을 확장하는 외교로 전환되었음을 의미한다. 대국외교는 중국의 위대한 부활이라고 하는 소위 중국몽을 성취하기 위한 린치핀(자동차의 바퀴가 빠지지 않도록 축 가운데에 꽂는 핀 – 역자 주)과 같은 것이었다. 시진핑은 보다 야심찬 외교정책 의제를 달성하기 위해 중국의 국력과 영향력을 효과적으로 사용하길 원했다. 이로 인해 중국 외교의 기능과 목적이 재정립되고 확장되었다.[14)]

'대국외교'를 추진하기 위해 시진핑은 중국외교에 이상주의적이고 도덕주의적인 요소를 도입했다. 이러한 도입은 대국이나 강대국이 이익 이외에 정의도 추구해야 한다는 가정에서 비롯된 것이다. 중국의 과거 외교정책에 대한 비판 가운데 하나는 스스로의 세계적 미래상을 제시하지도 않으면서 다른 국가의 미래상에 반대한다는 점이다. 이에 시진핑은 초강대국으로 진입하고 있는 중국이 세계의 미래상을 제시할 필요가 있다고 판단했다. 그는 '인류를 위해 공유된 미래 공동체'(CSFM: community of shared future for mankind)라는 개념을 고안했다. 이 공동체는 이상주의적 미래상이었다. 또한 그는 어떤 새로운 보편적 규범을 마련하고 그러한 규범을 지향하는 '신형 국제관계' 구축을 제안했다. 무엇보다 시진핑과 그의 측근들은 강대국외교의 기둥으로 '윈-윈 협력'이라는 규범을 내세웠다.[15)] 따라서 시진핑은 글로벌 거버넌스 개혁을 위한 일련의 제안과 구상을 내세움으로써 중국의 대외관계에 새로운 활력을 불어넣고 있으며 대외적 범위를 이전과 비교할 수 없을 정도로 훨씬 광범위하게 넓히고 있다. 실제로 중국은 일대일로 구상과 아시아인프라투자은행(AIIB) 등을 통해 중국의 대외적 영향력을 행사하고 있다.

강대국외교와 이상주의를 접목하긴 했지만, 시진핑은 외교안보를 관리하는 데 있어서는 현실주의를 고수했다. 시진핑은 2017년 10월 제19차 당대회에서 마오가 중국인을 일어서게(站起来)하고, 덩이 중국인을 번영케 했다면(富起来), 자신은 중국을 강하게 만들고 있다(强起来)고 말하면서, 마오쩌둥 및 덩샤오핑과 차별화했다.[16] 마오의 개탄스러운 국정운영의 기록을 고려하면, 많은 중국인은 여전히 강인하고 전능한 지도자를 열망하고 있는 것처럼 보인다. 시진핑은 그러한 열망에 부합하는 자신감을 보여 주었다. 새로운 민족주의로 결집한 중국의 모습과 국제사회에 할 말을 하는 중국의 모습이 그러한 자신감을 상징했다. 2013년 3월에 공식적으로 임기를 시작한 시진핑은 중국을 세계무대의 중심에 놓음으로써 과거의 영광을 되찾겠다고 선언했다. 그러면서 중국인의 자신감을 고취하기 위해 '중국몽'이라는 표어를 발표했다. 이전의 중국 지도자들은 대체로 중국이 세계무대의 주변부 또는 반주변부에 있다고 보았으나, 2017년 제19차 당대회에서, 시진핑은 중국이 세계의 중심 무대에 올랐다고 선언했다.

이전 지도자들과는 달리 세계적인 존경을 받는 지도자로 자신을 내세우고 있는 시진핑은 최악의 상황에 대비하는 사고방식[**]을 강조했다. 이러한 사고방식은 어떤 상황에서도 타국에 허용하지 말아야 할 선을 중국이 그려야 한다는 것을 의미한다. 이러한 사고방식에 대한 강조와 함께 그는 중국이 평화발전의 길을 고수할 것이지만 다른 국가들도 그렇게 해야 한다고 선언했다. 모든 국가가 평화발전의 길을 추구해야 평화공존을 함께 발전시키고 누릴 수 있다는 것이다.[17] 즉, 중국의 평화발전은 무조건적인 것이 아니며 중국의 핵심적인 국익을 대하는 다른 국가의 행동에 달려 있다는 것이다. 이것은 다른 국가들이 중국에 대해 비평화적 정책을 추구할 경우 중국의 부상이 평화적이지 않을 수 있음을 시사했다.[18] 평화발전과 국익 보호에

** 역자 주) 앞서 언급한 한계적 사고(底线思维)를 의미한다.

대한 이러한 이중적인 강조가 시진핑이 제시한 강대국외교의 특징이다.

시진핑은 남중국해 분쟁 수역에 군사적 요새인 인공섬을 대규모로 건설하는 등 중국의 이익을 위해 날로 커지는 중국의 국력을 이용했다. 대국외교를 수행하면서 시진핑 주석은 아시아태평양 지역에 중국 중심의 대안 질서를 구축하기 위해 미국의 우위에 도전했다. 이전에도 이 지역에서 중국이 미국에 공세적으로 도전해야 할 요인과 전략적 명분이 있었지만 실행에 옮기지는 못했다. 그러나 시진핑은 중국의 영향력을 과감하게 확장함으로써 중국의 대외적 지위를 견고히 했다. 이러한 조치는 중국의 국력과 대외환경에 대한 그의 상황 판단에 따른 것이었다. 다른 지도자들이 지금 시진핑의 자리에 앉아있다 해도 그들은 일대일로, AIIB, 남중국해 인공섬 건설 등을 시도하지 못했을 것이다.

외교정책 조정

상설기구이면서 때로는 임시적이기도 했던 중앙외사공작영도소조(FALSG: Central Foreign Affairs Leading Small Group)와 중앙국가안보영도소조(NSLSG: Central National Security Leading Small Group)는 오랫동안 부서 간 외교정책 조정과 정교화라는 기능을 담당해왔다. FALSG의 기원은 1956년으로 거슬러 올라갈 정도로 오래된 기구이다. NSLSG는 북대서양조약기구(NATO)가 베오그라드 주재 중국 대사관을 오폭한 1999년 이듬해인 2000년에 설립되었다. 이 두 가지 영도소조는 중국공산당중앙위원회의 직속 기구인 중앙외사공작영도소조 판공실(FAO)과 행정 직원들을 공유하고 있으며 '부처 간 조정 업무 총괄'에 관한 사항을 FAO에 일임하고 있다.[19] FAO의 주임은 부총리나 외교를 책임지는 국무위원이 맡고 있다. NSLSG와 FALSG의 구성원은 외교·국가안보정책 분야와 관련된 모든 부처를 대표하는 인물들로 이루어져 있다.**

NSLSG와 FALSG는 중앙정치국으로부터 특정한 정책 사안에 관해 결정할 수 있는 권한을 부여받았다. 이들 영도소조의 결정 권한여부는 사안의 중대성, 개별 영도소조 구성원에 대한 신뢰성 및 그들의 권력, 위기 또는 일상업무와 같은 결정의 시급성 등에 따라 다르다. 영도소조의 주요 임무는 외교업무를 담당하는 중앙지도부 구성원들이 고위 관료들과 직접 만나 우선순위를 조율하고 중앙정치국에 권고할 수 있는 포럼을 제공하는 것이었다. 고정된 회의 일정 없이, 영도소조는 최고지도자가 관련자들과 조율하기를 원하는 외교문제나 국가안보문제가 불거졌을 때 소집되었다. 영도소조를 활용하여 조율된 외교정책을 수립하는 것은 최고위 지도자들 간에 책임을 분담하기 위함이었다. 이것은 최고지도자가 정책 수립을 통제하고 정책 이행을 조정하며 관료적 장애물을 극복하도록 했다. 이를 통해 최고지도자의 개인적 권위가 영구히 유지될 수 있었다.

영도소조의 정책 선호도와 권고사항은 종종 이해당사자들의 합의를 바탕으로 제안된 것이므로 의사결정과정의 최종안에 대해 중대한 영향을 미칠 수 있었다. 이해 관계자들이 합의에 도달하거나 합의해야 한다는 인식을 공유하는 것은 정치적 통합의 유지를 위해 매우 중요하다. 어떤 학자에 따르면, "FALSG에서 현안에 대한 합의가 이루어지면, 이것은 논의의 장이 되기 어려운 중앙정치국에 제출되어 형식적인 승인을 얻는다. 이러한 방식으로 승인되는 이유는 FALSG의 조장이 최고지도자이고 FALSG의 '권고사항'은 외교정책을 책임지는 FALSG 내의 중앙정치국 동료들이 합의한 것이기 때문이다."[20] 중앙정치국 상무위원회가 이러한 합의를 비준하는 것 역시 그들 대다수가 복잡한 외교정책의 세부사항에 정통하지 못했으며, 영도소조의

** 역자 주) 두 영도소조의 구성원은 동일하며, 조장은 국가주석이고 조원은 외교, 국방, 공안, 국가안전, 상무부 등의 부장급 인사 등 총 16명으로 구성되어 있다.

전문적인 식견에 의존했기 때문이다.

FALSG/NSLSG가 담당하는 정책조정 및 정교화는 외교·국가안보정책 전반에 걸쳐 이루어지지 못했는데 그 이유는 전담 인력의 부족 때문이었다. 전담 인력은 고위급이었고 다양한 부처를 대표한 사람들이었지만, 모든 유형의 정책적 제안을 선택하고, 요약하며 판단할 능력은 없었다. 따라서 그들은 대부분의 통상적인 외교·국가안보정책 사안들을 개별 부처의 자율성에 일임하는 대신 중요하고 전략적인 사안에만 집중했다. 따라서, 영도소조는 사후 위기관리 기능만을 담당했다. 일관되고 효과적이며 효율적으로 정보를 처리하는 기능 및 부처 간 조율을 통해 통상적인 정책을 조정하고 정교화하는 기능은 사실상 영도소조와 거리가 멀었다. 이 때문에 파편화된 관료 부처들은 그들의 관점과 임무를 중국의 최우선 과제로 제시하여 영도소조의 의사결정을 조종하곤 했다. 이것이 가능한 이유는 개별 부처들이 선호하는 정책적 입장을 지지하는 정보만을 선별하여 영도소조에 권고했기 때문이다.

이러한 문제를 해결하기 위해 시진핑은 현존하는 모든 영도소조를 강화했다. 그리고 자신이 직접 대다수 영도소조의 장이 되어 조직 운영을 새로 짰다. 이것은 고착화된 개별 부처들의 이해관계를 우회하고 관료적 장애물(국가통치를 위해 영도소조에 의존함으로 인해 발생한, 小组治国)을 돌파하기 위한 것이었다. 가장 중요한 새로운 영도소조는 2013년에 의사결정, 정교화, 조정을 담당하기 위한 기구(决策和议事协调机构)로 설립된 국가안전위원회이다. 2014년 4월에 개최된 제1차 국가안전위원회 회의에서 시진핑은 중국이 역사상 어느 때보다 복잡한 대내외 안보환경에 직면했다고 주장하면서 '전면적인 국가안보관(总体国家安全观)'이라는 개념을 제시했다. 이것은 11가지 안보위협에 대응하기 위한 것이었다 — 중국의 문화, 사이버공간, 이념, 정치안보(체제보장 및 이념보장을 의미) 등을 포함한다. 국가안전위원회가 출범하기 전까지만 해도, 중국 지도자들은 국내외 안보 사안들을 임시방편적인 영도소조들에서 다루는 경향이 있었다. 이와 달리, 국가안전위원회는 당 핵심과 중국의 방대한 안보기구에 대한 시진핑의 개인적 통제를 공고히 하기 위해 총체적인 국가안보 전반을 책임지는 전권을 위임 받았다. 여기에는 국내외 안보문제, 전통적 및 비전통적 안보문제, 개발 및 안보문제 모두를 포함한다.[21)]

배후에서 기능하는 국가안전위원회는 조직의 위상을 드러내지 않았다. 그러나 시진핑은 2018년 4월에 개최된 제2차 국가안전위원회 회의에서 "국가안전위원회는 오랫동안 해결되지 않은 많은 문제를 해결했고 오랫동안 시도조차 하지 않았던 과제를 달성했다"고 발표했다.[22)] 그러면서 4가지 성과를 언급했다. 국가안보 시스템의 주요 구조 구축, 국가안보이론체계 형성, 국가안보전략체계 개선, 국가안보 조정기제 구축. 특히 국가안전위원회는 2015년에 국가보안법과 국가보안전략 개요의 작성과 이행을 주도했다.

미국의 국가안전보장회의(National Security Council)와 차이점이 있다면 국가안전위원회는 체제보장을 지향한다는 점이다. 특히, 외부세력과 연계된 국내 위협으로부터 현 정권을 지켜내는 것이 국가안전위원회의 주요 임무였다. 이 때문에, 2018년 3월에 시행된 당 및 국가기관의 전면 개편에서 중앙외사공작영도소조(FALSG)는 중앙외사공작위원회(FAC: Foreign Affairs Commission)로 격상되었다. FALSG와 FAC 간의 정확한 차이는 여전히 불분명하지만, FAC가 보다 공식적이며, 정책을 지도할 수 있는 더 많은 관료적 권한을 가지고 있다. FAC같은 조직은 중국이 소련식 체제로 정비하던 1950~1970년대에 성행했고 많은 권력을 행사했다. 이 '격상'은 중국 내부의 정치적 위계에서 외교 사안의 위상이 부상했음을 보여준다. 또한, 오직 공산당이 중국의 외교 사안을 좌지우지할 수 있다는 분명한 메시지를 전달하기도 한다.[23)] 2018년 5월 15일, 중앙외사공작위원회(FAC) 위원장 취임식에서 시진핑은 이번의 격상이 외교 사안에 대한 중국공산당의 중앙집권적이고 통일된 지도력을 강화하기 위한 것이라고 연설했다. 그가 FAC 위원장을 맡고, 리커창(李克强) 총리가 부위원장을 맡게 된 가운데, 신임 중앙정

치국원이자 외교 담당 양제츠 전 국무위원이 비서장으로 임명되었다.[24)]

이외에도, 외교정책 관행이나 외교정책 특정 주제와 밀접히 관련된 고위급 관료와 다른 행위자들이 한자리에 모일 수 있도록 고위급외교업무회의(工作会议)가 운영되었다. 이 회의들은 국가안보전략과 외교정책 의제에 대한 정책 공감대를 구축하기 위한 전 지도부의 모임으로서 권위가 있었다. 동시에 이 회의들은 국제 동향에 대한 공식 분석을 종합하고 중국의 국익을 증진하기 위해 그러한 동향을 예측하고 대응하는 방법을 평가하는 자리이기도 했다. 시진핑은 전임자들보다 훨씬 더 자주 업무회의를 소집했다.

취임 직후인 2013년 10월, 시진핑 주석은 주변국 외교와 관련해서 중앙업무회의를 소집했다. 이 회의는 중화인민공화국 수립 이후 중국과 이웃 국가와의 관계를 논의하는 최초의 고위급 회의였다. 주변국 외교의 중요성과 방향성을 개략적으로 설명하는 장문의 연설에서 시진핑 주석은 중국이 우호, 진정성, 상호 이익, 포괄성(亲诚惠容)을 바탕으로 좋은 이웃관계를 유지해야 하지만 동시에 어떤 상황에서도 핵심 이익을 희생해서는 안된다고 주장했다. 그는 주변국들이 '넘지 말아야 할 선'을 설정해야 함을 역설하면서 주변국 외교가 중국의 핵심 이익을 보호하는 것에 주력해야 한다고 주장했다. 그가 강조한 핵심 이익은 '고대(古代)' 이후 중국에 속했던 영토주권의 회복이다.[25)]

시진핑 주석은 1971년, 1991년, 2006년 단 3차례만 개최되었던 중앙외교업무회의를 2014년 11월에 개최했다. 이 회의는 '새로운 시대에 걸맞은 중국외교의 지침, 기본 원칙, 전략적 목표와 주요 임무'를 확립하기 위한 것이었다. 중심 주제는 중국 특색의 강대국외교였다. 시진핑은 외교관들에게 "주요국이 된 중국의 역할에 걸맞는 차별적인 외교 접근법을 개발하고 중국의 특색, 중국의 스타일 그리고 중국의 자신감을 표출하라"고 촉구했다. 그러면서 그는 이러한 외교적 임무가 중국몽을 이루기 위한 힘을 효과적으로 활용하기 위한 것임을 강조했다.[26)] 이 회의에서 채택한 성명은 덩샤오핑의 도광양회정책이 공식적으로 폐기되고 '대국외교'가 시작되었음을 대변했다. 시진핑은 평화발전에 대한 담화 발표 이외에 중국의 '합법적 권리와 이익'을 발전시키고 보호하는 것에 대해서도 전례 없이 강조했다. 막강한 국력에 기반한 외교를 활용해 국익과 세계적 위상을 증진하려는 시 주석의 아이디어는 중국외교정책의 새로운 면이었다.[27]

장쩌민 주석과 후진타오 주석은 이러한 업무회의를 단 한 차례 소규모 인원을 대상으로만 소집했었다. 이와 반대로 시진핑 주석은 중앙외교업무회의를 2018년 6월에 다시 한번 소집했다. 중앙정치국 상무위원회 전원은 물론 직무상 부주석인 왕치산을 비롯한 18명의 중앙정치국 전원도 이 회의에 참석했다. 또한, 중앙 싱크탱크 공동체와 거의 모든 중국 대사들은 물론 중국의 외교, 안보, 군사, 경제, 무역, 금융, 사이버, 정보 관련 부서 전체 고위급 관료들도 참석했다. 회의 전체 심의 내용이 공개되지는 않았지만, 중국 관영 『신화통신』은 이 회의에 대해 3,000자 남짓의 단어로 구성된 기사를 실었다. 시진핑의 권력이 공고화되고 과거 관행과의 단절이 가시화됨에 따라 관영매체는 이전 지도자들과 그들의 외교정책 개념을 보도하는 대신, 시진핑이 개발한 외교정책 사업과 개념에 대한 보도를 쏟아냈다. 글로벌 거버넌스 개혁을 주도하라고 촉구하면서, 시진핑은 "외교는 국가의 의지를 대변하고, 외교력은 중국공산당중앙위원회의 통제하에 있어야 하며, 외교정책의 이념과 실천은 중앙위원회의 의사와 일치해야 한다"고 강조했다.[28] 이 발언에서 새로운 것은 외교정책에 대한 당의 절대적 통제를 강조한 것이다. 이러한 강조는 새로운 것이다. 최근 중국의 외교정책 주도 세력은 정치권에서 기술관료적 엘리트로 인식되고 있다. 이것은 경제정책에서 이미 많은 변화가 있었던 것만큼이나 외교정책에서도 많은 변화가 진행되고 있음을 의미한다.[29]

국가외교와 관료주의

중국 같은 당-국가에서는 중국공산당이 정부를 좌지우지한다. 국무원은 중국공산당이 만든 정책을 집행하는 행정기관이다. 인민해방군(PLA)은 국군이라기보다는 당의 무장 세력이다. 시간이 흐르면서 국가 관료기구는 중국외교의 최전선에 서게 되었다. 물론 그들의 책임 권한은 정책 집행과 권고 그리고 정보 수집과 분석에 국한되어 있었다. 중국이 국제문제에 깊고 광범위하게 관여함에 따라 당, 정부, 군의 이해당사자들이 외교문제에 보다 많은 관심을 갖게 되었다. 중국의 외교안보 관료조직들은 확대 개편되어 국가외교는 물론 이른바 당외교와 군사외교까지 수행했다.

그동안 군사관계, 과학과 기술, 교육과 문화, 외국 전문지식, 첩보와 정보, 대외홍보, 무역, 기술이전 등과 같은 정책 이슈가 확산되면서 대외관계 관리를 위한 전문적이고 특화된 지식이 요구되었다. 그 결과, 최고지도자와 그의 부서장들은 점점 더 관료기관의 지원에 의존하게 되었고, 일상적이고 기술적인 문제들을 다루기 위해 다양한 목소리를 내는 상당히 많은 수의 관료기관에 권한을 위임해야 했다.[30] 관료기관들은 그들의 목소리를 외교정책에 반영하기 위해 경쟁했고 관료주의의 제도적 위상은 중국외교의 혼란스러운 단계에서 진화해 왔다. 그러나 시진핑 주석이 집권하면서 국가외교는 간소화되었고 중국공산당이 주도하는 당대당 외교가 격상되었으며 군사외교에 대한 문민통제가 강화되었다.

외교부는 국가외교를 담당하는 정부기관이다. 그러나 그 기능과 관료적 위상은 전문성의 발달로 인해 중대한 변화를 겪게 되었다. 모든 중국 관리들과 마찬가지로 중국 외교관들은 공산당에 대한 정치적 충성심을 보여야 하지만, 그들은 주로 외국어와 전문지식에 능통한 엘리트 대학 출신들이었다. 이러한 인력을 충원한 결과, 시간이 지나면서 외교부는 점점 전문화되었다. 1960년대 중반 이후, 중간 관리들이 다른 부처나 지방정부로부터 외교부로 이동하는 경우가 거의 없어지면서 상대적으로 협소한 전문성을 보유한 외교 전문가들이 외교부를 장악했다.[31)]

이들의 특화된 전문성을 높이 평가한 장쩌민과 후진타오 지도부는 외교부 관료들에게 점점 더 의존하게 되었고, 이 때문에 외교부는 “수평적인 관료기관 가운데에서 가장 전문적이라는 평판을 받게 되었다.”[32)] 그러나 역설적으로, 이러한 평판 때문에 외교부의 정치적 지위는 변모하게 되었다. 중국 외교관들이 더욱 특화되고 전문화될수록 그들의 정치적 지위는 중요하지 않다는 시각이 주류가 되어 버렸다. 전문경력을 가진 최고위 외교관조차도 2017년 제19차 당대회 이전까지는 중국공산당 지도부의 최고위 정치 서열에 오르지 못했다. 실제로, 장쩌민과 후진타오 시기 동안 중앙정치국 위원과 부총리를 겸직했던 외교부 장관 직위는 중앙정치국에서 배제되고 부총리와 국무위원만 겸직하도록 조치되었다. 이와 반대로, 경제개혁과 개방정책이 대외경제무역부/상무부의 역할 증대로 이어지자 두 명의 대외경제무역부 장관이 국가 지도부 최고위직에 오르게 되었다. 리란칭(李嵐清)은 중앙정치국 상무위원(1997~2002년)과 부총리(1998~2003년)가 되었고, 우이(吳儀)도 부총리(2003~2008년)가 되었다.[33)]

오랜 세월 동안 쇠퇴했던 외교부의 정치적 위상은 시진핑 시대에 와서 높아졌다. 가장 상징적인 사례가 중국 최고위 외교관이었던 양제츠가 2017년 10월 중앙정치국 위원으로 진급한 것이었다. 전직 외교장관이 20년 만에 최고위급이 된 최초의 사건이었다. 또한, 양제츠(楊潔篪)는 새로 설립된 중국외사공작위원회의 수장으로 임명되었는데, 이 직위가 그에게 중국외사공작위원회 회의 의제를 설정하고 최고위 지도자들에게 전달될 문서를 통제할 수 있는 막강한 관료적 권한을 제공했다. 현직 외교장관인 왕이(王毅)도 2018년 3월 전국인민대표대회에서 국무위원으로 임명되었다. 이것도 수십년 만에 일어난 최초의 사건이었다.

직업 외교관 두 명의 승진은 놀랄만한 일이었지만, 노련한 직업 외교관들을 발탁한 것은 당 최고위층에서 외교정책을 직접 챙기겠다는 시진핑 주석의 생각과 일치한다. 2017년 12월 외국 주재 중국 외교사절단 회의에서 시진핑은 참석자들에게 '당, 국가, 인민에 대한 절대적인 충성'을 유지하고 전문적 능력을 강화하며 지식을 최신 상태로 유지할 것을 요구했다.[34] 2017년 초에 단행된 외교부 전면 개혁에서 외교부는 "정치적으로 결단력 있고 전문적으로 정교하며 엄격하게 훈련된 외교단을 강화하라"는 지시를 받았다. 이번 개혁의 방점은 중국이 세계무대의 중심에 서게 됨에 따라 한목소리로 중국의 이익을 더욱 잘 대변하는 막강한 외교단과 통합된 외교구조를 만드는 것이었다. 개혁의 결과 중 하나는 외교부가 해외 주재 중국 공관의 재정 및 인사 관리에 대한 중앙집권적 권한을 갖게 되었다는 점이다. 이러한 개혁 조치들은 외교부를 고무시켰다.[35]

외교부 외에, 많은 다른 정부기관들도 외교문제와 관련된 각각의 전문적인 영역을 책임졌다. 중국의 입법기관인 전국인민대표대회의 외사공작위원회[**]가 그동안 외교정책 협의와 의회외교의 역할을 해왔다. 국무원의 외사공작판공실은 주로 최고지도자를 대신하여 지방 외사공작판공실을 감독하고 외사와 관련된 일상적인 문제를 조정하기 위해 설립된 행정기구이다. 상무부는 대외무역, 외국인직접투자, 소비자보호, 시장경쟁, 양자 및 다자간 무역협정 협상 등을 담당한다. 중국인민은행과 재무부는 각각 국제통화기금 및 세계은행과 협력하는 공식 창구 역할을 해왔다. 국가발전개혁위원회는 양자 및 다자간 경제협력과 교류를 감독한다. 또한, 일대일로 프로젝트의 공식 조정 기관 역할도 한다. 교육부는 (한반[汉办]을 통해) 해외에 있는 모든 공자학원을 포함한 국제교육교류를 담당한다. 문화부는 국제문화교류의 촉진을 전담한다. 국무원 신문판공실은 중국의 해외선전 업무(对外宣传)를 담

** 역자 주) 당 기관과 같은 이름의 기관들이 입법부인 전국인민대표대회와 행정부인 국무원에도 설치되어 있다.

당한다. 국가안전부는 정보수집 및 분석, (외국과 연계된 테러집단이나 반체제인사에 대한 대응을 포함한) 방첩, 사이버안보 및 다른 국내 정보 임무를 하고 있다. 『신화통신』과 다른 전국 통신사는 정보를 수집하고 그러한 정보를 정책결정자들에게 내부 경로로 보고하는 책임을 맡고 있다.

기존 외교 관료조직으로는 대처하기 어려운 새로운 이슈가 발생하면서 최근 몇 년 사이에 새로운 기관들이 생겨나고 있다. 2018년 3월에 설립된 두 개의 중요 기관 중 하나는 공안부로부터 출입국·통관·이민 업무를 인계받은 국가이민국이고, 또 다른 하나는 국제개발협력국이다. 중국이 해외 원조 수혜국에서 세계 최대 원조국 가운데 하나로 전환됨에 따라 단기적인 상업이익과 장기적인 전략이익의 균형을 맞출 필요성이 크게 증가했다. 예전에는 상무부와 외교부가 대규모 원조 프로그램을 놓고 경쟁했었고 이로 인해 원조 프로그램 운영이 불투명했었다. 이러한 문제해결을 위해 설립된 국제개발협력국은 대규모 원조 프로그램을 중앙통제하는 역할을 담당한다.

당 외교와 중국공산당 관료주의

국가외교의 발전과 함께, 당 대 당 관계(党际关系)도 시진핑 주석 취임 이후 격상되었다. 당-국가인 중국은 외교를 위해 항상 비전통적인 수단에 의존해 왔다. 중국외교에서 대외연락부,[36] 중앙선전부,[37] 중앙통전부[38] 등 중국공산당중앙위원회 산하 부서는 늘 중요한 역할을 했다. 이들 부서는 중국외교문제와 관련해 외교부와 다른 국가 관료기관의 업무를 보완하고 확장하며 때로는 중단시키기도 한다.

대외연락부는 당 대 당 외교(政党外交)의 공식 기관이다. 대외연락부는 외국의 공산당과 사회주의 정당들, 특히 소련 공산당과의 관계를 감독하는 권한을 부여받고 1951년에 설립되었다. 냉전 이후, 임무가 확대된 대외연락부는 비공산당과의 관계를 발전시키고 북한문제도 다루는 공식적인 통로 역할까지 담당했다. 대부분의 활동이 언론에서 다루어지지 않았기 때문에, 외부 관찰자들은 중국 대외관계에서 대외연락부가 어떠한 역할을 하고 있는지를 오랫동안 평가하지 못했다.[39)]

그러나 시진핑이 집권한 이후 (대외연락부의 위상이 높아졌음을 방증이라도 하듯이) 대외연락부의 언론 노출이 크게 증가했다. 시진핑이 사회주의 국가인 중국과 다른 사회주의 국가들이 공유하고 있는 사회주의 가치로 결속해야 함을 강조했기 때문이다. 대외연락부는 국가 대 국가 외교의 대안적인 통로이면서 국가 대 국가 외교보다 더 광범위한 정치적 스펙트럼과의 유대를 자랑한다. 약 160개국에 있는 600개 이상의 정당 및 단체들과 정기적으로 접촉하면서, 대외연락부는 베트남, 라오스, 캄보디아, 쿠바와 같은 다른 사회주의 국가들과의 관계를 공고히 유지하는 데에도 적극적인 역할을 해왔다.[40)] 대외연락부는 외교부보다 더욱 장기적이고 유연한 차별적인 외교를 지향한다. 특히 당과 국가에 대한 외국인의 '잘못된 생각'을 바로잡는 데 초점을 맞췄다.[41)]

대외연락부는 매년 수백 명의 대표단을 파견하고 초청하여 '중국식 모델'로 알려진 중국의 사회주의 발전 경험을 홍보하는 책임을 맡았다. 그 일환으로 2014년부터 매년 '중국공산당과 세계의 대화'라는 행사를 개최했다. 이 행사는 2017년 중국공산당과 세계 정당고위급 대화회의로 격상되었다. 이 회담에는 미얀마 지도자인 아웅산 수치 국가 고문, 캄보디아 인민당 총재인 훈센 총리, 한국 더불어민주당 대표인 추미애 의원 등을 포함한 120개국 300여 개 정당과 단체의 대표 600여 명이 참석했다. 이처럼 중국공산당이 광범위한 세계 정당들과 고위급회담을 가진 것은 이번이 처음이다. 기조연설에서 시진핑 주석은 이 회담을 제도화하여 광범위한 대표성과 국제적 영향력을 가진 고위급 정치대화 플랫폼으로 발전시킬 것을 제안했다. 이 회담에서 발표된 베이징 구상은 세계에 대한 중국의 공헌을 높이 평가했고, 시진핑이 제안한 '인류와 더 나은 세계를 위한 공동의 미래 공동체'라는 개념을 지지했다.[42] 곧이어 대외연락부는 중국공산당이 처음으로 중국공산당회의를 개최한 2018년 5월, 칼 마르크스 200주년 기념행사 등 여러 주제별 대화를 조직했고, 여기에 전 세계 75개 공산당과 노동당 지도부가 참석했다. 2018년 7월에도 대외연락부는 40개 이상의 아프리카국가와 대화를 개최했다. 이 대화에는 40개 이상의 정당을 대표하는 100여 명의 지도자가 참석했다.[43]

대외연락부 외에 다른 중국공산당 중앙 부서들도 당외교에 적극 나서고 있다. 중앙선전부는 오랫동안 주로 해외의 비중국계 대중을 겨냥한 국제선전(外宣)을 수행해 왔다. 반면, 중앙통전부는 중국의 화교 공동체를 통해 중국에 호의적인 외국 유명인사 및 전문그룹을 대상으로 활동해 왔다. 이러한 활동은 최근 들어 더욱 가시화되고 있다. 1978년의 개방 이후, 해외로 유학을 떠난 많은 수의 중국인이 현지에서 일하고 있다. 이들 상당수는 그곳에 머물며, 외국 시민권을 취득했지만, 고국과 다양한 수준의 유대관계를 유지하고 있다. 중앙통전부는 국내외적으로 중국공산당의 정통성을 강화하기 위해 애국심에 호소하고 있다. 이를 위해 중앙통전부는 해외 중국사회, 특히 최근에 떠난 이주자들(新侨)이 중국공산당과 중국공산당의 정책을 지지하도록 심혈을 기울였다. 그 결과, 시진핑 주석이 국가 부흥을 위한 '마법의 무기'(法宝: 도교 신화에 나오는 요괴를 제압할 수 있는 신기한 보물 – 역자 주)[44]라고 지칭한 중앙통전부는 지역 사회협회 및 해외 화교 특히, 기업인들, 지역사회 지도자, 학생들을 활용하여 중국공산당의 영향력을 해외로 투사해왔다. 비중국인 가운데 특히 지역사회의 존경받는 자산가들 역시 중앙통전부의 접근 대상이 된다. 당을 중앙권력의 중심에 놓고 전면에 내세운 2018년의 정부조직 개편 이후 중앙통전부는 그 어느 때보다 강력해졌다. 이번 개편을 통해 국무원 화교판공실과 국가종교사무국은 중앙통전부로 통합되었다. 중앙통전부는 소수 집단, 종교 관리 그리고 대만, 홍콩, 마카오문제에 대해서도 책임을 지고 있다.[45]

군사외교와 민군협조

중국인민해방군은 '군사외교'(军事外交)를 책임지고 있다. 군사외교는 1998년도 『중국 국방백서』에서 공식 용어로 처음 사용되었다.[46] 러시아와 미국 같은 강대국과 아시아 국가에 초점을 둔 군사외교는 고위층 방문, 안보대화, 비전통 안보협력, 군사훈련, 기능 교류, 기항 통지 등 외국군과 다양한 의사소통 및 위기관리 기제를 구축함으로써 중국의 국방목표를 달성하기 위한 것이다.[47] 1990년 이후 유엔 평화유지 활동에 참여하면서 인민해방군은 유엔 안전보장이사회 상임이사국 중 가장 많은 병력을 지원해왔다.

군사외교는 최고지도자가 위원장을 겸직하고 있는 중앙군사위원회가 주관한다. 당-국가 지도자를 제외하고, 중앙군사위원회의 모든 위원은 검증된 정치적, 개인적 충성심을 바탕으로 민간 지도부가 뽑은 고위 장성들로 구성되어 있다. 군과 민간 의사결정 기구 사이의 연결고리인 중앙군사위원는 당에 대한 군의 '절대 충성'을 확실히 보장하기 위한 제도이다. 국가정책 결정과정에서 인민해방군의 영향력이 막강하기는 하지만, (중앙군사위원회가 없다면) 인민해방군의 의견이 최고위급 정치 지도부에 온전히 전달될 가능성은 크지 않다.[48]

이외에도 인민해방군이 중국의 외교안보 의사결정과정의 최고 수준에서 강력한 목소리를 유지할 수 있는 이유는 최고위층 장교들이 중앙정치국, 중앙의 영도집단 및 조정기관의 구성원으로 활동할 수 있는 제도 때문이다.[49] 군사 대표단도 전국인민대표대회에서 군의 입장을 대표하는 단체로 활동하고 있다.[50] 그러나 군은 2002년 이후 중앙정치국 상무위원회에서는 배제되어 있다. 인민해방군은 대만정책 및 해양영토 영유권 분쟁과 같은 중국의 국방 및 안보정책 수립에만 영향을 미친다.[51] 중국의 외교협상·경제문제 와 관련된 정책수립은 민간이 주도하고 있다. 예를 들어, 국제무기통제협상은 외교부가 주도하고 있다.[52] 주로 국방과 안보문제에만 초점을 맞추고 있는 인민해방군은 1970년대 문화대혁명 이후 전략적 차원에서 민간 지도자들이 외교정책을 수립하는 것을 뒷받침할 뿐, 민간의 외교정책 수립과 관련해서는 의식적으로 거리를 두어 왔다.

그러나 인민해방군도 자체적인 제도적 이해관계를 갖고 있기 때문에 종종 민간 지도부의 이해관계와 충돌하는 경우가 있다. 따라서 민군 조율이 쉽지는 않다. 예를 들어, 중국 민간 지도자들은 체제 생존의 주요 수단이 지속적인 경제발전이라고 보기 때문에 공세적인 전략을 자제하는 반면, 인민해방군은 외국과의 긴장 국면이 더 많은 국방비 지출로 이어지기 때문에 보다 대립적인 안보 태세를 선호할 것이다. 또한, 인민해방군의 구성원 다수가 보수적인 농촌 지역 출신이기 때문에 군은 강력한 이념적 기반과 교조적인 원칙이 민족주의에 더 부합한다고 주장한다. 따라서 장교들은 외교관이나 다른 민간 관료들과는 다른 세계관을 갖는 경향이 있다.[53] 이와 반대로, 민간 관료들은 중국 엘리트 대학 출신으로 가득 차 있다. 그들은 더 세계적이고, 도시적이며, 외국어에 능통하고, 외교 의전에 정통하다.[54]

장쩌민과 후진타오 주석은 인민해방군 관리에 관한 명백한 규정을 만들지 않았다(统而不治). 이들의 재임기간 동안, 인민해방군은 안보 관련 외교 등 군사행정과 군사작전을 자율적으로 수행할 수 있었다. 전략적인 외교정책 지침에 대해서는 권력의 정점에 있는 민간인들과 장군들 간에 효과적인 협의 채널이 존재했다. 하지만 국가안보에 영향을 미치는 인민해방군의 단독 행동을 감독할 수 있는 제도적 장치의 결여는 장쩌민과 후진타오 주석 모두에게 문제가 되었다. 2001년 4월 하이난섬 인근에서 중국 전투기 1대와 미 해군 정찰기가 충돌한 사건, 2007년 1월 위성공격미사일(ASAT) 시험발사를 기습적으로 단행한 사건(외교부는 일주일 이상 지나고 나서야 사건을 확인하고 논평할 수 있었다), 2011년 1월 게이츠(Robert Gates) 미 국방장관의 방문 중에 J-20 스텔스 전투기가 출격한 사건 등이 명확한 예이다. 이 모든 사건에서 장쩌민과 후진타오 두 주석은 인민해방군으로부터 그 어떤 정보도 사전에 보고받지 못했다.

효과적인 감독이 없는 상태에서 일부 인민해방군 장교들은 국가안보문제에 관한 대중의 관심을 끌기 위해 노력했고, 언론의 주목을 받았다. 인민해방군 국방대학교의 주청후(朱成虎) 장군은 2005년 (승인 없이) 국제 언론과 인터뷰를 진행하면서, 미국이 미사일과 위치 유도 무기로 중국 영토를 조준한다면 중국은 핵무기로 대응할 것이라고 말했다. 그의 발언은 중국의 공식적인 '핵선제사용금지' 정책에 반하는 것이기 때문에 언론을 떠들썩하게 했다.[55] 국제사회를 진정시키기 위해 후진타오 주석이 개입해야 했다. 국방대학교 전략연구소에서 중책을 맡았던 주청후 장군은 국방대학교 외국인 군사훈련부서의 한직으로 전보조치되면서, 그의 매파적 견해가 공개적으로 표명될 기회는 줄어들었다.[56] 인민해방군 인사의 강경 발언이 공식 정책을 대변하거나 정책결정자들 내부의 분열을 일으키지는 않았지만, 종종 마찰을 빚어왔다.

민군협조가 잘 이루어지지 않는 이유 중 하나는 군이 국무원 지도부의 감독을 받지 않는다는 점이다. 인민해방군은 국무원 소속은 아니지만, 국무원과 동등한 계급을 보유한다. 인민해방군은 폐쇄적인 시스템을 통해서만 중앙군사위원회에 보고하고 국방 관련 외교문제를 독립적으로 결정한다. 가령, 인민해방군은 자체적으로 외교 전담부서, 전략연구를 담당하는 싱크탱크, 정보기관을 보유하고 있다. 따라서 인민해방군은 중국정부의 다른 부처와 완전히 다른 지배구조 및 전문성과 운용 활동에 대한 상당한 자율성을 갖고 있다. 정치구조에서 갖는 특별한 정치적 지위, 군사 기밀 그리고 정보의 민감성 때문에 장군들은 그들이 상대해야 하는 민간 관료들에게 관련 정보를 알려야 할 필요성을 느끼지 않는다. 그리고 그들의 행동이 국제적으로 파장을 일으킬 가능성이 있더라도, 장군들은 특수한 이해관계 때문에 관련 정보를 다른 정부기관과 사전에 공유하지 않으려는 경향이 있다. 이렇게 제도적 소통창구가 부족한 이유는 조직적 장벽 이외에 정치적 금기 때문이기도 하다. 민간인과 장군 간의 무단 접촉은 심각한 의심을 초래하기 쉽다. 게다가, 장쩌민과 후진타오 주석 모두 인민해방군에 절대적인 권력을 행사할 수 있는 군사적 배경을 가지고 있지 않았고 그렇게 할 성격의 소유자도 아니었다.[57]

시진핑 주석은 취임 후 당과 그의 개인적 권위가 군보다 위에 있음을 더욱 확고히 하기로 결심했다. 시진핑은 이례적으로 길고 강도 높은 반부패운동을 전개하고 당과 군이 이념적 교리에 충실할 것을 강요하면서, 후진타오 주석 시절 중앙군사위원회 부주석을 지낸 궈보숑과 쉬차이허우를 포함한 많은 고위 장교들을 숙청했다. 두 장군은 뇌물수수 혐의로 기소되었지만, 이후 관영매체는 그들이 정치적 직권남용을 했다고 비난했다. 이외에도 두 명의 다른 중앙군사위원회 위원 — 장양(張陽)과 팡펑후이(房峰輝) — 도 부패 혐의로 제거되었다. 장양 장군은 목을 메어 자살했다. 『PLA 데일리(*PLA Daily*)』에 따르면, 위에서 열거한 고위급 장성들은 빙산의 일각에 불과하며 실제로는 1만 3,000명 이상의 장교들이 조사를 받은 것으로 알려져 있다.[58]

또한, 시진핑 주석은 군이 당의 절대적인 통제하에 있다는 것을 확실히 하기 위해 2016년 1월 인민해방군을 대폭 개편했다. 이번 조치는 1949년 중화인민공화국 수립 이후 진행되었던 개편 중에서 — 단연코 — 가장 철저한 개편이었다. 그것은 군 조직이 소련모델에서 미국모델로 전환되는 개편인 동시에 위계적 모델에서 수평적, 그리고 '합작'모델로 전환되는 개편이었다. 시진핑 주석의 군개혁은 또한 중앙군사위원회 위원장(시진핑 주석 자신이 위원장임 – 역자 주)의 지배적인 역할을 강조하는 중앙군사위원회 위원장 책임체제를 재구축했다. 중국군 대변지인 『PLA 데일리』에는 "중국의 군대는 중앙군사위원회 위원장의 통일된 지도력과 지휘하에 있어야 한다. … 국방과 군사발전에 관한 모든 중대 사안은 중앙군사위원회 위원장이 결정하고 마무리해야 하며, 중앙군사위원회의 전반적인 업무는 중앙군사위원회 위원장이 주관하고 책임져야 한다"라는 사설이 실렸다.[59] 결국, 시진핑은 전임 주석 그 누구보다 군에 대한 강한 통제권을 거머쥐게 되었다.

외교정책과정의 새로운 행위자

중국의 국제 활동이 증가하면서, 외교정책이 생산되고 집행되는 영역에 많은 새로운 행위자들이 진출했다. 이들은 중국의 전반적인 외교정책 목표에 부응하기 위해 '국가의 재가를 받아' 협동조합주의(Corporatism) 방식으로 진출하게 되었다.[60] 가장 주목할 만한 새로운 행위자는 외교정책 싱크탱크, 외교정책 분야에 정통하고 활동적인 사회단체와 네티즌, 지방정부, 초국가 기업이다.[61]

'싱크탱크'(智库)는 중국에서 정책연구소와 기관을 지칭하는 신조어다. 이 용어는 시진핑 주석이 '중국식 싱크탱크' 창립을 촉구한 이후 널리 사용되었다. 2013년 11월 제18기 중국공산당중앙위원회 제3차 전체회의에서 채택된 '여러 주요 현안에 대한 개혁을 포괄적으로 심화하기 위한 중국공산당중앙위원회 결정'에서는 '중국적 특성을 가진 새로운 형태의 싱크탱크'(中国特色新型智库) 강화와 정책 자문체계 개선(决策咨询制度)이 요구되었다. 개념으로서의 '싱크탱크'라는 용어가 중국공산당 공식 문서에 등장한 것은 이때가 처음이다.[62]

중국에 있는 대부분의 중요한 외교정책 싱크탱크들은 관료적 위계 내에서 운영되어 왔다.[63] 최고의 명성을 자랑하는 가장 종합적인 싱크탱크는 중국사회과학원이다. '중국공산당중앙위원회와 국무원에 중요한 연구 논문과 정책 제안을 제공하는' 각료급 정부기관[64]인 중국사회과학원은 세계경제정치연구소, 미국연구소, 유럽연구소, 라틴아메리카연구소, 아시아태평양연구소, 일본연구소, 러시아·동유럽·중앙아시아연구소, 서아시아·아프리카연구소, 평화발전연구소, 대만연구소 등 많은 국제 및 지역 연구기관을 운영하고 있다. 이들 연구소는 학술적 연구 및 정책 지향적 연구를 수행하고 있고 각 연구소 분야에 해당하는 저널을 발행하고 있다.

가장 영향력 있는 외교·국가안보정책 관련 싱크탱크는 국가안전부가 후원하는 중국현대국제관계연구소(CICIR)이다. CICIR에는 300여 명의 연구원이 근무하고 있다. 그들은 개별 국가연구 및 지역연구는 물론 다양한 전략, 정치, 경제, 안보문제를 다루고 있다. 외교부 산하의 중국국제문제연구소(CIIS)는 중국에서 가장 오래된 (1958년 설립) 외교정책 싱크탱크다. 하지만 연구원이 몇 십명에 불과한 CIIS는 CICIR에 비해 포괄적 영향력이 작다. 군 또한 자체적인 싱크탱크와 연구기관을 가지고 있다.[65] 상하이국제연구소(SIIS)는 베이징 내의 싱크탱크를 제외하면 가장 영향력 있는 외교정책 싱크탱크다. 비정부 싱크탱크도 최근 몇 년 사이에 등장했지만, 비정부라는 명칭이 무색할 정도로 그들은 정부에서 위탁한 연구 프로젝트를 수행하고 정부의 필요에 부응하기 위해 노력하고 있다. 가장 영향력 있는 비정부 싱크탱크는 해외에서 돌아온 학자 출신 왕후이야오(王辉耀)가 2008년에 설립한 중국세계화센터(CCG)이다.

중국 싱크탱크의 주요 기능은 최고위 지도부와 당-국가 기관에 내부 보고서와 참고자료(内部报参和内批)를 제출하고 강의와 브리핑을 통해 직접 조언을 하는 것이다. 이 과정에서 최고위 지도부의 주목과 긍정적인 피드백(示办)을 받은 보고서를 작성한 싱크탱크 전문가들은 학문적 인지도를 높이는 데 성공해 해당 분야의 주요 행위자로 부상하고 있다.[66] 중국의 싱크탱크가 독립적이지 않다는 것을 이해하는 것은 중요하다. 정부-싱크탱크 관계와 이러한 관계에서 파생되는 싱크탱크의 지향이 오히려 객관적인 정책적 제안을 제공할 수 있는 싱크탱크의 능력을 제한하고 있다. 이러한 현상은 연구결과가 공식적인 정책에 반할 경우 특히 심하다.[67] 대체로 대학교와 교수들은 외교정책 문제에 대해 정부에 정책 조언을 하지 않는다. 다만 일부 예외가 있고, 국제관계의 학문(그리고 그 하위 분야)은 1980년대 이후 상당한 발전을 이루었다.[68]

두 번째 유형의 새로운 행위자는 외교정책 분야에 정통하고 적극적으로 활동하는 시민이다. 중국이 세계에 많이 관여할수록, 국제문제에 대한 중국인의 이해와 관심도 증가했다. 관심이 많은 시민은 신문에 댓글을 달거나 온라인 메시지로 의사표시를 함으로써 외교정책 문제에 대한 논쟁에 적극적으로 참여하고 있다. 언론매체는 상업적인 성공과 정치적 인기를 얻기 위해 그들의 잠재적인 청중의 민족주의 감정이나 심지어 외국 혐오증에 호소하고 있다. 『인민일보』의 자매지이면서 국제문제를 전문으로 다루는 『환구시보』는 전국적으로 매우 인기있는 민족주의 성향의 신문이다. 게다가, 국제문제에 대한 열띤 토론의 장이 되고 있는 소셜 미디어 때문에 점점 더 많은 중국인이 국가외교정책 수립에 참여하는 토론자가 되고 있다. 이제 고위 공직자가 정책과 관련된 정보를 독점할 수 없게 되었고 시민 역시 관련 정보를 접할 수 있게 되었다. 이에 상위 계층의 여론을 시민에게 일방적으로 전달하던 언론매체는 정보를 접한 시민의 여론을 상위 계층으로 재전달하기도 한다. 재전달 과정에서 언론매체는 특정 뉴스 항목에 대한 대중의 감정을 악화시키기도 하고 심지어 일부 뉴스에 대한 집단행동을 초래하기도 한다.[69]

세 번째 유형의 새로운 행위자는 지방정부이다. 대외무역과 투자를 관장하던 중앙정부의 권력이 지방정부로 분산되면서 지방정부가 외국과 직접 교류하게 되었다. 이러한 분권화는 경제, 사회, 문화, 그리고 비전통 안보 분야에서 지방정부가 초국가적 협업과 협력을 추진하는 지역 자유주의를 낳았다. 예를 들어, 아세안 국가들은 중국과 가까워지고 있지만, 해양영토 문제 때문에 양자관계의 미래는 불확실하다. 윈난성과 광시성의 지방정부들은 이러한 양자관계를 공고히 하는 중요한 역할을 해왔다.[70] 한국과 인접해 있어 전략적으로 중요한 랴오닝성과 산둥성은 한국에 문호를 개방하기 위해 경쟁했고, 1980년대 말에는 한국의 무역대표부 유치를 시도했으며, 1992년 중국과 한국이 공식적인 외교관계를 수립하는 데 도움을 주었다.

네 번째 유형의 새로운 행위자는 중국의 초국가기업, 특히 국영기업(SOEs: State-Owned Enterprises)과 정부은행이다. 중국기업의 글로벌 확장은 해외 이익을 창출했고, 기업들은 정책결정자들이 이를 인식하고 고려해주기를 원한다. 그 결과, 외교정책을 수립할 때 정책결정자들은 중국기업의 광범위한 해외 활동을 고려하게 되었다. 그동안 국가는 외교정책 및 안보와 관련된 광범위한 문제를 해결하기 위해 종종 통상정책에 의존하기도 했다.** 석유, 광물, 원자력, 전자, 방위 같은 전략산업을 하는 대규모 국영기업은 중국의 정치 엘리트들과 긴밀한 관계를 맺고 있다. 에너지 국영기업의 경영진은 전문지식을 자문받고 관련 해외 현안이 심의될 때 참석하는 경우가 있기 때문에 제한적인 영향력을 행사할 수 있다. 에너지기업과 금융기관 같은 국영기업은 상업적 손실을 우려하여 이란과 북한에 대한 미국 주도의 다자적 경제제재 조치에 중국의 동참을 반대해 왔다. 이러한 상업적 이해관계가 중국의 외교정책과정에서 중요한 고려사항이 된 것은 분명하다. 2018년 12월 미국정부의 요청으로 캐나다정부가 중국의 거대 전자업체 화웨이의 최고재무관리자(CFO: chief financial officer)를 체포하자 중국외교정책 기관 전체가 캐나다정부를 대상으로 보복조치를 취했다.

결론

외교정책과 관련된 이해관계자가 늘어나면서 외교정책 수립에서 전문지식은 필수가 되었다. 이 때문에 보다 다양한 이해관계와 관점을 지닌 행위자에게 자문을 구해 개별 입장을 듣고, 입장 차이를 조정하여 균형된 결과를 외교정책과정에 녹여내야 할 필요성이 커졌다. 그러나 최고지도자들은 중국의 전반적인 외교정책 방향을 설정하는 데 있어 절대적인 자유를 누려왔다. 장쩌민 주석과 후진타오 주석은 중국의 핵심적인 국가이익과 관련된 민감한 사안에 대해서는 강경한 입장을 취했지만, 전반적으로는 덩샤오핑의

** 역자 주) 가령, 중국은 일본을 압박하기 위해 희토류 수출을 단행하 바 있다.

실용적이고 온건한 외교정책을 지속했다. 두 사람은 중국의 국제문제 참여로부터 많은 교훈을 빠르게 습득했다. 그리고 국제문제에 대한 정보와 첩보를 제공하는 정책조언가, 관료, 전문가의 폭넓은 지식과 경험을 바탕으로 결정을 내렸다. 또한, 그들은 국제적 맥락에 따라 부각되는 중국의 상대적 강점과 약점에 민감히 반응했다. 덩샤오핑의 시대부터 후진타오의 시대에 이르기까지 싱크탱크와 연구기관은 외교문제에 대해 최고 지도부에 자유롭게 조언하는 중요한 역할을 해왔지만, 시진핑이 권력을 잡은 이후 이러한 기관들의 역할과 영향력은 시진핑 주석이 설정한 외교적 우선순위에 기여하도록 재정의되었다.

시진핑 주석은 단독으로 덩샤오핑의 저자세 외교정책에서 탈피하는 근본적인 변화를 꾀했다. 중국이 심각한 도전에 직면했을 때 저자세보다 오히려 강하게 나가는 것이 필요하다고 믿은 그는 '대국외교'를 천명했다. 그의 전임자들이 온건정책을 지지하는 중국인과 민족주의를 열망하는 중국인 사이에서 균형을 맞추며 어려운 줄타기를 했던 것과 달리, 시진핑은 그러한 균형을 무너트렸다. 민족주의적인 권력정치로 무장한 중국이 세계무대에 거리낌 없이 나아가면서 온건하던 중국의 모습은 이제 사라졌다. 외교정책수립을 다시 중앙집권화하고 모든 외교정책 조정기구를 개인적으로 장악한 시진핑의 엄청난 정책결정 능력은 역설적인 현상을 낳고 있다. 그의 관심을 조금이라도 더 받고자 하는 이해당사자 간 경쟁이 오히려 자극적이고 잘못된 정보 제공으로 이어지고 있다. 시진핑 주석의 상의하향식 스타일은 중국의 불투명한 관료기관들이 그에게 객관적인 정보를 근거로 이견을 제시하지 못하게 함으로써 중국을 위험하게 만들고 있다. 그는 집단지도체제와 결별했고 이로 인해 그의 잘못된 결정이 시정될 가능성은 희박해졌다. 중국의 정책결정과정에서 실수가 발생할 가능성이 높아지고 있다.

주

1) 다음을 참조. David M. Lampton, ed., *The Making of Chinese Foreign and Security Policy in the Era of Reform* (Stanford, CA: Stanford University Press, 2001); Gilbert Rozman, ed., *China's Foreign Policy: Who Makes It and How Is It Made?* (London: Palgrave Macmillan, 2013); Lu Ning, *The Dynamics of Foreign Policy Decision Making in China* (Boulder, CO: Westview Press, 1997); 그리고 Carol Lee Hamrin and Suisheng Zhao, eds., *Decision-Making in Deng's China: Perspectives from Insiders* (Armonk, NY: M. E. Sharpe, 1995).

2) David Shambaugh, *China Goes Global: The Partial Power* (New York: Oxford University Press, 2013), 62.

3) 沈志华(ShenZhihua), 最后的天朝: 毛泽东, 金日成与中朝关系(천상의 마지막 왕조: 마오쩌둥, 김일성, 중-북관계) (Hong Kong, Chinese University Press, 2018), 217–229.

4) Qingmin Zhang, "Towards an Integrated Theory of Chinese Foreign Policy: Bringing Leadership Personality Back In," *Journal of Contemporary China* 23, no. 89 (September 2014): 902–922.

5) Deng Xiaoping, *Deng Xiaoping Wenxuan* (엄선된 덩샤오핑 문예선집) (Beijing: Renmin Publishing House, 1993), 321.

6) Angang Hu, 中国集体领导体制 (중국 집단지도체제) (Beijing: Zhongguo Renmin Daxue Chubanshe, 2013).

7) Yun Sun, *China's National Security Decision-Making: Processes and Challenges*, The Brookings Institution, Center for Northeast Asian Policy Studies, May 2013, http://www.brookings. edu/research/papers/2013/05/chinese-national-security-decision-making-sun.

8) H. Lyman Miller and Liu Xiaohong, "The Foreign Policy Outlook of China's Third Generation Elite," in David M. Lampton, *The Making of Chinese Foreign and Security Policy* (Stanford, CA: Stanford University Press, 2001), 138.

9) Chen Youwei, 天安门事件后中国与美国外交内幕 (톈안먼사태 이후 중국의 대미 외교관계 내막) (Taipei: Zhongzheng Shuju, 1999), 100.

10) Liu Liandi and Wang Dawei, eds., 中美关系的轨迹-建交以来大事纵览 (중미관계의 궤적 — 국교정상화 이후 주요사건 조사) (Beijing: Shishi Chubanshe, 1995), 470.

11) Jia Qingguo, "Learning to Live with the Hegemon: Evolution of China's Policy toward the US since the End of the Cold War," *Journal of Contemporary China* 14, no. 44 (2005): 395.

12) You Ji, "The PLA and Diplomacy: Unraveling Myths about the Military Role in Foreign Policy-Making," *Journal of Contemporary China* 23, no. 86 (2014): 240.

13) Zhimin Lin, "Xi Jinping's "Major Country Diplomacy": The Impacts of China's Growing Capacity," *Journal of Contemporary China* 28, no. 115 (2019).

14) Weixing Hu, "Xi Jinping's 'Major Country Diplomacy': The Role of Leadership

in Foreign Policy Transformation," *Journal of Contemporary China* 28, no. 115 (July 2018): 1–14.

15) Jianwei Wang, "Xi Jinping's 'Major Country Diplomacy': A Paradigm Shift?" *Journal of Contemporary China* 28, no. 115 (2018): 15–30.

16) Xi Jinping's Report at the 19th CPC National Congress, October 18, 2017, *Xinhua*, http://news.xinhuanet.com/english/special/2017-11/03/c_136725942.htm.

17) *Xinhua*, "Xi Vows Peaceful Development While Not Waiving Legitimate Rights," January 29, 2013, http://en.people.cn/90785/8113230.html.

18) Jianwei Wang, "Xi Jinping's "Major Country Diplomacy: A Paradigm Shift?"

19) Lu Ning, *The Dynamics of Foreign Policy Decision Making in China* (Boulder, CO: Westview Press, 1997), 12.

20) Taeho Kim, "Leading Small Groups: Managing All under Heaven," in *China's Leadership in the 21st Century: The Rise of the Fourth Generation*, edited by David M. Finkelstein and Maryanne Kivlehan, 127–128 (Armonk, NY: M. E. Sharpe, 2003).

21) Weixing Hu, "Xi Jinping 'Big Power Diplomacy' and China's Central National Security Commission (CNSC)," *Journal of Contemporary China* 25, no. 98 (March 2016): 163–177; David M. Lampton, "Xi Jinping and the National Security Commission: Policy Coordination and Political Power," *Journal of Contemporary China* 24, no. 95 (September 2015): 959–777.

22) "十九届中央国安委首会, 习近平压实责任" (제19차 중앙국가안전위원회 제1차 회의, 시진핑의 실질적인 책임), 新华网(Xinhuanet), April 18, 2018, http://politics.people.com.cn/n1/2018/0418/c1001-29935332.html.

23) Helena Legarda, "In Xi's China, the Center Takes Control of Foreign Affairs," *The Diplomat*, August 1, 2018, https://thediplomat.com/2018/08/in-xis-china-the-center-takes-control-of-foreign-affairs/.

24) "习近平主持召开中央外事工作委员会第一次会议" (시진핑, 중앙 중앙외사공작위원회 제1차 회의 주재), 新华社 (Xinhua News Agency), May 15, 2018, http://www.gov.cn/xinwen/2018-05/15/content_5291161.htm.

25) "习近平在周边外交工作座谈会上发表重要讲话" (시진핑, 주변국 외교와 관련된 중앙업무회의에서 중요연설을 하다), Xinhua, October 25, 2013, http://www.xinhuanet.com/politics/2013-10/25/c_117878897.htm.

26) "习近平出席中央外事工作会议并发表重要讲话" (시진핑이 중앙외교업무회의에 참석하여 중요한 연설을 하다), November 29, 2014,新华网 (Xinhuanet), http://news.xinhuanet. com/politics/2014-11/29/c_1113457723.htm.

27) Michael D. Swaine, "Xi Jinping's Address to the Central Conference on Work Relating to Foreign Affairs: Assessing and Advancing Major-Power Diplomacy with Chinese Characteristics," *China Leadership Monitor*, Issue 46 (Winter 2015), https://www.hoover. org/sites/default/files/clm46ms.pdf.

28) "习近平, 努力开创中国特色大国外交新局面" (시진핑, 중국적 특색을 가진 주요 국가외교의 새로운 지평을 열다), Xinhua, June 23, 2018, http://www.xinhuanet.

com/politics/2018-06/23/c_1123025806.htm.

29) Kevin Rudd, "Xi Jinping, China, and the Global Order: The Significance of China's 2018 Foreign Policy Work Conference," Lee Kuan Yew School of Public Policy, National University of Singapore에서 연설, June 26, 2018, http://kevinrudd.com/portfolio-item/kevin-rudd-speaks-to-the-lee-kuan-yew-school-of-public-policy-xi-jinping-china-and-the-global-order-the-significance-of-chinas-2018-central-foreign-policy-work-conference/.

30) David M. Lampton, "China's Foreign and National Security Policy Making Process: Is It Changing and Does It Matter?" in David M. Lampton, *The Making of Chinese Foreign and Security Policy* (Stanford, CA: Stanford University Press, 2001), 2.

31) George Yang, "Mechanisms of Foreign Policy-Making and Implementation in the Ministry of Foreign Affairs," in *Decision-Making in Deng's China: Perspective from Insiders*, edited by Carol Lee Hamrin and Suisheng Zhao, 91−100 (Armonk, NY: M. E. Sharpe, 1995).

32) Lu Ning, *The Dynamics of Foreign Policy Decision Making in China*, 20.

33) Jing Sun, "Growing Diplomacy, Retreating Diplomats – How China's Foreign Ministry Has Been Marginalized in Foreign Policymaking," *Journal of Contemporary China* 26, no. 105 (May 2017): 419−433.

34) "习近平对中国外交人员提四点要求" (시진핑은 중국 외교관에게 4가지 요구 사항을 제시했다), December 28, 2017, http://www.chinanews.com/gn/2017/12-28/8411832.shtml.

35) 王逸舟 (Wang Yizhou) and 李欣达 (Li Xinda), "从外交官数量的历史变迁谈我国外交能力建设新课题" (중국 외교관 수의 역사적 진화와 중국외교 역량 강화의 새로운 의제), 人民网-国际频道(People.com-internationalchannel), September 13, 2017, http://world.people.com.cn/n1/2017/0913/c1002-29533476.html.

36) 대외연락부와 관련해서는, 다음을 참조. Julia G. Bowie, "International Liaison Work for the New Era: Generating Global Consensus?" *Party Watch Annual Report 2018*, https://docs.wixstatic.com/ugd/183fcc_687cd757272e461885069b3e3365f46d.pdf.

37) 중앙선전부와 관련해서는 다음을 참조. David Shambaugh, "China's External Propaganda Work: Missions, Messengers, and Mediums," *Party Watch Annual Report 2018*, https://docs.wixstatic.com/ugd/183fcc_e21fe3b7d14447bfaba30d3b6d6e3ac0.pdf.

38) 중앙통전부(UFWD)에 대해서는 다음을 참조. Anne-Marie Brady, *Magic Weapons: China's Political Influence Activities under Xi Jinping* (Washington, DC: Kissinger Institute on China and the United States, Woodrow Wilson Center, September 18, 2017), https://www.wilsoncenter.org/arti-cle/magic-weapons-chinas-political-influence-activities-under-xi-jinping; 그리고 Anne-Marie Brady, "Exploit Every Rift: United Front Work Goes Global," *Party Watch Annual Report 2018*, https://docs.wixstatic.com/ugd/183fcc_5dfb4a9b2dde492db4002f4aa90f4a25.pdf.

39) 다음을 참조. David Shambaugh, "China's Quiet Diplomacy: The International Department of the Chinese Communist Party," *China: An International Journal* 5,

no. 1 (March 2007): 26–54.

40) 中共中央对外联络部官网 (중국공산당 대외연락부 홈페이지), http://www.idcpc.org.cn/gywb/wbjj/.

41) David Gitter and Leah Fang, "The Chinese Communist Party International Department: Overlooked Yet Ever Present," *The Diplomat*, August 8, 2016.

42) "2017年中国共产党与世界政党高层对话会" (2017년 세계정당 고위급회담에서 중국공산당과의 대화) 人民网 (People.com), December 3, 2017, http://cpc.people.com.cn/GB/67481/415498/index.html.

43) "中国共产党与世界政党高层对话会非洲专题会为中非交流合作注入强劲动力," (세계정당 고위급회담에서 중국공산당의 아프리카 특별주제회의가 중국과 아프리카 간 교류협력의 계기가 됐다), China-Africa Forum, July 23, 2018, https://www.fmprc.gov.cn/zflt/chn/zxxx/t1578642.htm.

44) 冯海波 (Feng Haibo), "十八大以来习近平总书记对统一战线理论的丰富和发展" (18차 당대회 이후 시진핑 주석의 통일전선론 강화 및 발전), 荆楚统战 (Jinchu United Front), January 5, 2018, http://www.zytzb.gov.cn/tzb2010/wxwb/201801/243f42014b5f4f2bad384e47d-22f23cc.shtml.

45) 康琪雪 (Kang Qixue), "部委撤并10天后, 部长转任" (부처와 위원회의 합병, 10일 후), 新京报(New Beijing News), April 2, 2018, http://news.sina.com.cn/c/nd/2018-04-01/doc-ifysuzkc 3090348.shtml.

46) Information Office of the State Council, the People's Republic of China, *China's National Defense in 1998*, September 1998, https://jamestown.org/wp-content/uploads/2016/07/China%E2%80%99s-National-Defense-in-1998.pdf?x87069.

47) Kenneth Allen, Phillip C. Saunders, and John Chen, "Chinese Military Diplomacy, 2003–2016: Trends and Implications," *China Strategic Perspectives*, no. 11, July 17, 2017, http://ndupress.ndu.edu/Media/News/Article/1249864/chinese-military-diplomacy-20032016-trends-and-implications/.

48) 다음을 참조. Michael Swaine, Zhang Tuosheng, and Danielle Cohen, *Managing Sino-American Crises: Case Studies and Analysis* (Washington, DC: Carnegie Endowment for International Peace), 2006.

49) 다음을 참조. Phillip C. Saunders and Andrew Scobell, eds., *PLA Influence on National Security Decision Making* (Stanford, CA: Stanford University Press, 2015).

50) You Ji, "The PLA and Diplomacy: Unraveling Some Myths About Civil Military Interaction in Chinese Foreign Policy-Making," *Journal of Contemporary China* 23, no. 86 (March 2014): 236–254.

51) Tai Ming Cheung, "The Influence of the Gun: China's Central Military Commission and Its Relationship with the Military, Party, and State Decision-Making Systems," in David M. Lampton, *The Making of Chinese Foreign and Security Policy* (Stanford, CA: Stanford University Press, 2001), 61–90.

52) Jing-dong Yuan, "China's Pragmatic Approach to Nonproliferation Policy in the Post-Cold War Era," in *Chinese Foreign Policy, Pragmatism and Strategic Behavior*, edited by Suisheng Zhao, 151–178 (Armonk, NY: M. E. Sharpe, 2004).

53) 중국인민해방군(PLA)의 세계에 대한 인식은 다음을 참조. David Shambaugh, "China's Military Views the World: Ambivalent Security," *International Security* 24, no. 3 (Winter 1999/2000): 52–79.

54) Jing Sun, "Growing Diplomacy, Retreating Diplomats – How Chinese Foreign Ministry Has Been Marginalized in Foreign Policymaking," *Journal of Contemporary China* 26, no. 105 (May 2017): 419–433.

55) Joseph Kahn, "Chinese General Threatens Use of A-Bombs if US Intrudes," *New York Times*, July 15, 2005.

56) 주청후 장군과의 직접 인터뷰, Denver, May 2015.

57) Yun Sun, *China's National Security Decision-Making: Processes and Challenges* (Washington, DC: Brookings Institution Center for Northeast Asian Policy Studies, May 2013): http://www.brookings.edu/research/papers/2013/05/chinese-national-security-decision-making-sun; 그리고 You Ji, "The PLA and Diplomacy: Unraveling Some Myths about Civil Military Interaction in Chinese Foreign Policy-Making."

58) 다음에서 인용. Charles Clover, "Xi Takes Aim at Military in Anti-Graft Drive," *Financial Times*, February 11, 2018.

59) Liu Zhen, "Xi Jinping Shakes Up China's Military Leadership," *South China Morning Post*, October 26, 2017, https://www.scmp.com/news/china/diplomacy-defence/article/2116856/what-changes-top-mean-chinas-military.

60) David M. Lampton, "China's Foreign and National Security Policy-Making Process: Is It Changing and Does It Matter?" in David M. Lampton, *The Making of Chinese Foreign and Security Policy* (Stanford, CA: Stanford University Press, 2001), 12.

61) 또한, 다음을 참조. Linda Jakobson and Dean Knox, *New Foreign Policy Actors in China* (Stockholm: SIPRI Policy Paper No. 26, September 2010); Yufan Ho and Lin Su, eds., *China's Foreign Policy Making: Societal Forces* (Aldershot, UK: Ashgate, 2005).

62) 缘书何 (Zhu Shuyuan), "习近平为? 特别强调"新型智库建设" (시진핑이 싱크탱크 구축을 강조한 이유) 闻中国共产党新告网 cpcnews.com, October 29, 2014, http://theory.people.com.cn/n/2014/1029/c148980-25928251.html.

63) 중국의 외교정책과정에서 싱크탱크의 여할에 대해서는 다음을 참조. David Shambaugh, "China's National Security Research Bureaucracy," *The China Quarterly* 110 (June 1987): 276–304; David Shambaugh, "China's International Relations Think Tanks: Evolving Structure and Process," *The China Quarterly* 171 (September 2002): 575–596; Bonnie S. Glaser and Phillip C. Saunders, "Chinese Civilian Foreign Policy Research Institutes: Evolving Roles and Increasing Influence," *The China Quarterly* 171 (September 2002): 597–616; 그리고 Bates Gill and James Mulvenon, "Chinese Military Related Think Tanks: Their Changing Role in the 1990s," *The China Quarterly* 171 (September 2002): 617–624.

64) 중화인민공화국 공식 홈페이지, Chinese Academy of Social Sciences, http://www.gov.cn/english/2005-12/02/content_116009.htm.

65) 다음을 참조. Bates Gill and James Mulvenon, "Chinese Military Related Think

Tanks: Their Changing Role in the 1990s," *The China Quarterly* 171 (September 2002): 617–624.

66) Wen-Hsuan Tsai and Liao Xingmiu, "Concentrating Power to Accomplish Big Things: The CCP's *Pishi* System and Operation in Contemporary China," *Journal of Contemporary China* 26, no. 104 (March 2017): 297–310.

67) Xue Li, "One Belt, One Road and Change in China's Foreign Policy Decision Making Structure," *Dong Nan Ya Yanjiu*, No. 2(2016), http://www.cnki.com.cn/Article/CJFDTotal-DNYY201602007.htm.

68) 다음을 참조. David Shambaugh, "International Relations Studies in China: History, Trends, and Prospects," *International Relations of the Asia-Pacific* 11, no. 3 (September 2011): 339–372.

69) Jianwei Wang, "Chinese Media and Foreign Policy," *Journal of Contemporary China* 23, no. 86 (March 2014).

70) Mingjiang Li, "Local Liberalism: China's Provincial Approaches to Relations with Southeast Asia," *Journal of Contemporary China* 23, no. 86 (March 2014).

4부

중국의 글로벌 상호작용의 영역

중국의 글로벌 경제적 상호작용

6장

배리 노튼(Barry Naughton)

중국의 괄목할만한 경제성장은 세계경제의 모든 측면을 변화시켰다. 중국은 2010년 이후 세계 2위의 경제대국이 되었고, 2013년 이후 세계 최대 무역대국이 되었다. 다른 여러 지표들도 중국을 세계 1위 또는 2위로 평가하고 있다. 규모와 성장은 경제적 이익을 도모하고 국제관계의 많은 분야에서 '영향력'을 행사하고자 하는 중국정부에게 지렛대를 제공했다. 그러나 중국의 글로벌 경제 역할과 영향력을 제대로 이해하려면 중국 국내경제가 진화하는 본질을 파악하는 것이 중요하다.

고도의 경제성장은 중국을 중간소득 국가로 만들었다. 그러나 경제적 '중년기'가 시작되면서 일련의 규칙적인 구조적 변화가 뒤따랐다. 이번 장의 첫 번째 절에서 설명하듯이 중국은 이러한 구조적 변화에 대응하여 세계 다른 나라들과의 경제적 상호작용의 규모와 성격을 바꾸고 있다.

그러나 이러한 구조적 변화가 초래하는 새로운 도전과 기회에 대한 중국의 정책적 대응은 대부분의 경제학자들이 예상했던 것과 달랐고, 개발도상국의 궤적을 밟았던 다른 국가들의 대응과도 차이를 보였다. 실제로 2009~2010년 이후 중국은 다른 정책적 선택이 있었음에도 불구하고 차별적인 일련의 국제경제정책을 개발해 왔다. 이러한 정책들은 21세기 전반부를 장식한 글로벌 금융위기(GFC: Global Financial Crisis)를 포함한 흔치 않은 경제적 사건들과 글로벌한 경제적 영향력을 행사하고자 하는 중국 지도자들의 결단에 기인한다. 이러한 사건과 결단에서 비롯된 광범위한 정책 방향은 위안화(RMB: renminbi)의 국제화와 일대일로라는 두 가지 복잡한 정책 구상을 통해 이해될 수 있다.

여기서는 이 두 가지 모두를 검토하고 있다. 각각은 지속적인 급성장에 따른 국내 잉여저축을 해소하기 위한 방안으로 볼 수 있으며, 동시에 패권 구축을 위한 경쟁전략이기도 하다. 이 장의 마지막 절은 2018년 현재 중국의 전반적인 국제경제적 위상을 평가하고, 세계경제에서 차지하게 될 중국의 향후 위상을 전망하고 있다.

중국경제의 성숙

중국은 중간소득 수준에 도달했다. 구매력평가(PPP: purchasing power parities)지수로 측정할 경우, 2018년 중국의 GDP는 1인당 1만 6,000달러로 세계 평균과 거의 동일하다.[1] 1978년부터 2010년까지 중국은 연평균 10퍼센트의 성장률을 기록했지만 이제 '기적의 성장' 시대는 끝났다. 2018년 4분기 성장률 6.4퍼센트가 중국의 '새로운 평균' 성장률이 되었다. 이 새로운 표준 성장률은 다음과 같은 여러 요소가 교차한 결과이다. 노동력 증가세가 둔화되었다 (지금은 감소추세에 있다). 농촌에서 도시로 쇄도했던 인구 유입이 줄어들기 시작했다. 그리고 많은 국내 산업의 노동 수용력이 포화상태인 성숙기에 도달했다. 장기간에 걸쳐 일어난 이러한 구조적 변화는 개발도상국이었던 다른 국가들에서도 발생했던 정상적인 발전경로와 유사하다.

이러한 국내 구조 변화는 중국의 세계경제 상호작용에 중대한 변화를 추동하고 있다. 먼저 주목해야 할 것은 저(低)성장이 중국의 세계적인 영향력 감소를 의미하는 것은 아니라는 점이다. 왜냐하면 오늘날의 연간 성장을 계산하는 기준이 '기적의 성장' 시기보다 훨씬 더 높기 때문이다. 1980년대에 중국의 GDP 성장률은 세계 총 GDP 성장률의 약 7퍼센트를 차지했고, 2009년이 되면 19퍼센트로 증가했다. 그리고 2010년부터 2017년 사이 이 수치는 28퍼센트로 다시 증가했다. 따라서 중국의 글로벌 경제적 상호작용의 성격은 변화하겠지만 전반적인 영향력은 계속 증가할 것이며, 중국 내수증가 때문에 중국 시장은 다른 글로벌 행위자들을 계속해서 강하게 끌어당길 것이다.

'기적의 성장' 정책 패키지

1978~2010년 사이에 일군 '기적의 성장' 단계에서는, 끊임없이 공급되는 값싼 노동력 때문에 급속한 성장이 가속화되었다. 개방정책 이후, 노동집약적 제조업 분야에 잠재된 비교우위가 수출을 통해 빛을 발했고 그 결과 수출이 도약했다. 수입도 대폭 증가했는데, 특히 중국은 철광석, 구리와 같은 광물, 석유의 세계 최대 수입국이 됐다. 대외무역의 증가는 비교우위의 관점에서 설명이 가능했고, 무역은 중국과 세계경제와의 상호작용의 전부라고 말할 수 있을 정도로 그 중요성이 매우 커졌다.

전통적인 계획경제체제를 바꾸는 것이 쉽지 않았지만, 중국은 결국 성공적인 경제개혁을 단행해 급속한 경제성장을 뒷받침하는 정책들을 이어나갔다. 고용이 확대되면서 농촌에서 도시로의 이주를 가로막던 장벽이 점차 낮아졌다. 위안화를 평가절하하는 데 방점을 둔 환율정책 때문에 수출이 더욱 증가했다. 물밀듯이 들어오는 외국인직접투자는 환영받았고 그러한 투자는 중국 내 민간기업의 창출로 이어졌다. 금융 측면에서는 주로 국책은행이 대기업과 수출기업에 신용을 공급했고, 중소기업은 비공식 금융시장('그림자 금융')에 맡겨졌다. 이 제도는 비효율적이고 세계 금융시장과의 거의 연계되지 않았지만, 도시화와 산업화, 급속한 인프라 개발을 위한 자원을 제공하기에 충분했다. 1990년대 중반에 이르면, 경상수지(current account) — 상품 및 서비스 등 실물 무역거래로 인한 수입과 지출의 차액 — 를 저해하지 않는 한도 내에서 국제금융거래도 부분적으로 자유화되기 시작했다.

이러한 정책 변화에 더하여, 2001년 중국은 세계무역기구(WTO)에도 가입했는데 이것이 세계적으로 가장 큰 수출 호황을 가져왔다. 2002년과 2007년 사이에 중국의 수출은 4배 증가했고, 수출은 GDP의 34퍼센트까지 치솟았다 (도표 6.1). 이는 대규모 대륙 경제로서는 매우 높은 수준이다. 성공적인 경제개혁개방 프로그램을 통해 중국은 강력한 수출 주도의 성장을 추동했고, 이러한 수출 급증이 중국의 '기적 성장'의 마지막 시기를 이끌었다.

그러나 2007년 현재 중국은 여전히 개방경제와는 거리가 멀었다. 대부분

도표 6.1 중국의 수출입

의 국내 서비스 시장은 WTO 조항이 발효된 이후에도 높은 시장장벽으로 보호되었다.[2)] 자본수지(capital account)[**]도 여전히 외부 세계에 대해 폐쇄되어 있었기 때문에 기업이 자금을 국내외로 자유롭게 이동시킬 수 없었고, 수입 및 수출 거래에 필요한 경우를 제외하면 위안화를 외화로 전환할 수도 없었다. 중국은 일반적으로 '밖으로 나가는' 직접투자를 통제했고, 소수의 기업에 대해서만 해외투자와 금지를 완화했다. 그 소수 기업들은 대체로 국영기업(SOEs: state-owned enterprises)이었는데, 그중 가장 중요한 기업은 중국의 국영석유회사(NOCs: Chinese national oil companies) 3개였다. 1993년 이후 석유 순(純)수입국이 된 중국은 에너지 의존도에 매우 민감하게 반응했다. 국영석유회사(NOCs)는 석유 공급의 새로운 원천을 개발하고 외국 유전('에쿼티 오일')[***]에 대한 지분을 확보할 것을 종용받았다. 이로 인해 중국 NOCs는 중동 이외의 공급원을 다변화했고, 그 결과 중국의 초기 해외투자의 대부분은 천연자원에 집중되었다.

구조적 변화

모든 것이 변하기 시작했다. 다음의 두 가지 국내적 변화가 국제경제를 근본적으로 변화시켰다. 노동집약적 수출의 경쟁력 상실을 초래한 노동시장의 변화, 그리고 국제 투자를 가능케 한 국내 저축의 증가가 두 가지 국내적 변화이다. 가장 근본적인 것은 노동시장 상황의 변화였다. 한때 무제한적일 것 같던 불완전고용 농촌 지역 노동자 공급이 감소하면서 농촌에서 도시로의 홍수같은 이주가 줄어들기 시작했고, 임금은 장기간에 걸쳐 꾸준히 상승

** 역자 주) 자본수지는 주식, 채권, 증권을 통한 간접투자 및 토지와 천연자원 매입과 같은 직접투자 등과 관련된 외화유출과 외화유입의 차액을 의미하는데, 중국은 이러한 외화의 유출입을 금지하고 있었다.

*** 역자 주) 석유회사가 산유국의 유전을 개발할 경우, 석유회사는 개발비용을 지불받는 대신 그 유전에서 생산된 석유의 일정정도를 지분 형식으로 배당받을 수 있다. 그러한 석유를 에쿼티 오일이라고 한다.

하기 시작했다. 2004년 광둥성 소재 수출 공장의 이주 노동자들의 임금 상승은 세간의 주목을 받았다. 오늘날 총노동공급은 이미 정체된 상태이며, 2018년 현재 소폭 감소 중인 추세는 2029년 이후 빠르게 가속화될 것이다. 중국은 노동집약적 제조업 수출전략에서 탈피하기 시작했다. GDP에서 차지하는 수출 비중은 2005~2007년 정점을 찍은 이후, 꾸준한 감소세를 보이고 있다(글로벌 금융위기 직전까지 급격히 증가한 후, 계속해서 내리막길을 걷고 있다, 도표 6.1 참조).

임금의 급상승은 중국인의 경제 사정이 나아졌다는 것을 의미한다. 더 이상 노동력이 증가하고 있지 않지만, 노동생산성은 여전히 연간 6퍼센트씩 증가하고 있다. 다른 말로 하면, 생활수준이 눈에 띄게 향상되고 있고, 중산층이 꾸준하게 확대되고 있다. 소득이 증가하면서 중국의 가계, 기업, 정부도 부를 축적하기 시작했다. 국내총저축은 국민총소득의 50퍼센트에 달했다. 이러한 엄청난 저축은 막대한 국내 투자는 물론 해외투자에도 사용될 만큼의 잉여 저축을 창출했다.[3] 해외투자가 시작되던 초창기에는 (경상수지의 흑자에 버금가는) 달러 유출이 있었음에도 공식적인 외환보유고는 증가했다. 그 이유는 노동집약적인 수출주도 성장전략을 유지하기 위해 중국의 정책결정자들이 위안화를 평가절하했기 때문이다.[**]

그러나 몇 년 후, 이 정책은 장기적으로 비용이 많이 들고, 불필요하며, 지속 불가능하다는 것이 분명해졌다. 중국이 노동집약적 수출에서 경쟁력을 잃고 있었고, 다양한 형태로 해외에 투자할 만큼 저축이 충분했다는 점에서 위안화의 평가절하를 위해 굳이 수익성이 낮은 미국 재무부 채권을 매입할 필요가 없었다.[***] 값싼 노동력과 세계와의 대규모 통합 — 비록 통합

** 역자 주) 경상수지 흑자로 벌어들인 달러를 다시 해외에 투자하더라도 위안화의 평가절하정책 때문에 중국제품의 가격경쟁력이 유지되었고 그 결과 경상수지 흑자와 달러유입이 계속되었음을 의미한다.

*** 역자 주) 미국 재무부가 발행하는 채권을 중국정부가 달러로 매입하기 위해선 중국

의 수준은 낮지만 — 에 바탕을 둔 구시대적 수출 촉진 정책은 점차 중국의 상황에 적합하지 않게 되었다.

정책 과제: 정책적 선택 및 전망

중국의 경제적 변환은 많은 이해관계를 수반했다. 중국이 2007년 이후 노동집약적인 제조업에서 벗어나기 시작하자 베트남, 인도네시아, 방글라데시와 같은 국가들의 수출산업이 성장할 수 있는 공간이 생겼다. 중국의 해외투자는 중국과 달리 총저축이 뒷받침되지 않아 투자여력이 없는 다른 개발도상국들을 향해 쇄도할 것으로 예상되었다. 부상하는 중간소득 국가이자 중간기술 국가인 중국은 미국이나 동아시아의 기술 주도국들과 통합을 심화시킬 수 있는 엄청난 잠재력을 갖고 있었다. 중국이 채택할 구체적인 정책을 예측하기란 불가능에 가깝겠지만, 이러한 기회와 더불어 2003~2008년 세계경제 호황기에 대응하면서 중국이 보다 개방적으로 변모할 것이라는 것은 분명해 보인다.

실제로 대부분의 경제학자들과 기업인들은 중국이 시장 중심의 경제개혁과 세계경제와의 보다 깊은 통합을 추구함으로써 새로운 환경에 대응할 것으로 기대하고 있다. 이러한 기대는 부분적으로 중국이 걸어온 과거의 발전궤적과 중국이 발표한 향후 목표에 근거한 것이다. 시간을 거슬러 올라가 1996년에 중국은 국제통화기금(IMF: International Monetary Fund)에 가능한 빨리 상품 및 서비의 수출입과 무관한 간접투자 및 직접투자와 관련된 외화의 유출입을 완전히 자유롭게 하겠다는 공식 선언을 했다. 이 정책은 수차례 연기되었지만, 여전히 실현될 여지가 있다. 게다가, 중국은 현재의 경제성장이 성공적인 개혁정책 때문이라는 것을 잘 알고 있다. 따라서

외환시장에서 위안화를 달러로 전환해야 하는데, 이 경우 달러 수요와 가치가 증가하고, 상대적으로 위안화의 가치는 떨어지게 된다.

실용적인 정책결정자들이 이러한 교훈에 힘입어 더 많은 개혁을 추진할 것이라고 보는 것은 타당한 추론이다. 중간소득 국가에서 선진국으로 도약한 일본, 한국, 대만 같은 국가들도 그들 자신의 '기적의 성장' 이후 더 많이 개방된 경제로 변화했고 정부의 주도도 줄었다. 중국이 갑작스럽게 '폭발적인' 급진적 개방정책을 채택할 것이라고 기대하는 사람은 거의 없었다. 그러나 많은 사람들은 중국이 이보 전진(장기적인 경제발전 – 역자 주)을 위해 일보 후퇴(개방정책으로 인한 국내 정치경제적 제도 개혁과 그로 인한 단기적 혼란 – 역자 주)하는 적응력을 보여줄 것이라고 예상하고 있다. 중국은 단기적인 도전에 잘 대처하고 기회를 포착하면서 보다 개방적인 경제를 향해 천천히 나아갈 것이다.

중국은 어떻게 여기까지 왔는가

두 가지 극적인 경제사건이 중국의 정책노선에 영향을 미쳤다. 첫 번째는 2006~2007년에 발생한 막대한 무역흑자였고, 두 번째는 2008~2009년에 발생한 글로벌 금융위기였다. 중국 수출이 급성장하면서 2006~2008년 3년간 중국 국내총생산(GDP)의 7퍼센트에 달하는 엄청난 무역흑자가 발생했다 (도표 6.1의 수출입 간 격차). 일반적으로 GDP의 3~4퍼센트 이상은 '대규모' 불안정한 흑자로 간주된다. 중국 정책 입안자들은 2005년부터 위안화 평가절상을 허용하기 시작했지만, 초반에는 매우 느린 속도를 유지함으로써 무역 흑자를 장려하는 쪽을 택했다.

그 결과 공식적인 외환보유고가 대폭 증가했다 (도표 6.2 참조). 이렇게 되면 위안화의 평가절상이 억제된다.** 2007년 말에 이르면, 중국의 외환시

** 역자 주) 무역흑자로 달러를 벌어들인 중국 수출기업은 그 달러를 중국 외환시장에

도표 6.2 공식적인 외환보유고

장 불균형이 매우 심각해졌고 이 상태가 지속 가능하지 않다는 것은 불보듯 뻔한 일이 되었다. 중국의 공식적인 외환보유고는 이미 연간 수입액의 150퍼센트에 해당하는 1조 5,000억 달러에 달해 위안화의 평가절상을 억제하고도 남음이 있었다. 이렇게 되자 정책결정자들은 가속도가 붙은 인플레이션 및 늘어나는 무역 마찰과 마주해야 했다.[**] 결국, 중국은 정책을 바꿔 금리를 인상했고 이전보다 훨씬 빠르게 위안화 절상을 허용하기 시작했다.

전혀 예상치 못한 외부 사건도 중국의 정책 수정을 초래했다. 뉴욕발 세계 금융위기는 중국으로 하여금 경제정책을 전면 수정하도록 강요했다. 2008

서 위안화로 변환하여 돈을 가져간다. 이 경우 외환시장에 달러 공급이 증가하면서 달러 가치가 떨어지면 상대적으로 위안화가 평가절상된다. 이때 중국 중앙은행이 위안화로 달러를 구매하여 외환보유고를 증가시키면 외환시장에 달러 공급이 감소하면서 달러 가치가 증가하고 위안화의 평가절상이 억제된다.

** 역자 주) 외환보유고 증액을 통한 위안화의 인위적인 평가절상 억제 또는 평가절하로 위안화의 가치가 하락하면서 인플레이션이 초래되었고, 중국의 수출가격이 낮아져 미국의 평가절상 압박이 있었다.

년 말 중국의 수출이 급락하면서, 중국의 무역흑자는 자연스럽게 감소했고, 중국은 해외수요 급감을 상쇄하기 위해 대규모 국내 경기 부양책에 착수했다. 따라서 중국은 내수소비 진작을 위해 (주로 정부 주도의) 투자를 크게 늘렸다.** 그 결과, 글로벌 경제적 상호작용도 '재조정'되었고 글로벌 경제위기도 일정부분 회복되었다. 그러나 그 대가로 중국의 국내 경제가 더욱 불균형해졌다. 즉, 공급과잉 문제가 부각되었다. 2009년부터 2014년까지 6년간 총고정자본형성(gross fixed capital formation)***이 국내총생산(GDP)의 45퍼센트를 상회해 세계 어느 경제보다도 높았고, 2014년 이후부터 조금씩 감소하고는 있지만 2017년에도 여전히 GDP의 42.7퍼센트를 유지했다. 따라서 글로벌 금융위기는 현재까지도 지속적으로 중국의 경제발전 궤적을 변화시키고 있다.

글로벌 위기는 세계경제에서 중국의 위상에 대한 인식도 바꿔놓았다. 미국의 규제 및 정책 실패에서 비롯된 글로벌 금융위기는 미국식 금융시장경제의 매력을 크게 손상시켰다. 더구나 중국의 결정적인 경기부양책이 위기를 관리하는데 일조한 것으로 평가되었다. 이것은 중국정부가 재발견된 경제력을 국내외에서 정치·경제적 목표를 달성하기 위해 더 과감하게 사용할 수 있고, 또 그렇게 해야 한다는 것을 의미했다. 추가적인 시장 주도 개혁이 덜 시급하다고 판단한 지도부는 정부가 '큰일을 성취하기 위해 힘을 집중(集中力量播大事)'[4]할 수 있다는 데 합의했다.

국내적으로 이러한 공감대가 형성되면서 기술 중심의 산업정책을 국가

** 역자 주) 내수소비 진작을 위해서는 국민의 소득을 증가시켜 소비를 늘려야 한다. 그러나 이미 금리인상을 통해 시중의 위안화를 흡수했기 때문에 소비가 늘어나기 어려웠다. 이를 위해 중국은 주택건설, 농촌 기반시설 확충, 사회간접자본 확충, 자연재해 복구사업, 생태환경보호사업, 빈곤층 의료지원 사업 등 10대 국책사업을 통해 고용을 늘려 소득과 소비를 장려했다.

*** 역자 주) 기업이 지속적인 생산능력을 유지하기 위해 구입하는 공장 및 기계설비를 의미한다.

주도로 육성하려는 중국정부의 의지가 꾸준히 증가했다. 이는 정부의 직접적인 경제 개입을 증가시켰고, 이후 미국을 비롯한 교역 상대국과의 마찰로 이어졌다. 중국의 국제적 영향력이 날로 커지는 경제력을 따라가지 못하고 있다는 판단하에서 이를 만회하기 위한 새로운 구상과 방안을 찾기 시작했다. 후진타오(胡錦濤)는 2012년 시진핑에게 권력을 이양할 준비를 하면서 중국에 유리하게 작용할 글로벌 환경의 구축을 제시했다. 여기에는 '다극화, 세계화의 심화, 기술혁명을 통한 돌파구 마련, 다층적이고 포괄적인 글로벌 협력의 확대, 그리고 신흥 시장경제와 개발도상국의 성장을 위한 지원'이 포함되어 있다.[5] 위기가 기회로 이어지고 있는 가운데 이 기회를 활용하기 위해 중국은 어떤 정책을 채택할 것인가?

경제적 영향력의 행사

2009년 세계와 중국경제가 안정되기 시작하자 중국 정책결정자들은 새로운 현실을 감안하여 대외경제정책의 구조조정을 단행했다. 무역흑자를 좀 더 합리적인 수준으로 줄였음에도 불구하고, 중국의 공식 외환보유고는 계속 증가했다. 무역흑자는 여전히 GDP의 3퍼센트라는 큰 비중을 차지하고 있었다. 외환보유고는 글로벌 금융위기가 진정되기 전인 2011년 말까지, 3조 2,000억 달러를 넘어섰다. 중국 정책결정자들은 그들의 엄청난 외환보유고를 자랑스러워했지만, 그것은 저(低)수익성 고정수입증권, 특히 미국 재무부 채권을 대량 구매하여 위안화의 평가절상을 억제한 결과였다.** (따라서) 그들은 위안화의 평가절상 억제를 위한 저수익 미국 채권을 구매하는 대신 중국은행, 국영기업, 심지어 민간기업과 사적 개인이 소유할 수 있는

** 역자 주) 도표 6.1에서 알 수 있듯이, 2011년 말에는 중국의 무역흑자가 많이 감소하여 무역흑자를 통한 외환보유고 증가는 크지 않았다.

고수익 자산을 구매하는 방법을 찾기 시작했다. 중국은 외환보유 대국, 중간소득 국가라는 위상에 걸맞은 새로운 정책을 모색했다.

가장 기본적인 정책은 개발도상국에 대한 대출을 늘리는 것이었다. 중국은 2008년 말부터 2010년까지 중남미 국가들을 대상으로 510억 달러의 신용을 연장했는데, 이 중 절반 이상이 베네수엘라에 돌아갔다. 이와 같은 막대한 원조를 위해 중국은 1994년에 만들어진 거대한 '정책은행'인 중국개발은행을 활용했다. 중국개발은행은 이미 중국 국내경제에서 중요한 역할을 해 왔으며, 이제는 주요한 국제 행위자로 부상했다. 과거의 중국개발은행의 대출은 규모가 작고 에너지(석유) 중국의 안보 추구와 직접적인 관련이 있었다. 이제부터는 그 국가들에게 대규모 대출이 이루어졌다. 아프리카 특히 수단과 앙골라에서는 중국의 국영석유회사(NOCs)가 중요한 역할을 하기 시작했다. 중국-아프리카개발기금은 2006년 11월 베이징에서 정상회담을 한 뒤 중국개발은행의 후원 아래 설립되었고, 2007년에는 중국-베네수엘라 개발기금이 조성됐다. 이 기금은 파트너 국가에 대한 중국의 직접투자를 지원하기 위해 설립됐으며, 특정 프로젝트를 지원하기 위해 중국개발은행이 보유한 달러의 유출금지를 해제했다. 또한, 중국개발은행은 베네수엘라를 포함한 석유 국가에 대한 대출을 늘리기 위해 '앙골라모델'을 개발했다. 이 모델에서 석유는 담보 역할을 하며, 실제 상환은 달러가 아닌 석유의 배럴로 (이것이 바로 앞서 설명한 에쿼티 오일이다 – 역자 주) 이뤄졌다.

중국 정책결정자들은 중국과 세계의 석유 수출대국 사이에 자연스러운 상호보완성이 있다고 확신했다. 개발비용을 달러로 상환할 지불능력이 부족한 국가로부터 현물과 같은 석유로 상환받는 것이 석유 순수입국인 중국에게도 안전했기 때문이다. 이러한 석유상환은 유가상승에 대처하는 암묵적인 방법이었다. 중국 내 석유 수요급증으로 인한 유가상승은 국내 경제에 부담을 줄 수 있었다. 때문에 중국의 정책결정자들은 석유 상환 방식을 통해 국제투자전략과 국내 경제를 연동시켰다. 이것은 단순한 수입다변화가 아니었다. 어쨌든, 이 정책은 소수의 석유 수출국들과 전통적인 의존국들(client states)에게만 적용되었고, 아직은 일반 전략에 부합하지는 않았다. 그렇다면, 중국은 저수익 미국 재무부 채권 매입을 고수익 해외투자로 어떻게 전환했는가? 그리고 증대된 경제력으로 국제적인 영향력을 어떻게 행사하고 있는가? 중국이 채택한 정책은 두 가지였다. 각각의 정책에는 나름의 철학이 있었고 두 가지 모두 차별적인 중국특색의 정책이었다.

위안화 국제화 및 자본수지 자유화

첫 번째 정책은 위안화의 '국제화'였다. 이것은 글로벌 금융위기가 한창이던 2009년 3월 저우샤오촨(周小川) 중국인민은행 총재의 연설에서 비롯되었다. 그의 연설은 위안화에 대한 언급을 포함하지 않았지만, 위안화의 영향력과 중국의 국제금융 영향력을 확대하려는 야심찬 정책의 초석이 되었다. 저우 총재는 글로벌 금융위기 당시 실패한 미국 금융시스템 때문에 세계가 유동성 부족을 겪었다고 말하면서 일개 국가의 통화가 기축통화가 되면서 야기되는 내재적 결함을 지적했다. 저우샤오촨은 '초(超)주권적' (혹은 국제적인) 통화의 역할 증대를 주장했다.[6] 국제통화기금(IMF)은 이미 초주권적 통화인 특별인출권(SDR: Special Drawing Right)[**]의 한 유형을 갖고 있었지만, 세계금융시스템에서 차지하는 역할은 미미했다. 글로벌 금융위기에 맞서기 위한 유동성 증가의 필요성을 국제사회가 공감하고 있었고, 더 많은 특별인출권의 생성이 유익할 것이기 때문에, 저우의 제안은 상당히 시의 적절

** 역자 주) IMF 회원국이 외화 부족사태에 처했을 시 환율방어를 위해 담보 없이 필요한 만큼의 외화를 제공받을 수 있는 권리를 말한다. IMF 회원국의 출자비율에 따라 보유할 수 있는 특별인출권이 국가별로 배분되며 외화가 부족한 특정 국가는 자국의 특별인출권을 다른 회원국에 넘겨주고 외화를 빌릴 수 있다. 외환위기를 극복한 이후에는 외화 제공국에게 이자를 지불해야 한다.

했다. 실제로 2009년 8월에는 약 2,500억 달러에 해당하는 특별인출권이 새로 생성되어 특별인출권의 총 공급량이 10배 증가했다. 이것은 글로벌 유동성에 미미한 기여만 하던 특별인출권에게 변곡점이 되었다. 특별인출권은 또한 중국인민은행과 IMF 간의 건전한 관계를 공고히 했다. IMF는 글로벌 시스템에서 긍정적인 새로운 역할을 하기 위해 노력했고, 특별인출권이 더 많은 역할을 할 수 있도록 협조했다.

그러나 훨씬 더 중요한 것은 저우샤오촨의 연설 이후 부상한 중국인민은행의 새로운 위상이었다. 그가 미국을 포함한 모든 국가에 초(超)주권적 통화가 이로울 것이라고 조심스럽게 주장했지만, 사실 이 주장은 글로벌 금융에서 미국 달러의 지배적인 역할을 정면으로 비판한 것이었다. 또한, 저우는 특별인출권 바스켓 구성 통화의 수를 확대할 것을 주장하면서,** 위안화가 특별인출권 바스켓 구성통화로 새로 편입될 유력한 후보가 될 수 있다고 말했다. 이때부터 중국인민은행은 '위안화의 국제화'를 한결같이 옹호하면서 구체적인 조치로서 위안화를 이용한 무역결제와 역외 금융센터에서의 위안화 시장 개발을 장려했다. 중국인민은행은 과거 정책을 뒤집고 중국 당국의 규제를 받지 않는 중국 이외의 지역에서 위안화가 사용될 수 있도록 승인했다. 위안화가 미국 달러의 라이벌이라는 묵시적 입장은 중국 지도자들을 흥분시켰다. 실제로 저우샤오촨의 숙원인 위안화 자본수지의 전환성***은 정치 지도자들의 지지를 받았다. 그것은 중국의 글로벌 영향력 및 명성과 직결되는 것이기 때문이다. 민족주의적 열망이 내재된 것이기는 했지만, 위안화 국제화의 기본 철학은 자유화라는 것은 분명하다. 즉, 위안화의 완전한 국제화는 추가적인 국내 금융개혁, 자본수지의 자유화, 그리고 세계 시장과

** 역자 주) 특별인출권이 외화로 전환될 경우, 그 외화는 바스켓 구성통화로 한정되는데 달러, 유로, 엔, 파운드화가 그것이다.

*** 역자 주) 즉, 외화의 자유로운 유출입 및 환율 급등락시 환율 관리를 위한 당국의 개입 자체를 의미한다.

의 통합을 궁극적으로 수반해야 했다. 저우는 위안화 국제화를 중국의 금융 개혁과 개방의 원동력으로 삼고자 했다.

수년간 위안화의 국제화는 순조롭게 진행되었다. 2015년 중반에 중국 전체 무역의 3분의 1을 위한 결제수단이 위안화로 이루어졌다. 홍콩에서는 위안화 예금이 2015년 중반 1조 위안에 달할 만큼 꾸준히 성장해 홍콩 은행 전체 예금의 10퍼센트를 차지했다.[7] 동시에 2015년 말까지 중국인민은행은 34개국 중앙은행과 '통화스왑(swap) 협정'을 체결해 긴급 유동성에 대처할 수 있도록 조치하고, 타국 중앙은행의 외환보유고에 위안화의 비중이 높아지도록 장려했다. 곧이어 중국인민은행의 정책은 외부일정에 맞춰 급박하게 추진되기 시작했다. 2015년 10월 IMF가 위안화를 특별인출권 바스켓 구성통화에 포함시킬지 여부를 결정하는 5년 단위 정기 심사를 할 예정이었기 때문이다. 중국인민은행 전략가들은 자유화를 위한 몇 가지 단계를 조속히 실행하고 상징적인 이정표를 달성하는 데 주안점을 두었다. 가장 어려운 난제는 특별인출권을 '자유롭게 사용가능하도록' 해야 한다는 조건이었다. 중국인민은행은 위안화의 국제적 사용과 관련된 구체적인 기준을 충족시킬 것을 약속했고, 특별인출권 바스켓 구성통화에 포함되기를 기대했다. 이 자체가 경제적 측면에서 중대한 것은 아니었지만, 이로 인해 중국인민은행은 국제통화기금의 허가를 받아 위안화 자본수지의 전환성을 보다 수월히 만들 수 있게 되었다.

사실 중국인민은행은 이 5년 단위 재평가 이후 추진할 구체적인 전략을 수립하지는 않았다. 저우샤오촨과 중국인민은행에게 위안화 국제화의 궁극적인 최종 단계는 중국 안팎에서 비교적 자유롭게 자금이 유입되고 유출될 수 있는 개방형 자본수지를 구축하는 것이었다. 물론 그렇다고 해서 그들이 자금의 유출입에 대한 국가의 통제를 완전히 포기하는 것은 아니었다. 중국인민은행 관계자들은 1997년의 동아시아 외환위기와 2008년의 미국발 글로벌 금융위기에서 깨우친 교훈을 바탕으로 국가들이 자금 흐름에 대한 비상 통제를 유지할 필요가 있다고 주장했다. 그러나 그들은 이자율의 차이와 그로 인한 기회를 찾아 투자자본이 중국 안팎으로 이동할 수 있도록 조치할 것이라고 했다. 이것이 현실화된다면, 중국의 거시경제정책과 투자수익률 및 경제효율성도 높아질 것이다. 중국인민은행 관계자들은 위안화가 국제적으로 많이 통용되면 보다 새롭고 더욱 효율적인 시장이 창출될 것이라고 주장했다. 그러면서 국내 금융자유화가 진행되면 커다란 파열음 없이 국내 시장과 해외시장이 점진적으로 연계될 수 있을 것으로 보았다.

그러나 2015년 8월부터 구상한 이러한 야심찬 계획은 예상치 못한 사건들로 인해 중단되고 말았다. 위안화가 장기적으로 평가절상될 것이라는 수년 간의 기대에 중국인민은행이 부응하지 못하자 시장 심리가 급격히 부정적으로 변했고 실제로 단기적으로 평가절하될 가능성이 농후해졌다. 이러한 가운데 일부 자금의 유출을 허용할 만큼 자본수지의 자유화에 가속도가 붙기 시작했다. 4조 달러에서 정점을 찍었던 외환보유고가 2016년 말에는 거의 정확히 1조 달러가 감소한 3조 달러로 곤두박칠쳤다. 외화유출은 2015년 7월부터 2016년 1월까지 6개월간 집중됐다. 중국인민은행은 후퇴할 수밖에 없었다. 자본유출에 대한 통제가 다시 강화되고, 위안화 안정화를 위한 강력한 조치가 취해졌다.

역설적이게도 IMF의 특별인출권 바스켓 구성통화에 위안화를 포함시키기로 한 결정은 예정대로 이뤄져 시행됐지만, 이는 상처뿐인 영광이었다. 새로운 통제와 결합한 위안화의 가치하락은 외부의 위안화 자산 보유자들의 심기를 불편하게 만들었다. 위안화 절상에 대한 일방적 기대가 뒤집힌 후 홍콩 위안화 예금은 한 때 40퍼센트까지 하락했다. 무역상들도 결제수단으로 위안화를 사용하지 않게 됨에 따라 위안화로 결제된 중국 무역 비중도 반 토막이 났다. 더욱이 홍콩의 위안화 투기에 대응하기 위해 규제 당국은 홍콩에서 위안화 신용접근성을 심하게 압박했다. 위안화 국제화는 역방향으로 진행되었다.[8)]

이러한 극적인 사건은 궁극적으로 중국의 해외직접투자에도 큰 변화를 가져왔다. 도표 6.3은 중국으로 유입되는 외국인직접투자(FDI) 가 장기적으로 감소하는 추세와 2015~2018년 사이 유출 해외직접투자(OFDI)가 단기간에 급증하고 급감하는 추세를 보여주고 있다. 2014~2015년 자본수지 자유화는 OFDI에도 적용됐고, 처음으로 민간기업이 대규모 해외투자 프로그램을 개발하기 시작했다. OFDI는 2016년과 2017년 2년간 FDI를 초과할 정도로 급증했다. 그러나 중국이 자본수지 자유화에서 한발 후퇴하면서, 불가피하게 OFDI에 대한 통제를 재개했다. 그 결과 2015~2016년 전체 민간 OFDI의 약 3분의 1에 달하는 550억 달러를 투자한 기업은 4개에 불과했고, 곧 이마저도 규제 감시 강화 대상이 되어 많은 투자가 취소되어야 했다. 결국, 중국이 글로벌 FDI의 주요 동력이 되는 것은 시기상조인 것으로 판명되었다.

광범위한 금융자유화를 위해 위안화의 국제화를 시도한 중국인민은행의 꿈은 이렇게 불명예스럽게 끝이 났다. 하지만 위안화의 국제화가 완전히 끝

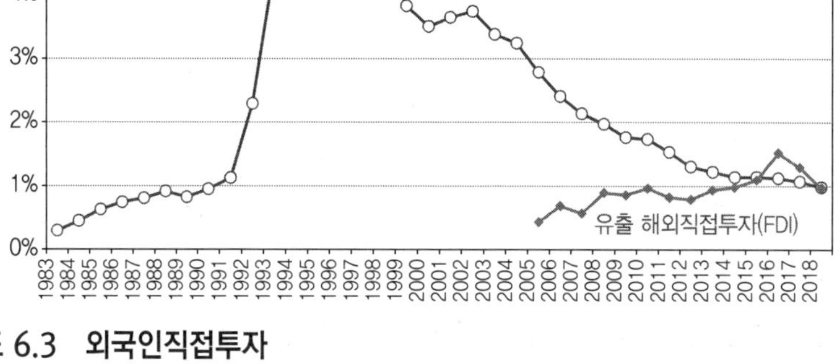

도표 6.3 외국인직접투자

난 것은 아니다. 특히, 미국은 불량 국가들과 전략적인 적들을 제재하기 위해 세계결제시스템인 금융 '배관'을 통제해야 했는데, 이러한 미국의 노력 때문에 오히려 위안화가 국제화되고 있다. 미국은 1979년 이란을 시작으로 북한, 러시아, 베네수엘라까지 금융제재의 범위를 확장했고, 2018년 12월에는 캐나다에 거주하던 중국 최고의 기술기업 화웨이의 최고재무관리자(CFO)인 멍완저우(孟晚舟)를 체포했다. 이런 조치들로 인해 중국의 독자적인 국제결제시스템 구축이 불가피할 것이며, 다른 나라들도 위안화 국제화를 지원하게 될 것이다.

넓은 맥락에서 볼 때, 위안화 국제화의 실패는 중국 정책결정자들을 더 느리고, 더 정통적인 길로 인도했다. 비록 극적인 돌파구는 없었지만, 위안화의 국제화를 시도하는 동안 국내 금융개혁이 진행되었다. 중국은 2018년 미중 간 '무역전쟁'으로 인한 압박 속에서 중국에 진출한 외국계 금융회사에 대한 규제를 철폐하겠다는 새로운 약속을 했다. 중국의 국내 채권시장은 지난 10년간 꾸준히 성장해 왔고, 현재는 외국인 투자자를 유치하기 위한 점진적인 조치가 취해지고 있다. 유사한 노력이 '홍콩증권거래소'가 개척한 중국 주식시장에서도 진행되고 있으며, 투자자는 홍콩 중개인을 통해 상하이 주식시장에서 주식을 구매할 수 있다. 이러한 실험은 국내 금융개혁과 자본시장 개방에 기여하고 있고 점차 확대되고 있다. 장기적으로 볼 때, 이러한 것들이 다시금 자본수지 자유화를 추동할 수 있을 것이다.

일대일로

위안화의 국제화가 부침을 겪는 동안, 개념적으로 완전히 다른 프로그램이 개발되고 있었다. 원래 OBOR(One Belt, One Road, 一帶一路)로 불리던 BRI(The Belt and Road Initiative) 구상은 2013년 9월과 11월에 각각 카자흐스탄의 아스타나와 인도네시아의 자카르타에서 발표된 시진핑의 연설 직후에 출범했다. 아스타나에서는 중앙아시아를 가로지르는 '신(新) 실크로드' 구상이, 자카르타에서는 '21세기 신(新)해양 실크로드' 구상이 발표되었다. 이후 시진핑은 이 두 가지를 결합하여 자신의 대표적인 포괄적 구상으로 만들었고 국제적인 주목을 받았다.

일대일로는 중국을 주변국과 그 너머까지 연결하는 인프라 구축 프로그램이지만, 복잡성을 가중시키고 때로는 오해를 불러일으킬 수 있는 많은 특징을 갖고 있다. 일대일로는 2009~2010년 글로벌 금융위기 이후 중국의 영향력을 배가하기 위해 시작된 노력의 연장선 위에 있다. 그러나 이러한 노력과 별개로 일대일로는 철학적 틀 속에 갇혀 있으며 때로는 대안적인 중국발전 모델로 제시되기도 한다. 그러나 본질적으로 일대일로는 2006~2007년 아프리카 및 베네수엘라와 체결한 '공동개발기금(Develope Funds)'을 계승한 양자협정과 유사하다. 이름과 달리, 일대일로는 특정 지리적 지역에 국한되지 않으며 중남미 8개국과 많은 아프리카국가들도 일대일로와 연관되어 있다. 중국정부에 따르면, 82개국이 일대일로에 서명했다. 전반적으로 개발을 지향하고 있지만, 일대일로의 기본 철학은 대다수 개발도상국에 혜택을 제공하고 그들과 중국을 더 밀접하게 연결함으로써 중국이 더 큰 영향력을 행사할 수 있도록 만드는 데 있다.

일대일로의 주요 특징

일대일로는 중국과 개별 국가, 특히 인접 국가 간 체결된 쌍무협정의 묶음이다. 이러한 협정은 항만에서 철도, 전력망, IT 네트워크에 이르는 광범위한 인프라 프로젝트를 명시하고 있고, 이를 위한 자금조달 마련책을 포함하고 있다. 일대일로는 중국과 주변 지역을 연결하는 6개의 육로를 계획하고 있다 (도표 6.4). 이 중 동남아시아를 관통하는 중국-싱가포르 경제회랑(China-

Singapore Corridor)의 경제성이 단연 높고, 중국과 파키스탄 간의 긴밀한 전략적 동반자관계로 인해 중국-파키스탄 경제회랑(China-Pakistan Economic Corridor)이 가장 많이 진척되어 있다. 이러한 6개 경제회랑은 글로벌 항구 네트워크로 보완되고 있는데, 그 네트워크는 고도로 발달한 중국의 항구들을 인도양에 산재해 있는 항구들 및 유럽의 항구들까지 연결한다. 유럽의 경우 현재 그리스의 피레이우스 항구까지 연결된다. 따라서, 일대일로의 가장 근본적인 목표 중 하나는 중국과 이웃 국가들을 연결하는 인프라 개선이다.

고속도로와 고속철도를 포함한 철도와 같은 교통 인프라는 거래비용을 줄이고 국가들을 경제적으로 더 가깝게 만들 것이다. 통신 인프라 또한 일대일로 구상에서 필수적인 부분으로, 공통 정보 표준으로 주변국을 통합하고, 중국 하드웨어 및 서비스 제공업체의 경쟁력을 향상시키기 위한 것이다. 따

일대일로(Belt and Road Initiative): 아시아, 유럽, 아프리카에 걸친 6개 경제회랑

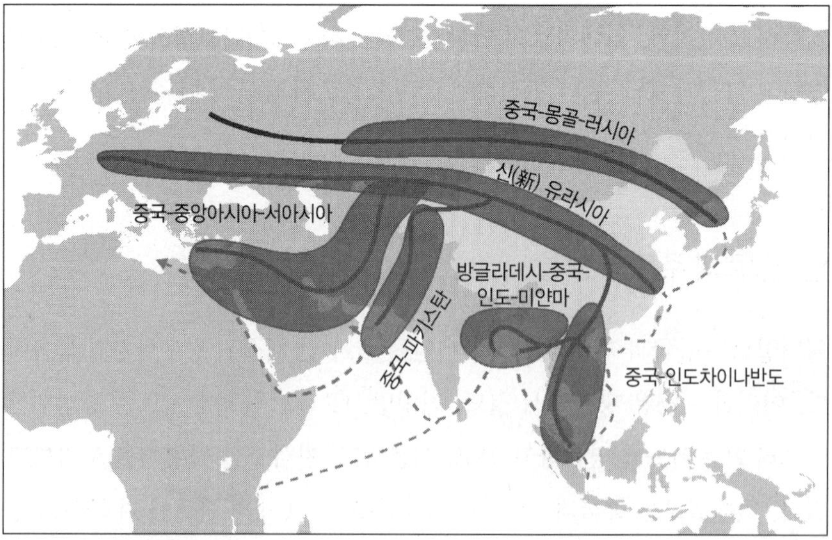

도표 6.4 일대일로

라서 이러한 인프라 외교는 기능적인 측면에서 무역협정이나 다름없다. 즉, 인프라 외교는 일대일로라는 '클럽'에 동참한 국가들을 더 가깝게 만드는 반면, 클럽 외부에 있는 국가들에게는 암묵적인 경제적 장벽을 만든다.

일대일로가 다자간 기구가 아니라는 점을 이해하는 것도 매우 중요하다. 많은 국가들이 일대일로에 '가입'하고는 있지만, 이는 그들이 중국과 양자 간 협상을 하고 있다는 것을 의미한다. 가입국은 혜택을 받은 만큼 보상을 제공하겠다고 약속하고 있지만, 사실상 이것은 쌍방 협상이다. 칠레가 2018년 일대일로에 '가입'했지만, 이는 중국과 흥정을 해 '클럽 회원'으로서 좋은 거래를 하겠다는 의사표시 이상의 것을 의미하지 않는다. 따라서 일대일로의 핵심 목표는 중국과 다른 국가들, 특히 주변국들과의 정책 조율을 강화하는 것이다. 이러한 조율은 중국-파키스탄 경우처럼 포괄적인 공동 계획에서부터 몇 가지 시범 프로젝트에 대한 합의까지 다양하다. 이러한 상호 유연성은 일대일로의 지리적 범위가 편리에 따라 언제든지 폐기될 수 있음을 의미한다. 분명한 예로, 칠레는 육로든 해로든, 역사적 또는 현재의 유대관계에서 보든 '실크로드'와 아무런 관련이 없다. 은유적으로 표현하자면, 일대일로는 우산의 덮개와도 같다. 우산살 같은 6개의 회랑(corridor)은 일대일로의 구조이지만, 덮개 자체는 어느 국가든 수용할 수 있다.

일대일로를 시행하는 중국의 핵심 기관은 중국개발은행(CDB: China Development Bank)이다. 각국이 일대일로에 가입하게 된 주된 동기가 기반시설 건설이라는 본질적 이익과 더불어, 중국의 자금 지원 약속이라는 점에서 중국개발은행의 역할이 부각된 것은 그리 놀라운 일이 아니다. 그러나 중국개발은행의 역할은 금융에 국한되지 않는다. 중국개발은행은 일종의 선도적 기획기관으로 해외의 기획기관들과 연계되어 있다. 중국개발은행은 2013년 중국-파키스탄 경제회랑 사업에 관한 로드맵을 마련하고 이의 이행을 위한 기획기관 간 협업을 관장했다. 중국개발은행은 6개 경제회랑 중 3개 회랑에 대한 장기계획은 물론 카자흐스탄, 라오스, 캄보디아와의 양자협력도 관장하고 있다.[9] 중국개발은행은 지난 20년 동안 프로젝트 기획과 재정문제 전문성을 발전시켜 왔다. 이러한 경험과 전문성을 축적해 온 중국개발은행은 지역 인프라 구축을 표방한 일대일로를 통해 그 진가를 발휘하고 있다.

일대일로의 결과

일대일로는 중국과 주변국에 상당한 경제적 이익을 제공할 수 있다. 중국의 접경 지역이 인프라와 거의 연계되어 있지 않은 것은 대체로 역사적 사건의 결과라고 볼 수 있다. 중국-파키스탄 간 연결을 제외하면 국경 지형이 험준한 것도 아니기 때문에 더욱 그렇다. 세계화의 물결은 제1차 세계대전 발발로 인해 중국 접경 지역 바로 앞에서 멈춰버렸고 그 결과 이들 지역은 세계와 단절되고 말았다. 또한, 1949년 직후 스스로 고립을 선택한 중국의 국내외적 사정 때문에 이들 지역은 최근까지도 발전이 지체되고 있다. 중국 주변국은 대체로 작고, 개발 역량이 낮으며, 자본시장이 한정돼 있어 중국으로부터 재정 및 개발기획의 혜택을 얻을 수 있다.

가장 중요한 유형의 기반시설은 도로와 철도를 포함한 교통 인프라일 것이다. 일대일로의 꽃은 결국 중국과 싱가포르를 잇는, 동남아시아를 관통하는 고속철도망이 될 것이다. 이 패키지에는 광섬유 케이블을 포함한 통신 인프라를 포함할 것이다. 중국은 서방이 통제하는 통신 네트워크의 노드와 채널에 대한 의존도를 줄이기 위해 대역폭을 늘리고 시스템의 구조를 개편하고 있다. 마지막으로, 시작부터 '소프트 인프라' 구축까지 염두에 둔 일대일로는 기술표준의 조화, 금융규제의 조화, 관세 및 무역 촉진 등을 주도하고 있다.[10]

일반적인 경제 이익 외에 개별 중국기업들도 일대일로의 혜택을 받게 될 것이다. 가장 분명한 것은 중국의 국제적 건설기업들이 이미 세계에서 가장 규모가 크고, 경쟁력까지 갖추고 있다는 점이다. 몇몇 중국 중공업 기업들이 그들의 능력치를 넘어서는 사업을 일대일로 주변국에게 떠넘길 지도 모르지만, 기업 규모의 차이를 감안하면 소수의 중국기업들이 사업을 독점하게 될 것이다. 일대일로에는 중국이 지원하는 산업단지 조성도 포함돼 있다. 이러한 산업단지는 새로운 사업 기회를 찾는 민간기업들을 '호송'하는 국영기업 기지가 될 것이다.

아시아인프라투자은행(AIIB)과 일대일로 금융

중국은 일대일로 가입국을 늘리기 위해 다른 국가들에게 높은 금융접근성을 제공하고 있다. 따라서 중국이 일대일로를 촉진하기 위해 여러 금융기관을 신설한 것은 놀라운 일이 아니다. '실크로드 기금'은 2014년 11월 400억 달러를 투자해 설립되었고 중국 외환보유고에서 전액 충당되었다. 일대일로사업을 뒷받침하기 위한 출자목적으로 설립된 이후, 실크로드 기금의 경영전략은 몇 차례에 걸쳐 급격한 변화를 겪었다. 가장 눈길을 끄는 것은 아시아인프라투자은행(AIIB: Asian Infrastructure Investment Bank)이다.[11] AIIB와 일대일로는 거의 동시에 탄생했고, 이후로도 긴밀하게 연결되어 왔지만, 사실 이 둘은 매우 다르고 공식적 연관성도 없다. AIIB는 매우 촘촘한 구조인 반면, 일대일로는 느슨하고 모호하다. AIIB는 상당히 투명하지만, 일대일로는 비공개 양자협정을 통해 추진된다. AIIB는 명확한 기본 원칙과 다국적 거버넌스 구조를 가지고 있는 반면, 일대일로는 두 가지 모두가 결여되어 있다. 이 점에서 AIIB와 일대일로는 기묘한 한 쌍이다.

AIIB는 '중국의 다자개발은행'으로 알려져 있다. 57개의 창립 회원국으로 시작한 AIIB는 2018년 말 현재 98개 회원국을 보유하고 있다. 중국이 창립을 주도했고, 본부 역시 베이징에 있으며, 중국이 AIIB 자금의 30퍼센트를 출자했다. 약소국 배려 차원에서 가중 투표권이 부여되고는 있지만 여전히 중국이 투표권의 26퍼센트를 보유하고 있기 때문에 중대사안에 대해 강력한 거부권을 행사할 수 있다. 회원국들은 1,000억 달러의 자금을 출자하기로 했는데, 그중 20퍼센트만 현금으로 출자하고 나머지는 신용 시장에서 차입했다. 이러한 출자방식은 세계은행과 다른 다자개발은행(MDBs: multilateral development banks)에서도 나타나는 관행이다. 실제로 대부분의 측면에서 AIIB는 미주개발은행 및 아시아개발은행 등과 같은 다른 지역 MDBs와 매우 유사하다. 이 MDBs처럼 AIIB도 거대하고 부상하는 지역 강국(각각, 브라질과 일본)의 주도로 설립되었다.

AIIB는 수준 높은 규칙과 제도에 기반하고 있다. 진리췬(金立群) AIIB 총재는 다자개발은행 공동체 내에서 폭넓은 국제적 경험과 높은 신뢰도를 인정받아 발탁됐다. 진 총재는 재정적 비용과 리스크 최소화를 위해 투명성 증진, 국제협력 증진을 위한 영어 사용, 통화로서 미국 달러 사용을 장려해 왔다. 또한, AIIB는 모범 사례를 따르기 위해 다른 다자개발은행(MDBs)을 주의 깊게 연구했다. 예를 들어, 환경평가는 정례적이고, AIIB가 발주한 사업에 대한 입찰은 공개, 경쟁, 투명성이라는 규칙을 준수한다. 정보공개에 대한 규정도 있다. 상임이사회가 부재하다는 점과 다른 종류의 투자에도 참여할 수 있다는 점 등 약간의 융통성이 더 있긴 하지만, 이러한 것들은 재정의 유연성과 원활한 의사소통이 더 요구되는 오늘날의 상황에 적응하기 위한 조치들이다. 다시 말해, AIIB는 중국이 투명성을 가진 세계적 수준의 기관을 운영할 수 있다는 것을 보여주기 위한 시범 프로젝트인 셈이다. 또 일류 기관을 설립, 지도 및 운영하는 경험을 축적하려는 의도도 담겨 있다.

미국과 일본은 AIIB의 회원국이 아니지만, 영국이 창립 회원국이 된 이후 캐나다, 독일, 한국 등 대부분의 다른 선진국들도 가입했다. 미국이 AIIB에 대한 자동반사적인 적대감을 통해 얻을 수 있는 이점은 없다. 일본의 목소리와 의도가 반영된 아시아개발은행이 세계적 지지를 받고 있듯이 중국의 목소리와 의도가 반영된 AIIB도 이러한 지지를 받을 수 있다. 실제로 2018년 말까지 AIIB가 대출로 제공한 자금의 약 2/3는 AIIB와 매우 좋은 관계를 맺고 있는 세계은행, 아시아개발은행 등 다른 MDBs와 합작으로 이루어졌다. 인도는 AIIB 대출의 최대 수혜국이다. 주목해야 할 한 가지는 AIIB가 일대일로의 주요 자금원이 아니라는 점이다. 실제로 2018년 9월 말 현재 AIIB가 일대일로에 투자한 금액은 대차대조표에서 33억 달러에 불과했다. 이에 비해 2017년 말 현재 중국개발은행이 일대일로와 관련한 외환대출은 대차대조표에서 무려 2,400억 달러에 달했다. 즉, AIIB의 대출은 중국개발은행 대출의 1.5퍼센트도 채 안된다. 물론 AIIB는 아직 초창기 단계에 있고 포트폴리오도 커질 것이다. 그러나 AIIB는 중국개발은행의 규모나 중요도에 있어서 상대가 될 수 없다.

무역, 무역전쟁, 중국의 해외직접투자

중국이 노동집약적 제조업의 비교 우위를 상실하면서 무역은 지리적으로나 상품구성 측면에서 더욱 다양해졌다. 수출이 정점을 찍었던 1999년, 미국시장은 중국 수출의 42퍼센트를 차지했다.[12] 그 후 몇 년 동안, 중국은 전 세계로 수출시장을 확대했고 2013년에 이르면 미국시장은 중국 수출의 20퍼센트 아래로 떨어진 뒤 소폭 반등했다. 그러나 변하지 않은 한 가지는 미국의 대중 무역적자가 중국의 전체 무역흑자와 거의 같은 규모를 유지하고 있다는 점이다. 즉, 중국의 무역수지는 미국과 관련해 막대한 무역 흑자를 내고 있는 반면, 나머지 국가들과 관련해서는 대체로 균형을 이루고 있다. 중국의 GDP에서 차지하는 중국의 무역흑자 비중은 감소하고 있지만, 급성장하는 중국의 GDP에서 차지하는 대미 흑자 비중은 변함없이 3퍼센트를 상회하고 있다. 이에 따라 미국의 대중 무역적자는 2018년에 사상 최대인 4,190억 달러를 기록하는 등 증가세를 이어갔다. 이러한 불균형은 필연적으로 두 강대국 간 긴장관계의 원인이 되고 있다.

양국 간 전반적인 무역 양상을 보면 중국은 대체로 에너지, 금속, 농자재를 포함한 대량의 원자재를 수입하고, 공산품을 수출하는 경향이 있다. 또한 중국의 무역은 호주와 브라질 등 원자재 수출국과 한국, 대만, 일본 등 중간재 및 부품 수출국 같은 두 개의 보완적인 국가군과 긴밀히 연결되어 있다. 일본을 제외하면 이들 국가와의 무역에서 중국은 적자를 내고 있다. 미국의 문제는 엄청난 양의 중국 수출품을 소비한다는 데 있지 않다. 오히려 중국시장에서 미국이 고급 상품 공급자로서 두각을 나타내고 있지 못하다는 데 있다. 유럽연합(EU)은 미국과 현저하게 대비된다. 전반적으로 EU는 중국을 상대로 큰 적자를 내고 있다. 다만 미국 적자 규모의 절반 수준인 약 2,000억 달러에 불과하고 2013년 이후 상대적으로 안정세를 보이고 있는 반면, 미국의 적자는 꾸준히 증가하고 있다. 게다가 이러한 차이점의 분명한 원인은 독일이 중국의 정밀 기계와 자동차 공급처로 부상했다는 데에 있다. 독일은 여전히 대(對)중국 적자를 내고 있지만 이는 200억 달러 수준으로, 독일의 대규모 흑자에 비하면 눈에 띄지 않는다.

대조적으로 미국은 많은 첨단 기술 부문, 특히 정보 기술 하드웨어에서 명확한 비교 우위를 가지고 있다. 그러나 이러한 제조 부문은 이미 동아시아 및 중국의 기업과 긴밀한 협력관계를 통해 구조조정되었다. 따라서 미국 기업들의 본사와 핵심 연구·디자인 기능은 미국에 있지만, 생산은 동아시아, 최종 조립은 중국에 아웃소싱한다. 이들 아시아와 중국의 하청기업들이 벌어들인 수입은 무역 데이터에 전혀 나타나지 않는다. 중국의 하청기업들은 매년 수백억 달러 상당의 애플 아이폰을 조립하여 미국에 역수출함으로써 엄청난 수익을 올리고 있다. 요컨대 미국의 대중 무역적자는 부분적으로는 첨단기술 분야에서 미국과 중국이 고도로 통합된 결과이다. 그 결과, 지난 10년 동안 중국의 공격적인 기술 산업정책으로의 전환은 다른 대부분의 국가들보다도 미국의 이익을 훨씬 더 위협하고 있다. 여기에다 미국이 또 다른 비교 우위를 점하고 있는 서비스 부문에 대한 중국의 높은 수준의 보호를 더하면, 두 경제 사이의 경제적 마찰과 미중 '무역전쟁'의 근원을 쉽게 알 수 있다.

무역과 마찬가지로 중국의 해외직접투자(OFDI)도 완전히 세계화되었다. 도표 6.5는 2005년부터 2018년까지 누적된 총 1조 1,400억 달러에 달하는 중국의 OFDI가 세계 모든 지역에 퍼져 있음을 보여준다.[13] 선진국은 이러한 중국 OFDI 누적액의 2/3 가까이를 차지하는 최대 수혜국이다. 지역별로 보면 유럽이 가장 많은 중국 OFDI를 유치하고 있지만, 단일 국가로 보면 최대 수혜국은 미국(1,800억 달러), 호주(940억 달러), 영국(800억 달러) 순이다. 이를 통해 분명히 알 수 있는 것은 일대일로가 중국 OFDI의 일부분이라는 사실이다. 중국의 OFDI에는 많은 동기가 있지만, 기술 획득이 선진국에 대한 OFDI의 중요한 이유였고, 그 결과 미국과 독일에서 분쟁의 근원이 되고 있다. 2017년과 2018년 OFDI 감소의 원인은 주로 중국 국내 정책 때문이기도 하지만, 중국의 첨단기업 인수에 대한 독일과 미국 양국의 규제도 상

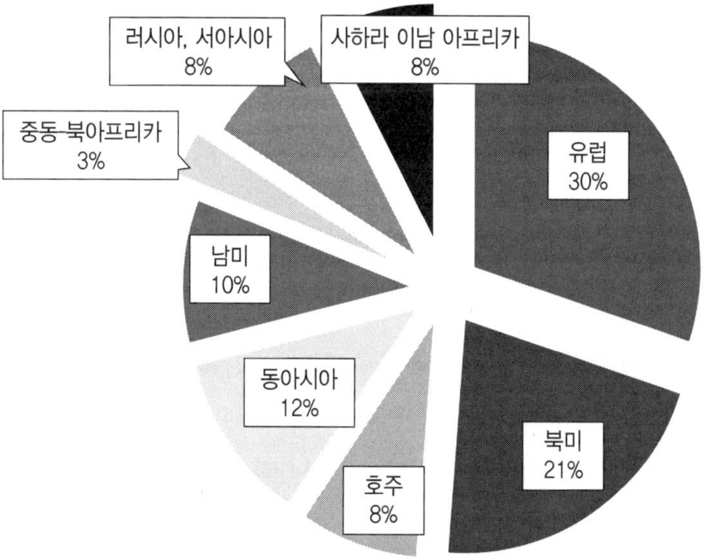

도표 6.5 중국 해외직접투자의 지역적 구성

당한 영향을 미쳤다. 투자 수혜국의 GDP 규모를 기준으로 했을 땐 다른 그림이 나타난다. 중국의 누적 OFDI는 2017년 선진국 GDP의 2퍼센트 미만이었지만, 사하라 이남 아프리카 전체 수치는 5.2퍼센트였다. 이 수치는 아프리카에서 중국경제의 존재가 왜 그토록 논란이 되는지 설명하는 데 도움이 된다. 뿐만 아니라, 중국 OFDI의 대상인 천연자원의 비중이 감소하고는 있지만 그 비중이 완전히 사라진 건 아니다. 중국의 호주에 대한 누적투자는 2017년 호주 GDP 대비 7퍼센트 수준으로, 이는 호주의 풍부한 광물과 우수한 재산권 제도 때문이다. 최근 몇 년간 중국은 러시아의 풍부한 석유 자원을 중국의 신흥 대륙 송유관 네트워크에 끌어들이기 위해 OFDI와 융자를 함께 활용해 왔다.[14] 중국이 자본수지의 자유화를 앞당길 경우, OFDI는 다시 증가해 다양한 선진국과 개발도상국으로 흘러 갈 것으로 전망된다.

평가하기

이 장은 중국경제를 재편하는 구조적 변화에 대한 논의로 시작했다. 이제 우리는 중국의 글로벌 경제 상호작용의 변화가 이러한 구조적 변화에 얼마나 효과적으로 대응했는지 평가해보고자 한다.

채권국

중국은 오늘날 약 2조 달러의 해외 순자산을 보유하고 있는 중요한 채권국이다. 그러나 지금까지 전 세계에 중국 자본이 넘쳐나는 일은 없었다. 오히려 2013년 이후 중국의 국제 순자산은 자산과 부채가 모두 약 1조 달러 증가하는 등 안정세를 유지하고 있다. 중국이 역사적으로 유례없는 높은 투자 정책을 추구했기 때문에, 막대한 자산은 대부분 국내에 사용되었다. 또한 자본 유출을 불러 일으켰던 개혁은 크게 실패했고 통제가 부활했다. 중국이 고령화 사회가 되면서 국내 저축률이 하락할 것으로 예상할 수 있지만, 그렇게 되기까지는 오랜 시간이 걸릴 것이다. 한편, 커다란 변화의 조짐을 보이고 있는 정책 때문에 상당한 자본유출이 예상된다.

지금까지 중국은 글로벌 채권국 지위를 통해 얻는 뚜렷한 이익이 없었다. 경제적으로 중국의 해외자산 수익률은 외국인이 보유한 중국자산 수익률보다 훨씬 낮다.** 이는 2005~2007년에도 그랬고, 오늘날에도 변함없는 사실이다. 글로벌 금융위기 이후, 외환보유고를 줄이면서 해외투자를 증가시켜 수익률을 높이고자 노력했으나 상황은 크게 진전되지 않았다. 국제투자 수익을 전년도 말 해외 총자산으로 나누면, 매우 대략적인 수익률을 계산할 수 있다. 이 계산에 따르면, 중국의 총 수익률은 2016~2018년동안 3.4퍼센트인 반면, 같은 기간 중국 자산을 보유한 외국인은 5.9퍼센트의 이익배당금을 받았다. 이를 감안해보면, 중국은 여전히 비싸게 돈을 빌려서 싸게 빌려주고 있다.[15)]

자본 제공을 통해 영향력을 얻으려는 중국의 노력은 성공보다는 실책에 가까웠다. 일대일로에 참여중인 국가 중 말레이시아, 세이셸, 스리랑카에서 중국의 영향력이 붕괴했다. 이들 국가의 부패한 지배 엘리트가 일대일로 사업 참가로 받은 자금을 횡령하였고, 그 결과 이들이 민주적 선거로 추방되면서 중국의 영향력도 같은 운명을 맞고 말았다. 하지만 가장 안타까운 사례는 베네수엘라다. 중국이 베네수엘라에 대규모 대출을 시작했을 때쯤, 베네수엘라 경제는 심각한 어려움을 겪고 있었다. 그러나 차베즈(Hugo Chávez)가 사회주의적이고, 혁명적이며, 반미적인 '볼리바리안(Bolivarian)' 의제를 제안했다는 사실 때문에 중국의 투자는 중단되지 않았다. 이로 인해 중국이 위

** 역자 주) 타국이 발행한 채권과 주식을 중국이 매입할 경우 채권과 주식에 대한 이익배당이 낮지만, 중국이 발행한 채권과 주식을 타국이 매입할 경우 채권과 주식에 대한 이익배당은 높다. 이것은 중국과 타국 간 경제성장의 격차로 인해 발생한 결과이다.

험에 처하게 될 수도 있었다. 결국, 중국-베네수엘라 개발기금의 많은 돈이 도난당했고, 주요 철도 노선과 같은 야심찼지만 미완으로 끝난 많은 프로젝트들은 이제 정글에 버려져 녹슬고 있다. 중국의 관대함이 무책임한 차베스와 마두로(Maduro)정부의 배후라는 것에는 의심의 여지가 없다. 달러 현금 대출은 이 정권이 중요한 수입품에 접근할 수 있도록 했고, 볼리바리안 엘리트들 사이에 광범위한 부패를 조장했다. 대출은 산유국 베네수엘라에 가장 중요한 석유 부문 투자에 거의 사용되지 않았다. 2016년 이후 베네수엘라 붕괴가 가속화되자 중국은 신규 대출을 자제했다. 그러나 그 무렵 중국은 베네수엘라에 이미 620억 달러의 누적 대출을 연장한 상태였다. 무역수지로 추산하면 중국은 최대 400억 달러를 상환 받을 수 있어 최소 200억 달러의 잠재적 손실에 노출되었는데, 이 중 극히 일부만 돌려받을 가능성이 있다. 퍼헨(Ferchen)의 표현대로 중국-베네수엘라 관계는 양국 정부, 기업, 시민 모두를 망가트렸다.[16)]

채무외교의 위험에서 완전히 벗어난 개발도상국은 없으며 그러한 국가들이 처한 상황도 상당히 다양하다. 특히 원자재 가격이 낮은 상태에서 금리가 상승할 경우, 이들 국가의 부채 지속가능성이 문제가 될 수 있다. 중국의 신용 외교는 파키스탄, 라오스, 캄보디아, 그리고 이웃 나라 카자흐스탄에 대한 영향력을 확실히 증가시켰다. 많은 아프리카국가들도 중국의 원조와 차관을 받아들였고, 개발 기회가 창출되어 혜택을 받았다. 분명한 것은 신용을 이용해 국제적인 영향력을 창출한 것은 경제 수익률 하락과 불확실한 외교적 이득을 초래했다는 점이다.

세계로의 개방

중국은 2010년 이후 중대한 발전의 전환점을 맞았지만, 실질적으로 더 개방되지는 않았다. 앞서 설명한 자본수지 자유화 및 직접투자에 관한 문제가 명징한 예이다. 자본수지 개방은 20년 넘게 계류되어 왔고, 2015~2016년에 다시 한 번 무산되었다. 자유화와 추가 개방의 부재는 개혁의 실질적인 기술적 어려움 때문이기도 하지만, 이해집단의 영향과 경제에 대한 직접적 통제권을 포기하기 꺼린 최고 정책결정자들 때문이기도 하다. 서비스 분야에 대한 외국기업의 참여를 막는 장벽 역시 후자의 범주에 속한다. 그 결과 중국의 개방은 여전히 매우 제한적이고, 통제되고 있으며, 부문별로 차별화도 심하다.

이러한 정책 편향은 중국과 세계에 많은 문제를 야기한다. 우선, 이러한 정책은 중국의 정책을 중상주의로 점점 더 인식하고 있는 잠재적 경제 파트너국가들이 중국과의 경제 교류에서 얻는 이익을 제한하기 때문에 많은 마찰을 일으킨다. 이것은 중국의 선택권도 제한한다. 예를 들어, 민간 당사자들이 중국 주식 및 채권 시장에 보다 완전하게 참여할 수 있다면 자본수지 개방은 더 쉬워질 수 있다. 그러나 중국의 법률 및 규제 체계에 대한 투자자들의 신뢰가 부족하기 때문에, 지금 당장은 민간 외자 유입이 제한적이다. 이는 중국의 개방과 자본유출을 더 어렵게 한다.** 추가적인 국내 개혁은 개방을 더욱 용이하게 할 것이다. 개혁의 결과, 중국 내외의 투자자들이 다양해지고 쌍방향 자본흐름이 서로를 상쇄할 것이기 때문이다.

강력한 안보에 대한 지속적인 고려는 중국 국제경제관계의 주요 특징이었다. 최근 중국과 러시아, 카자흐스탄, 투르크메니스탄 등을 연결하는 송유관 네트워크가 완공되면서 에너지 수급 불안이 다소 개선되고 있다. 그러나 중국은 안보상의 고려로 여전히 식량 곡물(콩 이외) 수입을 제한하고 있다. 게다가 최근 미중갈등으로 인해 반도체 불안이라고 하는 완전히 새로운 개념이 대두되고 있다. 이것은 가까운 미래에 더욱 두드러질 것으로 보인다.

** 역자 注) 외국자본의 유입이 줄어들기 때문에 중국 당국은 외환보유고의 유지를 위해 중국의 해외직접투자를 제한한다.

중국과 국제경제기구와의 관계

모튼(Katherine Morton)의 제8장에서도 설명되어 있듯이, 국제경제기구를 비롯한 국제기구와 중국 간의 관계는 상당히 양호한 편이다. 중국은 종종 이들 기구의 의제를 지지하며, 건설적이고 적극적으로 참여하고, 그 대가로 우호적인 대우를 받는다. 앞서 논의한 IMF가 완벽한 사례다. 중국은 글로벌 금융위기 이후 IMF가 자신의 역할을 재정의하려는 노력을 지지했고, IMF 역시 자신의 국제적 정당성을 공고히 하기 위해 중국을 후원자로 영입하기를 희망하고 있다. 물론, 중국은 지배구조 개선을 위한 IMF의 개혁이 지지부진한 것에 대해 실망감을 표시해왔다. 그 개혁은 중국과 급성장하는 개발도상국들의 영향력과 투표 비중을 반영하기 위한 것이었다. 몇 년 동안 유럽인들은 미국인들이 경고했음에도 불구하고, 유럽의 영향력 감소를 받아들이지 않고 늑장을 부렸다. 2010년 미 의회는 다른 모든 국가가 동의한 개혁안을 비준하지 않고 5년을 더 버텼다. 그러나 중국과 국제기구 간 관계는 대체로 양호했다. 이는 세계은행(World Bank)과도 마찬가지였다.

좀 더 넓게 본다면, 중국은 준(准)정부간기구 및 공공단체와도 비교적 좋은 관계를 유지하고 있다. 위안화의 국제화를 위한 총력전 기간 동안 중국은 외국의 중앙은행들과 우호적인 관계를 잘 구축했고 이 때문에 그들은 중국 내 채권시장에 진출할 수 있었다. 외국 중앙은행들은 민간기업보다 훨씬 인내심 있는 투자자로 유동성 제한과 불투명한 규제에 덜 민감했다 (그들은 또한 최고 수준의 협상력을 가지고 있었음에도 중국의 개혁을 기다려 주었다). 이러한 상황은 중국이 시장 자유화 다음 단계인 금융시장의 부분적 개방을 유도하게 될 것이다.

다국적 기구들과의 관계가 비교적 양호하지만, 그렇다고 중국이 그들의 의제를 전적으로 따르는 것은 아니다. 콘다팔리(Srikanth Kondapalli)의 제15장에서 잘 설명되어 있듯이, 중국은 더 직접적인 영향력을 가진 병렬적

기구들을 설립하는 것을 선호하며, 단일한 다국적 기구의 규칙과 원칙에 얽매이는 것을 극도로 주저한다. 그 결과, '다단계 협력의 확대'와 함께 중국은 다양한 상황에서 다른 선택지를 활용할 수 있게 됐다. 예를 들어, AIIB는 세계은행, 아시아개발은행(ADB)과 병렬적 구조 관계에 있지만, 다른 의미에서 중국개발은행과도 병렬 구조 관계에 있다. 또 다른 예는 중국정부의 자산에 대한 포트폴리오 관리다. 중국투자공사는 전통적으로 정부 자산을 관리해 왔으며 거버넌스에 대한 간섭을 받지 않으면서 재무적 수익을 추구해 왔다. 이와 동시에 중국투자공사와 병렬적 구조 관계에 있으면서 중국 외환관리국 소속인 버튼우드 인베스트먼트(Buttonwood Investment)는 훨씬 더 유연하지만 투명성은 떨어지는 정부 자산 관리자 역할을 하며, 때로는 빠른 금융 거래와 복잡한 합의에 관여한다.

선진국과의 관계

2016년 트럼프 행정부 출범 이후, 일방적인 관세 부과와 상호보복이라는 '무역전쟁'으로 미중 경제관계는 확연히 부정적으로 바뀌었다. 분명한 것은 중국과 대부분의 선진국의 경제관계가 악화되고 있다는 점이다. 그중에서도 관계 악화의 최전방에 미국이 있는 이유는 강력한 경제적 이유가 있다. 미국의 대규모 무역 적자, 양국 간 첨단기술 부문의 긴밀한 통합, 중국시장 진출을 원하는 미국 서비스 기업의 좌절이 그것이다. 이외에 전략적 경쟁과 같은 비경제적인 이유도 있다. 그러나 중국과 다른 선진국 간 관계에 상호 호혜성이 부족하다는 점이 이 모든 이유의 근간이다.

중국이 중간소득 국가가 되어 기술적 리더십을 자처하면서 양국의 일대일 경쟁을 관리하기 위한 규칙이 더욱 필요해졌다. 당초 예상대로, 중국의 시장 자유화가 더욱 가속되고 그로 인한 경쟁을 관리하려면 새로운 규칙이 먼저 마련되어야 한다. 그러나 시장 자유화와 새로운 규칙도 없는 상태에서 선진국들은 매우 공세적인 중국과 마주하게 되었다. 중국이 시장 중심 개혁의 궤도를 따를 것이라고 믿지 못하기 때문에 선진국들의 불안감이 커지는 것은 당연하다.

중국의 눈부신 성장은 세계경제의 모든 측면을 변화시켰다. 그러나 이러한 변화에 대한 중국의 정책적 대응은 불완전하고 아직 성공적이지 못한 것으로 보인다. 더 큰 국제적 영향력을 추구하기 위해, 중국은 세계경제와의 통합속에서 조화로움을 찾기보다는 원대한 국가정책을 선택했다. 이러한 선택은 외부인을 놀라게 했고, 그들이 개혁 과정의 성공과 역동성에 기반을 둔 중국의 부상마저 받아들이지 못하게 했다. 또한 중국과 특히 미국 사이에 장기간의 경제적 마찰의 발판을 마련했다.

주

1) 세계은행, 2011년 달러 기준 PPP, *World Development Indicators*, at https://databank.worldbank.org/data/reports.aspx?source=world-development-indicators.
2) Dollar, David. "Forty Years of Opening Up," in *Forty Years of Reforming China*, edited by Jacques deLisle and Avery Goldstein (Washington, DC: Brookings Institution Press, 2019).
3) 총국내저축에서 국내투자를 뺀 금액은 잉여저축 혹은 자본유출과 같다. 중앙은행이 보유한 외환보유고를 포함해 자본 유출은 경상수지 흑자와 같아야 한다. 무역수지 흑자는 중국 경상수지 흑자 가운데 단연 가장 큰 비중을 차지한다.
4) Wen Jiabao, "Report on the Work of the Government (2010)," Third Session of the 11th National People's Congress, March 5, 2010, 다음에서 확인가능. http://www.npc.gov.cn/englishnpc/Speeches/2010-03/19/content_1564308.htm.
5) Hu Jintao, "Resolutely Advance on the Road of Chinese-style Socialism and Struggle for a Well-off Society-Report to the 18th Congress of the Chinese Communist Party," November 8, 2012. 다음에서 확인가능. http://news.china.com.cn/politics/2012-11/20/content_27165856. htm.
6) Zhou Xiaochuan. "Reform the International Monetary System," March 23, 2009. 다음에서 확인가능. https://www.bis.org/review/r090402c.pdf.
7) Zhang Ming & Zhang Bin, "The Boom and Bust of the RMB's Internationalization:

A Perspective from Cross-Border Arbitrage," *Asian Economic Policy Review* 12 (2017): 237–253.

8) Ibid., Eswar Prasad, *Gaining Currency: The Rise of the Renminbi* (New York: Oxford University Press, 2016).

9) China Development Bank, "Serve OBOR Construction with Developmental Finance," Xinhua May 8, 2017. 다음에서 확인가능. http://news.xinhuanet.com/money/2017-05/08/c_129594753. htm; H. Sanderson and M. Forsythe, *China's Superbank: Debt, Oil, and Influence – How China Development Bank Is Rewriting the Rules of Finance* (Singapore: John Wiley & Sons, 2013).

10) Zu Fu, "In Planning for the Six Economic Corridors in OBOR, "Soft Connection" Is Receiving Attention," *21st Century Economic Herald*, May 28, 2015 (in Chinese), 다음에서 확인가능. http://finance.ifeng.com/a/20150528/13737982_0.shtml.

11) Lichtenstein, Natalie. *A Comparative Guide to the Asian Infrastructure Investment Bank* (New York: Oxford University Press, 2019).

12) 이 수치는 미 상무부의 미국 수입 데이터와 중국 수출 데이터를 비교하여 도출된 것이다. 미국 수입 자료에는 미국으로 재수출되는 중국의 대 홍콩 수출 물량이 대거 포함돼 있고, 운임과 보험료도 포함돼 있다. 이 두 가지 모두 중국 수출 데이터에 포함되지 않는다. 이것은 비교에 약간의 상향 편향을 주지만, 장기적인 추세를 정확하게 볼 수 있게 해준다. 다음에서 확인가능. https://www.census.gov/foreign-trade/balance/c5700.html,

13) American Enterprise Institute and Heritage Foundation, "China Global Investment Tracker." https://www.aei.org/china-global-investment-tracker, accessed March 10, 2019.

14) Downs, Erica, "China-Russia Energy Relations: Better than Ever," in Erica Downs et al., *The Emerging Russia-Asia Energy Nexus* (Washington, DC: The National Bureau of Asian Research, NBR Special Report 74, December 2018), 17–31.

15) 이 분석은 프라사드(Prasad)의 분석을 따른다. Prasad, *Gaining Currency*, 61–64, updated through 2018.

16) Ferchen, Matt. "Venezuela and China: A Risky Story of Oil and Money," *Open Democracy*, February 6, 2019. Accessed at https://www.opendemocracy.net/democraciaabierta/matt-ferchen/venezuela-and-china-perfect-storm.

7장 중국의 글로벌 문화적 상호작용

숀 브레슬린(Shaun Breslin)

비스터(Bicester)는 인구가 3만 2,000명을 조금 넘고 대략 런던과 버밍엄의 중간쯤에 위치한 영국의 시골 마을이다. 이곳은 하나의 중요한 예외사항을 제외하면, 여타 전형적인 영국 시골의 작은 마을들과 매우 유사하다. 언젠가, 비스터의 지역 아울렛 몰을 방문하게 된다면 종종 영어만큼이나 중국어를 많이 듣게 될 것이다. 중국인 관광객들과 당일치기로 여행하는 중국인 학생들이 많아지면서 비스터의 상점들은 중국어 원어민을 고용하고 있으며, 지역 철도역 표지판은 영어뿐만 아니라 중국어까지 표기하고 있다.

이러한 현상이 비스터라는 작은 마을에서는 다소 생경할 수 있지만, 전 세계 대학 타운과 도시(특히 영어권)의 주민들은 매일 중국인 방문객과 교류하는 데 더 익숙해지고 있다. 중국 유학생을 유치하려는 의도적인 노력의 결과로 혹은 그들의 자발적인 관광목적 때문에 중국 유학생의 수가 증가했을 수도 있다. 이유야 어떻든, 이러한 중국인의 증가는 지역 '호스트(host)'

경제의 구조적 기반을 바꿀 만큼 중요해졌다. 학생 수가 증가함에 따라(지금은 전 세계적으로 100만 명에 육박한다) 이들의 필요를 충족시키기 위해 중국식 상점, 식당, 기타 서비스 제공업체들이 문을 열었다. 이들은 기존에 없던 메뉴와 상품을 추가했다. 심지어 오래전에 정착한 중국 이민자 공동체에 없던 것들까지 추가했다. 중국 유학생들을 위한 학생 대상 주택사업 건설은 쇠퇴하는 도심에 활기를 불어넣어, 인종분포와 연령분포 모두에서 지역 인구 통계가 변동한 사례도 있다.

개인적인 상호작용과 물질적 변화를 통해 국제적으로 여러 경험을 한 중국인의 능력과 욕구가 증가했다. 이에 중국인들이 찾는 도시의 시민들은 중국인의 선호, 기대, 습관을 보다 잘 이해하게 되었다. 중국은 노골적이고 의도적인 국가 차원의 문화 진흥사업에 막대한 시간, 에너지, 금전을 쏟아부었다. 실제로 중국인을 맞이하는 이들 스스로 중국을 이해하기 위해 들인 집단적인(그리고 우연한) 노력이 중국정부보다 더 많은 일들을 성취했을 것이다. 그러나 많은 사람들의 개인적 상호작용이 긍정적인(따라서 성공적임) 데 반해, 국가 주도적 상호작용은 부정적(따라서 실패함)이라는 주장은 어찌보면 너무 단순할 수도 있다. 일부 중국 관광객 집단의 행태에 대한 불만은 위의 긍정적 인식을 반감시킬 수 있고,[1] 아프리카 및 개발도상국에서 수행된 중국의 공식적인 국가 프로젝트의 성공은 위의 부정적 인식을 교정할 수도 있다. 중국에 대한 긍정적/부정적 반응의 증가는 국가마다 차이가 있고 개별 정치체제 내에서도 차이가 있다는 점에 주목할 필요가 있다. 이것은 중국의 증가하는 존재감이나 공자학원(CIs: Confucius Institute, 중국 교육부가 중국의 문화나 중국어 교육을 위해 세계 각 국에 설립한 교육기관 – 역자 주)에 대한 인식이 국가마다 상이한 것과 같다.[2] 그리고 중국에 대한 타국의 의견과 그 변화를 측정하는 것은 가능할 수도 있지만, 이러한 변화를 일으킨 한 가지 개별적인 인과적 요인만을 분리하는 것은 불가능하다. 다만, 이러한 인과적 요인은 충분히 가능하다. 즉, 중국정부가 어떤 특정 프로젝트를 통해 중국의 대외 이미지를 개선하고자 하면 할수록, 그 대상이 되는 청중(특히, 서방의 정부)은 중국의 의도를 더 크게 의심하게 될 것이다. 그러므로 그 결과 그 프로젝트는 의도한 목표를 달성하기 힘들게 될 것이다.

이 장은 중국이 자국의 문화를 해외에 널리 전파하려는 현재의 상황을 설명하기에 앞서, 역사적 선례를 매우 간략하게 추적할 것이다. 그리고 첫 번째 질문에 대한 다양한 답을 탐색할 것이다. 중국은 왜 그렇게까지 자국의 문화를 전파하려 애를 쓰는가? 중국정부가 상하이 엑스포나 올림픽과 같은 초대형 행사, 공자학원과 공자교실, 미디어의 국제화와 같은 주요 국가 프로젝트에 주력하고 있다는 점에서 다음과 같은 질문이 나오는 것은 당연한 수순이다. 무슨 일이, 왜, 그리고 어떤 결과를 낳았는가? 마지막 절에서는 학생과 교육에 초점을 맞춘 보다 사람을 기반으로 한 상호작용의 중요성을 살펴볼 것이다. 이 장에서는 중국문화의 구체적인 진흥 그 자체보다는 물질적 자원과 재정적 역량의 성장에 따른 간접적 문화적 결과도 고려하는 것이 중요하다고 제안하고자 한다.

'소프트파워'라는 개념은 이 장에서 고려되는 종류의 문제를 논의할 때 자주 사용된다. 특히 이 용어는 중국 내 학계와 정치인 사이에서 인기를 얻었다. 글로벌한 파워의 종류와 원천을 구분하는 것도 중요하지만, 막대한 재정 지원을 받는 조율된 국책사업을 '소프트'라고 지칭하는 것은 다소 이상해 보인다. 더욱이, 소프트파워는 전략적인 측면에서 재정지출을 필요로 하는 영역이기 때문에 하드파워 같은 특징들을 내포하고 있다. 때문에 분석자마다 소프트파워를 다르게 사용하고 있다는 점에서 소프트파워는 상호주관적인 의미를 잃고 있는 용어이다.[3] 이 장은 자칭 중국의 소프트파워를 연구한다고 하는 수 많은 연구자들의 자료들을 참조하면서도[4] 동시에 '국제문화적 커뮤니케이션'이라고 하는 보다 넓은 개념을 사용할 것이다. 이 개념은 중국의 다양한 행위자들이 자신들의 입맛에 맞는 중국의 서사(그 내용과 함의)를 국제 청중에게 전파하는 소프트파워적 방식 뿐만 아니라 하드파워적 방식까지 다룰 수 있게 해준다.

중국을 팝니다

중국공산당이 다른 이들에게 영향을 미치고 우호세력을 얻기 위해 문화와 미디어를 사용하는 것은 새로운 일이 아니다. 1954년 5월에 설립한 중국인민대외우호협회의 설립은 신생국가인 중화인민공화국이 다수 국가와 외교관계를 맺지 못한 상황에서 타국의 공감과 지지를 쌓기 위해 인적교류를 이용하려는 노골적인 시도였다.[5] 4년 후, 중국의 발전상을 국제 청중들에게 제공하기 위해 영문 잡지인 『더 페킹 리뷰(*The Peking Review*)』가 창간되었다 (이후엔 독일어, 프랑스어, 일본어로 된 해외판도 출간). 1981년에 창간된 『차이나 데일리(*China Daily*)』와 함께, 현재 이름으로 변경된 『베이징 리뷰(*Beijing Review*)』는 오늘날 중국이 뉴스가 어떻게 보도되기를 원하는지를 엿볼 수 있는 주요 인쇄물이자 웹 기반 자료이다. 1980년대 들어 중국은 모리셔스와 베냉에 첫 번째 해외 문화센터를 설립했다.[6] 이는 아프리카 학생들이 중국정부가 제공한 장기 장학금으로 중국 유학을 시작한 것과 시기적으로 일치한다.[7] 그리고 '스포츠 외교'(1971년 도쿄에서 열린 세계탁구선수권대회에 중국팀이 참가한 뒤, 미국팀을 중국에 초청한 바 있음)는 미중관계 개선과 중일 국교정상화를 촉진시켰다.[8]

비록 1980년대부터 중앙 차원의 대외선전소조(外宣领导小组)가 존재했지만, 중국문화와 이익을 해외에 홍보하기 위해 공식적으로 국가가 주도한 현대적이고 조직적인 접근방식의 기원은 아마도 1990년에 창설된 중앙선전사상영도소조와 이듬해에 설립된 산하기관인 국무원 정보실(国信办 또는 SCIO)일 것이다.[9] 이 당시는 중국의 해외 평판이 톈안먼사태로 인해 추락하던 때였다. 이 시기에 주목할만한 것은 중앙의 선전기계**가 중국의 대외 이미지를 관리하는 데 있어 외교부 및 기타 정부 부처보다 더 많은 통제권을 갖고 있었다는 점이다.[10]

1991년에 국무원 정보실은 중국의 인권 이해에 관한 최초의 중국 백서를 발간했다. 이것은 다양한 문제 영역에 걸친 중국의 목표와 정책을 설명함으로써 서양의 관점을 상쇄하고자 했던 공식적인 네러티브 전파의 시초로 평가받고 있다.[11] 1990년대들어 '중국위협론(위험한 수정주의 국가인 중국이 기존의 세계질서를 불안정하게 만들 것이라는 서방의 두려움이 빚어낸 담론)'이 중국 내에서 주목을 받게 되자 이러한 노력이 확대되기 시작했다. 그 결과, '중국 위협'이라는 담론을 부정하고, 중국의 국내 사회경제적 현실에 대한 이해를 촉진하며, 외부세계가 중국의 부상을 받아들이고 지지할 수 있는 방안의 모색이 더욱 중요해졌다.[12]

중국의 소프트파워에 관한 최초의 학술논문은 1993년 당시 푸단대 교수이자 현 중앙정치국 상무위원인 왕후닝(王滬寧)이 집필한 것으로,[13] 중국이 선정되리라고 기대되었던(적어도 중국 내에서는 그랬다) 밀레니엄 올림픽을 따내지 못한 바로 그 해에 작성되었다. 상호의존적인 세계에서 중국의 국제정치적 지위와 향후 성장 잠재력이 손상될 수도 있다는 증거는 1995년에 있었던 인권문제와 관련된 연례투표였다. 이 투표에서 중국은 단 1표 차이로 인권침해국이라는 비난을 받아야 했다. 게다가 1999년까지 '최혜국' 지위에 있었던 중국의 미국시장 접근성도 위태롭게 되었다. 미국시장 접근성은 매년 워싱턴에서 열리는 (인권문제에 민감한 – 역자 주) 미 의회 투표에 달려 있었기 때문이다. 이 투표는 중국에 대한 비난을 수면 위로 부각시킬 수 있었다.

** 역자 주) 여기서 기계는 물리적인 기계가 아니라 특정 과업을 수행하기 위해 조직과 인력, 그리고 노하우를 갖추고 마치 기계처럼 능숙하게 작동하는 어떤 실체를 의미한다. 정당을 '선거 기계'라고 말할 때 이와 같은 의미를 담고 있다.

1995년 학자였던 왕후닝은 정치에 입문했다. 이 두 번째 경력이 소프트파워와 국제문화교류에 대한 정책적 관심이 증가하던 때와 일치하는 것은 단순한 우연이 아닐 것이다. 그는 1995년 중앙정책연구실에서 근무하기 시작해 2002년 후진타오(胡錦濤) 휘하에서 중앙정책연구실장이 됐고, 2017년 시진핑(習近平) 휘하에서 중앙선전사상영도소조의 수장으로 임명됐으며, 같은 해 중앙정치국 상무위원에 임명됐다.

후진타오가 2007년 제17차 당대회 연설에서 공개적으로 중국의 '소프트파워(软实力)'를 언급한 이후, 중국은 이를 확장하기 위한 방법, 이에 대한 책임권한을 갖는 조직구성, 이를 뒷받침하기 위한 재정 확보 등을 본격적으로 연구하기 시작했다. 처음으로 국가문화발전을 위한 구체적인 계획이 국내에서 개발되었고, 중국문화를 해외에 알리기 위한 상당한 자금이 할당되기 시작했다.[14] 명시적으로 표현하지는 않았지만, 중국이 확립한 '평화적 부상'이라는 개념은 소프트파워와 관련된 공식적인 국가적 진언(眞言)이 되었다. 이 개념은 중국위협론에 대처하기 위한 해독제로서 고안된 것이었다.

그러나 다른 의제들과 마찬가지로, 일단 시작된 소프트파워 관련 업무는 시진핑 시대에 들어 수준과 강도에서 새로운 국면을 맞게 되었다. 그의 명시적인 목표는 '중국의 소프트파워를 늘리면서, 바람직한 중국 서사를 제공하고, 중국의 메시지를 세계에 더 잘 전달'하며, 중국을 '사회주의 문화 강국'으로 만드는 것이었다.[15] 그 방법은 새로운 '글로벌 진출, 다중 플랫폼, 국가 및 국제 커뮤니케이션 전략'을 수립하는 것이었다.[16]

목표와 동인(動因)

분명한 첫 번째 질문은, 글로벌 이미지를 창조하여 다른 국가에 영향력을 미치려는 노력이 미미한 성공에 그쳤음에도 불구하고 중국은 왜 자국의 비견과 문화를 홍보하기 위해 그렇게 많은 시간, 노력, 재정을 투자하고 있는가이다 (세계 여론조사를 보면, 중국에 대한 인식은 확실히 엇갈리고 있다). 한 가지 동기는 이런 일들이 말 그대로 강대국이기 때문에 하는 일이라는 것이다 (물론, 강대국이 아닌 몇몇 국가도 그렇게 한다). 달리 말하자면, 중국이 진정한 글로벌 행위자이자 글로벌 강국이 되려면 — 그렇게 여기고 믿는다면 — 정부가 종합국력에 상응하는 방식으로 글로벌 문화 행위자가 되게끔 계획하는 것은 당연한 일이다. 이것은 영국문화원(British Council), 독일문화원(Goethe Institute), 스페인문화원(Cervantes) 등이 하는 업무와 유사한 것들을 수반한다. 2010년 세계박람회와 2018년 중국 국제투자박람회와 같은 주목할 만한 글로벌 행사를 상하이에서 개최한 것은 글로벌 파워가 되기 위해 모범적인 선례들을 따라한 벤치마킹이었다. 또한, 2008년 베이징 올림픽은 "떠오르는 중국의 '데뷔 축하 파티'로서의 역할을 담당했다."[17]

일반적으로 국가(신흥 강대국 뿐만 아니라)가 높은 국제적 지위를 열망하고 그것을 얻기 위해 투쟁한다는 생각은 국제관계학에서 비교적 오랜 전통을 가지고 있으며, 중국만 두드러지게 그런 것이 아니라 모든 현재의 강대국들도 높은 국제적 지위를 놓고 경합해 왔다.[18] 지위를 얻고자 하는 욕구는 존경과 얽혀 있지만 동일하지는 않다.[19] 지위는 선망의 자리를 의미하는 것이고, 존경은 그 선망의 자리를 어떻게 획득했는지에 대한 외부의 긍정적인 평가를 의미하는 것이다. 이번 장의 초점은 국제적 지위와 존경을 얻기 위한 중국의 대외 영향력 투사를 살펴보는 데 있지만, 국제적 지위와 존경이 국내적으로 어떠한 역할을 하는지를 살펴보는 것도 중요하다. 글로벌 강국으로 보여지는 것(혹은 보여져야 하는 것)은 중국인 자신의 이미지와 맥을 같이한다.[20] 따라서 그렇게 보여지는 것은 잠재적으로 중국을 정당한 위치(지위)로 복귀시킨 공산당에 대한 감사를 환기시키는 한편, 그러한 지위로의 복귀를 타국이 선망하는 것처럼 보여지는 것(존경)은 당의 정책과 전략이 옳았다는 외부의 평가를 의미한다. 때문에 글로벌 강국으로 보여지는 것이야말로 공산당 통치의 '도덕적 권위'를 강화시킨다.[21)]

무지를 통해서든, 중국의 부상을 견제하고자 하는 사람들의 고의적인 왜곡을 통해서든, 타국에서 진행되는 중국의 부상에 대한 논쟁은 종종 중국이 어떠한 국가이고, 어떠한 국가가 될 것이며, 미래에 무엇을 원하게 될 지에 대한 근본적인 오해에 바탕을 두고 있다.[22)] 따라서 중국은 사람들이 중국과 접촉하는 방식을 바꾸고, 국제 미디어에서 흔하게 묘사되는 것과 다른 중국의 이야기를 들려주며(또는 기존 이야기를 다른 방식으로 전달하고), 중국의 부상이 초래할 결과들에 대한 국제적인 이야기를 통제함으로써 중국이 이해되는 방식을 전환할 필요가 있다. 이것이 바로 중국이 다른 문화와 소통하려는 주요한 목적이다. 이것은 '중국만의 차별적인 특색'이라는 개념 확립을 수반한다. 즉, 이 개념은 중국이 차별적인 역사, 경험 및 철학적 전통에서 비롯된 차별적인 신념체계를 가진 국가이기 때문에 기존 강대국들의 행태와 다를 것이라는 것을 함축하고 있다. 이는 중국만의 차별적인 특색과 중국예외주의를 강조하려는 술책이다.

이러한 목적달성을 위해 중국 지도부가 채택한 소프트파워 증진정책은 중국인의 전폭적인 지지를 받고 있다. 왜냐하면, 소프트파워가 설득의 도구임을 중국인들이 인식하게 되었기 때문이다. 즉, 소프트파워가 중국 내에서 회자되고 있다는 것 자체가 중요하다. 유럽연합(EU)이 자신의 정체성을 '규범적 권력'으로 설정하고, 전통적인 강대국과 다른 형태의 글로벌 행위자임을 강조한 것처럼, 중국 지도자들도 중국의 정체성을 '소프트파워 강대국'으로 설정하기 위해 노력하고 있다. 그러면서 소프트파워 강대국은 하드파워를 선호하거나 과거의 제국주의적 행태를 답습하지도 않을 뿐더러 구시대적인 냉전적 사고방식과 서방 강대국의 제로섬(zero-sum)적 사유를 갖지 않을 것이라고 강조한다.[23)] 더욱이 소트프파워 강대국을 단순히 정책적 선택의 문제로만 설명하는 것이 아니라 유교, 도교, 불교, 기타 고전에서 발견되는 중국의 역사 및 문화적 전통에 내재되어 있음을 강조하고 있다 (단, 지면 관계상 다양하고 때로는 경쟁적인 이들 철학적 전통이 융합되어 하나의 중국문화 전통을 형성하는 방식은 논외로 한다).[24] 현재의 정치적 필요에 맞춰서 역사와 전통을 재정립한 국가는 중국만이 아니다. 그럼에도 불구하고 '한때 아시아 경제발전의 주요 장애물'이자 중국 내 많은 문제의 근원으로 여겨졌던 것이, '중국 중심의 경제적 번영과 대안적인 중국 근대성'의 새로운 문화적 토대가 되었다는 사실은 다소 주목할 만하다.[25] 중국의 근대 정치구조와 사고방식이 글로벌한 매력을 가지고 있다고 생각하는 사람들도 있지만, "중국에 관해 더 많은 것을 알고자 하는 외국인들을 끌어당기고 세계적 관점에서 중국의 지위를 개선시키고자 한다면, 중국의 풍부한 비물질적 자원인 방대한 역사와 문화전통"에 초점을 맞추는 것이 더 적절하다는 광범위한 공감대가 있다.[26]

이와 관련된 중요한 함의는 소프트파워 강대국이라는 개념이 단지 중국이라는 일개 국가의 미래상에 국한된 문제가 아니라 국제관계와 세계질서가 조직되는 또는 조직되어야 하는 문제에 관한 것이라는 점이다. 여기서 알 수 있는 것은 중국이 "'서방'이 지배하는 담론과 사상에 맞서 '국제문제에 관한 대안적인 담론'"을 제공하는 데 적극적이라는 사실이다.[27] 예를 들어, 중국은 유네스코의 2005년 문화다양성협약(UNESCO's Convention on the Diversity of Cultural Expressions)의 위원국으로 활동했다 (특히, 중국은 아시아태평양 지역 위원국이다 – 역자 주). 이 협약은 (비서방) 국가가 자국의 고유한 문화상품과 서비스를 보호하는 권리를 인정하고 있다.[28] 또한 중국은 국제문화다양성기금(International Fund for the Cultural Diversity)의 주요 후원국이다.[29]

도구 및 메커니즘

세계 문화교류를 촉진하는 와중에 중국이 선호하는 자기 이미지를 팔기 위해 행하는 일들 중 상당 부분은 직설적인 구식 외교술로 보인다.

포럼 및 네트워크

중국이 활용하는 도구로서 포럼 및 네트워크에 해당하는 것에는 중국이 주최하거나 올림픽의 경우처럼 글로벌 기구에 의해 중국에 할당된 다양한 정상회담, 컨퍼런스, 글로벌 행사 등이 포함된다. 이러한 것들을 통해 중국 정부는 폭넓은 글로벌 청중에게 영향력을 행사하고 있다. 심지어 중국은 G-20과 같이 세계 각국에서 열리는 회의를 주최하는 것조차도 종종 소프트파워의 도구로 활용한다. 이러한 '주최국 외교(host diplomacy)'를 통해 중국은 의제설정이라는 영향력을 행사한다. 또한 주최한 행사에 참석한 언론인 및 연구자와의 부수적 접촉을 통해서도 영향력을 행사한다.[30)]

중국 내 연구기관과 중국식 당-국가 간 관계는 중국이 공식적인 대외정책을 어떻게 투사하려 하는지 보여주는 또 다른 예다. 연구원들 간의 국제적인 상호작용은 보통 국가의 국가의 대리인인 공무원들 간의 공식적인 외교창구로 간주되지 않는다. 그러나 중국의 경우, 공식적인 정부방침을 이행하는 것 이상의 역할을 하는 싱크탱크가 있다. 현재 다수의 대학과 기업은 자체적인 싱크탱크를 설립했는데 그것들은 정부방침을 학술연구로 포장하여 전파하는 역할을 하고 있다. 이 때문에 중국의 싱크탱크들은 정부로부터 자금을 제공받거나 정부와 정치적 제휴를 맺는 등 위세가 크게 증가하고 있다. 즉, 중국의 싱크탱크들은 당 또는 국가의 정계 유력인사들과 가깝게 지낸다. 왕(Wang Hongying)과 쉐(Xue Yinghu)는 이들 싱크탱크들은 물론 나름 독립적인 싱크탱크들조차도 혁신을 추구하고 기존 정책에 이견을 제시하기는 커녕 정부정책을 따르는 경향이 있다는 것을 발견했다.[31] 실제로 싱크탱크의 확대는 시진핑이 발표한 중앙 시책의 결과였으며, 싱크탱크가 '새로운 시대에 걸맞은 중국의 국제 전략을 위한 정보 플랫폼'이 될 수 있도록 운영하는 국가부처가 존재한다.[32]

최근에 중국의 싱크탱크가 전개한 두 가지 준(准)공식적 교류가 주목할 만 하다. 첫 번째는 중국이 개발한 다양한 싱크탱크 네트워크다. 2010년 중국-중남미 및 카리브해 싱크탱크 포럼, 2012년 중국-아프리카 싱크탱크 포럼, 2015년 실크로드 싱크탱크 포럼 및 중국-동·중앙유럽 싱크탱크 네트워크, 2016년 브릭스(BRICS, 브라질, 러시아, 인도, 중국, 남아프리카공화국 – 역자 주) 싱크탱크 협력을 위한 중국협의회 등이 설립됐다.[33] 이러한 개별 네트워크들이 중국을 중심으로 결합되면 중국의 이익을 대폭 증진시킬 수 있는 잠재력이 큰 중화주의 바퀴축-바퀴살(hub-and-spoke) 체제가 구축될 것이다.

두 번째는 일대일로 구상과 관련이 있다. 이것은 문화적 상호작용에 도움이 되는 프로젝트다. 왜냐하면, 일대일로는 역사적인 실크로드개척자, 역사적인 유대, 역사적인 무역수송로, 인간의 역사적인 이동경로 등을 바탕으로 추진되고 있기 때문이다. 일례로, 정허(鄭和)의 항해**는 태평양의 해양사와 결합된 옛 실크로드를 가장 잘 상징할 것이다. 따라서 이러한 선례가 중국의 재정이 투자된 '박물관, 박람회, 축제 및 무형유산 구상'을 통해 강조되어 왔다. 결국, 일대일로를 단순한 경제적 구상이 아닌 공유된 문화적 토대를 기반으로 한 구상임을 홍보하려는 중국의 시도가 놀라운 일이 아니다.[34]

** 역자 주) 정허의 항해란 서유럽의 대항해가 시작되기도 전인 1405년부터 1433년 사이 명나라의 정허가 3만여 명이 승선한 62척의 대선단을 이끌고 7차례에 걸쳐 인도양을 넘어 아프리카까지 원정을 한 것을 뜻한다.

미디어

일대일로를 설명하고 홍보하는 것은 중국 외국어 미디어의 주요 과제가 되고 있다. 예를 들어, 중국국제텔레비전(CGTN: China Global Television Network)은 일대일로의 다양한 프로젝트에 관한 다수의 특집기사를 소개하고 있다. 나이로비 지부에서 아프리카의 일상적인 기사를 수집하여 방송하는 CGTN은 그 대륙 전역에서 진행되고 있는 일대일로 프로젝트에 관한 기사를 대량 쏟아내고 있다. 중국중앙텔레비전(CCTV: China Central Television)이 최초로 송출한 영어 방송을 2000년부터 이어받은 CGTN은 2017년 현재 6개국어로 방송을 하고 있으며 CGTN의 (외국인 대상) 국제시청률은 2억 명에 달한다.[35] 국공내전 당시 옌안(延安)에서 처음 방송을 시작한 뉴차이나뉴스라디오를 계승한 중국국제방송(CRI: China Radio International)과 더불어, CGTN과 CCTV가 제공하는 다른 외국어 서비스들은 중국의 '통신능력(传共能力)' 강화를 담당하고 있다. 여기서 통신능력 강화란 중국 미디어 산출물의 호소력, 영향력 및 신뢰도 증대를 의미한다.[36] CCTV는 영어 외에도 프랑스어, 아랍어, 스페인어, 러시아어, 일본어 등 10개 채널(중국어 포함)을 국제적으로 방송하고 있다. 투슈(Thussu)에 따르면 2017년 중국국제방송(CRI)은 해외 6개 지역거점과 32개 지국을 통해 61개 언어로 방송했으며, 70개 해외 라디오 방송국 및 18개 글로벌 인터넷 라디오 서비스와 제휴했다.[37]

원래 국가광전총국(또는 명칭이 다른 이전의 중앙조직) 산하의 독립된 기구였지만, CRI는 2018년 3월 중앙인민방송국(China National Radio)과 통합되어 중국의 소리(Voice of China)로 개편되었다. 행정업무와 리더십이 집중된 중국의 소리는 미국의 소리(Voice of America)를 모방한 것임이 분명했다. 이 글을 작성하던 시점에 중국의 소리는 43개 언어로 송출하고 있었고 (CRI와는 대조적으로) 새천년 들어 많은 서비스가 중단되었다. 이것은 중앙선전부 지도부의 결단이었다. 중국어 선전(宣传)은 영어에서 흔히 나타나는 강요된 사상의 변화나 세뇌와 같은 의미를 갖고 있지 않다는 점에 유의할 필요가 있다.[38] 선전은 '홍보(publicity)' 또는 '옹호(advocacy)'를 의미할 수도 있고 선전부를 영어식으로 표현하면 홍보부가 될 수도 있다 (공식적인 중국 자료에 있는 선전도 같은 의미이다).

해외로 송출하는 중국국제방송(CRI)과 중국인민방송국(CNR)을 중국의 소리로 통합하고 중국의 소리가 운영하는 다수의 채널을 중단시킨 행정조직 개편은 미디어 행위자 간의 엇박자를 조율하기 위한 마땅한 조치로 보아야 한다. 왜냐하면 그들의 임무는 통일된 중국의 이미지와 서사를 전파하는 것이기 때문이다. 알자지라가 전통적인 서방 방송사들의 지배에 도전하는 방식과 비슷하기는 하지만,[39] 중국은 자국을 세계에 알리는 것은 물론 '세계의 상황을 세계에 알리는' 세계 뉴스 보도의 믿을 만한 원천이 되고 싶어한다.[40] 특히 중국 관영매체는 제3세계(the Global South) 전체의 목소리를 자임하면서, 중국만의 뉴스가 아닌 "남반구 지역의 뉴스 의제를 알린다고 주장한다". 특히 아프리카를 부정적으로 보도하는 주류 미디어에 대한 해독제 역할도 자처하고 있다.[41] 문제는 그들이 어떻게 신뢰할 수 있는 국제 뉴스의 출처이자, 동시에 중국의 목소리가 될 수 있는가이다.

한 가지 해결책은 프레젠테이션이다. CGTN은 비중국인 앵커(해외 지국 포함)를 대다수 방송의 전면에 배치하는 방식으로 친숙함과 이질감없는 인상과 느낌을 주고자 한다. 그리고 후속 프로그램과 앞으로 나올 이야기들을 홍보하는 링크는 국제 뉴스 네트워크의 소비자들에게 매우 친숙한 그래픽, 비디오, 방송국 ID를 사용한다. 분명히 대다수 프로그램들이 중국에 관한 것이고 다른 채널에 비해 많은 중국인 학자, 분석가, 전문가들이 인터뷰 대상이 된다. 그럼에도 불구하고, 이러한 프레젠테이션 때문에 소비자들은 CGTN이 중국 뉴스채널이라는 것을 즉시 깨닫지 못한 채 채널을 돌리다가 CGTN을 선택하게 된다. 특히 채널 구성에 있는 세련된 CGTN 로고를 고려하면 더욱 그렇다.

CCTV는 2011년과 2018년에 각각 스카이뉴스호주[42]와 미디어그룹 및 아르헨티나 방송사와 다각적인 콘텐츠 교환에 합의했다. 때문에 다른 국가의 방송에 등장하는 프로그램이 중국산인지를 인식하지 못한 채 타국 시민들이 시청하게 된다. 물론 이와 같은 공식적인 협력은 인쇄 매체의 특징 이기도 하다. 예를 들어, 영국 『데일리 메일(*Daily Mail*)』은 2016년 『인민일보』와 콘텐츠 교환에 합의했다. 『차이나데일리(*China Daily*)』 또한 『워싱턴포스트(*Washington Post*)』, 『시드니 모닝 헤럴드(*Sydney Morning Herald*)』, 영국의 『데일리 텔레그래프(*Daily Telegraph*)』에 매달 영어로 된 『차이나워치(*China Watch*)』라는 기사가 삽입될 수 있도록 비용을 지불한다.[43] 『차이나데일리』는 미국 지역신문사에 비용을 지불하고 광고를 내기도 했는데 이것은 사실 미중 무역분쟁과 관련된 내용이었다. 이 때문에 트럼프 대통령은 그러한 유료광고를 중국이 2018년 미국 중간선거에 영향을 미치려 했다**는 증거라고 주장했다.[44] 『파이낸셜타임스(*Financial Times*)』 조사에 따르면, 명목상으로만 독립적인 중국어 언론사 200여 곳이 『인민일보』나 『신화통신』이 제공하는 콘텐츠를 (종종 무상으로) 이용하고 있었다.[45] 한편 중국국제방송(CRI)은 타국의 라디오 방송국을 인수해 '중국 친화적인 뉴스와 프로그램'을 방송하게 함으로써 타국의 방송국까지 통제하고 있다.[46]

이외에도 『인민일보』, 『차이나데일리』, 『환구시보』, 『신화통신』 등은 다양한 외국어판을 인쇄는 물론 온라인으로도 발간하고 있다. 예를 들어, 중국어, 아랍어, 프랑스어, 러시아어, 스페인어, 일본어, 영어 등으로 된 온라인판을 발간하고 있는 『인민일보』는 자신이 5,000만 명이 넘는 소셜미디어 팔

** 역자 주) 그러한 광고는 미중 무역분쟁으로 손해를 입게 될 미국 수출업자들을 자극하는 내용이었다. 가령, 중국은 가축사료, 두부제조, 식용기름 제조를 위해 전 세계에서 가장 많은 대두 및 콩을 수입하는 국가다. 따라서 중국에 대두 및 콩을 수출하는 미국 농축산업계는 그러한 유료광고에 시선을 줄 수밖에 없다.

로워를 보유한 '세계 최대의 종합 인터넷 매체' 중 하나라고 주장한다. 그러면서 5,000만 명 가운데 4,440만 명이 페이스북 팔로워이기 때문에 전 세계 인쇄신문 중 가장 많은 페이스북 팔로워를 보유하고 있다는 주장도 하고 있다. 그러나 중국 내에서 페이스북 접근성이 떨어진다는 점을 감안하면 이러한 주장은 아이러니하다.[47] 『차이나데일리』는 일일 발행부수가 90만 부(중국 내 발행부수의 3분의 1)이고, 온라인 구독자까지 포함하여 총 구독자 수는 4,500만 명이라고 주장한다.[48] 방송 매체와 마찬가지로, 중국의 인쇄 매체는 일부 오래된 서방국가 신문의 존재감이 줄어들고 있는 상황에서 그 운영을 세계화했다. 그 결과, 『차이나데일리』는 남아공에서 현지 인쇄를 중단한 『파이낸셜타임스』의 직원, 인쇄, 배급방식 등을 쉽게 인수할 수 있었다.[49]

중국의 주요 국영 통신사로 남아있는 『신화통신』은 다른 주요 신문과 자체 웹사이트를 위한 콘텐츠를 제공하고 있다. 또한, 170개의 중국 및 해외 지국을 통해 200개가 넘는 국제 신문사들에게 영어, 스페인어, 포르투갈어, 아랍어, 러시아어, 프랑스어 및 중국어로 된 컨텐츠를 제공하는 글로벌 미디어 행위자로 성장했다. 『신화통신』은 중국 행정 서열에서 장관급 지위를 차지할 정도의 강력한 정치적 행위자이면서 동시에 수익성 있는 상업적 미디어 행위자가 되었다.[50] 이런 점에서 『신화통신』은 아마도 중국 미디어 매체를 기반으로 한 국제문화 소통 전략의 가장 큰 성공을 상징한다.

예술과 영화

중국의 예술과 영화는 대중문화상품으로서 타국에서 영향력과 인지도를 높일 것이라는 기대에 부응하지 못했다. 이것은 수년에 걸쳐 다양한 유형의 문화교류에 사용된 방대한 자금을 고려하면 이상하게 들릴지도 모른다. 막대한 자금은 중국 문화교류의 해와 같은 장기적인 특별행사[51]에서부터 2017년에 개최된 EU-중국 문화축제와 같은 단기적인 개인행사에 이르기까지 전

영역에 사용되었다. 실제로 중국은 세계 최대 규모의 도서축제 주최국이 되었고 이와 유사한 해외 행사에도 정기적으로 참석해왔다. 2007년 일부 병마용(兵馬俑)이 대영박물관에 대여되었을 때 박물관은 폭증하는 관객의 수요에 맞춰 개방시간을 변경해야 했다. 그리고 미국에서는 중국 등불과 음식 축제가 인기를 끌었다. 그런데도 중국의 대중문화상품이 성공을 거두지 못했고 '소프트파워'가 증가하지 못했다는 것은 더욱 이상하게 들릴 수 있다.[52]

대영박물관의 중국 전시나 미국의 중국 축제가 성공한 것은 모두 사실이며, 중국의 역사, 문화, 음식이 매력을 갖고 있다는 것은 부인할 수 없다. 그리고 이러한 성공은 다른 방식으로도 중국의 매력에 영향을 미친다. 특히 관광 측면에서 그렇다. 그러나 그러한 성공이 중국의 현 정치구조와 목표에 대한 공감이나 지지로 이어질지는 여전히 의문이다. 이는 해외에서 중국의 문화적 존재감을 높이려는 행사 기획자들이 직면한 가장 큰 문제다.

아시아, 특히 일본, 한국, 대만의 드라마, 팝 음악, 만화와 같은 현대 대중문화의 인기와 비교했을 때, 중국의 대중문화상품의 인기는 매우 저조하다.[53] 인도와 비교했을 때에도 그렇다. 그리고 중국 영화산업의 범위를 전세계 화교까지 확장해도 이는 마찬가지다. 더구나 해외에서 명성과 인지도를 얻은 중국 문화상품과 제작자들조차도 국내 관객에게 인기를 끌거나 중국에서 인지도가 높은 것은 아니었다. 특히 예술이나 예술가의 정치적 메시지가 국가의 이익과 일치하지 않을 땐 더욱 그러했다. 정치적 반체제 인사이자 노벨상 수상자인 류샤오보(劉曉波)의 국제적 명성과 그에 대한 국내적 처우의 큰 격차가 가장 분명한 예가 될 수 있다. 아이웨이웨이(艾未未)의 작품과 평판도 유사한 예다. 그리고 〈피아노(*The Piano*)〉와 함께 1993년에 칸영화제 황금종려상을 공동수상했지만 중국에서는 상영이 금지된 천카이거(陈凯歌)의 〈패왕별희(霸王别姬)〉 역시 유사한 예다 (이후, 부분 편집되어 재상영되었다).

쿵푸 영화는 수십년 동안 중국 밖에서 인기를 끌었다. 그러나 홍콩에서 제작된 쿵푸 영화가 중국을 대표하는 것처럼 보이지만, 사실 세계에서 상영되고 있는 이 영화들은 여전히 본토 중국과는 '다른' 중국을 대표하면서 독립적인 미디어 산업을 가지고 있다.[54] 게다가, 재정적으로 성공한 많은 중국 영화들은 미국 주류 스튜디오의 제작, 자금 지원, 배급 때문에 탄생한 것들이다. 또는 중국이 제작, 자금, 배급 등을 맡는 경우에도 미국 주류 스튜디어의 관여는 상당했다.[55] 드림웍스가 제작한 〈쿵푸팬더(*Kung Fu Panda*)〉는 중국문화적 아이콘들을 차용하여 사용하면서도 중국판보다는 미국판을 전 세계 관객들에게 선보인 것 때문에 중국 내부에서 큰 비판을 받았음에도 불구하고,[56] 애니메이션 영화로는 미국판과 중국판 모두 중국 내 흥행 기록을 갈아치웠다. 그리고 왜 중국은 자국의 문화 유산을 재미있고 수익성 있는 방법으로 재현할 수 없는지에 대해 많은 논쟁을 불러일으켰다. 〈미인어(美人鱼)〉, 〈전랑(戰狼)〉, 〈B+탐정(*The Detective*)〉 같은 일부 중국영화가 해외에서 인기를 끌었지만, 이 현상은 중국인 커뮤니티가 많은 국가로만 한정되었다. 당분간 중국 영화의 주요 시장은 압도적으로 중국 그 자체가 될 것으로 보인다.

이제 디즈니, 소니, 워너브라더스 및 드림웍스는 모두 문화부를 포함한 중국 행위자들과 다양한 형태의 협업을 발전시켰다. 이러한 것들은 부분적으로 중국 작품의 글로벌 침투를 높이기 위해 설계되었지만,[57] 중국 행위자들과 협력하려는 주요 글로벌 미디어 행위자들(및 일부 정부들)의 동기는 여전히 상대적으로 폐쇄적인 중국 국내시장의 개방이다. 우선 중국 내 외국영화 배급에 대한 엄격한 제한을 철폐하고, 장기적으로 중국 온라인 미디어에 대한 관여를 높이는 것이 이들의 목적이다.[58] 영화의 몇 장면이 삭제되고 편집이 된 것처럼 일부 영화의 캐스팅 역시 중국의 선호를 수용하고 있는데, 이것은 중국 개봉과 중국 시장 점유를 노리는 글로벌 미디어 행위자들의 셈법 때문인 것으로 보인다. 이런 점에서 중국의 영화산업이 지닌 것으로 보이는 힘의 원천은 중국문화 자체라기보다는, 글로벌 미디어 행위자들이 확보하고자 하는 중국정부에 대한 접근성과 중국 소비자의 입맛이다.

교육 및 교류

2003년, 문화부는 중국어 교육의 전파가 '우정과 상호이해'를 증진시키고 중국의 글로벌 목소리를 높이는 핵심수단이라는 것에 주목했다.[59] 교육부도 2020년까지 유학생 50만 명을 유치해 세계 최대 유학생 보유국으로 도약하겠다는 2010년 중국 유학 계획을 내놓았다. 이 계획에 따르면, 이 유학생들은 "중국을 이해하고 중국과 다른 국가를 잇는 징검다리 역할을 수행하게" 될 것이다.

국제교육원의 아틀라스 프로젝트(Project Atlas)에 따르면, 중국 유학생은 2007년에 20만 명이 채 안 되었으나, 중국이 통계 작성을 시작한 2013년에는 32만 8,330명으로 증가했고, 2017년에 이르면 44만 2,773명으로 증가했다.[60] 이로써 중국은 미국(2016년 100만 명 남짓), 영국(2017년 약 50만 1,045명)에 이어 세계 3위의 유학생 보유국이 되었다. 중국 유학생 가운데 6분의 1(7만 540명)은 한국에서 왔다. 미국에서 온 중국 유학생은 2만 3,838명으로 한국에 이어 두 번째로 많았다. 하지만 미국인 유학생 숫자가 태국인 유학생 숫자보다 약간 더 많다는 사실은 시사하는 바가 크다. 전반적으로 보면, 중국 '뒷마당'의 7개국(중국의 지속적인 부상에 가장 직접적인 영향을 받을 것으로 예상되는 국가)에서 온 유학생이 2017년 전체 중국 유학생의 37.6퍼센트를 차지했으며, 이들 국가들이 수년 동안 중국의 가장 큰 유학생 공급원이었다.[61] 더 놀라운 점은, 2016년에 미국이나 영국보다 중국에서 공부하는 앵글로폰(anglophone, 복수 언어가 쓰이는 국가의 영어 사용자를 뜻함 – 역자 주) 아프리카 학생들이 더 많았다는 사실이다. 중국정부는 공식적으로 더 많은 미래의 아프리카 엘리트들을 양성하는 데 전념하고 있다.[62]

중국 국제교육의 성장이 가져온 결과를 분석한 연구의 대부분은 해외로 나가는 중국인 학생들에게 초점을 맞추는 경향이 있다. 일부 연구에 따르면, 유학생들은 자신이 방문한 국가에 대해 긍정적인 인상을 갖는다. 하지만,[63] 다른 연구는 좀 더 엇갈린 결과를 보여주고 있다.[64] 한국에서 돌아온 중국 학생들을 대상으로 한 연구는 유학 체류기간이 짧을수록 더 긍정적인 관점을 갖는다는 것을 보여주었다.[65] 그러나 "국제 학술교류가 문화 간 이해를 증진시킨다"는 보편적인 인식에도 불구하고, 상호이해가 상대국에 대한 선호와 항상 일치하는 것은 아니다. 마찬가지로, 상대국에 대한 선호가 상대국의 정책에 대한 지지로 항상 이어지는 것도 아니다.[66]

중국에서 공부하는 외국인의 수는 매년 그리 많지는 않을지 모르지만, 현재 세계 도처에서 기업, 학계, 정부 고위직 인사들 중 중국 유학경험을 가진 이들은 비교적 많다. 그러나 이들이 중국과 중국의 목표에 대해 긍정적인 시각을 공유하는 하나의 응집된 집단을 형성하는 것은 아니라는 편이 더 타당하다. 실제로, 그들 상당수는 중국을 사랑하고 존경도 하지만 동시에 비판하는데 서슴없기도 하다.

공자학원

중국어와 문화, 역사를 공부하기 위해 물리적으로 중국까지 갈 필요는 없다. 국내에서도 가능하다. 중국정부는 공자학원(CIs: Confucius Institutes), 공자교실 등 해외의 문화사업을 통해 이러한 기회를 제공하는 것에 대해 대단히 기뻐하고 있다. 공자학원은 교육부와 연계된 한반(汉办) — 한반의 공식적인 영어명은 중국어 국제위원회 사무국(Office of Chinese Language Council International)이다 — 의 관리하에 있다. 2004년에 첫 개원한 공자학원은 2018년 말 현재 전 세계 도처에서 500여 개(아시아·오세아니아 137개, 유럽 173개, 아프리카 54개, 미국 110개, 미주·캐리비안 51개)가

운영되고 있다. 또한 다양한 형태의 중국어 또는 중국문화 교육을 제공하는 1,000개 이상의 소규모 공자교실이 운영되고 있는데, 이 중 절반이 미국에 있다.[67] 이러한 1,500여 개의 공자학원 및 공자교실 각각은 최소 1개 이상의 중국 기관과 1개의 외국 기관 간 협업이 필수적이다. 때문에 이러한 국제기관 협업이 빠르게 확장한 결과, 강좌, 재원(財源), 어학 시험 등의 전달이 수월하게 이루어지고 있다.[68]

점점 더 적극적으로 변모하는 글로벌 행위자인 중국의 중요성을 다루기 위해 중국어 구사능력을 가진 세계인이 더 많이 필요하다는 세간의 평가를 감안하면 이 모든 것은 표면상으로는 매우 긍정적으로 보인다. 그러나 공자학원은 가장 많이 관찰되고 치열하게 논의되는 중국의 문화교류 수단이 되었다. 가장 일반적으로 제기되는 비판은 그들이 단순히 중국문화 및 또는 (중국 입장에서) 긍정적인 서사를 홍보하는 것을 넘어 외국문화에 대해 상당히 부정적인 견해를 설파하고 있다는 점이다. 게다가, 공자학원을 유치한 대학들에서 중국에 관한 논쟁이 있을 때마다 언급해야 할 것과 언급하지 말아야 할 것들을 통제하는 등 중국연구자들에게 보이지 않는 자기검열을 철저히 주입하고 있다. 공자학원이 **진짜** 무엇을 하는지에 대한 의구심은 항상 있어왔다. 2010년대 들어 중국의 정치적 영향력이 커지면서 공자학원에 대한 조사가 특히 호주, 북미 지역 등에서 강화되고 있다.

악마는 디테일과 겉으로 드러나는 것 모두에 있다. 가령, 공자학원 교원 임용에 제한을 두는 고용계약의 내용에 악마적 디테일이 숨어 있는데, 파룬궁(法轮功)을 지원한 전력이 있는 사람은 고용이 제한된다. 겉으로 드러나는 것과 관련해서는, 중국공산당 선전부장인 리창춘(李長春)의 2009년 발언이 중요하다. (앞에서 이미 언급했듯이 선전은 서방이 생각하는 것처럼 악의적인 의미를 내포하고 있진 않지만) 공자학원은 "중국의 해외 선전 전진기지다"라는 그의 발언은 공자학원에 악의적 의도가 숨어 있다는 인식이 널리 퍼지게 한 출발점이 되었다.[69] 게다가, 중국 지도자들이 해외 순방 중

공자학원을 방문하고 칭송하는 것은 공자학원이 최고위층으로부터 지시받은 정치기계의 일부라는 인식을 강화할 뿐이다.[70)]

확실히, (위에서 언급 한 채용 기준 통제 외에도) 공자학원이나 한반이 자신들의 얼굴에 먹칠한 사례가 있었다. 2014년 포르투갈에서 열린 유럽중국학회에서 보인 행태는 아마도 학계의 독립성을 침해한 가장 대표적인 사례가 될 것이다.[71)] 자기 검열이 얼마나 확산되었는지 알 도리는 없지만 공자학원에 대한 주요 우려는 그들이 지금까지 무엇을 했는지보다는 그들이 앞으로 무엇을 할 것인가인 것 같다. 무엇보다 중요한 것은, 공자학원이 중국의 세계 목표에 대한 더 일반적인 의혹들에 영향을 미칠 수 있다는 점이다. 더 정확히 말하면, 이러한 의혹이 공자학원을 바라보는 방식을 형성한다는 점이다. 공자학원은 중국공산당이 다른 국가의 정치, 경제, 사회 엘리트 및 단체와 관계를 맺고 '그들이 중국의 외교정책 목표를 … 지지하고 촉진하게끔' 하는 다면적인 '통일전선(United Front)' 프로젝트의 일환으로 점점 더 주목받고 있다.[72)] 공자학원은 합법과 불법 사이의 '회색지대'에서 정치적 간섭을 통해 영향력을 증가시키는 도구 중 하나로 확인되었으며,[73)] 그들을 둘러싼 정치적 논쟁 때문에 호주, 미국, 영국 등은 그들을 조사하고 있다. 공자학원은 이제 중국의 부상이 서구 민주국가들의 정치적 기능과 자유주의적 국제질서에 초래할 우려스러운 불확실한 결과의 일부분이 되었다.

결론

문화적 상호작용의 영향을 다른 형태의 국제교류가 미치는 영향과 분리하는 것은 본질적으로 어려우며, 아마도 불가능할 것이다. 이러한 문화 프로젝트는 고립되어 존재하는 것이 아니라 경제, 외교, 군사, 이념 등과 연계되어 공존한다. 따라서, 중국이나 다른 국가에 대한 견해와 인식은 그것들 중 어는 한 가지 요인만을 통해서가 아니라, 연결된 총체성을 통해 형성된다. 우리가 어느 정도 확실하게 말할 수 있는 것은 중국의 부상에 대한 중국의 목소리와 견해가 그 어느 때보다도 많이 제공되고 있다는 점이다. 특히 중국어를 말하거나 읽을 줄 모르는 사람들을 위해 더욱 그러하며, 이들은 그 어느 때보다도 더 많이 듣고 접속하여 중국을 알게 되었다.

세계의 일부 지역에서는 이러한 중국의 목소리와 견해가 청취되고 수용되었다는 증거도 있는 것 같다. 예를 들어, 마드리드-모랄레스(Madrid-Morales)는 아프리카 일부 지역에서 전개되고 있는 중국의 구상을 '정치적으로 환영하는 환경'이 조성되어 있음을 지적하고 있다. 또한, 그는 경제적인 사업 및 다른 사업들을 지칭하는 '상생과 상호 이익'이라는 '외교정책 용어'가 중국의 문화 프로젝트에 대한 긍정적인 인상을 만드는 데 큰 역할을 한다고 지적한다.[74] 자금으로 뒷받침된 문화가 더욱 매력적이라는 것에 대해 다소 냉소적인 시각이 있을 수 있지만, 이것을 완전히 틀렸다고 말할 수는 없다. 이유야 어쨌든 문화적 메시지를 전달하고 긍정적인 반응을 얻어내는 데 성공했다는 점이 중요하다.

그러나 공자학원의 사례에서 알 수 있듯이, 중국이 의도한 구상은 보편적으로 환영받지 못하고 있다. 이것은 부분적으로 중국에 대한 기존의 인식을 바꾸는 상호작용이 아니라, 후자가 전자를 강화시키기 때문이다. 예를 들어, 중국이 세계를 바꾸려 하고 있다는 우려가 있는 가운데, 중국 지도자들이 "중국에 관한 좋은 이야기만을 들려주고, 세계가 안심할 수 있는 메세지만을 전달해라"[75]는 시진핑의 지시를 이행한다면, 이것은 오해를 바로 잡으려는 선한 시도라기보다는 기만적인 메세지가 된다. 그래서 중국의 지도자들이 '소프트파워'라는 용어를 사용하기는 하나, 국가가 재정적으로 후원하고 세심한 협업을 통해 의도적으로 조작한 이미지는 사실상 목표 청중이 느끼기에 '소프트'하지 않을 수 있다. 그 결과 '중국위협론' 약화를 목표로 시작된 프로젝트가 오히려 일부 지역에서는 반대의 결과를 초래하고 말았다.[76]

오히려 문화진흥사업은 서방의 생각을 변화시키기보다는 개발도상국의 지지를 얻는 데 더 효과적일 수도 있다.

이러한 (기껏해야) 반쪽짜리 환영은 중국이 자국의 비전으로 홍보한 것과 타국이 관찰한 평상시 중국 행태 사이의 불일치 때문일 수도 있다. 이 장에서 주장하는 바와 같이, 중국의 경제력이 뒷받침하는 중국의 역사·문화적 뿌리가 매력으로 부각되고 있다는 점은 여전히 분명하다. 중국이 신자유주의적 처방과 다른 방식으로 경제성장과 영향력을 달성한 것도 매력적으로 보인다. 그러나 체제와 발전경로에 대한 자신감에도 불구하고, 중국의 정치체제가 구조화되고 조직화되는 방식은 그다지 매력적이지 않은 것 같다. 또한, 많은 사람들은 중국의 성장하는 군사력이 — 특히 중국의 인접 국가들에게는 — 매력적이지 않다는 것도 안다. 그러므로, 미래에 중국에 대한 이야기를 어떻게 전달하고 이해시킬 것인가의 핵심은 공격적인 문화 진흥 사업을 지속하기보다는 중국이 국내외에서 힘을 어떻게 쓰느냐에 달려 있을 것이다.

주

1) 심지어 2013년 중국 관광청은 중국인 관광객들이 부적절한 행동으로 소프트파워를 훼손하는 것을 막기 위해 해외 활동 요령 가이드라인을 제작했다.
2) Yuan Zhenjie, Guo Junwanguo, and Zhu Hong, "Confucius Institutes and the Limitations of China's Global Cultural Network," *China Information* 30, no. 3 (2016): 334–356.
3) 필자가 생각하는 개념정의와 관련해서는 다음의 연구에서 보다 심도있게 다루었다. Shaun Breslin, "The Soft Notion of China's 'Soft Power'," Chatham House Asia Program Paper No. 3, February 2011, https://www.chathamhouse.org/sites/default/files/public/Research/Asia/0211pp_breslin.pdf.
4) 중국의 소프트파워에 대한 추가 연구는 다음을 참조. Li Mingjiang, *Soft Power: China's Emerging Strategy in International Politics* (Lanham, MD: Lexington Books, 2009); Ingrid d'Hooghe, *China's Public Diplomacy* (Amsterdam: Brill,

2014); Sheng Ding, *The Dragon's Hidden Wings: How China Rises with Its Soft Power* (Lanham, MD: Lexington Books, 2008); Clive Hamilton, *Silent Invasion: China's Influence in Australia* (Sydney: Hardie Grant, 2018); Michael Barr, *Who's Afraid of China? The Challenge of Chinese Soft Power* (London: Zed Books, 2011); 그리고 Hongyi Lai and Yiyi Lu, eds., *China's Soft Power and International Relations* (London: Routledge, 2012).

5) 이는 1969년 중국인민대외우호협회(中国人民对外友好协会)가 되었고, 지금도 여전히 운영되고 있다.

6) Zhang Weihong, "China's Cultural Future: From Soft Power to Comprehensive National Power," *International Journal of Cultural Policy* 16, no. 4 (2010): 344.

7) 의학, 과학, 공학 등의 중국 학위를 취득하기 위해 중국어를 배운다. 아주 적은 수의 학생들이 1950년대에 처음으로 중국으로 유학을 갔다. 다음을 참조. Hannane Ferdjani, "African Students in China: An Exploration of Increasing Numbers and Their Motivations in Beijing," Stellenbosch University Centre for Chinese Studies, September 2012, http://citeseerx.ist.psu.edu/viewdoc/download?doi=10.1.1.470.8611&rep=rep1&typ e=pdf.

8) Mayumi Ito, *The Origin of Ping-Pong Diplomacy: The Forgotten Architect of Sino-USRapprochement* (Basingstoke: Palgrave, 2011).

9) 이 기원에 대한 자세한 내용은 다음을 참조. Anne-Marie Brady, *Marketing Dictatorship: Propaganda and Thought Work in Contemporary China* (Lanham, MD: Rowman and Littlefield, 2008); 그리고 David Shambaugh, "China's External Propaganda Work: Missions, Messengers, Mediums," in *Party Watch Annual Report 2018*, edited by Julie Bowie and David Glitter, 25–33 (Washington, DC: Center for Advanced China Research, 2018).

10) Rogier Creemers, "Never the Twain Shall Meet? Rethinking China's Public Diplomacy Policy," *Chinese Journal of Communication* 8, no. 3 (2015): 309.

11) Wang Hongying, "National Image Building and Chinese Foreign Policy," *China: An International Journal* 1, no. 1 (2003): 46–72.

12) Li Mingjiang, "Soft Power in Chinese Discourse: Popularity and Prospect," in *Soft Power: China's Emerging Strategy in International Politics*, edited by Li Mingjiang, 31 (Lanham, MD: Lexington, 2009).

13) David Shambaugh, *China Goes Global: The Partial Power* (Oxford: Oxford University Press, 2013): 210.

14) Zhang, "China's Cultural Future."

15) David Shambaugh, "China's Soft Power Push: The Search for Respect," *Foreign Affairs* (June–July 2015): 99.

16) Anne-Marie Brady, "Magic Weapons: China's Political Influence Activities under Xi Jinping," Woodrow Wilson Center Kissinger Institute on China and the United States, September 2017, https://www.wilsoncenter.org/sites/default/files/magicweaponsanne-mariebradyseptember162017.pdf, 9.

17) Elizabeth Perry, "Cultural Governance in Contemporary China: 'Reorienting' Party

Propaganda," Harvard-Yenching Institute Working Paper, 2013, 4, http://nrs.harvard.edu/urn-3:HUL.Inst Repos:11386987.

18) Yong Deng, *China's Struggle for Status: The Realignment of International Relations* (Cambridge: Cambridge University Press, 2008).
19) Shambaugh, "China's Soft Power Push."
20) Andrew Scobell, "Learning to Rise Peacefully? China and the Security Dilemma," *Journal of Contemporary China* 21, no. 76 (2012): 713–721.
21) Kingsley Edney, "Building National Cohesion and Domestic Legitimacy: A Regime Security Approach to Soft Power in China," *Politics* 35, no. 3–4 (2015): 259–272.
22) 여기에서는 샴보(Shambaugh)의 *China Goes Global: The Partial Power*에서 논의된 주장을 다시 한번 언급할 필요가 있다. 즉, 중국의 공식 입장과 일치하지 않는 모든 견해는 다른 의견이라기보다는 오해에 근거한 것으로 일축 (또는 경시)되는 풍토가 있다. Shambaugh, *Partial Power*, 263–264.
23) Yang Jiechi, "Working Together to Build a World of Lasting Peace and Universal Security and a Community with a Shared Future for Mankind," Address at the Opening Ceremony of the Seventh World Peace Forum, Tsinghua University, Beijing, 14 July 2018, https://www.fmprc. gov.cn/mfa_eng/zxxx_662805/t1577242.shtml.
24) Wu You, "The Rise of China with Cultural Soft Power in the Age of Globalization," *Journal of Literature and Art Studies* 8, no. 5 (2018): 766.
25) John Eperjesi, "Crouching Tiger, Hidden Dragon: Kung Fu Diplomacy and the Dream of Cultural China," *Asian Studies Review* 28, no. 1 (2004): 30.
26) Kingsley Edney, "Soft Power and the Chinese Propaganda System," *Journal of Contemporary China* 21, no. 78 (2012): 909.
27) Zhang Xiaoling, "How Ready Is China for a China-Style World Order? China's State Media Discourse under Construction," *Ecquid Novi: African Journalism Studies* 34, no. 3 (2013): 99.
28) Holly Aylett, "An International Instrument for International Cultural Policy: The Challenge of UNESCO's Convention on the Protection and Promotion of the Diversity of Cultural Expressions 2005," *International Journal of Cultural Studies* 13, no. 4 (2010): 355–373.
29) Antonios Vlassis, "Soft Power, Global Governance of Cultural Industries and Rising Powers: The Case of China," *International Journal of Cultural Policy* 22, no. 4 (2016): 485.
30) Chen Dongxiao, "China's 'Host Diplomacy': Opportunities, Challenges, and Undertakings," China Institute of International Studies, November 2014, http://www.ciis.org.cn/english/2014-11/14/content _7369348.htm.
31) Wang Hongying & Xue Yinghu, "The New Great Leap Forward: Think Tanks with Chinese Characteristics," CIGI Papers No. 142, September 2017, https://www.cigionline.org/sites/default/files/documents/Paper%20No.142.pdf.
32) Yuan Peng, "China's International Strategic Thought and Layout for a New Era," *Contemporary International Relations* 28, no. 1 (2018): 28.

33) 중국 싱크탱크 활동의 진화에 관해서는 다음을 참조. Silvia Menegazzi, *Rethinking Think Tanks in Contemporary China* (Basingstoke: Palgrave, 2017).
34) Tim Winter, "One Belt, One Road, One Heritage: Cultural Diplomacy and the Silk Road," The Diplomat, March 2016, https://thediplomat.com/2016/03/one-belt-one-road-oneheritage-cultural-diplomacy-and-the-silk-road/.
35) Daya Thussu, Hugo de Burgh, and Shi Anbin, "Introduction," in *China's Media Go Global*, edited by Daya Thussu, Hugo de Burgh, and Anbin Shi, 2 (New York: Routledge, 2018).
36) Sun Wanning, "Mission Impossible? Soft Power, Communication Capacity, and the Globalization of Chinese Media," *International Journal of Communication* 4 (2010): 54–5.
37) Daya Thussu, "Globalization of Chinese Media: The Global Context," in *China's Media Go Global*, edited by Daya Thussu, Hugo de Burgh, and Shi Anbin, 19 (New York: Routledge, 2018). 자세한 내용은 중국어 간체 및 번체뿐만 아니라 47개 언어로 제공되는 다음의 홈페이지(http://chinaplus.cri.cn)에서 확인할 수 있다.
38) 다음을 참조. Anne-Marie Brady, "China's Foreign Propaganda Machine," *Journal of Democracy* 26, no. 4 (2015): 51–59; Shambaugh, "China's Soft Power Push."
39) Creemiers, "Never the Twain."
40) Zhou Qing'an & Wu Yanni, "The Three Patterns of Chinese International Communication," in *China's Media Go Global*, edited by Daya Thussu, Hugo de Burgh, and Shi Anbin, 249 (New York: Routledge, 2018).
41) Thussu, "Globalization of Chinese Media," 19.
42) Jukka Aukia, *The Disrespected State: China's Struggle for Recognition through "Soft Power,"* University of Turku PhD thesis, 2017, 83.
43) 자세한 내용은 다음을 참조. Louisa Lim and Julia Bergin, "Inside China's Audacious Global Propaganda Campaign," *The Guardian*, December 7, 2018, https://www.theguardian.com/news/2018/dec/07/china-plan-for-global-media-dominance-propaganda-xi-jinping.
44) 이 주제와 관련해 2018년 9월 26일부터 작성된 그의 트윗은 https://tinyurl.com/yacyk934에서 볼 수 있다.
45) Emily Feng, "China and the World: How Beijing Spreads the Message," *Financial Times*, July 12, 2018, https://www.ft.com/content/f5d00a86-3296-11e8-b5bf-23cb17fd1498.
46) Koh Gui Qing & John Shiffman, "Voice of China: China's Covert Radio Network Airs China-Friendly News across Washington and the World," Reuters, November 2, 2015, https://www.reuters.com/investigates/special-report/china-radio/.
47) 다음을 참조. http://en.people.cn/n3/2018/0706/c90828-9478507.html.
48) 다음을 참조. http://www.chinadaily.com.cn/static_e/printmedia.html.
49) Anton Harber, "China's Soft Diplomacy in Africa," *Ecquid Novi: African Journalism Studies* 34, no. 3 (2013): 150.

50) Hong Junhao, "From the World's Largest Propaganda Machine to a Multipurposed Global News Agency: Factors in and Implications of Xinhua's Transformation since 1978," *Political Communication* 28, no. 3 (2011): 377–393.

51) 중국 문화교류의 해와 관련된 행사는 2003~2005년 프랑스, 2006~2007년 러시아, 2012년 독일, 2015년 영국, 2017년 멕시코 등에서 이루어졌다.

52) Robert Delaney, "How America's Embrace of Chinese Culture Boosts Beijing's Soft Power," *South China Morning Post*, September 28, 2017, https://www.scmp.com/news/world/united-states-canada/article/2113141/how-americas-embrace-chinese-culture-boosts-chinas.

53) Antonios Vlassis, "Soft Power, Global Governance," 490.

54) 다음을 참조. Siu Leung Li, "Kung Fu: Negotiating Nationalism and Modernity," *Cultural Studies* 15, no. 3–4 (2001): 515–542.

55) Christina Klein, "Kung Fu Hustle: Transnational Production and the Global Chinese-Language Film," *Journal of Chinese Cinemas* 1, no. 3 (2007): 189–208.

56) Naomi Green, *From Fu Manchu to Kung Fu Panda: Images of China in American Film* (Hong Kong: Hong Kong University Press, 2014).

57) Thussu, "Globalization of Chinese Media," 22.

58) Shi, "China's Role in Remapping," 40.

59) Falk Hartig, "Confucius Institutes and the Rise of China," *Journal of Chinese Political Science* no. 17 (2012): 69.

60) Pan Su-Yan, "China's Approach to the International Market for Higher Education Studies: Strategies and Implications," *Journal of Higher Education Policy and Management* 35, no. 3 (2013): 252.

61) 한국, 태국, 파키스탄, 러시아, 카자흐스탄, 인도, 베트남 순으로.

62) Lily Kuo, "Beijing Is Cultivating the Next Generation of African Elites by Training Them in China," *Quarz*, December 14, 2017, https://qz.com/1119447/china-is-training-africas-next-generation-of-leaders.

63) 예를 들면, 일본과 캐나다에서 돌아온 중국 학생들에 대한 동린(Han Donglin)과 즈와이그(David Zweig)의 설문조사가 그것이다. Han Donglin and David Zweig, "Images of the World: Studying Abroad and Chinese Attitudes towards International Affairs," *The China Quarterly* 202 (2010): 290–306.

64) 예를 들면, Hong, "EU-China Education Diplomacy." 참조.

65) Seong-Hun Yun, "Do International Students' Direct Experiences with the Host Country Lead to Strong Attitude-Behavior Relations? Advancing Public Diplomacy Research and Beyond," *International Journal of Communication* 9, no. 8 (2014): 787–809.

66) Ane Bislev, "Student-to-Student Diplomacy: Chinese International Students as a Soft-Power Tool," *Journal of Current Chinese Affairs* 46, no. 2 (2017): 81–109.

67) 이 정보는 한반 홈페이지를 참조. http://english.hanban.org/node_10971.htm.

68) James Paradise, "China and International Harmony: The Role of Confucius Insti-

tutes in Bolstering Beijing's Soft Power," *Asian Survey* 49, no. 4 (2009): 647–669.

69) 이 발언의 출처는 다음의 글에서 인용된 것으로 보이지만 1차 출처를 찾기가 상당히 어렵다. "A Message from Confucius: New Ways of Projecting Soft Power," *Economist Special Report*, October 22, 2009, https://www.economist.com/special-report/2009/10/22/a-message-from-confucius. 구글 검색에 근거할 때, 이 발언은 2018년 12월 19일 현재 487번 인용됐다. 당시 리창춘은 중앙정신문명건설지도위원회(中央精神文明建设指导委员会)의 위원장을 맡고 있었다.

70) Lo and Pan, "Confucius Institutes," 519.

71) 이 사건에 대한 협회 자체 보고서는 다음에서 확인할 수 있다. http://chinesestudies.eu/?p=584.

72) Brady, "Magic Weapons."

73) June Teufel Dreyer, "A Weapon without War: China's United Front Strategy," Foreign Policy Research Institute Asia Program, February 6, 2018, 2 https://www.fpri.org/article/2018/02/weapon-without-war-chinas-united-front-strategy.

74) Dani Madrid-Morales, "China's Digital Public Diplomacy towards Africa: Actors, Messages, and Audiences," in *China-Africa Relations: Building Images through Cultural Co-operation, Media Representation, and Communication*, edited by Kathryn Batchelor and Zhang Xiaoling, 129 (London: Routledge, 2017).

75) 다음에서 인용. Shambaugh, "China's Soft Power Push," 99.

76) Sun Wanning, "Slow Boat from China: Public Discourses Behind the 'Going Global' Media Policy," *International Journal of Cultural Policy* 21, no. 4 (2015): 400–418.

8장 중국의 글로벌 거버넌스 상호작용

캐서린 모튼(Katherine Morton)

과거는 바꿀 수 없지만 미래는 만들어나갈 수 있다.

시진핑[1)]

최근 몇 년 동안 글로벌 거버넌스[**]에 대한 중국의 접근 방식은 전통적인 방어 입장을 넘어 적극적인 관여를 지향하는 방식으로 전환되어 왔다. 중국외교정책에 대한 이러한 새로운 조정은 국내 통치력과 국제문제 주도력에 대한 중국공산당의 자신감을 시사한다. 중국 내 담론의 변화, 외교의 변화, 주요 글로벌 도전과제를 대하는 대응의 변화는 글로벌 리더십에 대한 시진핑 정부의 야망을 대변한다. 중국이 글로벌 거버넌스에 깊이 관여하게 된 것은

** 역자 주) 글로벌 거버넌스란 인류 공동의 목표를 달성하기 위해 모든 이해 당사자가 책임감을 갖고 투명하게 의사결정을 수행할 수 있게 하는 국제기구, 국제제도, 국제협약 등을 의미한다.

그간 증대된 영향력과 국제적 위상은 물론, 자국만의 방식으로 국제질서를 만들려는 오랜 열망을 반영한다. 시진핑 주석은 제19차 당대회 보고에서 "중국은 중요하고 책임 있는 국가로서의 역할을 지속적으로 수행하고, 글로벌 거버넌스체제의 개혁과 발전에 적극 참여하며, 중국의 지혜와 힘을 바탕으로 글로벌 거버넌스에 지속적으로 기여하겠다"라고 밝힌 바 있다.[2)]

그러나 이러한 발언과 비교했을 때, 세계를 운영하고자 하는 중국의 접근방식은 모순되는 것처럼 보인다. 중국은 이제 글로벌 제도 내에서 입지를 강화하는 동시에, 대안적 거버넌스 협정을 모색하고 있다. 중국은 특히 글로벌 경제 거버넌스에서 더 강력한 역할을 하고 있지만, 여전히 선진국과 개발도상국 사이의 전통적인 책임 분담을 지지하고 있다. 이제 국제규칙제정(rule-making)에 적극 참여하는 행위자로서 중국의 규범적 입장은 국제적 행위의 합법적 규칙에 관해 유연한 입장을 견지하면서도, 동시에 전통적인 주권 개념을 재강조하는 방향으로 진화하고 있다. 이러한 의미에서 중국의 규칙제정 행동은 이제 국가개발 및 안보과제와 더욱 의식적으로 동일시되고 있다.

따라서 중요한 의문이 제기된다. 글로벌 거버넌스와 관련된 중국의 리더십 야망은 어느 정도인가? 중국은 더 평등한 세계를 지향할 것인가? 아니면 단순히 자국의 부흥 프로젝트에 적합하도록 국제 행위의 규칙을 바꿀 것인가?

이 장은 글로벌 거버넌스의 진화 속에서 중국의 상호작용이 전략적으로 변화하고 있다고 주장한다.[3)] 시진핑 주도하에서 일어나고 있는 이러한 변화는 유엔에서 중국의 강력한 입장과 관련하여 가장 잘 드러나고 있다. 또한 중국의 자신감이 반영된 글로벌 정책 수립은 상하이협력기구(SCO: Shanghai Cooperation Organization), 아시아인프라투자은행(AIIB: Asian Infrastructural Development Bank), 아시아 교류 및 신뢰구축회의(CICA: Conference on Interaction and Confidence Building Measures in Asia) 및 다수의 양자 포럼 등을 후원하는 것으로 구체화되고 있다. 중국 리더십 야망이 가장 분명하게 드러나는 분야는 바로 일대일로(BRI: Belt and Road Initiative)의 추진이다. 일대일로는 소수가 아닌 다수를 위해 개방적 세계경제를 구축하기 위한 대륙 연결망이다. 동시에 일대일로는 중국의 정치적 이익과 가치를 전파하는 전송벨트 역할까지 하고 있다. 그러나 이 거창한 프로젝트가 기존의 자유주의적 경제질서와 어떠한 접점을 갖게 될지를 아직 중국 정책결정자들이 명확히 설명하지 않고 있기 때문에 수혜국들은 중국의 의도에 대한 의심의 눈초리를 거두고 있지 않다. 심지어 가장 많은 혜택을 받는 국가들조차 그렇게 하고 있다.

지금 이 순간 글로벌 거버넌스가 지향해야 할 미래의 궤도를 구체화시키고 있는 시진핑의 야심은 중국의 국제정치적 지렛대가 최고조에 다다르자 변곡점에 도달했다. 이제 중국과 서방의 영향력이 중첩되는 영역에서 분열이 나타날 수도 있고, 이미 합의가 이루어진 글로벌 거버넌스의 균형이 깨질 수도 있다. 현재의 관여 행태를 보면, 중국식 규범이 이미 세계 의제에 영향을 미치고 있다. 특히, 국제적 행동규칙이 여전히 만들어지고 있는 중이어서 상대적으로 글로벌 거버넌스가 구축되지 않은 사이버 공간에서 중국은 이중적 접근 방식[**]을 강화하고 있다. 역설적으로, 미국이 트럼프 행정부 시절 다자주의에서 후퇴한 것은 무역과 투자 분야에서의 대(對)중국 적대정책과 맞물려 기존의 자유주의적인 참여규칙을 강화하는 방향으로 중국을 움직이게 할 가능성이 있다. 어느 쪽이든, 글로벌 리더십으로 전환함에 있어 중국은 단기적으로는 여러 가지 혜택을 누리게 될 것이지만, 장기적인 약속에 대한 정치적, 전략적 딜레마에 직면하게 될 것이다.

이 장은 현대 글로벌 거버넌스에서 권력과 책임의 관계에 대한 간략한 논의로 시작한다. 이어 중국의 글로벌 거버넌스에 대한 접근방식의 진화와 시진핑의 적극적인 관여 입장 이면에 있는 동기를 분석한다. 그런 다음, 국제

** 역자 주) 합법적 수단과 불법적 수단이 허용되는 회색지대에서 영향력을 증대시키기 위해 두 가지 수단 모두를 활용하는 방식이다.

무역 및 투자, 타국에 대한 개입 및 평화유지, 글로벌 기후변화 및 사이버안보라는 글로벌 정책의 네 가지 영역과 관련된 통치규칙, 규범 및 제도를 형성하는 중국의 현재 역할을 집중적으로 검토할 것이다. 이는 중국의 존재감이 가장 가시화되고, 중국의 이해관계가 글로벌 우선순위와 교차하며, 중국이 관여하는 경계지점이 아직 완전히 규정되지 않은 글로벌 거버넌스의 핵심 영역들이다. 이 모든 영역에 대한 분석은 시진핑 정부의 현재 상황뿐만 아니라 과거 관행까지 포괄한다. 이를 통해 글로벌 거버넌스에서 중국의 역할이 변화하는 구체적인 전환점을 파악할 것이다. 그리고 결론에서 글로벌 리더십을 쟁취하는 과정에서 중국이 직면하게 될 몇 가지 주요 딜레마를 논의할 것이다.

국력과 책임성: 누가 세계를 지배하는가?

간단히 말해 글로벌 거버넌스는 세계정부가 없는 상황에서 국제문제를 다루기 위해 진화하고 있는 제도, 과정 및 규칙으로 이해할 수 있다. 글로벌 거버넌스에 대한 학술 및 정책 논쟁의 대상은 신세계 질서의 이상향에서부터 글로벌 공공재의 형성 및 유지와 관련된 권리와 책임에 대한 우려, 그리고 기존 글로벌 제도에 내재된 구조적 불평등 문제 및 서방 가치에 대한 부정적인 시각에 이르기까지 광범위하다.

현재 미중 간 지정학적 경쟁이 심화되면서 국제협력이 점차 위축될 것이라는 불안감이 커지고 있다. 또한, 증가하는 글로벌 도전과제에 대한 리더십 공백이 나타날 가능성이 높다는 의견도 대두하고 있다. 지배국가와 신흥국가 사이의 이해관계와 책임의 균형을 재조정해야 한다는 당위성은 사실 달성하기 어렵다. 더욱 우려되는 것은 국제 수준의 집단행동을 뒷받침하는 자유주의적 합의의 결렬 가능성이다. 트럼프 행정부 들어 미국이 파리기후

협약, 환태평양경제동반자협정(TPP), 인권이사회(HRC), 중거리핵전력조약(INF)에서 탈퇴한 것과 영국이 유럽연합에서 탈퇴한 것은 자유주의 국가들이 견지해 왔던 국제적 의무와 국내적 의무 사이의 균형이 위태로워지고 있음을 시사한다.

이러한 상황전개에 대해 많은 학자들은 이제 글로벌 거버넌스체제가 지역적으로 분할되거나 전통적인 영향권으로의 회귀와 같은 더 큰 교착상태에 빠지게 될 것이라고 예측한다. 반면에 다른 학자들은 새로운 형태의 다원주의 및 국제규칙제정과 관련해 진정으로 글로벌한 접근을 통해 기존의 글로벌 체제가 개혁될 가능성을 낙관하고 있다. 어느 쪽 예측이 들어맞든 국제협력의 비용과 편익에 대한 국가 간 협상이 더 치열해질 것이며, 이로 인해 강력한 글로벌 리더십의 필요성이 더욱 강화될 것이다.

글로벌 거버넌스 이론가들에게 정치적 리더십은 글로벌 의제를 지배하기 위한 경쟁보다는 공동의 목표를 달성하기 위한 교섭, 협상 및 설득의 사회적 과정으로 이해된다. 상위의 권위적인 리더십이 부재한 상태에서도, 무수한 국가, 기업, 국제기구 또는 비정부기구(NGOS: non-governmental organizations) 사이에서 집단행동이 여전히 일어날 수 있다. 상향식 과정이 효과적인 집단행동으로 이어질 수 있음을 보여주는 많은 예들이 있다. 중국을 포함하여 현재 46개 세계무역기구(WTO) 회원국의 지지를 받고 있는 환경상품협정(Environmental Goods Agreement) 또는 유럽연합이 추진 중인 디지털 경제와 관련된 다자간서비스협정(Trade in Services Agreement) 등이 그것이다.

국력의 비대칭성이 중요하지만** 이것이 모든 것을 결정하는 것은 아니다. 그렇다고 글로벌 거버넌스 영역에서 전략적 사고가 결여되어 있다는 것은

** 역자 주) 패권안정이론에 따르면, 지배적 수혜자인 초강대국과 무임승차하는 약소국들이 공존할 때 글로벌 거버넌스와 같은 공공재가 더욱 잘 창출될 수 있다.

아니다. 제2차 세계대전 이후의 제도건설 역사를 복기해 보면, 전략적 이해관계와 규범적 합의가 함께 고려될 때, 국제협력이 가장 잘 증진된다는 것을 알 수 있다. 선도국가들이 이해관계와 가치의 문제를 어떻게 협상하고 어떤 근거로 제도적 결과를 성취하느냐가 중요하다. 강대국의 기본적 요건은 책임성의 원칙을 지키는 것이다. 일부 학자들이 제안한 것처럼, 관리 책임성의 개념은 협상 당시의 단기적 이익을 넘어 비전을 달성할 수 있는 추가적인 수단을 제공한다.[4] 이것은 명확하게 구분된 역할과 책임성에 근거한 공동의 목표나 임무에 대한 합의를 필요로 한다. 이러한 의미에서, 글로벌 거버넌스는 선도 국가 간 국력과 책임성이 얼마나 균형을 잘 이루고 있느냐에 달려 있다. 여기서 선도국가란 반드시 강대국을 의미하는 것은 아니며(강대국은 종종 집단적 책임성을 희생시킨다) 국익과 국제적 의무 사이의 균형을 강화하는 방식으로 행동할 용의가 있는 국가를 의미한다.

국제관계 연구에서 되풀이되는 논쟁은 강대국과 책임성의 관계로, 이는 1960년대와 1970년대 역사학자, 사회학자, 영국학파의 국제관계 학자들의 연구로 거슬러 올라간다.[5] 불(Hedley Bull)의 강대국 책임성 개념은 물질적 우위가 가장 중요하다는 현실주의의 전제를 받아들이면서도 국제질서 유지를 위한 '특별한 권리와 의무'를 강조한다. 특히, 강대국 책임성은 지도자가 승인하고 타국 및 그 국민에게도 인정받는 국력의 한 부분이다.[6] 1990년대 후반부터 학자들은 중국의 부상하는 국력과 국제적인 책임성에 관심을 돌렸다. 2001년 처음 출간된 『중국외교정책에서의 국력과 책임성(*Power and Responsibility in Chinese Foreign Policy*)』이라는 제목의 책에서 장(Yongjin Zhang)과 오스틴(Greg Austin)은 책임있는 행동과 무책임한 행동 사이의 첨예한 이분법을 피하는 중국의 대안적인 개념적 접근법을 설명했다. 풋(Rosemary Foot)은 중국이 책임있는 강대국에 관한 지배적인 개념을 공유하지 않는다고 주장하면서, 장과 오스틴이 소개한 대안적인 개념적 접근법을 옹호했다. 그녀의 견해에 따르면, 중국은 이념적으로 동질적인 국가들과 동맹을 구축하는 것과 국제 지배체제 안에 명확히 규정되어 있는 기존의 규범을 수용하는 것, 이 두 가지 상반된 목표 사이에 놓여 있다.[7]

중국의 학술 문헌은 중국이 국제문제에서 어떻게 더 책임감 있는 역할을 할 수 있는지에 대해 논쟁을 일으킬 수 있는 상반된 아이디어로 가득 차 있다.[8] 최근까지도 글로벌 거버넌스 개념은 중국의 학계와 정책 써클에서 충분히 받아들여지지 않았다. 실제로 중국의 전통적인 정책 기조는 회의적이었다. 국제관계에서 난무하는 권력정치에 대한 우려 때문에 중국은 글로벌 거버넌스 의제에 관여할 엄두를 내지 못하고 있었다. 수년 동안 글로벌 거버넌스는 중국의 급부상을 제한하기 위해 서방이 고안한 것으로 간주되어 왔다. 또한 비대칭적인 세계에서 중국의 지위를 복원해야 하는 보다 근본적인 목표와 비교하면 글로벌 거버넌스는 주변적인 것으로 치부되어 왔다.

무엇보다 중국 입장의 중심에는 정치가 있었다. 중국의 관점에서 보면, 탈냉전 시대의 글로벌 거버넌스는 자유민주주의라는 서방의 가치와 불가분의 관계였다. 그 결과, 중국은 국제적인 책임성이 공유된 정치적 가치에 기초한다는 개념에 대해 방어적인 입장을 취해 왔다. 보다 최근에는 세계화가 강조되면서 중국정치 담론이 글로벌 도전과제에 대처하는 쪽으로 옮겨가기 시작했다. 글로벌 거버넌스 의제는 더 이상 중국의 부상을 억제하는 서방세계의 트로이 목마로 간주되지 않았고, 대신 국제무대에서 중국의 이익과 가치를 투사하는 유용한 메커니즘으로 여겨지게 되었다. 오늘날, 중국의 국제 규칙제정 접근법은 구조적 조건의 변화 및 중국에 유리한 국력분포의 변화를 반영하고 있다. 또한 개발도상국과 비서방 국가들의 빗발치는 요구사항까지도 반영하려는 포괄적인 국제질서를 지향하고 있다.

다자주의로부터 일보후퇴한 미국과 반대로 중국은 글로벌 거버넌스를 적극 옹호하고 있다. 이러한 중국의 행태가 단순히 기회주의적인 것인지에 대해서는 더욱 면밀히 검토할 가치가 있다. 중국의 행태를 기회주의적으로 보는 시각은 오해의 소지가 있다. 왜냐하면 이러한 시각은 시간이 지날수록 거버넌스 제도에 중국이 통합되는 양상을 무시하고 있기 때문이며, 국제문제를 주도하는 중국의 역할이 시진핑 시기에 들어 강화되고 있는 전략적 전환을 과소평가하기 때문이다.

글로벌 거버넌스에서의 중국의 주도적 역할

글로벌 리더십을 쟁취하려는 중국의 변환적 행태는 지난 10년 이상에 걸쳐 점진적으로 전개되어 왔다. 2000년대 중반부터 중국의 대외정책 담론은 국제문제에서 중국이 할 말을 해야 한다는 쪽으로 수렴되기 시작했다. 국제제도에서 중국의 존재감은 글로벌 정책이 수립되는 경제, 안보, 법적 영역으로 더욱 광범위하게 확대되었고, 국제레짐 참여가 강화되었다. 특히 글로벌 금융위기는 서방 중심의 경제 거버넌스 모델의 정당성이 퇴조하는 상황을 조성했고 중국이 리더십을 쟁취할 수 있는 계기를 마련했다. '남남협력(南南合作)'은 중국의 세계 기여도를 과시할 수 있는 국가적 과제가 되었다. 따라서 국제문제를 보다 공정하고 정의로우며 평등하게 다룰 거버넌스체제를 만들기 위해 개발도상국을 대표하여 행동하겠다는 오래된 약속은 남남협력을 통해 다시 활력을 갖게 되었다.

시진핑의 전략적 전환

시진핑의 중국은 글로벌 거버넌스체제에 편승하기보다는 체제 자체를 바꾸는 전략을 채택했다. 이 접근법은 중국의 이익과 가치를 방어하면서 동시에 글로벌 거버넌스의 개혁을 주도함으로써 소수보다 다수에게 이익을 가져다주는 것을 목표로 한다. 중국이 글로벌 개발 의제를 적극 후원한다는 것은 세계의 번영을 목표로 하는 유엔에서 중국의 영향력이 커지고 있음을 의미한다. 2013년 9월에 개최된 유엔총회에서 왕이(王毅) 중국 외교장관은 "중국의 입장을 알리고, 중국의 지혜를 제공하며 중국이 고안한 해결책을 제안하는 것은 물론, 더 많은 글로벌 공공재를 지원하겠다"고 발언함으로써 글로벌 거버넌스에 대한 중국의 새로운 접근법을 소개하고 적극적인 참여를 약속했다.[9]

시진핑 주석은 2015년 9월 유엔총회에서 처음으로 주권 평등, 문명 간 대화, 상생 협력, 분쟁의 평화적 해결을 바탕으로 한 '인류운명공동체(构建人类命运共同体)'라는 비전을 제시했다.[10] 또한 그는 글로벌 공공재 제공을 위한 중국의 지원을 거듭 강조하면서, 8,000명의 유엔 평화유지군 상비병력 제공(2017년 9월 등록 완료), 아프리카 작전을 위해 아프리카연합(African Union)에 1억 달러 기금 제공, 10억 달러 규모의 중국-유엔 평화개발기금(China-UN Peace and Development Fund) 설립 등을 발표했다.[11] 중국은 책임강국으로서의 역할과 관련해 유엔의 2030 지속가능발전 의제를 적극 수용하였고, 밀레니엄 개발목표(Millennium Development Goals, 2000~2015년)에서 정한 대부분의 목표를 달성한 유일한 개발도상국이라는 긍정적인 평가를 받았다.

인류운명공동체라는 아이디어는 1955년 4월 반둥아시아아프리카회의와 그 결과로 생긴 소위 '반둥 정신(Bandung spirit)'으로 거슬러 올라갈 수 있다. 인류운명공동체는 서방 중심의 민주적 보편성 개념을 무력화시키고, 다양한 정치체제 간의 평등을 옹호하는 평화공존 원칙에 입각해 세계를 재편하려는 열망이 반영된 것이다. 이 아이디어는 또한 공통의 문화유산을 강조함으로써 중국 본토와 대만 간의 정치적 분열을 완화하기 위한 수단이었다. 사실상, 이는 전 세계 청중들을 위해 재창조된 아시아 중심적인 생각이다.

'인류운명공동체'는 2012년 11월 중국공산당 18차 전국대표대회(당대회 – 역자 주) 보고서에 처음 등장했는데, 시진핑이 2017년 1월 제네바 유엔사무소에서 한 연설을 통해 더욱 구체화되었다. 그는 연설에서 "모든 국가가 공동으로 세계의 미래와 국제규칙을 만들고, 글로벌 문제를 관리하며, 개발 성과를 함께 공유해야 한다"고 말했다.[12)]

내부적으로는 2014년 11월에 개최된 중국공산당 중앙위원회 대외업무회의에서 글로벌 거버넌스에 대한 중국의 개혁적 접근법이 처음 논의됐다.[13)] 이 회의는 특히 세계경제와 관련된 국제 규칙제정을 중국이 주도함으로써 글로벌 거버넌스체제를 개혁해야 한다고 강조했다. 2년 뒤 시진핑 주석은 중앙정치국 회의에서 사이버, 해양, 극지방, 반부패, 기후변화, 우주와 같이 새롭게 대두되는 사안 관련 규칙을 구체화하는 글로벌 거버넌스에서 중국이 맡게 될 역할을 논의했다. 2018년 6월에 개최된 중국공산당 중앙위원회 2차 대외업무회의에서는 글로벌 거버넌스가 공정성과 정의의 원칙에 부합하도록 중국이 개혁을 주도해야 한다는 데 의견을 모았다.[14)] 중국공산당의 이러한 새로운 결정에 따라, 중국 엘리트들은 이제 세계를 관리하기 위해 권위주의적 국가주의 규범을 적극 활용하고 있다. 이러한 변화의 이면에는 글로벌 거버넌스와 관련된 시진핑의 전략적 전환이 있었다.

중국이 후원하는 제도 및 규범

중국이 국제제도에 관여하기까지는 오랜 시간이 걸렸다. 제2차 세계대전 직후 중화인민공화국이 수립되고 나서도 30년이 지난 1979년에야 이르러 덩샤오핑(鄧小平)이 개혁개방정책을 발표하면서 중국의 국제제도 관여가 시작되었다. 일반적으로 중국의 주도적 역할은 미미했다. 중국의 역할은 사회적, 경제적, 문화적 문제와 관련해서는 두드러졌지만 안보와 인권문제에서는 그렇지 못했다. 중국은 여전히 유엔의 시민·정치적 권리에 관한 규약(UN Convention on Political and Civil Rights)을 비준하지 않고 있다.

지난 10년 동안 중국의 유엔 활동은 경제 및 법률 문제에서 더욱 두드러졌다. 장타오(張濤) 전 중국 중앙은행 부행장은 2016년 국제통화기금(IMF)

부총재로 임명됐다. 이샤오준(易小准) 전 상무부 차관은 2017년 WTO 사무차장에 연임됐다. 그리고 2014년에 자오허우린(趙厚麟)이 국제전기통신연합의 사무총장으로 선출되었다. 2011년 아시아 여성 최초로 국제사법재판소(ICJ) 부소장에 쉐한친(薛捍勤)이 임명된 것도 국제법무 분야에서 중국의 영향력이 커지고 있음을 시사한다. 이외에도 많은 중국 인사들이 현재 국제해양법재판소(가오즈구오), WTO의 상소기구(홍자오) 및 국제법위원회(황휘캉)에 참여하고 있다. 미국과 마찬가지로 중국은 국제형사재판소(International Criminal Court) 가입국은 아니다.

멍훙웨이(孟宏偉) 인터폴(INTERPOL) 총재가 2018년 뇌물과 부패 혐의로 중국에서 체포된 것은 일당 지배하의 중국법이 국제기구의 청렴성과 배치되지 않는다는 것을 시사한다. 또한, 이것은 중국의 중앙기율검사위원회(Central Commission for Discipline Inspection)가 세계 제1의 법 집행기관을 상대로 한 사건이다. 새로 구성된 중국공산당 국가감독위원회가 최고인민법원 위에 자리하고 있다는 점도 내부적으로 시사하는 바가 크다.[15)]

중국의 국제제도 후원은 지역 차원에서 가장 눈에 띈다. 전 중국국제금융공사 회장인 진리췬(金立群) 주재로 2016년 아시아인프라투자은행(AIIB)이 설립된 것은 개발자금의 흐름에 영향을 미치고자 하는 중국의 경제적 능력과 의지를 상징했다. 이것은 IMF에서 중국의 의결권이 확장되는 것에 반발하는 미국에 대한 대응이자 '윈윈(win-win)' 공식(개발도상국은 인프라 구축, 중국은 영향력 제고 - 역자 주)에 의거 중국의 경제적 이점을 활용하려는 열망을 반영했다. 베이징에 본사를 두고 200억 달러 안팎의 납입자본을 보유한 AIIB는 현재 에너지 및 운송 프로젝트를 진행하고 있으며, 향후 수도시설과 정보통신기술(ICT) 부문으로 확대할 계획을 갖고 있다. 중국이 가입한 브릭스(BRICS) 주도의 신개발은행(NDB: New Development Bank)은 동등한 의결권을 보장하고 있다. NDB는 상하이에 본사를 두고 있으며 초기 가입 자본은 500억 달러, 수권자본금은 1,000억 달러다. 지금까지 프로젝트에 대출된 자금은 주로 브릭스 국가 내의 재생에너지와 인프라에 집중되어 왔다. 반면, 2014년 말 설립된 400억 달러 규모의 실크로드 펀드는 러시아, 중앙아시아, 파키스탄의 일대일로 및 인프라 프로젝트와 직접적으로 연결되어 있다.

일대일로가 상호 이익이 되는 진정한 대륙 간 거버넌스의 새로운 방향을 제시할 수 있을지는 아직 미지수다. 여러모로, 일대일로는 중국이 세계적 거버넌스에 얼마나 공헌할 수 있을지를 판가름하는 시험대가 될 것이다. 일대일로의 운영원리인 비공식성이 더 많은 자발적인 집단행동을 유도할 것이라고 보는 의견도 있다. 그러나 이 프로젝트에는 무역과 투자 및 국제평화와 안보에 관련된 명확한 규칙이 없다는 것을 간과해서는 안 된다.

안보 영역에서 중국은 집단안보기구라기보다는 공동이익 증진 플랫폼인 상하이협력기구(SCO)를 적극적으로 후원하고 있다. 중국은 또한 아시아 교류 및 신뢰구축회의(CICA) 의장직을 능수능란하게 활용하여 아시아 연대, 상호이익, 공동발전을 위한 새로운 국제안보 접근법을 추진하고 있다. 무엇보다 중국은 이들 국가와 전략적 동반자관계를 맺어 미국 주도의 동맹체제에 대응함으로써 전략적 동반자관계의 중요성을 국제적으로 환기시키고 있다.

중국의 주도적 역할

글로벌 거버넌스에서 주도적 역할을 하고자 하는 시진핑의 새로운 야심은 다음의 세 가지 주요 동기에 바탕을 두고 있다.

1. 글로벌 차원에서 중국의 이익을 방어하기 위해
2. 제도건설에 있어 중국의 전략적 역할을 강화하기 위해
3. 글로벌 강국으로서의 역할을 정당화하는 중국의 규범적 목소리를 넓히기

위해

지금부터는 중국의 리더십에 대한 더 자세한 설명을 위해 글로벌 정책의 핵심 영역을 살펴보겠다.

국제무역 및 투자

중국이 세계 무역체제에서 큰 지분을 갖고 있는 것은 자명하다. 2017년 중국은 세계 최대 무역국이 됐다 (4조 1,000억 달러로 추정).[16] 장기간의 협상 끝에 중국은 2001년 WTO에 가입했다. 개발도상국가임에도 불구하고 중국은 엄격한 가입 의정서에 합의했다. 가입 후 15년이 지나면 자동적으로 주어지는 시장경제지위** 조건에도 불구하고, 미국, 유럽연합, 캐나다, 일본, 멕시코 등에서는 여전히 중국의 시장경제지위가 인정되지 않고 있다. 이 때문에 중국의 기업들은 교역상대국들의 많은 반덤핑 조치에 직면해 있다. 실제로 중국은 WTO 분쟁조정제도에서 — 미국 152건, EU 85건에 이어 — 세 번째로 많은 43건의 무역분쟁을 겪고 있다.[17]

WTO에서 중국의 성과는 상당히 좋은 편이다. 분쟁을 중재하기 위한 제3자로서 많은 활동을 했고 (총 164건), 또한 개발도상국들이 우려하는 부분들을 앞장서서 해결했다. 사실 중국의 이러한 활동은 WTO에서 중국의 이익을 보호하기 위한 학습과정이기도 하다.

글로벌 무역레짐이 혼란에 빠지게 된 것은 2018년 트럼프 주도의 미중 무역분쟁에서 비롯됐다. 이는 세계 주요 경제대국들 사이에 강력한 합의가 이루어지지 않을 경우 제도가 얼마나 빨리 붕괴될 수 있는지를 효과적으로

** 역자 주) A국의 제품가격, 임금, 환율 등이 시장의 자율성에 의해 결정된다고 B국이 인정할 때 B국이 A국에게 부여하는 지위를 말한다. 정부보조금을 받아 저렴한 가격으로 수출하는 덤핑을 규제하기 위해서 도입된 개념이다.

일깨워준다. 지난 10년간 양국 무역적자는 2008년 2,680억 달러에서 2018년 3,440억 달러로 늘어났다.[18] 무역 규제를 둘러싼 미국과 중국의 맞불 대응은 사실 표면적일 뿐이고 그 저변에는 시장경쟁에 파고드는 중국의 기술민족주의를 둘러싼 갈등이 있다. 많은 국가들이 전략산업을 보호하는 산업정책을 시행하고 있지만, 중국제조 2025(中国制造2025)는 투명성과 지속가능성이라는 높은 국제 기준을 충족시키지 못하고 있다. 특히 지적재산권 보호와 관련한 중국의 지지부진한 개혁은 중국식 발전모델이 점차적으로 자유시장경제의 규칙을 약화시킬 수 있다는 우려를 가중시키고 있다.

또한, 중국의 세계경제 잠식은 국제무역레짐에 대한 국가별 입장 차이와 레짐 자체에 내재된 취약점을 드러내고 있다. 디지털 경제와 관련된 규칙은 아직 존재하지 않는다. 특히 상업적 거래와 국가안보 간 구분이 상당히 모호해지고 추후 논의하게 될 사이버 스파이가 증가함에 따라 디지털 경제 규칙의 부재로 인한 문제는 더욱 심각해지고 있다. WTO에서 국가안보문제는 회원국의 재량에 달려 있다. 따라서 개별국가의 국내법이 점점 더 국가 간 상호작용에 영향을 주고 있다. 최근 중국은 인터넷 통제에 대한 우려에도 불구하고 새로운 디지털 무역협정 회담에 참여하기로 결정했다. 다자주의에서 한발을 뺀 미국과의 전략적 경쟁이 고조되는 상황에서 중국은 미국의 공백을 채우기 위해 다자간 무역체제를 강화하려 하고 있다.

오늘날 세계경제 거버넌스에서 가장 빈약한 분야는 다자간 투자레짐이다. 투자자 보호와 국가 개발권 간의 타협이 본질적으로 어렵다는 것은 익히 잘 알려져 있다. 이 때문에 1948년 브레튼우즈(Bretton Woods)체제가 수립된 이후부터 투자 자유화를 둘러싼 국제협상은 지체되어 왔다.[19] 외국인 투자 유치의 필요성과 맞물려 지난 20년간 개발도상국들은 외국인 투자에 대한 상호협약을 체결하는 데 앞장서 왔다.[20] 보다 최근에는 문호를 개방하라는 국내적 압박 때문에 투자 자유화의 속도가 탄력을 받고 있다. 1999년 양자투자조약(BITs: bilateral investment treaties)의 수는 총 1,857건이었고,[21] 20년 후 그 수는 2,363건으로 증가했다.[22] 중국은 현재 BITs 128건으로 세계 선두를 달리고 있고, 체코(113건)가 그 뒤를 잇고 있다.[23]

이러한 양적 증가와 더불어 보다 중요한 것은 양자 및 다자간 경제 관리 협정 전반에 걸친 질적인 수준이다. 환태평양경제동반자협정(TPP: Trans-Pacific Partnership)은 무역과 투자에 영향을 미치는 국내 규제를 해결하기 위해 선진적인 자유무역협정(FTA: Free Trade Agreements)을 기반으로 한다는 점에서 기존 다자간 무역협정과는 차별화된다.[24] 미국의 TPP 탈퇴 이후, 높은 수준의 경제협력을 제도화할 지역통합체의 등장 가능성은 당분간 낮을 것이다. 베이징 소재 중국외교학원(China Foreign Affairs University)의 리셩리가 언급했듯이, 중국은 높은 수준의 무역 및 투자 자유화가 초래할 문제 때문에 TPP와 같은 협정에 참여할 유인이 제한적이다.[25] 중국의 무역 관련 노동 및 환경 규제 역시 기존의 국제기준에 부합하지 않는다.

그러나 점진적으로 개방하는 지역주의 추구와 관련해서는 중국의 주도적 역할이 더욱 가시화되고 있다. 이는 매우 높은 수준의 구속력 있는 규칙을 제도화하고자 했던 TPP 접근 방식과는 대조적이다. 중국은 점진적인 개방적 지역주의라는 대체적인 저비용(정치경제적 개혁이 수반하는 비용이 낮다는 의미 – 역자 주) 모델을 제시하는 아세안 주도의 역내포괄적경제동반자협정(RCEP: Regional Cooperation Economic Partnership) 구상을 지지해왔다. 지리적으로 광범위한 아시아태평양자유무역지대(FTAAP: Free Trade Area of the Asia-Pacific)도 무역자유화와 투자를 촉진할 수 있는 신뢰할 수 있는 기제로 꼽힌다. 실제로 2014년 APEC 포럼에서 시진핑 국가주석은 FTAAP 추진을 위한 지원을 발표했다.[26]

대륙 연결망인 일대일로는 중국의 국력을 활용해 중국 국경을 넘어 다양한 혜택의 제공을 약속하고 개방적 세계경제를 구축하는 보다 체계적인 접근방식이다. 문제는 현재까지 중국이 일대일로를 위해 제공한 대출이 기존의 국제법이 요구하는 최소한의 법적인 안전 및 규제 기준을 충족하지 못하고 있다는 점이다. 앞서 논의한 바와 같이, 전반적으로 중국이 후원하는 다자간 금융기관들은 중요한 재정적 기여를 하고 있지만, 진정한 재정·경제·환경적 지속가능성으로의 전환을 촉진하는 데 있어 아직까지는 그 가치를 입증하지 못하고 있다.

중국이 다른 수단을 통해 개방적인 세계경제를 구축하려는 주된 동기는 외세 의존도를 낮추는 것이다. 이것은 경기가 둔화되고 있는 중국으로서는 받아들이기 힘든 기술이전 조건을 거부하거나 서방세계가 지배하는 국제기구를 대체하는 기구를 만드는 것이다. 중국은 정치적으로 유연한 대처를 어렵게 만드는 구속력 있는 협정에 서명하는 것을 꺼려왔다. 중국의 해외투자 접근법은 그간 외국인 투자를 수용하면서 겪은 경험을 바탕으로 하고 있다. 가령, 중국인들은 정부가 국가발전의 최종 결정권자가 되어야 한다고 생각한다. 자립은 중국의 경제적 성공에서 입증되었고 중국은 그러한 생각이 세계적으로도 입증될 것이라고 보고 있다. 이런 점에서, 중국 때문에 높아지고 있는 저개발국의 부채문제에 대한 우려와 불만이 종종 무시되는 것은 놀랄 일이 아니다.

중국이 가장 안주해 왔던 무역과 투자는 미국의 강압에 가장 취약한 글로벌 거버넌스 분야 중 하나이다. 2008~2009년 글로벌 금융위기는 중국이 자유주의적 규칙기반 거버넌스체제로부터 어느 정도의 혜택을 받았는지를 부각시켜 주었다. 국내 압박이 거세지는 상황에서 중국 지도부가 보다 책임 있는 세계경제 리더십을 발휘하게 될 지는 복잡한 문제다. 이념적 이유로 공개와 투명성의 거버넌스 원칙이 완전히 받아들여지지 않고 있기 때문에, 소위 중국식 사회주의 시장경제의 약점은 물론 강점 또한 인정받기 어렵다. 자신의 이념적 관점과 무관하게, 중국은 글로벌 경제거버넌스에서 더 많은 책임성을 보여 주어야 한다. 즉, 평등한 책임성의 분담에 호소하기보다 세계를 선도하는 경제 강국으로서 더 많은 책임을 져야 한다.

인도적 주권개입 및 평화유지

국제평화와 안보의 거버넌스 영역에서, 중국은 유엔 평화유지에 대한 역할로 국제적인 명성을 얻었다. 한때 제국주의 야망의 무기로 여겨졌던 평화유지활동에 중국이 참여한 횟수는 지난 20년간 기하급수적으로 증가했다. 2018년에 중국은 유엔 평화유지 예산의 10.25퍼센트를 담당함으로써 10대 기여국 가운데 2위를 차지했다 (참고로, 미국은 28.47퍼센트).[27] 중국은 1992년 유엔 캄보디아과도통치기구(UNTAC: UN Transitional Authority in Cambodia)에 공병대를 처음 파병했다. 이는 집단 학살을 자행하는 폴포트(Pol Pot) 정권에 대외원조와 군사지원을 제공했던 과거 이력에 비추어 볼 때 중요한 상징적 행위였다.[28] 역사적으로 볼 때, 중국 남부지역 주변부에 대한 지정학적 셈법이 인도주의적 관심사를 압도했었다. 그러나 오늘날 여러 증거를 종합해보면, 중국 기술자와 의료 담당자들이 중립적인 입장을 취함으로써 현지 인식을 바꾸고 있고, 이러한 신뢰구축 과정은 장기적으로 지속될 가능성이 높다.[29]

지난 10년 동안 중국은 아이티에 경찰병력을 파견하고 수단과 콩고민주공화국에 기술자를 파견하는 등 국제 평화유지 활동에 대한 참여를 점차 확대해 왔다. 2013년은 또 하나의 분수령이 되었는데, 170여 명의 중국군 방호중대가 말리 주둔 유엔평화유지군(MINUSMA)에 참여했다. 2018년 말까지 중국은 총 2,515명의 병력 및 군사전문가와 151명의 경찰병력을 유엔 평화유지 임무에 파병했다 (세계 10위).[30] 2015년에 시진핑이 약속한 8,000명 규모의 상비병력이 배치되면 중국은 에티오피아, 방글라데시, 인도를 제치고 유엔군에서 가장 큰 기여국이 된다. 많은 학자들은 중국이 평화유지 임무에 점점 더 관여하는 것을 규범적 변화의 신호로 간주하고 있다. 중국의 해외투자와 중국인 노동자 보호, 평화로운 국제개발환경 유지, 군 현대화 추진, 책임 있는 강대국으로서의 중국 이미지 개선과 같은 이해

관계가 이러한 변화의 배후에 있는 것으로 보인다.[31)]

보다 넓은 차원에서 보면, 평화유지 임무에 대한 중국의 참여는 유엔의 인도주의적 개입의 향후 진로에 영향을 줄 수 있는 정치적 지렛대가 되고 있다.[32)] 인도주의적 위기는 이제 공식적으로 '국제사회의 합법적인 관심사'로 인식되고 있다.[33)] 그러나 중국은 인권 침해에 대해 국가의 책임을 묻는 주권에 대한 새로운 생각(R2P라고 줄여 부르기도 하는 responsibility to protect, 즉 보호책임 – 역자 주)을 위험한 것으로 인식하고 있다. 현재까지 중국은 유엔 안전보장이사회의 승인과 개입 대상국의 동의하에 민간인을 보호하기 위한 일부 개입을 지지하긴 했지만, 이것은 소신보다는 실용주의에 입각한 최소한의 입장 표명에 불과했다. 때문에, 리비아, 시리아, 우크라이나, 예멘의 위기 대응을 둘러싼 혼란은 여전히 존재하고 있고, 보호책임과 관련해 국제사회는 깊이 분열되어 있다.

달라진 것이 하나 있다면 그것은 해외에서 중국인을 보호하겠다는 새로운 다짐이다. 2011년 2월 리비아 당국이 시위대에 무력을 사용해 폭력사태가 번지자 중국은 1970년의 유엔 안보리결의안을 언급하면서 보호책임을 주장했다. 당시 중국정부는 이 지역에 약 3만 6,000명의 중국인이 거주하고 있다는 사실을 파악하고 심각한 딜레마에 빠졌다. 긴급 소개(疏開) 후, 중국정부는 분쟁 당사국들과 외교적으로 평화적 해결을 모색하는 한편, 자국의 상업적 이익도 보호했다. 이 사건 이후 국가를 국민의 위대한 수호자로 내세우려는 애국적 캠페인이 이제 대중문화에 스며들기 시작했다. 2017년 개봉한 〈전랑(战狼) 2〉에는 렁펑(현대판 마오쩌둥)이 아프리카에서 외국 용병에게 납치된 중국 의료 종사자들을 구출하는 특수요원으로 등장한다. 이 영화는 중국에서 역대 최고 흥행작이었다.

유엔 안보리의 상임이사국인 중국은 글로벌 인도주의적 의제를 수립하는 독특한 위치에 있다. 중국은 다른 신흥 강대국들과 차별되는 국제평화 및 안보의 유지와 관련된 특수한 책임을 지고 있다. '강대국 만장일치 원칙

(Great Power Unanimity)'에 입각한 안보리에서의 의사결정 거부권은 국제사회의 개입에 상당한 영향을 준다.[34] 중국은 2007년 미얀마에 대한 안보리 제재에 거부권을 행사했고, 2011년 10월, 2012년 2월, 2012년 7월 세 차례에 걸쳐 시리아 반정부 세력에 대한 폭력 진압을 규탄하는 결의안 초안을 부결시켰다. 2014년 러시아의 크림반도 합병은 중국에게 진정한 딜레마를 안겨주었다. 시진핑 지도부는 전통적인 국가주권을 손상시키는 분리주의 운동을 지지할 것인지 아니면 우크라이나의 민주화에 반대하는 러시아와 연합전선을 구축할 것인지 사이에서 판단을 내려야 했다. 그러나 당시의 에너지 이해관계 때문에 중국은 러시아와의 전략적 제휴를 선택했다.

이념적 이유와 경제적 이유 때문에, 중국은 인도적 주권개입에 대한 보수적인 입장을 견지할 가능성이 높다. 그러나 방어적인 자세를 장기간 유지하는 것은 부담스럽고 힘들 것임이 분명하다. 중국이 이미 파병한 지상군 병력은 여러가지 위험에 노출되어 있다. 예를 들어, 말리 주둔 유엔 평화유지군(MINUSMA)은 '위협을 억제하고 필요한 경우 무장세력의 복귀를 막기 위해 적극적인 조치를 취해야' 한다.[35] 2016년 5월 말리 북동부 가오(Gao)에 있는 유엔 평화유지군 기지가 이슬람 극단주의자들의 박격포 공격을 받았다. 이 공격으로 평화유지군 소속 중국군 1명이 사망하고, 5명이 다쳤다. 몇 달 후, 남부 수단에서 평화유지군 차량이 로케트 추진 수류탄 공격을 받았는데 이때 중국군 2명이 사망했다. 이러한 사건들은 중국이 유엔의 강력한 조치를 더욱 지지하도록 하고 있다.

시간이 지남에 따라 복잡한 인도주의적 작전에 중국이 더 깊이 관여할수록 평화유지작전의 개혁을 주도할 수 있는 중국의 정당성도 강화될 것이다. 특히, 트럼프 대통령이 유엔 평화유지 예산에 소요되는 미국의 분담금을 낮추겠다는 위협을 실행에 옮길 경우 더욱 그렇다. 중국의 존재감이 더욱 두드러지는 분야는 전후 재건과 관련이 있다. 예멘에서 나타난 중국의 역할을 통해 그것을 확인할 수 있다.[36] 중국은 예멘분쟁에 대한 모든 유엔 결의안을 지지하고 유엔이 중재하는 평화 프로세스에 참여했다. 그리고 걸프협력회의(Gulf Cooperation Council)와 함께 살레(Saleh, 예멘의 후티반군 대통령 – 역자 주)가 만수르 하디(Abd-Rabbu Mansour Hadi, 예멘 대통령 – 역자 주)에게 권력을 이양하도록 하는 정치 과정에도 참여했다. 또한, 이란의 지원을 받는 후티(Houthis)반군의 권력 재탈환과 이에 반대하는 사우디의 공습 이후에도, 중국은 비상식량 지원을 하면서도 평화협정을 중재하기 위한 물밑 작업을 계속하고 있다. 최근 예멘의 전후 재건과 일대일로를 연계하려는 노력은 일대일로가 기존의 국제평화 및 안보 구도와 결합하는 방식을 보여주는 증거다.

글로벌 기후변화

기후변화에 대한 중국의 주도적인 역할은 중국의 글로벌 거버넌스 리더십 야망을 평가할 수 있는 궁극적인 시험대이다. 트럼프 행정부의 파리협정 탈퇴 이후, 세간의 관심은 중국이 협정 이행을 보장하고 2020년 이후의 기후행동 의제를 실현시키기 위한 도전과제들을 주도적으로 해결할 것인지에 쏠려 있다. 현실적으로 파리협정이 정치적으로 가속되려면 중국이 단독으로 주도권을 쥐기보다는 공동의 리더십이 발휘되어야 한다. 중국이 운전석에 앉으려는 의지를 피력하긴 했지만, 중국이 기후변화협상에 적극적으로 개입하는 것은 주로 국가발전의 필요성에 따라 추진되었다. 기후변화와 관련된 중국의 주도적 역할이 국내 경제발전의 지속성을 저해할 경우, 이것은 중국공산당의 정치적 자살과 다름없다. 그러나 지도부는 이산화탄소 배출의 부정적 영향을 완화하고 글로벌 기후 적응 의제에 대응해야 하는 증가하는 국제적 의무를 수용하기 위해 여전히 고군분투하고 있다.

유럽연합은 지난 2015년 파리협정을 정점으로 수십년간 기후변화에서 주도적 역할을 해 왔다. 이에 반해, 중국은 이념문제와 아직 개발중인 경제발전 단계를 내세워 기후변화 문제에 소극적으로 대처해 왔다. 중국은 1994년 유엔 기후변화협약(UNFCCC: UN Framework Convention on Climate Change)을 비준했지만 약속 이행에 대해선 신중한 태도를 보였다. 외교정책 용어로, 애당초 기후변화의제는 중국의 개발 공간에 대한 권리를 훼손할 수 있는 서양식 발상으로 해석되었다. 1990년대 들어, 중국 내에서 환경정책이 수립되기 시작했고, 기후변화 대응이 오히려 기술혁신과 청정한 산업현장으로 귀결된다는 인식이 퍼지게 되었다. 그 결과, 환경문제가 중국의 정책 의제가 되었다. 세기가 전환될 무렵까지도, 중국은 부유한 국가들이 환경문제를 다루는 저의를 의심했다. 중국은 공통의 원칙에 의거하여 기후변화에 대처해야 한다는 입장을 견지하면서도 각국의 역량에 따라 국가마다 책임과 기여도가 달라야 한다고 주장했다.

2007년에 중국은 미국을 제치고 세계 최대 이산화탄소 배출국(세계 총 이산화탄소 배출량의 25퍼센트)이 되었다. 1992년 UNFCCC가 체결된 이후 남북(선진국과 개발도상국을 의미 – 역자 주) 간 개발 격차 때문에 기후행동에 관한 권리와 책임이 남북 간 구분되었다는 점을 고려하면, 중국의 엄청난 탄소배출은 이를 줄이기 위한 중국정부와 세계의 노력에 커다란 도전이 되었다. 남북 사이에 낀 신흥 경제대국으로서 중국의 위상은 독특한 것이어서 선진국들 사이의 책임분담 문제를 더욱 악화시켰다. 미국과 중국의 공동 리더십이 난국을 타개하는 데 큰 역할을 했다. 2015년 12월 파리에서 개최된 UNFCCC 당사국 회의에 앞서, 오바마 대통령과 시진핑 주석은 2025년까지 미국의 탄소배출량을 2005년 대비 26~28퍼센트 줄이기로 합의했다. 이는 2005년부터 2020년까지 목표한 감축율의 두 배에 달하는 것이었다.[37] 대신, 중국은 태양열과 풍력과 같은 청정에너지를 전체 에너지 생산량의 최소 20퍼센트로 만들어, 2030년 이후부터는 탄소배출을 감축하겠다고 약속했다. 미국은 개발도상국의 산업전환을 위해 유엔 녹색기후기금(UN Green Climate Fund)에 30억 달러 제공을 약속했고, 중국은 초기 기부금

200억 위안화(31억 미국 달러)로 남남기후협력기금(South-South Climate Cooperation Fund) 설립을 약속했다.[38] 돌이켜보면, 이 역사적인 합의는 미중 양국이 강대국으로서의 책임감을 표명한 최고의 순간이었다.

구속력이 없는 국가 차원의 기여에 기초한 글로벌 기후 거버넌스, 즉 새로운 상향식 접근 방식은 이제 중국의 국내 상황과도 충돌하지 않게 되었다. 재생에너지와 저탄소 경제 분야 세계 최대 투자국인 중국은 탄소배출량 감소라는 글로벌한 추세로부터 상당한 이익을 얻게 될 것이다. 현재 중국은 국제적 지위를 효과적으로 활용하여 탄소강도 감소, 저탄소경제, 생태문명(态文文明)과 같은 새로운 규범을 홍보하고 있으며, 이를 통해 공업 선진국의 공감을 얻고 있다. 동시에 남남협력, 특히 아프리카를 지원하기 위해 리더십을 발휘하고 있다. 폴란드 카토비체(Katowice)에서 열린 2018 UNFCCC(COP24) 회의에서는 중국의 기후변화협상 대표인 시에젠화(解振華)가 파리협정 이행을 위한 이른바 '규정집(rule book)' 협상에서 건설적인 역할을 했다. 다만 변하지 않는 것은 개발도상국의 지위를 유지함으로써 국제적인 책임과 부담을 줄이겠다는 중국의 입장이다.

글로벌 리더십 관점에서 보면, 중국이 기후 부담을 줄이거나 선진국과 개발도상국 간의 책임 격차를 해소하는 등의 강력한 결과를 기대하기는 어려워 보인다. 중국의 독특한 지위를 고려하면 더욱 그렇다. 앞으로 몇 년 동안 중국 개발모델의 광범위한 영향에 대해 더 많은 연구가 필요할 것이다. 정부의 '해외진출(走出去)' 전략에 따라 국제화된 국영기업은 기후 회복을 위한 안전장치를 가져야만 한다. 새로운 실크로드에 놓이게 될 내후성(耐朽性)[**] 인프라 시설이 기후변화에 새로운 도전과제가 될 수도 있기 때문이다. 또한, 세계의 기후 취약 지역에서 수행하는 중국의 군사적 평화유지작전도 기후변화에 새로운 도전과제가 될 수 있다. 이 때문에 중국은 더 많은 책임과 부담

** 역자 주) 각종 기후에 견디는 성질로서 녹슬기 어렵게 만드는 기술이 대표적이다.

을 가져야 한다는 국제적인 압력을 지속적으로 마주하게 될 것이다.

글로벌 사이버안보

사이버 공간을 통제하는 중국의 접근법 역시 국내 감시와 같은 필요성에 의해 시작되었지만, 사실 방점은 국가안보에 놓여 있었다. 시진핑이 중국공산당 총서기에 취임한 2012년 당시만 해도 중국은 사이버 전략 개발에서 다른 주요국에 크게 뒤쳐져 있는 상태에 있었다. 중국은 여전히 외국산 IT 소프트웨어와 운영체계에 크게 의존하고 있었고, 중요한 인프라에 대한 사이버 공격에 대응할 수 있는 조직적인 방어체계도 갖추지 못하고 있었다.[39] 이 때문에 당시 주요 학자들과 정책 분석가들 사이에서는 중국이 앞선 기술을 추격하는 것이 급선무라는 공감대가 형성되었다. 정치적 스펙트럼에서 강경파에 속하는 사람들은 사이버 억제 전략을 채택할 것을 요구했다.[40] 많은 이들은 사이버 공간의 잠재적인 군사화가 우주 및 해양 분야의 전략적 경쟁에 미칠 잠재적 파급효과에 주목했고, 이로 인해 국제평화와 안정이 위태로워질 것이라고 보았다.[41] 중국이 사이버 공간에서 국제 행위의 규칙을 형성하는 데 소극적이었음을 부인하는 사람은 거의 없었다. 리훙이 간결하게 표현한 것처럼, "미래 국제 사이버 시스템은 관련 사이버 표준과 국제법의 틀에 의해 크게 좌우될 것이다. 처음부터 이런 법적 틀과 규칙의 형성에 관여하는 누구든 그는 유리한 위치에 서게 될 것이다."[42]

중국은 단시간 내에 도출된 국내적 합의를 바탕으로 사이버안보 거버넌스의 전략적 주체가 되겠다는 임무를 완수했다. 현재 중국은 시가총액(2018년 3월 기준) 기준으로 텐센트(5,110억 달러, 중국의 인터넷서비스 전문업체 – 역자 주), 알리바바(4,770억 달러), 바이두(880억 달러) 등 세계 최대 기술기업의 본거지가 됐다.[43] 중국은 과학기술 분야에서 큰 발전을 이루었고, 최근 몇 년 사이 정보통신기술(ICT: Information and Communication

Technology) 분야의 국내 혁신 역량도 크게 높아졌다. 8억 명이 넘는 인터넷 사용자를 보유한 국내시장은 혁신적인 역량을 강화하는 데 큰 이점을 제공한다. 따라서 글로벌 사이버 거버넌스에서 리더십을 쟁취하려는 중국의 근본적인 동기는 자체 핵심 인프라를 보호하고, 국내외 ICT 네트워크의 확대를 지원할 수 있는 공정한 표준을 마련하는 것이었다.

중국의 입장이 특히 중요한 이유는 중국이 상대적으로 통제되지 않은 공간에서 다른 국가들과 함께 활동하고 있다는 사실 때문이다. 사이버안보를 구성하는 것이 무엇이고 사이버 공간을 관리하기 위한 규칙, 규범 및 제도의 틀을 어떻게 구축하는 것이 최선인지에 대해서는 아직 글로벌 합의가 이루어지지 않고 있다.[44] 사이버안보와 관련된 보편적인 조약의 시초로 볼 수 있는 것은 유럽 사이버범죄방지협약(현재 62개국이 참여 중)이다. 이것은 2001년에 발효되었고 부다페스트협약으로도 불려진다. 그러나 중국은 러시아 및 인도와 함께 협약에 서명하기를 거부했다. 이 협약은 유럽의 가치만을 구현하고 있고 참여범위가 글로벌하지 않다는 것이 명분이었다. 대신, 중국은 국제전기통신연합(ITU: International Telecommunication Union)이 2007년에 출범시킨 글로벌 사이버범죄 전문가그룹에 참여하여 법적, 기술적, 절차적 조치와 역량 구축 및 국제협력을 다루고 있다.[45]

정보안보는 본질적으로 정보의 흐름을 제어하고, 온라인 콘텐츠의 검열을 확대하며, 네트워크와 컴퓨터의 악용으로부터 방어하는 것을 목표로 한다. 이와 대조적으로, 사이버안보는 중요한 인프라에 대한 사이버 공격, 사이버 공간에서의 공격적 군사작전, 전자(electronic) 스파이 활동, 대용량 데이터 가로채기에 초점을 맞추고 있다.[46] 2015년 제4차 정부전문가그룹(GGE: Group of Governmental Experts)** 회의에서, 당사국들은 국제법

** 역자 주) 국제안보의 하위분야인 정보통신분야에 특화된 정부전문가그룹으로 러시아가 1998년에 제안하여 2004년에 출범했다.

과 유엔 헌장을 바탕으로 사이버 공간에서의 행동 수칙에 대한 합의를 도출하는 데 성공했다. 이 행동 수칙에 의거하여 당사국들은 개방적이고 안전하며 평화롭고 접근 가능한 ICT 환경을 촉진해야 한다. 또한 국가 주권의 원칙과 국가에 귀속되는 부당한 행위에 대한 국제적 의무를 인정해야 한다. 그러나 이후 고조된 정치적 분열로 인해 정부전문가그룹은 두 개의 그룹으로 나뉘었다. 하나는 2015년 기존 합의된 사이버 공간에서의 행동 수칙 적용을 더욱 명확히 하려는 그룹이고, 다른 하나는 새로운 사이버안보조약의 수립을 선호하는 중국 및 다른 국가들로 구성된 그룹이다.

중국은 2011년과 2015년 유엔총회에서 중국과 러시아가 후원한 별도의 국제 정보안보 행동 수칙을 제안한 바 있고, 상하이협력기구(SCO)에서도 사이버안보 관련 협력을 제도화했다.[47] 이 수칙의 초안은 타지키스탄, 우즈베키스탄, 카자흐스탄, 키르기스스탄이 공동 발의한 GGE 2015 행동 수칙에도 등장했다.[48] 이 수칙은 테러리즘, 분리주의, 극단주의의 퇴치를 강조하면서 사이버안보 위협에 대응하는 국가의 역할을 강화하는 데 방점을 두고 있다.[49] 하지만 자유주의적인 사이버 공간 의제와는 대조적으로, 사이버 공간에서의 불법 행위에 대한 국가의 책임 및 표현의 자유는 수칙에서 누락되었다.

중국의 규범적 기여는 주권의 원칙을 사이버 공간으로 확장하고, 평화와 공유 거버넌스 및 공동이익을 바탕으로 한 사이버 거버넌스체제를 구축한 것에 있다.[50] 2017년에 공개된 중국의 사이버 공간 협력을 위한 국제전략에 따르면, 사이버 주권은 다음과 같이 정의된다.

> 국가들은 사이버 개발, 사이버 규제 및 인터넷 공공정책과 관련해서 자신에게 맞는 모델을 선택할 수 있는 서로의 권리를 존중하고, 동등한 입장에서 국제 사이버 공간 거버넌스에 참여해야 한다. 어떤 국가도 사이버 패권을 추구하지 말아야 하며, 다른 나라의 내정에 간섭하지 말아야 하고, 다른 국가의 안보를 훼손하는 사이버 활동에 관여하거나, 묵인하거나 지원해서도 안 된다.[51]

미국이 주도하는 다자적 이해관계자 접근 방식과 달리 중국은 대안적인 국제대화 플랫폼인 우전회의(Wuzhen Conference)를 발족시켰다. 이 회의는 알리바바 본사가 소재한 저장성에서 개최되었다.[52] 세계 각국의 정부와 민간 기업들의 참여를 이끌어 낸 공로로 시진핑으로부터 "중국이 세계에 기여한 가장 큰 공헌 가운데 하나인 우전회의는 사이버 공간 거버넌스의 세계질서를 변화시키기 위해 내디딘 중국의 첫발걸음이다"라는 찬사까지 받았다.[53] 이와 함께 중국의 사이버공간 글로벌 거버넌스 정책은 주로 (1) 정보 및 데이터에 대한 국내 통제 유지, (2) 해외 투자의 경제적 이익을 얻기 위한 ICT의 표준화, (3) 사이버 공간에서의 위험한 군사작전, 국가 및 비국가 행위자에 의한 악의적인 활동 방지에 집중되어 있다.

중국을 강력한 인터넷 강국(网络强国)으로 만든 것은 엄격한 통제에 있다. 중국의 사이버 공간은 페이스북, 구글, 트위터 등 해외 기업과의 경쟁으로부터 보호받고 있으며, 모든 소셜미디어 콘텐츠는 집중 검열되고 있다. 텐센트의 사적 메시지 플랫폼인 위챗(WeChat)은 Sina.com이 제공하는 공개 웨이보(Weibo) 플랫폼보다 중국 정부의 정보감시에 더욱 취약하다.[54] 이 때문에 위챗은 현재 중국에서 가장 대중화된 소셜 미디어 앱이 되었다. 센스타임(SenseTime, 중국에서 가장 큰 인공지능 기업 – 역자 주)이 제공하는 새로운 안면 인식 기술은 국가의 통제 범위를 더욱 강화하고, 법 집행기관이 혼잡한 공공장소에서도 불순분자를 색출할 수 있게 해준다.[55] 크리머(Rogier Creemer)에 따르면, "중국 지도부는 공권력과 기술을 접목시켜 왔다."[56] 실제로, 중국공산당은 이념적 지배를 목적으로 기술을 활용해 왔다.

중국 인구의 50퍼센트 이상이 스마트폰을 소유하고 있고 검열이 도처에 존재한다는 점을 감안하면 중국의 기술기업들은 두 가지 동기를 갖게 된다. 하나는 거대한 내수시장의 혁신적 잠재력을 활용하는 것이고, 다른 하나는 국가의 내부통제에 동참하는 것이다. 중국정부는 2017년 6월 1일에 발효된 사이버안보법이 민간 데이터, 사이버 주권 및 국가안보를 보호하기 위한 것이라고 주장하고 있다.[57] 중국 시민과 (또는) 국가안보와 관련된 민감한 데이터는 국내 서버에 저장되어야만 한다. 데이터 현지화 관행 때문에 외국 기업이 호스트인 경우에도 중국 내 법 집행기관은 개인의 데이터에 접근할 수 있다. 민감한 데이터가 무엇인지에 대한 불명확성 때문에 외국 기업들은 잠재적인 산업 스파이 혐의에 노출되어 있다.[58]

글로벌 사이버 거버넌스와 관련된 핵심 질문은 국내적 선호가 글로벌 규제 표준을 형성하는 데에 얼마만큼의 영향을 미치는가이다. 시진핑은 자신이 고안한 인류운명공동체 개념을 사이버공간으로 확장시켰고, 중국의 ICT 시스템은 국경을 초월한 통신망을 점점 장악하고 있으며, 중국의 정책결정자들은 국제전기통신연합(ITU)을 활용하여 기술 표준에 관한 규칙제정에 적극 관여하고 있다. 여기서 한발 더 나아가 중국은 일대일로의 일환으로 1990년대 고어(Al Gore) 전 미국 부통령이 주창했던 정보고속도로의 21세기 판인 '정보 실크로드'를 추진해왔다. 이것은 민주주의와 자유를 전파하기보다는 자유로운 정보의 흐름, 문화교류, 접근성에 대한 디지털 격차 해소에 초점을 두고 있다. 정보 실크로드는 육상과 해저의 국경을 관통하는 광케이블, 대륙횡단 네트워크 및 위성통신 등으로 구성되어 있다. 이것은 정보의 자유를 보장하는 국제적 합의를 손쉽게 무너뜨릴 가능성이 있다.

여러 측면에서, 사이버 스파이 활동을 둘러싼 미중 간 논쟁 때문에 국가안보와 상업의 관계는 더욱 악화되고 있다. 2015년 9월, 시진핑의 첫 공식 방미 기간 중 오바마 대통령과 시진핑 주석은 상업적 이익을 위해 사이버 스파이 활동을 자제하기로 합의했다. 당시 미 재무부는 시진핑의 방문에 앞서 미국 기업의 IP 및 영업비밀을 도용한 중국기업 및 공무원에 대한 제재를 승인하는 행정명령 13694를 준비 중이었다.[59] 당시 미 법무부는 이미 2014년 5월 웨스팅하우스 스틸(Westinghouse Steel) 등 미국 기업의 기밀을 빼돌린 혐의로 중국인민해방군 장교 5명을 기소한 바 있다.

최근 몇 년간 중국에 대한 비난이 거세지면서, 미국은 기술 수출을 금지하거나 국가안보에 위험을 초래할 것으로 간주되는 외국의 기술장비를 미국 기업이 구매하는 것을 차단했다. 2018년 8월 미 국방부는 세계 굴지의 통신업체 화웨이와 ZTE가 생산한 장비의 미국정부 사용을 불허했다. 화웨이의 5G 무선 네트워크 독점은 ICT 시스템의 진정성(감시받지 않는 자유로운 정보흐름에 방점을 두는 것 – 역자 주)을 유지하려는 모든 국가의 우려를 자아내고 있다. 특히 민주적 자유주의 국가의 경우엔 더욱 그러하다.

사이버 공간에서의 악의적 활동 방지와 관련해 중국은 목표 대상국이자 잠재적 공격국이다. 일례로 Window XP 운영체계에 의존한 탓에 2017년 5월의 워너크라이(Wannacry) 랜섬웨어 공격으로 인한 피해가 막대했다.[60] 2014년 소니픽쳐스에 대한 북한의 사이버 공격 의혹이 불거졌을 때 중국은 어느 일방의 편을 들지 않았다. 이처럼 주체를 식별하기 힘든 사이버 공격 문제에 대해 중국은 모르쇠로 일관하는 경향이 있다.[61] 중국은 정치 연합체에 가입하는 것도 자제하고 있다. 왜냐하면, 사이버 공간에서 식별된 위법행위를 제재할 수 있는 국제레짐이 부재한 상황에서, 정치적 연합체가 국제레짐의 역할을 대신하고 있기 때문이다. 즉, 정치적 연합체에 소속된 국가들이 상호 간 정보공유를 통해 사이버 공격의 주체를 식별하는 데 적극 관여하고 있기 때문이다. 예를 들어, 2018년 2월 7개국(미국, 호주, 캐나다, 덴마크, 에스토니아, 리투아니아, 영국)이 낫페트야(NotPetya) 사이버 공격의 주체로 러시아를 지목했다.

이와 완전히 반대로, 자율살상무기 문제에 있어 중국은 세계와 의견일치를 보이고 있다. 중국은 과도하게 해를 끼치거나 무차별적인 영향을 미칠 수 있는 특정 재래식 무기의 사용 금지 또는 제한에 관한 유엔협약(1982년에 비준됨)의 당사국이다. 중국은 또한 자율살상무기체계(LAWS: lethal autonomous weapons systems) 분야의 신기술에 대한 정부전문가그룹(GGE)의 일원이기도 하다.[62] 중국정부는 기존의 인도주의적 법(1982년의 유엔협약 – 역자 주)이 완전한 자율성, 무차별적 효과, 딥러닝 등의 특징을 보유한 LAWS

에도 적용되어야 한다는 국제사회의 입장에 동조하고 있다.[63] 그러면서 26개 국가들과 함께 자율살상무기 사용의 전면 금지를 지지하고 있다.[64] 오히려, 미국과 러시아가 그러한 무기의 사용 금지를 반대하고 있다.

중국은 글로벌 거버넌스의 책임있는 리더인가?

정리하면, 이 장은 국력과 책임성의 개념적 관계에 초점을 맞추고 있다. 이러한 초점은 확대되고 있는 중국의 글로벌 거버넌스 상호작용을 둘러싼 논쟁을 분석하기 위한 틀이다. 현재 중국이 선호하는 사상, 이익, 가치를 단호히 밀어붙여 글로벌 의제를 실질적으로 구체화하는 과정에 있다는 것은 분명하다. 그러나 중국의 구조적 힘만으로는 국제 행위의 규칙을 쉽게 변경하지 못한다. 그리고 국제규칙제정의 수립에 있어서 빠져나갈 여지가 있는 합의를 선호하는 것은 중국이 국제 책임의 원칙을 어느 정도 준수하고 있는지를 가늠하기 어렵게 한다. '핵심이익(核心利益)'과 중국공산당체제의 안보를 지키고, 국제제도 내에서 중국의 위상을 강화하며, 국제적 공동책임이라는 다원주의적 비전을 실현하는 것이 중국이 글로벌 거버넌스에 관여하는 목적이다. 본질적으로 이것은 글로벌 특성을 가진 국가가 자기 강화(强化)를 실현시키는 방법이다.

시진핑 정권 하에서 중국이 글로벌 거버넌스 개혁을 주도하는 것으로 외교정책적 대전환을 한 것은 자유주의에 입각한 국제질서의 지배력을 상쇄하는 것과 직접적으로 관련이 있다. 적어도 이 장에서 제시된 사례들에 근거해서 볼 때, 중국이 채택한 투트랙(dual-track) 접근 방식[**]은 평화유지,

** 역자 주) 중국에 유리한 국제레짐에는 적극 동참하되 불리한 국제레짐에는 동참 대신 대안을 만드는 방식이다.

분쟁 후 재건, 탈탄소 경제, 자율살상무기와 같은 특정 영역에서 국제사회와 보조를 맞출 것으로 보인다. 그러나 보다 엄격한 국제적 행동 수칙이 없는 상황에서, 중국이 꿈꾸는 인류운명공동체가 중국의 글로벌 경제 야망에 대한 국제사회의 점증하는 우려를 불식시켜 줄 것 같지는 않아 보인다. 자유주의 국가들이 가장 우려하는 것은 중국이 우전회의와 같은 기존의 거버넌스체제와 조화로워 보이지 않는 대안적 거버넌스를 형성하는 것이다. 중국공산당 지도부는 자유주의 규범의 보편성을 받아들이지 않고 있다. 그러면서도 문화적, 정치적 다양성을 글로벌 거버넌스에서 구현하려는 이유는 중국의 국가중심적, 권위주의적 규범을 그러한 다양성 가운데 하나로 정당화시키기 위함이다. 일대일로는 보다 자유로운 글로벌 합의에 부합되도록 현재의 관행을 수정할 지를 판가름하는 시험대가 될 것이다.

지금 이 순간 중국은 글로벌 거버넌스의 향방에 실질적으로 영향을 미칠 수 있는 궤도에 있다. 그러나 그 과정에서 많은 딜레마에 직면할 가능성이 크다. 가장 중요한 첫째는 부상하는 글로벌 강국으로서의 독특한 지위와 관련된 문제다. 중국은 개발도상국들 사이에서 프리무스 인테르 파레스(*primus inter pares*, 동등한 사람들 중에서 으뜸인 자 – 역자 주)라는 전통적인 위상을 이미 초월한 상태다. 마찬가지로, 중국은 실질적인 국내 개혁을 하지 않으면서도 모두스 비벤디(*modus vivendi*, 분쟁해결을 위하여 당사자 간에 편의적으로 체결되는 잠정적 협정 – 역자 주)를 체결할 수 있을 정도의 미국에 버금가는 강대국이 되었다. 그러나 중국이 주도적 역할을 맡고자 하는 세계 각 지역에서는 분란이 발생할 것이다. 특히 국력의 서열에 맞춰 중국에 유리하도록 글로벌 거버넌스를 변경하는 시도가 있을 경우엔 더욱 그러할 것이다. 둘째, 글로벌 거버넌스에서 주도적 역할을 하겠다는 선언적 입장을 표명하던 중국이 그 선언을 구체적인 행동으로 옮기고 있으나 기대한 만큼의 실질적인 성과가 나타날 것인지에 대해서는 우려가 커지고 있다. 이것은 본 장에서 제시한 사례들에서 이미 확인된다. 즉, 중국정부의 수사적 입장과 정책 실행 능력 사이에 상당한 괴리가 있다. 셋째, 리더십을 쟁취하더라도 그것을 유지할 수 있느냐의 문제가 있다. 다른 강대국의 경우와 마찬가지로 책임감 있는 리더십에 대한 국제사회의 기대를 충족시키는 것은 중국에게도 매우 어려운 과제가 될 것이다.

주

1) 2015년 9월 28일 뉴욕에서 개최된 제70차 유엔총회 토론회에서 시진핑 주석의 발언, "상생협력의 새로운 파트너십을 형성하고 인류운명공동체를 만들기 위해 함께 노력하자."
2) 2017년 3월 11일 제19차 중국 공산당 전국대표대회에 제출한 시진핑의 보고서 전문은 신화통신 홈페이지에서 열람할 수 있다. http://www.xinhuanet.com/english/special/2017-11/03/c_136725942.htm.
3) 이 논쟁은 옥스퍼드 대학교 출판부에서 곧 출간할 필자의 저서 *China Re-Orients the World: The Legitimacy Paradox in Global Governance*에서 인용했다.
4) 이 생각은 다음 책에서 논의한 위대한 관리 책임성의 개념과 유사하다. Simon Reich and Richard Ned Lebow, *Good-Bye Hegemony: Power and Influence in the Global System* (Princeton: Princeton University Press, 2014).
5) 다음을 참조. Talcott Parsons, "On the Concept of Political Power," *American Philosophy Society* 107, no. 3 (June 1963): 232–262; Leonard Krieger, "Power and Responsibility: Historical Assumptions," in *The Responsibility of Power: Historical Essays*, edited by Leonard Krieger and Fritz Stern (London: Macmillan, 1967); Hedley Bull, *The Anarchical Society: A Study of Order in World Politics* (London: Macmillan, 1977).
6) Bull, *The Anarchical Society*, 200–229.
7) Rosemary Foot, "Chinese Power and the Idea of a Responsible State," *The China Journal* 45 (January 2001): 1–19.
8) 다음을 참조. Ren Xiao, "Yanjiu he lijie Zhongguo de guoji zeren" [중국의 국제적 책임에 대한 연구와 이해], *Shehui Kexue* (Journal of Social Science) 12 (2007): 24–27; and Zhu Liqun and Zhao Guangcheng, "Zhongguo guoji guannian de bianhua yu gonggu: gongli yu qushi" [중국 국제관념의 변화와 통합 : 역학관계와 경향], *Waijiao Pinglun* (Foreign Affairs Review) 1 (2008): 18–26. 반대의견은 다음을 참조. Li Limin, "Lixing bianxi Zhongguo zerenlun" [이성적으로 중국의 책임론을 논하다], *Renmin Luntan* (People's Tribune) 6 (2007).
9) 2013년 9월 27일 뉴욕에서 개최된 제68차 유엔총회 토론회에서 왕이의 발언. https://

gadebate.un.org/sites/default/files/gastatements/68/CN_en.pdf.

10) 보다 폭넓은 논의는 다음을 참조. Ruan Zongze, "Goujian renlei mingyun gongtongti zhuli zhongguo zhanlu-e jiyu qi" [중국의 전략적 기회를 촉진하기 위한 인류운동공동체구축], *Guoji Wenti Yanjiu* 1 (2018).

11) 유엔 평화개발신탁기금은 사무총장의 평화 및 안보 서브펀드와 경제사회위원회 산하 지속가능한개발 서브펀드를 위한 2030 아젠다로 구분된다. 다음을 참조. http://www.un.org/en/unpdf/index.shtml.

12) 2017년 1월 23일 제네바 유엔사무소에서 시진핑 연설. 다음에서 확인 가능. http://iq.chineseem bassy.org/eng/zygx/t1432869.htm.

13) 중화인민공화국 외교부, "The Central Conference on Work Relating to Foreign Affairs Was Held in Beijing," November 29, 2014, http://www. fmprc.gov.cn/mfa_eng/zxxx_662805/t1215680.shtml.

14) 중화인민공화국 외교부, "Xi Jinping Urges Breaking New Ground in Major Country Diplomacy with Chinese Characteristics," June 23, 2018, available at https://www.fmprc.gov.cn/mfa_eng/wjdt_665385/wshd_665389/t1571296.shtml.

15) Julian Ku, "Why China's Disappearance of Interpol Chief Matters," *Lawfare* blog, October 9, 2018, 다음에서 확인 가능. https://www.lawfareblog.com/why-chinas-disappearance-interpols-chief-matters. 2018년 3월 전국인민대표대회 이후 설치된 국가감독위원회는 이제 무고한 사람을 6개월 동안 변호사 선임없이 구금할 수 있다. 다음을 참조. https://www.nytimes.com/2018/10/07/world/asia/china-interpol-men-hongwei.html.

16) 중국은 중화인민공화국 건국 직전인 1948년 관세 및 무역에 관한 일반협정(GATT)의 최초 서명국 가운데 하나였다. 중국은 1986년에 재신청했고, 결국 2001년에 WTO에 가입했다.

17) https://www.wto.org/english/tratop_e/dispu_e/dispu_by_country_e.htm.

18) https://www.census.gov/foreign-trade/balance/c5700.html.

19) Ryaz Dattu, "A Journey from Havana to Paris: The Fifty-Year Quest for the Elusive Multilateral Agreement on Investment," *Fordham International Law Journal* 24 (2000): 274–314.

20) Ibid.

21) UNCTAD/ITE/IIA/2 Bilateral Investment Treaties 1959–1999, 다음에서 확인 가능. http://unctad. org/en/Docs/poiteiiad2.en.pdf.

22) 다음을 참조. http://investmentpolicyhub.unctad.org/IIA.

23) Ibid.

24) Ann Capling and John Ravenhill, "Multilateralizing Regionalism: What Role for the Trans-Pacific Partnership Agreement?" *The Pacific Review* 24, no. 5 (2011): 553–575.

25) Ling Shengli, "Will China Join TPP Is Not the Question," *China Daily*, 20 March 2017.

26) Donald Lewis "China Ushers In New FTAAP Era," *China Daily*, November 22,

2016, 다음에서 확인 가능. http://www.chinadaily.com.cn/opinion/2016-11/22/content_27456948.htm.

27) https://peacekeeping.un.org/en/how-we-are-funded.

28) Andrew C. Mertha, *Brothers in Arms: Chinese Aid to the Khmer Rouge 1975–1979* (Ithaca, NY: Cornell University Press, 2014).

29) Miwa Hirono, "China's Charm Offensive and Peacekeeping: The Lessons of Cambodia — What Now for Sudan," *International Peacekeeping* 18, no. 3 (2011): 328–343.

30) 다음을 참조. https://peacekeeping.un.org/en/troop-and-police-contributors.

31) 중국이 평화유지 활동을 확대하는 동기에 대한 자세한 논의는 다음을 참조. Shogo Suzuki, "Seeking Legitimate 'Great Power Status' in Post-Cold War International Society: China and Japan's Participation in UNPKO," *International Relations* 1 (2008): 45–63; 또한 다음을 참조. Wu Zhengyu and Ian Taylor, "From Refusal to Engagement: Chinese Contributions to Peacekeeping in Africa," *Journal of Contemporary African Studies* 29, no. 2 (2011).

32) Zhao Lei, "Two Pillars of China's Global Peace Engagement Strategy: United Nations Peacekeeping Operations and International Peacebuilding Operations," *International Peacekeeping* 18, no. 3 (2011): 387.

33) 2005년 6월 7일 유엔 개혁에 관한 중화인민공화국의 입장 보고서, http://www.china-un.org/eng/chinaandun/zzhgg/t199101.htm.

34) 안보리 결정은 15개 이사국 중 (상임이사국 5개국을 포함한) 9개 이사국의 찬성으로 이루어진다.

35) 안보리는 2013년 4월 26일 말리에서 수행할 새로운 유엔 평화유지 임무를 만장일치로 승인했다. https://www.unric.org/en/latest-un-buzz/28406-security-council-unanimously-approves-new-un-peacekeeping-mission-in-mali.

36) I-Wei Jennifer Chang, *China and Yemen's Forgotten War* (Washington, DC: United States Institute of Peace, January 2018).

37) Coral Davenport, "Obama and President Xi of China Vow to Sign Paris Climate Accord Promptly," *New York Times*, March 1, 2014.

38) 다음을 참조. https://www.greenclimate.fund/how-we-work/resource-mobilization.

39) 다음을 참조. Liu Zengliang, "Zenyang goujian zhongguo wangluo bianfang" [중국의 사이버 방어 구축 방법] *Renmin Luntan* 8 (2008): 38–39; 그리고 Li Hong, "Conglin faze jiaju wangluo zhanzheng fengxian" [합법적인 정글은 사이버전쟁의 위험을 증가시킨다] *Renmin Luntan* 8 (2011): 22–23.

40) 다음을 참조. Qiao Liang, "Zhongguo de xin junshi biange quanmian qibu" [전진하는 중국의 새로운 군사혁명], *Tongzhou Gongjin* 11 (2009): 11–12. 좀 더 온건한 입장은 다음을 참조. Dong Qingling and Dai Chengzheng, "Wangluo kongjian weishe baofu shi-fou kexing?" [사이버 억제: 보복 전략은 가능한가?] *Shijie Jingji yu Zhengzhi* 7 (2012): 99–116.

41) Cheng Chun, "Wangluo junbei kongzhi de kunjing yu chulu xiandai guoji guanxi" [현대 국제관계에서 네트워크 무기 통제의 딜레마] *Xiandai guoji-guanxi*, February

2012, 16.

42) Li Hong, "Conglin faze jiaju wangluo zhanzheng fengxian" [합법적인 정글은 사이버전쟁의 위험을 증가시킨다] *Renmin Luntan* 8 (2011): 23.

43) 다음을 참조. https://www.afr.com/personal-finance/shares/what-investors-need-to-know-about-chinas-big-trio-baidu-alibaba-and-tencent-20180306-h0x3f9.

44) Elena Chernenko, Oleg Demidov, and Fyodor Lukyanov, "Increasing International Cooperation in Cybersecurity and Adapting Cyber Norms" (New York: Council on Foreign Relations, February 23, 2018). 사이버안보에 대한 영국의 정의는 "인터넷 및 기타 네트워크와 디지털 통신 형태를 포함한 사이버 공간에서 정보의 기밀성, 가용성 및 정보의 무결성 보존"을 위한 노력을 말한다. (Foreign and Commonwealth Office, July 2017).

45) Joyce Hakmeh, *Building a Stronger International Legal Framework on Cyber-crime* (London: Chatham House June 2017), 다음에서 확인 가능. https://www.itu.int/en/action/cyberse-curity/Pages/gca.aspx. 사이버범죄 전문가그룹에 소속된 총 96명의 전문가 가운데 2명이 중국측 인사들이다. 이들은 정보산업부(중국의 통신분야에서 규제기관의 역할을 담당 – 역자 주) 소속으로 첸인과 두위에진이다.

46) Adam Segal, "Chinese Cyber Diplomacy in a New Era of Uncertainty" (Stanford, CA: Hoover Institution, Aegis Paper Series, No. 1703, June 2, 2017).

47) 정보보안에 관한 SCO 행동 수칙은 정보통신 기술이나 네트워크가 "다른 국가의 내정에 간섭"하는데 활용되는 것을 금지하고 있다. 또한, "테러·분리주의·극단주의를 촉발하는 정보"를 금지하고 있다.

48) 정부전문가그룹(GGE)은 중국 유엔대사의 요청에 따라 유엔 사무총장이 회람시킨 문서 A/66/359에 주목하였다. 다음을 참조. http://www.unidir.org/files/medias/pdfs/developments-in-the-field-of-information-and-telecommunications-in-the-context-of-international-security-2012-2013-a-68-98-eng-0-518.pdf. 또한 다음을 참조. "China, Russia, Tajikistan, Uzbekistan International Code of Conduct on Information Security," http://undocs.org/A/66/359.

49) 다음을 참조. https://ccdcoe.org/updated-draft-code-conduct-distributed-united-nations-whats-new. html.

50) 2017년 3월 2일 MOFA와 CAC가 발간한 중국의 사이버공간협력국제전략 — 중화인민공화국 국무원 신문판공실을 참조. 다음에서 확인 가능. www.scio.gov.cn/32618/Document/1543874/1543874.htm.

51) Ibid.

52) 시진핑의 연설. 다음에서 확인 가능. http://www.chinadaily.com.cn/world/2015wic/2015-12/16/content_22724841.htm. "중국의 인터넷 주권은 존중되고 보호되어야 한다"는 생각은 2010년 인터넷 백서를 통해 공식적으로 처음 제시되었다. 다음을 참조. State Council Information Office, People's Republic of China, *The Internet in China, Xinhua,* June 8, 2010, http://news.xinhuanet.com/english2010/china/2010-06/08/c_13339232.htm.

53) Sarah McKune and Shazeda Ahmed, "The Contestation and Shaping of Cyber Norms through China's Internet Sovereignty Agenda," *International Journal of*

Communication 12 (2018): 3835–3855.

54) Rogier Creemers, "Cyber China: Upgrading Propaganda, Public Opinion Work, and Social Management for the Twenty-First Century," *Journal of Contemporary China* 26, no. 103 (2017): 85–100.

55) Raymond Zhong, "How China Walled Off the Internet," *New York Times*, November 18, 2018.

56) Rogier Creemers, "Cyber China."

57) 다음을 참조. http://cn.chinadaily.com.cn/2017-05/31/content_29558817.htm.

58) Yuan Yang, "China's Cybersecurity Law Rattles Multinationals," *Financial Times*, May 30, 2017.

59) Lorand Laski and Adam Segal, "A New Old Threat Countering the Return of Chinese Industrial Cyber Espionage" (New York: Council on Foreign Affairs, December 2018).

60) 랜섬웨어 공격을 통해 심어진 악성코드는 사용자의 데이터를 암호화하고 이를 푸는 대가로 금전을 요구하는 데 사용된다. 다음을 참조. Julia Carrie Wong and Olivia Solon, "Massive Ransomware Cyberattack Hits Nearly 100 Countries around the World," *The Guardian*, May 12, 2017, 다음에서 확인 가능. https://www. theguardian.com/technology/2017/may/12/global-cyber-attack-ransomware-nsa-uk-nhs.

61) 워너크라이 악성코드 공격이 북한의 소행임을 추정하는 백악관 언론 브리핑, December 19, 2017, https://www.whitehouse.gov/briefings-statements/press-briefing-on-the-attribution-of-the-wannacry-malware-attack-to-north-korea-121917/.

62) 2018년 자율살상무기에 관한 정부전문가그룹(2018 Group of Governmental Experts on Lethal Autonomous Weapons), https://www.unog.ch/80256ee600585943.nsf/(http Pages)/7c335e71dfcb29d1c 1258243003e8724?Open Document&ExpandSection=3.

63) China Position Paper, *Group of Governmental Experts of the High Contracting Parties to the Convention on Prohibitions or Restrictions on the Use of Certain Weapons Which May Be Deemed to Be Excessively Injurious or to Have Indiscriminate Effects*, Geneva, April 9–13, 2018, GGE.1/2018/WP.7, 11 April 2018. 다음에서 확인 가능. https://www.unog.ch/80256EDD006B8954/(httpAssets)/E42AE83BDB3525D0C125826C0040B262/$file/CCW_GGE.1_2018_WP.7.pdf.

64) 저자 미상, "Use of 'Killer Robots' in War Would Breach Law, Say Campaigners," https://www.theguardian.com/science/2018/aug/21/use-of-killer-robots-in-wars-would-breach-law-say-campaigners.

중국의 글로벌 군사-안보 상호작용

9장

필립 손더스(Phillip C. Saunders)*

이 책에서 다루고 있는 다른 차원의 대외관계와 국제 상호작용과 마찬가지로 중국의 국가안보에 대한 고려대상 역시 점점 더 세계화되었다. 군사-안보와 관련된 중국의 국제적인 활동은 외교, 경제, 문화관계(앞의 세 장과 후속 여섯 장들에서 설명한 바와 같이)와 상응하여 확장되고 있다.[1)] 이는 다른 국가와의 다양한 군사 및 안보협력프로그램, 다자 안보기구 참여, 인민해방군(PLA: People's Liberation Army)의 단독 군사작전 등을 포함한다.

중국의 군사적 국제활동이 이처럼 확장되고 다면적인 글로벌 안보 영역에서 존재감을 갖게 된 것은 성공적인 중국의 군사적 근대화 때문이다. 지난 30년 동안 대규모 지상군 중심으로 편제되어 있던 인민해방군은 중국 국경 밖에서 작전 수행이 가능한 해군력 및 공군력을 갖춘 현대적 군대로 탈바꿈했다. 능력의 향상과 중국의 국익 확대로 인해 인민해방군은 외국과의 교류 및 해외파병 경험이 전무한 영토보호에만 집중하는 고립된 군대가 아니라, 정기적으로 외국군과 교류하는 군대로 변모했다. 이제 인민해방군은 국제 평화유지에 깊이 관여하고 있으며, 10년 째 5,000마일 떨어진 아덴만에 해적 퇴치 기동부대를 배치하는 등 중국의 외교정책 목표를 달성하기 위한 보다 효과적인 수단이 되었다.

인민해방군은 1979년 초 베트남을 침공한 이래 큰 전쟁을 치르지 않았고, 1980년대 후반 베트남과의 국경분쟁이 종식된 이후, 외국 군대를 상대로 주요 살상무기를 사용하지 않았다. 전투에서 살상무기 사용을 자제한 것은 인민해방군 군사능력의 상당한 진전과도 관련이 있다. 왜냐하면 군대는 전쟁 이상의 임무를 수행해야 하기 때문이다. 중국공산당 지도부는 정기적으로 인민해방군을 국내외 목표 달성을 위한 수단으로 사용한다. 이러한 목표 가운데 일부는 문화대혁명 이후부터 지속되어 왔고, 일부는 추가되었다. 추가된 이유는 중국이 근대화되고 세계경제에 통합됨에 따라 해외 이익이 확장되었기 때문이다.

이 장에서는 중국의 해외 안보이익과 중국공산당 지도자들의 명령에 의거하여 인민해방군이 수행해야 하는 군사적 임무를 검토한다. 이어 인민해방군의 조직과 역량을 논의하고, 중국 국경 외부에서의 작전과 관련된 사항을 중점적으로 살펴볼 것이다. 중국의 군사안보 상호작용에는 (대부분 아시아에 중점을 둔) 전통적인 군사임무, 외국 군대에 관여하고 공공재를 제공함으로써 중국의 대외정책 목표를 지원하기 위한 군사외교, 확대되는 중국의 해외경제 및 안보이익 보호와 관련된 새로운 임무 등이 포함된다. 이 장에서는 이러한 각각의 측면을 간략하게 탐색하고, 이러한 경쟁적 목표들 간의 긴장과 시너지를 집중 조명하며, 향후 중국의 글로벌 군사안보 상호작용이 어떻게 전개될 것인지를 고찰할 것이다.

중국의 해외 이익보호

지역경제 및 세계경제와의 통합은 중국을 개혁으로 이끌었고 그 결과 괄목할 만한 경제성장을 이루었다. 중국은 국내 경제성장을 촉진하기 위해 대외무역, 투자, 기술, 경영 및 품질 관리 업무, 교육 등 다방면에 걸쳐 문호를 개방했다. 이 전략은 국민의 생활수준을 높여 종합적인 국력을 구축하고 중국공산당의 새로운 정통성 기반을 조성하는 데 성공했다. 급속한 성장으로 제조업에 필요한 부품, 석유, 천연가스, 식품에 대한 중국의 수요가 증가했으며, 수백만 명의 중국 노동자들이 세계 고용 시장으로 진출했다. 장쩌민(江澤民)과 후진타오(胡錦濤) 전 국가주석이 천연자원과 기술 습득을 위해 해외에 투자하고 해외 건설계약 경쟁을 벌이는 등 세계로 "나가라"고 중국기업들에게 촉구하면서 중국과 세계경제와의 통합은 더욱 힘을 얻었다.[2)]

무역의 중요성이 커지고, 종종 정치적 불안정이 있는 지역에 대한 중국의 투자와 중국인의 진출이 증가하면서, 중국정부는 이 새로운 이익을 보호하기 위한 조치를 취하게 되었다. 2004년 후진타오는 팽창하는 중국의 국제이익 수호라는 '새로운 역사적 임무'를 인민해방군에 부여했다.[3)] 곧이어 인민해방군은 아덴만에서 해적 퇴치 순찰을 위한 해군활동을 시작했고, 정치적 소요가 발생한 리비아 및 예멘 거주 중국인 대피 작전을 성공적으로 수행했다. 위험 상황에 처한 중국인들에 대한 소식이 소셜미디어와 언론을 통해 기사화되면서, 중국정부가 해외 거주 중국인 보호에 적극 나서야 한다는 목소리가 커지고 있다.[4)] 중국의 해외 진출은 일대일로 때문에 더욱 심화되었다. 일대일로는 중국과 유라시아 및 많은 국가들과의 연계성을 높이기 위해 막대한 자금으로 인프라를 건설하는 야심찬 계획이다.[5)]

그 결과, 중국은 현재 거의 모든 국가에서 상당한 외교적, 경제적, 인적 존재감을 구축하게 되었다. 해외 주재 외교 공관시설 외에도 현재 3만여 개의 중국기업이 해외에 진출해 있으며, 매년 1억 명 이상의 중국인이 해외여행을 한다.[6] 2005년 이후 누적된 중국의 해외 투자 및 해외 건설의 현재 가치는 2조 7,000억 달러에 육박한다.[7] 중국의 해외 존재감은 국가별로 다양한데 그 이유는 중국의 존재감이 다음과 같은 요인들의 함수이기 때문이다. 즉, 천연자원 매장량, 공장-광산-인프라에 대한 중국의 투자 정도, 일대일로의 진척 정도, 중국기업들을 위한 경제적 기회의 정도 등에 따라 다양하다. 해외에 거주하면서 일하는 중국인은 총 500만 명에 달한다.[8]

인프라 대출과 상업 투자에서 중국이 보유한 비교우위는 사실 상당한 리스크를 동반한다. 즉, 중국은 정치적으로 불안정한 지역에 투자를 하고 있고 이들 지역에 자국민의 거주를 허용하고 있다. 플레스너(Parello-Plesner)와 두샤텔(Duchâtel)은 2004년부터 2015년까지 해외 중국인에 대한 30건 이상의 집단 공격과 자연재해 또는 정치적 불안으로 인해 중국인이 대피해야 했던 16건 이상의 사례를 제시했다.[9] 일대일로가 아프리카, 중동, 중앙아시아, 남아시아 등 불안정한 지역에서 중국의 존재감을 계속 확대함에 따라 중국이 투자한 시설과 해외 거주 중국인에 대한 공격 위험은 계속 증가할 것이다.

중국 분석가, 학자, 관리들은 중국의 해외 이익을 보호하기 위한 최선의 방법을 놓고 활발한 논쟁을 벌여왔다.[10] 인민해방군은 중국의 해외 이익을 보호하는 '새로운 역사적 임무'를 수행해 오고 있다. 인민해방군 해군과 공군은 전력 투사 능력에 대한 투자를 늘리기 위한 명분으로 자국민 대피 필요성을 주장해 왔다. 아덴만에 주둔 중인 인민해방군 해군과 지부티의 물류기지는 원정 능력을 배가시킬 뿐만 아니라 다양한 대피작전 및 중국의 해외 이익 보호를 위한 기타 작전에 활용될 수 있다. 또한, 인민해방군은 파키스탄과 같은 다른 국가의 기지에 관심을 표명해 왔고, 다른 여러 국가의 항만 시설들에 대한 인민해방군 해군의 접근성을 확보하기 위해 투자나 계약을 체결하고 있다.

그러나 중국의 분석가들 및 인민해방군 장교들과의 토론을 종합해보면,

중국의 대외 이익 확보 수단이 군사력에 국한되는 것을 우려하는 목소리가 높다. 이들은 인민해방군의 해외 주둔 확대가 해당 국가와 마찰을 일으키고, 해당 지역 내 정치분쟁에 중국군을 연루시키며, 주둔 지역 안정성을 유지하기 위한 장기적이고 값비싼 공약의 남발로 이어질 것이라고 주장한다.[11] 일부 인민해방군 장교들은 군사력 투사 능력과 해외 기지를 정당화하는 수단으로 해외 이익 보호라는 명분을 열렬히 지지하고 있지만, 대부분의 분석가들은 인민해방군의 역할을 민간보안기업들에게 이관하고 안정유지와 중국의 이익을 보호할 수 있는 현지 국가의 역량을 향상시키는 데 더욱 중점을 두는, 보다 신중한 접근을 지지한다.[12] 이 접근방법은 정세가 수시로 급변하는 발루치스탄(Balochistan) 지역을 관통하는 중국-파키스탄 경제회랑에 적용되고 있다.

향후 인민해방군의 역할이 더 커질 것으로 예상되는 분야는 바로 해양수송선(SLOCs: Sea lines of communication) 보호에 관한 것이다. 특히 중동과 아프리카에서 인도양과 말라카해협을 거쳐 중국으로 석유와 천연가스를 운반하는데 사용되는 해양수송선이 중요하다. 중국 정치지도자들은 파이프라인 구축과 공급망 다변화 노력에도 불구하고 여전히 더 많은 조치가 필요하다고 보고 있다. 그들은 중국의 수입에너지 의존도가 전략적으로 취약하다는 점을 인식하고 있으며, 군사적 충돌 상황에서 미국이나 인도 해군이 에너지와 천연자원의 공급망을 끊을 수 있다고 우려한다. 인민해방군 해군 장교들도 유사시 적국 해군으로부터 해양수송선(SLOCs)을 보호할 수 있는 대양해군(大洋海軍)**의 건설에 집중 투자해야 한다고 주장해 왔다.[13] 하지만 중국에서 수천 마일이 떨어진 곳에 대양해군 병력을 배치하고 주요 전투 작전에 참여하는 데 드는 높은 비용을 고려하면, 이런 종류의 능력을

** 역자 주) 연안방어와 근해방어를 넘어 대양에서 국가이익 수호와 정책을 뒷받침할 수 있을 정도의 규모와 능력을 갖춘 해군을 의미한다.

구축하기까지 수십 년이 필요할 것이다.

중국 국가안보 이익과 인민해방군 군사임무

중국의 2015 국방백서는 인민해방군과 군사전략이 더 광범위한 국가안보 목표를 어떻게 뒷받침하고 있는지에 대한 유용한 개요를 제공하고 있다.[14] 또한 다음과 같은 인민해방군의 8가지 군사과제를 열거하고 있다.

1. 광범위한 비상사태 및 군사위협에 대처하며 중국의 영토·영해·영공의 주권과 안전을 효과적으로 보호한다.
2. 조국의 통일을 단호히 수호한다.
3. 새로운 영역(우주 및 사이버 공간)에서 중국의 안전 및 이익을 보호한다.
4. 중국의 해외 이익의 안전을 보장한다.
5. 전략적 억제력과 2차 핵공격 준비태세를 유지한다.
6. 지역 및 국제안보 협력에 참여하고 지역 및 세계평화를 유지한다.
7. 중국의 정치안보와 사회안정을 유지하기 위해 분리주의와 테러리즘의 침투에 대항하는 작전을 강화한다.
8. 긴급구조와 재난구호, 권익보호, 경계임무, 국가 경제 및 사회 발전을 위한 지원 등의 임무를 수행한다.

국가가 아닌 중국공산당에 충성하는 당-군대로서 인민해방군은 내부 또는 외부의 정치적 도전으로부터 당을 방어할 책임이 있다. 현재 진행 중인 반부패운동과 2015년에 시작된 군개혁은 중국공산당의 군통제권을 강화하기 위한 조치다.[15]

인민해방군의 임무에는 정치안보와 사회안정 유지 같은 국내 임무, 핵억제, 주권보호, 안전보장 같은 전통적인 군사임무, 중국의 경제발전과 우주와 사이버 공간에서 중국의 이익보호 같은 새로운 임무, 그리고 긴급 구조, 재난 구호, 지역 및 국제안보 협력과 같은 비전통적인 안보 임무를 포함한다.

이러한 임무를 위해서는 '군더더기 없이 효과적인' 핵억제력,[16] 우주와 사이버 공간에서 공격과 방어 작전을 수행할 수 있는 능력 등 다양한 첨단 군사 능력이 필요하다. 특히, 인민해방군 전략가들은 우주와 사이버 공간에서의 작전능력을 현대전의 중요한 성공 요소로 보고 있다.[17] 또한, 이러한 임무는 중국의 해외 이익을 보호하기 위해 국경 너머로 군사력을 투사하고 군사외교를 할 수 있는 능력을 요구한다.

현대적 인민해방군으로 가는 길

중국군 현대화의 여정은 오랜 시간이 걸렸다.[18] 오늘날 인민해방군의 기초는 1950~1960년 중소 안보협력의 황금기로 거슬러 올라간다. 소련은 무기, 생산기술, 기술지원, 교리 및 훈련을 제공하여 중국이 방위산업의 토대를 구축하고, 지상군 중심의 통합작전(보병, 탱크, 포병)을 수행할 수 있도록 지원했다. 그러나 1960년 중소 간 불화로 인해 소련의 군사고문단과 기술지원단이 철수하면서 중국의 방위산업과 인민해방군은 스스로 현대화를 진행할 수밖에 없었다. 개혁개방이 시작된 1978년까지도 방위산업은 여전히 1950년대 소련이 제공한 무기에서 약간 더 현대화된 버전을 생산하기 위해 고군분투하고 있었고, 1979년 중-베트남전쟁은 인민해방군 지상군의 수많은 단점을 드러냈다.

덩샤오핑은 '4대 현대화' 중 하나로 군사 현대화를 포함했지만, 경제·기술 역량부터 총체적으로 구축해야 한다는 절박한 요구 때문에 군사 현대화는 우선순위에서 밀려났다. 1980년대 후반 소련과의 관계개선으로 중국은 소련 무기에 다시 접근할 수 있게 되었고, 인민해방군은 현대식 Su-27 전투기, 첨단 킬로급 디젤 잠수함, 대함 순항 신형미사일을 탑재한 소브레멘늬(Soveremenny)급 구축함을 조달하여 현대식 무기체계 운영 및 유지 경험을 쌓을 수 있었다. 중국은 이러한 무기체계를 제한적으로 도입했는데, 이는 중국 방위산업이 소련 무기에 대한 접근을 활용해 자체적인 설계 및 생산 능력을 향상시키고 최종적으로 수입 무기에 대한 의존성을 없앨 수 있다는 자신감 때문이었다.

새롭게 전개된 몇 가지 사건들을 계기로 중국공산당 지도자들은 인민해방군의 현대화에 박차를 가했다. 첫째, 미군의 낙승으로 끝나버린 1991년의 걸프전은 인민해방군 지휘부에 충격을 주었다. 미국과 연합군은 정밀유도탄과 첨단 정보·감시·정찰(ISR) 능력을 동원해 단 몇 주 만에 세계 4위의 이라크군과 방공망을 무력화시켰고, 사상자도 거의 없었다. 미국의 성공은 정보의 역할이 현대전에서 매우 중요하다는 것을 보여주었다. 동시에 이라크보다 모든 면에서 뒤쳐져 있던 중국의 군사력도 현대전에서 매우 취약하다는 점이 여실히 드러났다.[19] 둘째, 1996년 3월의 대만해협 사태 때 중국은 대만 대선(대만 최초의 총통 직접선거 – 역자 주)에 영향을 미치기 위해 군사훈련과 미사일 발사를 실시했고, 이에 미국은 2척의 항공모함을 대만에 파견했다. 이 사건을 통해 중국 지도자들은 대만의 독립이 현실화될 가능성이 커지고 있으며, 미군이 대만을 위해 개입할 수 있다고 확신했다. 따라서 중국 지도자들은 국방비를 늘리고 군사 현대화를 가속화했으며 인민해방군 전략가들은 향후 위기에 개입할 수도 있는 미군을 억제, 지연 또는 격퇴하기 위한 방법을 연구하기 시작했다. 셋째, 1999년의 코소보전쟁 중에 미국이 베오그라드 주재 중국 대사관을 오폭했는데, 중국인들과 군사 지도자들은 이 사건을 미국의 의도적인 중국 위협 행동으로 해석했다. 그러나 2001년 9월 11일, 알카에다의 미국 공격으로 인해 중국 지도자들은 미국과의 관계 안정화를 도모하기로 결정했다. 그럼에도 이 사건은 미국의 적대적 의도에 대한 중국의 의심을 증폭시켜 인민해방군 현대화를 위한 추가

재정 증액으로 이어졌다.[20]

인민해방군의 광범위한 현대화 프로그램은 계속되었고, 인민해방군 지휘부 역시 중국 주변의 분쟁에 개입하려는 미군을 억제, 지연 또는 격퇴시킬 수 있는 구체적인 능력을 획득하거나 개발하려는 노력을 배가했다. 인민해방군은 홈그라운드 이점이 있는 반면, 미군은 일본, 괌, 하와이, 또는 미국 대륙 등 먼 곳의 기지로부터 군사력을 투사해야 한다. 따라서 인민해방군은 중국 내 또는 인근 지역에서 활동하는 미군의 비용과 위험을 높이는 일련의 '반접근/지역거부(A2/AD: anti-access/area denial)' 역량에 투자했다. 여기에는 서태평양에 전개되는 미 해군력을 공격할 수 있는 첨단 디젤 잠수함, 미국 전투기와 폭격기를 타격할 수 있는 러시아 S-300과 같은 첨단 지대공 미사일 시스템, 미국 항모 전투단 공격에 최적화된 대함 순항미사일, 괌과 같은 원거리의 미군 기지를 타격할 수 있는 장거리 미사일 및 심지어 미국 항공모함을 공격할 수 있는 혁신적인 대함 탄도미사일 등이 포함된다.[21] 중국은 또한 미국의 인공위성과 지상 관제소의 성능을 격하, 교란, 직접 공격하는 광범위한 공격위성(ASAT) 기능을 개발해 우주 의존도가 높은 미군의 약점을 최대한 활용하고자 했다. 전반적으로 이러한 투자는 미군의 우위를 떨어뜨리려는 비대칭적 노력이었고, 상대적 열세인 인민해방군이 분쟁에서 승리할 수 있는 기회를 제공했다. 인민해방군 전략가들은 미군에 중대한 피해를 입힐 수 있는 능력이 미국 정책입안자들의 개입을 막을 수 있기를 희망했다.

인민해방군의 현대화는 단지 현대적인 무기 그 이상이다. 중국 전략가들도 다양한 군대의 역량과 작전을 통합해 시너지를 내는 미국이나 러시아의 합동작전을 구상하고 있다. 이는 해군과 공군을 지상군 보조의 역할로만 보았던 지상군 중심의 인민해방군에게 큰 변화였다. 1993년 인민해방군은 최첨단 무기와 합동작전으로 전개될 역내 분쟁에 대비할 필요성을 최우선시하는 새로운 군사전략을 공포하고, 합동작전을 미래 작전운용의 '주요 형태'로 설정했다.[22] 2004년에 단행된 군사교리 수정은 '통합된 합동작전'에 방점을 두었는데, 이는 육·해·공군·해병대 간의 유기적인 협력을 강조했다.[23] 미래 전쟁의 본질을 정의하려는 이러한 고도의 노력은 각 군이 특정한 임무를 수행하기 위해 어떻게 협력해야 하는지를 상세히 기술하는 작전 교리 개발로 이어졌고, 합동능력을 배양하기 위한 일련의 합동훈련 실시로 이어졌다.[24]

동시에 인민해방군 이론가들은 미래 첨단전쟁에서 부각될 정보전의 중요성을 강조하면서 '네트워크 중심 전쟁'을 구상하면서 정보전을 강조한 미국을 모방했다. 적군에 대한 정확한 정보가 작전 지휘관들과 예하 부대에게 신속하게 전파될 수 있다면, 군대는 작전적 시너지 효과와 효율성을 통해 승기를 거머쥘 수 있게 된다. 반대로 적의 정보, 통신 및 지휘통제 시스템에 대한 공격은 적국의 기능마비와 예하 부대의 고립을 초래하여 적군을 눈뜬 장님의 상태에 빠트릴 수 있다.[25] '정보화 조건하에서의 국지전' 승리를 강조한 2004년의 수정교리는 2015년에 '정보화된 국지전(信息化局部战争)' 승리를 강조한 교리로 다시 한번 수정되었다.[26]

이러한 교리변화는 이전에 비대칭적인 수단을 강조하던 것에서 강력한 미군에 대항하는 보다 대칭적인 접근으로의 전환을 시사했다. 여기서 대칭적 접근은 인민해방군이 미국과의 경쟁에서 이기기 위해 미군의 개념, 시스템 및 조직의 중요한 측면을 모방하려고 시도하는 것을 의미한다. 이를 위해서는 핵, 우주, 사이버, 전자기 영역뿐만 아니라 육·해·공이라는 재래식 전쟁 영역에서도 효과적으로 경쟁할 수 있는 능력이 요구되었다. 그러나 이러한 노력은 인민해방군의 주요 지휘부를 장악한 군부와 각 군의 역량을 통합할 합동지휘통제체계의 결여로 인해 지연되고 말았다.

따라서 시진핑 주석 취임 3년 뒤인 2016년 초, 중국의 군사개혁은 정치적 신뢰도를 높이고 통합된 합동작전 수행 능력을 향상시키기 위해 광범위하고 전례 없는 인민해방군의 전면 개편으로 이어졌다.[27] 그 결과, 70년 동안 인민해방군의 모델이 되었던 구소련의 군사조직 운영원리가 폐기되고 미국의 합동지휘통제체계가 인민해방군의 모델이 되었다. 시진핑이 전두지휘한 이번 개혁으로 그간 강력한 권력을 행사해 오던 부서들이 폐지되고 대신 중앙군사위원회가 강화되었다. 또한, 육군 위주의 7개 전구(戰區, 전쟁 발발 시 중요한 군사작전이 전개되거나 진행되고 있는 지역 – 역자 주)가 5개의 합동 전구로 재편되었다. 합동 전구 각각은 관할 전구 내 모든 지상군, 해군, 공군, 재래식미사일 부대를 통제하게 되었다. 각 전구는 국경과 해양에서 발생할 수 있는 특정한 우발적 상황을 책임진다. 이러한 군개혁 이후 군 지휘부의 역할은 작전을 하달하는 것에서 '무력 건설'(즉, '계획, 훈련, 장비구축' 기능)로 바뀌었다. 다시 말해, 각 군 지휘부는 이제 군사장비 개발, 병력 충원 및 훈련, 훈련 내용 설정 등을 담당하게 되었고, 합동전구 사령부에 훈련 및 장비병력 제공 등을 제공해야 했다 (개혁과 현대화가 인민해방군과 각 군에 미친 영향은 표 9.1을 참조).

이러한 개혁을 지속적으로 이행한 결과, 인민해방군은 세계적인 수준의 현대적 군대로 변모하고 있다. 그렇다고 이러한 군개편이 즉각적으로 이루어지거나 쉽게 진행된다는 것은 아니다. 통상 이러한 관료적 개혁은 많은 '철밥통'을 깨뜨리고, 고착된 제도적 이익을 침해하기 마련이다. 군개혁은 오랜 시간이 걸릴 것이고 많은 반발에 직면할 것이다. 그럼에도 불구하고, 이것은 인민해방군에게 정말 필요했던 조직개편이다.

중국의 안보환경

시진핑은 인민해방군이 "전쟁에서 승리할 수 있어야한다"는 점을 거듭 강조하면서, 중국공산당의 최우선 순위가 중국의 주권과 안보를 보호하는 것과 같은 전통적인 군사임무에 있음을 강조했다. 중국이 직면해 있는 대부분의 잠재적 안보 위협과 해결되지 않은 모든 육지 및 해양영토분쟁은 아시아와 관련되어 있다. 역내 영향력을 유지하기 위해 주변국을 불안하게 했

표 9.1 군개혁 이후 변화된 인민해방군

군편제	개혁과 현대화의 영향
육군 (PLAA)	새로운 육군 본부 설립, 지상군 병력 30만명 감축, 지상군을 13개 집단군으로 재편, 각 집단군을 표준화된 여단 및 대대 구조로 편성, 각 여단 및 대대는 상호 호환 배치가 가능한 모듈식으로 구성.
해군 (PLAN)	주요 전투 플랫폼(수상함, 잠수함, 항공기)의 업그레이드 및 수적 증강, 두 번째 및 세 번째 항공모함 건조, '원양 보호'를 위해 서태평양과 인도양에 전력투사가 가능한 방공 및 보급능력 개발, 4척의 핵추진 전략탄도미사일 잠수함(SSBN) 건조
공군 (PLAAF)	4세대 전투기 운용, 차세대 스텔스전투기와 신형 전략폭격기 개발, 낙하산 부대/전투기/공격기 부대를 여단으로 재편성, 전력 투사를 개선하기 위해 새로운 전략수송기 배치, 공세적인 작전과 공해전 위주의 훈련.
로켓군 (PLARF)	독자적인 군대로 편성, 이동성, 생존성, 정확도가 높고, 사거리가 길며, 경우에 따라 다탄두 장착이 가능한 2세대 핵미사일의 배치, 재래식미사일 기지와 여단을 합동 전구 사령부의 작전 통제하에 배속.
전략지원부대 (SSF)	인민해방군의 우주전, 사이버전, 전자전 및 심리전 능력을 강화하고, 이러한 능력들을 하나의 조직에 통합하여 중앙군사위원회 및 전구 사령부를 지원.
합동병참지원부대 (JLSF)	전구 사령부 이하의 단위가 주도하는 합동 작전을 위한 병참지원, 주로 중국 내 또는 국경에서의 우발적인 작전에 중점을 두고 있으나 원정 병참 능력도 제고.
인민무장경찰부대 (PAP)	전시 및 위기 상황에서의 국내 안정과 군사작전 지원에 초점을 맞춘 축소된 규모의 준군사력, 이번 개혁으로 중앙군사위원회가 PAP를 통제, 중국 해안경비대는 PAP의 하위부대로 재편.

출처: Phillip C. Saunders et al., eds., *Chairman Xi Remakes the PLA: Assessing Chinese Military Reforms* (Washington, DC: National Defense University Press, 2019).

던 러시아와 달리 중국은 테러리즘과 분리주의 같은 국내 위협을 관리함으로써 안정성을 추구하고 주변국들의 지지를 얻고자 했다. 중국은 1998년부터 2008년까지 다양한 외교적, 군사적, 경제적 보장 조치를 통해 주변국과의 관계를 개선하는 데 괄목할 만한 성공을 거두었다. 이 기간 동안 가파른 경제성장과 지역 및 세계경제로의 통합이 증가하면서 중국은 거의 모든 아시아 국가의 최대 수출시장이 되었다. 이는 인민해방군 예산이 증가하고 군 현대화 노력이 가속화됐음에도 중국이 영토분쟁에 인내심을 갖고 대응하고 군대의 병력충원을 자제한 결과였다.[28]

그러나 2009년부터 중국은 양자, 지역, 글로벌 차원에서 제기되는 여러 사안에 대해 보다 공세적인 태도를 보이기 시작했다.[29] 중국의 외교적 협박, 공세적인 군사적 및 준군사적 행동, 그리고 다른 국가들의 의견을 존중하지 않는 처사 등으로 인해, 그간 중국이 매력 공세로 공들여 쌓은 탑이 무너지고 말았다. 특히 도서 영유권 주장을 위해 남중국해와 동중국해에서 행한 조치들은 중국의 부상이 평화로울 것이라는 담론을 설파했던 중국의 노력을 크게 손상시켰다.[30]

중국의 전략적 딜레마는 미국과 갈등을 유발하거나 지역을 불안정하게 만들지 않으면서, 아시아가 중국의 지배적인 역할을 자연스레 수용하도록 만드는 것이다. 중국은 상호 이익이 되는 '윈-윈(win-win)' 해법을 모색하는 평화적 의도와 외교적 노력을 강조하고 있지만, 현재 실효지배하고 있지도 않은 육지영토와 해양영토에 대한 중국의 영유권 주장은 주변국들을 안심시키려는 노력을 무색하게 만들고 있다. 이러한 중국의 영유권 주장 때문에, 인도 및 부탄과의 국경문제, 대만, 베트남, 말레이시아, 브루나이 및 필리핀 등과 마찰을 빚고 있는 남중국해 도서영유권 문제, 일본과 마찰을 빚고 있는 센카쿠/댜오위다오 열도 문제, 그리고 중국이 떼려야 뗄 수 없는 자국 영토로 간주하고 있는 대만의 지위에 관한 미해결된 문제 등이 발생하고 있다.

경제발전을 위해 평화로운 지역 환경을 구축해야 할 필요성, 즉 내부 안정의 필요성은 주변국들을 희생양으로 삼아 영토를 획득하려는 민족주의적 열망과 모순상태에 빠져있다. 중국 입장에서는 '주권과 영토보전을 위한 방어적 조치'가 주변국들에게는 중국의 영토적 야망을 실현하는 협박과 위협으로 간주되고 있다. 중국과 영토분쟁이 없는 국가들조차도 구속받지 않는 강대국인 중국이 어떻게 행동할지에 대해 우려하고 있다.

그중에서도 대만이 가장 풀기 어려운 문제다. 대만과의 통일은 중국공산당이 통치의 정당성으로 내세운 민족주의의 징표이자 2049년까지 달성해야 하는 '중화민족의 위대한 부흥을 위한 필수 요소'이기 때문이다. 중국은 대만문제의 평화적 해결을 가장 선호하지만, 무력 사용을 배제하지 않은채 대만을 압박할 군사적 능력을 개발하고 있다 (미군의 군사적 개입을 억제하고 군사적 개입의 비용을 증가시키기 위한 첨단 시스템 포함). 설득, 강압, 통일전선 전술을 혼용하고 있는 중국의 대만정책은 상황에 따라 다양하다.

마잉주(馬英九)가 대만의 총통으로 재임(2008~2016)할 당시, 그의 국민당은 '하나의 중국, 이에 대한 각자의 해석'이라고 규정한 '92공식'(九二共識)** 을 수용했다. 이 때문에 마잉주 총리는 표면상 중국의 압박에 저항한 듯이 보였으나, 결국 양안관계를 강화하는 일련의 경제 및 행정 협정에 서명했다. 그러나 2016년 5월 민진당 후보로서 총통이 된 차이잉원(蔡英文)은 '92공식' 수용을 거부했다. 사실 92공식은 대만이 중국의 일부임을 내포하고 있기 때문에 중국으로부터의 분리독립을 선호하는 민진당 의원 대부분이 받아들일 수 없는 합의다. 이에 중국은 대만을 공식 국가로 인정한 국가들을 압박하고 대만 주변에서 군사훈련 및 해공군 배치를 강행하는 등 외교적, 군사적 조치로 응수했다. 2018년 11월 국민당의 지방선거 승리는 많은 관측통들의 예상보다 국민당의 회복력이 매우 좋다는 것을 시사한다. 그럼에도 중국은 역량이 강화된 인민해방군을 대만 압박에 활용하고 있기 때

** 역자 주) 1992년 중국과 대만의 당국자가 홍콩에서 만나 합의한 것으로, 양측 모두 하나의 중국 원칙을 받아들이되 하나의 중국을 대표하는 정부가 어디인지에 대해서는 각자의 해석에 맡긴다는 내용이다. 그러나 그 해석을 놓고 대만 내부 정치의 양대세력인 국민당과 민진당은 전혀 다른 주장을 하고 있다. 국민당은 중국에게 통일전쟁 명분을 주지 않기 위해 92공식에 찬성하는 반면, 민진당은 대만의 완전한 분리독립을 주장하기 때문에 92공식에 반대하고 있다.

문에 대만 유권자들은 통일을 바람직한 선택으로 보지 않을 가능성이 크다.

대만은 여전히 인민해방군 현대화의 주요 동인(動因)으로 남아 있지만, 군개혁은 인민해방군이 국경과 해양영토에서의 비상상태에 대응할 수 있는 능력을 향상시키기 위한 것이기도 하다. 가령, 북한의 붕괴나 한반도의 불안정, 인도와의 영토분쟁, 중앙아시아 테러리스트의 위협, 또는 남중국해나 동중국해에서의 해양분쟁 등이 이에 해당된다. 인민해방군 현대화 및 군개혁 때문에 인민해방군은 다양한 능력을 향상시킬 수 있게 되었다. 유사시 합동군을 신속히 배치할 수 있게 되었고, 낙하산 부대, 대(對)우주 시스템 및 사이버 공격 역량과 같은 국가전략 자산을 보유할 수 있게 되었다. 또한, 다른 전구(戰區)에 상호 호환이 가능한 모듈식 지원군을 신속히 배치할 수 있게 되었고, 원활한 병참 및 기타 지원을 통해 작전을 지속할 수 있게 되었다. 뿐만 아니라, 전구 사령부는 이러한 모든 우발상황에 대한 계획을 수립하고, 수립된 계획을 성공시키기 위해 부단히 훈련함으로써 잠재적인 적들에게 억제 효과를 발휘할 수 있게 되었다.

중국은 1991년 소련 해체 이후 거의 모든 지상 국경분쟁을 해결했다.[31] 두 가지 예외는 인도와 부탄과의 국경분쟁이다. 물론 후자의 경우 논란이 되는 국경선은 훨씬 짧다. 중국-인도 간 국경문제는 1962년 중인전쟁의 직접적 원인이었으며, 인도의 국내정치와 인도-파키스탄의 복잡한 관계까지 얽혀 있다. 중국군의 정기적인 국경 침범은 인도군부, 정부 및 정치권 내에서 반(反)중 정서를 조성하고 있다. 가장 최근의 대치 상황은 2017년 6월 중국이 도클람(Doklam)으로 이어지는 도로 건설을 시작하면서 발생했다. 도클람은 중국과 부탄 양국 모두 영유권을 주장하는 지역이다. (중국군에 맞설 능력이 없는 부탄이 인도와의 안전보장조약을 근거로 인도에 지원을 요청하자 – 역자 주) 인도는 부탄을 대신하여 국경을 넘어 병력을 배치했고, 교착상태가 이어졌다 (인도군은 중국군 초소 두 곳을 파괴했다 – 역자 주). 다행히도 이후 인도와 중국 모두 군대를 철수시키고 관계개선을 위해 노력하고 있지만, 이 사건은 영유권 주장을 강행하려는 중국의 조치가 이 지역 내의 긴장을 얼마나 악화시킬 수 있는지를 보여주고 있다.[32)]

중국의 공세적인 영유권 정책은 2008년 말과 2009년에 점화된 해양영토 분쟁에서도 나타나고 있다. 분쟁 당사국들은 일정 부분 유엔 해양법협약(UNCLOS)을 근거로 해양영토 영유권 주장을 하고 있는데, 이에 대해 중국은 논란이 되는 해양영토에 대한 주권을 주장하면서 강경한 외교적, 군사적, 준군사적, 법적 조치로 맞서고 있다. 해양영토 분쟁에 대한 중국의 대응은 시간이 지남에 따라 진화해 왔다. 예를 들어, 2012년 4월의 스카보러 암초 사건과 2012년 9월의 센카쿠/댜오위다오 열도사건이 발생했을 당시 중국은 기다렸다는 듯이 상대 국가의 도발을 자국의 공세적인 통제 조치를 확대하기 위한 명분과 기회로 활용했다. 이와 달리, 선제적인 조치를 취하기도 했다. 2013년 11월 동중국해에 방공식별구역(ADIZ)을 일방적으로 선언한 것이나 2014년 5월 베트남이 영유권을 주장하고 있는 수역에 석유 탐사 플랫폼을 배치한 것이 대표적이다. 여기서 한 발 더 나아가 중국은 2014년에 남중국해 일대에 산재해 있는 7곳의 작은 암초를 인공섬으로 만들기 위해 대규모 간척사업을 벌였고 그 인공섬에 항만, 비행장, 레이더, 막사를 설치했다. 시진핑 주석은 2015년 9월 백악관에서 열린 회담에서 “인공섬을 군사화할 생각이 없다”고 밝혔지만, 이후 인공섬 곳곳에 미사일을 설치했다.[33)]

해양영토 영유권 주장을 위해 중국이 증강된 해군과 준군사조직을 활용하고 있긴 하지만, 그렇다고 해서 살상무기를 사용하는 것은 아니다. 중국은 법 집행관의 가면을 쓰고 강압적 조치를 실행하기 위해 주로 해안경비대와 해상민병대를 활용하고 있다. 그러나 사실 해안경비대는 종종 인민해방군 해군(PLAN)의 지원을 받고 있다. 2014년 5월에 (베트남의 배타적 경제수역에서 – 역자 주) 발생한 하이양시유(海洋石油) 981 석유 시추 사건도 알고 보면 국영기업, 인민해방군 해군, 중국 해안경비대 및 해상민병대가 교묘하게 연계된 작전이었다 (2019년 7월에도 중국의 탐사선은 해안경비대와 해상민병대와 함께 베트남의 배타적 경제수역에 침범했다 – 역자 주).

영토 및 해양영토 영유권을 주장하는 것과 주변국과 우호관계를 유지하는 것 사이의 긴장을 관리하기 위해 중국이 채택하고 있는 전술은 다음과 같다.

1. 경제적 유인과 응징을 사용한다.
2. 해양영토 영유권을 주장하는 당사국과 비당사국을 구분하여 아세안(ASEAN)의 내부분열을 도모한다.
3. 군사적으로 대치하지 않으면서 분쟁 중인 해양영토에 대한 중국의 실효지배를 확대하기 위해 점진적인 '살라미 전술'을 채택한다.
4. 군대보다는 준(準)군사조직을 활용한다.
5. 중국의 조치를 타국의 도발에 대한 방어적 대응으로 선전한다.
6. 중국의 통제를 강화하는 행위를 정당화하기 위해 다른 분쟁 당사국의 조치를 선전한다.
7. 중국의 전반적인 군사력 우위를 다른 분쟁 당사국들을 위협하는 데 사용한다.
8. 분쟁이 전쟁으로 치닫는 것을 막기 위한 위기관리 기제를 구축하기 위해 관련 협상을 진행한다.

이처럼 중국은 전쟁의 임계점에 도달하지 않는 '회색지대' 강압 전술[**]을 구사하여 상대국들의 대응을 어렵게 만들고 있다. 그러나 남중국해와 동중국해에서 전략적 우위를 점한 중국일지라도 무력사용을 배제하고 다른 분쟁 당사국이 점유한 도서를 포기하도록 설득할 수는 없을 것이다. 대부분의 분쟁 당사국은 자국의 영유권 주장을 포기하는 데 드는 국내정치 비용을 지불하고 싶어 하지 않지만, 동시에 압도적으로 우세한 중국군과 싸울 의사도 없다. 그 결과 중국의 입지는 강화되었지만, 무력 사용 없이는 영토분쟁이 완전히 해결될 수 없게 되었다.

** 역자 주) 살라미 전술, 기정사실화 전술, 대리전과 같이 작은 현상 변경의 장기간 축적을 통해 전략 환경에 돌이킬 수 없는 변화를 초래하는 전술을 의미한다.

이러한 새로운 상황 전개 때문에 중국은 일정 정도의 비용을 치르게 되었다. 아시아태평양 지역의 많은 국가들은 중국의 압력에 맞서기 위해, 미국을 비롯한 다른 국가들과 안보관계를 강화하고 있다. 또한 그들은 자국의 해양영역인식(MDA: Maritime Domain Awareness)을 제고하고, 중국의 군사행동에 대한 대응 능력을 높이기 위해 국방예산을 증액하고 첨단무기 확보도 늘리고 있다.[34] 이외에도, 필리핀은 중국이 주장하는 남중국해 영유권 문제를 헤이그 상설중재재판소(PCA)에 제소하여 승소하기도 했다. 그러나 이에 불복한 중국은 국제법을 존중하지 않는 국가라는 오명을 쓰게 되었다.

이러한 비용을 잘 알고 있는 중국 관료들은 덜 공세적인 태세로 전환하기 위해 몇 가지 조치를 취했다. 이러한 조치에는 아세안과 남중국해 행동준칙(the Code of Conduct on the South China Sea)에 관한 협상을 진행하는 외교적인 노력, 중국과 영토분쟁을 겪고 있는 국가들(일본, 인도, 필리핀, 베트남, 말레이시아 등)과의 양자관계를 개선하려는 노력, 아태지역 인프라를 지원하기 위한 경제적 투자 확대 및 차관 공여, 지역 안보에 대한 긍정적인 비전을 명확히 하려는 노력 등이 포함된다. 그러나 세간에서 예상하듯이, 중국의 역내 비전은 원칙과 협력만을 강조할 뿐 중국은 자국의 공세적인 조치와 변화하고 있는 역내 세력균형에 대해서는 일언반구도 하지 않고 있다.

군사외교 및 안보협력

중국의 2017년 아시아태평양안보협력 백서는 '아시아태평양 지역의 평화와 안정에 대한 보다 많은 보장조치를 제공하기 위한 군사적 교류 및 협력의 강화'를 요구하고 있으며, 중국군의 '세계 평화유지 및 지역안정에 대한 긍정적 기여'를 강조하고 있다. 또한, 백서는 중국이 "해양안보에 관한 대화와 협력을 증진하고, 유엔 평화유지임무, 반테러 국제협력, 호위임무 및 재난구호작전 등에 참여했으며, 관련 연합훈련과 교육을 다른 국가들과 함께 실시해왔다"고 주장하면서,[35] 중국이 군사외교와 안보협력을 중국의 군사력 증강에 대한 우려를 잠재우기 위한 도구로 간주하고 있음을 분명히 하고 있다.

지난 10년간 중국의 군사관련 백서들은 군사외교의 중요성이 커지고 있음을 강조했다. 명시적 목표는 전반적인 국가외교정책 지원, 주권 보호, 국익 증진, 국제안보환경 형성 등이다.[36] 시진핑은 2015년 1월 전군외교업무회의 연설에서 전반적인 국가외교정책 지원, 국가안보 보호, 군사력 증강과 같은 군건설 추진 등 중국의 군사외교에 대한 몇 가지 구체적인 목표를 제시했다. 또한 주권, 안보 및 개발이익의 보호라는 목표도 강조했다.[37] 이러한 공개적으로 선언한 목표 외에도 인민해방군은 군사외교를 통해 정보를 수집하고, 새로운 기술을 습득하며, 인민해방군의 역량을 다른 국가의 기준에서 평가한다. 그리고 우호적인 국가들과 상호운용성을 구축하기도 한다.

인민해방군이 현재 수행하고 있는 군사외교활동의 상당 부분은 중국의 특정 전략적 이익을 보호·발전시키고 우려되는 문제들을 관리하는 데 초점이 맞춰져 있다. 중국 군사외교는 미국, 러시아, 아시아 국가들과의 교류를 강조한다.[38] 이러한 우선순위를 감안하더라도, 중국군은 역외 국가와의 상호작용도 강화하고 있다.[39] 그 예는 다음과 같다. 중동과 아프리카에서 수입하는 석유와 천연가스에 대한 중국의 의존도는 점점 더 증가하고 있다. 해적퇴치를 위해 아덴만에 주둔하고 있는 인민해방군 해군은 중동과 아프리카와의 전략적 유대를 촉진하고, 에너지안보를 보장하며, 해양수송선(SLOCs)을 보호하기 위한 작전적 경험을 축적시킨다. 시진핑의 대표적인 대외정책 기여는 일대일로 구상에 있는데, 인민해방군과 유럽, 아프리카, 아시아 각 국과의 교류 역시 일대일로를 강화하고 있다.[40]

이러한 다양한 활동은 중국 국방대학교가 공개한 데이터베이스를 사용하여 고위급 방문, 외국군과의 훈련, 기항(寄港)통지 등으로 재구성될 수 있다. 이를 통해 인민해방군의 외교활동이 얼마나 확장되고 있는지를 분석할 수 있다. 도표 9.1은 중국 군사외교의 추세를 보여주고 있다. 데이터는 상대적으로 낮은 수준이었던 군사외교 교류가 2010년부터 대폭 확대되었고, 그 이후부터는 안정적으로 유지되고 있음을 보여준다. 2010년에 정점을 찍었던 고위급 방문은 하락 추세이나, 여전히 중국 군사외교에서 압도적인 비중을 차지한다. 또한, 데이터는 2009년부터 외국군과의 군사훈련 및 기항통지 건수가 꾸준히 증가하고 있음을 보여준다. 이외에도 인민해방군은 다양한 국가와 학술적 및 기능적 교류 프로그램을 운영하고 있으며, 비전통적인 안보협력, 특히 유엔 평화유지작전 및 해적퇴치 작전에도 적극적으로 참여하고 있다.

고위급 방문

고위급 방문에는 중앙군사위원회 위원이나 전구 사령관급 이상의 인민해방군 장교가 주로 참여한다. 외국군 수뇌부와의 회동에는 국방장관이 주로 참석하지만, 중앙군사위원회 부주석, 각 군 사령관, 중앙군사위원회 합동참모본부 사령관 및 중앙군사위원회 정치공작부 사령관, 그리고 외교 및 정보를 담당하는 중앙군사위원회 합동참모본부 부사령관도 정기적으로 참석한

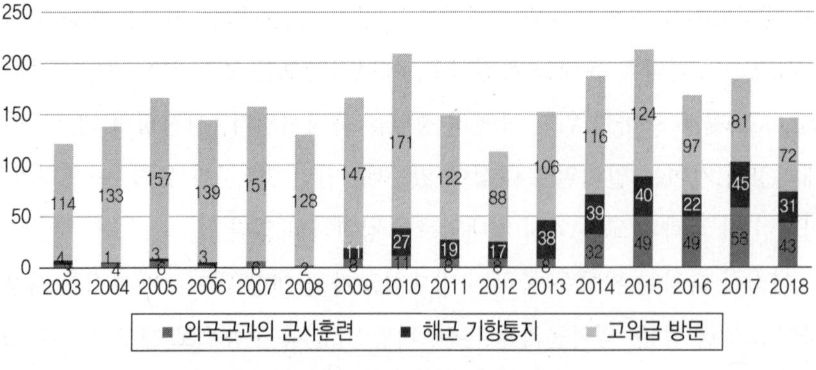

도표 9.1 활동별 군사외교활동 총계, 2003~2018년

다.[41] 도표 9.2는 외국군과 인민해방군 고위급 관계자의 상호교류를 보다 세분화하여 보여주고 있다.

데이터는 몇 가지 흥미로운 패턴을 보여준다. 첫 번째는 인민해방군 고위급 해외방문이 2010년에 정점을 찍은 이후 크게 감소하고 있다는 점이다. 두 번째는 2010년까지만 하더라도 상호주의에 입각하여 인민해방군 장교들의 해외 방문과 중국의 방문 주최는 횟수에서 균형을 이루었으나 이러한 균형이 무너졌다는 점이다. 2010년 이후부터는 상호주의가 작동하지 않았다. 즉, 인민해방군 고위 장교들의 해외 방문은 줄어들었지만, 외국군 장교와 국방부 관료들의 중국 방문은 늘어났다. 이는 반부패운동의 일환으로 강화된 여행 제한과 인민해방군 고위 장교들을 대상으로 한 군개혁에 대한 요구가 거세기 때문인 것으로 보인다.[42] 이 자료는 또한 중국의 정치적 순환주기 5년의 패턴도 보여준다. 즉, 인민해방군 고위 장교들의 해외 방문은 당대회(2007년, 2012년, 2017년)가 있는 해에는 현저히 감소했고, 집권 3년차(2005년, 2010년, 2015년)에는 증가했다.[43] 이 데이터는 상하이협력기구(SCO) 국방장관회의, 아세안지역안보포럼(ARF) 확대 국방장관회의(ADMM+), 싱가포르 샹그릴라 안보대화, 베이징 샹산(香山)포럼 등 다자회의에 인민해방군 고위 장교들의 참여가 늘어난 것도 반영하고 있다. 이러한

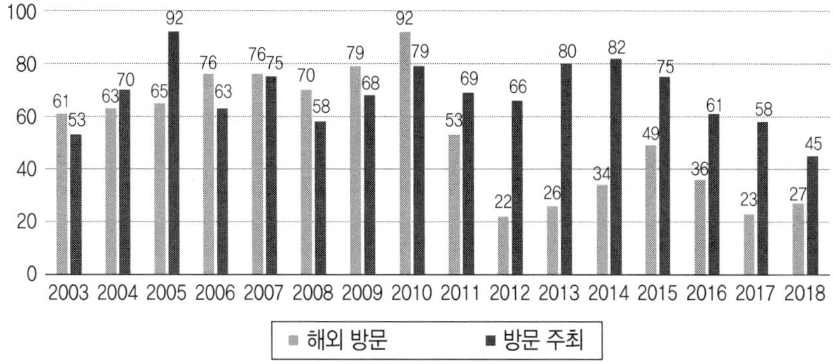

도표 9.2 고위급 방문 총횟수, 2003~2018년

회의에 참석하는 인민해방군 고위 장교들은 종종 이러한 다자간 회의와 더불어 수차례의 양자간 회의 일정에도 참석한다.

군사훈련

인민해방군은 결코 외국군과 훈련하지 않고, 해외 군사기지를 건설하지 않으며, 군사동맹을 맺지 않는다는 것이 마오쩌둥의 오래된 교시였다. 그러나 인민해방군은 2002년부터 다른 국가들과 양자 및 다자간 '연합훈련'을 실실시해 오고 있는데 이것은 마오의 교시를 위배한 첫 번째 조치가 되었다. 인민해방군은 종종 외국군과의 연합훈련(combined exercise)을 '합동훈련'(joint exercise)이라고 표현한다** (단, 이 장에서는 미국식 용어인 '연합훈련'을 사용한다).[44] 연합훈련에는 여러 국가의 군이 참여한다. 각 군의 다양한 부처가 관련된 훈련은 연합무기훈련이라고 한다. 이러한 훈련들은 기능별로 더 세분화되어 있다. 전투훈련은 실사격 훈련과 전투 시뮬레이션을 포함한 재래식 분쟁 스펙트럼의 상위권에서 활용되는 고급 전투기술을 강조한다. 전투 지원 활동에는 통신, 공병기술, 재공급, 병참, 생존 기술, 함대 항해 및 기동 등이 포함된다. 전쟁 이외의 군사작전(MOOTW: military operations other than war)에는 수색 및 구조, 인도적 지원/재해구호(HA/DR), 의료훈련 등이 포함된다. 반테러훈련은 저강도 소단위 활동으로, 재래식 분쟁 스펙트럼의 하위권에 위치한 전투작전을 포함한다.

도표 9.3은 다자간 훈련 참여 등 인민해방군과 외국군 간 연합훈련의 참가 횟수가 대폭 증가했음을 보여준다. 인민해방군 해군(43.6퍼센트)과 인민해방군 육군(41.3퍼센트)이 외국군과의 훈련에 가장 많이 참여하고 있

** 역자 주) 두 개 이상의 국가가 함께 하는 군사훈련을 연합훈련, 한 국가 내의 여러 군이 함께 훈련하는 것을 합동훈련이라고 한다.

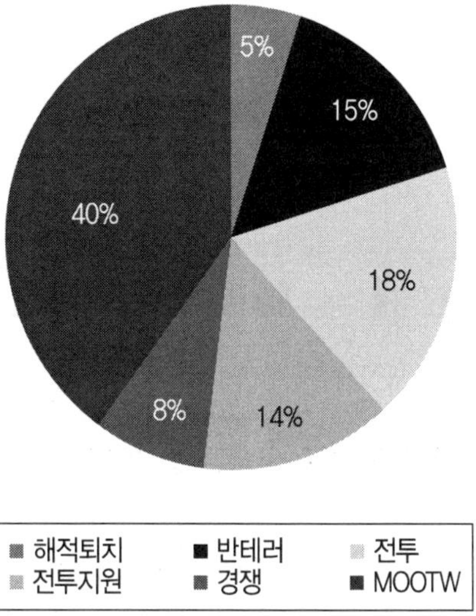

도표 9.3 인민해방군의 기능별 총 국제군사훈련, 2002~2018년

다. 인민해방군 공군이 참가하고 있는 연합훈련의 비중은 8.7퍼센트이며, 인민해방군 로켓군이 연합훈련에 참가한 경우는 알려져 있지 않다. 이러한 훈련 가운데 인민해방군의 모든 군이 동시에 연합훈련에 참가한 경우는 6.5퍼센트에 불과하다.

인민해방군이 수행하는 훈련의 대부분은 전쟁 이외의 군사작전(MOOTW)이거나, 비국가적 위협에 대비한 해적퇴치 또는 반테러 훈련이다. 이것은 공동의 이익을 위한 것이고 제3국을 겨냥한 것이 아니기 때문에 정치적으로 공격적이지 않다. 이러한 유형의 훈련에 참가한 국가들은 작전의 세부사항을 공유하지 않으며, 자국의 첨단 군사능력을 드러내지 않는다.

물론 예외도 있다. 2007년부터 지속된 상하이협력기구의 평화의 사명(SCO Peace Mission) 훈련,** 파키스탄과 태국 같은 긴밀한 안보 파트너

** 역자 주) 중국 주도로 러시아, 카자흐스탄, 키르기스스탄, 타지키스탄, 우즈베키스탄, 인도, 파키스탄 등이 참가하는 반테러 훈련이다.

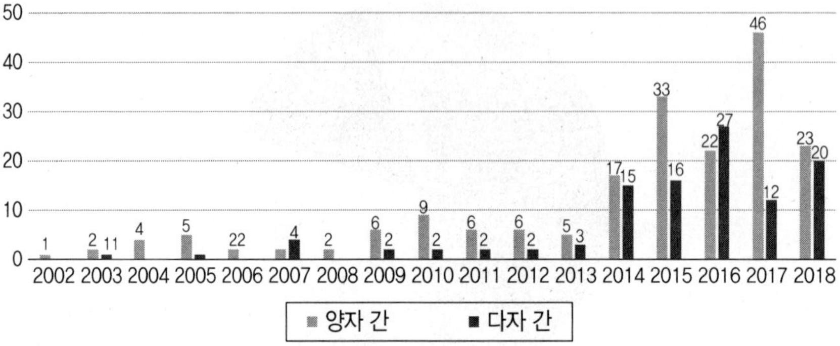

도표 9.4 인민해방군의 유형별 총 군사훈련, 2002~2018년

국과의 다양한 양자 훈련, 중국과 러시아 간의 해군협력 및 합동해양(Joint Sea)훈련** 등이 그것이다. 상하이협력기구 평화의 사명 훈련은 반테러훈련으로 알려져 있지만, 종종 재래식 전투작전(대공 방어 및 공격 작전 포함)을 수행하는 대규모 부대들도 참가한다. 중국이 참가하고 있는 해군협력훈련은 민감한 해역(발트해, 지중해, 남중국해 포함)에서 종종 실시되고 있으며, 대잠수함전 훈련과 상륙강습 훈련 등 보다 많은 연합작전으로 확대 및 진화하고 있다.[45] 이처럼 전투 관련 훈련은 인민해방군이 선진군대와의 교류를 통해 작전능력을 향상하고, 외국군과의 상호운용성을 창출하는 데 도움이 될 수 있다. 또한 중국이 다른 국가들과 군사적으로 협력할 의지와 능력이 있음을 전달하는 통로가 되기도 한다.

기항(寄港)통지 및 해적퇴치 작전

1985년부터 2008년까지만 해도 인민해방군 해군의 기항통지는 수적으로 매우 적었고 그 목적도 단순 '친선방문'이었다. 따라서 기항을 허용한 국가

** 역자 주) 2012년부터 매년 한두 차례 남중국해, 동중국해, 칭다오 해역, 산둥반도, 한반도의 동해와 서해, 오호츠크해 등에서 열리는 대규모 해상훈련이다.

의 해군과 작전상의 상호작용을 많이 할 수 없었다 (도표 9.5 참조). 그러나 2008년 12월 이후 인민해방군 해군이 해적퇴치를 위해 아덴만에 함정을 파견하면서 기항통지를 늘려야 할 필요가 생겼고, 이는 외국 항구를 우호적으로 방문할 수 있는 새로운 기회를 제공했다.[46] 2019년 1월 현재 인민해방군 해군은 아덴만에 함정 31척으로 구성된 3개의 호위전대(ETFs: escort task forces)를 파견하고 있다. 그러나 2009년부터 2012년까지 인민해방군 해군은 ETFs를 배치하고 유지하기 위한 조건을 충족시키지 못해서 병원선 피스아크(Peace Ark) 이외에는 ETFs 기항통지에 많은 어려움을 겪었다. 2013년부터 중국은 ETFs 이외의 목적으로 기항통지를 상당히 많이 하게 되었는데, 이 때문에 아덴만 해적퇴치 전담 ETFs 를 위한 기항통지의 배치조건을 충족시킬 수 있게 되었다.

인민해방군 해군의 해적퇴치 전담 ETFs는 두 가지 종류의 기항통지를 수행한다. 보급 목적의 방문은 보통 2~5일 정도 지속되며, 이 기간 동안 함정은 연료, 식수, 야채, 과일 등을 공급받는다. 승조원들은 보통 중국 대사와 무관들을 만나지만, 함정은 대중에게 공개되지 않고 승조원들은 기항통지 대상국 해군과 교류하지 않는다. 친선 목적의 방문은 일반적으로 2~4일

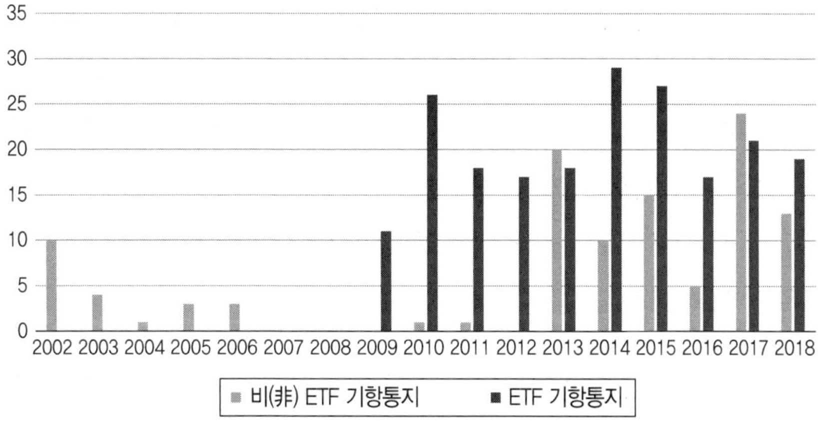

도표 9.5 인민해방군 해군이 외국에 발신한 총 기항통지, 2002~2018년

정도 지속되며, 승조원들은 보통 중국 대사와 무관들뿐만 아니라 기항통지 대상국 정부와 해군 관계자들도 만난다.

인민해방군 해군의 해적퇴치 전담 ETFs는 외국의 ETFs 및 관계자들과 교류할 수 있는 기회를 갖는다. 2013년 5월 4일, ETF-14의 해군 소장 위안유바이(袁誉柏)는 구축함 하얼빈에 다국적 해적퇴치 연합 ETF-151의 사령관들을 초대했다.[47] 비록 중국은 이 다국적 해적퇴치 연합 ETF-151로의 참여를 거부했지만, 중국의 일부 ETF는 외국 해군과 연합 해상훈련을 실시했다.

ETFs의 작전지역은 해적 위협이 가장 큰 소말리아와 아덴만에 집중돼 있기 때문에, 보급 목적의 기항통지는 일반적으로 중동과 북아프리카, 특히 오만과 지부티에서 이뤄졌다. 2017년 지부티에 중국 최초의 해외 병참기지를 건설한 것도 마오쩌둥의 세 가지 교시 중 두 번째를 위반한 것이다. 해외 병참기지를 획득했기 때문에 기항통지의 필요성은 줄었지만, 인민해방군 해군의 ETFs는 4개월간의 작전 순찰을 마친 뒤 유럽, 중동, 아프리카, 남아시아, 동남아 등지에서 우호적인 목적으로 4~6차례의 기항통지를 계속했다.

인민해방군은 ETFs 이외의 기항통지를 통해 전 세계 다른 지역의 외국군과 관계를 맺었다. 여기에는 2016년의 환태평양 해상연합훈련(RIMPAC: Rim of the Pacific), 인민해방군 해군 단독의 해상임무단 배치, 생도 순항훈련 함대의 방문, 병원선 **피스아크**의 해외파견 등 다자간 훈련과 연계된 기항통지가 포함된다. 예를 들어, 2018년 **피스아크호**는 남태평양 4개국과 남미 및 라틴아메리카 7개국에서 장기적인 인도주의 활동을 전개하기 위해 기항통지를 한 바 있다.[48]

교육 및 기능 교류

인민해방군의 교육 및 학술교류(院校交流)에는 군교육기관 지도자 방문, 생도 및 전문 군사 교육 학생 대표단 방문, 인민해방군 군사교육기관에서 주관하는 외국군 훈련, 인민해방군 장교의 해외 유학이 포함된다. 또한 인민해방군은 외국군과 작전, 병참, 관리, 군의학 등 특정 주제에 대한 기능교류를 실시하고 있다. 기능 교류는 전문가 대표단의 방문을 통해 이루어지며, 중앙군사위원회 산하 국제군사협력국의 감독하에 인민해방군 각 군에 의해 이루어지는 경우가 많다.[49]

인민해방군이 국방백서에 몇 가지 집계 데이터를 발표하고는 있지만, 교육 및 기능 교류에 대한 구체적인 정보를 찾기는 어렵다. 다만 국방백서는 해외에서 유학하는 중국군이 꾸준히 증가하고 있음을 보여준다. 1999~2000년 사이에 이에 따르면, 1999~2000년 '200명 이상의 중국군'이 주로 러시아, 독일, 프랑스, 영국, 파키스탄, 방글라데시, 태국, 쿠웨이트에서 유학했으나, 2007~2008년에는 '900명 이상의 군학생'이 대폭 증가했고 체류국도 30여 개국으로 늘어났다. 또한, 2008년 국방백서에는 "중국의 20개 군사교육기관이 미국, 러시아, 일본, 파키스탄 등 20여 개국의 군사교육기관들과 학제간 교류관계를 수립하고 유지하고 있으며, 130여 개국 4,000여 명의 외국군이 중국 군사교육기관에서 유학하고 있다"라고 언급되어 있다. 다만 비교 가능한 데이터가 없어 18차 당대회(2012년 11월 – 역자 주) 이후 추세의 변화는 알기 어렵다.[50]

안보대화

중국은 또한 26개국 및 역내기구들과 '국방대화' 또는 '전략대화'를 유지하고 있다.[51] 이 대화에 참여하는 국가들은 미국, 러시아, 일본, 인도, 영국, 프랑스, 독일, 호주, 브라질, 이집트, 유럽연합, 인도네시아, 이스라엘, 요르단, 아프리카연합, 걸프협력회의(GCC), 멕시코, 나이지리아, 파키스탄, 페루, 포르투갈, 남아프리카공화국, 한국, 시리아, 터키, 아랍에미리트연합 등이다. 중국은 2005년에 시작된 이러한 대화체들을 신뢰구축의 중요한 장소로 간주하고 있다.[52] (항상 그런 것은 아니지만) 인민해방군 인사들이 이러한 대화체에 참가한다. 대화의 내용은 상대국에 따라 다르지만, 일반적으로 지역 및 글로벌 안보와 외교정책 동향에 관한 것이다.

무기판매

중국의 무기판매는 방위산업의 이익을 창출하고 광범위한 외교정책 목표를 뒷받침하기 위해 이루어진다. 중국은 국방 예산이 제한적이거나 서방국가들로부터 고가의 고성능 무기를 구매할 수 없는 국가들을 대상으로 중저가의 중간 정도 성능을 가진 무기체계를 공급하는 틈새시장 전략을 오랫동안 유지해 왔다. 중국 방위산업에 의해 생산된 무기의 질적 수준이 향상되면서 판매도 증가했다. 가령, 중국은 2013년부터 2017년사이 48개국에 무기를 판매하는 세계 5위의 무기 수출국이 되었다. 중국 수출에서 파키스탄이 차지하는 비중은 35퍼센트로 방글라데시(19퍼센트), 알제리(10퍼센트)가 뒤를 이었다.[53] 중국의 경쟁력이 두드러진 분야는 무장한 무인항공기(UAVs: Unmanned Aerial Vehicles)이다. 이는 이라크, 사우디아라비아, 이집트, 아랍에미리트를 포함한 중동 및 북아프리카의 여러 국가로 판매되고 있다.[54]

평화유지작전

인민해방군은 1990년에 이르러서야 팔레스타인 유엔 정전감시기구에 5명의 군사감시단을 파견하면서 처음으로 유엔 평화유지작전(UNPKO)에 참여했다. 중국은 2014년 9월 말까지 전 세계 도처에서 진행 중인 23개 유엔 평화유지 임무에 2만 7,000명 이상의 군 병력을 배치했고,[55] 18명의 인민해방군 군인들이 평화유지 임무를 수행하다가 사망하기도 했다. 중국은 군대와 경찰을 가장 많이 파견한 10대 기여국 중 하나로, 유엔 안전보장이사회 상임이사국 5개국 중에서는 가장 큰 기여국이다. 유엔 평화유지비용에서도 중국은 두 번째로 큰 몫을 부담하고 있다. 2018년 12월 현재 유엔 평화유지군이 주둔 중인 9개 지역에서 총 2,517명의 인민해방군 군인들이 평화유지 임무를 수행 중이며, 말리, 수단, 콩고, 중앙아프리카공화국, 다르푸르의 유엔 평화유지군에서도 가장 큰 기여를 하고 있다.[56]

인민해방군 소속 평화유지군은 대부분 군사감시단, 기술자, 수송병, 의료장교 등이지만, 인민해방군은 2013년 6월 말리의 유엔 평화유지군에 첫 번째 안전보장군을 파견했고, 2014년 12월 남수단에서의 평화유지작전을 위해 첫 번째 보병대대를 배치했다. 700여 명으로 구성된 이 대대는 드론, 보병수송 장갑차, 대전차 미사일, 박격포, 소형무기 및 경화기, 방탄복과 헬멧 등으로 무장했는데, 이는 '전적으로 자기 방어를' 위한 것이었다.[57]

배치된 병력 외에도 중국은 유엔 평화유지 임무에 언제든지 동원될 수 있는 8,000명의 평화유지 상비군도 창설했다. 이 부대는 6개 보병 대대를 비롯해 공병, 수송, 의료, 보안, 헬리콥터 부대, 기타 공군 및 해군의 수송 자산 등을 보유하고 있다. 또한, 중국은 69개국에서 500명 이상의 평화유지군을 양성하기 위해 경찰 및 군 평화유지군 훈련센터를 설치한 것으로 알려졌다.[58] 중국은 유엔 평화유지 활동에 병력, 자금 및 전문적인 훈련을 제공한 공로로 상당한 명성을 얻었다. 이는 인민해방군이 중국이 선호하는 글로벌 거버넌스인 유엔 중심 모델과 조화를 이루고 있으며, 더 강력한 인민해방군이 세계평화를 위한 힘이라는 중국의 주장을 뒷받침한다.[59]

군사외교 파트너

이전 부분에서는 인민해방군이 외국 파트너 국가와 무엇을 하는지에 대해 논의하였다. 여기서는 이러한 파트너 국가에 대해 설명하고자 한다. 인민해방군의 군사외교는 강대국에 중점을 두고 있고, 러시아와 미국은 인민해방군과 가장 교류가 빈번한 군사 및 외교 파트너 국가다. 양국 모두 전쟁 이외의 군사작전과 정량 데이터에 포착되지 않는 다양한 기능적 교류 등 인민해방군과 전면적인 군사외교를 하고 있다. 표 9.2에는 2003~2018년 동안 인민해방군의 상위 10개 파트너 국가들이 나열되어 있다.

미국과 러시아를 제외하면, 지난 16년 동안 인민해방군의 군사외교 교류 대상은 아시아라는 명백한 지리적 경계 내에 집중되어 있다. 인민해방군의 상위 10개 파트너 국가 가운데 8개국이 아시아에 있으며, 2003년과 2018년 사이에 인민해방군 군사외교 교류의 40.5퍼센트가 아시아 국가들에 편중되어 있는데, 이는 인민해방군과의 군사외교 교류가 두 번째로 많은 지역인 유럽의 거의 두 배에 달하는 것이다.[60] 중국의 상위 파트너 국가 중에는 미국의 동맹국(태국, 호주, 뉴질랜드)이나 안보 파트너 국가(싱가포르, 베트남, 인도, 인도네시아)도 있다.

도표 9.6은 2003년부터 2018년까지 인민해방군 지도자들이 방문한 세

표 9.2 인민해방군의 상위 10개 파트너 국가, 2003~2018년

순위	국가	지역	훈련	기항통지	고위급회담	총합계
1	러시아	러시아	42	1	68	111
2	파키스탄	아시아	36	10	57	103
3	미국	북미	15	6	82	103
4	태국	아시아	20	7	49	76
5	호주	아시아	19	8	45	72
6	싱가포르	아시아	9	8	40	57
7	베트남	아시아	2	4	45	51
8	뉴질랜드	아시아	5	6	37	48
9	인도	아시아	13	4	29	46
10	인도네시아	아시아	8	5	30	43

계 지역을 보여준다. 이 자료에 따르면, 중국은 아시아, 미국 및 러시아에 높은 우선순위를 두고 있다. 유럽도 인민해방군 지도자들의 정기적인 방문지이다. 이에 반해 남미, 아프리카 및 중동의 방문 빈도는 낮은 편이다. 중국의 군사외교 교류에서 국가와 지역의 우선순위는 중국의 외교정책 우선순위와 밀접하게 일치하는 것으로 보인다.

인민해방군은 또한 우호적인 안보환경을 조성하기 위해 군사외교를 활용하고 있다. 예를 들어, 호위전대(ETFs)가 아닌 대부분의 기항통지는 아시아 국가들을 대상으로 한 친선 항만방문인데 이것은 중국의 새로운 해군력을 우려하는 이웃국가들을 안심시키려는 의도에서 비롯된 것이다. 피스아크호는 지역 안보에 긍정적인 기여를 할 수 있는 온건한 강국의 이미지를 구축하기 위해 아시아 여러 항구에 정례적으로 기항한다. 2010년 이후 중국은 군사력을 축소하기보다는 오히려 증강하고 있다. 군사훈련은 전투 지향적이 되었고, 때로는 잠재적인 적들을 억제하거나 격퇴하기 위해 고안된 것처럼 보인다. 예를 들어, 중국은 2016년 5월 미국이 한국에 사드(THAAD) 미사일방어시스템을 배치한 직후, 러시아와 손잡고 미사일방어훈련을 실시했다.[61]

인민해방군의 군사외교 활동의 증가가 반드시 영향력을 발휘하는 것은 아니다. 인민해방군의 대외 군사관계는 여러 제약을 받는다. 인민해방군의 군사외교는 외국군이 인민해방군과 하고자 하는 활동 혹은 할 수 있는 활동

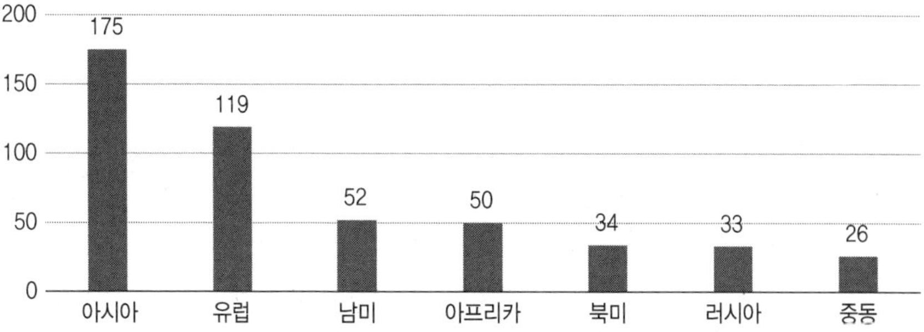

도표 9.6 지리적 권역별 고위급 해외 방문, 2003~2018년

의 범주에서만 가능하다. 국제무대에서 갈수록 강경해지는 중국의 태도는 인민해방군과 교류하려는 외국군의 의지를 위축시킬 수 있다. 중앙군사위원회 산하 국제군사협력국의 소규모 인원 같은 자원의 한계 및 지속적인 군 개혁에서 비롯된 인민해방군 고위 장교에 대한 강도 높은 요구 사항은 향후 몇 년 동안 인민해방군의 군사적 관여 횟수를 감소시킬 가능성이 있다.

또 다른 제약은 중국체제의 성격과 군부를 엄격히 통제하려는 중국공산당의 권력욕에 있다. 중국문화는 실질적인 것보다 형식적인 것을 중시하고, 중국의 전략적 사고방식은 구속력 있는 안보협정과 배타적인 관계에 있다. 인민해방군 장교들은 하향식 지시에 복종해야 하고 정치적 메시지의 표현을 철저히 자제해야 하며, 인민해방군 역량에 대한 정보를 은폐해야 한다. 이는 외국군과의 솔직한 대화에 장애가 된다.[62] 대부분의 인민해방군 교섭 담당자들은 협상 권한이 없거나 자신들의 속내를 외국군과 공유할 수 없기 때문에 외국군 교섭 담당자들과 탄탄한 개인적 또는 제도적 유대관계를 구축하기가 어렵다.[63] 그 결과, 중국의 군사외교 활동의 상당 부분은 이미 짜여진 대본대로 읽기만 하는 공식적인 고위급회담, 간헐적인 해군 기항통지, 비전통 안보문제에만 초점을 맞춘 간단한 군사훈련으로 구성되어 있다. 이러한 활동들이 기존 관계를 유지하는 데에는 유용하겠지만, 강력한 전략적 신뢰를 구축하거나 보다 긴밀한 군사협력을 견인하지는 못할 것이다.

결론

이 장은 중국과 다른 국가와의 군사-안보 상호작용의 규모와 지리적 범위의 극적인 확장을 소개했다. 인민해방군은 중국의 국경 안에 갇혀 있던 고립된 군대에서 아시아태평양 지역 전역과 세계 대부분의 지역에서 존재감을 갖는 글로벌한 군대로 탈바꿈했다. 중국 지도자들은 중국의 군사력 증강과 전력투사 능력 확대가 글로벌 및 지역 안보에 긍정적인 기여를 한다고 주장한다. 그러나 중국의 많은 이웃 국가들, 특히 중국과 육지영토 또는 해양영토 분쟁을 겪고 있거나 중국의 지역 패권 추구를 우려하는 국가들은 인민해방군을 잠재적 위협으로 보고 있다.

중국은 자국의 외교정책을 뒷받침하고 군사력 증강에 대한 우려를 완화하기 위한 수단으로 군사외교와 비전통 안보협력을 적극적으로 수용해 왔다. 그러나 고위급회담, 우호적 기항통지, 양자 및 다자간 군사훈련의 양적 증가가 지역적 우려를 완화하는 데 성공한 것은 아니다. 그럼에도 불구하고 대다수의 국가는 중국과의 관계를 관리하고 중국의 대외 행동을 완화하기 위한 광범위한 노력의 일환으로 인민해방군과의 군 대(對) 군 관여를 받아들였다.

중국의 증가하는 해외 관심사가 인민해방군의 군사적 존재감을 아시아 너머로 확장시킬 지, 대양해군(大洋海軍) 건설, 추가적인 해외 기지의 획득, 인민해방군의 원정작전 역량의 성장 및 개발 등으로 이어질 지는 아직 미지수이다. 인민해방군 내 일부 인사들은 군비확충 및 전력투사 능력의 제고를 정당화하기 위해 해외 이익의 보호를 명분으로 삼고 있다. 그러나 중국의 이익을 보호하기 위해 군사력에 과도하게 의존하는 것은 비용이 많이 들고 잠재적으로 역효과를 낳을 수 있다는 것이 중국 분석가들의 지배적인 의견이다.

현재 중국은 관여하고자 하는 취약 국가 스스로 안정을 유지하고 중국의 이익을 보호할 수 있도록 훈련시키고, 정보 공유 및 보안 지원 프로그램을 확대하는 데 더 중점을 두고 있는 것으로 보인다. 중국의 내부 안보에 직접적인 위협이 존재하고 관여 대상인 취약 국가의 내부적 안보 역량이 불충분할 경우, 중국은 자국의 이익을 보호하기 위해 군대 또는 준(准)군사적인 조직을 배치할 수 있다.[64] 일부 취약국가들은 이러한 중국의 주둔이 그들의 안보를 강화시킨다고 볼 수도 있고, 다른 취약국가들은 그것이 그들의 주권을 침해한다고 분개할 수도 있다. 중국의 해외 이익의 확대와 중국의 국내 안정 사이의 긴밀한 연결은 중국 민간 지도자들에게 어려운 선택을 강요할 것이다. 이것은 글로벌한 이해관계를 가진 강대국, 중국이 새로운 역할을 맡게 되면서 치루어야 하는 비용인 셈이다.

주

* 이 장에 수록된 견해는 저자의 견해로 국방대학교, 국방부, 또는 미국정부의 견해들을 반드시 반영하는 것은 아니다.

1) 다음을 참조. Ashley J. Tellis et al., *China's Expanding Strategic Ambitions* (Seattle: National Bureau of Asian Research, 2019); David Shambaugh, *China Goes Global: The Partial Power* (New York: Oxford University Press, 2013).
2) 다음을 참조. Elizabeth C. Economy and Michael Levy, *By All Means Necessary: How China's Resource Quest Is Changing the World* (New York: Oxford University Press, 2014).
3) Daniel M. Hartnett, *The PLA's Domestic and Foreign Activities and Orientation* (Washington, DC: US-China Economic and Security Review Commission, March 4, 2009).
4) Jonas Parello-Plesner and Mathieu Duchâtel, *China's Strong Arm: Protecting Citizens and Assets Abroad* (New York: Routledge, 2015), 37–41.
5) 일대일로의 범위 및 프로젝트와 관련된 최신 개요에 관해서는 다음을 참조. Mercator Institute for China Studies, "Mapping the Belt and RoadI: This Is Where We Stand," July 6, 2018, https://www.merics.org/en/bri-tracker/mapping-the-belt-and-road-initiative; the associated MERICS BRI data-base; and the Center for Strategic and International Studies "Reconnecting Asia" database and interactive map, https://reconnectingasia.csis.org/map/.
6) Timothy R. Heath, *China's Pursuit of Overseas Security* (Arlington, VA: RAND, 2018), ix에서 인용된 외무성 수치.
7) 중국의 공식 데이터에 내재된 문제점을 감안할 때, 다음의 데이터를 사용하여 중국의 해외 투자의 궁극적인 목적지를 추적했다. 미국기업연구소-헤리티지재단의 "China Global Investment Tracker"는 중국 투자 및 건설 프로젝트와 관련된 특정 국가 및 지역의 데이터를 가장 잘 파악할 수 있는 자료다. 다음을 참조. http://www.aei.org/china-global-investment-tracker/.
8) 다음을 참조. Parello-Plesner and Mathieu Duchâtel, *China's Strong Arm*, 24–31.
9) Ibid., 28–29
10) 다음을 참조. Mathieu Duchâtel, Oliver Bräuner, and Zhou Hang, "Protecting China's

Overseas Interests: The Slow Shift from Non-Interference," SIPRI Policy Paper 41 (June 2014); Wuthnow, *Chinese Perspectives on the Belt and Road Initiative*; and Kristen Gunness and Oriana Skylar Mastro, "A Global People's Liberation Army: Possibilities, Challenges, and Opportunities," *Asia Policy* 22 (July 2016): 131–155.

11) 저자 인터뷰, Beijing, December 2017.

12) 다음을 참조. Heath, *China's Pursuit of Overseas Security*.

13) 다음을 참조. M. Taylor Fravel and Alexander Liebman, "Beyond the Moat: The PLAN's Evolving Interests and Potential Influence," in *The Chinese Navy: Expanding Capabilities, Evolving Roles*, edited by Phillip C. Saunders et al., 41–80 (Washington, DC: National Defense University Press, 2011).

14) State Council Information Office, *China's Military Strategy* (May 2015).

15) 다음을 참조. Joel Wuthnow and Phillip C. Saunders, *Chinese Military Reforms in the Age of Xi Jinping: Drivers, Challenges, and Implications*, China Strategic Perspectives 10 (Washington, DC: National Defense University Press, March 2017); and Defense Intelligence Agency, *China Military Power: Modernizing a Force to Fight and Win* (Washington, DC: Defense Intelligence Agency, 2019).

16) 다음을 참조. M. Taylor Fravel and Evan S. Medeiros, "China's Search for Assured Retaliation: Explaining the Evolution of China's Nuclear Strategy," *International Security* 35, no. 2 (Fall 2010): 48–87.

17) 다음을 참조. *China's Military Strategy*; and Junshi Kexueyuan Junshi Zhanlüe Yanjiu Bu (Academy of Military Science Strategic Research Department], *Zhanlüexue 2013 Nianban* (The Science of Military Strategy, 2013 Edition) (Beijing: Academy of Military Science Press, 2013).

18) 이전 평가를 보려면 다음을 참조. Ellis Joffe, *The Chinese Army after Mao* (Cambridge, MA: Harvard University Press, 1987); David Shambaugh, *Modernizing China's Military: Progress, Problems, and Prospects* (Berkeley: University of California Press, 2002); David Shambaugh, ed., *China's Military in Transition* (Oxford: Clarendon Press, 1997); James R. Lilley and David Shambaugh, eds., *China's Military Faces the Future* (Armonk, NY: M. E. Sharpe, 1999); 그리고 Srikanth Kondapalli, *China's Military: The PLA in Transition* (New Delhi: Knowledge World Press, 1999). 최근 설문 조사는 다음을 참조. Dennis J. Blasko, *The Chinese Army Today: Tradition and Transformation for the 21st Century*, 2nd ed. (London: Routledge, 2015); Roger Cliff, *China's Military Power: Assessing Current and Future Capabilities* (Cambridge: Cambridge University Press, 2015); 그리고 You Ji, *China's Military Transformation* (Cambridge: Polity Press, 2016).

19) Dean Cheng, "Chinese Lessons from the Gulf Wars," in *Chinese Lessons from Other Peoples' Wars*, edited by Andrew Scobell, David Lai, and Roy Kamphausen, 153–200 (Carlisle, PA: Strategic Studies Institute, 2011).

20) David M. Finkelstein, *China Reconsiders Its National Security: "The Great Peace and Development Debate of 1999"* (Alexandria, VA: CNA Corporation, 2000).

21) *Military and Security Developments Involving the People's Republic of China 2018* (Washington, DC: Office of the Secretary of Defense, 2018), 59–80.
22) M. Taylor Fravel, "Shifts in Warfare and Party Unity," *International Security* 42, no. 3 (Winter 2017/2018): 73–74.
23) Fravel, "Shifts in Warfare and Party Unity," 79–80.
24) James Mulvenon and David Finkelstein, eds., *China's Revolution in Doctrinal Affairs: Emerging Trends in the Operational Art of the Chinese People's Liberation Army* (Alexandria, VA: CNA Corporation, 2005).
25) 인민해방군은 이를 '시스템 공격' 또는 '시스템 대립'이라고 명명한다. 다음을 참조. Jeff Engstrom, *Systems Confrontation and System Destruction Warfare: How the Chinese People's Liberation Army Seeks to Wage Modern Warfare* (Arlington, VA: RAND, 2018).
26) Fravel, "Shifts in Warfare and Party Unity," 79–80.
27) 다음을 참조. Phillip C. Saunders, Arthur S. Ding, Andrew Scobell, Andrew N. D. Yang, and Joel Wuthnow, eds., *Chairman Xi Remakes the PLA: Inside Chinese Military Reforms* (Washington, DC: National Defense University Press, 2019).
28) 다음을 참조. Phillip C. Saunders, "China's Role in Asia: Attractive or Assertive?" in *International Relations of Asia*, edited by David Shambaugh and Michael Yahuda, 2nd ed., 147–172 (Lanham, MD: Roman and Littlefield, 2014).
29) 다음을 참조. Jeffrey A. Bader, *Obama and China's Rise: An Insider's Account of America's Asia Strategy* (Washington, DC: Brookings Institution Press, 2012), chapter seven; and the discussion in Michael D. Swaine, "Perceptions of an Assertive China," *China Leadership Monitor* 32 (2010).
30) Michael D. Swaine and M. Taylor Fravel, "China's Assertive Behavior – Part Two: The Maritime Periphery," *China Leadership Monitor* 35 (2011).
31) M. Taylor Fravel, *Strong Borders, Secure Nation: Cooperation and Conflict in China's Territorial Disputes* (Princeton: Princeton University Press, 2008).
32) Joel Wuthnow, Satu Limaye, and Nilanthi Samaranayake, "Doklam, One Year Later: China's Long Game in the Himalayas," *War on the Rocks*, June 7, 2018.
33) David Brunnstrom and Michael Martina, "Xi Denies China Turning Artificial Islands into Military Bases," Reuters, September 25, 2015. 남중국해 분쟁에 대한 최신 분석은 다음을 참조. the CSIS Asian Maritime Transparency Initiative website at https://amti.csis. org/.
34) 다음을 참조. Stockholm International Peace Research Institute (SIPRI) arms transfer and defense expenditure databases: https://www.sipri.org/research/armament-and-disarmament/arms-transfers-and-military-spending.
35) State Council Information Office, *China's Policies on Asia-Pacific Security Cooperation* (January 2017).
36) 다음을 참조. Kenneth Allen, Phillip C. Saunders, and John Chen, *Chinese Military Diplomacy, 2003–2016: Trends and Implications*, China Strategic Perspectives

11 (Washington, DC: National Defense University Press, July 2017), 7–11.

37) Yang Lina and Chang Xuemei, eds., "Xi Jinping: Jinyibu kaichuang junshi waijiao xin jumian" (Xi Jinping: Start a New Phase of Military Diplomacy), Xinhua, January 29, 2015.

38) 중국의 아시아태평양 백서는 중국의 지역정책을 발전시키고 미국 및 러시아와의 관계를 진전시킬 수 있는 군사외교의 역할을 보여주는 수많은 사례를 제시하고 있다. 다음을 참조. State Council Information Office, *China's Policies on Asia-Pacific Security Cooperation*, January 11, 2017.

39) 다음을 참조. Larry M. Wortzel, *The Dragon Extends Its Reach: China's Military Power Goes Global* (Potomac, MD: Potomac Books, 2013).

40) Peter Cai, *Understanding China's Belt and Road Initiative* (Sydney: Lowy Institute, 2017); and Joel Wuthnow, *Chinese Perspectives on the Belt and Road Initiative: Strategic Rationales, Risks, and Implications*, China Strategic Perspectives 12 (Washington, DC: National Defense University Press, October 2017).

41) 이는 개혁 이후의 상황으로 개혁 이전의 상황은 다음을 참조. Allen, Saunders, and Chen, *Chinese Military Diplomacy*, 16–17.

42) 개혁에 대한 세부 계획은 2013년부터 시작됐고, 시행은 2015년 말부터 시작해 2020년까지 지속될 예정이다.

43) 2007년은 예외적인 사례이다. 당대회가 있었지만 중국공산당 총서기와 부총리, 두 명의 중앙군사위원회 부주석 모두 더 많은 해외 순방을 할 수 있었다.

44) PRC 영어 매체에서는 *joint*라는 용어를 사용한다. 중국 매체에서는 联合으로 표현하며 이는 미군이 사용하는 용어로 연합, 연합부대, 합동을 의미한다.

45) Allen, Saunders, and Chen, *Chinese Military Diplomacy*, 27–29.

46) Andrew S. Erickson and Austin M. Strange, *No Substitute for Experience: Chinese Antipiracy Operations in the Gulf of Aden* (Newport, RI: US Naval War College, 2013).

47) Yan Meng and Yao Chun, "CTF 151 Commander Visits 14th Chinese Naval Escort Taskforce," *People's Daily*, May 8, 2013.

48) Atmakuri Lakshmi Archana and Mingjiang Li, "Geopolitical Objectives Fuel China's *Peace Ark*," *East Asia Forum*, October 13, 2018; "China's Naval Hospital Ship Concludes 205-Day Overseas Mission," Xinhua, January 19, 2019.

49) Eric Hagt, "The Rise of PLA Diplomacy," in *PLA Influence on China's National Security Policymaking*, edited by Phillip C. Saunders and Andrew Scobell, 218–248 (Stanford, CA: Stanford University Press, 2015).

50) 다음을 참조. Allen, Saunders, and Chen, *Chinese Military Diplomacy*, 38–40.

51) 이 단락은 샴보(David Shambaugh)의 허락을 받아 작성했다. 다음을 참조. China Goes Global, 300.

52) 다음을 참조. Chen Xulong, "Understanding China's Strategic Dialogues," *China International Studies* (November/December 2010): 16–36.

53) Pieter D. Wezeman, Aude Fleurant, Alexandra Kuimova, Nan Tian, and Siemon

T. Wezeman, *Trends in International Arms Transfers, 2017* (Stockholm: Stockholm International Peace Research Institute, March 2018).

54) US Department of Defense, *Assessment on US Defense Implications of China's Expanding Global Access* (Washington, DC: Department of Defense, December 2018), 5.

55) Zhang Tao, "China Sends First Infantry Battalion for UN Peacekeeping," Xinhua, December 22, 2014.

56) 다음을 참조. United Nations Peacekeeping, "Troop and Police Contributors," https://peacekeeping.un.org/en/troop-and-police-contributors.

57) Zhang Tao, "China Sends First Infantry Battalion for UN Peacekeeping"; Yao Jianing, "China to Send First Infantry Battalion for UN Peacekeeping," *China Daily*, December 23, 2014.

58) Christoph Zürcher, *30 Years of Chinese Peacekeeping* (Ottawa: University of Ottawa Centre for International Policy Studies, January 2019).

59) 다음을 참조. Courtney J. Fung, *China's Troop Contributions to UN Peacekeeping*, United States Institute of Peace Peacebrief 212, July 26, 2016.

60) 상대적 중요성을 보여주기 위해 유럽 자료에는 러시아를 포함하지 않고 별도 집계했다.

61) Franz Stefan-Gady, "China and Russia to Hold First Computer-Enabled Missile Defense Exercise in May," *The Diplomat*, May 2, 2016.

62) Wan Fayang, *Zhongguo junshi waijiao lilun yu shijian* (Chinese Military Diplomacy-Theory and Practice) (Beijing: Current Affairs Press, 2015).

63) James P. Nolan, "Why Can't We Be Friends? Assessing the Operational Value of Engaging PLA Leadership," *Asia Policy* 20 (July 2015): 65.

64) 이는 타지키스탄 내부에 있는 중국의 인민무장경찰부대 비밀기지에 대한 설명으로 보인다. 다음을 참조. Gerry Shih, "In Central Asia's Forbidding Highlands, A Quiet Newcomer: Chinese Troops," *Washington Post*, February 18, 2019.

5부

중국의 양자 및 지역관계

중국과 미국의 관계

10장

로버트 서터(Robert Sutter)

이 장은 1940년대 이후 중국공산당 및 중화인민공화국과 미국과의 상호작용을 검토하고, 중국의 대외관계 최우선 순위인 미국과 중국 간 관계의 일반적인 패턴을 규명할 것이다. 2010년 이후는 중국이 미국의 눈치를 그다지 신경쓰지 않은 매우 예외적인 시기다. 이 시대는 (미국의 반발을 무시라도 하듯) 미국을 희생하여 더욱 강력한 중국이 진격하는 시기였다. 그러나 2017년부터 다른 양상이 전개되었는데, 트럼프 행정부의 초강경한 대(對)중국 기조 때문에 중국은 공세적인 입장을 자제했고 방어적인 입장으로 선회했다. 시진핑은 여러 면에서 강력한 통치자였지만, 미국과의 대립에서 벗어나 중국이 추구하는 외교협상을 펼치면서 개인적으로 미국에 호의적인 모습을 보여 왔다.

그에 반해서, 수십 년간 중국에 대한 미국의 관심은 대체로 높았지만, 소련에 대한 미국의 우려가 대체로 우선시되면서 중국은 부차적인 존재로 치부돼 왔다. 이에 따라 닉슨(Richard Nixon) 대통령 및 후임자들은 소련과의 광범위한 글로벌 경쟁에서 우위를 점하기 위해 중국과의 관계를 개선시키는 데 방점을 두었다. 그러나 소련이 무너지자 이러한 정책결정의 근거는 사라졌고, 미중관계는 표류했다. 미국과 중국은 아직 지속적인 협력의 틀을 마련하지 못한 상태였다. 하지만 중국의 경제, 군사, 외교 역량의 급성장은 미국에 경종을 울렸고, 미국은 이제 중국을 주요 국제적 위험으로 보고 있다.

미래를 전망해 보건대, 미중관계 악화는 양국과 아시아태평양 지역 및 전 세계에 막대한 영향을 미친다. 미국은 여전히 세계 최강국으로서의 지위를 갖고 있으며, 중국만이 미국의 영향력에 필적할 만하다. 중국경제는 향후 몇 년 안에 미국의 경제 규모를 능가할 것으로 예측되고 있다. 중국은 이미 세계에서 가장 큰 무역국가이자 세계 최대 제조국으로 최대 외환 보유국으로 투자, 대출, 원조의 원천으로서 그 중요성이 높아지고 있다. 중국은 전 세계 산업 생산량의 25퍼센트를 차지하며, 중국의 상품 생산량은 미국의 1.5배나 된다. 2017년 중국은 세계경제 성장의 3분의 1을 견인하고 있다.[1)]

이러한 경제력을 바탕으로 한 중국의 야심차게 확대되고 있는 일대일로 구상은 아시아와 세계에서 미국의 경제적 영향력을 약화시키고, 중국을 무역, 금융, 투자 네트워크의 중심으로 만들고 있다. 한편, 미국을 포함한 중국의 이웃 국가들과 전 세계 기업들은 그들의 번영을 중국과 중국 중심의 복잡한 공급사슬망에 크게 의존하고 있다.[**] 제조업에 강한 중국은 이러한 공급사슬망을 통해 미국뿐만 아니라 다른 서방 국가들에 많은 생산품을 수출하고 있다. 2017년 미중 무역 간 무역액은 6,354억 달러인데 미국의 대중 무역적자는 3,354억에 달했다. 이것은 미국의 쌍무적 무역 가운데 가장

** 역자 주) 하버드대학교의 포터(Michael Porter) 교수가 제시한 글로벌 공급사슬망이란 개념은 원재료를 중간재나 최종재로 변환하고 최종제품을 소비자에게 유통하는 글로벌 네트워크를 말한다. 이는 경제 세계화에서 파생된 기업의 이익극대화 전략이기도 하다.

큰 적자이다.[2)]

중국이 동, 남, 북으로 미군과 대치하고 있는 영토 및 영해 경계 영역 방어에 주력하면서 중국의 군비와 군사력은 급속히 성장했다. 특히, 해군력 건설에 박차를 가한 중국은 국제적인 책임을 지고 있는 미 해군보다 더 많은 수의 수상함대를 만들어냈다.[3)] 무엇보다 중국은 서태평양에 해군력을 집중 배치할 수 있기 때문에 상당한 잠재적인 이점을 갖고 있다.

이러한 내용들과 추가적인 다른 내용들을 상세히 분석하기 위해서, 이번 장은 우선 중국공산당 및 중화인민공화국과 미국의 관계를 역사적으로 검토하고, 오늘날 논란이 되고 있는 양국 사이의 이해충돌을 파악하고자 한다. 그리고 지난 10년간의 상황전개를 추적하여 현재의 상황을 설명할 것이다. 결론에서는 양국관계의 역학을 결정짓는 주요 변수들을 평가함으로써 향후의 전망을 도출할 것이다.

상호작용의 역사적 패턴

초창기의 조우(遭遇) 및 냉전 '봉쇄'(1941~1968년)

1941년 미국이 일본과의 전쟁에 참전하면서 시작된 중국 공산주의와 미국의 관계는 혹독한 시련의 연속이었다. 그 후 30년 동안 교류 시도는 실패했고, 곧이어 무력충돌이 있었으며, 근본적인 차이가 장기화되어 현재까지도 영향을 미치고 있다.

제2차 세계대전은 중국과 아시아태평양 지역에 대한 미국의 정책 우선순위를 확고히 했다. 첫째, 미국은 적대국의 아시아 지배를 억제하고 이 지역에서 자국의 이익에 유리한 힘의 균형을 유지하기 위해 노력했다. 둘째, 미국은 경제적 이익을 위해 아시아 시장에 대한 접근성을 확보하고자 했다.

셋째, 미국은 미국식 인권, 민주주의, 그리고 좋은 거버넌스의 육성을 도모하고자 했다.[4]

마찬가지로 마오쩌둥과 중국공산당 역시 강력하고 잘 정립된 이념과 정책적 우선순위를 갖고 있었으며, 위에서 언급한 미국의 이익과 반대되는 이익을 추구했다. 그러나 1940년대 중국공산당은 압도적 국력을 지닌미국과의 대결을 피하기 위해 실용주의를 택했다. 하지만 미국이 중국공산당의 적대세력인 장제스(蔣介石)를 지지하자 미국과 관계개선을 시도했던 중국공산당의 노력은 물거품이 되고 말았다. 1944~1945년 패트릭 헐리 미국 특사의 중재 노력은 오히려 미국이 장제스에 호의적이라는 편견을 강화했고, 1945년부터 1947년까지 진행된 미국 특사 마셜(George Marshall)의 추가적인 중재 노력도 이러한 편견을 바꾸지 못했다. 1949년 공산당이 중국 본토에서 장제스의 군대를 격파하고, 1950년대 초 소련과 연대하자[5] 아시아에서 미국이 기대한 영향력은 산산조각이 나버렸다. 이 막대한 손실과 관련해 미국 내에서는 매카시즘 마녀사냥 광풍이 일어났고 "누가 중국을 잃게 만들었는가?"라는 책임소재 논란도 일어났다.

중국의 주변 영역에서 지속적으로 영향력을 행사하는 미국에 대해 마오는 적대감을 갖고 있었다. 그래서 그는 1950년 6월 김일성의 한국 공격을 지지하기 위해 소련의 독재자 스탈린(Joseph Stalin)과 함께 했다. 그러나 미국이 개입하지 않을 것이라는 그들의 계산은 잘못된 것으로 드러났다. 북한과의 전면전에 돌입한 미국은 대만으로 도피한 장제스 정권의 보호에도 주력했다. 그러나 북한군을 격퇴한 미국은 여세를 몰아 자국 주도로 한반도를 통일하기 위해 38선을 넘어 북한을 침공하는 군사적 오판을 저지르고 말았다. 이에 대응하여 중국은 맥아더의 미군과 연합군에 맞서기 위해 대규모 보병 군대를 한반도에 파병했고 이로 인해 한국전쟁은 2년 반 동안 교착 상태에 빠졌다.[6]

마오는 한국전쟁이라는 심대한 위기를 활용하여 중국 내 잔존해 있던 미국의 영향력을 제거했고 대중운동을 통해 중국공산당의 통제를 확고히 했다. 그는 스탈린과의 관계를 굳건히 하고, 그 대가로 절실히 필요한 도움을 받았다. 휴전협정으로 한국전쟁이 끝나자, 중국은 인도차이나반도에서 미국이 지원하는 프랑스군과 싸우는 공산주의자 베트민(Viet Minh)** 에게 군수물자와 전략 지침을 제공하기 시작했다.

미국은 중국에 대해 전면적인 경제 및 외교적 봉쇄조치를 취했다. 이러한 조치에는 중국 주변 지역인 일본, 한국, 필리핀, 대만, 태국 등에 수십 만 명의 미군을 주둔시키고, 이들 국가에 대규모의 군사적, 경제적 지원을 제공한 것 등이 포함된다. 호주와 뉴질랜드도 미국과 공조했다. 미국 내에서는 중국과의 협상을 주장한 실용주의 관료들이 해임되거나 침묵을 강요받기도 했다.

1950년대와 1960년대 동안 미국과 중국의 지도자들은 부정적인 편견에 휩싸인 채 서로를 주시했다. 중국은 자국을 포위한 미군을 직접적인 위협으로 인식하고, 이에 대응하기로 결정했다. 중국은 1954~1955년과 1958년에 중국 본토와 가깝지만 미국의 후원 하에 대만이 실효지배하고 있는 섬들을 공격했다.*** 그러나 두 차례의 군사위기에서 미국은 대만을 강력히 지원했고, 중국을 억지하기 위해 핵미사일 사용을 위협했다. 이후 중국은 소련의 지원을 받아 미국의 '핵 협박'에 대응하기 위한 자체 핵무기 개발 프로그램을 시작했다.

** 역자 주) 베트남의 독립을 위해 1941년에 결성되어 프랑스의 식민주의자들과 일본의 파시스트들과 투쟁한 공산주의 정당이다.

*** 역자 주) 중국은 본토와 대만 사이에 있는 많은 섬들을 외곽도서라고 지칭하는데, 그 가운데 진먼다오와 마주다오가 중국의 집중공격 대상이 되곤 했다. 1949년 10월 24일 진먼다오에 중국군 9,000명이 상륙했다가 대만군에게 대패한 이후 중국은 대만해방전이라는 명분하에 1954년과 1958년 두 차례에 걸쳐 진먼다오와 마주다오에 대한 무력점령을 시도했다. 그러나 대만은 1954년 12월에 미국과 상호방위조약을 체결한 상태였고 중국이 공격할 때마나 미 해군이 개입함으로써 대만해방전은 실패로 끝났다.

1955년에서 1957년 사이 미중 긴장이 완화되면서 중국과 소련이 모두 비공산주의 국가들과의 '평화 공존'을 추구하게 되었다. 중국은 1955년 4월 인도네시아 반둥에서 열린 아시아-아프리카 정상회의에서 온건한 외교정책 기조를 발표함으로써 국제사회의 환영을 받았다. 이어 1955년 8월, 제네바에서는 미중 간 대사급 회담이 시작되었다. 중국은 관계개선을 시도했지만, 미국은 관계개선이 대만에 대한 안보공약 및 대중 봉쇄의 약화로 이어질 것을 우려했다. 결국, 이 회담은 서로에게 악감정을 낳았고 1957년에 중단되고 말았다. 이는 대약진운동(1958~1961)과 대만해협 위기(1958)로 인해 더욱 급진적으로 변모한 중국의 대내외 상황과 시기적으로 일치했다.

1960년대로 넘어가면서 마오쩌둥의 중국은 소련과 결별하고 미국과 소련 모두에 맞서기 위해 그 유명한 '이중전략'을 취하기 시작했다. 중국은 미국이 지원하는 남베트남과 싸우는 베트남 공산주의자들을 적극 지원했다. 중국은 베트남과 동남아에서 커지는 미국의 군사적 존재감을 상쇄하기 위해 버마, 캄보디아, 태국, 말레이시아, 인도네시아, 필리핀 등의 공산 게릴라 반군을 훈련시키고 지원했다. 중국은 아시아에서 미국의 이익이 증대되는 것을 적대시했고 서슴없이 미국에 도전했다.

케네디(John Kennedy, 1961~1963) 대통령은 중국의 핵 프로그램을 좌절시키기 위해 소련과 정책적 접점을 찾기 위해 노력했다. 중국이 강력히 규탄한 1963년의 부분핵실험금지조약(LTBT: Limited Test Ban Treaty)[**]이 그 동인(動因)이었다. 중국의 군사적 위협을 가장 크게 체감한 대통령은 아마도 존슨(Lyndon Johnson, 1963~1969) 대통령이었을 것이다. 이 기간

** 역자 주) 지하를 제외한 대기권, 우주, 수중에서의 핵실험을 금지하기 위해 각각 1945년, 1949년, 1953년에 핵보유국이 된 미국, 소련, 영국이 조인한 최초의 핵실험 금지조약이다. LTBT는 1968년에 체결된 핵확산금지조약인 NPT와 1996년에 채택된 포괄적 핵실험금지조약인 CTBT의 모태가 되었다. 그러나 중국과 프랑스는 LTBT가 핵보유국의 우위를 지속시킬 뿐이라고 주장하면서 조인에 반대했다. 곧이어 양국 모두 1964년에 핵보유국이 되었다.

동안 베트남은 미국 외교가에서 초미의 관심사였다. 기나긴 베트남전쟁 동안 미군은 베트남과 라오스 인근에서 방공시설, 철도, 건설 작업을 지원하는 수 십만 명의 중국군과 맞닥뜨렸다. 존슨은 중국의 전면적인 군사 개입을 피하기 위해 안간힘을 썼다. 미국 외교관들은 바르샤바에서 열린 빈사직전의 미중 간 대사급 회담에서 이러한 의도를 알렸다.

관계회복(1969~1989년)

현재의 밀접하게 뒤얽힌 미중관계는 매우 적대적이었던 1968년부터 시작되었다. 문화대혁명이 시작(1966~1976)되자 마오의 중국은 극도로 고립되기 시작했고, 이념적으로 경직되었으며, 미국과 소련을 격렬하게 적대시했다. 미국은 베트남과의 전면전과 강력한 대중봉쇄에 전념하고 있었다. 중국을 정치적으로 고립시키는 조치와 경제 금수조치가 계속되었다. 그럼에도 불구하고 양측은 뿌리깊은 적대감과 근본적인 차이를 극복하고 화해로 나아갔다. 그 이유는 소련이 미국과 중국의 핵심이익 모두를 위협했기 때문이다.[7]

소련과의 긴장이 고조되면서 중국은 소련의 직접적인 공격에 위협을 받았으나 반격할 태세는 갖추지 못했다. 1969년의 국경충돌 직후 소련은 압도적으로 우월한 군사력을 동원하여 중국을 침공하고 핵시설을 파괴하려 했다. 미 정보당국은 중국군의 반격이 오히려 소련의 베이징 점령을 초래할 것이라 판단하고 있었다.

당시 소련의 발전된 군사력은 미국과 동등한 수준에 도달했고, 일부 중요한 분야들에서는 미국을 능가하고 있었다. 동시에 베트남전쟁은 미국의 자원을 엄청나게 소모시켰고, 소련은 베트남에 대한 지원을 늘려 미국을 더욱 약화시키려고 노력했다. 이러한 위기감은 미국인들이 경험한 1968년의 혹독한 사건들을 통해 더욱 증폭되었다. 1968년 1월, 남베트남 전역을 대상으로 베트콩이 기습한 구정공세(Tet offensive)** 는 전쟁 노력의 실패를 매우 생생하게 보여주었다. 반전여론에 밀려 존슨 대통령은 2월에 재선출마 포기를 발표해야 했다 (대선은 1968년 11월이었다 – 역자 주). 4월에는 마틴 루터 킹(Martin Luther King) 목사가 암살되어 2주 동안 워싱턴이 불에 타고 폭동이 일어났다. 6월에는 반전 공약을 내세운 로버트 케네디(Robert Kennedy) 후보가 민주당 후보로 지명될 만큼 충분한 대의원을 확보했지만, 그 역시 암살당했다. 그 와중에 열린 민주당 전당대회에서는 반전시위가 일어났고, 이를 진압하기 위해 곤봉을 휘두르는 경찰의 모습이 텔레비전을 통해 고스란히 송출되었다. 미국인들은 엄청난 충격을 받았다.

공화당은 닉슨을 지명했다. 그는 곤경에 처한 베트남 문제를 처리할 계획이 있다고 주장했지만, 중국에 대해서는 별다른 언급을 하지 않았다. 다만 1967년 『포린 어페어스(*Foreign Affairs*)』에 실린 기고문에서 중국을 '국제공동체의 구성원'으로 받아들이겠다는 뜻을 우회적으로 내비쳤다.[8] 대통령 당선 이후 닉슨은 기민하게 중국 주변의 아시아에서 60만 명 이상의 미군을 점진적으로 철수시켰다. 이러한 변화로 미국의 중국 봉쇄는 사실상 종식됐다. 또한 닉슨은 중국과의 비밀 통신 채널을 개설하는 데 적극적이었다.

1971년까지만 해도 신임 미국 대통령에 대한 중국의 대응은 변덕스러웠다. 중국은 1969년 군사공격을 위협하는 소련의 강력한 압박에 맞서기 위해 미국과 협력을 모색하기로 했다. 그러나 최고위급 장성들의 강경 입장을 지지하는 린뱌오 국방장관과 이후 '사인방'으로 지명된 급진적 민간인 지도

** 역자 주) 베트남도 설날을 지내는 풍습이 있었고 이에 따라 남북 베트남 모두 설날만큼은 휴전하는 것이 관례화되어 있었다. 그러나 1월 30일 새벽의 폭죽놀이에 맞춰 35개 대대에 달하는 베트콩 병력은 공세를 시작했다. 하지만 북베트남 정규군의 지원이 없었고 전술적 오류로 인해 베트콩은 오히려 궤멸당하고 말았다. 그럼에도 불구하고, 미 대사관이 습격을 당해 불에 탔고 미 해병대 경비병력이 사살당하는 등 승리를 장담하던 미 정부에 대한 신뢰가 추락하고 말았다. 설상가상으로 이러한 전황이 텔레비젼에 방영되면서 미국 내 반전여론이 들끓게 되었다.

자들은 미국과의 협력에 반대했다. 1971년 중국 지도층 내의 권력 투쟁은 린뱌오의 사망 및 중국 최고 군사 지도자들의 체포로 이어졌다. 사인방은 마오쩌둥이 사망한 1976년 이후에야 제거되었다. 1971년 7월 비밀리에 베이징을 방문한 키신저(Henry Kissinger) 국가안보보좌관을 만난 이후 마오쩌둥은 미국과의 협력을 승인했고, 이것이 1972년 닉슨의 베이징 방문을 성사시켰다.

한편 닉슨 대통령은 미중 수교를 위해 대만과 단교하라는 중국의 요구를 수용했는데, 그는 이것이 불러올 미국 지도부와 대중의 반발을 우려했다. 때문에 이 문제를 비밀리에 처리했고 의회와 대중에게 알리지 않았다.

그 후 10년 동안, 미중 간 외교관계와 경제관계는 급진전되었다. 그러나 거듭된 대만과 소련에 대한 이견으로 인해 양국관계는 때때로 교착상태에 빠지기도 했다. 중국은 카터(Jimmy Carter, 1977~1981) 대통령에게 소련의 팽창에 대해 더 강경한 노선을 취하라고 압박했다. 중국은 1979년 4월 미 의회에서 공포된 대만관계법[**]에 강하게 반발했다. 이는 대만과의 관계를 끊겠다는 미 행정부의 약속과 매우 상충되었기 때문이다. 중국정부는 1979년 12월 소련의 아프가니스탄 침공에 대한 미국의 강력한 대응에 찬성했고, 아프가니스탄 저항군(탈레반 – 역자 주)을 비밀리에 지원하기 위해 미국과 협력했다.

레이건(Ronald Reagan, 1981~1989) 대통령은 무기 판매를 포함하여 대만에 대한 더 강력한 지지를 표명했다. 중국은 외교적 압박의 수위를 낮추고, 1982년 8월의 공동성명을 통해 다소 모호한 타협을 하는 데 만족해야 했다. 그 후 레이건 행정부는 고르바초프(Mikhail Gorbachev, 1985~

** 역자 주) 대만관계법은 1979년 미중 수교를 위해 미국이 대만과 체결한 공동방위조약을 폐기하고 이를 대체하기 위해 제정, 발효한 미국 국내법이다. 이 국내법을 통해 미국 내 대만대표부 설립을 승인했고 대만에 방어용 무기 판매를 비롯한 비공식적 방위공약을 천명했다.

1991) 대통령이 미국과의 데탕트를 시도하고 중국의 상대적 중요성이 감소하자 대중정책을 재검토했다. 한편, 덩샤오핑의 개혁 의제에 따라 중국이 대외 교류에 점점 더 개방적이 되면서 미중 경제관계는 성장하기 시작했다. 어느 정도까지는 상업적 유대가 미중 협력의 원동력이 되었다.

냉전 이후: 반복되는 긴장, 취약한 전략적 합의

1989년 6월 베이징의 톈안먼 광장과 다른 도시에서 발생한 시위대에 대한 폭력적인 진압은 냉전의 종식 및 구소련의 붕괴라는 악재와 겹치면서 미중 협력관계를 뒤흔들었다. 이념적 차이가 다시 강하게 부각되었다. 몇 년 동안 중국은 수세적인 자세를 취했다. 부시(George H. W. Bush, 1989~1993) 대통령은 중국 최고 지도자들과의 소통을 통해 중국에 대한 '최혜국' 대우(Most Favored Nation)를 유지하긴 했지만, 군사적 유대관계를 해체하고 중국의 권위주의 정권을 비난했다. 한편, 대만의 급속한 민주화는 미국으로 하여금 새로운 판을 짜게 만들도록 추동했다. 1992년 부시 대통령은 1982년 8월의 공동성명에 내재된 모호성을 활용하여 대만에 50억 달러 이상의 첨단 F-16 전투기 150대를 판매했다. 그리고 그는 1979년 대만과 단교한 이후 처음으로 미국 각료들을 대만에 파견했다.[9)]

이에 중국은 미국을 공산당 통치에 대한 직접적인 위협으로 점점 더 인식하게 되었고, 오늘날까지 대중과 엘리트를 대상으로 애국적인 세뇌를 계속하고 있다. 이러한 노력은 미국의 정책과 관행에 대한 깊은 의심과 강한 반감으로 이어졌다. 수년 동안 중국의 공식 논평과 언론들은 아시아와 세계에 대한 미국의 정책을 중국의 부상을 억제하고 미국의 리더십을 유지하기 위해 고안된 '패권주의'(중국이 선호하는 다극적 세계질서와 반대되는 개념)라고 널리 비판했다. 여기서 한발 더 나아가 중국은 미국을 자국의 정치적 생명에 대한 실존적 위협으로 보기 시작했다.

이런 상황에서 클린턴, 부시, 오바마 행정부는 미중 간 협력을 지속가능하게 하는 전략적 합의를 구축하고자 시도했으나 번번이 실패하고 말았다. 1995년 클린턴 대통령은 중국의 우려를 무시하면서까지 대만 총통의 미국 방문 비자 발급을 승인했다. 이 때문에 중국은 탄도미사일을 동원한 실사격 훈련 등 대만을 겨냥한 무력시위를 9개월이나 지속했다. 결국 클린턴은 중국의 침공을 막기 위해 미 항공모함 2척을 대만 동부 해역으로 보냈다. 동시에, 새로운 미중 '전략적 동반자관계'라는 틀을 마련하고 중국 지도자들과 정상회담을 가졌다. 이 회담에서는 2001년 중국의 세계무역기구(WTO) 가입과 중국에 '정상' 교역국가의 지위(앞서 언급한 최혜국 대우)를 영구 부여하는 미국 국내법 통과에 대한 논의가 이루어졌다. 그러나 이러한 진전은 주요 위기, 특히 1999년 미국의 베오그라드 주재 중국 대사관 오폭 사건과 중국정부가 후원한 시위대의 중국 내 미국 외교 자산 파괴 행위 등으로 물거품이 되고 말았다.

부시 행정부(2001~2009년)는 클린턴이 중국에 대해 유화적인 자세를 취했다고 판단했다. 부시 대통령은 전략적 동반자관계라는 합의를 폐기하고, 취임 후 첫 번째 연설에서 중국에 대한 보다 강력한 정책과 대만에 대한 보다 분명한 지지를 천명했다. 2001년 4월 그는 대만이 중국의 공격을 받을 경우 대만을 지원하기 위해 '무엇이든지 할 것'임을 공개적으로 약속했다. 그러나 2001년 9월 미국에 대한 테러공격은 행정부의 우선순위 재조정으로 이어졌고, 중국은 적이 아닌 동반자로 격상되었다. 한편, 천수이볜(陳水扁, 2000~2008) 대만 총통은 미중 간 군사적 충돌을 초래할 수도 있는 대만 분리독립을 강경하게 주장하여 미국과의 관계가 소원해지고 말았다.

2005년 부시 행정부는 글로벌 이슈를 관리하는 데 있어서 중국이 미국 및 다른 국가와 보조를 맞추는 '책임 있는 이해관계자'가 될 수 있도록 독려하는 새로운 합의를 제안했다. 하지만 중국은 논평을 통해 중국에게 부담스러운 국제적 책임을 떠넘기려는 미국에 경계심을 표시하면서 미국의 제안을 거부했다.

대규모 경제 위기와 경기 침체라는 상황 속에서 2009년에 등장한 오바마(Barak Obama, 2009~2017년)정부는 대중 관여 강화와 미중협력의 심화를 통해 양국관계를 안정시키고자 했던 부시 행정부 말기의 정책을 계승했다. 마침 몇몇 저명인사들도 미국과 중국이 세계 문제를 관장하는 양대 강대국 'G-2'의 역할을 해야 한다고 주장했다. 그러나 이번에도 중국은 원치 않는 값비싼 국제적 책임 부담을 경계하면서 그러한 주장을 묵살했다.

오바마, 트럼프, 시진핑: 실용주의를 압도하는 경쟁주의

부시 행정부의 대중정책이 강경정책에서 유연한 정책으로 변한 것처럼, 부시 및 오바마 행정부의 미국과 중국공산당 총비서이자 주석인 후진타오(胡錦濤, 2002~2012)의 중국이 마주한 21세기 첫 10년 동안의 일반적인 경향은 실용주의와 긍정적인 관여였다. 이러한 경향성이 나타난 이유는 크게 세 가지다. 첫째, 양국 정부는 아시아태평양 지역의 안정, 한반도와 대만해협에서의 평화, 세계경제 및 거버넌스와 관련된 협력, 기후변화, 테러리즘, 핵 비확산과 같은 긍정적인 관여를 통해 상호 이익을 공유할 수 있었다. 둘째, 양국 정부는 미중이 경제적으로 너무나 상호의존적이기 때문에 부정적인 측면을 부각시키면 상대방뿐만 아니라 자신에게도 해가 된다는 것을 알고 있었다. 셋째, 양국 정상은 국내외적으로 긴박한 많은 문제들을 해결하는 데 집중했고, 서로에 관해서는 심각한 상황을 초래하지 않기 위해 노력했다.[10)]

그러나 이러한 실용주의적인 관여에도 불구하고 양국의 오랜 대립은 크게 달라지지는 않았다. 중국이 2009년에 출범한 오바마 행정부의 의지를 시험하면서 양국관계는 악화되기 시작했다. 이것은 아시아로의 회귀 또는 아시아로의 재균형이라고 불리는 미국의 광범위한 정책 개입을 초래했을 뿐이다. 다시 중국은 부정적인 반응을 보였다. 중국의 대미(對美) 강경론은 시진핑(2012년~)이 집권하면서 본격화되었다.

양국의 차이는 네 가지 범주로 구분되는데 이들 모두 깊은 뿌리를 가지고 있으며, 많은 것들이 마오쩌둥 시대의 이념적이고 전략적인 문제로 회귀된다. 네 가지 범주는 다음과 같다. (1) 미국의 대만 지지 반대, 티베트와 분쟁 중인 도서, 중국의 해양경계선 등 기타 민감한 주권 문제에 대한 미국의 개입 반대, (2) 중국을 겨냥한 미국의 체제변환외교 반대, (3) 아시아와 중국 주변 지역에 대한 미국의 지배적 영향력 행사 반대, 그리고 (4) 세계 문제에 있어서 미국의 다양한 주도적 역할에 대한 반대.

미국과 중국의 차이점은(다음 절에서 검토하고 있다) 자주 논쟁이 되는 경제, 안보, 정치, 주권, 외교정책 및 기타 이슈들로 구성된 복합적인 요인에 있다. 최근 중국이 미국을 추월하고 지배할 가능성이 있는 '동등한 경쟁자'로 간주됨에 따라, 위의 복합적인 요인은 미국에게 더욱 중요해졌다. 지난 10년간의 실용주의 기간 동안 양국 정부와 사회의 협력이 증가했듯이 마찰도 증가했다. 국교 수립 이후 40년 만에 트럼프 행정부는 역대 어느 미국 정부보다 중국을 더 악의적인 경쟁자로 간주하면서 대중국 정책의 급전환을 예고했다.

미국에 대한 시진핑의 도전

중국은 미국과의 긍정적인 관계를 추구할 것이며 다른 국내외 문제에 보다 집중할 것이라는 시진핑 주석의 공언은 점점 더 공허해지고 있다. 그가 선호하는 미중관계의 틀은 중국의 '핵심이익'(核心利益)이 존중받는 '신형대국관계'(新型大国关系)이다. 그러나 시주석이 말하는 중국의 핵심이익이라는 것이 중국 주변국 및 미국 이익의 희생을 전제로 한 것처럼 보였기 때문에 미국은 이 틀을 경계했다. 결국, 시주석이 제안한 미중관계의 새로운 틀은 탈냉전 이후 양국 간 차이를 좁히고 지속적인 협력을 창출하는 데 실패했다.

시진핑은 공산당과 국가권력 장악을 앞둔 2012년, 중국의 대미정책 수정 작업에 착수했고, 이것이 미국에 초래할 커다란 부정적인 영향이 예상되었다. 시주석은 전임자였던 후진타오가 보여주었던 조심성과 저자세를 선호하지 않았다. 중국이 계획한 7가지 행동과 구상은 대단히 인상적이었다.

첫째, 중국정부는 중국 역사상 사상 최대 규모로 미국의 동맹국(2012년 9월 댜오위다오/센카쿠 열도를 둘러싸고 분쟁 중인 일본)을 겨냥한 시위를 조직했다. 제2차 세계대전 이후로는 볼 수 없었던 일본에 대한 외교적, 군사적, 경제적 압박이 뒤따랐다. 둘째, 중국은 특히 남중국해 분쟁 도서에 군사 전초기지를 신속하게 건설했다. 즉, 주변국을 희생시키고 분쟁지역에 대한 통제권을 확대하기 위해 강압적이고 위협적인 조치를 취했다. 셋째, 급속도로 확장되는 중국의 첨단 군사력은 아시아태평양 지역의 미군을 겨냥했다. 넷째, 중국과 러시아가 각자의 영향권에서 미국의 영향력을 약화시키려 함에 따라 중러 간 협력이 꾸준히 증가했다. 다섯째, 중국은 중국시장 접근에 대해 부당한 제한 조치를 취했다. 중국은 외국 기업들이 민감해 하는 제조 및 생산 데이터 공유를 강요했고, 산업 스파이 및 사이버 절도 등을 통해 국제 재산권을 심각히 침해했다. 이에 반해 부상하는 중국경제에 걸맞는 지역적, 글로벌 공공재 기여에는 인색했다. 여섯째, 중국은 국제은행 설립 및 아시아와 세계의 인프라 건설, 투자, 대출 및 무역에 대한 야심찬 계획을 지원하기 위해 대규모 외환 보유고, 막대한 건설 능력, 강력한 무역 이점 등을 활용했다. 이를 통해 중국은 미국을 배제하고 기존의 국제 경제기구에 대한 미국의 구상과 지원을 상쇄시켰다. 마지막으로 시진핑은 중국의 정치적 자유화를 촉진하고 중국의 인권 상황을 개선하려는 미국인들을 조롱이

라도 하듯이 국내정치 통제를 강화했다.[11)]

오바마 대통령은 시진핑이 주도한 다양한 도전에 효과적으로 대처하지 못했다. 그의 행정부는 전반적으로 대중국 포용정책을 지원하는 데 최우선 순위를 두었고, 대통령은 중국을 자극하는 말을 아꼈다. 미중 간 이견은 보통 사적인 협의에서 다루어졌다. 비록 그것들이 양국의 핵심이익에 중요한 것일지라도, 이견은 조심스럽게 조율되었다. 미국은 양국 간 이견이 다른 영역의 다툼으로 번지는 것을 원하지 않았다. 이와 같이, 오바마 정부는 신중하면서도 속이 다보이는 유화적인 접근법을 취했다. 이런 점에서 미국의 대중정책은 예측 가능했다. 또한, 미국은 중국의 공세적인 행동을 억제하기 위해 중국의 중요한 이익에 위협적인 다른 지렛대를 활용하는 '연계'전략을 채택하지 않았다. 중국은 자국의 도전에 대해 미국 대통령이 어떻게 반응할지를 손쉽게 파악할 수 있었다. 미국은 중국이 예상하지 못하는 방식으로 힘을 사용하는 것은 불가능해 보였고 이 때문에 중국은 계속해서 도전의 수위를 높였다.

중국의 도전에 대한 미국 전(全)정부 차원의 제동

미중관계를 책임지고 있는 중국 관리들은 위에서 언급한 신중함, 투명한 속내, 예측성, 연계전략, 힘의 사용과 관련해서 트럼프 대통령이 오바마 대통령과 정반대라는 점을 인식하고 있었다. 그럼에도 불구하고, 그들은 트럼프 대통령과 소위 '거래'를 통해 미중 간 어떤 이견에서도 우위를 점할 수 있고, 중국이 경제적 또는 다른 분야에서 사소한 양보만 하면 그 거래가 성사될 것이라고 확신했다.

트럼프 행정부는 출범 첫해인 2017년, 아시아에서 북한의 핵무기 개발 중단을 압박하는 데 최우선 순위를 두었다. 이런 노력에는 전례 없는 미국의 대(對)중국 압박이 수반됐다. 중국은 미국의 요구를 수용하고 과거보다 훨씬 더 강한 압력을 북한에 행사했다. 동시에 2017년은 트럼프 대통령이 중국과 친분을 쌓기 위해 개인적으로 노력한 해이기도 했다. 트럼프는 워싱턴은 물론 플로리다에 있는 자신의 마러라고 리조트에서 미중 정상회담을 가졌고, 장기간의 아시아 순방이 있었던 11월에는 아시아 정상들과 회담을 가졌다.

이와 반대로, 트럼프 행정부는 2017년 12월 과 2018년 1월에 각각 발간된 국가안보전략보고서와 국가방위전략보고서에서 중국을 약탈적인 전략적 경쟁자로 묘사하는 등 거친 표현도 서슴지 않았다.[12] 이러한 전략보고서들은 광범위한 이슈에서 제기되는 중국의 도전에 대해 강력하고 공식적인 미국정부의 압박이 시작될 것임을 상징했다. 이 보고서들은 중국을 미국의 국가안보에 가장 큰 위협으로 지목했다. 미국의 국제적 리더십과 국가안보를 유지하는 데 필수적인 다양한 첨단 기술산업에서 중국이 선도 국가가 된다면, 이미 군사력을 확충하고 아시아태평양에서 공세적인 행동을 하고 있는 중국은 미국에 더 큰 위협이 될 것이다.

의회 청문회에 참석한 행정부 관리들은 중국에 대한 오랜 불만을 토로하면서 2018년 새롭게 부각되고 중요한 이슈로 떠오른 이러한 위험성을 거듭 강조했다. 라이트하이저(Robert Lighthizer) 미 무역대표부 대표는 중국이 미국을 부당하게 이용하는 많은 은밀하고 노골적인 방법에 대해 엄중한 경고를 했다. 그는 2018년 3월, 중국을 미국에 대한 '실존적 위협'으로 지목했다. 이 표현은 과거 미국을 겨냥했던 수천 개의 소련 핵무기의 위험성을 설명할 때나 사용되었던 것으로 그 만큼 중국 문제가 심각하다는 것을 의미한다.[13]

한편, 레이(Christopher Wray) FBI 국장 역시 의회 청문회에서 또 하나의 새로운 문제를 강조했다. 그것은 미국 내에서 진행 중인 중국의 노골적이면서 은밀한 스파이 활동 및 영향력 작전이다. 그는 중국정부의 사악한 행동에 대응하기 위해 '사회 전체'의 노력이 필요하다고 거듭 경고했다.[14]

양당 의원들은 행정부의 경고가 타당하다고 판단해 행동에 나서기 시작했다. 2018년은 톈안먼사태 이후 격동의 10년 이래 의회가 중국에 대한 적극적인 활동을 펼친 해였다. 그 해 가장 중요한 외교정책 입법인 국방수권법(National Defense Authorization Act)** 이 의회를 통과해 8월 법안으로 승인되었다. 중국을 겨냥한 국방수권법은 미국에 대해 이른바 영향력 작전을 행사하고 첨단산업을 위협하며, 남중국해와 대만을 위협하는 중국을 강하게 타격하기 위한 '전(全)정부 차원의' 대응 노력을 강조했다. 이 법은 중국을 주요 위협으로 보는 행정부 관리들의 의견을 반영했다.

의회의 입법과 행정부의 담론에 내재된 어조는 새로운 긴급성을 보여 주었다. 중국은 이제 미국의 이익에 반하는 약탈적인 동등한 경쟁자로 간주되었다. 미국이 대응하지 않는다면, 중국은 이제 미국의 경제적 리더십 및 전반적인 국가안보에 필수적인 첨단 기술산업을 지배할 가능성이 있는 경쟁자로 여겨졌다.

이 무렵 미국은 중국에 대한 징벌적 관세를 퍼붓기 시작했다. 6월, 트럼프 대통령은 500억 달러 규모의 중국산 제품에 25퍼센트의 관세를 부과한다고 발표했다. 7월, 트럼프 행정부는 또 다른 2,000억 달러의 중국산 수입품에 10퍼센트의 관세를 부과하겠다고 위협했고, 8월에 그 비율은 25퍼센트로 올라갔다. 9월까지 10퍼센트의 관세가 2,000억 달러의 중국산 수입품에 부과되었고, 연말에는 25%까지 오를 예정이었다. 또한 9월에는 2,670억 달러 규모의 기타 중국 수입품에 대한 관세를 검토하고 있었다. 중국은 거의 모든 미국산 수입품에 관세를 부과하는 것으로 대응했지만, 이는 훨씬 적은 액수였다.

** 역자 주) 매년 미국이 당면한 국가안보 문제와 국방정책을 명시하고 그에 따른 예산을 책정하는 1년 유효 기간의 한시법이다. 미국의 국가안보에 위해가 될 경우 외국 기업의 미국투자 규제 강화, 타국에 대한 정치, 군사적 제재를 가하는 것을 허용하기도 한다.

가을 내내, 행정부 관리들은 계속해서 중국에 대한 공세적 수사의 수위를 뜨겁게 달궜다. 유엔총회에서 세계의 주목을 받으며 트럼프는 공화당이 미국 중간선거에서 승리하지 못하도록 영향력 작전을 행사하는 중국을 비난했다. 10월, 펜스(Mike Pence) 부통령은 볼턴(John Bolton) 백악관 국가안보보좌관과 폼페이오(Mike Pompeo) 국무장관의 대중국 강경발언을 반복하면서 미국의 장기적인 대응 노력을 공개적으로 천명하고 중국의 도전에 대한 미 행정부의 대응 사례를 제시했다. 곧이어 국내외 안보와 첩보, 외교, 통상을 담당하는 주요 부처들의 주목할 만한 조치들이 뒤따랐다. 펜스 부통령은 11월 아시아에서 열린 국제 정상회담에서 중국에 대한 강경 발언을 통해 미국의 입장과 조치들을 재상기시켰다. 그 결과, 미국의 징벌적 관세의 잠정 중단을 위해 12월에 열린 미중 정상회담은 냉랭한 분위기 속에서 개최되었다.

트럼프 대통령이 시진핑 주석에게 우호적이고 예의바르게 대하는 동안, 미 행정부는 동맹국 및 우호국을 규합하여 중국의 영향력 작전 및 첨단기술 획득을 저지하고 중국의 역수출, 산업스파이, 기타 경제관행 등에 대한 대책을 마련하는 데 진전을 이루었다. 인도태평양 지역이라고 일컬어지는 곳에서 급부상중인 중국에 대한 미국의 군사적, 경제적 대응은 동맹국의 준비태세 향상, 군사능력 제고, 중국의 일대일로와 경쟁하기 위한 경제적 투자계획 등을 포함했다. 미국정부는 40년 전 미중 국교수립 이후 전례 없는 행보로 미 군함의 대만해협 통과를 반복하고 있다. 동맹국인 호주, 일본, 프랑스, 영국도 중국의 남중국해 주장에 근거가 없음을 판결한 2016년 유엔 해양법협약(UNCLOS) 중재 재판소 결정을 지지하면서 남중국해에서 미군이 수행 중인 항행의 자유 작전에 동참했다.

현재의 사안 및 상호작용 영역

중국과 미국은 자신들이 중요하다고 보는 매우 다양한 사안뿐만 아니라 양국관계에서의 상호작용의 영역에서도 차이를 보이고 있다. 중국은 대만을 비롯한 주권과 관련된 다른 지역의 문제에 더 높은 우선순위를 부여한다. 그리고 중국은 미국정부가 비판하는 개인이나 정치적 권리를 통제하는 정치체제 문제에 매우 민감하다. 미국은 때로 중국의 인권과 정치적 권리에 대해 강경한 입장을 취하기도 하지만, 어떤 때에는 (트럼프 행정부 포함) 이런 문제들을 더 낮은 우선순위에 배정하기도 한다. 미국은 중국의 발전된 군사력이 이 지역의 미군과 역내 동맹국 및 우호국들에게 가하는 위협에 매우 민감하다. 앞서 언급했듯이, 첨단기술산업에서 우위를 차지하기 위한 중국의 불법적이고 악의적인 수법에 대한 미국의 우려가 커지고 있으며, 미국과 미국의 동맹국 및 우호국에서 증가하고 있는 중국의 '영향력 작전'과 스파이 활동에 대한 우려도 고조되고 있다.

앞서 언급한 바와 같이, 시진핑이 등극하기 전인 10년 동안 긍정적인 관여를 강조하는 실용주의적 협력의 시기에는 이러한 차이가 특별히 문제가 되지 않았다. 그 이유 중 하나는 전략대화라고 알려진 협의 메커니즘이 확립되어 양국 간 견해차가 위기로 치닫지 않고도 개인적인 논의를 통해 해결될 수 있었다. 중국은 이런 식의 대화를 선호했다. 중국은 대중에게 알려질 경우 의도했던 것보다 더 많은 마찰을 일으킬 수 있는 민감한 문제, 타협이나 양보가 초래할 대중의 실망, 중국의 엘리트와 여론의 반대 등을 다루기 위해 30년 동안 이러한 방식의 대화에 의존해 왔다. 미국 지도자들 또한 중국 관리들과의 사적인 대화를 의회, 언론, 대중에게 공개하는 데 있어서 중국보다 더 개방적이긴 했지만 회담 결과를 비밀로 하는 것을 선호했다. 특히 현재의 정책이 의회, 언론, 여론으로부터 비난을 받을 땐 그러했다.[15)]

중국의 선호를 반영하듯, 트럼프 대통령은 2017년 4월 마러라고 리조트에서 열린 시진핑 주석과의 첫 회담에서 양국 고위 지도자들이 여러 사안을 논의할 수 있는 4가지 고위급 협의 메커니즘을 구축하기로 합의했다. 이 4가지는 외교안보대화, 포괄적 경제대화, 사람대사람대화, 법 집행 및 사이버안보대화 등으로 알려져 있다. 다른 중요한 대화들은 양국 군부 사이에 이루어졌다. 하지만, 별다른 성과를 거두지 못했다.

이에 2018년부터 미국은 미중관계의 이견을 해소하는 방식을 변경했다. 현재 미국은 과거 그 어느 때보다 훨씬 더 공개적으로 중국정부를 당혹스럽고 화나게 만드는 언행을 통해 중국과의 주요 차이점에 대한 우려를 표명하고 있다. 중국은 자신의 권리와 이익을 보호하려고 하면서도 상황을 악화시킬 수 있는 도발적 행동을 자제하면서 방어적인 자세를 유지하고 있다. 미국의 우선 순위는 2017년 미중관계의 최우선 과제였던 대북 압박에서 2018년에는 징벌적인 관세 및 기타 분쟁으로 전환되었다.

한반도

트럼프 대통령과 폼페이오 국무장관을 비롯한 미국 고위 지도자들은 2017년 북한의 핵무기 및 탄도미사일 개발에 전례 없는 압력을 가했다. 그 결과, 2018년 6월 북한의 지도자 김정은과의 정상회담에서 합의가 도출되었고, 이것이 북한의 비핵화라는 목표를 달성시킬 것이라고 기대되었다. 다른 많은 사람들은 체제 보장이 확실해질 때까지 김 위원장이 핵무기 및 탄도미사일에 관한 합의를 당분간 지연시킬 것이라며 낙관하지 않았다. 북한과의 무역 중단 및 투자 단절 등 중국의 대북 압박은 김정은이 핵실험을 중단하고 트럼프 대통령과 합의를 하는 데 결정적인 역할을 할 것으로 여겨졌다. 중국은 트럼프-김정은 정상회담 이후 대북 압박을 완화하면서, 김 위원장이 비핵화를 향한 장기적 과정을 시작할 수 있도록 미국의 양보를 촉구하고 있다.[16)]

대북 포용정책을 추진 중인 한국의 문재인 대통령 또한 비핵화에 대한 실질적인 진전이 부족함에도 불구하고, 남북 간 긴장완화와 관계촉진을 위해 미국의 양보를 선호했다. 북한의 공격을 방어하기 위한 탄도미사일 방어시스템 — 고고도미사일방어체계(THAAD: Terminal High Altitude Area Defense) — 의 한국 배치를 막기 위해 중국은 한국에 고강도 압박 전술을 구사했지만 성공을 거두지 못했다. 현재 이 전술은 보류된 상태에 있다. 북한 비핵화를 위한 미국의 노력을 약화시키는 방식으로 중국과 한국이 협력할지는 두고 보아야 한다.

중국의 첨단기술 접근 차단, 징벌적 무역관세 도입

2018년 8월에 법안으로 승인된 국방수권법은 외국인투자위원회(CFIUS: Committee on Foreign Investment)의 규모와 권한 및 기타 법적 조치를 확대했다. 이러한 조치는 중국이 무모하고 불법적이며 악의적인 방식으로 미국의 국제 리더십 유지에 필수적인 첨단기술을 획득하지 못하도록 하는 데 목적이 있다. 미국 행정부와 의회 지도자들은 첨단기술 분야에서 진행 중인 중국의 절도와 스파이 행위에 대해 훨씬 더 높은 경각심을 촉구했다. 미국정부는 중국의 사이버 절도 및 첨단기술 탈취를 규탄하기 위해 동맹국 및 우호국과 함께 강력한 조치를 모색하고 있다.[17)]

중국의 불공정한 무역 및 투자 관행에 위와 같은 산업스파이 행태가 더해지면서, 미국의 대중(對中) 무역적자가 더욱 커졌고, 미국의 경제성장도 지체되었다. 이것이 바로 미국정부가 7월과 8월에 500억 달러 규모의 중국산 제품에 징벌적 관세를 부과하게 된 근거가 되었다. 중국은 불법 행위를 부인하고 미국의 징벌 관세에 보복했다. 또한 2018년 9월 중국 국무원 정보국은 미국 특별무역대표부(USTR: US Special Trade Representative)가 징벌적 관세를 정당화한 2018년 3월의 조사 결과 보고서를 기각하는 71쪽짜리 백서를 발간했다. 이 백서는 미국의 행동을 '무역 깡패주의(trade bullyism)'라고 비난했다. 그럼에도 불구하고, USTR은 중국의 다양한 부정적인 무역 투자 관행에 대해 대통령령에 의거 2018년 9월 24일 약 2,000억 달러의 중국산 수입품에 대해 추가 관세를 부과했다.[18)]

중국의 영향력 작전

2018년부터 연방수사국(FBI), 법무부 내 여러 부서, 그리고 미국의 국내안보를 책임지고 있는 다른 부처 관리들은 양당의 저명한 의원들과 함께 중국의 '영향력' 작전이 정상적인 공공외교**의 범주를 넘어서기 때문에 많은 조사와 시정조치를 단행해야 한다고 촉구했다. 이 문제는 여러 법안 중에서도 특히 국방수권법에서 다뤄지고 있다. 권위 있는 최근의 한 보고서에 따르면,[19)] 중국의 영향력 작전은 타국의 정책결정에 영향을 미치기 위해 고안된 은밀하고 도덕적으로 잘못된 작전이다. 대만, 호주, 싱가포르, 뉴질랜드, 유럽 등지에서 이러한 중국의 행태가 밝혀지는 것을 보면 알 수 있듯이, 중국공산당이 지배하는 당-국가는 공산당, 국무원 및 비국가 행위자 등 다양한 행위자들을 활용하여 영향력을 행사하고 있다. 그리고 최근 몇 년 동안 중국은 영향력 작전에 엄청난 재원과 노력을 투자하고 있다. 영향력 작전을 담당하는 주요 기관으로는 중국공산당 통일전선부, 중앙선전부, 국제연락부, 국무원 정보실, 전중국화교연맹, 중국인민대외우호협회 등이 있다. 이들 기관 등은 중국 외교부와 국무원화교판공실과 같은 다양한 국가 기관의 지원을 받고 있다. 2018년 3월부터는 통일전선부가 이 모든 작전을 총괄하게 되었는데 이것은 그만큼 통일전선부의 위상이 커졌음을 의미한다.[20)]

** 역자 주) 공공외교는 타국 시민의 호감과 지지를 얻기 위한 방법으로서 영향력 작전으로 지칭되기도 한다. 일반적으로, 평시에 타국 시민의 지지를 얻기 위해 하는 외교를 공공외교라고 부르고, 전시에 타국 시민의 지지를 얻기 위해 하는 외교를 영향력 작전이라고 부른다.

중국은 경제적, 군사적 성공을 위해 중요하다고 여겨지는 기술을 악용하기 위한 다각적인 노력을 기울이고 있다. 이 때문에 중국의 불법적인 첨단기술 탈취에 대한 미국 내 우려가 커지고 있다. 중국기업이 참여하는 많은 합작 투자를 통해 경제적 스파이 행위, 절도 및 강제 기술 이전 등이 발생하고 있다. 이 외에도 중국은 미국 첨단기술 기업에 대한 투자를 빌미로 인수합병을 추진하고 있으며, 미국 대학 연구소의 개방적 특성을 활용하여 많은 가치 있는 신기술을 획득하고 있다. 이것은 영향력 행사를 넘어서는 것으로서, 매우 철저하게 상대를 무력화시키는 형태의 침투로 이어진다. 이로 인한 미국의 경제적, 전략적 손실은 중국의 선도적인 미래기술 장악으로 이어지고, 미국의 상업적, 군사적 우위를 약화시킨다는 점에서 미국에 대한 중대한 위협이 된다.

중국은 대만, 호주 및 기타 지역에서 영향력 작전이 노출되었을 때 했던 것과 동일하게 미국에서 수행했던 은밀하고 악의적인 영향력 작전에 대한 혐의를 부인하고 있다. 중국은 이 혐의가 중국에 대한 편견에 근거하고 있고, 국제적 리더십을 얻기 위한 중국의 정당한 조치를 방해하기 위한 것이라고 주장한다.

대만문제

트럼프 대통령 당선인은 2016년 12월 차이잉원(蔡英文) 대만 총통의 당선 축하 전화를 받았다. 이것이 상징하는 것은 미국이 그 간의 관례를 전격적으로 무시했다는 점이다. 왜냐하면 트럼프는 이 통화를 통해 '하나의 중국'을 존중해 왔던 미국의 입장선회를 암시했고, 중국의 불공정한 경제정책과 분쟁중인 남중국해에서의 군사적 팽창을 공개적으로 비판했기 때문이다. 이렇듯 트럼프는 과거 관행과 첨예하게 결별했다. 그러자 시진핑 주석은 2017년 2월 9일 트럼프 대통령과의 첫 전화통화를 통해 '하나의 중국'정책에 대한 지지를 공개적으로 표명해 줄 것을 요청했다. 시진핑 주석은 그러한 요청이 수락될 때까지 전화통화를 거부한 것으로 알려졌다. 두 정상은 2개월 뒤 마러라고 리조트에서 우호적인 만남을 가졌고, 여기에서 트럼프 대통령은 중국 주석의 승인 없이는 대만 총통과 다시는 대화하지 않겠다고 단언했다.

그럼에도 불구하고, 중국 관리들과 논평가들은 대만에 대한 미국의 지지가 강해질 수 있다는 것을 점점 더 우려했다. 이것이 기우가 아님은 곧 밝혀졌고 중국은 격렬하게 반대했다. 왜냐하면 2018년 3월 미 의회가 만장일치로 통과시킨 미국 고위급 인사의 대만 공식 방문에 관한 법을 트럼프 대통령이 승인했고, 2018년 8월의 국방수권법은 대만에 대한 미국의 강력한 지원을 천명했으며, 대만해협에서 미 군함이 항행의 자유 작전을 공개적으로 지속했기 때문이다. 또한 미국을 경유하는 대만 총통은 최고 수준의 예우를 받았고, 대만에 상당한 미국제 무기가 수출되었기 때문이다. 중국의 격렬한 반대에는 2018년 3월 의회에서 만장일치로 통과된 대만의 고위급 공식 방문, 2018년 8월 국방수권법에서 대만에 대한 미국의 강력한 지원 확인, 대만해협에서 미군함의 반복 순찰에 대한 매스컴의 관심, 미국을 경유하는 대만 대통령에 대한 높은 수준의 대우, 대만에 상당한 미국 무기판매 등이 포함된다.

이러한 배경에서, 대만문제는 미중관계에서 다시 중국의 최우선 과제가 되었다. 이러한 상황 전개는 마잉주(馬英九, 2008~2016년) 대만 총통 시기의 우호적인 양안관계를 순식간에 뒤엎는 것이었다. 더구나 마잉주 정권을 지지했던 부시 및 오바마 전임 행정부도 양안관계의 해빙을 저해하는 행동을 회피하면서 '하나의 중국' 정책을 유지했었기 때문에 중국이 받은 충격은 대단히 컸다.

미래 전망은 흐릿하다. 중국의 잠재적인 보복 가능성은 미국이 대만문제를 어떻게 다룰 것인지에 달려 있다. 때문에 미국은 대만문제로 중국을 더 강하게 자극하지 말아야 한다. 그럼에도 불구하고 트럼프 대통령은 여전히 예측할 수 없으며, 몇몇 고위 관리들은 계속해서 대만에 대한 강력한 지지를 표명하고 있다. 미중관계에는 중국을 민감하게 만드는 다양한 사안들이 있다. 미국은 그러한 사안들을 활용할 많은 구상들을 모색 중이며 중국의 민감한 반응은 무시되고 있다.[21)]

아시아와 세계에서의 세력전이

미국정부 및 의회의 전략문서와 성명은 아시아 및 세계문제에서 미국의 리더십을 약화시키려는 시진핑 주석의 광범위한 노력에 대해 많은 우려를 표명하고 있다. 중국의 급속한 군사력 증강은 아시아태평양 지역의 주도국인 미국의 지위를 심각하게 잠식하고 있으며, 곧 미국을 추월할 것으로 보인다. 대만, 남중국해, 북한, 일본은 미중 간 무력충돌 가능성이 가장 높은 대표적인 목록이다. (오바마 행정부 당시 – 역자 주) 미 해군은 글로벌 책임성에 걸맞은 308척의 전투함 건조계획을 수립한 바 있고 트럼프 행정부는 355척이라는 비현실적인 목표를 추진하고 있기는 하지만, 중국은 세계에서 가장 큰 선박 생산 국가이다. 현재 생산 속도로 볼 때 중국은 곧 400척의 전투함을 보유하게 될 것이다. 이들 전투함은 (전 세계에 6개 함대로 분산된 – 역자 주) 미 해군과 달리 오직 아시아태평양 지역 한 곳에 집중 배치될 것이다. 해군력의 증강은 해안 경비대와 해상 민병대를 포함한 다른 중국군의 증강과 함께 이루어졌는데, 이는 남중국해 분쟁지역을 통제하는 데 매우 유용하다. 왜냐하면, 미국은 이에 대한 마땅한 대응수단이 없기[**] 때문이다.[22)]

중국은 주요 분야의 독보적인 힘을 기반으로 안보문제와 경제적 구상의

** 역자 주) 중국은 남중국해에서 해상 민병대를 활용한 소위 '회색지대전략'을 구사하고 있는데 미 해군은 정규군이 아닌 해상 민병대에게 무력을 행사하는 것에 많은 부담을 느끼고 있다.

결합을 시도하고 있다. 앞서 언급했듯이, 중국은 세계 최대 경제대국으로 가는 궤도에 이미 올라서 있다. 중국은 모든 이웃 국가들의 가장 중요한 무역상대국이 되었고, 세계은행과 아시아개발은행 같은 기존의 국제금융기구들보다 훨씬 더 많은 국제 대출과 자금을 제공하는 국가이기도 하다. 그리고 중국 건설 회사들은 수십 년의 경험을 가진 엄청난 역량을 보유하고 있다. 이런 배경에서 시진핑 주석의 장대한 중국의 경제구상인 일대일로는 중국 주변 전역에 걸쳐 대대적인 투자와 인프라 개발을 제공하고 있고, 기타 경제 교류를 촉진하고 있으며, 중국을 중심으로 세계 곳곳을 연결하고 있다.[23)]

이러한 인상적인 중국의 노력은 아시아에서 국익에 부합한 힘의 균형을 유지하려는 미국의 오랜 목표를 위태롭게 하고 있다. 중국의 노력은 또한 아시아 시장 접근성을 확보하려는 미국의 오랜 경제적 목표를 위협하고 있다. 한편, 중국과 러시아라는 두 강대국이 미국을 약화시키기 위해 긴밀히 협력하고 있기 때문에 미국의 전략적 초점이 흐트러지고 있다. 두 강대국은 각각의 영향권(중국에게는 아시아, 러시아에게는 유럽과 중동)에서 미국의 이익을 희생시켜 자국의 발전을 도모하고 있다.[24)]

이제 시작된 미국의 대응은 다음과 같이 전개되고 있다. 아시아 주둔 미군 전력을 증강시키는 것, 인도태평양 지역의 동맹국 및 우호국과의 관계를 공고히 하는 것 (중국의 팽창주의에 맞서 긴밀하게 협력할 의지가 있는 전략적으로 가장 중요한 강국인 일본, 인도, 호주와의 관계 강화에 초점을 둔 최근의 Quad 결성), 강력한 미국 민간부문이 중국의 국영 프로젝트인 일대일로와 경쟁하도록 고안한 새로운 경제적 구상 등이 그것이다. 2018년 8월, 폼페이오 국무장관은 아시아에 3억 달러 규모의 안보지원 자금과 민간부문 활성화를 위한 1억 3,300만 달러 규모의 경제자금을 제공하겠다고 공언했다. 여기서 한 발 더 나가 미국은 2018년 10월에 BUILD 법안을 통과시켰다. 이로써 미국은 600억 달러 상당의 투자자금으로 해외에서 중국의 일대일로와 경합할 수 있게 되었다. 한편, 일본, 호주, 인도는 미국의 노력

에 동참하면서 동시에 중국의 일대일로에 대항하는 자체적인 조치를 병행하고 있다.[25)]

마약퇴치 협력

중국의 심각한 도전에 직면한 미국의 정책적 우선순위를 감안할 때, 과거 행정부가 중국과 긍정적으로 협력했던 분야에 대한 현 정부의 관심은 시들해질 수밖에 없었다. 군 수뇌부를 중심으로 일부 활발한 대화가 이어지고 있지만, 기후변화와 글로벌 거버넌스 분야에서 협력했던 과거의 고위급 교류는 이제 과거의 이야기가 되고 말았다.

한 가지 예외는 미국에서 확산되고 있는 소위 펜타닐(fentanyl, 마약성 진통제 – 역자 주)과 관련된 마약퇴치 분야에서의 적극적인 협력이다. 2017년 약 2만 9,000명의 미국인이 합성 약물 과다 복용으로 사망했는데, 주로 펜타닐 계열의 약물이 원인이었다. 미국에서 사용되는 펜타닐의 대부분은 중국에서 제조·운송된다. 트럼프 대통령은 2018년 8월 트위터를 통해 "유독성 합성 헤로인 펜타닐이 중국에서 미국 우편 시스템으로 쏟아져 들어온다고 한다. 이것은 말도 안 된다. 우리는 지금 이 일을 끝낼 수 있고 또 반드시 끝내야 한다"라고 말한 바 있다. 트럼프 대통령과 시진핑 주석은 2018년 12월 1일 아르헨티나에서 열린 무역 및 경제문제 회의에서 펜타닐에 대해 보다 강력한 협력 조치를 취하기로 합의했다. 실제로 미국과 중국의 마약퇴치국 관리들은 수년 동안 긴밀하게 협조해왔으며, 최근 이 새로운 확산에 대처하기 위해 재빨리 움직이고 있다. 브랜스태드(Terry Branstad) 주중 미국 대사는 2018년 6월 마약 밀매 근절을 위한 미중 공조를 '미중관계의 전망을 밝게 만드는 요인 중 하나'라고 평가했다.[26)]

미래를 내다보며: 주요 변수

현대 미중관계의 주요 동인 즉, 미국의 대중국정책 전반에 걸친 경직성은 중국이나 미국에서도 예상되었던 일은 아니다. 이러한 경직성은 미 행정부와 의회에 의해 추동되었다. 이 정책에 대한 미국의 주요 비판자들은 중국과의 긴밀한 관계를 강조했던 이전 정부의 지지자들이었기 때문에 그들의 비판은 설득력이 약하다. 또한 그들의 정책적 처방은 오늘날 미국이 직면한 중국의 도전을 다루는 데 적절해 보이지도 않는다. 중국의 대미 접근법의 부정적인 측면을 더 자세히 살펴보면, 시진핑의 중국과 푸틴의 러시아 간의 유착으로 인해 이전에는 그다지 중요하지 않았던 문제들이 이제는 미국의 이익을 크게 해치고 있음을 알 수 있다. 이 권위주의 통치자들은 지금까지 행정부나 의회에서 거의 공개적으로 언급되지 않았던 미국의 주요 이익에 대해 심각하고도 광범위한 도전을 하고 있다.

다만 미중관계의 상황은 유동적이고 변화의 여지가 남아 있어 예측하기가 쉽지 않다. 특히, 현재의 미국정책은 미국 여론으로부터 압도적인 지지를 받고 있지는 않다. 여론은 대체로 중국정부의 권위주의적 특성과 중국의 대내외적 관행에 대한 경계심을 보이나, 지난 1년간 미국 행정부와 입법부 담론에 묘사된 위기감은 전혀 표현하고 있지 않다.[27] 또한, 그러한 위기의식이 있다하더라도 그것을 반영하는 정책비용(가령, 국제안보 및 국내안보와 관련된 정부지출의 증가, 미국 기업의 이익감소, 중국 상품가격의 상승으로 인한 미국 소비자의 구매력 감소 등)의 대폭 증가도 나타나고 있지 않다. 그러나 이러한 비용이 증가한다면, 의회는 부담을 느끼게 될 것이고 아마도 의회는 행정부의 대중 강경정책에 대한 지지를 보류하게 될 것이다. 한편 트럼프 대통령은 중국에 대해 매우 양면적인 예측불허의 태도를 유지하고 있다. 그는 행정부와 의회 담론에서 볼 수 있는 중국에 대한 날선 비난을 거의 언급하지 않고 있다. 그는 시진핑 주석과의 긴밀한 관계를 중요시 여기고 있다. 심지어 미국 기술제품을 이란에 제공한 굴지의 중국기업이 미국의 대 이란 제재를 약화시켰음에도 불구하고, 그 기업에 부과된 미국의 제재를 해제해 달라는 시진핑의 요청을 수락하기도 했다.

미국의 강경한 대중국정책의 실효성은 미국의 동맹국들과 우호국들이 중국에 대한 미국의 안보, 경제, 외교적 조치를 지지할 것인지 아니면 중국과의 경제 및 기타 관계개선을 위해 미중 간 마찰에서 이득을 추구할 것인지에(미중 사이에서 헤징을 추구하는 것을 말함 – 역자 주) 달려 있다. 몇몇 동맹국들과 우호국들은 분쟁 중인 남중국해에 대한 미국의 입장을 지지해왔다. 또한 외국 기업들의 첨단기술을 탈취하는 중국의 불법적이고 극도로 불공정한 경제 관행에 맞서는 미국의 입장에도 동조해왔다. 그러나 이들 국가들은 미국이 징벌적 관세를 이용해 중국을 글로벌 공급사슬망(특히, 제조분업망 – 역자 주)에서 '분리'하려는 시도에 대해서는 경계하고 있다. 이는 중국이 포함된 제조분업망에 의존하는 미국의 동맹국 및 우호국 기업들에게 엄청난 비용을 초래할 것이기 때문이다. 또한, 이들 국가의 대부분은 일반적으로 중국보다 훨씬 낮은 수준에서 트럼프 행정부의 징벌적 관세를 부과 받고 있지만, 이 국가들은 동맹국 및 우호국에까지 징벌적 관세를 부과하고 있는 트럼프 행정부의 일방적이고 파괴적인 행동을 지지하지 않을 것이다.

결론적으로 미국과 동맹국 및 우호국들이 얼마나 큰 비용을 부담할지는 독재자 시진핑의 반응에 달려 있다. 만약 중국이 미국의 압박에 대해 현재의 방어적 태세를 포기하고, 미국과 동맹국 및 우호국들을 대상으로 훨씬 더 강경한 정책을 채택한다면(이 책 프리먼[Chas Freeman]의 제3장에서 중국이 취할 수 있는 잠재적 조치들을 개략적으로 설명하고 있다) 이는 미중관계의 향방에 큰 영향을 미치게 될 것이다. 현재로선 미국의 징벌적 관세 및 이에 상응한 중국의 보복관세가 초래한 비용이 미국 기업과 소비자에게 영향을 미치도록 하면서, 주요한 대립을 피하는 것이 중국의 이익에 가장 부합할 것으로 보인다. 서방 관측통들은 중국이 트럼프 행정부 말기에 들어 취한 방어적 태세를 유지하면서 2020년 미 대통령선거 때까지 정책적 변화를 유보할 가능성이 있으며, 새로운 미국정부는 중국에 좀 더 유화적일 것으로 전망하고 있다. 반대로 다른 이들은 1995~1996년의 대만해협 위기를 상기시키면서 훨씬 더 강력한 대중국 강경조치를 주문하고 있다. 이 조치는 미중 간 군사적 위기 발생 시, 물러서거나 전쟁을 무릅쓰는 것 가운데 하나를 선택하도록 미국을 궁지로 내몰게 될 것이다. 이와 같은 극적인 조치에 따른 중국의 비용과 위험은 크지만, 미국의 경직된 강경정책 고수로 인한 군사적 긴장이 장기간 지속될 경우 중국이 이를 피할 것이라고 전적으로 확신하는 사람은 거의 없다.

주

1) Wayne Morrison, *China's Economic Rise*, Congressional Research Service Report RL33534, February 5, 2018 (Washington DC: Library of Congress.
2) Larry Diamond and Orville Schell, *China's Influence and American Interests* (Stanford, CA: Hoover Institution Press, 2019), 6.
3) Robert Ross, "The End of US Naval Dominance in Asia," *Lawfare,* November 18, 2018.
4) Michael Green, *By More Than Providence* (New York: Columbia University Press, 2017).
5) Tang Tsou, *America's Failure in China* (Chicago: University of Chicago Press, 1963).
6) 중국의 개입 이후 맥아더는 핵무기 사용과 중국침공을 강력히 주장했다. 그러나 그는 곧 트루먼 대통령에 의해 교체되고 말았다. 이러한 사건전개에 대한 개요는 다음을 참조. Warren Cohen, *America's Response to China* (New York: Columbia University Press, 2010); Michael Schaller, *The United States and China* (New York: Oxford University Press, 2015).
7) 사건전개에 대한 개요는 다음을 참조. William Kirby, Robert Ross, and Gong Li, *Normalization of US-China Relations* (Cambridge, MA: Harvard University Press, 2005); Robert Sutter, *US-China Relations* (Lanham, MD: Rowman & Littlefield, 2018), 61–90.
8) Richard Nixon, "After Viet Nam," *Foreign Affairs* 46, no. 1 (Oct. 1967): 111–125.

9) 사건전개에 대한 개요는 다음을 참조. David M. Lampton, *Same Bed, Different Dreams* (Berkeley: University of California Press, 2001); David Shambaugh, ed., *Tangled Titans* (Lanham, MD: Rowman & Littlefield, 2013).
10) 사건전개에 대한 설명은 다음을 참조. Shambaugh, *Tangled Titans*; Jeffrey Bader, *Obama and China's Rise* (Washington, DC: Brookings Institution, 2012); Michael Swaine, *America's Challenge* (Washington DC: Carnegie Endowment for International Peace, 2011); 그리고 Sutter, *US-China Relations*, 145–164.
11) Orville Schell and Susan Shirk, *US Policy Toward China* (New York: The Asia Society, 2017).
12) White House, *National Security Strategy of the United States*, December 2017, accessed January 4, 2018, https://www.whitehouse.gov/wp-content/uploads/2017/12/NSS-Final-12-18-2017-0905.pdf; US Department of Defense, *Summary of the National Defense Strategy of the United States,* January 2018, accessed March 1, 2018, https://www.defense.gov/Portals/1/Documents/pubs/2018-National-Defense-Strategy-Summary.pdf.
13) David Lynch, "Trump's Raise the Stakes Strategy," *Washington Post*, July 21, 2018, A14.
14) 사건전개에 대한 개요는 다음을 참조. Robert Sutter, "Pushback: America's New China Strategy," *The Diplomat,* November 2, 2018.
15) Bonnie Glaser, "The Diplomatic Relationship," in *Tangled Titans*, edited by David Shambaugh, 172–176.
16) Scott Snyder, "China's Multiple Roles in the Korea Drama," *Comparative Connections* 20, no. 2 (2018): 83–92.
17) Addie Cliffe, Alan W. H. Gourley, Paul Rosenand, and Jana del-Cerro, "US National Security Review of Foreign Investment: Revisions to CFIUS Legislation Signed into Law," Crowell & Moring, August 21, 2018, accessed January 10, 2019, https://www.cmtradelaw.com/2018/08/u-s-national-security-review-of-foreign-investment-revisions-to-cfius-legislation-signed-into-law/.
18) 미국 특별 무역 대표부, 중국의 법률, 정책 및 관행에 관한 최신 정보, 2018년 11월 20일, 2019년 1월 10일에 접속, https://ustr.gov/sites/default/files/enforce-ment/301Investigations/301%20 Report%20Update.pdf; "China Releases White Paper on Facts and Its Position on Trade Friction with US," *Xinhua*, September 24, 2018, accessed January 10, 2019, http://www.xinhuanet.com/english/2018-09/24/c_137490176.htm.
19) Diamond and Schell, *China's Influence and American Interests*.
20) Diamond and Schell, *China's Influence*, 159–160.
21) Prashanth Parameswaran, "Where Will US-Taiwan Relations Under Trump End Up?" *The Diplomat,* September 27, 2018.
22) Ross, "The End of US Naval Dominance."
23) Morrison, *China's Economic Rise*, 45–47.

24) Robert Sutter, *China-Russia Relations: Strategic Implications and US Policy Options*, National Bureau of Asian Research, NBR Special Report No. 73, September 2018.
25) Sutter, "Pushback: America's New China Strategy."
26) Bryce Pardo, "Evolution of the US Overdose Crisis: Understanding China's Role in the Production and Supply of Synthetic Opioids," Testimony before the House Foreign Affairs Committee Subcommittee on Africa, Global Health, and Global Human Rights, September 6, 2018.
27) Chicago Council on Global Affairs, "China Not Yet Seen as a Threat by the American Public," October 19, 2018.

중국과 러시아의 관계

11장

알렉세이 보스크레센스키(Alexei D. Voskressenski)

중국과 러시아의 관계는 소련 붕괴 이후에도 꾸준히 발전해 왔다. 양국의 지도자들은 중러관계가 몇 년 만에 역사상 최고점에 도달했다고 선언했다. 특히 그들의 오래된 불화의 역사를 고려할 때, 어떻게 중러관계가 이러한 단계에 도달할 수 있었는지를 탐구하고, 이러한 관계가 미래에 함의하는 바가 무엇인지를 전망하는 것이 이 장의 목적이다.

정상화의 논리

소련이 붕괴된 직후 첫해 동안, 러시아 외교 엘리트들은 대중국 접근법을 놓고 의견이 분분했다.[1] 소련의 해체를 아쉬워하는 쪽도 있었지만, 대다수는 러시아의 시장 민주주의로의 변환과 대외정책의 변화를 받아들였다. 이러한 다수는 러시아가 '유럽의 본향(本鄕)'으로 완전히 통합되기를 기대했고, 다른 외교 정책 행위자들과 지역들은 객관적으로 덜 중요한 지위로 밀려날 것이라고 믿었다. 이러한 시각은 중국에 대한 도전이었다.

그러나 집권 직후 옐친(Boris Yeltsin)정부는 러시아의 가장 중요한 동방의 이웃인 중국과의 관계정상화를 우선시했다. 사실 이러한 입장은 고르바초프 정권의 입장을 계승한 것이었다. 옐친정부는 서방 국가들과 역동적인 유대관계를 구축하는 동시에, 중러 국경의 전략적 안정, 대규모 무역, 중소기업 및 합작 투자 개발 등 구체적인 보상을 제공하면서 선린적이고 실용적인 관계를 구축하는 데 열정적이었다.

러시아를 공정하게 통합하려는 의지가 없었던 서방과 달리, 노련한 중국 외교관들은 신생 민주국가인 러시아와의 불편했던 관계(러시아 국가비상사태위원회**를 지지했던 중국의 입장) 및 과거의 유산(스탈린 격하운동 이후의 정치적인 의견 불일치와 1969년의 국경분쟁) 등을 문제 삼지 않는 실용적인 입장을 취했다. 중국은 영토분쟁에 대해 상호 수용가능한 해결책을 고려하고 있었고, 경제교류를 정치적 또는 이념적 문제와 연계하지 않을 준비가 되어 있었다. 따라서 1992년 가을, 양국은 주로 경제 및 군사 분야의 협력을 강화함으로써 중러관계를 새로운 차원으로 격상시켰다. 1990년대 중반에 이르자, 러시아의 국내 정치 상황도 변했다. 러시아의 탈공산개혁이 미온적이고 지지부진하자 러시아의 서쪽과 동쪽에 있는 서방과 일본은 "그럴 줄 알았다"라는 식으로 러시아를 바라보기 시작했고, 지정학적으로 취약해진 러시아 정치엘리트들은 쓴 맛을 보아야 했다. 서방과 일본의 냉소는 러시아와의 관계 강화를 위한 중국의 우호적인 인내심과 준비된 태도와는 극명한 대조를 보였다.

** 역자 주) 이 위원회는 고르바초프 대통령의 개혁개방정책에 반대한 공산당 보수파들이 결성한 단체로 1991년 8월 19일 쿠데타를 일으켰으나 단 이틀 만에 막을 막을 내렸다.

소련 붕괴 이후 유라시아 전역에 확대된 서방의 정치경제적 이해관계는 중러협정의 가속화에 일조했다. 세계경제 위기가 경제적 중상주의, 정치적 포퓰리즘, 권위주의를 양산하자, 중국과 러시아의 정치엘리트들은 양국 간 협력증진이 양국의 이익에 도움이 된다고 보았다. 그리고 중러의 밀착은 반서구적 태도의 증가로 이어졌다.

중국과 러시아가 정치, 경제, 과학, 교육, 문화에 대한 상호의존도를 높이기 위해 구조조정을 하고 있는 이유는 지역을 초월한 경제 공간을 개발하기 위해서이다. 이를 위해 양국은 유라시아경제연합(EEU)이라는 공간을 중국의 지역을 초월한 '일대일로(BRI)' 프로젝트와 연결시키고 있다.[2)]

중러협력의 제1단계

관계정상화를 통해 중국과 러시아 간에 구축된 공동안보는 군사적 위협을 일소하고 유라시아 전역에 공동안보를 구축하기 위한 외형을 마련했으며, 정치체제의 차이에 구애받지 않고 공동경제를 구축할 수 있다는 기대를 낳았다. 중국은 과거에 맺었던 미국과의 특수한 관계를 중러 관계에도 적용하고자 했다. 물론, 정부 내 고위층 사이에서는 러시아와 중국이 어떤 관계를 맺어야 하는지를 놓고 극명한 의견차가 있었다. 중국은 러시아와의 관계개선을 통해, 러시아가 서유럽 및 미국으로 경도되는 것을 제어하고자 했다. 이리하여 중러협력의 첫 번째 구조적 단계가 시작되었다.

1969년 다만스키(전바오[珍寶島])섬 인근 중러 국경에서 일어났던 과거 유혈충돌에도 불구하고, 러시아 군부 역시 중국과의 경제적, 정치적 유대관계를 발전시키는 것이 더 이롭다는 것을 알게 되었다.[3)] 급속한 현대화 과정을 진행 중이었으나, 텐안먼 광장 사태 이후 서방의 중국산 무기에 대한 금수조치로 차질을 빚고 있던 중국 역시 중러관계 개선을 통해 군사 현대화 프로그램을 지속할 수 있게 되었다. 신(新)러시아연방은 대규모 무기와 에너지 판매 등 중국과의 정치·경제적 관계를 강화함으로써 경제적 어려움의 시기가 끝났다고 보면서, 국제체제에서 입지를 재정립할 수 있었다.

초창기의 중러협력은 1960년대와 1980년대의 대립이라는 유산 때문에 그 기반이 미약했지만 2000년대 후반에는 긴밀한 다차원적이고 전략적 협력으로 발전했다.[4] 이러한 진전은 구소련이 해체되기 직전에 이루어진 양국간 합의 때문이다. 1989년 5월 고르바초프(Mikhail Gorbachev)의 역사적인 베이징 방문 당시, 당사국들은 중소 국경의 대부분에 대해 합의를 보았고, 2년 뒤 장쩌민(江澤民) 중국공산당 총서기가 모스크바에 왔을 때 양국 정상은 그 합의문에 서명했다. 양국관계는 모스크바에서 일어난 쿠데타 시도를 중국이 지지했던 것과 러시아의 새로운 지도부가 서방 중시 외교정책을 취했던 것 때문에 잠시 소강상태를 보였지만 곧 안정 궤도에 올랐다. 옐친 대통령이 중국을 공식 방문한 1992년 12월, 양국 정상은 중러관계에 관한 기본 공동성명을 채택했다. 같은 해 중국과 러시아는 적극적으로 군사협력을 확대하기 시작했다. 1994년 답방했을 때, 장쩌민은 중러관계를 '건설적인 동반자관계'라고 지칭했다. 이어 장쩌민은 제2차 세계대전 종전 기념 축하행사에 참석차 1995년에 모스크바를 방문했을 때에도 러시아에게 "양국관계에 문제가 없다"고 언급했다.

양국관계를 획기적으로 격상시킨 가장 큰 사건은 1996년 베이징에서 열린 또 다른 정상회담에서 양측이 평등과 신뢰를 바탕으로 '전략적 동반자관계'를 구축하겠다는 공동성명을 발표했을 때였다. 특히, 이 성명에서 주목할 만한 것은 양국관계에 큰 부담을 주었던 국경분쟁의 실질적 해법이 도출되었다는 점이다. 국제정치의 주요 쟁점에 대한 양국의 합의도 중요했다.[5] 중국과 러시아는 1999년 코소보사태를 포함한 모든 주요 국제 현안에 대해 동일하거나 유사한 입장을 취했다. 그러면서 세계가 '다극'체제로 전환되고 있으며, 따라서 일국의 일방주의나 패권주의를 좌시하지 않겠다는 공동성명을 발표했다.

1990년대 후반 중러관계는 이념보다 실용을 더 중시하는 관계로 변모되었다.[6] 비록 각기 다른 이유가 있기는 했지만, 중국과 러시아 양측의 전문가들은 이러한 변화에 대해 대체로 긍정적으로 생각했다. 1990년대 후반, 두 국가 모두 전략적 동반자로 여겼던 서방이 기대에 부응하지 못한다고 보기 시작했다. 그 이유는 다음과 같다. 서방은 러시아 정치 엘리트의 변화된 경제·정치적 견해 및 국익 표출 방식의 변화를 무시한 채 경제 지원과 전략적 협력을 중단했다. 서방은 NATO의 동진을 자제하지 않았다. 서방은 중러 모두에 대한 정치적, 전략적 압박을 증가시켰으며, 러시아와의 경제교류와 관련된 의사결정을 할 때 역시 정치적인 문제를 고려했다. 이것은 점차 러시아(이후 중국까지 포함)와 서방의 주류 정치 엘리트들 사이의 간극을 더욱 벌리고 말았다. 이런 상황에서 러시아의 친서방 정책이 실패로 귀결되고 있음을 몰랐던 중국정치 엘리트들은 고르바초프와 덩샤오핑이 합의하고 옐친과 장쩌민이 공식적으로 천명한 양국관계의 정상화 원칙을 고수할 것이라고 말하곤 했다.

상호 신뢰구축 방안을 구체화하고 실행에 옮기려는 양국의 노력은 이른바 '상하이 프로세스'로 점차 결실을 맺게 되었다. 이 프로세스는 국경선 구획에 관한 회담뿐 아니라 상호 신뢰구축과 국경의 실질적인 비무장화를 위한 양국 협상에서 비롯되었다. 상하이5국(Shanghai Five)은 중국, 러시아, 카자흐스탄, 키르기스스탄, 타지키스탄으로, 이들은 1996년 군사문제에 대한 상호신뢰 강화와 관련된 협정을 체결했고, 1997년에는 상호 국경 비무장화 협정까지 체결하게 되었다. 동시에 중국과 다른 상하이5국이 체결한 국경선 구획협정을 점진적으로 이행하면서 남은 국경문제를 계속 논의하였다. 이러한 문제들이 어느 정도 해결되자, 상하이5국은 그들의 비공식 모임을 '진정한' 지역동맹으로 재결성하고 추가 의제를 논의하기로 결정했다. 이렇게 해서 출범한 것이 바로 상하이협력기구(SCO: Shanghai Cooperation organization)이다. 2001년 6월 15일 6개국(상하이5국과 우즈베키스탄) 정상회의에서 상하이협력기구 창립선언이 체결되었고, 2002년 6월 7일에는 각국이 상하이협력기구헌장을 승인했다. 헌장은 새로운 지역결사체의 목표, 목적, 원칙, 구조 및 활동의 주요 내용을 정의하고 있는 기본 문서다. 헌장은 상하이협력기구(SCO)가 평화 증진과 유지를 목적으로 다각적인 협력개발을 책임지도록 규정하고 있다. 상하이협력기구 회원국은 점차 확장되었고, 최근에는 옵서버 국가(아프가니스탄, 벨라루스, 이란, 몽골)와 대화상대국(아제르바이잔, 아르메니아, 캄보디아, 네팔, 터키, 스리랑카)들이 추가로 가입했다 (2017년 6월 9일에는 파키스탄과 인도가 정식가입국으로 참여했다 – 역자 주).

상하이협력기구의 주요 활동 분야는 안보문제 협력, 분리주의 운동 및 종교적 근본주의 집단에 대한 대응, (중앙아시아에서의) 극단주의와 테러리즘 격퇴, 군사협력 강화 등이다. 특히 군사문제와 안보 분야에서 신뢰를 구축하기 위한 지속적인 노력을 기울인 결과, 러시아 경제의 전반적인 약세로 인해 1990년대까지 지지부진했던 중러 경제협력도 점차 증진되었다. 이 10년 동안 러시아 기업들은 중국시장에서 발판을 다질 수 있었고 양국 간 교역량은 점점 늘어나기 시작했다. 1997년 말부터 1998년 초 사이 중러 경제관계는 본격적으로 탄력을 받기 시작했다. 양국은 장쑤성(江蘇省) 롄윈강(連雲港)의 원자력발전소 건설 파트너로 33억 달러 규모의 계약을 체결했다. 중러 경제협력은 처음에는 노동 하도급 분야에서 가장 두드러졌으나, 나중에는 건설 하도급, 기술 무역, 심지어는 합작 투자와 같은 다른 분야로 조금씩 확장되었다. 중러협력의 첫 10년이 끝날 무렵, 러시아는 이미 농업, 목재 산업, 공공 급식, 소매업 등을 중심으로 중국에 투자진출한 약 400개의 기업체를 보유하게 되었다. 이 시기 중국과의 교역량도 급격히 증가했다. 한편 러시아의 대중국 수출은 1992~2001년동안 무역수지가 260억 달러를 넘어서는 등 중국의 대러시아 수출을 계속 넘어섰고, 이는 향후 10년을 전망할 때 좋은 신호였다. 그러나 당시 중국의 대러시아 경제 투자는 3억 달러를 넘지 않아 일본의 대러시아 투자액에 비해 뒤처져 있는 상태였다.

새로운 양자 계약에 따라 러시아는 장쑤성 원자력발전소 건설과 같은 중국의 원전 사업, 우라늄 채굴 및 전력산업을 지원하기 시작했다. 가장 유망한 공동 사업은 시베리아와 러시아 극동지역에서 생산된 석유 및 가스를 중국 동북 지방에 공급하기 위한 송유관 건설이었다. 지정학적, 의사소통의 어려움에도 불구하고, 전력 분야의 협력이 가속화되기 시작했다. 중러 송유관 건설 시작과는 별개로 러시아의 국영 천연가스기업인 가즈프롬(영국과 네덜란드의 합작 천연가스기업인 로얄 더치 쉘과 함께)이 시베리아 동부에서 상하이를 잇는 가스관 건설 입찰에 낙찰되었다.

군사협력 분야에서의 교류는 에너지 분야보다 더 잘 진행되었다. 1990년대 러시아 전체 대중국 수출의 최소 20퍼센트가 군사부문 수출이었다. 1990년대 중러협력의 논리는 매우 단순했다. 중국은 1989년 톈안먼사태 이후 서방의 제재로 획득할 수 없었던 군사 노하우와 군사용 하드웨어 및 소프트웨어를 필요로 했고, 러시아는 군산복합체에 고용된 수십만 명 노동자에게 임금을 지급할 자금이 필요했다. 당시 러시아 국영 무기수출기업 로스보루제니에(Rosvooruzhenie) 대표 코텔킨(Aleksey Kotelkin)의 설명에 따르면, 무기수출에 따른 수입은 무기 생산비의 최소 50퍼센트를 차지했고, 이윤의 상당 부분은 중국에 무기와 기술을 판매하면서 창출됐다. 그 결과 중국은 전후 2세대 군사장비를 4세대, 더 나아가서 '4세대+'세대의 군사 하드웨어로 업그레이드할 수 있는 기회를 얻게 되었고, 러시아는 소련 붕괴 이후 위험에 처한 군산복합체를 보존할 수 있게 되었다.

1990년대(적어도 1990년대 상반기와 하반기의 일정 시기 동안)에는 이러한 진전이 러시아에게도 어느 정도 이익이 되었다. 러시아는 무기생산 시설 현대화에 필요한 자원을 제공하고 중국의 우호관계를 유지 및 발전시켜, 10년 가까이 중국을 군사산업 협력의 주요 파트너로 만들었다. 한편 로가체프(Igor Rogachev), 로슈코프(Alexander Losyukov) 같은 외교 전문가들은 러시아가 이렇게 하는 것이 동아시아의 기존 군사 균형을 깨뜨리지 않고 국제 안정성을 해치지 않기 위한 조치임을 국제사회와 국제 전문가들에게 설파했다. 그래서 중국은 러시아 무기의 핵심 구매자가 되었다. 러시아 경제가 좋지 않았던 과도기(1992~1997년)에 중국은 약 60억 달러 상당의 러시아제 무기를 구매했고, 러시아제 군사용 하드웨어와 소프트웨어 사용 명목으로 연간 10억 달러를 매년 지불했다. 여기에는 수호이(Sukhoi)-24, -27, -30, -35 전투기, 소브레메니급 구축함, 킬로급 잠수함, S-300과 S-400 지대공 미사일 시스템, 카모프(Kamov) 다목적 헬리콥터, 다양한 터보팬 제트 엔진, 로켓 프로그램 지원 등이 포함됐다.[7)]

따라서 소련 해체 후 첫 10년 동안 중러협력은 주로 군사 및 에너지 분야 협력으로 안정궤도에 오르게 되었고, 상호이익을 창출하게 되었다. 이를 기반으로 거의 모든 협력 분야를 다루기 위해 정부 및 지역 간 위원회가 설립되었다. 1990년대 후반에 이르면, 양국은 이미 120건 이상의 정부 간 협정과 수백 건의 부처 간 협정을 체결했다. 이렇듯 중러관계는 안정적이고 상호 호혜적이었다. 동시에, 중러협력의 정치적 요소가 경제적 요소보다 훨씬 더 강해졌다 (반면, 시간이 갈수록 경제 분야의 협력은 안정적이지 못했고, 진정한 역동성과 전략적 고려가 부족해졌다).

중러협력의 제2단계와 제3단계

중러협력과 관련하여, 러시아 분석가들은 낙관론자, 비관론자, 실용주의자라는 3가지 부류로 나누어졌다. 시간이 지남에 따라 각 그룹의 주장은 변화했지만 이 구분은 오늘날까지 유지되고 있다.[8)] 세 그룹 모두가 직면해 있는 주요한 질문은 바로 다음과 같다. 러시아의 경제적 난국을 해결하고 국제적 위상을 회복하기 위해 필요한 세계 및 지역질서를 건설하는 데 있어서 중국을 신뢰할 수 있는 동맹국으로 볼 수 있을 것인가? 당시 모든 러시아 분석가들은 중러협력이 미국 주도의 세계에서 미국에 종속되지 않으면서 부상하는 동시에, 중국에 대한 의존도까지 낮추는 데 도움이 될 수 있다고 보았다. 러시아와 중국 간 이해관계의 일치/불일치 문제는 무시되었고, 러시아가 자국의 경제문제를 스스로 해결할 수 있다는 관점이 주류가 되었다. 러시아와 인접한 중국이 새로운 경제 초강대국으로 부상할 경우 발생할 수 있는 문제점은 러시아에 대한 서방의 부당한 처우와 비교하면 사소한 것으로 치부되었다. 러시아 전문가들은 중국의 부상이 순탄할 것이며 러시아에 해가 되지 않을 것이라고 보았다.

러시아 당국에게 가장 중요한 문제는 러시아 및 중국의 정치체제를 공고화시키는 것이었다. 그들은 이러한 공고화가 서방의 영향력을 상쇄함으로써 국제정치적 안정성을 도모할 수 있다고 보았다. 그리고 이것은 오늘날에도 여전히 유효하다. 강력한 반서방주의와 반미주의를 구축하기 위해 러시아 일부 정치엘리트는 심지어 러시아를 중국의 전략적, 정치적, 경제적 이익에 종속시킴으로써 강대국으로서의 러시아 위상을 약화시키는 것까지도 동의한다.[9] 이는 자신들의 정치적 신념과 상관없이 경제정책과 외교정책 모두에서 강하고 자유롭고 독립된 러시아가 되기를 열망하는 엘리트들의 기대와 반대되는 것이었다. 물론, 중국은 환영할 것이다.

이러한 상황에서 자유분방한 러시아 낙관론자들은 중국의 경제성장이 중국을 덜 권위적인 국가로 만들 것이라고 주장하면서 러시아가 중국의 경제성장을 지원해야 한다는 입장을 피력했다. 러시아 비관론자들은 러시아의 상대적 경제적 비효율성과 중국의 간접적(또는 심지어 직접적)인 정치적 권위주의가 증가하면 러시아의 서방과 동방을 대상으로 한 외교와 정치의 '전선'에 문제가 생길 수 있음을 강조했다. 러시아의 실용주의자들에게 가장 중요한 문제는 여전히 중국의 군사 현대화와 이러한 군사력 투사의 방향이 어느 쪽이 될 것인가였다. 북, 남, 아니면 양쪽 모두?

그러나 이러한 차이에도 불구하고, 미래의 향방에 대한 날선 내부 논쟁은 더 이상 불거지지 않았다. 대신 중러 양국관계는 실용적 계산에 입각하여 경제발전 및 국제적 위상을 위해 쌍방이 지원하기로 합의했다. 그리고 이러한 합의는 반서방적 지향성과 권위주의적 정치목적을 띈 외교정책으로 귀결되었다. 결국, 중러협력의 제2단계 및 제3단계 기간 동안 일정한 경제적 상호보완성을 바탕으로 한 글로벌 수준의 중러 간 이해관계가 더욱 일치하게 되었다. 2단계에서는 국제, 경제, 정치, 문화 등 모든 분야에서 보다 긴밀한 협력이 이루어졌다.[10] 중러협력의 제3단계에서는 푸틴 2기 초반에 불거진 국내정치보다는 국제정치에 대한 우려가 더욱 두드러졌다. 메드베데프(Dmisty Medvedev) 대통령 임기 말기에 시작된 3단계는 글로벌 금융위기의 시작과 맞물렸다. 이것은 여전히 진행 중인 어정쩡한 과도기의 출현을 야기했다. 이 3단계 기간 동안 러시아는 중국의 도움으로 아시아 지역에서 '가장 취약한 부분'이자 중러 양국이 전략적으로 공조했던 공간인 중앙아시아를 더욱 안정시킬 수 있게 되었다. 이로인해 중앙아시아에서 중국의 입지가 강화되더라도, 러시아는 이 결과를 환영할 만한 것으로 보았다. 이 세 번째 단계 동안, 유대관계는 그 어느 때보다도 더 강해졌고, 주목할 만한 미국의 한 연구자는 그들을 '권위주의의 축'이라고 불렀다.[11]

푸틴 집권기인 두 번째 단계에서는 양국 간 협력 증대가 보다 능률적으로 진행되었다. 그는 러시아의 정체성이 유럽과 아시아 모두의 특성을 갖는 이중성에 있다고 밝히면서,[**] 유럽과 아시아가 동등하게 중요하다는 내용을 그의 대표적인 외교 에세이 "러시아: 신동방정책(Russia: The New Eastern Perspectives)"에서 공식화했다.[12] 그는 옐친 대통령 재임 시절처럼 중국이 러시아의 전략적 동반자로 남을 것임을 공식화했다. 그러나 푸틴 대통령은 다극화 세계의 보존과 강화 및 전략적 균형을 유지하기 위한 중

** 역자 주) 2000년대 초반 이후 정치적 영향력을 갖게 된 유라시아주의는 라뤼엘(Marlene Laruelle)과 치간코프(Andrei Tsygankov)가 창안한 개념으로 유럽과 아시아의 '중간' 또는 유럽과 아시아를 포괄하는 '중심'이 혼재된 러시아 예외주의다.

러의 공동 노력 필요성과 같은 동반자관계의 몇 가지 새로운 특징들을 신중하게 언급했다. 두 번째 방중 당시 그는 베이징선언에 서명했고, 중국 대표와 함께 미사일 방어체제에 관한 중러 공동성명을 발표했다. 또한, 이 선언과 연이은 다른 성명에서 양국 대표는 교육, 문화, 보건의료 등 지금까지 다소 등한시했거나 자금부족으로 미진했던 여러 분야에서의 협력 강화도 강조했다. 시간이 조금 흐른 후에야 러시아 전문가들은 미사일 방어체제에 관한 공동성명이 지난 10년간 견지했던 그들의 국제정세에 대한 시각을 크게 전환시켰다는 것을 깨닫게 되었다. 이와 더불어 그들은 대중국 무기수출로 연명하던 러시아의 군산복합체가 이 성명으로 인해 전반적인 국가정책에 매우 큰 영향력을 행사하게 되었다는 사실도 알게 되었다.

2001년 7월 장쩌민의 모스크바 방문도 놀랄만한 결실로 이어졌다. 이번에는 당사국들이 단순히 선언문에 서명하는 것 이상의 진전이 있었다. 양국은 20년간의 선린우호협력조약(2021년까지 유효)을 통해 관계를 공고히 하기로 했다. 또한 러시아 관할 하에 있는 중러 국경지역의 분쟁 섬들에 대해 상호 수용가능한 최종 해결책을 찾기 위한 협의를 계속하기로 합의했다.

그간 미해결 국경문제 협상을 타결하고 교역량을 배가하는 데 걸림돌이 된 조약의 부재 때문에, 새로운 중러조약에 서명한 양국은 과거의 힘겨웠던 역사를 종식할 수 있게 되었고, 이제부터는 탄탄한 법에 기반을 둔 협력의 길을 열 수 있었다. 중요한 것은 2001년의 중러조약이 두 국가를 정식 군사동맹이나 정치적 동맹으로 결속시키지 않았고, 어느 한쪽이 위협을 느낀다면 '협의'를 하는 것 이외에 침략에 공동 대응할 의무를 규정하지 않았다는 점이다. 협력의 주요 형식을 명시하지 않은 채, 이 조약은 당사국들이 정기적으로 더욱 긴밀히 협력하려는 의도를 매우 실용적으로만 서술했다.

더 나아가 이 조약은 제3국을 겨냥하지는 않았지만, 가속화된 세계화가 초래한 주권침해에는 반대한다는 입장을 분명히 하고 있다. 이 조항은 개별 민족국가의 주권 존중 및 합의에 기초한 의사 결정을 중시하는 유엔의 목표를 반영했다. 이 조약은 사실상 '다극 세계'라는 회피적 개념을 반영했고, 21세기 세계가 급속하게 특정 방향으로만 변화되는 것을 저지하는 보수적인 닻이라고 불릴 만한 것이 되었다. 이 조약은 양국의 정치 엘리트들이 오랫동안 고대해온 안정적인 중러관계에 관한 규범을 제시해 주었다. 이 규범은 또한 인권문제 때문에 내정간섭하는 것에 대한 보수적인 입장과 정치발전 및 특정 정치체제에 대한 찬반 논쟁을 거부하는 입장을 포함했다. 조약은 또한 제3국이 주권, 안보, 영토보전을 침해하는 방식으로 중국이나 러시아의 영토를 사용하는 것을 금지했다. 즉, 조약은 러시아나 중국에서 소수민족과 관련된 모든 분리주의운동 및 양국 내 국제 테러조직들의 활동 예방을 상호 간의 의무로 명문화하고 있으며, 조약의 제6조는 중국과 러시아의 기존 국경선의 존속을 인정하고 있다.

이 조약은 체결 당시 양국의 국가 우선순위를 반영하고 있다는 점에서 양국 간 안정성과 정치적 균형의 달성 등 주요 현안을 해결하기 위한 토대가 되었다. 장쩌민의 말을 빌리자면, 이 조약은 양국 정치 엘리트 사이에 퍼져 있던 '냉전적 사고'를 해체하고, 동맹도 적도 아니었던 양국관계의 미래를 설정하는 구상이었다. 다만, 이 조약에서 언급된 내용들을 '신형관계'라고 할 수 있지만, 이러한 관계의 특징이 명시되지 않았다. 따라서 정치환경이 변화할 경우 양국을 묶는 조약의 이념적 요소가 심각하게 이완될 수 있다. 그럼에도 불구하고, 라브로프(Sergei Lavrov) 외무장관은 이 조약이 안정적이고 예측가능하며 다각적인 양국관계를 위한 정치적, 법적 기반이 될 수 있다고 주장했다.

그러나 국제정세는 곧 극적으로 변하기 시작했다. 2001년 9월 11일, 미국에 대한 테러공격 직후 아프가니스탄에서 연합 전투 작전이 전개되었다. 문제는 아프가니스탄이 중국 내 이슬람 소수민족이 거주하고 있는, 그래서 분란의 소지가 많은 신장 지역과 인접해 있다는 사실이었다. 아프가니스탄에서의 반테러작전은 중국 당국의 우려를 낳았지만, 테러리즘에 반대해온 러시아 지도부는 이를 지지했다. 더구나, 미국은 2003년 이라크를 침공했고, 곧이어 미국과 러시아 간에는 탄도미사일 방어협정이 체결될 조짐이 보였다. 심지어 중국의 이해관계를 묵살이라도 하듯이 NATO는 중앙아시아까지 진출했다. 이 때문에 중국의 두려움을 커질 수밖에 없었다.

중국과 러시아의 지도자들은 유엔 안보리결의안 1441호에 따라, 이라크는 국제사찰단과 협력해야 하며 국제사회는 무력을 행사해서는 안 된다고 강조했다. 그러나 미국은 이를 무시하고 이라크를 침공했고, 그 결과 중러간 결속은 더욱 강해졌다. 사실 이 시기 동안 주권 문제를 놓고 중러와 미국 사이에 이견이 커졌다. 중국은 러시아에 동조하는 입장이었고 러시아는 보다 적극적이고 보수적인 입장을 취했기 때문이다. 이라크 침공 및 이와 거의 동시에 발생한 한반도 위기(2003)를 평화적으로 해결하기 위한 중러 간 외교적 밀착은 더욱 강화되었다.

2002년에는 무역, 경제 교류, 군사협력 등에서 가장 가시적인 관계 변화가 일어나고 있었다. 2003년 5월 후진타오(胡錦濤) 신임 국가주석의 방러 당시, 양국은 북한문제를 구체적으로 언급한 또 다른 선언문에 서명하면서 한반도 비핵화를 강조했다. 다른 말로 하면, 동북아의 전략적 힘의 균형이 유지되어야 한다는 것이었다. 2004년 중러 외무장관들은 접경지대 동쪽 부분에 대한 보완협정을 추가로 체결했는데, 후진타오에 따르면 이 협정이 양국 접경 문제의 최종 타결이었다.

국경협정은 양국이 양자간 그리고 상하이협력기구의 후원하에 긴밀한 경제적 유대관계를 구축하고자 하는 열망을 더욱 고조시켰다. 2001년 9월 14일, 상하이협력기구 회원국 정상들은 알마티(Almaty)에서 처음으로 만나, 무역과 투자에 적합한 환경을 조성하기 위해 지역경제협력의 주요 방향에 관한 각서를 체결하였다. 이듬해인 2002년 10월에는 베이징에서 전력 부문의 투자 및 개발에 관한 첫 번째 상하이협력기구 포럼이 개최된 데 이어, 상하이협력기구 회원국들의 다자간 경제협력 프로그램을 승인한 새로운 정부

수반협의회(Council of Heads of Government)도 개최되었다. 여기에서는 2020년까지 성취해야 할 경제통합의 주요 목표들이 제시되었다. 새로운 재정 자원이 확보됨에 따라 상하이협력기구 회원국들은 안보 관련 문제는 물론 교육, 과학, 보건 분야에서 문화/인적 협력을 확대하기로 결정했다.

이를 위해 상하이협력기구 회원국과 옵서버 국가는 대학 간 네트워크를 개발하여 구축하기로 결정했으며, 이는 중러협력이 시작된 지 20년이 끝날 무렵에 추진력을 얻기 시작했다. 상하이협력기구 회원국들은 상하이협력기구의 지원을 받아 국제 교육의 질을 보장함과 동시에, 소련 당시의 높았던 교육수준까지 달성한다는 야심찬 목표를 세웠다. 기술분야 협력에서는 공동개발 기술을 늘리고 향후 러시아-중국-중앙아시아 간의 기술 컨소시엄을 구축하는 것을 목표로 했다.

상하이협력기구 외에 또 다른 비공식 지역기구인 RIC(러시아, 인도, 중국)가 2000년대 중반에 출범했고, 이후 확대되어 브릭스(BRICS, 러시아, 인도, 중국, 브라질, 남아프리카공화국)가 되었다. BRICS는 아직 동맹체가 되거나 지역기구로 공식화되지 않았다. 회원국들의 법집행 기관 및 안보기관 간의 조율이 요구되는 안보레짐인 상하이협력기구와 달리, BRICS는 국제금융제도의 개발문제에 우선순위를 두고 급성장하는 회원국들의 시장을 지원하는 데 방점을 두었다. BRICS 회원국의 경제력 총합을 고려하면 그것은 글로벌 금융과 경제에서 막강한 힘을 갖는 행위자로서의 잠재력을 갖고 있었다.

특히 중러 접경지대의 문제해결은 양국 군대의 협력과 조율을 강화했다. 이미 2005년 8월, 중국과 러시아는 합동 군사훈련인 '평화임무(Peace Mission)-2005'(2018년부터는 몽골도 합류)를 시작했다. 이는 중국과 러시아가 직면한 새로운 도전과 위협에 대한 대응 능력을 향상시키기 위한 공동의 열망을 반영했다.

중러관계를 더욱 공고히 하기 위해 2006년과 2007년 각각 러시아에서는 중국의 해, 중국에서는 러시아의 해가 선포되었고, 이 기간 최소한 600여 개의 문화, 과학 및 기술 관련 행사, 정치경제적 개최되었다. 두 번 모두 각국의 최고 지도자들이 개회를 선언했으며, 이것은 양국의 정치 엘리트들의 협력을 심화시킨 중요한 공식적 신호였다.

2008년 중국과 러시아는 일련의 회담을 거쳐 접경지대 동쪽 두 곳에 대한 법적 구획을 최종 확정함으로써 분쟁의 소지를 제거했다. 2008년 7월에 방중한 라브로프(Sergei Lavrov) 러시아 외무장관은 중러 국경을 확정하는 최종 의정서에 서명하였는데, 이 조약은 2008년 10월 14일에 발효되었다. 중국과의 국경분쟁은 오래된 문제였기 때문에 이 협정은 러시아에게 매우 중요했다. 러시아는 마침내 상호 수용가능한 외교적 해결책을 찾음으로써 문제를 해결한 것이었다.

2009년 한 해에만 후진타오 주석과 메드베데프 대통령이 6차례 만남을 갖는 등 양국 정상의 친밀한 관계가 이어졌다. 그 결과, 2010년 메드베데프 대통령의 첫 방중 기간 동안, 양국은 일련의 새로운 문서와 합의서에 서명했는데, 그중 가장 중요한 것은 중러 동반자관계와 전략적 상호작용을 심화시키기 위한 공동성명이다. 또한, 양국은 테러리즘, 분리주의, 극단주의에 대한 공동대처, 스코보로디노(Skovorodino)에서 다칭(大慶)을 잇는 송유관을 통한 중국으로의 원유 수송 계약, 가스 산업의 협력 확대등에 관한 쌍무합의에도 서명했다. 이에 따라 양국은 전력산업에 대한 상호협력을 공식화하고, 극단주의와 분리주의에 대한 입장을 확인했으며, 평화적 목적을 위한 원자력 분야 협력 방안을 마련했다.

'색채혁명'과 '아랍의 봄'은 중국과 러시아 공동의 정치적 결의를 더욱 공고히 했다. 러시아가 주로 '색채혁명'의 국제적인 파장과 러시아 국내정치에 미칠 파장을 우려한 반면, 중국의 우려는 일반적인 국내정치 상황에만 국한되지 않았다. 중국은 무슬림 세계에서 시작된 저항의 물결이 이슬람교도가 거주하는 신장이나 소수민족이 거주하는 지역으로 확산되는 것을 막아야만 했다. 따라서 이러한 문제로 결집하게 된 중러의 외교관들은 리비아 제재와 관련된 2011년의 유엔 결의안 1970호에는 찬성하되, 리비아 영공 비행금지구역 설정에 관한 2011년의 유엔 결의안 1973호에는 기권표를 던졌으며, 나토군의 리비아 공습에 대해서는 결의안 위반이라고 비난했다.

새로운 문제들 속에서 확대된 유대관계

중러협력 2단계 기간 동안(1991년 구소련 해체 후 두 번째 10년이 되는 2001년에서 2010년 – 역자 주) 양국 간 교역은 크게 확대됐지만, 경제관계의 불균형은 완화될 기미를 보이지 않았다. 중러 무역 규모는 2000~2008년 동안 매년 30퍼센트씩 증가해 2008년에는 680억 달러에 육박했다 (도표 11.1 참고). 2009년 글로벌 금융위기로 공급이 줄었지만 2010년 말에는 다시 위기 이전 수준을 회복했다. 동시에 경제관계는 불안정한 방향으로 가는 새로운 추세를 보였다. 러시아는 중국으로부터의 수입 비중이 크게 증가(러시아 총수입의 69퍼센트)했고, 중국은 러시아의 대표적인 교역국이 되었다. 탈냉전 직후 러시아의 대외 무역에서 중국이 차지하는 비중은 10.2퍼센트인 반면, 중국의 대외 무역에서 러시아가 차지하는 비중은 2퍼센트를 약간 넘는 수준이었다. 이 기간 동안의 대 중국 수출에서 공작기계 및 장비 비중은 큰 폭으로 감소(2퍼센트)했다. 러시아는 현재 중국에 주로 원자재(연료, 절단 목재, 톱질한 목재 제품, 목제 펄프, 광석 및 철 농축액, 비료, 생선 등)를 공급하고 있는 반면, 중국으로부터의 수입은 공작기계, 장비, 운송 차량, 공업용 화학제품, 가전제품, 소비재로 옮겨가기 시작했다. 따라서 구소련 시대의 양국 교류에서 주고 받던 품목이 서로 자리를 바꾼 셈이 되었다. 다시 말해, 러시아는 중국을 위한 원자재 공급자가 되었고 (러시아의 일부 전문가와 정치 분석가는 러시아를 심지어 '중국의 원자재 부속물'이라고 부른다), 반면 중국은 공작기계와 석유화학 등 러시아를 위한 완제품의 공급자가 됐다.

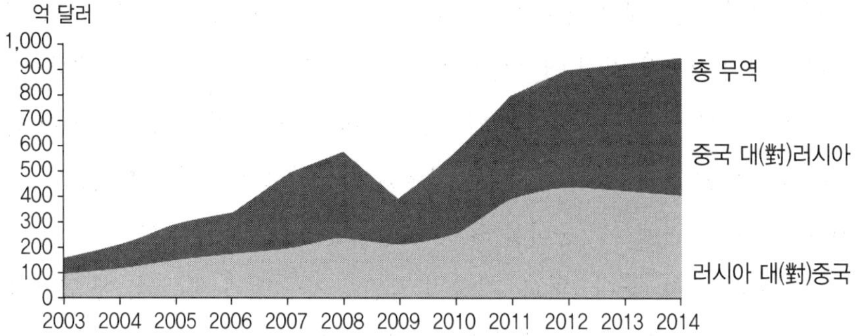

도표 11.1 2003~2014년 중국-러시아 총 무역량

동시에, 중러협력 2단계가 끝나는 2010년 무렵에는 양국은 상호 투자에 더 많은 관심을 갖기 시작했다. 2009년 1월 13일, 중국 지도자들과 푸틴은 중국에서 회담을 갖고, 특정 협력 분야에 대한 20개 이상의 협정에 서명했다. 그 결과, 2008~2009년에만 러시아 경제에 대한 중국의 직접 투자가 두 배로 증가했다. 이 투자는 주로 수출용 광물 가공, 목재 및 전력산업, 경공업 및 섬유, 건설, 화물 운송 등의 분야에 집중됐다.

그러나 중러협력 2단계(2000~2010년)동안 러시아가 군사협력 다변화와 국제시장 및 파트너 확대를 추진하면서 양국 군사협력이 위축될 조짐을 보였다. 다른 한편, 에너지 산업분야 협력은 1990대보다 2000년대 들어 더 역동적으로 진행되었다. 2001년 양국은 러시아에서 중국으로 이어지는 송유관 건설에 합의했다. 이후 20년 동안 러시아산 원유 1,500만 톤이 중국으로 전달되었다. 이것은 중국이 로스네프트와 트랜스네프트(이 두 기업은 각각 러시아 국영 석유기업과 송유관 기업임 – 역자 주)에 250억 달러의 차관 제공을 계기로 시작될 수 있었다. 중러협력 3단계가 시작된 2010년 초, 러시아는 중국의 에너지 공급 국가 중 4위 또는 5위를 차지할 정도로 중국 경제발전의 중추인 에너지 분야에서 가장 중요한 파트너가 되었다. 중러협력은 탄화수소 분야뿐 아니라 가스, 원자력, 전력 분야에도 집중됐다.

중러협력 3단계에서 러시아는 중국을 산업 및 군사기술을 포함한 첨단기술력과 관련 자원을 가진 매력적이고 유망한 시장으로 여기기 시작했다. 전략적 자산으로 꼽히는 러시아의 탄화수소 대량 판매로 인해 양국 교역이 번성하기 시작했다. 탄화수소 무역은 중국을 러시아로 경사되도록 만들었고, 에너지 수요 측면에서도 중국을 덜 취약하게 만들었기 때문이다.

러시아가 정치, 군사, 외교, 기술적 지원을 제공했기 때문에, 현 단계에서 러시아와의 파트너십은 중국을 글로벌 강국으로 변모시키는 주요 요인이 되었다. 러시아의 적극적인 역할과 러시아의 반서방 정책이 없었다면, 중국의 강대국 진입을 저지하려는 서방세력의 연대를 막지 못했을 것이다. 러시아의 도움으로, 중국은 군 현대화에 상당한 진전을 이루었고, 서방의 통제에서 벗어난 에너지 시장에 접근할 수 있게 되었다. 이것은 전 세계가 불황의 늪에 빠진 시기에 중국의 경제적 위상을 더욱 높혀 주었다. 전략적 동반자관계를 더욱 발전시키기 위해 중국과 러시아는 국경문제에 종지부를 찍고, 러시아 공산품과 금융 활동에 중국시장을 폭넓게 개방하는 조약도 체결했다.

실용주의적 중러관계의 미래

우크라이나/크림반도 위기와 러시아의 시리아 개입으로 러시아의 이념적 지향은 민족주의, 반미주의, 반서방주의로 전환되었다. 이것은 중러협력을 개선하는 방식과 관련된 열띤 논쟁을 점화시켰다. 제재에 대한 찬반과 관련된 정치적 분화, 이념적 도발, 복합적 갈등이 창궐했지만, 서방과 러시아는 본격적인 냉전 대결구도로 진입하지 않았다. 경제적, 정치적 긴장상태에서 미국과 EU는 러시아와 중국의 국제정책(특히 이란, 이라크, 북대서양조약기구[NATO], 북한, 리비아, 시리아, 그리고 유엔 안전보장이사회에 관한 것)이 어떻게 전략적으로 조정될 것인가를 면밀히 관찰했다. 그 관찰대상에는 중러 양국의 인구 통계학적 변화뿐만 아니라 군사기술 협력, 에너지 및 운송 구조, 유라시아의 지역안보체제 개발 등도 포함되었다.[13]

중러협력 3단계는 공식적으로 '21세기 포괄적인 전략적 상호작용을 촉진하기 위한 신뢰할 수 있는 건설적 동반자관계'로 특징지어진다. 2001년 중러조약에 따라 양국 간 전략적 교류와 동반자관계는 (국내외적으로) 특정한 상황 모두에서 동맹으로 전환될 수도 있다.[14] 전문가들은 중국과 러시아에 대한 미국의 적대적 태도가 높아지면, 양국이 군사동맹의 형태로 미국의 대응을 상쇄할 수 있다고 이미 발표한 바 있다. 활기를 되찾은 러시아-인도-중국(RIC) 3국이 같은 방향으로 움직이고 있다는 것은 분명하다. 2017년 파키스탄과 인도가 상하이협력기구에 정식 회원국으로 가입했다. 따라서 상하이협력기구는 중국이 러시아 및 유라시아국가와 협력하여 설립한 최초의 국제 지역기구가 되었다. 그래서 EU, 러시아, 중국 그리고 파키스탄과 인도 사이에 있는 유라시아 공간의 안보를 보장하기 위한 모든 메커니즘에서 중러 군사동맹이 중추적 역할을 할 가능성이 커졌으며, 양국에게 가장 악의적인 외부적 도발에 대처할 수 있는 '도화선'이 구축되었다.

동시에 양국의 동반자관계에서 어느 국가가 유리할지는 각국의 국제환경 및 국내정치 상황에 따라 다소 달라질 수 있지만, 중국과 러시아 어느 쪽도 유불리를 따짐으로써 얻을 수 있는 이익은 없다.[15] 물론 일부 러시아 분석가들은 중국이 자국의 군사력을 현대화하기 위해 중러 전략적 동반자관계를 중국에 유리하게 활용하고 있는 반면, 중러 경제협정의 많은 부분이 완전히 이행되지 않고 있기 때문에 중국이 더 많은 것을 이행할 수 있도록 압박해야 한다고 주장한다. 그러나 2018년 양국 교역액은 약 1,000억 달러에 달했고, 양국 간 과학, 문화, 교육 분야의 협력은 더 큰 속도로 진전되고 있다.

러시아에는 중국을 유일한 유망 동반자국가로 간주하는 영향력 있는 학파가 있다.[16] 이들에 따르면 향후 중러 경제관계의 강화는 특히 중국 화교들이 경제적으로 활발하게 활동하는 동남아시아 국가와의 관계 강화로 이어질 수 있다. 러시아의 산업구조를 보면, 중국과의 경제협력이 강화될 가능성이 높다는 것을 알 수 있다. 첫째는 러시아의 중공업, 지식기반 부문, 채굴 산업과 중국의 농업, 경공업, 잉여노동의 상호 보완 가능성, 둘째는 화남(華南) 지역과 화교의 투자 잠재력 및 러시아 극동의 투자 필요성, 셋째는 중국 동북부의 과학기술력 및 러시아 극동의 산업구조 간 상호보완성 등이다. 게다가, 러시아 극동지역의 남부와 중국의 동북부 간 경제적 상호의존성이 높아질 경우, 더 많은 협력을 위한 경제적 자극과 정치적 동기가 만들어질 수 있다. 심지어, 양국의 가장 급진적인 좌파는 중러 밀착이 러시아로 하여금 중국식 권위주의 모델을 추종하게 만들 것이기 때문에 러시아가 중국과의 연대를 더욱 강화해야 한다고 주장하기까지 한다.

이에 대한 반론도 만만치 않다.[17] 이에 따르면, 중국의 '역사적 영토' 주장으로 발생한 타국과의 분쟁, 인구가 적은 러시아 극동지역에 대한 중국의 인구압박 문제, 가뜩이나 복잡해진 동아시아 안보상황을 악화시키는 중국의 '해양영토 주장' 등으로 인해 이 지역 전반과 러시아 극동지역을 위한 경제적 기회의 창은 이미 닫히고 있다. 러시아의 외교정책과 군사 부문에 종사하는 엘리트의 일부 분파는 중국이 러시아의 국익에 실질적인 위협이 될 수 있는 몇 안 되는 국가 중 하나라고 보고 있다. 동시에, 현재로서는 중러 경제관계 발전에 대한 대안이 없다는 점은 분명하다. 이것은 가까운 미래에 중국이 이 지역에서 러시아에게 중요한 — 혹은 가장 중요한 — 무역 및 경제 파트너가 될 것임을 의미한다. 이는 러시아 경제에 내재된 구조적 문제가 여전히 다른 파트너(일본, 아세안, EU)와의 경제교류를 가로막고 있고, 러시아와 미국 간의 경제적, 사회적, 정치적 관계는 거의 완전히 파탄지경에 이를 정도로 역사상 최악의 상황으로 치닫고 있기 때문이다.

그럼에도 불구하고, 이러한 객관적 상황을 역전시킬 수 있는 몇 가지 지정학적 시나리오가 존재한다. 지리적으로 러시아와 매우 가까운 일본은 특정 상황에서 러시아 극동의 경제발전의 기폭제가 될 수 있는 자본과 기술을 보유하고 있다. 따라서 러일관계의 개선은 현재의 난국을 돌파할 수 있게 해줄 것이다. 이것는 적어도 지난 세기에는 달성할 수 없었던 시나리오이다. 이 시나리오를 반대하는 주장은 딱 하나다. 일본의 대규모 러시아 투자 결정은 러일 간 영토분쟁 해결 요구와 맞물려 있기 때문에 불가능하다는 것이다. 미국과의 관계 '재설정'을 통해 얻게 될 미국의 금융 및 기술 자원에 대한 잠재적 접근도 또 다른 시나리오다. 이외에, 러시아의 석유와 가스가 중국, 몽골, 남북한, 일본을 가로지르는 송유관 및 철도와 결합하게 되는 시나리오도 있다. 러시아의 관여를 통해 이것이 실현된다면, 정체되어 있는 동북아시아의 지역주의에 시동을 거는 데 필요한 임계질량이 될 것이다.

결론 및 전망

소련 해체 이후 30년간 3단계에 걸쳐 진행된 중러협력은 규모 차원에서는 커다른 진전을 낳았다. 하지만, 그 구조적 측면에서는 경제관계는 아직 의도한 만큼의 전략적 동반자관계로 격상되지 못했다. 즉, 중러 전략적 동반자관계는 여전히 대부분 정치적이어서 안정적이지 못하다. 상황에 따라 양국의 지배 엘리트들이 서로에 대한 지지를 철회할 수도 있다. 러시아는 사상 처음으로 러시아 극동지역의 안정적인 발전을 보장하기 위해 동부지역의 자국 기업과 국제 기업(중국 포함)이 참여할 수 있는 정치적, 경제적 억제책과 장려책을 마련하고 있다. 러시아는 2018년까지 우선순위와 누적된 근대화 수준을 고려하여 '우선개발구역' 개념을 공식화하고, 러시아 접경지역 개발을 촉진하기 위해 부정적인 경제 동향을 억제했다. 그러나 러시아 극동 지역 발전을 더욱 촉진하기 위해서는 중국의 경제적 이익을 우선시하는 러시아의 정치적 입장에 변화가 있어야만 한다.

2019년 6월 모스크바와 베이징은 '신시대에 걸맞게 조정된 포괄적 전략적 동반자관계'를 천명하면서, 양국관계를 재정의했다.[18] 여기서 핵심 용어는 '조정(coordination)'으로, 양국관계가 네 번째 구조적 단계로 들어섰음을 시사한다.

주

1) 다음을 참조. Alexei D. Voskressenski, "The Perception of China by Russia's Foreign Policy Elite," *Issues and Studies* 33, no. 3 (1997): 1–20.
2) 다음을 참조. Xing Li and Alexei D. Voskressenski, eds., Ya-Ou zhongxin kuaquyu fazhan tizhi jizhi yanjiu (Mechanisms of Transregional Development in Central Eurasia: Analysis and Prognostications) (Beijing: Jiuzhou Press, 2016); Isabelle Facon, "Les fondements inédits du partneriat sino-russe au 21e siècle," Annuare français de relations internationales (Université Panthéon-Assas-Centre Thucydide) 18 (2017): 693–707.
3) 다음을 참조. Sherman Garnett, ed., *Rapprochement or Rivalry? Russia-China Relations in a Changing Asia* (Washington, DC: Carnegie Endowment for International Peace, 2000).
4) 러시아-중국관계에 대한 자세한 내용은 다음을 참조. James Bellaqua, ed., *The Future of China-Russia Relations* (Lexington: The University Press of Kentucky, 2010); Bobo Lo, *Axis of Convenience: Moscow, Beijing, and the New Geopolitics* (Washington, DC: Brookings Institution Press, 2008); Alexander Lukin, *China and Russia: A New Rapprochement* (Cambridge: Polity, 2018); 그리고 Richard Ellings and Robert Sutter, eds., *Axis of Authoritarians: Implications of China-Russia Cooperation* (Seattle: National Bureau of Asian Research, 2018).
5) Alexei D. Voskressenski, *Russia and China. A Theory of Inter-State Relations* (London and New York: Routledge Curzon, 2003).
6) 다음을 참조. Garnett, *Rapprochement or Rivalry?*
7) 다음을 참조. e.g., "What Russian Weapons Are Being Bought by China?" *South China Morning Post*, September 21, 2018, https://www.scmp.com/news/china/military/article/2165182/what-weapons-china-buying-russia.
8) 다음을 참조. Voskressenski, "The Perception of China."
9) 다음을 참조. James Bellaqua, ed., *The Future of China-Russia Relations*.
10) 다음을 참조. Garnett, *Rapprochement or Rivalry?*
11) 다음을 참조. Richard Ellings and Robert Sutter, eds., *Axis of Authoritarians: Implications of China-Russia Cooperation*.

12) Vladimir Putin, "Russia: New Eastern Perspectives," available at http://en.kremlin.ru/events/president/transcripts/21132.
13) 다음을 참조. James Bellaqua, ed., *The Future of China-Russia Relations.*
14) 다음을 참조. Huasheng Zhao, "Lun Zhong E Mei xin sanjiao guanxi (On the New China-Russia-USA Triangular Relationship)," *Eluosi Dong'ou Zhongya Yanjiu* (Russian, East European, and Central Asian Studies) 6 (2019): 1–25.
15) 다음을 참조. Li and Voskressenski, eds., *Ya ou zhongxin kuaquyu fazhan tizhi jizhi yanjiu*.
16) *Sovremenniye Rossiisko-Kitaiskiye Otnosheniya* (Current Russian-Chinese Relations) (Moscow: Deli-Plus Publishers, 2017).
17) Yuri Galenovich, *Za kulisami amerikano-kitaiskikh otnoshenii* (Behind the scenes of American-Chinese relations) (Moscow: Russkaya Panorama, 2019).
18) "China, Russia Agree to Upgrade Relations for a New Era," *Xinhua*, June 6, 2019, http://www.xinhuanet.com/english/2019-06/06/c_138119879.htm.

12장 중국과 유럽의 관계

프랑수와 고드망(François Godement)

중국의 대유럽 접근방식은 광범위하며, 여전히 성장 중이다. 여기에는 철두철미한 국가 대 국가외교, 공공외교, 유럽 엘리트들을 포섭하기 위한 로비 같은 '영향력 작전', 대규모 무역관계 및 마찰 증가로 이어지고 있는 투자 전략, 관광객과 유학생을 주축으로 한 유럽과의 인적교류, 문화적 영향 혹은 소프트파워가 포함된다.

이러한 맥락에서, 양측의 공식 성명이 규정하고 있듯이 양국의 관계는 '포괄적'이다. 그러나 중국과 유럽연합(EU) 간 전략적 동반자관계는 일반적인 공동성명에서 언급되는 '전략적' 관계도 아니며, 양측이 주장하는 '동반자관계'도 아니다. 가령, 중국은 국제문제에서 중립적 포지션을 취하는 지역기구인 아세안(ASEAN: Association of South Asian Nations)과도 '전략적 동반자관계'를 맺고 있는데, 이 경우 '전략적'이라는 형용사의 중국적 의미는 관계에서 큰 갈등이 없다는 것을 의미할 뿐이다. 2004년 브뤼셀 연설에서 원자바오(溫家寶) 총리도 '전략적'이라는 형용사에 대해 다음과 같이 말했다. "이념과 사회체제의 차이에도 불구하고 때때로 일어나는 개별적인 사건들에 휘둘리지 않는 관계를 의미한다."[1] 그러나 1989년부터 지속된 EU의 대중 무기수출 금지 조치, 영토문제에 관한 양측 간 국제법적 논란, 그리고 양측 관계 및 양측이 참여하는 국제기구에서 반복적으로 불거지는 가치 논쟁 때문에 '전략적 동반자관계'의 의미는 공공연한 양측 간 갈등을 부각시키지 않으려는 소극적인 안전장치일 뿐이다.

양측의 관계는 진공 상태에서 발생하는 것이 아니다. 유럽은 미국과의 전략적 동반자관계 때문에 중국과의 관계가 훼손되는 것을 선호하지 않는다. 순전히 이익을 중심으로 미국과 중국을 바라본다. 그러나 미중관계의 기복(起伏)이 영향을 미친다. 미중관계가 좋을 때는 미국이 유럽의 이익에 거의 신경을 쓰지 않는다. 반대로, 미중관계가 좋지 않은 시기에는 대서양에서 공동의 가치를 공유한 미국이 유럽을 자제시킨다. 하지만 2017년 이후 미국-유럽관계와 별개로, 유럽만의 독자적인 대중정책이 추진되고 있다. 이것은 급부상한 중국이 마오쩌둥 사망 이후 가장 강력한 전체주의로 회귀한 것에서 비롯된다. 중국과 EU가 협력할 수 있는 부문은 여전히 많지만, 협력을 더욱 심화시키기에 앞서 다음의 질문을 던져볼 필요가 있다. 이러한 협력은 누구에게 이익이 되는가? 유럽과 중국의 정치체제와 경제체제가 수렴이 아닌 분화의 방향으로 갈수록 양측간 협력이 증진될 가능성은 낮아질 것이다. EU 차원의 대중정책은 점점 더 냉담한 현실주의 시각으로 변모하고 있는 반면, 몇몇 유럽국가들은 중국과 경쟁적인 거래를 유지하고 있다.

유럽의 현실주의적 접근법은 유럽에 대한 중국의 회의적인 시각과 일치한다. 이것은 새롭지도 않고 획일적이지도 않다. 유럽에 대한 중화인민공화국의 관심은 중소분열 때 시작되어, 문화혁명 후반기에 확대됐고 덩샤오핑(鄧小平)의 개혁시대에 와서 가속화되었다. 그러나 중국에게 유럽은 오랫동안 '제2의' 또는 '중간'세계이자 향후 도래할 다극화된 세계의 주요한 행위자 가운데 하나로 간주되어 왔다. 그러나 수십 년간의 저성장, 유로 위기, 브렉시트가 보여주는 분열의 망령과 포퓰리즘의 부상, 그리고 EU가 레닌주의에 입각한 중앙집권적인 당-국가인 중국의 협상능력에 필적할만한 능력을 가진 통합조직이 아니라는 점 등이 유럽에 대한 중국의 인식을 형성하고 있다. 그 결과 중국의 정책은 EU에 과거보다 훨씬 더 많은 초점을 맞추고 있다. 이러한 중국에 맞서 EU와 그 회원국들은 그들의 대중국정책이 조율되어 있다는 것을 입증하기 위해 열심히 노력해야 한다. 그 과정이 무엇이든지 상관없이 말이다.

EU와 중국: 역사적 시소타기

중국과 유럽국가들 간의 관계는 지난 40년 동안 다시 쓰여졌고, 크게 바뀌었다.[2] 과거에는 유럽이 중국 내에서 존재감과 영향력을 과시했지만, 이제는 중국이 유럽 및 유럽 근방에서 존재감과 영향력을 과시하고 있다. 이를 보여주는 결정적인 증거는 중국의 대유럽 투자가 유럽의 대중국 투자를 앞질렀다는 사실이다.

일본과 함께 유럽은 중국의 흑역사인 '반(半)식민지' 시기에 중국을 '분할'한 주요 가해자였다. 동시에 그들은 현대 중국의 제도적 근간을 형성하기도 했다. 예를 들어, 관세청과 군대 조직은 각각 영국과 독일을 모방하여 설립되었고, 유럽문화의 많은 흔적이 중국의 도시 곳곳에 산재해 있으며(상하이는 '동양의 파리'로 알려짐), 유럽의 정치적 자유주의는 많은 중국 지식인들의 본보기가 되었다.

1949년 서구인들이 떠난 후 근대화를 꿈꾸던 중국의 이정표는 제정러시아에서 탈바꿈한 소련이 되었다. 중화인민공화국의 첫 10년 동안 맺은 유럽관계는 대부분 형제와 같은 동유럽국가와 이들 국가의 사회주의/공산주의 정당, 멘토인 소련으로 한정됐다. 그러나 1950년대 중후반에 이르면 이마저도 축소되고 말았다. 스탈린 사후(死後)인 1956년 동유럽에 불어닥친 반체제운동이** 중국공산당에 경종을 울렸고, 마오쩌둥은 마르크스-레닌주의를 수호하는 교조주의의 선봉이 되기로 결심했다. 그 결과 마오이즘(Maoism)은 유럽으로 거의 진출하지 못했고, 주로 좌파 집단과 홀로 소련을 추종한 알바니아 정도하고만 관계를 유지했다. 마오쩌둥이 1964년에 프랑스를 협력대상국으로 지목했는데,*** 이것은 중소관계가 악화되면서 소련제 수입품을 대체할 국가를 찾던 중 선택한 것으로, 중국이 프랑스에 수출할 만한 것을 갖고 있었기 때문은 아니었다.

따라서 마오가 사망한 1976년 이후 유럽과 중국의 관계가 수십 년간 확장된 이유는 중국을 개혁과 개방의 길로 인도할 수 있다는 유럽의 체제적 우월감과 능력 때문이었다. 1984년, 중국은 유럽경제공동체(EEC: European Economic Community)에 접근하기 위한 계획의 일환으로 중국기업의 경영과 수출품의 질을 개선했다. 그 결과, 이듬해 중국은 EEC와 무역협력협정을 체결했고, 이것은 현재까지도 유지되고 있다.[3] 회원국과 EU는 상업적인 것만큼이나 발전적인 목표에 초점을 맞춘 지원을 제공했는데, 당시는 미국조차도 이러한 원조를 하지 않았던 때였다. 1980년대 시작된 홍콩 반환 협상 기간에는 (1842년의 아편전쟁 이후) 영국이 구축한 제도들을 2047년까지 존속시킨다는 합의가 도출되기도 했다.

1977년 덩샤오핑이 정치적으로 복귀한 이후, 중국은 제한적이지만 유럽의 지정학적 효용이 증가하고 있다는 것을 알게 되었다. 중국은 자국이 속한

** 역자 주) 동유럽 공산주의 국가인 헝가리에서 반스탈린운동 및 반소운동이 일어났고 이것이 폴란드의 포즈난 폭동사건, 체코슬라비아의 프라하의 봄을 촉발시켰다.

*** 역자 주) 프랑스와 중국이 아직 핵보유국이 아니었던 1963년에 부분핵실험금지조약이 체결되어 두 국가가 크게 반발했는데 이 때 양국 간 공조가 이루어졌다. 1964년 양국 모두 핵실험에 성공했다.

'제3세계'의 비동맹 국가들과의 유대를 넘어 영향력을 확장하고 동시에 '제1세계'의 두 초강대국에 저항할 수 있는 교두보로 (일본과 더불어) '제2세계'인 유럽에 주목했다. 경제 및 무역관계가 성장하면서 벨기에 주재 중국대사관에 대유럽 업무와 관련된 전문인력이 점점 더 많이 배치되었다. 한편, 1979년 베트남과의 국경전쟁 이후 10년간 중국의 군사예산이 증가했는데 이것은 유럽산 그리고 미국산 무기수입과 기술이전의 증가에 따른 것이었다.

그러나 1989년 톈안먼 시위와 이에 대한 탄압은 중국과 유럽 관계에 찬물을 끼얹고 말았다. 유럽은 상업 차관 제공 금지를 포함한 경제제재 조치와 무기수출 금지조치를 선언했는데, 이것은 유럽이사회(European Council)에서 만장일치로 가결되었다. 이러한 결정의 번복도 만장일치로 가결되어야 했기 때문에 번복은 매우 어려웠다. 원조는 빈곤 완화를 위한 경우를 제외하고는 전면 금지되었다. 1995~1996년의 대만해협 미사일 위기 이후에는 유럽-중국관계에서 무기 금수조치, 인권, 대만문제, 티베트문제 등에 대한 논란이 더욱 가속되었다. 대만에 대한 유럽의 무기판매, 특히 프랑스의 제트전투기 및 프리깃함 판매는 공개적인 위기를 초래했다. 1990년부터 1997년 사이에는 유엔 인권위원회(UN Human Rights Commission)의 유럽 회원국들이 매년 미국과 함께 중국의 인권 침해에 대한 결의안을 상정했다. 스칸디나비아국가들, 독일 및 소련의 통치에서 해방된 '신(新)유럽'국가들도 이러한 정책들에 호응했다.

그러나 1997~1998년 동안의 아시아 금융위기 덕분에 중국은 세계적인 조명을 받으며 고립에서 탈피했다. 이 위기 직전 10년 동안 아시아 성장의 진원지는 두 차례 변동했다. 첫째는 1991년으로, 버블경제가 침체에 빠지면서 추락한 일본 대신 동남아시아(더욱 정확히 말하면, 동아시아의 네 마리 용인 한국, 대만, 홍콩, 싱가포르와 같은 신흥공업국을 의미한다 – 역자 주)가 새로운 강자로 부상했던 사건이고, 둘째는 1997년으로, 아시아 금융위기를 기점으로 중국이 급부상한 사건이다. 유럽인들은 싱가포르의 주도로 개최된 1995년의 아시아유럽정상회의(ASEM)를 통해 아시아와 더욱 다양한 관계를 발전시켰다. 동남아시아의 경제가 쇠락하면서 중국과의 관계가 무엇보다 중요해졌고, 유럽기업들은 중국과의 무역 및 대중 직접투자에 초점을 맞췄다. 1992년 덩샤오핑의 '남순강화'를 계기로 중국 개방이 재개된 데 이어, 13년간의 협상 끝에 중국의 WTO 가입도 승인되었다. 이에 세계무대에서 중국시장이 중심 역할을 하게 되면서 긍정적인 분위기가 다시 살아났다. 유럽 내 경쟁도 중국을 부상하게 만든 한 요인이었다. 독일의 지멘스(Siemens)는 대중 수출을 급격히 늘렸는데, 이것은 프랑스 모든 기업의 대중 수출을 합친 것과 맞먹을 정도로 컸다. 프랑스도 중국에 차관을 제공했는데, 그 액수가 알제리를 제외한 모든 국가에 제공한 차관 총액보다 많았다.** 영국은 최대한 많은 영향력을 발휘하고자 1997년 홍콩을 중국에 반환하기로 한 협정을 활용, 중국의 은행과 보험 사업에 뛰어들었다. 3국 모두 정부수반이 중국에 기업대표단을 파견하는 등 사업과 정치를 연계시켰고, 중국을 비판함에 있어서도 신중한 태도를 보였다. 이탈리아는 정부의 간섭없이 무역의 상당 부분이 이루어져 왔지만, 중국과의 무역과 관련해서는 정부가 적극 개입하여 양국 간 무역을 크게 늘렸다. 종종 당-국가체제인 중국 관료제의 작동 방식에 무지한 유럽인들은 중국기업이 국가의 통제를 받지 않고 순전히 외교 차원에서 교류한다고 믿었다. 매년 열리는 EU와 중국 간 정상회담은 1998년에 시작돼 인권 등 보다 많은 부문별 협의 네트워크가 구축되고 합의가 체결됐다.

이때가 이른바 중국과 EU가 누렸던 '허니문'이었다. 1998년 EU와 미국은 제네바에서 열린 유엔 인권위원회에서 중국에 대한 결의안을 상정하지 않았다. 1999년 미국이 이 결의안을 상정했을 때에도 EU는 공조하지 않았

** 역자 주) 알제리는 100년 넘게 프랑스의 식민지였고 프랑스로 이주해온 알제리계 프랑스인만 170만 명이 넘는다. 이러한 관계 때문에 프랑스는 알제리에 막대한 차관을 제공하고 있다.

다.[4] 미국 주도의 이라크전쟁에 대한 슈뢰더(Gerhard Schröder) 독일 총리와 시라크(Jacques Chirac) 프랑스 대통령의 비판도 중국을 고무 시켰을 수도 있다. 두 정상은 2004년 초 EU의 대(對)중국 무기금수조치 해제에 찬성했고, 중국 역시 이를 위해 다른 모든 유럽국가들을 대상으로 외교전을 펼쳤다. 그 결과, EU는 무기수출에 관한 행동강령을 보다 정교하게 다듬고 대중 무기수출 금지조치 해제에 대한 심의에 들어갔다. 1989년 무기금수조치의 간략한 문구는[5]는 법적 강제성이 없었기 때문에 사실상 허점이 많았다. 이것은 영국이 선도했던 '민군 겸용(民軍兼用)' 기술 판매에서 비롯되었다.[6] 사실, EU와 국가 차원의 수출 통제 규제는 상징적인 무기금수조치보다 더 중요하다. 그런데도 무기금수조치 해제에 대한 미국과 일본의 반대를 예측한 중국이 이 해제조치를 정당화하는 데 도움이 됐을 만한 어떤 양보도 하지 않았다는 것은 더욱 놀라운 일이다.

2004년 12월 EU는 마침내 중국과 "금수조치 해제를 위해 계속 노력한다"고 합의했으나, 사실상 이는 결정을 보류한 것이었고, 이후에도 실현되지 않았다. 이 사건을 통해 중국은 EU 내 존재하는 상이한 이념과 이익이 무엇이든, 그리고 미국과 유럽을 이간질할 수 있는 유혹이 무엇이든 간에, 대서양을 사이에 둔 북미와 유럽 간 동맹이 미국의 입장을 반영하는 유럽 외교정책의 단단한 기반이라는 것을 깨닫게 되었다.

2003년 양측은 '포괄적 전략적 관계' 수립에 착수했다. 같은 해 중국 국무원은 유럽에 대한 최초의 정책보고서를 발간했다. 이 보고서는 "중국과 EU 사이에 근본적인 이해충돌은 없으며 어느 쪽도 상대방에 위협이 되지 않는다"라고 명시했다. 이는 EU가 티베트, 무기판매, 인권 등 다른 문제들을 제기하더라도 중국의 핵심 이익인 '하나의 중국 원칙'을 엄격히 준수한다는 전제를 바탕으로 한 것이었다. 요컨대 양측 관계를 지칭하는 '전략적'이라는 단어는 본질을 애써 외면하면서 중국의 발전에 대한 유럽의 지지를 얻기 위한 포장지였다. 한편 EU는 2006년 "더 긴밀한 동반자, 증가하는 책임(Closer

Partners, Growing Responsibilities)"이라는 제목의 네 번째 중국 전략 문서를 발간했다. 상호 관여를 전제로 한 이 문서를 통해 EU는 전략적 동반자관계 강화를 제안했으며, 1985년에 체결된 무역협력협정을 훨씬 광범위하고 야심찬 내용으로 구성된 동반자관계 협력협정(PCA: Partnership and Cooperation Agreement)으로 대체할 것을 제안했다. 그러나 현재까지도 PCA는 체결되지 않고 있다. 이는 부분적으로 두 가지 이유 때문에 그렇다. 첫째, 일반적으로 EU는 이런 유형의 합의를 공통의 가치를 공유한 대상과 체결해왔기 때문이다. 둘째, 중국은 1985년 무역협력 협정이 자신들에게 상대적으로 더 유리하다고 믿었기 때문이다.

2년도 채 되지 않아, 양측의 관계는 2008년 수단, 티베트 그리고 올림픽이라는 잇단 위기로 인해 다시 암울해졌다.** 독일, 프랑스, 영국이 달라이라마를 공식 접견한 것은 중국의 분노와 실질적인 제재를 초래했다. 덴마크의 경우에도 그랬다. 이들 사건과 중국의 유럽산 제품 수입감소 간의 상관관계는 분명하다.[7]

당근과 채찍을 활용한 중국의 대유럽 접근법은 이 기간에 발생한 두 가지 사건 때문에 중국이 우위를 점했다. 첫째, 유럽에서 중국인의 관광객 지출이 크게 증가했으며, 2008년 말 발생한 글로벌 금융위기가 2010년 유럽의 위기로 바뀐 이후 중국의 대유럽 직접투자나 금융투자가 눈에 띄게 늘었다. 2010년 10월 24일의 EU 정상회의에서는 기존의 구제금융펀드인 유럽재정안정기금(EFSF: European Financial Stability Facility)의 재원 확충을 위해 중국을 비롯한 신흥국의 도움을 받는 방안이 결정되었다. 또한 많은 유럽 국가들의 공공 자산이 매각되었는데, 일부는 '폭탄세일'이라고 부를 만했다. 중국은 유럽의 많은 국가들과 양자 간 또는 유럽 내 하부 지역과의 관계 수

** 역자 주) 수단 다르푸르 내전과 관련해 중국의 참여를 요구하는 서방의 비판, 2006년부터 2007년 시이에 새로 선출된 독일, 영국, 프랑스 지도자들의 달라이 라마 접견, 정치화된 베이징 올림픽에 대한 서방의 비판을 의미한다.

립을 강화했다.[8] 또한 막대한 손실을 입긴 했지만 구세주처럼 나타나 그리스에 대출을 제공하기도 했다. 그러면서도 중국은 EU에 매우 까다롭고 어려운 파트너였다. 그리고 이러한 전술은 성과를 거두었다. 유럽국가들은 더 이상 달라이 라마를 받아들이지 않았고 다른 인권문제에 대해서도 날선 발언을 자제했다. 수감된 반체제 인사 류샤오보(劉曉波)에게 2010년도 노벨평화상을 수여한 것 때문에 또 다른 분란이 생겼지만, 이 역시 중국이 원하는 방향으로 전개되었다. 즉, 중국은 "중국의 주권과 영토보전을 전적으로 존중하고, 중국의 핵심 이익과 주요 관심사를 중요하게 여기며, 이를 훼손하는 행동을 지지하지 않을 것이다. 향후 양국관계에 어떠한 피해도 입히지 않도록 최선을 다하겠다"라는 노르웨이의 서약을 6년 만에 받아냈다.[9]

현재 중국-유럽관계의 이면에는 중국의 강경한 민족주의, 공격성, 주변국 영토침해, 세계 곳곳을 누비는 인민해방군의 다양한 활동 같은 광범위한 대외정책의 변화가 있다. 중국은 투자와 대출이라는 유인책을 가지고 위기에 처한 유럽으로 단호하게 진입했지만 공세적인 외교정책, 인권에 대한 강경입장 등으로 인해 오히려 유럽의 대중 여론만 악화되었다.

이러한 상황을 초래한 중국의 책임은 매우 크다. 중국기업의 '해외진출' 정책, 그 자체로 정치적 도구가 된 해외관광, 중남부 유럽에서 증가하고 있는 중국인의 존재감, 여러가지 국제적 사안에 대한 중러의 일치된 입장 등 이 모든 것들이 유럽인들로 하여금 중국에 주목하도록 만들었다. 마지막으로 중요한 것은 2013년부터 시작된 중국의 일대일로가 유럽의 재계 지도자들과 많은 정치 지도자들의 마음을 사로잡았다는 점이다. 19세기 중국인들이 유럽 신화에 빠졌던 것처럼, 시진핑은 이제 유럽인들이 중국과의 관계개선을 열망하도록 만들었다.

2016년 이후부터는 EU와 중국관계가 다시 새로운 국면에 접어들었다. 지속적으로 확대되는 EU의 무역 적자, 중국산 제품의 덤핑 수출, 공격적인 투자 전략, 브렉시트로 인한 유럽의 분열, 중국과의 협상 지연 등으로 인해

EU는 더욱 방어적인 정책을 취하게 되었다. 그 결과, 유럽은 중국에 대한 '시장경제 지위' 부여를 반대했고, 2017년에는 새로운 무역방어조치에 착수했으며, 2018년에는 투자심사 규제 절차방안을 통과시켰다. 현재 EU집행위원회 위원장으로서 잔여 임기가 1년 남은 융커(Jean-Claude Juncker)는 EU의 의사결정제도인 만장일치제의 완화를 요구하고 있다. 이것은 그간 중국이 공들인 로비의 결과이기도 하다.

중국의 유럽진출에 대한 대응

전반적으로, 유럽에서 중국의 존재감과 영향력이 크게 높아졌다. 중국은 EU와 다양한 분야별 대화와 회의를 가졌지만,[10] 사실 중국의 존재감과 영향력이 증가한 것은 이러한 대화와 회의 때문이 아니었다. 오히려 중국과 개별 유럽국가 간 양자관계에서 활용된 중국기업의 현지 사업구상, 공공외교, 선전도구 때문이었다. 이것은 EU 관계자들의 관심이나 현실감이 부족해서가 아니다. 2016년에 채택된 중국 전략 문서에서 EU는 중국이 국내 개혁, 상호주의, 투자협정, 규칙에 기반을 둔 연계성, 안보를 포함한 공공재에 대한 기여, 법과 인권, 지속가능한 개발 등 여러 분야에서 실질적인 진전을 이루도록 요구하고 있다.[11]

그러나 중국의 약속 이행은 더뎠고, 때로는 실행되지 않았다. 매년 열기로 했던 양측간 고위급 경제무역대화(HED: High-Level Economic and Trade Dialogue)는 2011년, 2012년, 2014년에 열리지 않았다. 분야별 교류는 2013년 11월에 채택된 'EU-중국 2020 협력 전략 의제'에 따른 것이었다.[12] 이것은 평화와 안보를 '중추'로 삼아 협력을 확대하겠다는 진정한 약속이었다. 전반적으로 평화와 안보, 번영, 지속가능한 개발, 인적 교류를 다루는 분야에서 94개 이상의 '핵심 구상들'이 제시되었다. 하지만 이들 중 대부분은 이행되지 않았다. 구체적인 이행으로 이어진 것들은 대개 중국의 이익과 직결될 경우에 한했다. 이 가운데서도 과학 혁신 및 협력, 융합에너지 연구, 5G 광역 네트워크, 외교관 비자, 유로폴과의 경찰협력, 식품 안전 등에서의 협력이 두드러졌다. 우주는 중국이 EU 회원국들과 더 많은 협력을 추진하고 있는 분야이긴 하나, 유럽인들의 우려로 인해 갈릴레오 GPS 프로젝트 관련 협력은 중단된 상태에 있다. EU와 중국을 잇는 '연결성'은 일대일로 구상과 관련되어 있기 때문에 특히 언급할 만하다. 사실, 양측 간의 일대일로 협상은 오랫동안 난항의 연속이었다. 유럽내에서든 다른 제3의 지역에서든 일대일로와 관련된 공공사업 및 자금조달에 대한 공동규칙이 합의되지 않았다. 그 결과 공동사업이 차질을 빚고 있다. 중국은 동남아시아에서 일대일로를 추진하기 위해 일본과 원칙적인 타협을 이룬 것으로 알려져 있다. 그러나 OECD 규정과 같은 '국제적 표준'에 따르면, EU와 중국을 잇는 플랫폼 구축사업을 위한 3개년 회의는 현재까지도 모호한 상태로만 유지되고 있다.[13] 이것은 아무런 성과도 달성하지 못한 포괄적 투자협정에 비하면 그나마 나은 편이다. 2018년 7월의 어업 및 민간항공에 대한 협상도 논의만 무성했을 뿐 실질적인 성과를 도출하지 못했다.

한편, 중국은 적어도 세 가지 영역에서 유럽진출을 감행했다. (1) 인수합병(M&A) 활동으로 구성된 투자, (2) 국가 및 준(準)국가 행위자들에 의해 수행되는 '영향력' 활동, (3) 때때로 러시아 해군과 협력하면서 유럽 해역에 중국 해군을 배치하는 등의 노골적인 군사력 투사 등이 그것이다.

중국의 대유럽 직접투자는 2016년 350억 유로(노르웨이와 스위스 제외)로 치솟았다. 이 수치는 2017년과 2018년에 감소했는데, 부분적으로는 중국이 투자를 핑계로 중국 외환시장에서 이탈하려는 '핫머니(hot money, 국제 금융시장에서 높은 차익을 노리고 유동하는 단기 자금 – 역자 주)'의 유출을 막았기 때문이고, 또 다른 한편으로는 중국인들의 유럽 자산 매입에 대한 유럽의 반발을 우려했기 때문이다. 이것은 중국이 미국에 대한 직접투자를 거의 전면 중단한 것과는 차이가 있다. 전반적으로 중국은 2008년부터 2017년 말까지 최소 3,180억 달러에 달하는 유럽 자산을 매입하거나 투자했다. 이 기간 동안(달러화 기준) 중국의 대유럽 투자가 대미국 투자보다 45퍼센트가량 더 많았다.[14] 총액보다 더 중요한 것은 투자의 대상이다. 2005년부터 2017년까지 EU에서 중국이 인수한 사례 336건 중 117건이 "중국제조 2025"와 직결된 것이었다.** 이 중 63개는 2014~2017년 동안 인수되었고, 그중 42개는 2016년과 2017년 상반기동안 인수되었다.[15] 2016년에 중국이 인수한 독일의 첨단기업 쿠카(Kuka, 세계 2위의 산업용 로봇업체 – 역자 주)를 비롯해 중국의 유럽기업 인수와 관련된 많은 뉴스가 언론을 장식했지만, 중국의 기업인수는 지리적으로 분산되어 있다. 이러한 첨단 기술 인수는 물론 중국과 유럽 간 민감한 분야의 과학 협력 프로젝트도 계속되고 있다. 이외에도 중국은 에너지 수송 및 통신 네트워크에서 항만과 같은 중대한 기반시설에 이르기까지 전방위적으로 투자의 범위를 확대하고 있다. 이러한 투자가 어디까지 확대될지는 아직 미지수이다. 중국기업이 직접 관리하게 된 항만과 터미널, 중국의 이해관계에 부합한 홍콩기업들이 인수한 시설 등도 증가하고 있기 때문이다. 심지어 이와 유사한 방식의 인수와 경영권 통제는 북극해, 아이슬란드, 아조레스제도(포르투갈령으로 대서양에 있는 제도 – 역자 주)를 포함한 유럽 전역으로 확산되고 있다. 중국기업은 이제 유럽을 넘어 하이파(이스라엘에서 세 번째로 큰 항구도시 – 역자 주)의 항만도 관리하고 있으며 향후에는 아슈도드(이스라엘에서 여섯번째로 큰 도시이자 이스라엘 수입의 60퍼센트 이상을 수용하는 최대의 항구도시 – 역자 주)의 항만도 관리하게 될 것이다. 그리고 시리아 정권에 대한 중국의 지지는 향후 라타키아 항만과 타르투스 항만에 대한 중국 해군

** 역자 주) 중국제조 2025란 리커창 총리가 2015년 전국인민대표대회에서 처음 발표한 정책으로 중국의 제조업을 양적 성장에서 질적 성장으로의 변화 즉, 품질과 생산 효율성을 향상시키기 위해 3단계로 구성된 야심찬 산업 전략이다.

의 접근성도 증가시키고 있다.

이러한 활동은 계속되고 있다. 2018년 6월 중국의 한 기업은 프랑스의 보안·ID 제품 전문 칩 제조업체인 린센스(Linxens)를 인수했다.[16] 2018년 11월에는 중국과 포르투갈 간에 시네스를 개발하기 위한 양해각서가 체결되었는데, 이것도 일대일로의 연장선에 있다. 시네스는 파나마에 가장 가까운 유럽 항구지만 유럽의 경제권과는 상당히 이격되어 있는 곳이다. 2017년에는 EU의 투자허용 심사 과정에서 결정을 보류했던 스웨덴에서도 위에서 언급한 독일, 포르투갈, 프랑스의 사례들이 나타났다. 2018년 스웨덴 반도체 기업 3곳이 중국에 인수됐다.[17] 그러나 2018년 2월 부정적인 스웨덴 여론에 밀려 중국은 심해 항구인 리세킬 개발사업을 중단해야 했다. 이 심해 항구의 대규모 개발 계획은 스웨덴과 노르웨이를 연결하는 새로운 고속열차 노선과 결합될 예정이었다. 또한, 2016년 말 개장한 중국의 북극권 키루나 지구관측위성 정거장이 인민해방군 소속 인사들이 운영하는 사업인 것으로 드러났다. 덴마크령인 그린란드에서도 2017년 비슷한 프로젝트가 시작됐고, 2018년 말에도 중국은 포르투갈과 아조레스 위성 발사기지 조성을 위한 협약을 체결했다. 이러한 조치들은 5G 및 화웨이 문제와 연동된 중국의 잠재적 기술 탈취 및 스파이 활동에 대한 EU 회원국들의 반발을 낳고 있다.

중국의 영향력 외교 역시 양자 차원과 지역 하부 차원 모두에서 증가했다. 중부유럽 및 동유럽과의 16+1 프로세스가 가장 주목할 만하다 (몰도바와 벨라루스는 제외되나, 벨라루스의 경우는 매년 중국과 정상회담을 갖는다).[18] 의심할 여지 없이, 중국은 EU를 대체할 지역기구를 만들기 위해 노력해왔다. 그러나 대안기구 창설에 대한 EU의 까다로운 요구사항, EU의 존속이 갖는 단일시장으로서의 매력, 여전한 반공산주의 등 때문에 이러한 시도는 성공하지 못하고 있다. 중국은 (상업적 대출과는 대조적으로) 이들 국가에 그렇게 많은 투자를 하지 않고 있다. 실제로 16+1 프로세스는 상하이협력기구나 중국-아프리카협력포럼(FOCAC: China-Africa Cooperation)과 유사하지만 재정적인 영향력은 상대적으로 미약하다. 일부 중부유럽 및 동유럽 싱크탱크들의 노골적인 비판에 시달려온 중국이 16+1의 수위를 하향 조정할 것으로 예상되었지만, 이와 달리[19] 중국은 본래 의도한 계획을 고수하고 있다. 하지만, 2012년에 만들어진 16+1은 시진핑의 일대일로보다 앞서지만, 이 두 가지 구상의 목표가 수렴되는 경향이 있기 때문에 16+1의 실패는 일대일로에 영향을 미칠 수 있다. 따라서 중국은 16+1을 밀어붙이기보다 우회하는 방식을 채택한 것으로 보인다. 북유럽과 5+1의 잠재적 형식을 과시하고, 2013년과 2015년에는 남유럽 6개 회원국과 포럼(분명히 해상협력에 관한)을 발족한 뒤, 이제 중국은 한발 물러서 양자 차원에서 협상을 시도할 것으로 보인다.

이러한 공식적인 노력 외에도 중국은 통일전선, 선전, 언론 계열사들을 통해 유럽으로 영향력을 확대하고 있다. 2018년 말 현재 유럽에는 약 173개의 공자학원이 운영되고 있는데, 이는 아메리카(161개)나 아시아(118개)보다 많은 수치다.[20] 중국 언론은 유럽 현지 언론에 콘텐츠를 제공하기 위해 자금을 동원하고 있다. 서유럽의 경우, 중국은 유료 증보판 신문들을 대상으로 자금을 제공하고 있다. 예를 들어, 공식 영자신문 『차이나데일리』는 전 세계 신문에 『차이나 워치』라는 증보판을 게재한다. 유럽의 이러한 출판물에는 벨기에의 『르 수아르』와 『더 스탄다르트』, 불가리아의 『제미아』, 프랑스의 『르 피가로』와 『르 몽드』, 독일의 『한델스블라트』, 스페인의 『엘 빠이스』, 영국의 『데일리 텔리그라프』와 『가디언』 등이 있다. 관영 『신화통신』 역시 다른 언론기관이 하는 것처럼 유사한 계약을 체결하여 뉴스 콘텐츠 제공자의 역할을 한다. 그리고 내용의 출처가 잘 보이지 않기 때문에 독자들은 그것이 중국이 관여한 뉴스인지를 판별하기 어렵다. 마찬가지로, 중국 라디오 인터내셔널(CRI: China Radio International)은 프랑스판 Fox 뉴스로 주목받고 있는 24시간 뉴스 채널인 BFM에 중국경제에 관한 콘텐츠를 제공하고 있다.[21] 그리스에서는 아테네 보도국이 『신화통신』과 콘텐츠 계약을 맺었고, 몰타 국영방송도 CGTN(CCTV의 후속 명칭)과 콘텐츠 계약을 맺었다. 아테네-마케도니아 보도국이 주최한 실크로드 포럼에서는 터키와 러시아뿐만 아니라 중부유럽 및 동부유럽과 지중해 연안 자치주들의 여러 언론사 및 언론 매체들이 취재와 직원 교류를 포함한 상호 협력을 약속했다.[22]

중국의 영향력 행사에는 유럽의 정치권 인사들을 포섭하기 위한 활동도 포함된다. 중국의 포섭 대상이 된 실질적인 국가수반은 오르반(Viktor Orbán) 헝가리 총리, 제만(Miloš Zeman) 체코 대통령 등으로, 이들 모두 정치적 논란에 휩싸여 있다. 프랑스, 독일, 영국의 전직 총리나 수상들을 초청하는 방식과 이들의 환심을 사는 방법, 그리고 전직 고위 공무원을 중국기업의 이사진으로 섭외하는 것 등도 인상적인 영향력 행사에 해당한다. 이 같은 관행이 중국에만 국한된 것은 아니지만 그것은 EU와 회원국에서 정치권 인사들의 특혜 시비로 이어지고 있다.

하드파워도 중국의 유럽진출에 활용되고 있다. 중국은 러시아와 유럽 수역에서 연합해상훈련 및 군사협력을 강화함으로써 대유럽 관여의 정도를 높이고 있다. 2015년에는 지중해 동부 해역에서 양국이 참가한 'Joint Sea'훈련이 열렸다. 2016년 7월 헤이그에 소재한 상설중재재판소가 필리핀이 중국을 제소한 사건에서 필리핀의 손을 들어준 직후, 중러 양국은 남중국해에서 두 번째 '해상연합(Joint Sea)'훈련을 했다. 그리고 2017년 7월에는 발트해에서도 동일한 훈련을 실시했다. 중국은 이것이 EU 회원국에 대한 군함 방문의 일환이라고 일축했다. 그 해, 세 척의 중국 군함이 장기간 유럽을 순항했다. 이들은 지중해의 티레니아해에서 이탈리아 해군과 합동 실사격 훈련을 실시했고, 그리스 피레우스 항과 흑해 루마니아 항구도 방문했다. 이 전단은 발트해에 있는 러시아 해군에 합류하기 위해 대서양을 통과했고, 이후 핀란드, 라트비아, 영국에 기항(寄港)통지를 했다. 2018년 10월에는 인민해방군 해군과 해적 퇴치를 위해 설립한 아덴만의 EU 해군이 지부티에 있는 중국 군사기지에서 해상구조 훈련을 공동 실시했다.

유럽의 대응 수위 조정

놀랍게도, 위에서 설명한 네 가지 유형(프로젝트 협력, 기업의 인수합병, 영향력 확대, 해군력 투사 – 역자 주)의 중국 진출은 EU 회원국과의 개별적인 관계 및 이들 국가 내부 수준에서 진행되고 있다. 다시 말해, 중국의 진출은 EU 전체를 대상으로 하고 있지 않다. 2016년 말에 이르면, 유럽의 심장과 돈주머니를 겨냥한 중국의 다각적인 진출도 새로운 도전에 직면하기 시작했다. 중국 지도자들은 EU와의 고위급 거시경제 대화 및 연례 인권대화 등과 같이 자신들에게 불리한 토론의 장을 무시해 왔다. 그 결과, 양자 투자협정을 위한 회담은 지연되고 말았다. EU는 뒤늦게야 중국이 2012년부터 주도한 16+1 같은 새로운 구상(동부유럽 및 중부유럽 16개국 가운데 5개국은 EU 회원국이 아니다)이 유럽 공동체를 붕괴시키는 트로이의 목마라는 사실을 깨닫게 되었다. 무엇보다 중국의 WTO 시장경제 지위 재심사 시한이 2016년 말로 다가오고 있었다. 행정 규제 절차에 의해 이러한 문제들을 다루었던 일부 다른 국가들과는 달리, EU는 법적 틀에 갇히고 말았다. EU는 어떤 식으로든 법적 결정을 내려야 했다.

그러나 이러한 결정은 최근 발생한 몇 가지 사건들에 의해 더욱 복잡해지고 말았다. 첫째는 브렉시트이고, 둘째는 반(反)자유주의적 성향으로 흐르고 있는 2개국 이상의 회원국들이 EU의 설립 원칙을 위반한 것이며, 마지막 셋째는 여러 국제제도에 도전하면서 자유무역 규칙에서 이탈하겠다고 위협하는 미국 대통령의 등장이다. 이러한 세 가지 사건으로 인해 유럽은 장기적인 대중국 전략을 수립하기가 어렵게 되었다. 2018년 이후 미중관계에서 경쟁과 대립이 심화되면서 잠재적인 '삼각관계'에 대한 추측이 나돌았다.

즉, 중국과 유럽이 다자간 제도들을 '구제'하기 위해 공조할 것이라는 추측이 그것이었다.** 따라서 글로벌한 이슈가 되어버린 기후와 환경문제 해결 및 WTO 개혁을 위한 논의의 장은 EU 주도로 성사되어야 했다. 이에 중국도 그간의 논쟁을 부채질하는 대신, 조용히 EU의 입장을 지지하고 있다.

이런 맥락에서 무역수지 불균형 및 상품 덤핑, 상호적이지 않은 공공부문/국영기업 보호 철폐, 기술탈취 억제 수단으로서의 투자심사, 중요 기반시설에 대한 귀속권 등과 같은 본질적인 문제에도 불구하고 EU가 중국과 연대를 추구하는 것은 기적처럼 보일 수 있다.

물론, 지정학적 문제와 가치 지향에 있어서는 양측의 결속이 잘 나타나지 않는다. 왜냐하면, 유럽은 남중국해와 중국의 인권문제에 있어서는 내부적으로 분열된 상태에 있기 때문이다. 지경학적 문제와 관련해서는 가중다수결(QMV: qualified majority voting)***로 처리했지만, 남중국해 및 중국의 인권과 관련된 유럽공동외교안보정책(CFSP: Common Foreign and Security Policy)을 도출하기 위해선 만장일치 투표가 필요하다. 따라서 최소한의 공통분모를 찾아야 하기 때문에 남중국해 및 중국의 인권에 관한 강경입장이 도출되지 못하는 것은 당연하다. 그렇다고 강경입장 도출이 불가능한 것은 아니다. 실제로 리스본조약에는 특정 CFSP 관련 의제에서 유럽이사회가 가중다수결로 결정할 수 있도록 하는 '교량 조항'이 포함되어 있다.[23)]

중국 관련 문제가 유럽에서 논의되는 최상위 의제 가운데 하나가 되었다는 것은 중국이 이역만리에서 추진해온 경제적, 정치적 프로젝트가 성공했음을 방증한다. 많은 회원국들이 중국에 대한 공통된 견해를 도출하고 조정

** 역자 주) 트럼프 대통령 당선 이후 미국은 환태평양동반자협정, 파리기후협약, 세계보건기구, 유엔 인권이사회를 탈퇴했거나 탈퇴 선언을 했다.

*** 역자 주) 가중다수결(QMV)은 유럽이사회의 의사결정방식으로, 1국 1표를 행사하는 단순 다수결이 아닌 회원국의 인구나 경제력, 영향력 등을 고려하여 각각 다르게 배정된 표를 합산하여 결정하는 방식이다.

된 접근법을 달성하기 위해 더 큰 노력을 기울이고 있다는 점도 중국의 프로젝트가 성공했음을 보여주는 증거다.

결국, 유럽-중국관계는 갈등과 협력의 이중주와 같은 양상을 보이고 있다. 중국의 대EU 무역흑자는 2015년 1,800억 유로를 넘어섰는데,[24] 이유는 유럽으로 쏟아들어져 온 중국에서 과잉생산된 철강 때문이다 (도표 12.1).

2016년 핵심기술과 관련된 독일기업 인수를 기점으로 시작된 중국의 기업사냥은 곧 유럽 내 주도적인 경제대국의 기업들과 각국 정부의 저항을 불러일으켰다. 이에 대해 중국은 EU가 중국의 시장경제 지위를 인정하지 않음으로 인해 나타난 결과라고 응수했다. 시장경제 지위 인정 유예기간인 15년이 지났기 때문에 EU는 반덤핑관세를 철회해야 했다. 그러나 유럽은 방향을 바꿔 비시장경제에 적용되는 반덤핑의 새로운 기준과 효율적인 무역구제 조치를 시행함으로써 맞대응했다. 또한 EU는 미국에 앞서 중국에

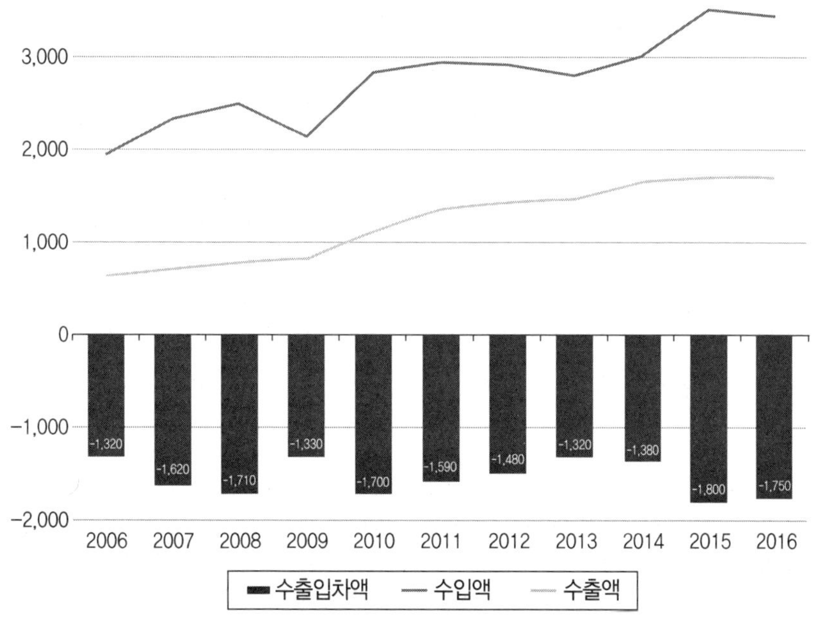

도표 12.1 EU의 대(對)중국 상품 무역, 2006~2016년 (단위: 억 유로)

공공부문 보호 철폐를 요구하는 상호주의도 제기했다. 그리고 EU 전 지역을 대상으로 외국인 투자심사 규정을 마련하기 시작했다. 2013년 한 차례 실패했지만, EU집행위원회가 제안한 이번 규정은 2018년 12월에 최종 채택되었다.**

현재까지 중국은 격렬하게 반응하고 있지는 않다. 중국의 대응은 EU의 반덤핑 기준으로 좁혀진 시장경제지위 문제에 대해 WTO의 중재에만 호소하고 있다. 2016년과 2017년 2년 연속 열린 EU-중국 정상회담에서는 공동성명이 도출되지 못했다. 특히, 2017년 6월에 개최된 EU-중국 정상회담에서 오랜 기간 준비한 공동성명에 중국이 합의하지 않은 것은 시장경제 지위와 관련해 중국이 WTO에 법적 청구권을 요구한 것을 철회하라는 EU의 압박 때문이었다. 한편, 중국의 지도자들은 트럼프와 그의 행정부가 대중국정책을 급선회할 것이라는 것을 예상하지 못했고, 그에 대한 대비책도 마련하지 못한 상태에 있었다. 이러한 가운데, 중국은 기후문제에 있어 유럽과의 공조를 거부하고 트럼프 행정부의 파리기후협약*** 탈퇴를 방관했다.

동시에 중국 지도부는 무역을 놓고 트럼프 행정부와 타협점을 찾기를 희망하고 있었다. 하지만 이후 미중관계가 조속히 회복될 것이란 희망은 사라져 버리고 말았다. 왜냐하면, 미국의 대중국정책은 강경 일변도로 변화하고 있었고, 민감분야의 기술이전과 투자와 관련된 문제에 있어서 EU, 일본, 미국이 공통의 관점을 공유했기 때문이다. 설상가상으로, 무역 및 투자 문제에서 그나마 우호적이었던 영국의 지지가 더 이상 가능하지 않게 되었다. 브렉시트로 인해 관계의 '황금기'는 단축되었고, EU는 안보상의 이유로 중

** 역자 주) 비록 본 규정이 중국에 한정되어 적용되는 것은 아니지만 중국의 EU 내 투자가 주요 심사대상이 되었다. 이 규정은 2020년 10월 11일부로 완전 적용되었다.

*** 역자 주) COP-21이라고도 불리는 21차 유엔 기후변화협약 당사국 총회는 오바마 대통령의 주도로 2015년 195개국 정상들이 파리에 모여 개최된 총회다. 여기에서 신기후변화체제를 탄생시킨 파리기후협약이 체결되었다. 그러나 2017년 6월 트럼프 대통령은 이 협약 탈퇴를 공개 선언했다.

국에 대해 보다 강경한 입장을 취하게 되었다.

트럼프 행정부가 국제적인 협약을 준수하고 국제제도들을 존중할 것인가에 대한 유럽인들의 의구심과 미국의 새로운 무역정책과 경제제재에 대해 중국이 체감하고 있는 불안감은 중국과 EU를 다시 한자리에 모이게 만들었다. 그 결과, 2018년 7월 EU-중국 정상회담에서는 다음과 같은 접점들이 담긴 공동성명이 도출되었다. '다자주의 수호 천명', '이란핵합의에 대한 지속적이고 완전하며 효과적인 이행 의지 천명', 팔레스타인 문제와 관련한 두 국가 해법 지지, '보호주의와 일방주의에 대한 저항', EU와 중국의 기반시설 연결을 촉진하기 위한 연간 계획 등이 공동성명에 담겨 있다. 이 모든 것은 현재의 미국 입장에 대한 비판으로도 이해될 수 있다. 특히, 파리기후협약을 '역사적 성과'로 평가한 기후와 에너지 문제 관련 문구는 그러한 비판의 정점이기도 하다. EU는 기후 금융 명목으로 개발도상국에 연간 1,000억 달러의 자금 지원을 재약속했을 뿐만 아니라, 2025년까지 지원 규모를 더 늘리겠다고 약속했다. 공동성명에는 유럽이 상당한 양보를 한 듯한 뉘앙스가 담겨 있었던 반면, 중국이 여러 분야에서 미래를 위해 중대한 공헌을 약속한 내용들이 담겨 있었다. 예를 들어, '상호주의'라는 단어는 성명에 없었다. 마찬가지로, 양측 모두 "해양질서와 국제법을 존중해야 한다"는 평이한 문구만 삽입되었다.[25] 이번 성명에서는 연구 및 개발에 관한 협력도 재확인되었다. 이는 EU의 호라이즌 프로그램[**]이 중국이 유럽의 과학 기술 개발에 접근하기 위해 악용되는 것으로 묘사된 이후 중대한 변화였다.

중국도 다시 한 번 일반조달협정(General Procurement Agreement)[***]

** 역자 주) Horizon 2020은 역대 가장 야심찬 EU의 연구 프로그램으로 경제발전, 기후변화, 인구고령화 등의 사회적 과제를 해결하기 위한 과학기술 연구 및 개발 투자 프로그램이다.

*** 역자 주) 일반조달협정이란 지적재산권의 일종으로, 특정 상품의 품질, 명성, 특성이 지리적 근원에서 비롯될 경우, 원산지 상품임을 명시하는 표시를 말한다. 중국이 원산지를 속이고 속칭 '짝퉁'을 대량 생산하는 것을 막기 위한 협정이다.

체결을 위해 노력할 것과 연말까지 지리적 원산지 표시에 관한 협정을 체결할 것을 약속했다. '리비아의 안정화'를 위한 지원에도 의견을 모았다. 이후 유럽의회 연설에서 모게리니(Federica Mogherini) EU 외교안보 고위대표는 중국의 새로운 대EU 관여를 높이 평가했다. 그러면서 "지난 6개월, 7개월 동안 나는 중국과 EU 양측의 매우 강력한 관여를 지켜봤습니다. 이제 나는 다자주의에 입각해 글로벌 의제들을 논의할 수 있게 되었습니다"라고 말했다.[26]

문제는 이 연설이 당면한 무역 및 경제문제에 대한 EU의 공세전략 정당화와 중국의 실질적이고 의미 있는 양보를 의미하는가이다. EU는 두 가지 전선에서 동시에 활동하고 있는 것으로 보인다. 2018년 7월 EU-중국 정상회담이 끝난 지 불과 며칠 만에, 융커 EU집행위원장과 트럼프 대통령은 회동을 갖고 공동성명을 발표했다. 성명은 특히, 상호적이고 공정한 무역 및 우호적인 국가들과 함께하는 WTO 개혁을 강조했고, '지적재산도용, 강제기술이전, 산업보조금, 국영기업의 시장왜곡, 과잉생산 등 불공정한 거래관행'을 좌시하지 않을 것임을 분명히 했다.[27]

2018년이 끝나갈 무렵까지도, 중국은 어떤 명확한 입장을 표명하지 않았다. 이따금씩 EU와의 공동성명에서 약속한 것들을 재확인하는 정도의 발언만 했다. 대신 중국은 놀랍게도 해외기업들에게 문호를 개방했고 유럽의 일부 기업들에게는 혜택을 제공했다. 이에 따라 중국은 보험과 자동차 분야를 개방해 외국 기업이 3~5년 안에 중국 자회사를 100퍼센트 소유할 수 있도록 하겠다고 밝혔다. 물론, 어떤 이는 이번 개방을 저평가하기도 한다. 즉, 중국기업들이 이미 자국 시장에서 우위를 점하고 있는 분야에서만 개방했다는 것이다. 하지만 이유야 어떻든 간에, 이 개방으로 인한 수혜자는 주로 독일이나 프랑스 기업이었다. BMW, BASF, 알리안츠, 악사, BNPP, 엑손 등이 이번 개방을 활용할 수 있게 됐다. 개별 기업에게는 의미 있는 일이지만, 이러한 개방은 구조적 개방이라기보다는 거래성립으로 보는 것이 더 적절해 보인다. 올해 말, 중국의 NDRC(국가발전개혁위원회 – 역자 주)는 오래된 약속을 이행했다. 즉, 마침내 중국은 미국과 유럽이 원했던 외국인 투자에 대한 '네거티브 리스트'**를 발표했다.

한편 중국 외교부는 세 번째 대EU 정책보고서를 발표했다 (이전 문서는 2003년과 2014년에 발간됨). 그 보고서의 내용과 형식이 일부 변경되었다. 이전 보고서에 있었던 유럽의 '강력한 전반적인 경제력'이라는 표현은 사용되지 않았다. 보고서는 또한 '상생협력'의 사례로 중부유럽 및 동유럽과의 대화도 언급하고 있으며, 브렉시트 이후 EU와 영국을 '따로' 다루어야 한다고 조언하고 있다. 그리고 '평등'보다 '상호존중'이 대유럽관계의 최우선 원칙임을 강조하고 있다. 이 정책보고서는 하나의 중국 원칙을 반복하고 있으며, 티베트와 대만은 물론 홍콩과 동투르키스탄(신장위구르 지역을 의미 – 역자 주)을 유럽외교의 금지대상으로 추가했다. 보고서는 더 이상 인권문제를 가치관의 차이로 다루지 않고 있다. 그러면서 EU 회원국들이 유럽 거주 중국인을 보호하는 가교 역할을 해줄 것을 요구하고 있다. 정책보고서는 일대일로 뉴스 네트워크의 맥락에서 미디어 교류뿐만 아니라, 싱크탱크 교류를 협력 심화의 한 요소로 열거하고 있다. 끝으로 2018년 7월 EU-중국 정상회담에서 약속한 일반조달협정(GPA) 가입 및 지리적 원산지 표시에 관한 합의서 체결 등은 재언급되지 않았다. 보고서는 "EU가 중국에 대한 첨단기술 수출 통제를 완화해야 한다"라고 약식으로 언급할 뿐 첨단기술 관련 투자나 이전에 관해서는 의외로 무관심했다 (참고로, 현재 EU의 대중국 수출통제는 무기에만 적용되고 있다). 본문에는 "EU가 투자시장을 개방하고 투자 장애물과 차별적 장벽을 줄이고 제거하기를 희망한다"라는 일반적인 표현만 기술되어 있다. 그러나 EU의 새로운 투자 심사 규제에 대해서는 중국

** 역자 주) 중국의 대외개방 확대 조치의 일환이다. 리스트에 명시된 특정 금지 분야 외에는 모두 개방한다는 것을 의미한다.

도 새로 입안한 외국인 투자법 제37조라는 현실적인 방안으로 대처하고 있다. 즉, "어떤 국가나 지역이 투자와 관련하여 중화인민공화국에 대해 차별적인 금지, 제한 또는 기타 유사한 조치를 취하는 경우, 중화인민공화국은 실제 상황에 따라 그러한 국가나 지역에 상응하는 조치를 취할 수 있다."[28] 중국은 협상 과정에서는 상호주의를 인정하지 않고 있지만, 실제 교류에서는 상호주의가 중요하다는 점을 잘 알고 있다. '지역'이라는 용어의 사용은 EU에만 적용될 수 있기 때문에 중국의 대유럽 정책보고서에서만 발견된다.

잠정적인 결론을 내리자면, 중국과 EU 모두 글로벌한 의제에서 공통된 입장을 갖기 위해 노력하고 있으며, 실제로도 다자적 과정에서 양측의 입장이 하나로 수렴되고 있다. 이것은 트럼프 행정부가 자유주의적 국제주의와 다자주의에서 후퇴함으로 인해 초래된 유럽의 불안감에 기인한다. 또한, 그것은 미국의 무역보복과 투자 및 기술이전 문제에서 미국과 EU 간 대중 연합전선이 초래할지도 모르는 부작용에 대한 중국의 불안감에 기인한다. 그렇다고 해서, 중국과 EU가 대단한 결속력을 갖지는 못할 것이다. 중국의 대EU 관여정책은 그다지 새롭지 않고, EU도 중국의 언행 불일치를 체득했기 때문이다.

유럽을 바라보는 상반된 시각

앞서 언급한 사례들을 종합하면 두 가지 시나리오를 추론할 수 있다. 하나는 고전적인 통합에 대한 전위적인 중국이라는 당-국가와 외교부가 유럽에 대한 자신들의 견해를 가식적으로 포장하는 것이다. 즉, 중국은 (통일과는 차별적인 용어인) 통합을 지향하는 유럽을 형식적으로는 존중하지만, 회원국들의 다양한 이해관계를 활용하고자 할 것이다. 이러한 결론을 정당화할 수 있는 충분한 이유가 있다. 최근 몇 년 동안 중국의 대유럽 직접투자에서 보여지듯이 중국은 EU를 중시하고 있다. 이는 어느 중국의 유럽 전문가의 주장과 정책보고서의 내용처럼, EU가 세계에서 가장 큰 단일시장이라는 분명한 매력을 가졌기 때문일 수 있다. 중국 지도자들도 2014년 시진핑이 중국 국가수반으로서는 최초로 EU집행위원회와 유럽이사회에 참석했던 것을 비롯해 수차례에 걸친 유럽 방문이 중국의 유럽 중시정책을 의미한다고 주장한다.

그러나 다른 시나리오도 가능하다. 중국은 대학과 싱크탱크를 중심으로 유럽문제에 대한 지식 축적에 상당한 투자를 해왔지만, 이는 일부 전문가 집단에 불과하며, 중국 사회 전반으로 보면 극히 일부일 뿐이다. 유로화 위기 당시 경제분야 중국 언론들은 유럽에 대한 어두운 전망을 내놓았는데, 그것들은 세간에서 떠도는 유럽회의주의를 반복한 것에 지나지 않았다. 유럽은 곤경에 처해 있었다. 세계 최고의 금융 신문사들은 심지어 붕괴 직전이라고까지 떠들었다. 중국 엘리트의 극소수에 해당하는 EU 전문가들은 EU의 시장통합과 제도들이 건재할 것이라고 주장했지만, 중국 재계는 그들과 다른 입장, 즉 유력 금융 신문의 보도를 더욱 신뢰했다.[29] 마찬가지로, 2010년 여론조사에 따르면, 고학력 기업 엘리트들일수록 중국-EU관계에 대해 더 회의적인 입장을 갖고 있었다.[30]

중국인들이 가장 선호하는 1위 관광지가 유럽이긴 하지만, 중국이 유럽에게 부여하는 중요도는 매우 낮은 편이다. 『글로벌타임스』가 최근 실시한 중국 청년들의 세계관 여론조사에 따르면, 중국이 가장 중시해야 할 대상은 응답자의 63.5퍼센트가 꼽은 미국이 가장 많았고 러시아 37.6퍼센트, 유럽 12.7퍼센트 순이었다. 이는 국제적인 영향력에서 EU가 러시아보다 꾸준히 앞선다는 2010년 조사와 확연한 차이가 있다.[31] 그러나 보다 확실한 증거를 들자면, 2018년 '가장 인상 깊었던' 13개 글로벌한 사건을 지목하라는 설문에서 유럽은 13.3퍼센트로 13위인 꼴찌를 기록했다.[32] 사실, 이러한 결과는 놀랍지 않은 것일 수도 있다. 왜냐하면, 중국의 정치문화에서 유럽은 아직 완전히 부상한 전략적 행위자로 여겨지지 않기 때문이다. 중국인들에게 유럽은 초강대국 사이의 중개자 정도로만 인식된다.

유럽을 바라보는 중국의 관점에 관한 최근의 연구도 유사한 결과를 제시하고 있다.[33] 다만 이러한 결과들은 예상치 못한 정책적 결과로 이어질 수 있다. 이 연구자들은 유럽인의 힘과 통합의 원천은 내부적으로만 찾을 수 있다고 하는 꽤 정당한 평가를 하고 있다. 이들에 따르면, 중국은 유럽을 현실적인 관점에서 주요 파트너 가운데 하나로 간주하고 있긴 하지만 사실 중국은 유럽을 비관적으로 전망하고 있으며 자신의 희망대로 조종할 수 있는 대상으로 본다. 이런 시각에서 보자면, 유럽은 '중국 지도부가 건설적이라고 지목하는' 정책만을 채택해야 한다. 따라서 위의 연구는 2017년 그리스가 중국의 인권 실태를 비판하는 유럽의 성명을 거부한 것은 "이성을 잃은 것이 아니라"고 주장하면서, 중국의 인권 관행에 대한 비판을 자제할 것을 제안하고 있다. 그러나 이 연구가 간과하고 있는 것이 있다. 바로 중국 여론이 유럽에 대해 가장 높게 평가하는 것이 바로 유럽 민주주의라는 사실이다. 2010년의 조사에서, 엘리트의 66퍼센트, '보통사람'의 55퍼센트가 '민주주의에 대한 유럽인들의 자유분방한 생각들'을 좋아한다고 답했으며, 5.8퍼센트의 엘리트와 12.2퍼센트의 보통사람들만이 싫어한다고 답했다.[34] 민주적, 인권적 가치의 촉진을 자제하는 것이야말로 유럽의 장기적 자산을 격하시키는 것과 같다. 정리하면, 이 연구자들은 상호주의가 원칙이라기보다는 과정이라고 주장한다. 그러나 지난 몇 년간 중국과의 관계를 돌이켜보건대, 그러한 과정을 회피하거나 방해한 쪽은 중국이었다.

결론

중국이 '개혁개방' 40년 만에 세계 제2의 경제대국으로 부상하면서 유럽과 중국의 관계는 변환의 시점에 왔다. 중국의 국력이 과거에 비해 상대적으로 강해졌을 뿐임을 보여주는 몇몇 사실에도 불구하고 그러하다. 통합된 유럽의 경제는 세계 최대 규모이며, 브렉시트 이후에도 두 번째로 큰 경제 규모를 유지할 것이다. 통합된 유럽의 경제는 경상수지 흑자와 전반적으로 무역흑자를 유지하고 있다. 그러나 이는 유럽 내부의 빠른 성장을 희생시킨 결과일 수도 있다. EU 기업들의 대중국 투자는 여전히 중국의 대유럽 해외직접투자를 능가하고 있다. 그러나 이는 유동성이 아닌 총 주식자본의 경우에만 해당하며, 유럽으로 몰래 들어오는 '회색' 중국자본은 고려하지 않는다. 유럽은 유로 위기를 극복했으며, 의사진행을 방해하는 중국의 협상 전술은 사실상 EU의 여러 기관들과 많은 회원국의 반발을 불러일으키고 있다. 안타깝게도 2008~2010년 사이에 불거진 티베트 문제와 중국의 반체제 인사 류샤오보의 노벨평화상 수상 이후 많은 EU 회원국들이 중국의 인권문제에 대한 발언을 자제하거나 기권한 것은 중국이 다른 이슈들에 대해서도 유연성을 발휘하지 못하게 하는 결과를 낳았다. 16+1 정상회담 과정이 중부유럽과 동유럽에 더 많은 투자를 가져다준 것도 아니었다.

양국관계에 생겨난 것은 상호 기대의 위기이다. 유럽인들, 특히 협상 블록으로서 EU는 중국경제가 부상하면 개혁도 증가할 것으로 기대했다. 사실 유럽은 통화정책, 투자, 공공조달 등 다양한 의제에 관해 중국과 합의하면서 중국이 중대한 변화를 하게 될 것이라고 수차례 기대했다. 이런 변화는 오지 않았다. 중국은 지금까지도 제3자 협력을 위한 규칙과 규범에 대한 입장을 내놓지 않고 있으며, 심지어 EU의 가장 가까운 이웃이자 EU 회원후보국인 발칸국가들에 대해서도 마찬가지였다. 대신 중국은 투자심사절차가 까다롭지 않은 유럽의 첨단기술과 기반시설 분야에 공격적인 투자 전략을 펼치고 있다. 인권과 같은 가치문제에 대한 중국의 완고한 입장이 다양한 방식으로 강화되면서, 이제 중국이 갖는 매력적인 요소는 M&A 활동, 부동산, 관광, 그리고 소위 '황금비자'로 불리는 금융 흐름과 거대한 시장과 같은 경제적인 것 뿐이다. 이것은 일부 유럽인들에게 의미가 있지만, 통일된 정책을 가진 EU에게는 거의 의미가 없다.

물론 중국 입장에서도 불만족스러운 것들이 존재한다. 유럽이 중국에게 WTO '시장경제' 지위를 부여하지 않은 것은 말할 필요도 없고, 무기금수조치와 이에 따른 첨단기술 이전 제한조치도 오랫동안 해결되지 않고 있다. 이에 추가하여 유럽의 인권 간섭에 대한 불만과 중국의 투자에 대한 유럽의 폐쇄 가능성에 대한 우려도 커지고 있다. 그러나 중국이 EU와 협상하는 패턴은 상호 양보에 바탕을 둔 것이 아니다. 오히려 이것은 상대방이 조만간 굴복할 것이라는 믿음을 전제로, 얻을 수 있는 것을 얻고 나머지를 주장하는 밀고 당기는 전략이다. 이외에도 중국이 묵인이나 침묵을 요구하는 주제는 엄청나게 많다. 대만, 티베트, 신장위구르, 중국 이슬람, 인권, 홍콩, 남중국해, 그리고 중국경제의 국제적 확장을 가로막는 모든 것들이 이에 해당한다. 누군가가 중국 고위 소식통으로부터 당신은 "중국공산당과 거래하고 있다는 사실을 직시해야 한다"라고 듣게 된다면,[35] 그는 야망이 크고 원하는게 많은 상대를 대상으로 어려운 협상을 하게 될 것이다.

주

1) 원자바오, 2004년 5월 6일 브뤼셀에서 열린 EU-중국 무역투자포럼 연설 http://www.chinamission.be/eng/zt/t101949.htm
2) 이들 간 관계에 대한 자료는 다음을 참조. Harish Kapur, *Distant Neighbors*: China and Europe (Geneva: Pinter Publishers, 1990); David Shambaugh, *China and Europe: 1949–1995* (London: SOAS Contemporary China Institute, 1996); David Shambaugh, Eberhard Sandschneider, and Zhou Hong, eds., *China-Europe Relations: Perceptions, Policies, and Prospects* (London: Routledge, 2008); and Nicola Casarini, *Remaking Global Order: The Evolution of Europe-China Relations and Its Implications for East Asia and the United States* (Oxford: Oxford University Press, 2009)
3) 초창기 관계에 대한 유럽경제공동체 내부의 설명은 Memo to the EEC-China Joint

Committee, January 9, 2017, unsigned를 참조. http://aei.pitt.edu/66105/1/EECCHINA_JOINT_COMMI TTEE.pdf에서 확인 가능.

4) 제네바 주재 유엔 사무소의 중국 대표부, "China and the Human Rights Mechanism," April 23, 2004, http://www.china-un.ch/eng/rqrd/jblc/t85088.htm.에서 확인 가능.

5) Presidency Conclusions, European Council, Madrid, June 26 and 27, 1989, 25, 의 부록II에 수록됨. https://www.iss.europa.eu/sites/default/files/EUISSFiles/CP_149_Asia.pdf.에서 확인 가능

6) EU의 무기판매 및 중국으로의 민군 겸용 기술이전에 대한 최신 자료는 Mathieu Duchatel, "Intangible Technology Transfers in EU-China Relations," in *Guns, Engines, and Turbines: The EU's Hard Power in Asia*, edited by Eva Pejsova, EUISS, Chaillot Paper no. 149 (November 2018), 33–42.를 참조

7) Andreas Fuchs and Nils-Hendrik Klan, "Paying a Visit: The Effect of the Dalai-Lama on International Trade," *Journal of International Economics* 91 (2013): 164–177.

8) Philippe Le Corre and Alain Sepulchre, *China's Offensive in Europe* (Washington, DC: Brookings Institution Press, 2016)를 참조.

9) Statement of China and Norway on Normalization of Bilateral Relations, December 19, 2016, http://www.xinhuanet.com/english/2016-12/19/c_135917147.htm.에서 확인 가능

10) 2015년 11월 현재 이러한 대화와 회의에 대한 조직도는 다음을 참조. https://eeas.europa.eu/sites/eeas/files/2015_november_eu-china_dialogue_architecture.jpg.

11) *Elements for a New EU Strategy on China*, JOIN (2016) 30 final, European Commission, 22 June 2016, http://eeas.europa.eu/archives/docs/china/docs/joint_communication_to_the_european_parliament_and_the_council_-_elements_for_a_new_eu_strategy_on_china.pdf.에서 확인 가능.

12) European External Action Service, "EU-China 2020 Strategic Agenda for Cooperation," http://eeas.europa.eu/archives/docs/china/docs/eu-china_2020_strategic_agenda_en.pdf.에서 확인 가능.

13) 2018년 7월 16~17일 3차 회의록 참조. https://ec.europa.eu/transport/sites/transport/files/2018-07-13-chairs-meeting.pdf.에서 확인 가능.

14) 블룸버그, "중국이 유럽으로 진출하는 방법" 2018년 4월 23일자, https://www.bloomberg.com/graphics/2018-china-business-in-europe/?utm_medium=sn&utm_source=source=nutm_term=181222&utm_bop에서 확인 가능.

15) ECFR EU-China Power Audit Key Deals, 2005–2017, https://www.ecfr.eu/page/-/Key_deals_1.pdf.에서 확인 가능.

16) 2018년 6월 25일 자 『파이낸셜타임스』 "China's Unigroup Buys French Chipmaker Linxens for $2.6bn," https://www.ft.com/content/f919b032-8fe5-11e8-b639-7680cedcc421.

17) https://www.svd.se/staten-salde-spjutspetsbolag-till-kina--trots-militara-kopplingar.

18) Weiqing Song, ed., *China's Relations with Central and Eastern Europe: From "Old Comrades" to New Partners* (London: Routledge, 2017) 참조
19) 2017년 9월 베이징에서 저자 인터뷰
20) "Confucius Institutes and Confucius Classrooms," Confucius Institutes headquarters (Hanban), http://english.hanban.org.에서 확인 가능
21) http://www.lettreaudiovisuel.com/partenariat-entre-radio-chine-internationale-et-bfm-business/.
22) François Godement and Abigael Vasselier, *China at the Gates – A New EU-China Power Audit*, European Council on Foreign Relations (2017), https://www.ecfr.eu/page/-/China_Power_Audit.pdf.에서 확인 가능.
23) Wanda Troszczynska-Van Gederen, The Lisbon Treaty's provisions on CFSP/CSDP – State of Implementation, 9–10, Directorate General for External Policies Policy Department, DG EXPO/B/PolDep/Note/2015_263 EN, October 2015, European Parliament, http://www.europarl.europa.eu/RegData/etudes/IDAN/2015/570446/EXPO_IDA(2015)570446_EN.pdf.에서 확인 가능.
24) 또는 2015년 연평균 환율로 2,000억 달러.
25) 2018년 7월 17일 브뤼셀에서 열린 제20차 EU-중국 정상회의 공동성명, https://eeas.europa.eu/delegations/china_en/48424/Joint%20statement%20of%20the%2020th%20EU-China%20Summit.에서 확인 가능.
26) 2018년 9월 11일 스트라스부르, 페데리카 모게리니의 연설, https://eeas. europa.eu/headquarters/headquarters-homepage/50337/speech-hrvp-mogherini-plenary-session-european-parliament-state-eu-china-relations_en.에서 확인 가능.
27) 2018년 7월 25일 EU-미국 무역 공동성명, https://www.marketwatch.com/Story/Joint-us-eu-state-on-trade-2018-07-25에서 확인 가능.
28) 중화인민공화국 외국인 투자법 비공식 번역 (초안), 중국 법 번역, December 26, 2018, http://www.fdi.gov.cn/1800000121_39_4872_0_7.html.에서 확인 가능.
29) François Godement, "La presse chinoise est euro-pessimiste," China Analysis no. 28, March–April 2010, 14–17, https://centreasia.hypotheses.org/files/2017/05/China_Analysis_no_28.pdf.에서 확인 가능.
30) Lisheng Dong, "Chinese Perceptions of the European Union," *Journal of Contemporary China* 23, no. 88 (2014): 756–779.
31) Ibid., 766.
32) *Huangqiu Shibao* (Global Times), December 28, 2018, http://world.huanqiu. com/exclusive/2018-12/13915204.html.에서 확인 가능.
33) V. K. L. Chang and F. N. Pieke, "Europe's Engagement with China: Shifting Chinese Views of the EU and the EU-China relationship," *Asia Europe Journal* 16 (2018): 317.
34) Dong, "Chinese Perceptions of the European Union," 764
35) 2018년 12월, 베이징 전(前) 중국정부 관리의 논평.

13장 중국과 아시아의 관계

마이클 야후다(Michael Yahuda)

중국과 아시아 국가들과의 관계는 중국의 발전뿐만 아니라, 중국과 세계의 관계를 좌우할 정도로 매우 중요하다.

이번 장은 먼저 냉전 종식 이후 중국과 아시아의 관계 전반을 고찰할 것이다. 냉전 이후, 중국은 미국과 일본을 제치고 아시아 대다수 국가들의 주요 교역국이 되었으며, 아시아를 넘어서까지 중요한 의미를 지닌 해양 강국이 되었다. 둘째, 2012년 시진핑(習近平) 집권 이후 기간 동안의 발전을 분석할 것이다. 셋째, 아시아 하부 지역과 중국의 관계가 얼마나 중요한지를 차례로 평가할 것이다.

개요

오늘날 아시아에서 중국의 영향을 받지 않는 지역은 없다. 중국은 거의 모든 아시아 국가의 가장 중요한 교역 상대국이다. 뿐만 아니라, 다국적기업과 국영기업들이 참여하고 있는 복잡한 생산 사슬의 구성원으로서 아시아 경제와 중국은 밀접하게 연결되어 있다. 사실 아시아 국가 대부분은 거대 이웃인 중국과 비대칭적인 경제적 상호의존의 관계에 놓여 있다. 군사비 지출 측면에서 보면 중국이 2017년에 지출한 2,280억 달러는 다른 아시아 국가들의 군사비 지출을 모두 합친 총액을 초과할 정도로 그 격차가 크다. 중국 입장에서는 같은 해 6,100억 달러의 군사비를 지출했던 전략적 경쟁국인 미국을 감안하면 자국의 군사비 지출이 크지 않다고 생각할 수도 있다.[1] 중국이 미국의 동맹국이자 협력국인 아시아 국가들에 대해 군사적 우위를 어떻게 활용했는지에 대한 문제는 차후에 고찰할 것이다.

중국에는 아시아를 일관된 지정학적 개념으로 생각하는 전통이 없다. 전통적으로 중국인들은 자신들을 둘러싼 세계를 그들의 황제인 '천국의 아들'의 권위에 복종하는 '천하의 모든 것'으로 생각해왔다. '천하의 모든 것'을 다스리는 통치자가 누구든 그 역시 황제에게 복종해야 한다고 보았다. 중국인들은 타국에 대한 자신들의 대우가 평화와 자비와 같은 도덕성에 근거하고 있다고 주장했다. 그러나 서방 학자들은 중국 왕조에 대한 사료를 인용하여 그러한 주장이 사실은 자기 잇속만 차리는 신화에 불과하다고 폭로해왔다.[2] 이에 대해 현대 중국학자들과 지도자들은 중국이 다른 국가들을 침략한 적이 없다는 주장을 계속해서 반복하고 있다. 시진핑은 유엔 연설에서 이렇게 주장했다. "수천 년 동안 평화는 우리 중국인의 핏속에 내재되어 있었고 중국인의 DNA에 내장되어 있었다."[3] 놀랄 것도 없이, 중국의 이웃 국가들은 시진핑의 주장을 좋게 평가하지 않고 있다. 그들은 고압적인 거대 이웃국가인 중국으로부터 공격받고 침략받은 역사적 예시들을 어렵지 않게 제시할 수 있다.

이렇게 상충되는 중국에 관한 이미지는 주변국들의 신뢰를 약화시키는 경향이 있다. 민족국가의 주권을 신성시하는 베스트팔렌체제는 수백 년간 존속해 왔다. 이에 반해 최근 부활된 중국 중심의 조화로운 글로벌 통합의 비전인 '천하(天下)' 개념은 아시아에서 큰 지지를 얻지 못하고 있다.

중국과 아시아의 관계도 냉전의 유산으로부터 자유롭지 못하다. 긍정적인 측면이 있다면, 중국이 '평화공존의 5대 원칙'을 고수하고 있다는 점이다 (특히, 다른 체제를 지향하는 국가의 주권 인정 및 그들에 대한 내정간섭 반대를 강조).[4] 부정적인 측면은 마오 시대의 중국이 일부 이웃 국가들 내에서 혁명적인 반란을 획책했던 역사다. 비록 다른 국가들에 대한 그러한 관여와 간섭이 잦아들긴 했지만, 이것은 다른 시도로 대체되었을 뿐이다. 최근 몇 년 동안 중국은 자국에 우호적인 지도자와 정권에 대한 지지를 늘려가고 있다. 미얀마와 인도 동북부의 반란군에 대해서도 적극적인 물량 지원을 계속하고 있다.[5]

아시아 국가들과 중국의 관계가 획기적으로 개선된 시점은 닉슨이 중국을 처음으로 방문한 1972년 이후였다. 일본과 대부분의 아세안 국가들이 중국과 국교정상화를 시작했을 뿐만 아니라, 1970년대 후반에는 그들과 해외 화교들이 중국경제 근대화의 밑거름이 되었고, 이는 1980년대까지 계속되었다. 아세안 국가들, 특히 태국은 1978년부터 1989년까지 전개된 베트남의 캄보디아 침공 및 지배에 반대했는데, 이것은 1979년 중국의 베트남 침공에 대한 지지로 이어졌다. 다시 말해 그들의 지지는 베트남을 고립시키려는 중국의 전략적 목표를 지지한 것이나 다름없었다.[6]

냉전 종식 이후

1991년 12월 소련이 해체된 후 중국은 더 이상 북쪽으로부터의 공격을 우려할 필요가 없어졌다. 때문에, 경제적, 군사적 관심의 초점을 중국의 근대화에 필수적인 해양 주변지역으로 전환하고 전략적으로 제도를 정비하기 시작했다. 게다가, 중국인들은 이제 아시아 지역 전체와 관계를 발전시킬 수 있는 기회를 갖게 되었다. 중국은 이 지역의 주요 강대국으로 부상하고자 하는 오랜 숙원을 성사시킬 열쇠를 쥐고 있었고, 유구한 역사와 방대한 영토로 인해 스스로 자격이 있다고 생각했다. 그러나 중국의 통치자들은 아시아 국가들과의 관계개선을 위한 기회가 그들의 민족주의적 목표와 상충된다는 것을 깨닫게 되었다. 즉, 중국이 주권 영토라고 주장하면서 통제하려는 곳들에 대해 다른 아시아 국가들도 자신의 영토로 주장했다. 따라서 중국이 주변국들과 조화를 이루는 방식으로 자국의 이익을 증진시키기는 어려울 것이다.

덩샤오핑(鄧小平)의 통치 기간 동안 중국 지도자들의 주요 관심사는 공산당 통치를 유지하면서 급속한 경제발전을 촉진하는 것이었다. 덩샤오핑은 외부 세계의 도움을 받아 경제발전에 주력해야 할 필요를 감안해 다른 지도자들과 그의 후계자들에게 "몸을 낮추고 기다리는 동시에 성과를 거두도록 하라"고 조언했다 (韬光养晦有所作为는 문자 그대로 "빛을 드러내지 않고 때를 기다리며 할 일을 하라"는 뜻이다).

이는 일반적으로 두각을 나타내지 않은 채, 조용히 중국의 입지를 개선하는 것으로 이해되었다. 그러나 중국의 침묵주의를 방해할 수 있는 사건들이 연달아 발생했다. 이러한 사건들의 파급력은 중국이 아시아의 전략적 가치를 높게 평가하는 계기가 되었다. 1989년 6월 4일의 톈안먼사태는 아시아 국가들이 중국의 고립을 막는 데 중요한 역할을 할 수 있다는 점을 중국 지도자들에게 환기시켰다. 일본, 호주, 뉴질랜드를 제외한 아시아 국가들은 서방의 비난에 동참하지 않았고, 제재 규모를 축소하라고 다른 국가들을 설득한 것도 일본이었다. 동유럽 공산권이 붕괴한 1990년 말, 인도네시아와 싱가포르는 정치적 소요를 진정시킨 중국 지도부의 역할을 긍정적으로 평가했다. 이로써 아시아 이웃 국가들의 중요성은 계속해서 분명해졌다. 1991년 12월 소련 해체 이후인 1992년에는 일본 천황이 사상 처음으로 중국을 방문하기도 했다.

1996년 최초의 총통 직접선거를 앞둔 대만에 대한 위협이 성공하지 못하자 중국은 동남아국가들이 중국에 외교적으로 유용할 수 있다는 것을 알게 되었다. 미국의 소프트파워 및 하드파워 행사에 맞서 동남아국가들을 외교적으로 활용할 수 있다는 점을 깨닫게 된 것도 바로 이 때였다. 이 때문에 중국은 남중국해 도서를 무력 점령하는 등의 민족주의정책을 잠정 중단했다 (중국은 1988년에 몇몇 섬에 거주하던 베트남인들을 강제로 몰아냈으며, 1995년에는 필리핀의 배타적 경제수역의 미스치프암초를 은밀히 점령했다). 대신 1996년과 1997년에 평화적인 협의와 협력이라는 '새로운 안보정책'을 추진하였다. 그해의 아시아 금융위기 때에도 중국은 이웃 국가들처럼 자국 통화를 평가절하하지 않음으로써 책임감 있고 자비로운 강국으로 자리매김할 수 있게 되었다. 중국이 자국의 금융 및 무역 이익에 따라 주로 행동했고, 동아시아 금융위기 회복을 위해 일본이 제공한 400억 달러와 비교했을 때 1/10에 불과한 40억 달러를 제공했음에도 불구하고, 중국은 외교적으로 대단한 성공을 거두었다. 동남아시아 국가들과 클린턴 대통령의 찬사가 그것을 방증한다.[7)]

중국은 이를 토대로 향후 10년(1997~2008) 동안 이른바 '매력 공세'를 펼쳤다.[8)] 당시 주룽지(朱镕基) 총리는 1999년 11월 아세안회의에서 "중국은 동아시아 없이는 발전할 수 없고, 동아시아도 중국 없이는 발전할 수 없다"고 선언했다. 이듬해 그는 아세안과 FTA협상을 시작했고, 이는 2002년에 발효되었다 (아세안은 중국이 FTA 협상을 시작한 최초의 대상임). 무역은 2002년 430억 달러에서 2008년 2,310억 달러로 급성장한 뒤, 2008년부터 시작된 정치적 관계 악화에도 불구하고 (중국 관세청 통계에 따르면) 2017년 5,150억 달러로 급증했다.

중동 전역에서의 전쟁 장기화** 와 2008년 글로벌 금융위기의 누적된 영향 때문에 중국은 미국의 쇠퇴를 확신하게 되었다. 이에 비해 중국경제는 번창했고 군대는 '근해'(近海)에 있는 이웃 국가들보다 우월할 정도로 근대화에 성공했다. 잘 알려진 남중국해(SCS: South China Sea) '9단선'*** 내의 도서와 인근 해역에 대해 강력한 주권적 권리 의식을 갖고 있던 중국은 2008년부터 속내를 공세적으로 표출하기 시작했다. 군사적 능력을 갖춘 해경 함정의 호위 속에 중국 어선들은 다른 연안국들이 주장하는 해역에서 조업활동을 했다. 그리고 이 지역에서 발생하는 문제에 대처하기 위해 소규모 병력까지 동원했다. 문제는 2010년 7월 하노이에서 열린 아세안회의에서 불거졌다. 아세안 회원국 정부들의 긴급한 요청을 받은 힐러리 클린턴(Hillary Clinton) 미 국무장관은 미국도 남중국해 관련 이해당사국임을 분명히 했다. 그리고 남중국해 분쟁의 평화적 해결과 다자적 합의의 중요성을 역설했다. 2002년 중국과 아세안은 남중국해 행동선언에 합의했지만, 중국은 합의 이후 시간이 많이 지났고 남중국해 도서영유권 문제는 권리를 주장하는 당사국들 간의 양자 회담을 통해서 해결되어야 한다고 주장했다. 실제로 중국은 다자주의라는 명분을 활용하여 미국이 개입하려 한다고 클린턴을 비난하면서 격분했다. 심지어 화가 난 중국 외교장관은 싱가포르 외교장관과의 회동에서 직접 "중국은 대국이고, 다른 국가들은 소국이다. 그리고 그것은 사실이다"라고 말했다.[9)]

중국은 아세안이 중국에 대해 목소리를 내는 것을 막기 위해 아세안의 내부 분열을 악용하는 데 더욱 역점을 두기 시작했다. 2012년 캄보디아는 중

** 역자 주) 특히, 142개월 동안 진행된 아프가니스탄 전쟁은 미국 역사상 가장 장기화된 전쟁으로 2020년 2월 29일 카타르 도하에서 미국과 탈레반 간의 평화합의를 통해 일단락되었다.

*** 역자 주) 중국이 남중국해 주변을 따라 자의적으로 획정한 9개의 해상경계선을 지칭한다.

국의 요청에 따라 아세안의 연례 성명서 발표를 저지했는데 이것은 아세안에서 전무후무한 일이었다. 같은 해에 중국은 또한 필리핀의 배타적 경제수역 내에 위치한 스카보러 암초(Scarborough Shoal)와 관련해 미국과 필리핀이 협상을 한다는 이유로 자국 군함을 철수시키기로 한 협정을 파기했다. 그럼에도 오바마 행정부는 중국에 대해 어떤 경고조치도 하지 않았다. 한편, 중국은 자신을 불쾌하게 한 일본과 필리핀을 '응징'하기 위해 경제적 수단을 동원했다. 중국은 일본에 희토류 광물 수출을 거부했고, 터무니없는 이유로 필리핀산 수입 바나나를 항구에서 썩게 했다.

중국이 경제력과 군사력을 이용해 편협한 이익을 추구하고, 듣기 좋은 말만 하면서 환경과 지역적 관심사에는 전혀 신경 쓰지 않는 행태를 보이자 아시아 지역에서는 중국을 부정적으로 바라보는 시각이 주류가 되어가고 있었다.

시진핑의 영향

2012년에 이루어진 시진핑의 집권은 보시라이(薄熙來) 같은 주요 경쟁자의 숙청 속에서 이뤄졌다. 시진핑은 곧바로 당내 부패 척결을 위한 장기 캠페인에 돌입했는데, 이를 통해 그는 잠재적 적들을 숙청하고 인기도를 높여 개인적 리더십을 강화할 수 있었다. 그는 공산당 중앙정치국의 정책 의제를 총괄하는 영도소조(领导小组)들을 확대 개편했고, 이 소조들의 의장직을 겸직했다. 이 때문에 세간으로부터 '만물의 회장'**이라는 야유를 받았다. 그는 모든 기업(국유기업이든, 민간기업이든, 외국기업이든)을 포함해 중국 전역의 당 세포조직에 이르기까지 당의 지배 역할을 강화했다. 특히 서방의 가치관에 대한 중국 교육기관의 접근성이 대폭 축소되었다. 변호사들과 인권 옹호

** 역자 주) 이 표현은 호주의 중국학자인 바르메(Geremie Barme)가 처음 사용했다.

자들은 그 어느 때보다도 훨씬 더 많은 괴롭힘과 핍박을 받았다. 부패를 이유로 수많은 고위 장성들과 고위 장교들, 지휘관들이 숙청당하면서 군도 그의 엄격한 통제 하에 들어갔다.

집권 초부터 시진핑은 전략, 정책 수립, 외교, 경제, 무역, 군사, 이념, 선전 등 중국외교관계의 모든 차원을 장악했다. 논란의 여지가 있긴 하지만, 이러한 많은 사안들은 원래 후진타오 시기만 하더라도 권력분산을 전제로 한 집단지도체제 하에서 다루어졌기 때문에 중앙과 각 부처간 조율이 필요한 사안들이었다. 예를 들어, 남중국해작전은 원래 5개 하부 지역 및 기능적 조직에 의해 수행되어 왔고, 각 부처별 이해관계가 있었기 때문에 작전 수행을 위해선 조율이 반드시 필요했다. 그러나 시진핑 집권 이후부터는 작전 수립 및 수행에 있어 부처간 조율보다는 중앙의 단일 명령을 따르는 것이 점점 더 중요해졌다. 이제는 아세안 국가들의 단합된 저항을 막으면서 동시에 남중국해에서 주권을 공고히 한다는 중국의 민족주의 목표에 부합된 다양한 경쟁 의제를 조율하는 것이 관건이 되었다.

'중국몽'

시진핑이 지도자가 되고 나서 제일 처음한 행보는 중앙정치국 상무위원들을 새로 단장한 베이징의 국립박물관으로 데려가 삽화 전시회를 관람한 것이었다. 이 삽화 전시회는 위대한 문명의 근원이자 세계적인 강대국이었던 중국이 마오쩌둥과 중국공산당이 중화인민공화국을 건국한 1949년 이전까지 외부세력에 의해 몰락하고 굴욕을 당했던 100년의 과거부터 시작되었다. 곧이어 삽화 전시회는 중국인들이 얼마나 많은 고난을 겪으며 중국의 경제와 국제적 위상을 재건했는지를 보여주었다. 2012년 11월 29일, 그는 '중국몽(中國夢)' 실현이라는 목표를 동료들에게 발표했다. 이것은 민족주의자와 공산주의자 모두를 포함하여 지난 100년간 중국을 대표한 지도자들이 염원한 '중화 국가의 위대한 재건'의 21세기 버전이었다. '꿈'이라는 표현은 추상적이었지만, 시진핑은 향후 5년간 보다 구체적인 실행안을 발전시켰다. 그는 특정 수준의 경제적, 사회적 목표 달성 시점으로 '두 개의 100주년'(당 창건 100주년인 2021년, 중화인민공화국 건국 100주년인 2049년)을 지목했다. 2017년 5월 시진핑은 새로운 국제질서에 대한 자신의 (또는 중국의) 포부를 다음과 같이 요약했다. "상생협력을 표방하는 새로운 형태의 국제관계를 육성하고, 대립이 없는 대화의 동반자관계, 동맹보다는 우정의 동반자관계를 구축해야 한다. 모든 국가는 서로의 주권과 존엄성, 영토보전을 존중해야 하며, 서로의 발전 경로와 사회체제를 존중해야 하고, 서로의 핵심 이익과 주요 관심사를 존중해야 한다. 우리가 만들고자 하는 것은 화목하게 공존하는 대가족이다."[10)]

그러나 시진핑의 포부는 사실상 아시아에서 미국의 전략적 지위의 토대에 도전하는 내용으로 구성됐다는 점에 유의해야 한다. 그는 안보, 무역, 기타 경제 교류와 같이 미국이 아시아태평양 지역에 제공해온 공공재의 수혜자였던 미국의 동맹국들을 명시적으로 적대시했다 (하지만 중국보다 더 많은 공공재 혜택을 누린 국가는 없다). 시진핑은 또한 중국의 '핵심이익'을 존중하라고 요구하면서 도서 영유권 분쟁 당사국들은 중국의 영유권 주장을 수용해야 한다고 주장했다. 물론, 도서 영유권 문제는 양자협상으로 해결되어야 한다는 것이 중국 정부의 공식 입장이긴 하다. 그러나 중국은 남중국해 도서 영유권 관련해서는 '논쟁의 여지가 없다'고 주장하고 있다. 게다가 중국의 경제력과 군사력이 동남아국가들과 큰 차이를 보이고 있다. 이 점에서 누구의 '핵심 이익'이 우세할지는 상상하기 어렵지 않다.

일대일로라는 난제

시진핑의 대외관계 혁신 중 가장 중요한 것은 2013년에 처음 발표한 '일대일로(一帶一路)' 혹은 'BRI'라고 불리는 프로젝트일 것이다. 그것은 'New Silk Road'로 소개되어 왔으며, 중동과 아프리카를 포함하여 아시아에서 유럽까지 가로지르는 일련의 도로, 철도 및 해상 연결을 통해 중국과 세계를 광범위하게 연결하도록 설계되었다. 이렇게 다양한 연결망 곳곳에 공업지대가 만들어질 것으로 예상된다. 중국 평론가들도 일대일로가 중국 서부와 남서부의 취약한 국경지역 개발에 도움이 될 것이라고 설명했다. 또한, 도로, 철도, 항만, 발전소, 전력망, 수송관, 광물, 가스, 석유 추출 시설 등 해외 인프라를 구축하여 국내 과잉 생산 문제를 해결하는 데에도 도움이 될 것이다.

시행 이후 5년 동안 일대일로는 복잡한 여러 양상을 보이는 가운데 대체로 성공을 거두고 있다. 중국은 아시아인프라투자은행(AIIB: Asian Infrastructure and Investment Bank)을 설립했으며 여기에는 현재 약 60개 국가가 가입해 있다. 많은 프로젝트가 시작되고 시설들이 건설되었지만, 그들의 비용과 운영은 종종 공개되지 않고 있다. 일부 저개발국 및 빈국은 경제성이 떨어지는 사업에 지나치게 의존한 결과 '채무의 덫'에 빠졌다. 스리랑카는 10억 달러의 부채를 갚기 위해 99년 동안 중국에 토지 및 항만 시설을 임대해야 하지만 여전히 더 많은 미지급 부채가 남아있다는 것은 가장 잘 알려진 사례이다. 부패는 주요하고 지속적인 문제가 되었다. 말레이시아의 노련한 총리인 마하티르(Mahathir)는 2018년 8월 베이징을 방문해 200억 달러에 달하는 2개 철도사업 취소를 통보하고 중국정부에 '새로운 형태의 식민주의'를 경고했다.[11)] 주목할 점은, 일대일로는 중국-카자흐스탄 국경의 호르고스(Khorgos) 내륙항 외에도 우즈베키스탄 내의 철도 및 카자흐스탄, 우즈베키스탄, 이란을 잇는 철도 등의 사업을 추진함으로써 인프라 역량이 전무한 중앙아시아 내륙에서 더욱 큰 성공을 거두고 있다는 점이다. 그럼에도 불구하고, 다른 곳에서는 일대일로의 경제적 타당성에 대한 의문이 제기되고 있다.[12)]

일대일로는 각종 사업 협상의 불투명성, 이를 둘러싼 끊임없는 부정부패 의혹, 중국이익 우선주의 등에 대한 우려(이 중 일부는 경제적 장점은 부족하나 전략적인 관점에서 추진되고 있는 것으로 평가됨) 때문에 중국의 명예를 실추시키기도 했다. 그리고 마지막으로, 프로젝트의 대다수가 수혜국에게 채무의 덫을 놓는 결과를 낳았다. 새롭게 대두되는 문제점은 일대일로로 인해 중국이 대처하기 힘든 복잡한 역내 역학구도와 지역 문제에 중국이 연루될 수 있다는 점이다.

'전천후 친구'인 파키스탄이 대표적이다. 당초 620억 달러로 평가되던 중국-파키스탄 경제회랑(CPEC: China-Pakistan Economic Corridor)은 일대일로의 가장 중요하고 성공적인 프로젝트 중 하나로 칭송받고 있다. 그러나 칸(Imran Khan)이 새로운 총리로 선출되면서 파키스탄의 낮은 외환 보유고 문제가 전면에 등장했다. 새 정부는 대출을 받기 위해 IMF의 까다로운 조건을 수용했다. 칸은 또 사우디로부터 60억 달러의 차관을 확보했고, 중국도 원칙적으로 차관을 연장하기로 합의했지만 중국 측은 추가 협상을 고집했다. 중국은 신장에서 건설되기 시작된 도로망이 끝나는 페르시아만 초입에 재건된 과다르(Gwadar) 항구에 큰 기대를 걸었다. 그러나 과다르 프로젝트가 완성될 무렵인 2018년, 중국의 지도자들은 중동을 양분하는 사우디와 이란 간 분쟁에 중국이 휘말릴 수도 있다는 사실을 뒤늦게야 깨닫게 되었다. 시진핑은 일대일로가 생각지도 못했던 새로운 외교정책적 난제(難題)를 낳고 있다는 것을 알게 되었다.

일대일로가 성공하기 위해선 무엇보다 대륙 아시아와 해양 아시아가 만나는 접점에 놓인 많은 어려움과 장애물을 극복해야 할 것이다. 한편 아시아의 주요 강대국인 일본, 인도, 호주는 일대일로 사업이 아시아 및 그 밖의 지역에서 중국의 무역 통제권을 확립하기 위해 고안된 것이라고 의심하고 있다. 아베(安倍晋三) 일본 수상이 2018년 10월 베이징을 방문해 일대일로 사업의 일부에 참여하기로 전격 합의했지만 이런 연합이 정말 가능할지, 그리고 가능하다면 어떻게 진행될지는 미지수다. 일본의 핵심 우방인 미국이 트럼프 행정부 출범 직후부터 일대일로에 대해 매우 강경한 반대입장을 표명하고 있기 때문이다. 트럼프 행정부는 일대일로를 아시아 국가에 대한 중국의 지배력을 확립하고, 미국을 배제한 채 광대한 유라시아 대륙과 그 너머에 대한 전략적 지배권을 확보하기 위한 것으로 보고 있다. 미국은 일대일로가 민주주의 국가를 훼손하고 자국 및 다른 독재 정권에 우호적인 국제질서를 확립하려는 중국의 광범위한 계획의 일부라고 보고 있다.

남중국해에서의 새로운 과제

2013년 9월 중국은 남중국해에서 점령한 7개 섬 주변의 해저에 엄청난 양의 토양, 모래, 산호를 준설하기 시작했다. 2017년에 그 매립 면적은 3,200에이커에 달했다. 중국은 베트남, 필리핀, 말레이시아, 대만을 포함한 다른 국가들이 이 지역 섬에 땅을 매립하고 요새를 건설해도 미국이 적대적인 분노를 표출하지 않았다고 지적했다. 실제로 29개 섬을 점령한 베트남, 8개 섬을 점령한 필리핀, 5개 섬을 점령한 말레이시아 모두 점령한 섬 중 하나에 비행장을 건설했다.

하지만 이들 국가의 매립지는 중국에 비해 보잘것없다는 게 미국의 반응이었다. 또한, 가장 강력한 지역 강국인 중국의 요새화된 인공섬 건설이 미치는 영향은 이 지역은 물론 그 너머로까지도 중요한 전략적 의의가 있었다. 즉, 중국은 매년 5조 달러에 달하는 화물이 통과하는 해양수송로(말라카 해협)에 대한 상당한 통제권을 얻었다. 남중국해는 태평양과 인도양의 주요 연결고리로, 동남아인들의 입장에서 보면 중국이 갑자기 동남아시아의 심장부로 밀치고 들어온 것이기 때문에 동남아시아는 중국의 압도적 군사력에 맞서 미국을 대비책 또는 균형자로 보고 의지해야 했다. 중국은 공식적으로 후원하는 학자들을 이용하여 동남아시아의 영원한 이웃은 중국이고, 미국은 태평양 건너에 위치해 있으므로 그들의 정책적 이해와 약속은 변경되거나 희석될 수 있다고 강조해 왔다.[13)]

중국의 요새화된 인공섬 기지는 전쟁 시 섬멸될 가능성이 컸지만, 중국인들은 '양배추 전술'이라고 불리는 교활한 점증적 전술을 구사했다. 그것은 다층적인 다양한 해상 세력들이 인공섬 주변을 겹겹이 에워싸 적을 압도함으로써 인공섬뿐만 아니라 그 주변 해역까지 조금씩 중국의 해양영토로 기정사실화하는 것을 말하는데, 미국인들은 이것을 '살라미' 전술이라고 불렀다. 오바마 행정부는 전쟁으로 이어질 수 있는 군사적 갈등을 피하고 싶어했고, 특히 오바마는 북한문제와 기후변화와 같은 세계적 문제를 다룸에 있어 중국의 협력을 기대했기 때문에 미국인들은 효과적인 대답을 제시하지 못했다. 결국 오바마 행정부는 중국을 물러나게 할 만큼 중국정부에 충분한 비용을 부과할 수 없었다. 그러나 오바마 대통령은 미 해군과 공군이 남중국해를 빈번하게 횡단하는 항행의 자유작전(FONOP)을 통해 중국의 영유권 주장을 불법으로 간주하는 정책을 펼쳤다. 미국의 접근을 거부하기 위해 중국은 자국 함정을 보내 미국의 함정과 항공기를 가까이에서 위협하는 위험한 방식으로 대응했다. 트럼프 행정부는 항행의 자유작전을 더욱 강력하게 이어갔다.

헤이그 상설중재재판소는 중국의 행동과 영유권 주장에 대한 필리핀의 제소에 손을 들어주었다. 이러한 국제법적 판결과 관련 법규에 근거하여 베트남과 오바마 행정부는 필리핀의 승소를 공식적으로 격려하고 후원했다. 이 사건에서 재판소는 2016년 7월 중국의 행위를 불법이라고 기각하고 중국의 각종 주장에 대해 법적 근거가 없다고 밝혔다. 중국은 이 판결을 받아들이지 않았다. 오바마 행정부는 사실상 방침을 바꿔 동맹국에 외교적 해결책을 찾도록 촉구했다. 오바마 행정부는 2012년에도 분쟁 중인 스카보로 암초에서 해군 함정을 철수하도록 필리핀과 중국을 중재했었지만, 중국은 이를 거부한 바 있다. 그럼에도 오바마 행정부는 중국이 함정을 철수시키지 않은 것에 대해 대가를 치를 수 있는 어떤 조치를 취하지 않았던 전례가 있다. 때문에 동남아시아인들이 오바마의 재판 결과 지지선언을 거의 믿지 않는 것도 이상한 일은 아니다.[14]

다만, 오바마 대통령이 주저한 데는 이유가 있었다. 그는 두테르테(Rodrigo Duterte)가 2016년 6월 대통령으로 선출된 방식과 경찰과 자경단원들이 재판도 없이 마약거래 및 복용 용의자들을 살해하도록 독려한 것 등을 문제삼았다. 이에 반감을 품은 두테르테 대통령은 필리핀 주둔 미군의 수를 더 줄이면서, 정치적 지지와 매력적인 경제 프로젝트를 제안하는 중국으로 눈을 돌렸다. 또한, 오바마는 태국의 군사쿠데타를 공개적으로 비난했기 때문에, 태국 역시 중국으로 눈을 돌렸다. 이는 옳건 그르건 간에 이 지역에서 미국의 상대적 국력이 최소한 중국과 맞서는 것을 꺼릴 정도로 쇠퇴했으며, 동남아시아인들은 그들이 할 수 있는 최선을 다해 위협적인 중국의 그림자를 다루어야 한다는 일반적인 인상을 남기고 말았다.

중국과 아시아 하부지역

동북아시아

동북아는 중국 현대사에서 지정학적 취약성을 보여주는 가장 중요한 지점이다. 마오쩌둥의 군대는 1950년 미국 주도의 유엔군이 북한을 넘어 중국으로 쳐들어오는 것을 막아냈다. 한국전쟁은 1953년 휴전협정으로 끝났고, 전쟁의 당사국인 한국과 북한은 여전히 분단 상태이다. 한국전쟁은 기술적으로 우월한 서방 군대에 대항하여 중국군이 버텨낸 최초의 현대사적 사건이었다.

동북아시아 지역은 중국을 위협할 수 있는 주요한 전략적 근원지로 오랫동안 각인되어 왔다. 장기적인 관점에서 볼 때, 미일동맹은 중국 통일이라는 민족주의 목표를 완수하기 위해 필요한 중국 해군의 태평양 접근성과 대만 점령 능력을 제한한다. 한미동맹 역시 대중국 압박에 기여한다. 이는 북한이 대중의존도를 높이면서 동시에 이를 거부하는 효과를 가져왔다.

김 씨 일가의 스탈린식 독재 정권은 체제붕괴를 우려해 중국의 개혁 개방 압력에 지속적으로 저항했다. 북한의 이념인 **'주체사상'**은 철저한 독립과 인종적 순수성을 아주 강조하고, 강대국 예속 반대를 강조한다. 냉전 이후 중국의 대북정책은 현상유지라는 특징을 보여왔다. 이외의 다른 시나리오는 한미동맹 주도의 통일이 야기하는 중국에 불리한 전략환경이 조성되거나 북한 붕괴가 초래하는 한반도 전체의 불안정이 발생하는 것 등이 있다. 이렇게 되면 한반도의 동북지역과 인접한 중국의 사회경제적 문제가 경제 전반을 흔들어 중국 정권의 존립을 위협하게 될 것이다.

고립무원의 북한은 1993년에 생존의 보증수표가 되리라고 판단한 핵무기 프로그램을 재가동하기 시작했다. 이는 미국과의 위기를 초래했고, 전쟁으로 이어질 수도 있었다. 그러나 중국의 '주선'으로 '기본합의서'(일명, 1994년 북미 제네바 합의 – 역자 주)가 도출될 수 있었다. 이에 미국은 동맹국들과 함께 북핵 개발 동결에 상응하는 조치로서 엄청난 연료부족 사태를 겪고 있는 북한에 석유를 제공하고 에너지 생산만 가능한 경수로를 제공하고자 했다. 몇 년 후 이 합의서가 결렬될 무렵, 중국은 역내 6개 국가들이 참여하는 회의('6자회담') 소집을 주도했고, 이는 특히 미국으로부터 많은 찬사를 받았다. 중국의 현상유지정책은 2006년 북한이 첫 핵실험을 하고 핵과 미사일 개발을 계속한 이후에도 변하지 않았다. 실제로 중국은 북한의 핵 프로그램을 비밀리에 지지하고 유엔 제재가 북한경제에 피해를 주는 것을 막았다. 중국의 후계 지도자들은 다루기 힘든 북한의 강력한 핵능력 획득을 용인하더라도, 한반도의 안정을 유지하는 것이 더 유리하다고 계산했음이 분명했다.

시진핑은 2011년 12월 부친 사망으로 20대 후반에 지도자가 된 김정은의 적대적 태도와 잔혹성에 분노했다. 그 결과, 김정은이 2018년 6월 트럼프 대통령을 만나기 전까지 두 사람은 회동을 갖지 못했다. 트럼프의 등장으로 두 가지 변화가 야기되었다. 첫째는 무역정책(아래 참조)이고, 둘째는 대북 접근법인데, 이 두 가지 모두 동북아 역학관계를 변화시켰다. 김정은의 핵 및 미사일실험에 대응해 트럼프는 전쟁도 불사하겠다는 호전적이고 위협적인 정치적 수사를 쏟아내며 2017년 한 해를 보냈다. 그러다가, 김정은이 이제 핵탄두 미사일을 미국에 날려보낼 수 있는 능력을 보유했기 때문에 모든 실험을 중단할 수 있다고 선언한 직후, 트럼프는 돌연 방침을 변경했다. 그리고 트럼프 대통령은 이례적으로 2018년 6월 싱가포르에서 김 위원장과 정상회담을 갖기로 합의했다. 김정은은 트럼프 대통령과의 회담에 앞서 두 차례 중국을 방문해 시진핑을 만났다. 이는 김정은 시기 들어 소원해진 북중관계와 북한이 천명한 자력갱생과는 무관하게 그리고 미국과의 양자회담이 김정은의 국내외적 입지를 강화하더라도 정상회담 결과를 감당하기 위해서는 중국의 지원이 여전히 필요함을 시사했다. 정상회담 직후에도 김정은은 시진핑을 다시 만났는데, 아마도 이는 보고를 하기 위해서였을 것으로 추정된다.

한국의 지도자인 문재인 대통령이 북한과의 경제관계 강화, 군사적 대결 규모 축소, 김정은과의 대화 확대 등 북한과의 관계개선을 시도하자 한반도에서 중국의 역할은 더욱 강화됐다. 이러한 조치들은 모두 남북 간 적대적 분열을 청산하기 위한 것들로 중국이 선호하는 조치였다. 그러나 미국은 여전히 북한의 비핵화가 경제제재 해제 및 북미관계 정상화보다 선행해야 한다는 기존 견해를 고수했다.[15]

중일관계는 오랫동안 긍정적인 측면과 부정적인 측면이 혼재되어 왔다. 냉전의 종식은 두 가지 결과를 모두 낳았다. 하나는 경제관계의 강화이고, 다른 하나는 정치적, 민족주의적, 전략적 차원에서의 적대감 증가이다. 일본은 1980년대 중국경제의 근대화를 돕고 중국의 대표적인 교역국으로서 핵심적인 역할을 했다. 일본은 톈안먼사태 국면에서 서방의 대중국 제재를 완화하고 없애는 데에도 크게 기여했다. 그러나 일본은 이후 국가 차원에서 후원하는 중화민족주의가 겨냥한 핵심 표적이 되었다. 양측의 태도는 경직되어 갔고, 중국은 일본이 실효지배하고 있는 센카쿠/댜오위다오 열도에 대대한 영유권 주장을 하면서 해상 압박을 가했다.

그러나 일본은 아시아의 주요 강국이었고, 동남아국가들과는 달리 중국의 군사적 기동에 저항할 수 있는 해군과 공군을 보유하고 있었다.

지난 20년간 중국 내에서 만연했던 반일 시위와 폭동은 2012년 시진핑 주석의 등장 이후 대폭 감소했다. 그렇다고 시진핑이 대일 적대감을 갖지 않은 것은 아니었다. 오히려 그는 대내외적으로 일본을 적대시하는 공세적인 발언들을 이어나갔다. 각각 세계경제대국 2위와 3위를 차지하고 있는 아시아의 두 국가는 근본적으로 다른 이해관계와 가치관을 갖고 있다. 무엇보다도 일본은 미국의 중요한 동맹국이다. 미국은 미일안전보장조약에 의거하여 센카쿠 열도를 취급하겠다고 약속했다. 아베 수상의 일본은 이 지역에서 군사적으로 더욱 활발해졌고, 본토 외곽의 도서방어를 위한 군사비 지출을 늘렸다.

일본은 또한 지역 다자간 무역협정을 지배하려는 중국의 시도를 방해했다. 트럼프 대통령이 환태평양경제동반자협정(TPP)에서 탈퇴하자마자 일본은 협상의 주도권을 잡고, 관세 인하를 넘어 노동 규제, 안전, 국영기업, 환경문제, 기타 우려 사항까지 포괄하는 아시아태평양 FTA를 만들겠다고 천명했다. 현재 11개 회원국은 2019년부터 포괄적·진보적 환태평양경제동반자협정(CPTPP)로 불리는 업그레이드된 TPP를 시행하기 시작했다. 일본은 또한 같은 방침 아래에서 유럽연합과 FTA를 체결하고 이를 2019년 2월에 발효시켰다.

유럽 및 미국의 기업들과 마찬가지로, 일본기업들은 국제규범에 부합하지 않고 국제무역체제에 해를 끼친다는 이유로 중국의 무역관행을 점점 더 반대하고 있다. 특히 일본기업들은 외국 기업이 중국에서 사업을 하기 위한 조건으로 기술 및 영업 기밀을 이전해야 한다는 중국의 주장에 반대하고 있으며, 중국 정부조달에서 국영기업에 주는 특혜와 숨은 보조금에 대해 항의하고 있다. 그리고 중국이 비밀스러운 사이버전쟁을 통해 지적재산권을 침해하는 것에도 반대한다. 일본인들은 또한 중국의 무역 관행이 저개발국가들에 더 큰 피해를 입히고 있다고 주장한다.[16]

하지만 트럼프의 신(新)중상주의 정책인 '미국 우선주의'가 경쟁국은 물론 동맹국과의 무역전쟁까지 초래하자 중일관계는 다소 회복되었다. 시진핑 주석과 아베 수상은 2018년 10월 중국에서 첫 양자 회담을 갖고 '경쟁' 이상의 '협력'에 합의했다. 그러나 정상회담으로 어떤 관계개선이 이뤄지든 양국의 근본적인 이해충돌과 가치관의 상충은 가까운 시일 내에 해소되지 않을 가능성이 높다.

이러한 차이는 대만으로도 확장된다. 특히 20세기 전반기 일본의 식민지배에 대한 대만인의 기억은 한국인과 중국인의 기억에 비해 긍정적이다. 더구나 대만이 민주주의가 된 이후에는 공통의 가치를 기반으로 대만-일본관계가 강화되었다. 중국의 현대화와 부상은 대만의 전략적 중요성을 일본에 각인시키는 효과를 가져왔다. 미중 간 중대한 군사적 충돌이 발생했을 시, 대만은 일본과 함께 중국 해군이 태평양에 접근하는 것을 거부할 수 있는 중요한 장벽(필리핀과 함께) 역할을 한다. 만약, 중국이 대만과의 통일이라는 숙원 목표를 성취할 시, 일본은 거대한 이웃에게 포위당하게 되는 상황에 직면할 수도 있다.

중국이 볼 때, 냉전 이후의 대만문제는 내전 및 미중이라는 두 강대국이 연루된 문제에서 미국과 대만의 국내정치가 연동된 문제로 진화했다. 중국은 미국이 미중 간의 3개 공동성명에서 한 약속과 달리, 중국의 무력통일을 저지하겠다는 모호한 약속을 대만에 함으로써, 중국이 완전한 세계 강국으로 부상하는 것을 방해했다고 보았다. 한편, 대만이 민주주의 국가가 되면서 중국은 평화통일에 대한 전망이 점점 멀어지고 있다는 사실을 알게 됐다. 중국이 국제기구에서 영향력을 발휘하여 대만을 고립시키고 있지만, 무력 사용에 대한 제약은 갈수록 커지고 있다. 대만문제를 다루는 데 있어 중국이 마주하게 된 어려움은 분명히 커지고 있다.[17)]

중앙아시아

소련의 해체로 중국은 중앙아시아의 신생 국가들로 통하는 문을 열게 되었다. 일찍부터, 중국과 이 신생국들 사이에는 암묵적인 합의가 있었다. 그것은 중국이 향후 있을지도 모를 구소련 복원운동로부터 이들 국가를 지켜주는 대신, 그들은 중국의 지배에 저항하는 신장(新疆)의 동족들을 돕지 않는다는 합의였다. 이들의 관계는 여기서 한발 더 나아가 경제적 연대의 단계로까지 진전되었다. 중국은 이들 지역의 풍부한 에너지 및 광물 자원에 경제적인 관여를 하게 되었고, 대신 중국과 중앙아시아를 잇는 도로, 철도, 송유관 등 인프라 시설들을 건설해 주었다. 특히 러시아는 중국과 대조적으로 상대적으로 경제 쇠퇴기에 있었기 때문에, 이러한 것들은 전체적으로 현지 엘리트들에게 호평을 받았다.

1996년 중국, 러시아, 카자흐스탄, 키르기스스탄, 타지키스탄의 협력이 상하이5국(Shanghai Five)이라는 단체로 공식화되었는데, 우즈베키스탄이 추가로 가입한 2001년에는 상하이협력기구(SCO: Shanghai Cooperation Organization)가 되었다. 합의, 불간섭, 구속력 없는 결의안으로 운영되는 상하이협력기구의 운영 방식은 아세안과 유사했다. 상하이협력기구는 의도적으로 반서구를 지향했고 '인도주의'나 '인권'이라는 명분으로 회원국에 대한 내정간섭을 반대했다. 출범 당시 중국이 주장한 '테러, 분리주의, 이슬람 극단주의'라는 '3악(惡)'에 반대하는 것이 상하이협력기구의 목표가 되었다. 회원국들은 러시아 및 중국과 연합군사훈련을 실시했지만, 상하이협력기구를 위한 독립적인 군사조직은 없었다.

중국의 관점에서, 상하이협력기구는 영향력을 상실한 러시아의 기분을 상하게 하지 않으면서 중앙아시아에 경제적으로 관여할 수 있는 유용한 틀이 되었다. 지적했듯이, 중앙아시아 국가들도 일대일로의 발전을 위해 중요했다. 2016년 중국인들은 신장 지역의 이슬람교도들, 특히 위구르족을 테러 위협세력으로 공식 지목하고 이들을 근절하는 데 많은 관심을 기울이기 시작했다. 이들 중 수십만 명이 체포되어 구금되었다. 그 무렵 아프가니스탄과 중앙아시아에 대한 중국의 관심은 경제적 이득을 취하는 것에서, 중동 이슬람국가(ISIS)의 옛 거점으로부터 돌아오는 이슬람 극단주의자들의 영향력 증가와 연동된 테러 위협에 대비하는 것으로 전환되기 시작했다. 결과적으로, 중국은 중앙아시아를 경제적 기회 확대를 위한 지역으로 육성하기 위한 국경 개방과 이 지역에서 부상하는 테러 위협이 중국의 국내안보를 위태롭게 하는 것을 예방하기 위한 국경폐쇄 사이에서 균형을 맞추고 있다.[18]

남아시아

이 지역은 파키스탄과 그 외 다소 중요도가 낮은 이웃국가를 통해 인도를 견제하기 위해 중국이 관계를 구축한 지역이다. 인도 자체는 전략상 큰 효용이 없는 도전국으로 여겨졌었다. 그럼에도 불구하고, 인도의 티베트에 대한 이해관계와 중국의 적인 달라이 라마 및 그의 동료들에게 망명지를 제공한다는 것 때문에 위협이 되었다. 인도의 대외적 후견국이자 무기 공급처였던 소련이 해체된 이후, 인도는 미국의 동반자가 되어 시장경제에 더 가까워졌다. 미국은 1998년 인도의 핵무기 실험에 반대했지만,** 이후 인도의

** 역자 주) 중국은 1962년 인도와의 국경분쟁에서 인도를 제압하고 1964년 핵실험에 성공했다. 1965년에는 인도-파키스탄 전쟁이 발발했다. 이에 안보불안이 가중된 인도는 1974년 최초의 핵실험에 성공해 핵보유국이 되었다.

지지자가 되어 4개의 주요 핵비확산레짐 중 3개에 인도가 가입할 수 있도록 했다. 중국은 이 4개의 레짐 가운데 가장 중요한 '원자력공급그룹(Nuclear Suppliers Group)'에 인도가 가입하는 것을 반대해왔다. 그러나 다른 반대국들이 입장을 바꾸었고, 중국도 유일한 반대자로 보이고 싶지 않을 것이기 때문에 대세를 따를 것으로 보인다.

21세기 첫 10년 만에 해양 강국으로 부상한 이후, 에너지와 원자재 수입 의존도가 높아진 중국은 해양수송로 방어에 열을 올리고 있다. 이것은 중국으로 하여금 세계 주요 무역국은 물론 존경받는 글로벌 강국이 되기 위한 장기적인 전략적 목표를 강화하도록 부채질했다. 이를 위해 중국은 스리랑카, 몰디브제도, 파키스탄 과다르 등에 항구 및 동아프리카 지부티에 (중국 최초의 해외) 군사기지 등을 건설하기 시작했다. 동시에 중국은 네팔, 부탄, 방글라데시를 포함한 인도의 다른 이웃 나라들의 경제에서 중요한 역할을 하게 되었다. 인도에게 있어 중국은 주요 교역 상대국이자 절실한 기반시설을 제공할 수 있는 일본 및 한국의 경쟁자로 부상했다. 인도는 해결해야 할 국경분쟁이 산적한 국가로서, 2017년 여름 부탄이 연루된 도클람(Doklam) 대치 사태와 같은 주요 사건들이 국경지역에서 종종 발생한다.** 가파른 히말라야를 마주하고 있는 인도와 달리, 중국은 군사 기반시설을 건설할 수 있는 티베트 고원이라는 지리적 이점을 누리고 있다. 그럼에도 불구하고 인도군은 비행장, 군사 시설 및 기타 필요한 기반 시설을 구축하여 중국에게 치욕스런 패배를 당한 1962년의 악몽이 재현되지 않도록 만반의 준비를 했다.

중국이 인도를 압박하는 주요 수단은 '전천후 친구'인 파키스탄과의 긴밀한 관계를 지속하는 것이다. 1971년 전쟁에서 동파키스탄(지금의 방글라

** 역자 주) 인도는 파키스탄, 방글라데시, 부탄으로 분리되었고 이 과정에서 국경문제가 해결되지 않아 이들 간에 크고 작은 국경충돌이 있어 왔다. 또한 인도와 별개의 국가인 네팔과 부탄 사이의 도클람 지역에 중국이 헬기장, 참호, 대포 등 대규모 군시설을 건설하면서 인도와 중국 간에 대치국면이 지속되고 있다.

데시)을 잃은 파키스탄의 핵무기 획득을 도운 것은 중국이었다. 파키스탄은 중국으로부터 절실히 필요한 경제 원조를 받았는데, 앞서 논의한 중국-파키스탄 경제회랑(CPEC)이라고 불리는 거대한 프로젝트가 그 정점일 것이다. 그러나 앞서 언급한 다른 일대일로 프로젝트와 마찬가지로 이 역시 과도한 부채, 사기 및 부패 의혹, 지역 내 반발과 같은 문제에 봉착해 있다. 보다 최근에는 파키스탄이 더 강한 인도를 대상으로 비대칭전술인 테러를 행사하는 것에 대해 중국인들이 초조함을 감추지 못하고 있다. 중국은 이 테러리즘이 북쪽으로 확산될 가능성을 우려하고 있다.[19]**

중국과 인도의 관계는 협력과 경쟁이 혼재된 복잡한 상태를 유지하고 있다. 광대한 양국 간에 핵전쟁이나 대규모 재래식 전면전이 발발할 가능성은 매우 낮다. 그러나 양국의 민족주의적 열정 때문에 때때로 교전이 일어나고 있으며, 이것이 확전으로 이어질 가능성은 상존한다. 다만, 지금까지 그런 일은 일어나지 않았고, 양국 모두 정부의 통제력을 위협할 정도의 민족주의적 열정을 허용하지 않을 것이다.[20]

동남아시아

중국은 동남아시아에서 공격적인 정책을 추진하면서도 그에 따른 비용을 지불하지 않았다. 가령, 메콩강 상류에 댐을 건설하는 정책 때문에 강의 흐름이 바뀌었고, 이 때문에 태국, 라오스, 캄보디아, 베트남이 피해를 보고 있다. 한편, 이 지역에서 중국과 미국의 지전략적 경쟁은 증가하고 있다. 그러나 이 지역의 많은 사람들은 중국의 동남아 지배를 불가피하고 되돌릴 수

** 역자 주) 중국은 파키스탄의 카라치로부터 신장으로 이어지는 송유관을 건설했는데, 문제는 카라치가 파키스탄-인도 접경지대와 멀지 않다는 점이다. 때문에 파키스탄과 인도 간의 국경분쟁과 테러리즘이 북쪽으로 확산될 경우 그 송유관이 위협받을 수 있다.

없는 것으로 보고 있다.

이러한 전략적 담론은 중국의 방식이 야기한 많은 문제들, 저항의 근원, 전개과정을 간과하고 있다. 중국인들은 우리가 보았던 것처럼 다양한 사업들을 수행할 때 압도적으로 이기적인 경향을 보인다. 때문에 라오스나 캄보디아와 같이 공공연히 복종하는 국가들조차도 이 사업들이 중국에는 이익이 되지만 수혜국에는 충분한 경제적 혜택은커녕 갚을 수 없는 빚만 남긴다는 사실을 알게 됐다. 캄보디아 고위장관이 2014년 필자에게 "우리는 중국에 의존하고 있지만 중국에만 의존하는 것은 원치 않는다"고 말한 것도 이런 맥락에서 나온 것이다. 실제로 일본은 이런 역할을 해왔다. 이를 통해, 캄보디아의 독재자 훈센(HunSen)은 중국과 일본 사이에서 저울질하며 동시에 같은 독재국가인 중국에 더 가까이 다가갔다. 동남아 대륙의 다른 국가들과 중국 간의 현 관계는 이보다 더 복잡하다.

태국은 다른 동남아국가들과는 달리 전통적으로 중국계 인종을 동화시켜 왔다. 근현대 시기의 태국은 외세 열강 사이에서 자주성을 유지하는데 성공했다. 대부분의 냉전기간 동안 태국과 중국은 은밀한 관계를 유지했고, 그 이후 중국은 태국의 통치자들을 양성해왔다. 건국 세력이든, 중국계 태생인 탁신(Thaksin) 전 총리든, 다른 세력이든 모두 중국의 후원을 받았다. 2014년 5월에 일어난 군사쿠데타 당시 태국은 오바마 행정부의 비판을 받았고, 이 때문에 태국은 친중 성향을 띠게 되었다. 그러나 이것은 표면상 그런 것뿐이고, 실제로 태국은 미국과 비록 낮은 수준이긴 하지만 연합군사훈련을 함께 하는 등 미국과 우호적인 관계를 이어가고 있다. 다만 이러한 관계가 지속될지는 미지수이다. 트럼프를 포함한 워싱턴 고위층의 관심이 부족하기 때문이다. 그나마 다행인 것은 태국이 한국, 인도, 일본과 경제관계를 더 돈독히 다지고 있다는 점이다. 즉, 캄보디아보다는 덜 친중 행보를 보이고 있다.

이와 달리, 미얀마는 중국과 더욱 밀접하게 연결되어 있다. 이는 양국 접경지대의 유대관계 때문이기도 하고, 미얀마 군부독재에 대한 서방의 반감 때문이기도 하다. 그러나 앞서 중국 일대일로에 대한 논의에서 언급했듯이, 미얀마는 비용과 부채 증가를 이유로 중국과의 일부 사업을 중단했다.

중국은 긴밀한 무역관계와 정치적 공통점에도 불구하고, 오랫동안 베트남을 어려운 이웃으로 여겨왔다. 베트남은 미국, 일본, 인도, 호주와 연대하여 중국에 종속되는 것을 저지해왔다. 비록 두 국가 모두 국내경제적 개혁과 국제경제적 개방이라는 유사한 정책을 추구하는 공산당이 통치하지만, 양국관계는 불신으로 특징지어진다. 베트남의 엘리트와 대중들이 중국을 남중국해에서 자신들의 주권을 부정하는 불량배로 간주한다면, 중국의 통치자들은 이러한 베트남의 행태를 프랑스와 미국과의 전쟁에서 중국이 지원한 것을 망각한 배은망덕의 소치로 여긴다. 중국은 형제 공산국인 베트남이 1970년대와 1980년대 주요 적국인 소련의 편을 들었고, 그 후 21세기에 들어서는 미국과 일본의 편을 들고 있다고 비난한다. 하지만 근본적인 적대감에도 불구하고, 양측은 안정적인 발전을 위해 현재의 관계를 유지해야 한다는 인식을 공유하고 있다.

미국의 오랜 동맹국인 필리핀은 집권 정부의 선호도에 따라 중국과 냉랭한 관계 혹은 따뜻한 관계를 추구하기도 했다. 이전의 아키노(Benigno Aquino) 정부는 중국의 남중국해 영유권 주장에 반대했다. 그러나 현(現) 두테르테 대통령은 오바마 대통령으로부터 비난을 받자마자 친중행보를 펼치면서 중국으로부터 경제 지원 약속을 받아내기도 했다. 하지만 약속한 지원은 구체화되지 않았다. 이후 두테르테는 더욱 균형 잡힌 입장으로 전환했는데, 이는 민다나오에 출몰한 이슬람국가(ISIS)의 격퇴에 필요한 미국의 지원을 받기 위한 것이었다.

인도네시아는 항상 스스로를 아세안의 주도국으로 여겨왔으며, 아세안에 영향력을 행사하려는 중국의 시도에 저항해 왔다. 예를 들어, 인도네시아는 2012년의 아세안 공동성명을 캄보디아가 거부하여 초래된 공백을 메우기 위해 6대 원칙에 대한 성명을 발표했다 (캄보디아의 거부권은 중국의 요구에 따른 것이었다). 더 최근에는 말라카 해협에서 멀지 않은 나투나(Natuna) 제도 인근 해상에서 조업을 할 수 있다는 중국의 주장에 인도네시아가 제동을 걸었다. 인도네시아는 나투나 배타적 경제수역에 잠입한 중국 어선을 포함해 수십 척의 외국 어선을 폭파시켰고, 지금은 중국 어선도 침입하는 횟수를 대폭 줄였다. 인도네시아에서 시작된 일대일로 프로젝트에서 알 수 있듯이, 중국정부는 이를 조용히 묵인했다.

싱가포르는 오랫동안 중국 통치자들에게 수수께끼와 같은 존재였다. 주로 중국계 인구를 가진 도시국가임에도 불구하고, 싱가포르는 다민족 국가임을 선포하고, 중국과 동일시되는 것에 격렬히 반대하고 있다. 싱가포르는 이 지역에서 중국의 주요 경제 파트너지만 전략적으로는 미국과 가깝다. 중국은 싱가포르가 중국의 전초기지가 되지 않으려는 이유를 이해하지 못하고 있다. 그 가장 큰 이유는 친미 성향 때문이라기보다는 회교도가 다수인 인도네시아 및 말레이시아와 인접하여 작은 도발에도 위험해질 수 있는 싱가포르의 지리적 취약성 때문이다.

요약하자면, 알려진 것과 달리 중국은 동남아시아를 지배하지 못하고 있다. 동남아시아 국가들은 미국, 특히 일본으로부터 지원을 얻어냄으로써 중국에 예속당하지 않는 방법을 잘 알고 있다.[21]

오스트랄라시아

중국은 호주, 뉴질랜드, 남태평양 군도로부터 환영과 존경을 받았지만 2015~2016년 이후부터는 이들과 논쟁을 주고받기 시작했다. 호주의 광물 및 기타 자원에 대한 중국의 수요, 막대한 중국의 투자, 상당한 수의 중국인 관광객 및 비싼 수업료를 지불하는 중국인 유학생 등 20년 이상 내리막길을 걷지 않고 지속적인 경제적 이득을 누린 나라는 서방 세계에서 호주가 유일하다.

호주경제는 두 자릿수이던 중국경제의 성장세가 반토막이 난 상황에서도 계속 수혜를 입었다. 예를 들어, 2017년 호주는 중국과의 무역에서 500억 달러의 흑자를 기록했다. 그러나 그 해에 지역 협회, 언론, 교육기관, 호주계 중국인 공동체, 심지어 의회까지 중국공산당의 영향하에 있다는 사실이 밝혀졌다. 게다가 중국공산당 요원들이 뇌물, 협박, 강요 등을 통해 모든 종류의 호주 기관들에 침투하여 주와 연방 차원의 호주 정치인들을 매수하고, 중국의 이익을 위해 일하도록 유도했다는 사실도 밝혀졌다. 호주정부는 이후 국가안보 상의 이유로 중국 첨단기술 기업들의 호주의 통신 투자 입찰을 거부했다. 호주정부는 2018년 7월 외국 정부의 간섭을 막기 위한 새로운 법을 전면 통과시켰다. 이것은 분명 중국을 염두에 둔 것이었다.

이 모든 것에 대한 중국의 공식적인 반응은 모든 혐의를 부정하고 관련 보도를 인종차별적인 중국혐오(Sinophobia)의 징후로 치부하는 것이었다. 국수주의적인 중국의 『환구시보』는 "호주는 '종이 호랑이'도 아니고 기껏해야 '종이 고양이'에 불과하다"라며 호주를 폄하하는 새로운 용어를 등장시켰다. 이 신문은 호주는 물론 호주에게 우호적인 국가들까지 싸잡아 비난했다. 그러면서 "호주는 스스로를 원칙 국가라고 칭하고 있지만 사실은 상황과 편의에 따라 쾌락만을 극대화하는 공리주의자일 뿐이다. 중국의 경제적 지원이 필요할 땐 중국-호주관계를 칭송하지만, 미국을 기쁘게 해야 할 때는 충성의 표시로 쓸개까지 다 빼줄 것처럼 행세한다"고 논평했다.[22)]

뉴질랜드를 대하는 중국의 방식은 호주를 대할 때보다 더 심각했다. 중국은 오랫동안 뉴질랜드의 가장 큰 상품 무역 파트너였고, 유학생, 이민자, 관광객의 주요 원천이었으며, 중요한 다자 및 양자 파트너였다. 그러나 뉴질랜드 역시 중국공산당이 정치와 사회에 침투하여 간섭하고 있다는 것을 뒤늦게서야 깨달았다. 중국공산당은 거의 모든 지역의 중국인 공동체, 중국어 매체, 그리고 모든 중국 교포 학생회를 장악했다. 뉴질랜드의 의원 중 한 명은 중국의 최고 군사정보기관 중 한 곳에서 일했던 중국공산당 당원인 것으로 밝혀졌다. 뉴질랜드정부는 2018년 7월 중국의 남태평양 군사활동 증가에 대응해 새로운 국방비 지출을 발표한 뒤, 이례적으로 중국을 비판한 국방부 전략정책 성명을 발표했다. 성명서에는 중국이 아시아태평양에서 할 수 있는 긍정적인 역할에 대한 언급이 포함되어 있는 등 기조에 변화가 있기는 했지만, 뉴질랜드정부는 "이제 더 이상 사정을 봐주지 않을 것이고 우리가 동의하지 않는 일을 하지 말아야 할 것"이라고 경고했다.[23] 뉴질랜드는 핵심적인 전략파트너인 미국 및 호주와 연대했고, 같은 달 말일에는 주요 서방 동맹국들과의 연합작전 훈련에서 상호운용성을 증진시키기 위해 보잉사의 대잠초계기 4척에 대한 구매 의사를 발표했다.[24]

호주와 뉴질랜드 모두 전통적으로 14개의 태평양 군소도서 개도국(PSIDS: Pacific Small Island Developing States)의 복지에 대해 가장(家長)의 역할과도 같은 감독권을 행사해왔다. PSIDS 대부분은 인구가 적고 경제발전이 낙후되어 있으며, 수백, 수천 마일의 해양에 걸쳐 있는 열도 안에 고립되어 있다. 특히 최근에 와서는 기후변화의 영향에 매우 취약해졌다. 그들은 제한된 교육 시설을 가지고 있기 때문에 현재까지도 그들의 학생들은 호주와 뉴질랜드의 고등교육기관에서 수학하고 있다. 그러나 최근 몇 년간 그들의 국제관계는 호주와 뉴질랜드를 넘어 확장되어 왔다.

중국은 PSIDS에 여러 가지 이해관계를 가지고 있다. 첫째, 중국은 오랫동안 대만과 외교적인 인정투쟁을 벌여왔다. 이러한 투쟁은 소위 수표책 외교(checkbook diplomacy)[**]를 통해 시행됐다. 현재 이들 14개국 중 7개국이 대만(즉, 중화민국)을 인정하고 있는데, 이는 여전히 대만을 인정하고 있는 세계 18개 국가 중 거의 절반에 달한다. 둘째, 중국은 PSIDS 경제에서 중요한 역할을 하는 중국 교포들의 애국심을 고취시켜 이를 활용하고 있다.

** 역자 주) 외교적 영향력 확대를 위해 경제지원 및 투자를 수단으로 하는 외교를 의미한다.

중국의 관점에서 볼 때, 이들은 중국의 내재하는 일부분이다. 셋째, PSIDS는 160만 평방 마일이 넘는 배타적 경제수역을 집단 보유하고 있기 때문에 어획량 증대에 박차를 가하고 있는 중국에게 이 해역은 대단히 중요하다. 넷째, 해양강국이 된 중국이 '오세아나(Oceana)'라고 부르는 이 광대한 지역은 점점 더 전략적 의미를 갖게 되었다.

중국의 활동이 세계 전 지역에서 행해지고 있다는 점을 감안하면, 2011년 이후 PSIDS에 대한 중국의 지원 규모는 사실상 감소했다는 점에 유의해야 한다. 국가들의 기부금 총액은 2016년 23억 6,000만 달러에서 19억 달러로 떨어졌다. 2016년에 중국은 5위(일본 다음)에 불과했지만 2011~2016년 총 기부금은 12억 달러(호주 원조 수준의 6분의 1)로 뉴질랜드와 함께 공동 2위를 차지했다. 그러나 중국의 원조는 파푸아뉴기니의 포트모르즈비 국제컨벤션센터와 같은 '고가(高價)' 품목에 대한 것이었고, 이는 연성차관의 형태로 진행된 사업이기 때문에 자칫하면 부채의 증가로 이어질 수 있다. PSIDS 중 하나에 군사기지 건설을 추진했다는 의혹을 받고 있는 중국은 이후 인프라 투자를 늘렸지만, 이는 호주와 뉴질랜드도 마찬가지였다.[25)]

결론

중국은 분명히 아시아에서 경제적으로나 전략적으로 성장하고 있지만 여전히 여러 국가가 반발하는 등 많은 문제에 직면해 있다. 따라서 중국이 아시아에서 지배적인 강국이 되었다거나, 되기 직전이라고 주장하는 것은 시기상조일 것이다. 트럼프 행정부는 대중국 정책을 '관여'에서 '경쟁'으로 대체했고, 중국의 불공정 무역 관행을 바꾸기 위해 관세라는 주요 경제전략적 무기를 들었다. 현재 스트레스를 받고 있는 중국경제 모델이 보다 개방적이고 소비자 주도적인 시스템으로 변화해야 하는 상황에서,[26)] 중국 지도자들이 미국의 새로운 적대적 접근법에 어떻게 대응하느냐에 따라 많은 것들이 결정될 것이다. 이러한 변화는 중국과 아시아 이웃 국가의 관계뿐만 아니라 중국과 미국 및 다른 선진국의 관계까지 변화시킬 것이다.

주

1) Stockholm International Peace Research Institute (SIPRI), "Military Expenditure by Country" (SIPRI, 2018), https://www.sipri.org/sites/default/files/1_Data for all countries from 1988–2017 in constant (2016) USD.pdf.
2) Alastair Iain Johnston, *Cultural Realism* (Princeton, NJ: Princeton University Press, 1995); 그리고 Yuan-Kang Wang, *Harmony and War* (New York: Columbia University Press, 2011).
3) 유엔 기후변화회의에서 시진핑 (『신화통신』, 2017년 1월 19일)
4) '평화공존의 5대 원칙'은 1954년 4월 29일 인도와 중국의 공동성명에서 공식화되었다. 그것은 (1) 서로의 영토보전과 주권에 대한 상호 존중, (2) 불가침, (3) 내정 불간섭, (4) 평등과 상호 이익, (5) 평화 공존이다.
5) Thant Myint-U, *Where China Meets India* (New York: Farrar, Straus & Giroux, 2011).
6) Nayan Chanda, *Brother Enemy* (New York: Collier Books, 1986).
7) François Godement, *The Downsizing of Asia* (London and New York: Routledge, 1999).
8) David Shambaugh, "China Engages Asia: Reshaping the Regional Order?" *International Security* 29, no. 3 (Winter 2004/2005): 64–99.
9) Tom Mitchell, "China Struggles to Win Friends over South China Sea," *Financial Times*, July 13, 2010.
10) "Full Text of President Xi's Speech at Opening of Belt and Road Forum," Xinhuanet, May 14, 2017.
11) Lucy Hornby, "Mahathir Mohamad Warns against 'New Colonialism' during China Visit," *Financial Times*, August 20, 2018.
12) Marlène Laruelle and Sébastien Peyrouse, *The Chinese Question in Central Asia* (New York: Columbia University Press, 2012). 또한 Umida Hashimova, "Why Central Asia Is Betting on China's Belt and Road," *The Diplomat*, August 13, 2018 도 참조.
13) Hou Songling and Chi Diantang, "PRC Scholars on China's Geostrategic Options Regarding Southeast Asia and Central Asia," *Ya-Tai Yanjiu* (Journal of the

Chinese Academy of Social Sciences, Institute of Asia-Pacific Studies, April 25, 2003 (Foreign Broadcast Information Service, FBIS에서 번역됨).
14) 중국과 남중국해에 관해서는 다음을 참조. Bill Hayton, *The South China Sea* (New Haven, CT: Yale University Press, 2014).
15) 중국과 남북한관계에 관해서는 다음을 참조. Scott Snyder, *China's Rise and the Two Koreas* (Boulder, CO: Lynne Rienner Publishers, 2009).
16) 중국과 일본관계에 관해서는 다음을 참조. Ryosei Kokubun et al., *Japan and China Relations in the Modern Era* (London and New York: Routledge, 2017); Richard McGregor, *Asia's Reckoning: China, Japan, and the Fate of US Power in the Pacific Century* (New York: Viking, 2017); Michael Yahuda, *Sino-Japanese Relations after the Cold War: Two Tigers Sharing a Mountain* (London and New York: Routledge, 2016)
17) 대만에 관해서는 다음을 참조. Richard Bush, *Uncharted Strait: The Future of China-Taiwan Relations* (Washington, DC: Brookings Institution, 2013); Alan M. Wachman, *Why Taiwan?* (Stanford, CA: Stanford University Press, 2007); Shelley Rigger, *Why Taiwan Matters* (Lanham, MD: Rowan and Littlefield, 2011).
18) 중국과 중앙아시아의 관계에 대해서는 다음을 참조. Laruelle and Peyrouse, *The China Question in Central Asia*; "China Says Terrorism Tops Meeting of Central Asian States," AP, April 24, 2018.
19) 파키스탄에 관해서는 다음을 참조. Andrew Small, *The China-Pakistan Axis: Asia's New Geopolitics* (Oxford: Oxford University Press, 2015).
20) 중국과 인도의 관계에 대한 배경에 관해서는 다음을 참조. Francine R. Frankel and Harry Harding, eds., *The India-China Relationship* (New York: Columbia University Press, 2004). 좀 더 최근의 설명은 T. V. Paul, ed., *The China-India Rivalry in the Globalization Era* (Washington, DC: Georgetown University Press, 2018)를 참조.
21) 중국과 동남아 여러 국가의 관계에 관한 문헌은 방대하다. 유용한 출발점은 다음을 참조. Ian Storey, *China and Southeast* Asia (London and New York: Routledge, 2011); 또한 Lowell Dittmer and Ngeow Chow Bing, eds., *Southeast Asia and China* (Singapore: World Scientific Publishing Co., 2017)를 참조.
22) "Paper Cat Australia Will Learn its Lesson," *Global Times*, July 30, 2016, http://www.global-times.cn/content/997320.shtml.
23) 피터스(Winston Peters) 총리 권한대행, 2018년 7월 10일 *New Zealand Herald*에서 인용.
24) 중국의 호주 침투에 대한 중요한 설명은 다음을 참조. Clive Hamilton, *Silent Invasion* (Melbourne: Hardie Grant Books, 2018); 그리고 뉴질랜드에서 중국의 정치활동에 대한 설명은 다음을 참조. Anne-Marie Brady, "China in Xi's New Era: New Zealand and the CCP's 'Magic Weapons,'" *Journal of Democracy* 29, no. 2 (April 2018): 68–75.
25) 중국과 PSIDS의 관계에 관해서는 다음을 참조. Philippa Brant, "Mapping Chinese Aid in the Pacific" (Sydney: The Lowy Institute, 2015). 중국의 가장 최근 관심사에 대한 설명은 다음을 참조. Jason Scott, "China's Pacific Push Has the US

Worried," *Bloomberg* , June 17, 2018.

26) Mike Pence, "Remarks Delivered on the Administration's Policy towards China" (Washington, DC: The Hudson Institute, October 4, 2018).

14장 중국과 아프리카, 중남미 및 중동의 관계

조슈아 아이젠만((Joshua Eisenman) & 에릭 헤긴보담(Eric Heginbotham)

지난 20년 동안 개발도상국들은 점점 야심만만해지는 중국의 외교정책입안자들의 주요 관심사가 되었다. 이러한 추세는 2009년 글로벌 금융위기 이후 가속화되었는데, 중국의 지도자들은 미국의 '헤게모니'가 쇠퇴하고 있으며, 점점 더 다극화되고 있는 세계에서 개발도상국들은 더욱 중요한 파트너가 되고 있다고 결론지었다. 중국의 '핵심' 지도자 시진핑은 2018년 6월 중앙외교업무회의에서 개발도상국은 중국과 '자연적 동맹'이며, 중국은 '신흥강국'과의 관계를 심화하고, "BRICS와의 실용적이고 전략적인 협력을 발전시켜야 한다"라는 내용의 연설을 통해 이 점을 재확인했다.[1)]

개발도상국에 대해 중국이 우선순위를 지정한 것은 중국 스스로의 정체성과 세계적 지위가 진화하는 과정에서 이루어졌다. 중국은 이제 개발도상국이면서 동시에 주요 강대국인 자신의 이미지를 그려 내고 있다. 이를 통해 중국은 자국의 핵심 이익과 관련이 없는 시리아 난민위기와 같은 곤란한 문제에 대한 국제적 책임을 회피하면서, 광범위한 잠재적 파트너 국가를 선별하고 있다. 왕이 외무장관은 2016년에 다음과 같이 언급했다. "중국은 세계 2위의 경제대국임에도 불구하고 1인당 국민소득은 80위 정도에 불과하다. 그래서 우리는 여전히 개발도상국으로 남아 있으며, 현재뿐만 아니라 앞으로도 매우 오랫동안 개발에 노력을 집중해야 한다."[2)]

이 장은 개발도상국에 대한 중국의 개념화와 그것이 중국의 지전략에서 갖는 의미를 설명하는 것으로 시작한다. 비대칭성, 포괄성, 연동구조라는 중국 접근방식의 3가지 특성을 설명한 뒤에, 이를 구성하는 다양한 경제·정치·안보정책수단에 대해 설명할 것이다. 중국은 별개의 대외정책들을 포괄적으로 통합해 구성 요소들 간 시너지가 창출되도록 노력하는 경향이 있다. 그러나 체제생존 및 다극화된 세계에서의 지위 향상이라는 중국의 주요 목표가 개발도상국들의 폭넓은 정치적 지지를 받을 수 있을지에 대해 우리는 여전히 불충분하다는 결론을 내리고 있다.

개발도상국에 대한 중국의 전략적 관점

마오쩌둥의 통치 아래, 중국은 전 세계 개발도상국 내의 혁명적이고 반식민적인 운동을 지지했다.[3)] 1978년 덩샤오핑이 집권한 뒤에는 경제적 목표가 정치적 목표(대만 제외)보다 우선시되었다. 정치적 수단이 종종 경제적 목표 달성에 기여하지만, 오늘날 중국에서는 정치적 목표 달성을 위해 경제적 수단이 점점 더 많이 사용되고 있다.

중국의 외교정책 관행은 오랫동안 파트너 국가의 특성에 따라 세분화되어 왔다. 그 특성은 주요 강대국(大國), 주변국(周边国家), 개발도상국(发展中国家), 그리고 2012년 제18차 당 대회 이후에 추가된 다자간(多边) 국제포럼으로 구분된다.[4)] 이러한 구분의 경계는 모호하며, 국가들은 둘 이상의 특성을 가질 수도 있다. 주요 강대국들은 미국, 러시아, 일본, 독일, 영국, 및 유럽국가 등 경제가 발전된 국가들이다. 주변국들은 동아시아, 중앙아시아, 남아시아, 러시아, 동남아시아 등 개발도상국과 주요 강대국들을 모두 포함한다. 후진타오 전 주석은 '강대국은 핵심이고, 주변국은 최우선이며, 개발도상국은 기초다. 그리고 다자간 포럼은 중요한 단계'라고 선언했다.[5]

시진핑의 주요 정책연설에서 거론되는 국가 순서를 보면, 주요 강대국과의 관계가 최고 중요도를 갖고 있긴 하지만, 개발도상국도 그에 못지않은 비중을 차지하고 있다. 중국 전략가들은 점차 미묘한 형용사와 개발도상국 단어를 접목하여, '주요 개발도상국(发展中大国)' 또는 '신흥강국(新兴大国)'이라는 새로운 개발도상국과 '기존의' 개발도상국들을 차별화했다.[6] 주요 개발도상국의 명확한 목록은 없지만, G-20의 개발도상국(아르헨티나, 브라질, 멕시코, 남아프리카공화국, 인도, 인도네시아, 사우디아라비아, 터키, 이란, 태국)[**]과 같이 급속히 발전하면서 정치적으로도 영향력이 있는 몇몇 큰 국가들을 포함한 것으로 보인다.[7] 시진핑은 2018년 6월 중앙외교업무회의(FAWC) 연설에서도(실제로 동일한 문장을 사용) 이러한 '신흥강국'에 대해 논의함으로써, 이들 국가를 '전통적인 강대국'과 대등한 위치에 올려놓았다.[8]

중국은 스스로를 강대국이자 개발도상국들의 지도국으로 규정하고, 그들의 의사가 반영되게끔 주요 국제제도들을 '민주화'시키기 위해 총력을 기울이고 있다.[9] 중국은 국제체제가 다극성을 향해 진화하고 있으며, 개발도상국들이 이 과정을 추동하고 있다고 공식 선언했다.[10] 2016년 허야페이(何亞非) 전 외교부 차관은 '다극세계와 민주적 국제관계'를 추구하는 국가들과 동반자관계를 구축하는 것이 중요하다는 점을 인식했다. 그는 이들 국가가 주로 개발도상국들이기 때문에 '중국 주요국 외교의 기반이자 전략적 초

** 역자 주) 그러나 정확히 말하면, 이란과 태국은 G-20 회원국이 아니다.

점'이 되어야 한다고 주장했다.[11] 중국은 공동의 정치적 이익을 증진하기 위해 주요 개발도상국들과 양자 간 '전략적 동반자관계' 협정을 체결하고, 그중 일부를 하나로 결집했다. 세간에 널리 알려진 브릭스(BRICS)가 바로 이것인데, 이는 서방의 지배를 견제하는 역할을 하고 있다.[12] 2009년에 설립된 BRICS는 브라질, 러시아, 인도, 중국, 남아프리카공화국을 포함하고 있으며 이들 국가 간의 정치-경제적 입장과 공동 성명서를 조율하고 있다.

개발도상국 가운데 일부는 중국의 '주변(周边)'에 속하며, 때로는 '전략적 주변'으로 번역되기도 한다. 중국을 둘러싸고 있는 이들은 전략적으로 중요한 지리적 띠를 형성한다. 중국 내에서는 중국의 국력 및 영향력 확대에 따라 주변 지역의 범위를 조정해야 한다는 주장도 나온다. 기존에는 주변 지역이 동북아, 동남아, 남아시아, 중앙아시아로 국한돼 있었지만, 시진핑이 규정한 '대주변(大周边)'은 서아시아와 남태평양, 심지어 동아프리카까지 확대됐다.[13] 중국은 2015년과 2016년 아프리카, 중남미, 중동 등에 대한 공식 백서를 발간하여 이들 지역의 중요성을 강조했다.[14]

주변국들에 대한 이러한 강조는 확장하고 있는 중국의 글로벌한 이해관계, 즉 일대일로 및 점점 더 경색되는 미국, 일본, 동남아시아 국가들과의 관계를 반영한다.[15] 첸샹양(陈向阳)은 중국의 이익을 지키기 위해 개발도상국들에게 어필할 수 있는 통합담론 개발과 지역기구에서의 리더십 확대가 시급하다고 주장했다. 하지만, 체제생존은 중국의 최우선 과제이자 개발도상국 정책의 주요 결정요인으로 남아 있다. 때문에 국내 정치적 고려가 중국외교의 내용과 성격, 당 대(對) 당의 관계, 국제정치에서의 주권 규범 방어, 경제발전에 대한 일관된 강조 등에 투영된다.[16]

개발도상국들은 중국의 '영토적 통합성'을 유지하기 위해서도 중요하다. 2008~2016년의 '외교적 휴전' 이후 차이잉원(蔡英文)이 대만 총통으로 당선되자마자 양안 간 외교적 인정투쟁이 재개됐다. 2019년 2월 현재 대만을 인정하는 유엔 회원국 수는 16개국과 로마교황청 뿐이다.[**] 티베트의 분리주의를 억제하기 위해, 중국은 달라이 라마를 후원하는 국가들에 대해 주기적으로 수사적인 협박과 제재를 가한다.[17] 남중국해와 관련해 강경조치를 행사하는 것 외에도, 중국은 영유권 주장을 인정받기 위해 최소 66개국 이상의 개발도상국에 지원을 요청했다.[18]

중국은 환경적 우선순위, 환경규제로 인한 보상, 무역정책, 기술표준, 국제제도의 형태 및 기능 등 다양한 정치, 경제적 사안에 걸쳐 개발도상국들과 연대할 명분들을 만들어냈다. 가장 자유주의적인 민주정부에서부터 가장 가혹한 독재정권에 이르기까지, 세계의 개발도상국들은 공통의 관심사와 관련된 다양한 문제들에 대해 자신들의 국제적 입장과 중국의 입장을 정기적으로 일치시키곤 한다. 예를 들어, 유엔총회 표결에서 인도는 미국보다 중국과 더 일치하는 방향으로 투표권을 행사한다.[19] 중국이 국가주권과 내정불간섭을 이토록 중시하는 이유는 티베트와 신장 지역의 반체제 인사와 소수민족에 대한 인권 유린 및 가혹한 정책에 대한 국제사회의 비난, 제재, 개입을 차단하려는 동기 때문이다.

중국과 개발도상국 관계의 세 가지 특징

중국과 개발도상국의 관계는 비대칭성, 포괄적 접근성, 글로벌·지역적·양자적 관여의 연동성을 그 특징으로 한다. 비대칭성은 개발도상국과의 관계에서 가장 중요하며 가장 오래 지속된 특징이다. 중국이 강조하는 덕목인 '형제애'와 '평등'은 이 비대칭성을 축소하려는 시도에 불과하다.[20] 실제로

** 역자 주) 앞의 제13장에서는 대만을 인정하는 국가가 18개국으로 되어 있기 때문에 다소 혼동의 소지가 있다. 그러나 2021년 7월 현재, 대만을 인정하는 국가는 14개국과 로마교황청으로 다시 감소했다. 이렇게 국가의 수가 줄어드는 추세는 대만을 인정하는 개발도상국들을 경제적 유인책으로 이탈시키는 중국의 외교적 인정투쟁이 점점 힘을 발휘하고 있다는 것을 의미한다.

중국의 명목 GDP(2017년 12조 1,000억 달러)는 브릭스(BRICS)의 두 배에 육박한다. 인도(2조 6,000억 달러), 브라질(2조 1,000억 달러), 러시아(1조 5,000억 달러), 남아프리카공화국(349억 달러) 등의 순이었다.[21] 중국은 이들 지역과 파트너 국가 간에 중국-아프리카협력포럼(FOCAC), 중국-라틴아메리카카리브국가(China-CELAC Forum)과 같은 지역 기구을 만들었다. 상징적으로는 이 기구들이 중국과 해당 지역을 동등하게 만든 것처럼 보이나, 사실상 중국이 압도적으로 많은 의제설정권을 갖고 있다.

중국과 개발도상국 관계의 두 번째 특징은 **포괄성**이다. 중국은 시너지를 창출하고 지렛대를 극대화하는 방법으로 아래에 기술된 다양한 방법들을 결합한다. 중국의 정책 은행들, 특히 중국개발은행과 중국수출입은행들은 개발도상국을 위한 대출기관으로 활용되고 있다. 그리고 중국의 기반시설 및 통신 관련 기업들은 수십 개의 개발도상국에 철도, 댐, 공항, 고속도로, 광섬유 네트워크를 건설하고 있다 (이 책 노튼[Barry Naughton]의 제6장 참조). 종합하자면, 중국의 경제 패키지 유인책은 자본이 부족한 개발도상국을 끌어당기는 블랙홀과 같다.

중국의 정치목표와 경제목표는 불가분의 관계에 있으며, 관리들은 정기적으로 거래를 주선하고 이를 성사시킨다. 재정 유인책은 일반적으로 중국이 가진 수단 중 가장 설득력이 있는 반면, 중국의 포괄적 관여는 경제성을 넘어 안정적이고 다면적이며 상호 이익이 되는 양국관계를 구축하는 것을 목표로 하고 있다. 중국 지도자들은 이런 관계들이 반드시 '질적으로 뛰어난 것'이어야 하며 '정의와 이익(义益观)'을 담고 있어야 한다고 주장한다.[22] 그러나 여전히 아프리카, 중남미, 중동의 많은 중국기업들은 일반적으로 해당 국가정부의 개입을 회피하기 위해 독립적인 이윤추구형 중소기업들을 활용한다.[23]

세 번째 특징은 **연동형 구조**이다. 허야페이(何亞非) 전 외교부 차관의 설명처럼 중국의 대외정책은 '지역적, 국제적 협력이 상호연결되고 결합될 수 있도록 하는 다중 중심적이고, 다층적이며, 다중 중추적 하위 네트워크'를 지향한다.[24] 모든 주요 국가들은 양자적, 지역적, 글로벌 차원의 외교 활동을 개별적으로 수행하는 반면, 중국은 세 가지 차원의 제도화된 외교관계가 사전에 설정된 격자 내에서 촘촘히 중첩되도록 외교활동을 펼친다. 이렇게 촘촘한 연동망은 중국이 자국의 이익을 증진할 수 있는 안정적이고 상호 보강적인 구조가 된다.

다자간 포럼은 중국의 정통성과 박애정신을 과시할 수 있는 장이지만, 중국과 개발도상국 관계에서 가장 기초가 되는 것은 양자관계다. 중국은 모든 개발도상국과 양자관계를 강화하고 있으며, 67개 국가들과 '전략적 동반자관계'를 유지하고 있다.[25] 이러한 양자관계에서 중국은 상대국에 사적으로 관여하여 자국의 이익을 도모한다. 중국과 주변 국가들의 관계는 일반적으로 정치적, 경제적, 때로는 영토적 이해관계가 뒤섞여 더 깊고 복잡하다. 원래 중국과 멀리 떨어져 있는 개발도상국과의 관계에서는 경제가 우선이었지만, 이제는 정치·안보 요소들이 점점 더 중요해지고 있다. 특히 중국과 주요 개발도상국(브릭스 국가, G-20 회원국 포함)의 관계에서는 지역 경계를 넘나들며 정치, 경제 및 안보 요소를 다룬다.

각 지역 내에서 중국은 크고 중요한 닻 또는 '허브(hub)'라고 지칭하는 국가와의 관계를 상당히 강조한다. 이들 국가들의 지리, 정치, 경제 상황이 해당 지역에서 중국에 우호적인 환경을 조성하는데 도움이 되기 때문이다. 따라서 이들과의 관계는 더 많은 중국의 관심을 받을 수밖에 없고 시간이 지나면서 비교적 안정되는 경향이 있다. 동아시아에서는 인도네시아와 태국, 남아시아에서는 파키스탄과 인도, 중앙아시아에서는 카자흐스탄, 아프리카에서는 남아프리카공화국, 이집트 및 에티오피아, 중동에서는 이란, 그리고 라틴 아메리카에서는 브라질, 아르헨티나가 이에 해당한다. 이 목록은 확정적이지 않고 시간이 지남에 따라 계속 진화할 것이다.

콘다팔리(Srikanth Kondapalli)의 제15장에서 보다 자세히 소개되겠지만, 개발도상국과의 관계를 조정하기 위해 지역기구를 창설하는 것은 중국식 접근법의 가장 두드러진 특징 중 하나이다. 아프리카와 관련하여, 중국은 2000년 베이징에서 중국-아프리카협력포럼(FOCAC)을 창설하고 자금을 지원했다. 이후 이 포럼은 3년마다 중국과 아프리카국가를 오가며 개최되고 있다. 베이징에서 열린 2018 FOCAC에는 아프리카 51개국 정상들이 참석했는데, 이는 제73차 유엔총회에 참석한 아프리카 정상들의 수보다 약 두 배나 많은 수치다.[26] 마찬가지로, 중국은 2004년에 중국-아랍국가협력포럼을 시작했는데 가장 최근의 포럼은 2018년 베이징에서 열렸다.[27] 중국은 이란(이란은 시아파 종주국 – 역자 주)과 긴밀한 관계를 유지하면서도, 2010년 설립된 중국-걸프협력회의(GCC) 간 전략대화를 활용하여 걸프지역 수니파 국가들과도 우호적인 관계를 구축했다.[28] 그리고 2004년에는 미주기구(OAS: Organization of American States)와 남미 의회의 상임이사국으로 인정을 받기도 했다. 그러나 OAS에는 미국이 회원국으로 있었기 때문에 견제를 받았다. 따라서 직접 설립한 중국-라틴아메리카카리브국가공동체포럼을 보다 선호했다. 시진핑 주석은 2015년 제1차 중국-CELAC 포럼에서 중남미에 대한 중국의 자금조달 규모가 10년간 2,500억 달러에 달할 것이라고 말했다.[29]

중국의 개발도상국과 관여 방식

경제

무역

무역의 증가를 국가가 주도한 홍보활동으로 볼 수는 없지만, 중국은 자국 이익을 증진시키기 위해 무역을 활용한다. 국영기업(SOE), 준(準) 민간기업, 민간기업 및 기업가 모두 정기적으로 국영은행 관료, 외교관 및 공산당

관리와 협력하여 거래를 체결하고 수출을 촉진한다. 아프리카 소재 대사관에서 근무하는 중국 상무관의 수는 같은 지역 미국 상무관의 수보다 15배나 많은 것으로 알려져 있다.[30]

무역은 GDP 성장에 기여하고, 이를 반영한다. 중국의 국내총생산(GDP)은 1978~2017년 사이에 8.9퍼센트의 연평균 성장률(CAGR)로 성장한 반면, 무역은 연평균 11.5퍼센트로 증가했다. 하지만 2015년 이후 국내총생산(GDP)과 무역 증가세가 모두 크게 둔화됐다.[31] 중국의 무역은 2014년 0.9퍼센트 성장했고, 2015년 9.9퍼센트 감소한 뒤, 2016년 다시 5.4퍼센트 감소했다가 2017년 8.2퍼센트 회복했다. 2016년 무역에서 민간기업이 차지하는 비중은 38.1퍼센트에 달했다.[32]

개발도상국들은 중국 생산자들에게 중요한 원자재 공급처이면서 중국의 수출시장이기도 하다. 1990년에는 중국 전체 무역에서 개발도상국이 차지하는 비율이 15퍼센트에 불과했으나 2000년에는 19퍼센트를 차지했고, 2010년에는 31퍼센트로 증가했다. 이 비율은 2012년에는 약 34퍼센트로 정점을 찍었다가, 중국의 원자재 수요 감소, 유가하락, 금속가격 하락 등으로 인해 정체되었다. 1990년에 294억 달러(2017년 경상 미달러로 측정)에 불과했던 중국과 개발도상국 간 교역액은 2017년 1조 4,000억 달러(중국 전체 대외무역의 약 34퍼센트)로 증가해 실질 CAGR은 15.4퍼센트에 달했다. 이는 같은 기간 중국 전체 무역의 CAGR이 11.5퍼센트였던 것을 감안하면 매우 높은 수치다. 2017년 중국의 지역별 개발도상국과의 무역 비중은 다음과 같다. 동남아와 서태평양 12.8퍼센트, 중동 5.6퍼센트, 중남미 6.2퍼센트, 아프리카 3.7퍼센트, 남아시아 3.1퍼센트, 중앙아시아 0.9퍼센트 순이었다.[33]

투자

매우 큰 리스크와 수익을 동시에 제공하는 개발도상국들은 그동안 중국의

'밖으로 나가는' 해외투자 전략의 중심에 있었다. 1999년 초 약 1,550억 달러의 외환보유고를 가졌던 중국은 이를 활용해 개발도상국의 채굴 및 건설 산업에 자국 국영기업이 진출하는 것을 도모했다.[34] 1997년의 제15차 당대회 이후 2년이 지나 열린 4중 전회에서 장쩌민은 기업의 '해외 지사 설립'과 '국제시장 개척'을 독려하는, 이른바 '해외진출전략(走出去战略)'에 시동을 걸었다.[35] 2000년대 이후의 지도자들은 무역과 투자를 촉진하기 위한 자금 조달 메커니즘과 은행 서비스를 만들었다. 예를 들어, 2007년 중국 최대 대출 기관인 중국공상은행(ICBC)은 남아프리카 스탠다드뱅크 지분의 20퍼센트를 56억 달러에 매입했다. 2011년에는 아프리카 기업들을 대상으로 '중국 공급업체, 구매자 및 관련 글로벌 고객들과의 신속하고 효과적인 무역관계를 촉진하기 위한' 현지 중국 계좌를 개설했다.[36]

2010년 이후 중국의 '해외진출'은 탄력을 받았다. 비금융 해외직접투자(FDI) 흐름은 2003년 38억 달러(2018년 미국 달러화 기준)에서 2015년 2,040억 달러로 증가해 실질 연평균 성장률(CAGR)이 36퍼센트에 달했다.[37] 대미국 FDI가 큰 폭으로 줄어든 여파 때문에, 해외직접투자는 2017년 1,620억 달러로 20퍼센트 감소했다가 2018년에 1,690억 달러로 소폭 반등했다. 2003년부터 2018년까지 전체 기간 동안 실질 CAGR은 28퍼센트를 기록했다. 공식 집계에 따르면, 신흥국과 개발도상국(해외 금융센터에 대한 투자 제외)은 2017년 중국 총 해외 FDI 흐름의 약 36퍼센트를 차지했으며, 동남아 및 서태평양 개발에 14.9퍼센트, 아프리카 7.3퍼센트, 중앙아시아 4.0퍼센트, 중남미 2.5퍼센트, 남아시아 2.0퍼센트로 나타났다.[38]

개발도상국에 대한 중국의 투자는 빠르게 증가했지만, 중국이 자평하는 것처럼 지배적인 주체는 아니다. 중국은 2016년 아프리카에서 미국, 영국, 프랑스에 이어 네 번째로 많은 투자를 했고, 2017년에는 앞서 언급한 세 국가에 이어 아프리카에서 네 번째로 많은 프로젝트를 진행했다.[39] 한마디로, 중국의 투자가 독주하는 것은 아니지만 지난 10년간 다른 주요국들과 어깨를 겨룰 만큼 선두주자로 부상한 것은 사실이다.

채무금융

중국은 국제금융기구에서의 역할 확대를 추구해 왔고 세계은행, 국제통화기금(IMF), 아시아개발은행(ADB)의 쿼터 변경 및 의결권 조정을 오랫동안 추진해 왔다.[40] 중국은 세계은행에서 서방의 지배를 중단할 것을 요구했고, 의장 선출에 있어 더 큰 투명성을 주장해왔다.[41] IMF 개혁의 지지부진한 속도에 실망한 중국은 2014년 1,000억 달러의 초기 자금으로 상하이에 본부를 둔 신개발은행(NDB, 일명 브릭스은행)의 설립을 주도했다.[42] 또한 2014년 12월 중국 국부펀드가 지원하고 개인투자자에게도 개방되는 550억 달러 규모의 실크로드 펀드도 설립했다.

베이징에 본사를 둔 아시아인프라투자은행(AIIB)은 2015년 12월 아시아 37개국을 비롯해 57개 국의 참여로 창설되었다.[43] 초기 자본금은 1,000억 달러로, 아시아개발은행의 약 3분의 2 및 세계은행의 약 절반 수준이었다.[44] AIIB 회장 진리쿤(金立君)이 국제이사회의 지시를 받게 되면서 베이징의 영향력은 줄어들었다. 중국은 의결권이 가장 많지만(26퍼센트) 여전히 소수의 이해관계자이다. AIIB가 처음 2년간 대출한 금액은 44억달러에 그쳐 연간 예상액인 100~150억 달러에 크게 못 미쳤다.[45] 진 총재는 2019년 2월 '자산 건전성을 개선하기 위해' AIIB 전체 대출 포트폴리오에서 3퍼센트를 차지했던 중국 인프라 프로젝트 대출 한도를 10퍼센트로 올리겠다고 밝혔다.[46] 그러나 다른 아시아 국가들의 긴급한 필요성에 비해 이미 중국 인프라에 대한 투자가 광범위하게 이루어지고 있는 점을 감안할 때, AIIB의 대중국 대출 확대는 다른 회원국의 반발에 부딪힐 수 있다.

중국이 개발도상국을 대상으로 진행하는 건설 프로젝트에 대한 자금 조달은 주로 중국정책은행인 중국개발은행과 경제성장을 촉진하는 사업의 자금조달을 위해 1994년에 설립된 중국수출입은행이 담당한다.[47] 이들은 중국국영기업들을 고용해서 프로젝트를 완성하는 조건으로 개발도상국에 거액의 연성차관을 제공하고 있다. 일단 계약이 성사되면, 자금은 베이징 소재 중국개발은행이나 중국수출입은행의 해당국 은행 계좌로 이체되고, 사업실행을 위해 미리 선택된 중국국영기업에 송금되며, 종종 중국 원자재와 노동력을 사용하게 된다. 2016년까지 중국개발은행과 중국수출입은행의 대출 포트폴리오는 서방이 지원하는 6개 다자은행의 미상환 대출액 모두를 합친 7,000억 달러보다 훨씬 많았다.[48]

일대일로가 발표되었던 2013년 당시 중국은 정책은행들이 전례 없는 규모로 개발도상국 사업에 대한 재정지원을 확대하는 정치적 담론과 정책적 구조를 만들었다. 일대일로는 중국의 재정적 부담 및 인프라 건설 구상을 새롭지만 매우 위험한 수준으로까지 끌어올렸다. 중국은 일대일로에 최소 1조 달러를 배정할 것으로 예상되며, 중국과 많은 세계적인 다국적기업들이 이익을 얻기 위해 고군분투하고 있다.[49] 국제적으로 이 계획은 60여 개국에 걸쳐 있으며 철도, 도로, 항만, 공항, 송전, 통신 등 사실상 모든 종류의 교통 인프라를 포함한다.[50] 실크로드 경제벨트는 중앙아시아, 서아시아, 중동, 유럽을 관통하고, 해양실크로드는 중국을 동남아시아, 오세아니아, 북·동아프리카 일부 지역으로 연결한다. 이전에도 유사한 많은 프로젝트가 제안되었지만 일대일로는 그것들과 두 가지 차이점이 있었다. 첫째는 그것들을 다 포괄할 정도의 규모이고, 둘째는 일대일로라는 대내외적 프로젝트의 브랜드를 끊임없이 재창조한 정치적 후원이었다.

AIIB가 뒤늦게 출범했다는 사실과 실크로드 펀드의 한정된 규모는 중국개발은행과 중국수출입은행이 일대일로 프로젝트에서 가장 큰 재원을 계속 조달할 가능성이 높다는 것을 의미한다.[51] 일부 중국 분석가들은 일대일로 관련 투자 전망에 대해 비관적이다. 이들은 일대일로로 인해 이미 재정적으로 부채가 많은 국가들이 추가적으로 비정상적인 대규모 외채에 시달리게 될 것이라고 경고하면서, 중국의 과잉행보가 개발도상국 및 서방의 정책입안자들 사이에서 반발을 불러올 것이라고 우려한다. 예를 들어, 스인훙(時殷弘) 런민대학(人民大學) 교수는 2015년에 "중국은 일대일로를 추진할 때 정신적, 정치적, 전략적으로 신중하고 또 신중해야 한다"라고 경고했다.[52] 실제로 짐바브웨, 스리랑카, 베네수엘라 등 중국에 정치적으로 우호적인 국가들에 대한 대규모 대출은 이익은커녕 원금 상환까지도 위협받고 있어 중국은 향후 몇 년 안에 상당한 부채를 탕감해 주거나 대출정책을 재조정해야 할 것으로 보인다.

대외원조

대외원조에 대한 중국의 접근법은 OECD의 개발원조위원회, 게이츠재단 같은 서방의 민간 기부자, 세계은행 같은 다자간 기구와는 차별적인 중요한 특징을 갖고 있다. 중국의 원조, 특히 양허 차관 원조는 빈곤 완화보다는 주로 인프라 개발에 초점을 맞추고 있으며, 사업계약의 형태로 진행되고, 국가 대 국가 단위로 분배되고 있다. 종종 원조에 정치경제적 개혁조건을 다는 서방 국가나 기관과 달리 중국의 원조는 감사도 필요 없고, "아무런 정치적 조건도 없다." 따라서 중국의 원조는 부패한 외국 지도자들을 '포획'하기가 더 쉽다는 게 예측 가능한 결과다.[53]

중국은 마오쩌둥 시대(1949~1976년)에도 개발도상국에 실질적인 경제 원조를 제공했지만, 1978년부터 2000년 동안에는 해외 원조를 삭감했다. 이후 대외원조는 중요한 정책수단으로 재조명됐고, 중국정부는 2011년과 2014년 이 문제에 대한 백서를 발표했다.[54] 대외원조 예산은 지난 10년간 급속도로 증가해 2004년부터 2009년까지 연평균 29.4퍼센트의 성장률을 보였다. 2009~2012년 중국의 원조 지출은 총 144억 달러로, 1950~2008년 중국 전체 원조액의 약 3분의 1 수준이다.[55] 중국의 원조는 보조금(2009~2012년 전체 금액의 36퍼센트), 무이자 대출(8퍼센트), 유상 대출(56퍼센트)이라는 세 가지 유형으로 나뉜다.[56] 이 기간 동안, 중국 원조의 약 52퍼센트는 아프리카, 31퍼센트는 아시아, 8퍼센트는 라틴 아메리카에 긴급 의료 지원, 기술과 교육, 저비용 주택과 인프라를 포함한 다양한 프로그램을 위해 지원되었다.[57)]

최근까지 중국 상무부와 외교부는 해외 원조를 전년 대비 추적을 하지 않는 다소 단편적인 방식으로 공동 처리하여 사실상 체계적 평가를 금지했다. 그러나 2018년 국무원 및 중앙위원회 기관들을 전면 개편하면서 중국은 '국제개발협력국'을 만들어 대외원조 지출을 감독하고 조율했다. 왕용 국무위원에 따르면, 새로운 조직개편은 "국가외교의 핵심 수단으로 해외 원조에 만전을 기하고, 해외 원조의 전략적 기획 및 조정을 강화하며, 국가의 전반적인 외교 방향과 일대일로에 더 잘 기여하게 될 것이다."[58)]

정치

경제외교

양자 간의 '양해각서(MoU) 외교'는 중국의 대외적 관여에서 가장 가시적인 측면이며, 무역 진흥, 해외직접투자 및 인프라 자금 조달 등은 이제 중국의 공식 미디어에서 흔히 볼 수 있는 뉴스 소재가 되었다. 대기업 대표단을 대동하고 해외순방을 갈 때마다 중국 지도자들은 수십억 달러까지는 아니더라도 수억 달러 규모의 양해각서를 체결하는 경우가 많다. 비록 대부분의 거래가 결실을 맺지 못하지만, 제시된 수억 달러의 액수는 자금난에 처해 있는 개발도상국들을 감질나게 하고 있다. 2015년 시진핑과 샤리(Nawaz Shari) 파키스탄 대통령은 약 280억 달러 규모의 51개 양해각서를 체결했다. 이는 총 600억 달러가 소요될 일대일로의 핵심인 중국-파키스탄 경제회랑의 시작을 알리는 신호탄이었다.[59)] 이 같은 구속력이 없는 거래는 중국정부의 포괄적 접근 방식의 중요한 특징이다.

중국은 또한 다자간 회의를 협상 타결을 위한 기회로 삼는다. 중국은 중국-아프리카협력포럼(FOCAC) 회의에서 원조규모를 두 배로 늘리는 전통이 있다. 원조규모는 2006년 50억 달러에서 2009년 100억 달러, 2012년 200억 달러, 2015년 600억 달러로 늘어났다. 다만, 베이징에서 열린 2018년의 FOCAC에서는 기존의 600억 달러를 유지했다.[60] 제1차 중국-CELAC 포럼에서는 2015~2019 협력계획이 발표되었는데, 여기에는 향후 10년간 2,500억 달러를 중남미에 투자하겠다는 중국의 약속이 포함되어 있다.[61]

비간섭주의

비간섭주의란 중국의 가장 기본적인 관여정책을 의미한다. 중국은 평화공존 5원칙이라는 수십 년 묵은 좌우명을 계속 언급하면서, 개발도상국에 대한 비간섭을 강조해 왔고, 국가주권 원칙을 위반한다고 판단되는 유엔 결의안을 거부해 왔다.[62] 이러한 접근 방식은 국가 자율성을 유지하고자 하는 중소 개발도상국들에게 매력적이다.

중국은 상대 국가에서 정치적 변화가 발생하더라도 새로운 지도자들이 대만을 인정하지 않는 한, 이념이나 인권의 역사가 어떻든 이들 국가와 관계를 유지할 것이다. 따라서 정치적 정통성이 결여된 개발도상국의 새로운 지도자들, 특히 무력으로 권력을 잡은 지도자들은 대체로 중국이 이전 정부와 우호적인 관계를 맺었다 해도 이를 문제 삼지 않는다. 그러나 격동하는 개발도상국의 정치적 위험을 완화하려는 중국의 접근법이 항상 효과가 있었던 것은 아니다. 예를 들어, 리비아, 남수단, 베네수엘라에서 발생한 만성적이고 폭력적인 정치적 변화 때문에 중국 투자자들은 수십억 달러의 계약을 파기당했고 이에 따른 어마어마한 경제적 손실을 입었다.

특정 정권과의 관계가 심화되면서 주권 규범에 대한 중국의 해석이 진화하고 있다는 점은 주목할 만하다. 시에라리온, 잠비아, 짐바브웨의 선거 기간 동안 중국은 우호적인 아프리카 지도자들과 정당을 공개적으로 지지하고 기부금을 제공했다 (기존의 비간섭주의와 달리 이들 국가의 국내정치에 어느 정도 간섭한다는 의미 – 역자 주).[63]

대외집중선전

중국이 '문화대국'(文化大國)을 지향하면서 대외선전(对外宣传) 프로그램이 강화되었다.[64] 2004년 '중국의 평화적 부상'이라는 개념이 공식 채택되었고, 이는 2007년 17차 당 대회에서 후진타오(胡錦濤) 국가주석의 연설을 통해 국가 우선순위가 되었다.[65] 2012년 시진핑 국가주석이 집권한 이후 중국의 개발도상국 관여정책은 정치적 성격이 갈수록 짙어지고 있다. 시진핑은 무엇보다 설득력 있는 중국 서사를 만들고 중국의 메시지를 해외로 전달할 수 있는 역량을 강화함으로써, 중국의 '소프트파워'(软实力)를 증진시킬 필요가 있다고 반복해서 말해왔다.[66] 그의 연설에 따르면, 중국인들의 독특한 역사는 중국이 세계 문화 강국이 될 수 있는 커다란 천혜의 이점을 제공한다.[67]

중국은 '사람 대 사람' 교류의 일환으로 매년 중국 내 대학과 직업학교에서 훈련하는 수만 명의 외국 청소년들을 후원하고 있다. 교육부에 따르면 2017년 중국에서 유학 중인 유학생은 48만 9,200명으로 2011년 당시의 중국 내 유학생 약 29만 명보다 증가했다.[68] 2016년, 중국에 26만 4,976명 이상의 외국인 학생들이 아시아에서 왔는데, 이 가운데 수천 명의 학생들은 다른 개발도상국 출신이며, 최근 3년 동안에는 아프리카 유학생들의 증가세가 가장 두드러졌다.[69]

2004년에는 교육부 한반(汉办)이 운영하는 공자학원 프로그램은 표면적으로는 중국어와 중국문화 연구를 해외에 알리기 위해 만들어졌다. 한반 본부 홈페이지에 따르면 2019년 초, 전 세계에 525개의 공자학원이 있다. 이들 대부분은 선진국에 있는데(미국에만 105개), 548개 국가 중 227개(41퍼센트)는 개발도상국에 있다.[70] 그러나 타국에 미치는 부정적인 영향과 학문적 객관성에 관한 의구심이 증폭되면서 공자학원은 미국과 다른 서방 국가들에서 점점 더 엄격한 조사대상이 되고 있다. 그러나 일반적으로 교육 자금이 부족한 개발도상국들은 이러한 우려에 대해 침묵하고 있다.[71]

중국 외교정책의 특징은 과거부터 현재까지 중국공산당 중앙위원회 대외연락부의 지원을 받고 있다는 점이다. 대외연락부는 외교부와 같은 국가기관과 최고지도자들이 수행하는 외교를 보완한다.[72] 공산당은 대외연락부를 지원하면서도 타국의 내정에 간섭하는 것처럼 보이는 것을 피하고자 한다. 중국공산당 중앙위원회 대외연락부는 독재국가의 야당과 상호작용하지 않는 반면, 민주국가의 여당 및 야당과는 관계를 유지한다. 2018년 7월 탄자니아에서, 송타오(宋涛) 대외연락부장은 아프리카 36개국 이상에서 참가한 40개 정당과 함께 다자간 회의를 개최했다.[73]

중국공산당은 회의 주최국 외교, 간부양성, 정당지원 등을 개발도상국으로 확장했다.[74] 당간부 훈련은 중국공산당 중앙위원회 대외연락부가 주관하고 학계, 공산당 학교, 기타 관련 훈련기관에서 실시한다.[75] 매우 정치적인 이 프로그램들은 중국에 대한 타국의 인식을 개선하고 중국공산당의 통치를 정당화하기 위한 것이다. 중국의 간부양성 프로그램에 가장 열성적인 국가인 에티오피아는 1994년부터 정기적으로 중국에 사절단을 파견해왔다.[76] 중국공산당은 2015년 현재 남아공의 좌파정당인 아프리카국민회의(ANC: African National Congress) 관계자 2,000여 명을 양성했다.[77] 2018년 여름에도 또 다른 300명의 ANC 간부들이 '당 건설'(党建)을 공부하기 위해 중국에 도착했다.[78] 2018년 7월에는 중국 건설회사들이 줄리어스 니에레레(Julius Nyerere) 리더십 스쿨을 착공했다. 중국의 지원으로 지어진 이 새로운 간부양성 학교는 탄자니아, 남아프리카공화국, 모잠비크, 앙골라, 나미비아, 짐바브웨의 집권당들을 위한 것이다.[79]

중국은 자국의 정치체제에 대한 젊은 세대의 인식을 개선하고 중국을 불량하게 묘사하려는 서방의 노력에 맞서기 위해 개발도상국 엘리트들의 지지를 얻기를 원한다. 관영 『신화통신』은 2005년부터 개발도상국 수십 개 언론사와의 협력, 콘텐츠 공유, 미디어 훈련 프로그램을 강조해 왔다.[80] 중국의 영향력과 국제적 이미지를 높이기 위해, 『신화통신』과 CCTV는 개발도상국의 미디어 전문가들을 위한 훈련안을 개발했다.[81] 런민대는 2017년에 중국의 정치·문화·언론·경제 등을 주제로 아프리카·남아시아·동남아 지역 학생 48명을 위한 미디어 연수 프로그램을 10개월간 진행했다.[82]

안보

군사외교 및 평화유지

중국은 1990년대까지 군사외교에 거의 신경을 쓰지 않았다.[83] 인민해방군 해군의 첫 외국항만 방문은 1990년에 이뤄졌으며 2002년이 되어서야 외국군과 첫 연합훈련을 실시했다. 중국의 군사적 관여 활동이 확대되기 시작한 정책적 기원은 1998년의 국방백서인데, 이 백서는 중국의 포괄적인 '신(新)안보관'을 제시하고 '군사외교'라는 용어를 처음으로 공식 사용했다.[84] 이후 중국 군사외교의 범위와 규모가 크게 확대되어 지금은 폭넓은 활동을 아우르고 있다.

중국은 동남아 및 남아시아 국가들과 가장 제도화된 국방안보협의 메커니즘을 운영하고 있지만 남아공, 이집트, 터키와 같은 보다 먼 주요 개발도상국들과도 정기적인 대화를 하고 있다. 중국인민해방군 해군과 공군은 현재 외국 군대와 연합 훈련을 정기적으로 실시하고 있다. 중국은 2015년 아프리카연합(AU)에 1억 달러의 군사원조를 제공했다. 2018년에는 아프리카 50개국의 고위 군 수뇌부가 참가한 제1차 중국-아프리카 국방안보포럼(China-Africa Defense and Security Forum)이 베이징에서 열렸다.[85]

중국은 현재 유엔 평화유지군의 최고 공헌국 중 하나이며, 안보리 상임이사국 중 가장 규모가 크다. 2013년 이전까지는 전투지원부대만 파견 했지만 2003년부터는 말리에 첫 전투부대를 파견했고, 2014년에는 남수단에 대대급 전투부대를 배치했다. 중국은 2019년까지 전체 유엔 평화유지군의 약 20퍼센트인 8,000명 이상의 병력을 대기 병력으로 파견했으며, 2019년 1월 현재 2,508명의 중국군이 유엔 평화유지작전을 수행하고 있다.[86] 유엔 작전은 인민해방군이 적대적인 해외 환경에서 실전 경험을 쌓을 수 있도록 하는 한편, 개발도상국의 평화와 안보의 자비로운 수호자이자 국제체제에 적극적인 공헌자라는 중국의 이미지를 제고해준다.

국력의 투사

손더스(Phillip Saunders)의 제9장에서 설명했듯이, 경제규모에 비하면 작지만 개발도상국에 남긴 중국의 안보 발자취는 지난 10년간 중국의 해외이익과 인민해방군의 역량(예: 수륙양용 상륙정 및 해상보급)이 급성장함에 따라 빠르게 증가했다. 인민해방군 군함과 대형 화물기가 점점 더 많이 배치되고 있고 중무장폭격기와 공중급유기가 그 뒤를 잇고 있다. 이는 인민해방군의 전력이 가까운 미래에도 계속 성장할 것임을 시사한다.

후진타오(胡錦濤) 국가주석은 2004년 인민해방군에 중국의 해외 국익 증진을 포함한 전쟁 이외의 '새로운 역사적 임무'에 대비하라고 지시했다.[87] 2008년 중국 국방백서는 '대테러 활동, 안정성 유지, 긴급구조 및 국제평화 유지'등 '다각화'된 임무를 중국의 국방정책으로 명시했다.[88] 이어 2013년 국방백서는 "해상에서의 선박 보호, 재외동포 대피, 긴급구조 등이 인민해방군이 국익을 지키는 중요한 방법과 수단이 되었다"라고 언급하면서 '해외에서의 이익보호'를 중국의 국방정책으로 명시했다.[89]

현재 인민해방군 내부와 대중들 사이에서는 해외에서 위협을 받고 있는 중국인들을 구출할 수 있는 군대의 능력을 강화해야 한다는 요구가 나오고 있다.[90] 2011년 인민해방군은 리비아에서 수천 명의 중국인들을 대피시켰고, 2015년에는 예멘에서 다시 한 번 그렇게 했다. 리비아사태가 발생했을 때, 인민해방군은 구축함을 아덴만에서 리비아로 급파했고, 1,600명 이상의 자국민을 대피시키기 위해 Il-76 수송기를 40회나 운행했다.[91] 중국은 2008년 아덴만에 해적퇴치를 위한 함대를 처음으로 파견했고, 2019년 1월까지 총 31진의 기동대를 파견했다. 이들은 보통 2척의 군함과 헬리콥터, 그리고 보급선으로 구성되어 있다.[92] 인민해방군은 현재 보츠와나에 주둔하고 있는 남아프리카개발공동체의 상비군을 지원하기 위해 19헥타르 규모의 군수지원 시설을 건설하고 있다.[93]

중국은 오랫동안 해외 기지 건설을 피해 왔지만 최근 들어 입장이 달라졌다. 인민해방군은 2017년 미국 등 여러 나라가 운용하는 군사기지와 인접한 지부티에 해군기지를 개설했다. 이 기지는 군함과 헬리콥터를 위한 정비 시설 및 무기 창고, 기동대 같은 시설을 갖추고 있다.[94] 푸단대학(復旦大學)의 션딩리(沈丁立) 교수도 "해외 군사기지 건설은 자제해야 할 대상이 아니라 오히려 권리 추구를 위한 대상이다. 다른 국가들이 건설한 기지 역시 그들의 해외 이익 보호를 위한 것이다"라고 강조했다.[95]

무기판매

마오 시대의 중국은 혁명 단체나 공산주의 국가에만 무기를 제공했다.[96] 오늘날 주요 무기 공급국으로 부상한 중국은 2004~2010년 세계 6위에서 2011~2017년 4위로 발돋움했다.[97]

중국은 현재 탱크, 대포, 소형 무기 외에도, 다양한 대함 및 대공 미사일과 콜벳함, 프리깃함, 전투기를 판매하고 있다. 무기판매에는 지속적인 안보협력을 가능케하는 유지보수 및 훈련 패키지가 포함된다. 무기판매는 주로 방글라데시, 파키스탄 등 인근 개발도상국이나 자원이 풍부하지만 기술적으로 취약한 이란, 나이지리아 같은 국가들을 대상으로 이루어지고 있다. 중국은 파키스탄, 태국, 인도네시아와 공동으로 진행되는 무기 개발을 승인했고 후속 조치에 합의했다. 예를 들어, 중국과 파키스탄은 중동과 남미 시장을 겨냥해 JF-17 폭격기를 공동 개발했다. 터키나 베네수엘라와 같은 일부 구매국들은 미국에 정치적 메시지를 보낼 목적으로 무기를 구입했을 수도 있지만, 중국산 무기의 주된 매력은 저렴한 가격에도 성능이 뛰어나고 내구성이 좋다는 점에 있다.

결론

중국은 개발도상국 세계에서 전례 없는 규모의 경제적, 정치적, 군사적 관여활동을 벌이고 있다. 대내외 위협으로부터 안전한 세상을 만들기 위해 중국은 같은 생각을 가진 개발도상국들 — 이들은 중국과 느슨하게 연계되어 있고 때로는 다루기 힘든 존재들이지만 — 과의 연대 구축을 목표로 하고 있다. 중국은 불가피한 '다극화' 시대에서 이를 달성하기 위해 정치적 논쟁을 피하고, 비간섭주의를 설파하며, 모든 정치적 유형의 정부들을 적극적으로 참여시킴으로써, 국제문제에서 더 큰 '민주주의'가 실현되도록 노력하고 있다.

그러나 중국의 접근법은 이제 현실적이고, 새롭고, 점점 커지는 도전에 직면해 있다. 시진핑이 '중국방안(中国方案)'을 제시하고 있지만, GDP 성장률의 급격한 하락과 중국공산당의 매우 가혹한 권위주의는 많은 개발도상국에서 중국의 이미지를 손상시켰다. 인프라 건설에 따른 부채, 말 뿐인 양해각서 및 해당 국가의 법, 환경, 노동 기준을 무시하는 중국기업에 대해 높아지는 불만은 많은 개발도상국들에서 반중 정서를 자극하고 있다. 한편, 쓸모없는 외채만 계속 증가한다면 중국 내 비평가들 역시 일대일로에 대해 침묵을 유지할 것 같지 않다. 보다 근본적으로, 개발도상국에서 중국 야망의 실현 여부는 중국경제를 괴롭히는 구조적 문제를 해결할 수 있느냐에 달려 있다. 그러나 경제개혁이 성공하더라도 중국의 부와 국력만으로 미국의 글로벌한 우세를 뛰어넘을 것 같지는 않다. 미국을 추월하기 위해선 중국은 서구의 자유주의 질서를 대체할 매력적인 정치적 대안을 제시해야 한다. 그리고 그 대안은 적어도 지금까지는 중국이 원하지 않았거나, 할 수 없었던 제안일 것이다.

주

1) Chen Xiangyang, "Xi Jinping Waijiao Sixiang Yinling Xinshidai Zhongguo Tese Daguo Waijiao" (시진핑의 외교사상은 중국 특색의 대국 외교정책의 새로운 시대로 가는 길을 제시하다), China Online, August 9, 2018, http://opinion. china.com.cn/opinion_79_190279 .html.
2) "A Changing China and Its Diplomacy – Speech by Foreign Minister Wang Yi at the Center for Strategic and International Studies," February 26, 2016, https://www.fmprc.gov.cn/mfa_eng/wjb_663304/wjbz_663308/2461_663310/t1345211.shtml.
3) 다음의 예를 참조. Peter Van Ness, *Revolution and Chinese Foreign Policy: Peking's Support for Wars of National Liberation* (Berkeley: University of California Press, 1971).
4) Lin Limin, "Shibada Zhihou de Zhongguo Waijiao Xin Jumian" (18차 당대회 이후 중국의 신외교정책), Sina News, January 9, 2014, http://news.sina.com.cn/c/2014-01-09/111129197073.shtml.
5) Zhang Hong, "Zhongguo Zouxiang 'Dawaijiao'" (중국, '강대국 외교'로 나아가다), *People's Daily Overseas Edition*, February 8, 2011, 6. 또한 다음을 참조. "Dishici Zhuwai Shijie Huiyi Zai Jing Juxing" (제10차 해외 주재 중국 외교사절 회의 베이징에서 개최), *People's Daily*, August 30, 2004, 1.
6) "Xi Jinping Chuxi Zhongyang Waishi Gongzuo Huiyi bing Fabiao Zhongyao Jianghua," (시진핑, 외교 관련 중앙회의 의장을 맡아 중요한 연설을 하다), Xinhua News, November 29, 2014, http://www.xinhuanet.com/poli-tics/2014-11/29/c_1113457723.htm.
7) 2008년 7월 후진타오 주석은 인도, 브라질, 남아공, 멕시코 등 "주요 개발도상국"의 4개국 지도자들과 회동했다. "China's Hu Proposes Priorities for Further Cooperation among Five Major Developing Countries." 주호주 중화인민공화국 대사관, July 9, 2008, http://au.china-embassy.org/eng//xw/t472968.htm.
8) Chen, "Xi Jinping's Foreign Policy Thought Points the Way to a New Era of Major Power Foreign Policy with Chinese Characteristics."
9) Michael D. Swaine, "Chinese Views on Global Governance since 2008–2009: Not

Much New," *China Leadership Monitor*, no. 49 (Winter 2016): 1-13.

10) 중국어로 다극성(multipolarity)은 국제체제에서의 국가 자율성 또는 독립성 및 지역적 차원에서 사건에 영향을 미칠 수 있는 능력, 즉 패권으로부터의 자유라고 정의된다. 반면, 미국의 국제관계 문헌에서 '다극성'은 선도 국가에 도전할 수 있는 독립적인 능력을 가진 여러 국가가 존재한다는 것을 의미한다. 다음을 참조. Brantly Womack, "Asymmetry Theory and China's Concept of Multipolarity," *Journal of Contemporary China* 13, no. 39 (May 2004): 351-366.

11) He Yafei, "China's Major-Country Diplomacy Progresses on All Fronts," March 23, 2016, http://www.china.org.cn/opinion/2016-03/23/content_38091993.htm.

12) Feng Zhongping and Huang Jing, "China's Strategic Partnership Diplomacy: Engaging with a Changing World," *European Strategic Partnership Observatory (ESPO) Working Paper*, no. 8, June 29, 2014.

13) Chen Xiangyang, "Zhongguo Tuijin 'Dazhoubian Zhanlue' Zhengdangshi" (중국이 '대주변[大周边]' 전략을 추진할 적기), January 16, 2015, http://comment.cfisnet.com/2015/0116/1300445.html.

14) 이 백서는 다음에서 찾아 볼 수 있다. Eisenman and Heginbotham eds., *China Steps Out: Beijing's Major Power Engagement with the Developing World* (New York: Routledge, 2018), 322-384.

15) Chen, "Zhongguo Tuijin" (적기), http://comment.cfisnet.com/2015/0116/1300445.html.

16) 시진핑이 2017년 다보스에서 말한 바와 같이, "China has come this far because the Chinese people have, under the leadership of the Communist Party of China, blazed a development path that suits China's actual conditions." Xi Jinping, "Xi Jinping Chuxi Shijie Jingji Luntan 2017 Nianhui Kaimushi bing Fabiao Zhuzhi Yanjing" (시진핑, 2017년 세계경제포럼 개막식 및 기조연설 발표), Xinhua News, January 17, 2017, http://www.xinhuanet.com/world/2017-01/17/c_1120331492.htm.를 참조.

17) Andreas Fuchs and Nils-Hendrik Klann, "Paying a Visit: The Dalai Lama Effect on International Trade," *Journal of International Economics* 91, no. 1 (September 2013): 164-177; Nick Macfie, "China Slaps New Fees on Mongolian Exporters amid Dalai Lama Row," Reuters, December 1, 2016, https://www.reuters.com/article/us-china-mongolia/china-slaps-new-fees-on-mongolian-exporters-amid-dalai-lama-row-idUSKBN13Q3I7; Robin Yapp, "Dalai Lama Snubbed in Brazil after Chinese Fury at Mexico Talks," *The Telegraph*, September 18, 2011, https://www.telegraph.co.uk/news/worldnews/southamerica/brazil/8772042/Dalai-Lama-snubbed-in-Brazil-after-Chinese-fury-at-Mexico-talks.html; "Thailand Rejects Chinese Pressure over Dalai Lama," United Press International, February 11, 1993, https://www.upi.com/Archives/1993/02/11/Thailand-rejects-Chinese-pressure-over-dalai-lama/6886729406800/.

18) Wang Wen and Chen Xiaochen, "Who Supports China in the South China Sea and Why," *The Diplomat*, July 27, 2016, https://thediplomat.com/2016/07/who-supports-

china-in-the-south-china-sea-and-why/.

19) George Gilboy and Eric Heginbotham, *Chinese and Indian Strategic Behavior: Growing Power and Alarm* (Cambridge: Cambridge University Press, 2012), 72.

20) John Pomfret, "US Takes a Tougher Tone with China," *Washington Post*, July 30, 2010.

21) GDP 추정치는 IMF 웹사이트에서 가져옴. 2019년 2월 17일에 접속.

22) 시진핑은 2018년과 2014년 FAWC 연설에서 해당 문구를 사용했다.

23) 조슈아 아이젠만이 2018년 6월 남아프리카공화국, 나미비아, 에티오피아, 가나의 중국 민간 기업인들을 대상으로 실시한 인터뷰에 근거한 결론.

24) He Yafei, "China's Major-Country Diplomacy Progresses on All Fronts," March 23, 2016, http://www.china.org.cn/opinion/2016-03/23/content_38091993.htm.

25) He, "China's Major-Country Diplomacy"; Feng Zhongping and Huang Jing, "China's Strategic Partnership Diplomacy: Engaging with a Changing World," *European Strategic Partnership Observatory (ESPO) Working Paper*, no. 8, June 29, 2014.

26) Abdi Latif Dahir, "Twice as Many African Presidents Made It to China's Africa Summit Than to the UN General Assembly," *Quartz Africa*, October 5, 2018, https://qz.com/africa/1414004/more-african-presidents-went-to-chinas-africa-forum-than-un-general-assembly/.

27) Xu Xin, "Backgrounder: China-Arab States Cooperation Forum," *Xinhua*, May 12, 2016.

28) "Press Communique of the First Ministerial Meeting of the Strategic Dialogue Between the People's Republic of China and the Cooperation Council for the Arab States of the Gulf," PRC Ministry of Foreign Affairs, June 4, 2010, https://www.fmprc.gov.cn/mfa_eng/wjdt_665385/2649_665393/t707677.shtml.

29) "China-CELAC Trade to Hit $500 Billion: Chinese President," *China Daily*, January 8, 2015, http://www.chinadaily.com.cn/business/2015-01/08/content_19272865.htm.

30) Mwangi S. Kimenyi and Zenia A. Lewis, "New Approaches from Washington to Doing Business with Africa," *This Is Africa Online*, https://www.thisisafricaonline.com/News/New-approaches-from-Washington-to-doing-business-with-Africa?ct=true

31) Joong Shik Kang and Wei Liao, "Chinese Imports: What's Behind the Slowdown," *IMF Working Paper*, no. 16 (106), May 26, 2016.

32) "China's Trade Surplus Down 9.1 Percent in 2016," *China Daily*, January 13, 2017, http://www.chinadaily.com.cn/business/2017-01/13/content_27945655.htm.

33) IMF, Direction of Trade Statistics (DOTS). 동남아 수치는 대만과의 무역을 배제하는 대신 싱가포르와의 무역을 포함하고 있다. 아프가니스탄은 남아시아 수치에 포함되어 있다.

34) 외환보유고는 3조 9,930억달러에 달했던 2014년 6월까지 급속하게 누적됐다가 2016년 11월 약 3조 5,100억달러로 떨어졌다. PRC State Administration of Foreign Ex-

change website, http://www.safe.gov.cn/safe/2018/0612/9313.html, http://www.safe.gov.cn/safe/2016/1230/6183.html, January 12, 2018를 참조.

35) Jiang Zemin, "Genghao de Shishi 'Zouchuqu' Zhanlue" ('해외진출전략'을 더 잘 시행하기 위해), the Central People's Government of the People's Republic of China website, http://www.gov.cn/node_11140/2006-03/15/content_227686.htm. 또한 다음을 참조. David Shambaugh, *China Goes Global: The Partial Power* (New York: Oxford University Press, 2013), chapter 5.

36) George Chen and Marius Bosch, "ICBC to Buy Standard Bank Stake for $5.6 billion," Reuters, October 25, 2007, https://www.reuters.com/article/us-standardbank-icbc-acquisition/icbc-to-buy-standard-bank-stake-for-5-6-billion-idUSSHA11075020071026; 그리고 다음을 참조. "Standard Chartered Opens Its First Onshore Chinese Yuan (RMB) Account for South Africa's Portland Steel," Standard Chartered, May 23, 2011, https://www.sc.com/za/news-media/2011-opens-first-africa-onshore-renminbi-account.html

37) National Bureau of Statistics of China, "Zhongguo Tongji Nianjian" (중국통계연감), (Beijing: China Statistics Press, various years). 경상-달러 수치는 GDP 디플레이터를 사용하여 2018년 상수로 환산되었다.

38) 역외 금융 중심지로는 홍콩, 싱가포르, 케이맨 제도, 버진 제도, 버뮤다 등이 있다. 아시아의 선진국은 제시된 수치에 포함되지 않는다. PRC Ministry of Commerce, "2017 Niandu Zhongguo Duiwai Zhijie Touzi Tongji Gongbao" (2017년 중국 해외직접투자 통계고시), September 2018.

39) "Turning Tides: EY Attractiveness Program, Africa," October 2018, https://www.ey.com/Publication/vwLUAssets/ey-Africa-Attractiveness-2018/$FILE/ey-Africa-Attractiveness-2018.pdf.

40) Xiao Ren, "China as an Institution-Builder: The Case of the AIIB," *The Pacific Review* 29, no. 3 (March 4, 2016): 435–442.

41) "The Case for Reform at the World Bank," *Financial Times*, August 10, 2016, https://www.ft.com/content/b7da7178-5eec-11e6-bb77-a121aa8abd95.

42) Jordan Totten, "BRICS New Development Bank Threatens Hegemony of US Dollar," *Forbes*, December 22, 2014, https://www.forbes.com/sites/realspin/2014/12/22/brics-new-development-bank-threatens-hegemony-of-u-s-dollar/#7f85bbb57f89; "BRICS Cooperation Helps Build New International Framework," *Global Times*, July 13, 2015, http://www.globaltimes.cn/content/931748.shtml.

43) Jane Perlez, "China Creates a World Bank of Its Own, and the US Balks," *New York Times*, December 4, 2015, https://www.nytimes.com/2015/12/05/business/interna-tional/china-creates-an-asian-bank-as-the-us-stands-aloof.html; Mike Callaghan, "The $100 Billion AIIB Opens for Business: Will China's Multilateral Ambitions Soar or Sour?" *The Interpreter*, January 19, 2016, http://lowyinstitute.org/the-interpreter/100-billion-aiib-opens-business-will-chinas-multilateral-ambitions-soar-or-sour.

44) "Why China Is Creating a New 'World Bank' for Asia," *The Economist*, November

11, 2014, https://www.economist.com/the-economist-explains/2014/11/11/why-china-is-creating-a-new-world-bank-for-asia.

45) Salvatore Babones, "China's AIIB Expected to Lend $10–15B a Year, but Has Only Managed $4.4B in 2 Years," *Forbes*, January 16, 2018, https://www.forbes.com/sites/salvatorebabo-nes/2018/01/16/chinas-aiib-expected-to-lend-10-15b-a-year-but-has-only-managed-4-4b-in-2-years/#2e05a2e537f1.

46) "AIIB President Suggests Taking On More Chinese Projects to Improve Asset Quality," *China Knowledge*, February 1, 2019, https://www.chinaknowledge.com/News/DetailNews/85080/AIIB.

47) 제3은행인 중국농업개발은행은 국내에 초점을 맞추고 있다.

48) James Kynge, Jonathan Wheatley, Lucy Hornby, Christian Shepherd, and Andres Schipani, "China Rethinks Developing World Largesse as Deals Sour," *Financial Times*, October 13, 2016, https://www.ft.com/content/5bf4d6d8-9073-11e6-a72e-b428cb934b78.

49) 이러한 결론은 2017년 5월과 6월 베이징과 상하이의 기업인들을 대상으로 한 인터뷰에 근거한 것이다. 채무 재정이 주로 수반될 총 자금 조달은 불확실하지만, 1조에서 4조 달러로 추산되고 있다. ("Our Bulldozers, Our Rules"); National Development and Reform Commission of the PRC, Ministry of Foreign Affairs, and Ministry of Commerce, "Tuidong Gongjian Sichouzhilu Jingjidai he 21 Shiji Haishang Sichouzhilu de Yuanjing yu Xindong" (실크로드 경제벨트와 21세기 해상 실크로드 공동 건설에 대한 비전과 행동), Ministry of Commerce of the People's Republic of China, January 26, 2016, http://www.mofcom.gov.cn/article/i/dxfw/jlyd/201601/20160101243342.shtml.

50) National Development and Reform Commission of the PRC, Ministry of Foreign Affairs and Ministry of Commerce, "Tuidong Gongjian Sichouzhilu Jingjidai he 21 Shiji Haishang Sichouzhilu de Yuanjing yu Xingdong" (실크로드 경제벨트와 21세기 해상 실크로드 공동 건설에 대한 비전과 행동), Ministry of Commerce of the People's Republic of China, January 26, 2016, http://www.mofcom.gov.cn/article/i/dxfw/jlyd/201601/20160101243342.shtml.

51) James Kynge, "How the Silk Road Plans Will Be Financed," *Financial Times*, May 9, 2016, https://www.ft.com/content/e83ced94-0bd8-11e6-9456-444ab5211a2f. 수출입은행은 2015년 49개국에 800억 달러를 대출했고, 아시아개발은행은 271억 달러(AIIB 20억 달러 미만)를 대출했다.

52) Yan Xuetong, "China Must Not Overplay Its Strategic Hand," *Global Times*, August 9, 2017, http://www.globaltimes.cn/content/1060491.shtml; Yang Mu, Li Jingrui, and Qin Boya, "Shi Yinhong: Tuijin 'Yidai Yilu' Jianshe Yingyou Shenshen Xintai" (스인훙: 우리는 '일대일로' 건설 시 주의해야 한다), *People News*, July 5, 2015, http://world.people.com.cn/n/2015/0705/c1002-27256546.html.

53) Alex Dreher, Andreas Fuchs, Roland Hodler, Bradley C. Parks, Paul A. Raschky, and Michael J. Tierney, "Aid on Demand: African Leaders and the Geography of China's Foreign Assistance," *Aid Data Working Paper*, no. 3 (October 2016).

54) 2014년 대외원조 백서의 본문은 Eisenman and Heginbotham, eds., China Steps Out, 385–404.404를 참조.

55) James T. Areddy, "China Touts $14.4 Billion in Foreign Aid, Half of Which Went to Africa," *Wall Street Journal*, July 10, 2014, https://blogs.wsj.com/chinarealtime/2014/07/10/china-touts-14-4-billion-in-foreign-aid-half-of-which-went-to-africa/.

56) Information Office of the State Council of the People's Republic of China, *China's Foreign Aid*, July 10, 2014, http://english.gov.cn/archive/white_paper/2014/08/23/content_281474982986592.htm.

57) 위의 글 참조.

58) Xinhua, "China Unveils Cabinet Restructuring Plan," *China Daily*, March 14, 2018, http://www.chinadaily.com.cn/a/201803/14/WS5aa7ffd3a3106e7dcc141675.html.

59) Mateen Haider and Irfan Haider, "Economic Corridor in Focus as Pakistan, China Sign 51 MoUs," *Dawn*, April 20, 2015, https://www.dawn.com/news/1177109.

60) Winslow Robertson and Lina Benabdallah, "China Pledged to Invest $60 Billion in Africa. Here's WhatThatMeans,"*Washington Post*, January 7, 2016; YunSun, "China's 2018 Financial Commitments to Africa: Adjustment and Recalibration," Brookings Institution, September 5, 2018, https://www.brookings.edu/blog/africa-in-focus/2018/09/05/chinas-2018-financial-commitments-to-africa-adjustment-and-recalibration/.

61) "Cooperation Plan (2015–2019)," China-CELAC Forum, January 23, 2015, http://www. chinacelacforum.org/eng/zywj_3/t1230944.htm.

62) Ren Mu, "China's Non-intervention Policy in UNSC Sanctions in the 21st Century: The Cases of Libya, North Korea, and Zimbabwe," *Ritsumeikan International Affairs*, no. 12 (2014): 101–134.

63) Cooper Inveen and Ruth Maclean, "China's Influence Looms as Sierra Leone Goes to the Polls," *The Guardian*, March 7, 2018, https://www.theguardian.com/world/2018/mar/07/chinas-influence-looms-as-sierra-leone-goes-to-the-polls.

64) 다음을 참조. David Shambaugh, "China's External Propaganda Work: Missions, Messengers, Mediums," *Party Watch Annual Report 2018*, https://docs.wixstatic.com/ugd/183fcc_e21fe3b7d14447bfaba30d3b6d6e3ac0.pdf;Anne-Marie Brady, "Exploit Every Rift: United Front Goes Global," *Party Watch Annual Report 2018*, https://docs.wixstatic.com/ugd/183fcc_5dfb4a9b2dde492db 4002f4aa90f4a25.pdf.

65) 다음을 참조. David Shambaugh, "China's Soft Power Push: The Search for Respect," *Foreign Affairs* (July–August 2015).

66) Feng Wenya, ed., "Xi Jinping Tan Guojia Wenhua Ruan Shili: Zengqiang Zuo Zhongguoren de Guqi he Diqi" (시진핑이 말하는 국가 문화 소프트파워: 기개와 저력 강화된 중국인 되기), Xinhua, June 25, 2015, http://www.xinhuanet. com//politics/2015-06/25/c_127949618.htm.

67) Yu Yunquan, "Zhongguo Wenhua Ruan Shili Jianshe Renzhongdaoyuan" (중국의 소프트파워 구축이라는 무거운 책임을 지다), *International Communications*, no. 1 (January 10, 2007): 44–46; Chen Xinguang, "Meiguo Ruan Shili Shuaitui yu

Zhongguo Ruan shili Tisheng" (미국의 소프트파워 약화 및 중국의 소프트파워 부상), *China Daily*, June 23, 2015, http://column.chinadaily.com.cn/article.php?pid=8322.

68) Ministry of Education of the People's Republic of China, "Jiaoyuyubu fa Liuxue Dashuju: Zhongguo cheng Yazhou Zuida Liuxue Mudiguo" (교육부 중국유학 및 중국유학생 빅데이터: 아시아에서 가장 큰 유학 목적지가 된 중국), *Chinanews*, March 30, 2018, http://www.chinanews.com/gn/2018/03-30/8479732.shtml.

69) Ministry of Education, "2016 Niandu Woguo Laihua Liuxuesheng Qingkuang Tongji" (2016년 중국 유학생 관련 통계), Ministry of Edu-cation of the People's Republic of China, March 1, 2017, http://www.moe.gov.cn/jyb_xwfb/xw_fbh/moe_2069/xwfbh_2017n/xwfb_170301/170301_sjtj/201703/t20170301_297677.html.

70) "About Confucius Institute/Classroom," Hanban, http://english.hanban.org.

71) Elizabeth Redden, "Closing Confucius Institutes," *Inside Higher Ed*, January 9, 2019,https://www.insidehighered. com/news/2019/01/09/col leges-move-close-chinese-government-funded-confucius-institutes-amid-increasing.

72) 다음을 참조. David Shambaugh, "China's 'Quiet Diplomacy': The International Department of the Chinese Communist Party," *China: An International Journal* 5, no. 1 (March 2007).

73) Edith Mutethya, "CPC Holds Dialogue with African Political Leaders," *China Daily*, July 18, 2018, http://www.chinadaily.com.cn/a/201807/18/WS5b4e61a9a310796df4df70cb.html.

74) 다음을 참조. Julia G. Bowie, "International Liaison Work for the New Era: Generating Global Consensus?," *Party Watch Annual Report 2018*, https://docs.wixstatic.com/ugd/183fcc_687cd757272e461885069b3e3365f46d.pdf.

75) 아프리카 정당 간부 훈련 프로그램에 관해서는 다음을 참조. David Shinn and Joshua Eisenman, *China and Africa: A Century of Engagement* (Philadelphia: University of Pennsylvania Press, 2012), 75–79.

76) Yun Sun, "Political Party Training: China's Ideological Push into Africa," Brookings Institution, July 5, 2016, https://www.brookings.edu/blog/africa-in-focus/2016/07/05/political-party-training-chinas-ideological-push-in-africa/.

77) Stephanie Findlay, "South Africa's Ruling ANC Looks to Learn from Chinese Communist Party," *Time*, November 24, 2014, http://time.com/3601968/anc-south-africa-china-communist-party/; 그리고 "Beijing Will Increase Sway over African Policymaking," *Oxford Analytics Daily Brief*, August 8, 2016, https://dailybrief.oxan.com/Analysis/DB212857/Beijing-will-increase-sway-over-African-policymaking.

78) "Briefs from China – Learning from the Best for the Future: Notes from the ANC SG CDE Ace Magashule," *ANC Today*, June 2018, http://anctoday.org.za/briefs-china-learning-best-future/, accessed November 22, 2018.

79) "Groundbreaking Ceremony of Julius Nyerere Leadership Held," *The Herald* (Zimbabwe), July 17, 2018.

80) Shinn and Eisenman, *China and Africa*, 201–203; "Forum on China-Africa Media Cooperation," CCTV, 2012.
81) Iginio Gagliardone, "China and the Shaping of African Information Societies," in *Africa and China: How Africans and Their Governments Are Shaping Relations with China*, edited by A. W. Gadzala, 45–59 (Lanham, MD: Rowman and Littlefield, 2015); Iginio Gagliardone, "China as a Persuader: CCTV Africa's First Steps in the African Media Sphere," *Ecquid Novi: African Journalism Studies* 34, no. 3 (2013): 29; 그리고 Yu-shan Wu, "The Rise of China's State-Led Media Dynasty in Africa," *South African Institute of International Affairs Occasional Paper*, no. 117 (2012): 24.
82) Edmund Smith-Asante, "48 Journalists Begin Media Exchange Program in China," *Graphic Online*, March 3, 2017, https://www.graphic.com.gh/news/general-news/48-journalists-begin-media-exchange-programme-in-china.html.
83) 다음을 참조. Ken W. Allen and Eric A. McVadon, *China's Foreign Military Relations* (Washington, DC: Henry L. Stimson Center, 1999).
84) 군사외교에 대한 중국식 정의는 다음을 참조. Jin Canrong and Wang Bo, "Youguan Zhongguo Tese Junshi Waijiao de Lilun Sikao" (중국의 군사외교이론에 대하여) *Taipingyang Xuebao* 23, no. 5 (May 2015): 17–25.
85) Lina Benabdallah, "China-Africa Military Ties Have Deepened: Here Are Four Things to Know," *Washington Post*, July 6, 2018, https://www.washingtonpost.com/news/monkey-cage/wp/2018/07/06/china-africa-military-ties-have-deepened-here-are-4-things-to-know/?utm_term=.f6c39ce0f2d4.
86) United Nations, "Contributors to United Nations Peacekeeping Operations as of 3.01.19," https://peacekeeping.un.org/en/troop-and-police-contributors, accessed February 17, 2019.
87) Roy Kamphausen, "China's Military Operations Other Than War: The Military Legacy of Hu Jintao," paper presented at SIPRI Conference, Stockholm, April 2013.
88) *China's National Defense in 2008*, Information Office of the State Council of the People's Republic of China website, January 20, 2009, http://www.china.org.cn/government/white-paper/node_7060059.htm.
89) "The Diversified Employment of China's Armed Forces," Xinhua, April 16, 2013, https://www.nti.org/media/pdfs/China_Defense_White_Paper_2013.pdf
90) 다음을 참조. Han Xudong, "Guofang Daxue Jiaoshou: Baohu Haiwai Zhongguoren Jidai Wozu Zhunjian Junshi Liliang Jieru" (중국국방대학교 교수: 재외동포 보호를 위한 군대 긴급 편성해야), *Huanqiu Shibao*, February 2, 2012, http://opinion.huanqiu.com/1152/2012-02/2402155.html; Yue Gang, "Zhongguo Junli Ying Hanwei Haiwai Liyi Juebu Rongren Paihua Beiju Zaiyan" (PLA는 중국의 해외 이익을 보호하고 다시는 반중 비극을 용납하지 말아야 한다), *Sina News*, April 18, 2013, http://mil.news.sina.com.cn/2013-04-18/0824722110.html; 그리고 Andrea Ghiselli, "Diplomatic Opportunities and Rising Threats: The Expanding Role of Non-Traditional Security in Chinese Foreign and Security Policy," *Journal of*

Contemporary China 27, no. 112 (February 15, 2018): 611–625.

91) "The Diversified Employment of China's Armed Forces."

92) Xue Chengqing and Cui Xiaoyang, "Haijun Di Sanshiyi Pi Huhang Biandui Chenggong Chuzhi Liusou Yisi Haidao Mubiao" (The 31st Navy Convoy Successfully Got Rid of Six Suspected Pirate Targets), PLA Navy Website, January 24, 2019, http://navy.81.cn/content/2019-01/24/content_9412725.htm.

93) "China to Help with SADC Regional Logistics Depot," *Defense Web* (South Africa), September 7, 2018, https://www.defenceweb.co.za/joint/logistics/china-to-help-with-sadc-regional-logistics-depot/.

94) "China Formally Opens First Overseas Military Base in Djibouti," Reuters, August 1, 2017, https://www.reuters.com/article/us-china-djibouti/china-formally-opens-first-overseas-military-base-in-djibouti-idUSKBN1AH3E3.

95) Shen Dingli, "Don't Shun the Idea of Setting Up Overseas Military Bases," China Online, January 28, 2010, http://www.china.org.cn/opinion/2010-01/28/content_19324522.htm.

96) Joshua Eisenman, "Comrades-in-Arms: The Chinese Communist Party's Relations with African Political Organizations in the Mao Era, 1949–1976," *Cold War History* 18, no. 4 (March 20, 2018): 429–445.

97) "SIPRI Arms Transfer Database," www.sipri.org/databases/armstransfers.

15장 중국 특색의 지역 다자주의

스리칸스 콘다팔리(Srikanth Kondapalli)

중국의 외교 관례에서는 다자주의보다 양자주의가 지배적이었다. 여기에는 여러 가지 이유가 있다. 중국은 냉전기간 동안 의도적으로 서방이 주도한 국제제도 질서에 참여하지 않았다. 마오쩌둥은 오래전부터 이러한 제도들을 제국주의 세계 지배의 도구로 의심해 왔다. 또한, 중국은 특정 국제제도에 속박됨으로 인해 갖게 되는 의무를 부담스러워했다 (다자관계보다 외교적 유연성이 있는 양자관계 및 동맹이 아닌 변경 가능한 제휴를 선호). 그러나 덩샤오핑을 비롯한 중국 지도자들은 중국이 1971년 유엔에 가입한 이후 국제제도에 대해 보다 긍정적인 시각을 갖게 되었다. 그들은 다자기구들이 중국의 발전에 중요한 재정적, 기술적 자원을 제공할 수 있다는 것을 깨닫게 되었다. 따라서 그들은 이러한 제도의 일원이 되는 것이 '개혁개방'의 일부이며, 또한 부상하는 강대국인 중국의 국제적 위상에도 기여하게 될 것이라는 것을 이해하게 되었다.[1] 2008년 말까지 중국은 130개 이상의 정부간기

구(IGOs)와 24개 UN 전문기구의 회원국이 되었으며, 300개 이상의 다자간 조약에 서명했다.[2)]

중국이 거의 모든 국제기구(OECD, 국제에너지기구, 미사일기술통제체제[MTCR]는 제외)의 일원이 된 것은 주목할 만한 사실이지만, 중국이 다자간 지역기구와 국가 그룹에 지속적으로 관여하고 있다는 점은 덜 주목받고 있다. 아이젠만(Joshua Eisenman)과 헤긴보담(Eric Heginbotham)의 제14장에서 잘 설명했듯이, 중국은 말 그대로 전 대륙과 지구 곳곳에 글로벌한 족적을 남기면서 이들 지역의 기존 기구들에 동참하고 있다. 무엇보다 특히 주목할 만한 것은 중국이 전 세계에 걸쳐 광범위한 새로운 기구와 지역 그룹을 자극하고 만들어내고 있다는 점이다. 이것이 바로 이 장에서 다룰 내용이다 — 중국의 지역적 다자주의 (반면, 모튼[Katherine Morton]의 제8장은 글로벌 이슈와 국제적 다자주의 제도에 초점을 맞추고 있다).

이러한 중국의 지역적 다자주의 구상들 중 가장 주목할 만한 것은 다음과 같다. 아시아인프라투자은행(AIIB: Asian Infrastructure Investment Bank), 상하이협력기구(SCO: Shanghai Cooperation Organization), 아세안+10(ASEAN+10), 브릭스(BRICS: Brazil-Russia-India-China-South Africa), 중국-아프리카협력포럼(FOCAC: Forum for China-Africa Cooperation), 중국-아랍국가협력포럼(CACF: China-Arab States Cooperation Forum), 중국-중·동유럽국가(CEEC: China-Central and Eastern Europe Countries), 중남미와 함께 하는 일련의 제도들(중국-중남미 포럼, 중국-카리브 경제 및 무역 협력포럼, 중국-중남미 공동 시장 대화 및 중국-중남미 비즈니스 정상회의). 중국은 이 모든 그룹들의 설립을 주도하거나 적극적으로 관여한 행위자였다. 게다가, 주창자는 아니지만, 중국은 APEC(아시아태평양경제협력체), 동아시아정상회의(EAS), 아시아유럽정상회의(ASEM), 아세안+3 및 전 세계의 다양한 '전략적 동반자관계' 대화체에서도 활발한 활동을 펼치고 있다.

중국이 이러한 지역 집단에 참여해서 활력소가 되도록 추동한 요인은 네 가지로 구분된다. 첫째, 이들 지역 집단은 '다극 세계'를 만들겠다는 중국의 오랜 염원을 가시적으로 반영하고 있다. 둘째, 중국은 서방세계의 안보동맹을 '냉전의 유물'이라고 지칭하면서 이에 대해 오랜 기간 혐오와 반대를 표명해왔다. 중국은 이런 동맹관계를 뒷받침하는 집단안보 원칙 대신 '포괄적'이고 '협력적인' 안보를 내세운다. 셋째, 중국은 지역적 다자주의 제도를 통해 상업적 교류의 촉진을 선호한다. 넷째, 중국은 제2차 세계대전 이후 수립된 국제질서의 운영원리(또는 자유주의 질서)가 서방국가에만 유리하고 아시아, 아프리카, 중남미, 중동 국가들의 이익에 반하는 편향적인 것이라고 오래전부터 비판해 왔다. 중국의 비판은 이러한 제도적 편향이 구조적이라는 것이다. 즉, 이들 지역의 국가들이 그 수적 우세에도 불구하고 자유주의 질서에서는 그 수에 비례한 대표성을 갖지 못하기 때문에, 이들 국가는 자유주의 질서를 만들고 통제하는 서방 국가들에 종속적일 수밖에 없다는 것이다.

이러한 주요 이유들로 인해, 중국은 오래전부터 글로벌 및 지역제도에 대해 불만을 가져왔었다. 심지어, 이 제도들을 개혁하려는 시도까지 좌절되어 왔다. 따라서 1990년대 중반 이후부터 중국은 스스로 문제를 해결하고, 주로 '중국+'로 구성될 새로운 지역제도와 그룹을 설립하기로 결정했다. 즉, 위에서 언급한 바와 같이 대부분의 새로운 제도들의 명칭은 다른 국가나 지역이 중국과 짝을 이루고 있다. 이 새로운 제도들은 '포괄성'과 '협력'의 원칙에 따라 운영되고 있으며, 헌장에는 일부 수정된 평화공존의 5대원칙이 담겨있다. 따라서 중국이 주도하는 이 새로운 지역 제도들은 대부분의 서방의 제도처럼 안보 중심의 동맹이라기보다는 사회경제적 발전의 다양한 차원에 주로 초점을 맞추고 있다. 중국은 이를 '새로운 형태의 다자주의(新型多边主义)'로 칭하고 있다.

다자주의에 대한 중국의 인식

중국은 대국으로서 세계와 폭넓게 교류하면서 다자주의와 관련된 상당한 경험을 축적했다. 중국은 수십 년 동안 정치, 경제, 문화, 안보 분야에서 국제 다자체와 교류해 오고 있다. 중국은 다자제도를 통해 비전통안보 문제, 에너지안보, 환경문제, 테러리즘, 공중 보건 유행병, 기후변화 등 글로벌 문제 해결에도 점점 더 관여하고 있다.[3] 마오 시대 이후, 중국은 이러한 많은 다자제도들을 약화시키거나 개혁하는 대신에, 1945년 이후 발전해 온 전반적인 규칙과 규범을 지지해 왔다. 그러나 앞서 설명했듯이, 그러한 제도들의 운영방식에 때때로 좌절했다는 점에서 중국은 양면성을 보여주었다.[4] 중국의 주요 불만 사항은 국제제도들이 남반구 지역의 개발도상국을 대표하지 못하는 편향성을 구조화시키고 있다는 점이다.

다자제도와 외교 과정에서 오랜 기간 습득한 중국의 경험은 다양해졌고, '익숙함의 수준'도 점차 높아졌다. 중국은 국제제도에 대한 양면성과 불신을 극복하고, 관찰하기 시작했으며, 1990년대 후반부터는 점차 더 많은 국제제도에 가입하기 시작했다. 이를 통해 증가된 익숙함은 2002년 11월의 제16차 당 대회에서 장쩌민(江澤民) 주석이 발언한 내용에 반영되었다. "우리는 앞으로도 다자간 외교활동에 적극 나서 유엔을 비롯한 국제제도나 지역제도에서 우리의 역할을 다할 것이다. 우리는 다른 개발도상국들이 그들의 합법적인 권익을 보호하기 위한 노력을 지지할 것이다."[5] 이어 2007년의 제17차 당 대회에서도 장 주석의 후계자인 후진타오(胡錦濤)는 "우리는 다자문제에 계속 적극 참여하고, 정당한 국제적 의무를 지며, 건설적인 역할을 하면서, 국제질서를 보다 공정하고 공평하게 만들기 위해 노력할 것"이라고 밝혔다.[6] 후진타오 주석은 제18차 당 대회에서도 다음과 같이 말했다. 중국은 "주요 책임국가의 적절한 역할을 수행하고, 다른 국가와 공동으로 글로벌 도전에 대처해야 한다. … 우리는 다자문제에 적극 참여하고, 유럽연합

(EU), G-20, 상하이협력기구, 브릭스(BRICS) 등 다자제도가 국제문제에서 적극적인 역할을 할 수 있도록 지원하며, 국제질서와 제도를 보다 공정하고 공평하게 만들기 위해 노력할 것이다."[7] 2017년 10월의 제19차 당대회에서도 시진핑(習近平) 신임 국가주석은 다음과 같이 말했다. "중국은 다자간 무역체제를 지지하고 자유무역지대 설립의 촉진과 개방경제 구축을 위해 노력할 것이다. … 중국은 앞으로도 중요하고 책임 있는 국가로서 제 역할을 다할 것이며, 글로벌 거버넌스 시스템의 개혁과 발전에 적극 나설 것이다."[8]

왕이(王毅) 외교부장도 이와 관련해 현재 중국의 우선순위를 요약했다. 2018년 9월의 유엔 연설에서 그는 다음과 같이 말했다. "오늘날 국제규칙과 다자간 메커니즘이 공격받고 있으며, 국제 지형은 불확실성과 불안정한 요소들로 가득 차 있다. … 중국은 국제질서를 수호하고 다자주의를 추구해 왔다. … 새로운 사태 전개와 심각한 도전에 직면하여, 중국은 그 약속을 지킬 것이고 다자주의의 수호자로 남을 것이다."[9] 2019년의 뮌헨 안보회의에서도 양제츠(杨洁篪) 외교담당 중앙정치국 위원 역시 중국이 글로벌 및 지역 다자주의에 우선순위를 부여하고 기여할 것임을 천명했다.[10] 양제츠의 연설은 스위스 다보스에서 열린 2017 세계경제포럼에서 시진핑이 연설한 내용을 그대로 반복했다.[11] 트럼프가 다자주의를 불신함에 따라 미국은 70년간 국제제도에서 맡아온 리더십 역할에서 손을 뗐다. 중국은 이러한 리더십 공백을 영향력 확대를 위한 잠재적인 기회로 인식했다.

중국의 지역적 다자주의 실천

중국이 지역적 다자주의 제도들을 창설하고 관여하게 된 일반적인 배경과 중국이 설정한 우선순위부터 먼저 살펴보아야 한다. 그리고 나서 아세안이 주도하는 제도들, AIIB, SCO, CACF, FOCAC, CEEC, BRICS에 중국이 어떻게 관여하는 있는지를 살펴볼 것이다.

(주로 해양영유권 분쟁 때문에) 긴장국면이 없었던 것은 아니지만, 중국은 무역, 투자, 시장, 그리고 최근의 공동체 구축 과정 등 다각적인 차원에서 교류를 진행했고 이 과정에서 상당한 이익을 공유했다. 그 결과, 1990년대 이후 이 지역은 중국이 다자간 교류에 힘쓰는 주요 지역 중 하나가 되었다.

아세안(ASEAN)은 1967년에 설립되었지만 중국은 1990년대 초까지 아세안에 참여하거나 교류하지 않았다. 1991년 7월이 되어서야 첸치천(钱其琛) 중국 외교부장이 아세안 각료회의에 초청받아 참석했고, 이후 1996년에는 대화 파트너로 참석했다. 2003년에는 양측 간 '전략적 동반자관계'가 체결됐다. 중국은 2003년에 아세안 기본이념의 근간인 우호협력조약에 서명함으로써 ASEAN+1,[12] 아세안지역안보포럼(ARF),[13] 아세안확대국방장관회의(ADMM+),[14] 동아시아정상회의(EAS)[15]와 같은 다양한 메커니즘에 참여할 수 있게 되었다. 중국은 아세안과 우호협력조약(아세안 비회원국 중 최초)을 체결함으로써, 아세안 '중심성' 요건을 준수했다. 그 결과, 지역 다자주의의 '주도' 세력으로서 '운전자석'에 앉게 되었다.[16]

이는 2010년에 발효된 아세안-중국 FTA(CAFTA)를 촉진했다. 중국과 아세안은 2015년부터 시작된 CAFTA '개선' 협상을 진행 중이며,[17] 2020년까지 전체 무역의 규모를 1조 달러까지 증가시킨다는 것을 목표로 하고 있다. EU와 미국에 이어, 아세안은 중국의 세 번째로 큰 교역 상대국이 됐다. 이중 말레이시아는 중국의 가장 큰 교역 상대국이며, 그 다음은 싱가포르, 태국, 인도네시아, 베트남, 필리핀, 미얀마, 캄보디아, 라오스, 브루나이 순이다.[18] 아세안 10개국과 중국의 총 교역액은 2017년까지 4,300억 달러 이상으로 증가했으며, 2017년까지 중국의 동남아국가에 대한 투자액은 110억 달러를 넘어섰다. 아세안 국가를 방문하는 중국인 관광객은 2,000만 명, 중국을 방문하는 동남아시아 관광객은 1,000만 명을 기록했다.[19]

아세안+1(중국) 대화체는 1991년 쿠알라룸푸르에서 열린 아세안회의에 앞서 언급한 첸치천의 방문을 계기로 성사됐다. 양측은 2003년의 '전략적 동반자관계'를 통해 더욱 돈독해졌다. 2011년에는 베이징에 아세안-중국센터가 설립됐고, 이듬해 중국은 아세안 대사를 임명했다. 이에 탄력을 받은 양측은 2018년까지 21차례 정상급 회담을 열어 정치안보 협력 방안을 논의했고, 탑다운 방식으로 교역, 투자, 사회문화 협력까지 증진시켰다.[20)]

1993년에 설립되어 지역 안보협력 메커니즘으로 확립된 ARF는 일련의 대화를 통해 1995년 많은 신뢰구축조치(CBM: confidence-building measures)를 채택했다. 특히, '예방 외교'를 통한 갈등관리를 지향한다. ARF에는 현재 27개국(대화 파트너 10개국, 기타 7개국)의 회원국이 가입해 있다. 2009년에는 2020년 비전 선언문이 채택되었고, 2010년에는 하노이 행동계획이 발표되었다.

2010년에 하노이에서 출범한 아세안확대국방장관회의(ADMM+)는 2018년 10월까지 5차례의 회의를 개최하였다. 현재 이 회의에는 아세안 10개국 외에 호주, 뉴질랜드, 중국, 한국, 일본, 인도, 미국, 러시아 등 8개 국방협력국이 참여하고 있다. 이들 국가는 이 지역의 전통/비전통 안보과제, 신뢰구축조치, 한반도, 재해구호 및 인도적 지원, 직접 통신 라인, 해상에서의 해군 함정간 우발적 충돌방지기준(CUES: the Code for Unplanned Encounters at Sea), 지역 조정 센터 네트워크 구축, 군용 항공기의 공중 접촉 가이드라인 등을 논의하고 있다.

아시아인프라투자은행

중국이 지지, 주도 또는 가입했던 많은 다자제도들이 주로 정치, 외교, 안보 분야인 반면, 아시아인프라투자은행(AIIB)은 다자간 대출 및 투자 기관으로 차별화된다. 다자간 개발은행인 AIIB는 2015년에 설립되었다. 아시아개발은행은 아시아인프라 프로젝트에 8조 달러 이상의 자금이 필요하다고 추정했는데, 이는 기존 대출 기관이 충족시킬 수 없는 금액이었다. AIIB는 이 공백을 부분적으로 메우기 위해 설립되었다. 당초, 10개국에 불과했던 회원국 수는 2014년 21개국에서 2019년에는 72개국으로 증가했으며, 현재 28개국이 예비 회원국으로 대기 중에 있다.

AIIB는 초기 자본금 1,000억 달러로 인프라 프로젝트를 추진하는 것을 목표로 하고 있다.[21] 중국은 26퍼센트가 넘는 투표권을 가지고 있고, 그 다음으로는 인도가 7.51퍼센트, 러시아가 5.93퍼센트의 투표권을 가지고 있다.[22] AIIB가 창설되고 5년간(2016년 이후) 진리췬(金立群)이 총재를 맡고 있다. 결정은 투표보다 합의를 통해 이루어진다. 미국의 반대에도 불구하고 유럽연합의 몇몇 회원국이 AIIB에 가입했다.[23] 2019년 초까지 AIIB의 총 대출 규모는 35개 사업에 약 75억 달러였지만 대출건수와 투자대상이 점차 늘어나고 있다.[24] AIIB가 중국의 이익만을 반영하거나 전문적 또는 환경적 기준을 충족시키지 못할 것이라는 초기 의심은 확고한 국제표준과 관행을 고수한 대출과 사업을 통해 크게 완화되었다. 게다가, 그러한 대출의 약 3분의 2는 세계은행이나 아시아개발은행을 공동 출자자로 두고 있다. AIIB의 신용 등급도 높다.[25]

상하이협력기구(SCO)

1990년대 중반에 시작된 '상하이5국'[26]은 중국이 설립한 최초의 다자제도이다. 이는 2001년 상하이협력기구로 탈바꿈했다. 구소련 공화국, 러시아, 중국 간의 영토분쟁 해결과 군사적 신뢰구축조치(CBMs)를 위해 1996년에 시작된 이 제도는 새로운 회원국과 옵서버, 대화 파트너 등을 추가하며 발전했다. 상하이협력기구 회원국은 중국, 러시아, 카자흐스탄, 타지키스탄, 키르기스스탄(1996년의 '상하이5국')이며 2001년 옵서버국에서 회원국이 된 우즈베키스탄이다. 이후 2017년에 인도와 파키스탄이 회원국으로 합류했다. 상하이협력기구 옵서버 국가는 2004년 몽골, 2005년 이란, 2010년 벨라루스, 2012년 아프가니스탄 등이며, 대화 파트너는 2009년 스리랑카, 2012년 터키, 2015년 아르메니아, 아제르바이잔, 캄보디아, 네팔이다. 이란이 회원국 가입을 신청한 반면, 아르메니아, 아제르바이잔, 방글라데시, 이집트, 이스라엘, 몰디브, 네팔, 스리랑카, 시리아 등은 옵서버 자격 신청을 했다. 상하이협력기구 회의에는 아세안, 독립국가연합, 투르크메니스탄 등이 초청국 자격으로 참석한다.

상하이협력기구는 영토분쟁 및 비무장화, 연합군사훈련, 대테러, 마약밀매 방지, 지역 안정 및 기타 등을 위해 경주하고 있다.[27] 중국의 일대일로로 강화될 경제·문화 연계성 향상을 위해서도 힘쓰고 있다.

표 15.1은 상하이5국-상하이협력기구 정상회의에서 발표된 내용으로, 다자간 영역에서 확산될 담론들을 제시하고 있다.

지역 안정과 에너지 협력을 증진하기 위한 노력에도 불구하고, 많은 분야에서 진전이 제한되어 왔다. 인도, 파키스탄, 이란, 기타 국가들의 상하이협력기구 가입은 주로 이 지역의 지정학적 문제와 상호 신뢰의 부재 때문에 '포괄성'의 범위에 대한 논란이 일어났고 그 결과 오랫동안 정체되어 왔다. 중국이 미국이나 EU의 상하이협력기구 가입 승인에 주저한다는 보도도 나오고 있다.

비록 상하이협력기구가 지역 및 글로벌 무대에서 여러 난관을 잘 극복하긴 했지만, 여전히 낙후되어 있는 상태이기 때문에 유라시아의 제도로서 잠재력을 실현하기에는 아직 역부족이다. 중국과 상하이협력기구 국가들 사이의 상호 경제관계가 증가하고 있음에도 불구하고, 상하이협력기구는 특히 경제적 차원에서 여전히 취약하다.[28] 중국과 상하이협력기구 국가 간 무역 규모는 2,170억 달러 이상이고, 2017년까지 이들 국가에 대한 중국의 누적 투자액은 830억 달러였다. 상하이협력기구에서 무역을 저해하는 네 가지 영역은 통관 절차, 국가별 상이한 표준, 사업 관행 및 환경규제다. 많

표 15.1 상하이협력기구 정상회의, 1996~2018년

회의/장소	선언 및 주요 성과
제1차 상하이5국 회의, 1996년 4월, 상하이	국경지역의 '군사적 신뢰 강화'에 관한 협정, 국경 논의의 진전.
제2차 회의, 1997년 4월, 모스크바	국경지역 군사력 상호 감축 합의 – 국경지역 병력 감축 및 신뢰구축조치(CBMs) 목적.
제3차 회의, 1998년 7월, 알마티	안보와 지역 협력.
제4차 회의, 1999년 7월, 비슈케크	3대 악과 싸우기 위한 '공동행동 채택' 제안: 국가 분리주의, 종교적 극단주의, 국제 테러리즘, 지역안보, 지역협력 및 국제정세 검토, '모든 회원국의 주권, 회원국 영토 내 안보 및 사회질서를 훼손하는 행위에 대한 무관용.'
제5차 회의, 2000년 7월, 두샨베	우즈베키스탄을 옵서버국으로 인정.
제1차 상하이협력기구 정상회담, 2001년 6월, 상하이	'3대 악' 강력 단속에 대한 성명서(테러리즘, 분리주의, 극단주의) 발표.
제2차 정상회담, 2002년 6월, 상트페테르부르크	헌장에 관한 선언 – "회원국들은 상호신뢰와 이익, 평등, 상호협의, 문화적 다양성에 대한 존중, 공동발전에 중점을 둔 '상하이 정신'에 기반하여 밀접하고 생산적이며 다각적인 협력을 추구한다", 역내 반테러기구 설립, 경제 개발을 상하이협력기구 운영에서 '매우 중요한 문제'로 간주, 핵 비확산 및 핵무기 조약 강화 제안.
제3차 정상회담, 2003년 5월, 모스크바	상하이협력기구의 제도화 과정 시작. 상하이협력기구 예산의 초안 작성 및 집행절차에 관한 합의, 국가수반협의회, 정부수반협의회, 외무장관협의회에 관한 합의.
제4차 정상회담, 2004년 6월, 타슈켄트	특권 및 면책 협약, 상하이협력기구 사무국 설립, 마약 밀매 문제 논의, 몽골이 옵서버국이 됨. 경제발전의 실질적인 단계 개시, 개발 기금 및 사업 협의회 설치, 아시아의 다른 다자제도와의 제휴 권고.
제5차 정상회담, 2005년 7월, 아스타나	미국의 아프가니스탄 철수 일정표 제출 요구, 파키스탄, 인도, 이란은 7월 5일 옵서버국으로 인정, 반테러 안건 제안.
제6차 정상회담, 2006년 6월, 상하이	반테러, 경제개발, 에너지, 정보보안 문제 논의, 상하이협력기구 사업 협의회와 산업통상 포럼 설립.

계속 ▸▸

표 15.1 계속

회의/장소	선언 및 주요 성과
제7차 정상회담, 2007년 8월, 비슈케크	회원국들 간의 '항구적 평화' 구축을 위한 장기적 우호 관계, 친선 및 협력에 관한 조약, 상하이협력기구-아프가니스탄 연락 메커니즘의 역할 강화, 중앙아시아의 비핵지대화 지원, 미국의 일방주의에 대한 간접 논평.
제8차 정상회담, 2008년 8월, 두샨베	그루지야 사태에 대한 입장조율, 러시아 측의 마약단속 제안, 대화 동반자관계 의정서(Dialogue Partnership Protocol) 서명.
제9차 정상회담, 2009년 6월, 예카테린부르크	다극화 강조, 세계문제에서 UN의 조정 역할 강화, 글로벌 금융위기, 중국은 상하이협력기구 파트너들을 위해 100억 달러의 신용을 발표, 스리랑카 및 벨라루스의 대화상대국 승인 중앙아시아의 아프가니스탄 주변 지역에 반(反) 마약 및 금융 보안 벨트를 설치.
제10차 정상회담, 2010년 6월, 타슈켄트	농업분야 협력 및 범죄 퇴치, 울란바토르에서 열린 제1차 상하이협력기구 사업 협의회 방문회의 개최를 환영, 신규 회원국에 대한 모라토리엄 해제.
제11차 정상회담, 2011년 6월, 아스타나	합의에 기반을 둔 멤버십, 2011~2016년 상하이협력기구 회원국의 마약 대응 전략 승인, '북아프리카와 중동의 불안정에 대해 심각한 우려'를 표명.
제12차 정상회담, 2012년 6월, 베이징	탄도미사일 방어에 대한 비판, 중앙아시아 비핵지대화 지지, '정치, 경제, 안보를 위태롭게 하는 정보통신 기술의 적용 반대', '지역문제는 지역 내 관련국과 국제기구 간 협의를 통한 해결' 강조, 서아시아와 북아프리카에서의 사건에 대해 '깊은 우려'를 표명. 아프가니스탄은 옵서버국이 되었고, 터키는 대화 상대국으로 추가.
제13차 정상회담, 2013년 9월, 비슈케크	2013~2017년 반테러 행동 계획, 과학기술 협력 강화, 회원국 자격 가이드라인 및 의무 채택, 상하이협력기구 개발은행 설립 제안.
제14차 정상회담, 2014년 12월, 두샨베	상하이협력기구 회원국 간 국제 도로 운송 촉진에 관한 협정, 제2차 세계대전 종전 70주년 결의안.
제15차 정상회담, 2015년 7월, 우파	상하이협력기구 개발 전략 채택, 반테러 협력 3개년(2016~2018년) 프로그램, 인도와 파키스탄의 회원국 승인 심사, 벨라루스를 대화 상대국에서 옵서버국으로 격상, 아제르바이잔, 아르메니아, 캄보디아, 네팔을 새로운 대화 상대국으로 추가.

계속 ▸▹

회의/장소	선언 및 주요 성과
제16차 정상회담, 2016년 6월, 타슈켄트	회원국들은 다음의 결의를 재확인. "서로의 국경을 항구적인 평화와 우정의 경계로 바꾼다. … 모든 (해상 영역에서의) 관련 분쟁은 국제적 공론화와 외부 간섭 없이 당사자들 간의 우호적인 협상과 합의를 통해 평화적으로 해결되어야 한다."
제17차 정상회담, 2017년 6월, 아스타나	공동성명 발표: "(상하이협력기구는) 국제적으로 인정받고 있는 권위적인 다자간 제도로 자리매김했다. … 상하이협력기구 회원국들은 … 대립과 갈등으로부터 보다 공평한 다극적 세계질서를 만드는 것과 평등하고 상호의존적인 안보를 만드는 것의 중요성에 주목한다. 그리고 공동의 운명을 공유하는 인간 공동체를 형성하는 데 기여할 것이다."
제18차 정상회담, 2018년 6월, 칭다오	공동성명 발표: "(상하이협력기구는) 현대 국제관계체제에서 가장 영향력 있는 행위자 가운데 하나다. … 상하이협력기구는 국제법의 규범과 원칙을 준수하고 있다. 그리고 모든 국가의 이익을 보장하면서 평등하고 협력적이며 불가분하고 포괄적이고 지속가능한 안보를 바탕으로, 보다 공정하고 균형 잡힌 세계질서를 구축하는 데 있어서 밀접하고 결실 있는 협력의 모범을 보이고 있다."

출처: SCO Secretariat website (http://eng.sectsco.org).

은 상하이협력기구 국가들이 최근 WTO에 가입했지만 관세는 여전히 높은 편이다. 중국 상무부와 국제무역경제협력기구가 실시한 연구결과에 따르면, 상하이협력기구 국가들이 경제협력을 강화하려면 무역을 촉진하고, 시장 메커니즘을 자유화해야 하며, WTO 기준에 부합하는 자유무역지대를 추진해야 한다.[29]

이러한 단점에도 불구하고 상하이협력기구는 권위주의 국가들간의 결속력을 바탕으로 주요한 지역적 다자제도로 부상하고 있다. 러시아가 여전히 상하이협력기구에서 상당한 영향력을 행사하고 있지만, 최근 유라시아 경제연합과 일대일로가 연계되면서 중국은 새로운 경제적 기회를 맞이하고 있다. 현대의 주요한 사회문제에 상하이협력기구가 미칠 영향력은 앞으로 몇 년 안에 증가할 것으로 예상된다. 특히, 세계 에너지 가격의 변동은 향후 몇 년 안에 상하이협력기구의 매력을 높일 수 있을 것이다.

중국-아랍국가협력포럼

중국은 아랍권 22개국 중 10개국과 전략적 동반자관계 또는 협력협정을 맺었다. 2004년 중국-아랍국가협력포럼(CACF: China-Arab States Cooperation Forum)을 조직하고, 역내의 걸프협력회의(GCC)에도 참여하는 등 관계를 발전시켰다.[30] 2018년까지 CACF의 장관급 회의 8회, 고위공직자 회의 15회, 전략정치대화 4회가 개최되었다 (표 15.2 참조).[31] 중국은 아랍권 국가들의 두 번째로 큰 교역 상대국이 되었고(2017년 약 2,000억 달러), 이 지역에 12억 6,000만 달러를 투자했다.[32] 2008년에 중국과 아랍국가연맹(League of Arab States)은 더 많은 유대관계를 맺기 위한 행동 계획을 발표했다.[33] 중국도 2016년 1월 백서를 발표해 관계 확대 및 심화에 대한 비전을 제시했다.[34]

카이로에서 열린 CACF 제1차 각료회의 전날 밤 리자오싱(李肇星) 외교부장은 "국가의 공동이익과 양측 국민이 공동으로 필요로 하는 것을 추구하는 것이 외교의 시작과 끝이다"라고 말했다."[35]

포럼의 의제가 빠르게 변화하고 있다는 것은 중국 지도자들의 최근 개입에서 잘 드러난다. 이는 일대일로에 가입하는 국가들에 대한 '구속력 없는' 합의를 포함한다. 시진핑은 2016년 1월 사우디아라비아와 이집트를 방문 중에 아랍연맹 본부에서 한 연설에서 '중동의 개발문제를 공동으로 해결하고, 중동의 평화 건설자, 발전 촉진자, 산업화의 촉진자, 안정의 후원자, 협력 파트너'가 되기 위한 '중국 계획'을 제안했다.[36] 2018년 회의에서, 중국은 아랍국가들에게 산업 발전을 위한 200억 달러의 차관을 약속하고 자유무역협상을 제안했다.

표 15.2 중국-아랍국가협력포럼, 2004~2018년

회의	선언 및 주요 성과
제1차 각료회의, 2004년 9월, 카이로	"대화와 협력을 강화하고 평화와 발전을 도모한다."
제2차 각료회의, 2006년 6월, 베이징	후진타오 국가주석은 다음 4가지 방안을 제시: 정치적 협력을 강화, 상호 이익과 상생의 성과를 위해 경제협력을 강화, 평화와 우정을 위한 문화 협력을 증진, 평화와 안정을 위한 국제협력을 강화.
제3차 각료회의, 2008년 5월, 바레인	양제츠 외교부장은 "인류 문명의 번영과 발전을 도모하고 조정과 협력의 동반자가 되어 중동 안정에 기여하고 조화로운 세상을 건설하자"고 제안.
제4차 각료회의, 2010년 5월, 톈진	'전략적 동반자관계를 통해 중국과 아랍간 포괄적 협력과 공동발전을 도모'
제5차 각료회의, 2012년 5월, 튀니지	"전략적 협력을 심화시키고 공동 발전을 도모하다."
제6차 각료회의, 2014년 6월, 베이징	시진핑 주석은 아랍국가들과의 새로운 협력 구조로 일대일로 구상에 대해 연설.
제7차 각료회의, 2016년 5월, 도하	왕이 외교부장: "중국과 아랍국가의 일대일로 공동 건설을 진전시키고 '1+2+3'이라는 협력 패턴을 개선하고 '1+1〉2'의 규모 효과를 발휘하여, 중국-아랍의 집단협력을 새로운 차원으로 끌어 올려야 한다."
제8차 각료회의, 2018년 7월, 베이징	'포괄적 협력과 공동발전을 위한 미래지향적 전략적 동반자관계'

출처: China Ministry of Foreign Affairs, https://www.fmprc.gov.cn/mfa_eng/zxxx_662805/t1576621.shtml.

그만큼 경제관계도 개선되고 있다. 중국과 아랍국가의 교역액은 2004년 370억 달러에서 2010년 1,450억 달러, 2017년 약 2,000억 달러로 늘어났다.[37] 뿐만 아니라, 양측 간의 통신을 강화하기 위해 2017년 5월, 이 지역을 포괄하는 베이더우(北斗) 항법 시스템을 제공하기로 결정했다. 이러한 맥락에서 포럼에 참여한 이집트 외교관 모하메드 누만 잘랄(Mohammed Numan Jalal)은 중-아랍 관계 전반에 '신중론'이 팽배한 가운데서도 양국

관계가 포럼의 실효성을 제고하는 데 결정적이라고 주장했다.[38] 그럼에도 불구하고 진전되고 있는 경제관계와 달리 사람 대 사람, 문화적인 관계는 뒤쳐지고 있다.[39]

중국-중·동유럽국가(CEEC)

2012년 4월, 폴란드 바르샤바에서 중국과 중·동유럽국가들은 '16+1' 그룹을 만들었다. 이 가운데 11개국은 유럽연합 회원국이고 5개국은 발칸국가들이다. 이것이 '중국-중·동유럽국가' 메커니즘으로 알려지게 되었다.[40] 원자바오(溫家寶) 총리는 취임식에서 "양측이 서로를 존중하고 동등하게 대해야 하며, 정치적 상호신뢰를 심화하기 위해 상대방의 주요 문제를 해결해주어야 한다"라고 밝혔다.[41] 곧이어, 에너지, 교통, 해양문제에 관한 장관 회의가 조직되었다.[42] 2013년 일대일로가 출범한 이후, 이들 16개국 중 점점 더 많은 수가 중국 주도의 일대일로 인프라 프로젝트에 관심을 보이기 시작했다. 2017년 헝가리의 부다페스트에서 16+1의 첫 정상급 회담이 열렸는데, 여기서 중국은 150억 달러 규모의 인프라 프로젝트를 발표했다 (표 15.3 참조).[43] 16+1 양자 간 교역액은 2010년 439억 달러에서 2016년 587억 달러로 늘었다. 중국은 2014년 중부 유럽과 동부 유럽에 30억 달러 규모의 투자펀드를 조성했다. 2016년에는 100억 달러가 추가로 할당되었다.

따라서 중국은 북쪽의 발트해에서 남쪽의 발칸까지 이어지는 가상의 제휴 회랑을 설정했고, 특히 중부 유럽의 하위 지역을 최우선 관심대상으로 지정했다. 그러나 해당 지역에서 중국의 이러한 은밀한 움직임은 미국뿐만 아니라 EU의 주목을 끌기 시작했다. CEEC의 본질은 경제성이지만, 중국의 이 지역 진출은 장기적으로 전략적, 외교정책적 함의를 가지고 있다. 특히 EU는 연합 자체의 입찰 및 건설 요건을 준수하지 않는 일대일로가 EU의 단결을 저해할 가능성이 있다고 보고, CEEC 개발을 예의주시하고 있다.

표 15.3 중국-중·동유럽국가(CEEC) 정상회의, 2012~2018년

정상회의	발언 및 주요성과
제1차 회의, 2012년 4월, 바르샤바	"무역, 투자, 재정, 금융 분야에서 실질적인 협력을 심화시키기 위해", "양측은 가능한 한 빨리 작업 메커니즘과 교환 플랫폼을 수립하고 완성해야 하며, 협력의 우선순위를 명시해야 한다."
제2차 회의, 2013년 11월, 부쿠레슈티	매년 정부 수반 회의를 개최하여 협력 성과를 검토하고 향후 협력 방향을 정한다.
제3차 회의, 2014년 12월, 베오그라드	16+1은 "상호 유익한 협력을 위한 새로운 플랫폼을 구축하고 심화를 위한 새로운 엔진 역할을 했다"
제4차 회의, 2015년 11월, 쑤저우	'새로운 시작, 새로운 영역, 새로운 비전'을 주제로 한 중기적 의제 발표.
제5차 회의, 2016년 11월, 리가	아드리아해, 발트해, 흑해의 항구와 내륙 수로 개발과 관련된 협력 구상은 '서로의 강점 활용, 상생 협력 및 공동 개발이라는 원칙하에서' 이루어져야 한다.
제6차 회의, 2017년 11월, 부다페스트	보호주의의 모든 형태와 징후를 단호히 반대한다.
제7차 회의, 2018년 7월, 소피아	'상호 존중, 상호 이익이 되는 협력, 개방적인 세계경제의 구축, 경제 세계화를 보다 역동적이고 포용적이며 지속가능하게 만든다는 원칙'의 재확인. 인프라 및 상호 투자, 농업, 관광 및 첨단산업에 대한 새로운 구상 착수.

출처: CEEC website, http://www.china-ceec.org/eng/.

중국은 북쪽의 발틱 3국(에스토니아, 라트비아, 리투아니아)과 폴란드, 체코, 슬로바키아 육성에 총력을 기울이고 있다. 세르비아와 루마니아는 중국이 발칸 지역으로 뻗어가는 추진력의 중심인 것처럼 보인다.[44] 2016년 6월 시진핑 주석이 베오그라드를 국빈 방문한 것은 중국 국가주석으로서는 첫 방문이었다. 여기서 그는 산업협력, 금융, 인프라, 무역, 에너지, 통신, 과학기술, 의료, 문화, 관광 등을 포괄하는 24개의 협정을 체결하고 중국-세르비아 관계를 '포괄적인 전략적 동반자관계'로 격상시켰다.[45] 리커창 총리도 2013년 루마니아를 공식 방문했는데, 이는 19년 만에 중국 지도자의 첫 방문이었다. 그는 부쿠레슈티에 있는 동안 CEEC 회의에 참석했고 이 자리에 참석한 발칸반도의 모든 지도자급 인사들을 만났다. 중국 지도급 인사들이 아직 다른 발칸 국가를 방문하지는 않았지만, 국가 원수급 이하의 발칸 당국자들은 꾸준히 중국을 방문하고 있다.[46] 이러한 방문을 자세히 살펴보면, 광범위한 기능부처들이 관여하고 있음을 알 수 있다. 중국공산당 국제부 역시 발칸반도와 중부 유럽 전역의 여러 정당과 조용하지만 규칙적이고 광범위한 접촉을 유지하고 있다. 이 지역에서 중국의 상업 활동은 주로 교량, 철도, 도로, 공항, 통신, 전기, 항만 등 다양한 인프라 프로젝트에 초점을 맞추고 있다.[47]

종합하면, 중국은 중부 유럽에서 장기적인 관계 및 존재감 구축을 위한 토대를 마련하고 있다. 중국은 발틱 지역에서 아드리아 해까지 이어지는 이 남북 회랑을 일대일로 구상을 위한 '부드럽고' 비옥한 땅으로 보고 있다. 이들 국가 중 다수는 아직 EU에 통합되지 않았기 때문에 EU는 중국의 이 지역 진출에 대한 국가 안보에 대한 우려가 덜하다. 이들 국가 중 상당수는 제2차 세계대전 전후 재건 과정에서 상당히 뒤떨어져 있어, 중국이 제공할 수 있는 인프라, 에너지 및 기타 형태의 개발이 절실히 필요하다. 다수의 국가는 높은 실업률을 가지고 있고, 중국의 투자는 사람들을 고용한다. 이들 국가는 냉전 기간 내내 중국과 역사적 유대를 맺고 있으며, 대부분이 과거 사회주의 국가였다. 이들 국가 중 상당수는 여전히 중국이 선호하는 독재 지도자와 정치체제를 가지고 있다. 이들 국가는 지리적으로 고립돼 있지만 중국은 이들을 주목하고 있다. 이들 국가는 EU와 미국으로부터 소외감을 느끼는 반면, 중국은 이들의 요구를 지지하는 강대국 중 하나이다.

중국-아프리카협력포럼(FOCAC)

FOCAC는 2000년 베이징에서 결성되었으며, 이후 3년마다 7차례 장관급 회의를 개최했고 3차례 정상회의를 가졌다 (표 15.4 참조). 이에 참여하는 아프리카국가의 수는 2000년 44개국에서 2018년 53개국으로 늘었다.[48] 유럽-아프리카 정상회의, 프랑스-아프리카 정상회의, 도쿄 아프리카개발 국제회의, 인도-아프리카 정상회의 등 다른 대륙간 국제포럼에 비해 FOCAC는 영향력이나 회원국 규모에서 꾸준히 확대되어 왔다.

표 15.4 중국-아프리카협력포럼(FOCAC) 회의, 2000~2018년

회의, 장소 및 아프리카국가 수	발언 및 성과
제1차 각료회의, 2000년 10월, 베이징, 44개국	'21세기를 위한 새로운 국제정치경제질서와 중국-아프리카 경제무역협력 구축'을 주제로 함. "모두가 참여하고 공평한 새로운 국제정치경제질서의 확립은 국제관계의 민주화 및 국제문제와 관련된 의사결정 과정에서 개발도상국의 실질적인 참여를 위해 필수불가결하다."
제2차 각료회의, 2003년 12월, 아디스아바바, 44개국	"중국-아프리카의 우호관계를 공고히 하고 발전시켜 상호 유익한 협력을 심화한다."
제3차 각료회의, 2006년 11월, 베이징, 48개국	제1차 정상회담 '우호, 평화, 협력, 발전'
제4차 각료회의, 2009년 11월, 샤름 엘 셰이크, 49개국	'지속가능한 발전을 위한 새로운 형태의 중국-아프리카 전략적 동반자관계 심화', 기후변화, 무역보호주의, 선진국들은 "원조, 부채 경감, 투자 촉진 및 증가, 개방 및 시장 접근, 개발도상국들의 지속가능한 발전을 위한 경제성장을 돕기로 한 약속을 지켜야 한다."
제5차 각료회의, 2012년 7월, 베이징, 50개국	"중국-아프리카 전략적 동반자관계의 '새로운 유형'에 대한 새로운 전망을 열다", 평화와 안보를 위한 중국-아프리카 협력 동반자관계 구상.
제6차 각료회의, 2015년 12월, 요하네스버그, 52개국	제2차 정상회담 중국과 남아공 지도자들이 처음으로 공동 의장직을 맡았다.
제7차 각료회의, 2018년 9월, 베이징, 53개국	제3차 정상회담 "… 공동의 책임을 지는 공유된 미래를 가진 중국과 아프리카 공동체를 건설하기 위해, 상생협력을 추구하고, … 공동의 안전을 보장한다."

출처: FOCAC official website, https:// www.focac.org/ eng/.

FOCAC 출범 초기 제기된 이슈는 남남개발 협력, 남북대화 강화, 개발도상국의 국제규칙제정 참여 촉진, 국제적으로 소외되지 않기 위한 양측의 노력 등이다.[49] 2018 FOCAC 정상회의에서 발표된 베이징선언은 FOCAC가 선호하는 규범적 내용을 다음과 같이 담고 있다.

> 우리는 유엔 헌장의 목적과 원칙을 지키고 국제문제에서 유엔의 적극적인 역할을 지원하는 것이 중요하다는 점을 강조한다. 우리는 상호 존중과 평등한 협의를 표방하고 냉전적 사고방식과 권력정치를 단호히 거부하며 대립보다는 대화를, 동맹보다는 동반자관계를 선호하는 새로운 국제관계 접근방식을 옹호한다. 우리는 글로벌 거버넌스에 대한 협의와 협력을 통해 공동의 이익을 달성한다는 원칙을 따르고, 국제관계에서 다자주의와 민주주의를 표방하며, 규모나 힘, 부에 관계없이 모든 국가가 평등하다고 믿는다. 우리는 타국에 대한 내정간섭과 국제문제에 대한 자의적인 사용 또는 무력 위협에 반대하며, 유엔 및 다른 포럼들에서 상호이해를 심화하고, 상호 간의 조정과 협력을 강화할 필요가 있음을 재확인한다.[50]

지난 20년 동안, 회원국 규모 측면에서 보면 FOCAC는 주요 다자제도로 성장했다. 선언문에는 규범적 내용뿐 아니라, 일부 거창한 포부를 밝힌 진술도 있다. 중국의 평가에 따르면 "아프리카가 국제정치의 중요한 행위자인 만큼 중국과 아프리카의 동맹은 자연스럽게 국제질서의 다극화와 민주화를 앞당기고 있다."[51]

국가 간의 조정 이외에 FOCAC의 또 다른 주요 성과는 무역과 투자의 증가 및 중국과 아프리카 간 부채의 유예이다. 중국은 또한 FOCAC의 후원하에 아프리카에 엄청난 양의 원조를 제공하기로 약속했다. 양측의 교역은 1956년 1,200만 달러에서 2014년 2,200억 달러로 증가했지만 2017년에는 1,700억 달러로 감소했다. 2009년 중국은 아프리카의 가장 큰 무역 파트너가 되었다. 아프리카에 대한 가시적 혜택으로는 부채 탕감, 시장 접근, 양허성 차관, 인프라 프로젝트, 간부 훈련 등이 있었다.[52] 베이징 정상회담에서 시진핑 주석은 일대일로 구상의 일환으로 아프리카에 대한 600억 달러의 투자를 발표했다.

이러한 영향력의 증가에도 불구하고, FOCAC는 몇 가지 문제점을 갖고 있다. 정상회담 선언문에는 유엔의 개혁과 조직개편, 아프리카국가의 유엔 조직에서의 역할 확대가 언급돼 있지만 아직까지 이루어진 조치는 없다. 유엔 평화유지 임무에 대한 중국의 기여가 증가했고, 지부티에 중국 최초의 해군기지가 설치되는 등 대륙 내 중국의 발자취가 늘어나긴 했지만 방글라데시, 파키스탄, 인도에 비해 배치 인력과 재정 기여도는 여전히 낮은 편이다. 수단 다르푸르 사태의 당사자들에게 군사지원을 제공함으로써 내전을 키운 중국에 대한 논란도 일고 있다.[53]

또한, 중국은 아프리카에 제공한 재정적 지원 및 그곳에서 진행했던 인프라 프로젝트에 관한 백서를 2006년과 2015년 두 차례 발간했다. 그러나 보조금, 원조 및 대출은 여전히 미미하다. 중국은 2000년 제1차 FOCAC에서 50억 달러를 제공한 데 이어 2009년 100억 달러, 2012년 200억 달러로 늘렸다가, 2014년에는 100억 달러로 축소되었다. 중국의 원조는 예외 없이 아프리카국가들의 상품을 통해 지불된다. 위에서 강조한 정치 및 안보문제에도 불구하고, 나이지리아 국제문제 연구소의 에즈(Osita Eze)에 따르면 FOCAC에 대한 중국의 이익은 본질적으로 경제적이다.[54]

중국-중남미 그룹

1990년대까지만 해도 중국은 중남미 지역에서 비교적 생소한 국가였지만, 지난 10년간 다자간 교류를 강화했다. 이는 (다른 다자간 구상과 마찬가지로) 초기에는 주로 경제 분야에서 교류가 이루어졌지만, 점차 정치 및 안보 분야에서도 확대되었다. 중국은 2008년과 2016년에 중남미와 카리브해에 관한 두 개의 백서를 발표했다. 중국은 EU를 제치고 미국에 이어 이 지역의 두 번째로 큰 교역국이 되었고, 가장 큰 출자국이 되었다. 중국과 이 지역 간 총 교역액은 1970년 1억 4,500만 달러에서 2017년 2,600억 달러로 확대됐다. 2015년에는 2025년까지 5,000억 달러 교역액 달성이라는 무역 목표가 발표되었다. 중국의 교역액은 여전히 미국(5,600억 달러 이상)에 크게 못 미치지만, 중국은 중남미 제2의 교역 상대국이다. 칠레, 페루와는 자유무역협정을 체결했다. 중국은 2005년부터 남미 지역에 1,500억 달러를 투자했으며, 일대일로의 일환으로 중국개발은행이나 중국수출입은행 같은 국영은행을 통해 더 많은 투자를 계획하고 있다. 하지만 남아메리카의 부채도 증가하고 있다.[55]

중국의 경제적 영향력이 증가함에 따라, 중국과 이 지역간 상호작용도 심화되었다. 시진핑 주석은 2014년 7월의 브라질 방문 때 '1+3+6'이라는 협력안을 제시했다 (1은 2015~2019년 사이에 진행될 중국-중남미 및 카리브해 계획을 지칭하고, 3은 무역, 투자 및 금융에 관한 것이며, 6은 에너지 및 자원, 인프라 건설, 농업, 제조, 과학 및 기술 혁신, 정보 기술에 관한 것이다).[56]

정치 및 외교 분야에서 중국은 2011년에 33개국이 참여한 중국-중남미 포럼(China-CELAC)을 설립했다. 중국은 2014년 CELAC 회원국과 '포괄적 협력동반자관계'를 체결했다.[57] 이 포럼을 통해 2018년까지 두 차례 장관급 회의가 열렸으며, 첫 번째 장소는 베이징이었다. '새로운 플랫폼, 새로운 출발점, 새로운 기회'라는 주제로 이 회의는 '다자주의, 다극화세계, 보다 확대된 국제관계의 민주주의'를 촉구했다.[58] 여기에서 중국은 이 지역을 위한 350억 달러 규모의 일괄타결안을 통과시켰다. 2018년 1월 칠레에서 열린 제2차 회의는 "우리 국민을 위한 더 많은 공동의 개발, 혁신, 협력"이라는 주제로 열렸다. 중국의 일대일로 제안도 수락되었다.[59] 제3차 회의는 2021년으로 예정돼 있다.

이 지역의 전략적 중요성 때문에, 중국은 여러 가지 구상을 갖고 있다. 그것은 경제 및 무역 협력, 사업포럼, 인프라포럼, 투자자포럼, 지방정부포럼,

심지어는 안보 분야에 속한 방위포럼까지 포함한다. 이에 따라 중국-캐리비안 경제통상협력포럼(China-Caribbean Economic and Trade Cooperation Forum)이 창립되고 일 년 뒤인 2005년 2월 2일 제1차 회의가 개최되었다.[60] 2011년 제3차 포럼 회의에서 중국은 이 지역에 대한 10억 달러의 특혜 대출을 발표했다. 2018년 말까지 12차례의 중국-중남미 비즈니스 정상회의가 열렸다.[61] 2015년에 설립된 중국-중남미·캐리비안 국가 인프라 협력포럼은 2018년까지 네 차례 회의를 개최했고, 주로 연결과 관련된 의제들을 중점적으로 다뤘다.

오늘날 중남미는 중국의 두 번째로 큰 해외투자처가 되었다.[62] 중남미중국투자자포럼(LACIF: Latin America China Investors Forum)은 2019년까지 9차례 회의를 열었다. 양측의 비즈니스 리더와 정책입안자들이 모여 투자, 인수합병 등을 논의하고 촉진한다. 중국-중남미 지방정부 협력포럼은 2016년에 시작되었다. 2010년에는 중국-중남미 싱크탱크포럼이 시작되었다. 중국-중남미·카리브해(LAC: China-Latin America and the Caribbean) 미디어포럼도 자체적인 2015~2019 계획을 수립하여 정기적인 회의를 개최하고 있다. 또한 2018년까지 4차례의 중국-중남미 고위급 국방포럼이 열렸다. 이는 주로 안보 및 방위 기구 간의 교류와 비살상협력을 포함한다.[63] 이러한 시책들은 중국과 중남미 간의 먼 거리에도 불구하고 양측의 통합을 날로 강화하고 있으며, 중국의 위상을 높이고 있다.

중국은 중남미 지역에 막대한 중요성을 부과하고 있다. 미국의 영향력을 상쇄하고, 다극 클럽을 확장하며, 경제 자원을 활용하여 성장을 강화하기 위해 이 지역에서 자국의 발자취를 늘릴 것으로 예상된다.

브릭스(BRICS)

러시아는 2006년 중국, 인도, 브라질 외무장관을 총동원해 다극적 세계질서를 논의하는 등 일찍부터 이 문제를 주도했다. 이후 남아공이 BRIC에 가입한 2010년이 브릭스(BRICS)가 탄생한 해가 되었다 (브릭스 정상회담 요약은 표 15.5 참조). 그 이후 BRICS는 주요 신흥경제국 간에 협의하는 다자주의적 대륙간 그룹으로 자리매김했다. 개발도상국에게 할당된 의결권을 확대하기 위한 2010년 IMF 쿼터 개혁, 신개발은행(NDB) 설립, 예비비 지

표 15.5 브릭스(BRICS) 정상회의, 2009~2018년

회의	발언 및 성과
제1차 회의, 2009년 6월, 예카테린부르크	BRIC 4개국 정상이 참여. 글로벌 금융위기, 국제금융제도 개혁, 개발도상국과 후진국 주요 현안, 유엔 헌장, G-20 등에 관해 논의.
제2차 회의, 2010년 4월, 브라질리아	IMF 개혁 제안, 유엔을 중심으로 한 다자외교, 기후변화 문제, 세계무역기구(WTO)에 다자간 무역체제 관련 개정안 구체화, 도하라운드를 위한 제안들.
제3차 회의, 2011년 4월, 싼야	'넓은 비전, 공동 번영', 남아프리카공화국이 BRICS에 합류. 정보보안, 민간 원자력 에너지에 대한 지원.
제4차 회의, 2012년 3월, 뉴델리	'글로벌 안정, 안보 및 번영을 위한 BRICS 동반자관계', 리오 20, 녹색경제, 이라크, 시리아, 아프가니스탄의 안보 상황에 대해 논의.
제5차 회의, 2013년 3월, 더반	'BRICS 및 아프리카-통합 및 산업화를 위한 동반자관계', 대테러 협약 채택, 비(非) 브릭스 옵서버국들.
제6차 회의, 2014년 7월, 포르탈레자	신개발은행(NDB) 설립, 예비비 지급준비제도 서명, 중동 비핵지대화 제안, 해적 퇴치.
제7차 회의, 2015년 7월, 우파	'BRICS 동반자관계 – 세계 발전의 강력한 요소', WTO의 구심적 역할, 우주 개발 협력.
제8차 회의, 2016년 10월, 고아	'대응적이고, 포괄적이며, 집단적인 해결방안 구축', 대안적인 신용 평가 기관에 대한 초안 회람.
제9차 회의, 2017년 9월, 샤먼	'BRICS: 더 나은 미래를 위한 더 강력한 동반자관계'
제10차 회의, 2018년 7월, 요하네스버그	'아프리카에서의 BRICS: 4차 산업혁명 시대 동반성장과 공동번영을 위한 협력.'

출처: http://infobrics.org/news/summits/.

급준비제도 및 기타 시책들이 추진되었다.[64]

이러한 환경 속에서 BRICS는 중국의 무역과 투자 확대와 관련된 이해관계를 보호하고 지역 안보문제에 대한 중국의 시각을 홍보하기 위한 주요 플랫폼이 되었다. 중국과 다른 BRICS 회원국들은 여러 분야에서 유사한 입장을 공유한다. 예를 들어, 이라크, 아프가니스탄, 이집트, 시리아, 리비아전쟁 당시 유엔 헌장을 준수하고자 했던 중국의 입장, 특히 불간섭 원칙은 외교정책에서 한결같은 주제였다. 중국은 신장, 티베트에서 외세의 개입으로 초래된 '색채혁명' 같은 사태가 발생할까 두려워하고 있기 때문이다. 에너지 가격은 국제시장에서 수요와 공급이 만나는 복잡한 방정식을 통해 결정되지만, 에너지를 대량으로 생산하는 국가와 소비하는 국가 모두 회원국으로 있는 BRICS는 국제가격의 변동성에 대한 중국의 취약성을 낮추는 완충 역할을 한다. BRICS는 회원국의 새로운 경제적 위상과 인프라 프로젝트 수요 등을 감안할 때, 중국이 신개발은행(New Development Bank) 등을 통해 외환보유고를 생산적으로 활용할 수 있는 기회도 제공한다.

그러나 BRICS 내에서 유엔 안전보장이사회 개혁, 가입국 확대, 대안적인 신용평가 기관 설립, 인터넷 자유의 범위, 자유무역 대상, 복수 입국 비자, 사람 간 접촉 등 세부 사항에 대한 이견이 지속되고 있다. 완전한 기능을 갖춘 사무국이 없는 브릭스(BRICS)의 제도화 과정은 여전히 부족하다.

불과 10여 년 만에 BRICS는 지구촌 일부 사람들의 상상력을 사로잡기도 했지만 여전히 다른 이들은 제도의 약어명 정도로 치부하곤 한다. '중상' 수준의 성장세가 중국의 '새로운 일상'이 된 반면, 신흥 경제 클럽으로 불리는 BRICS 5개국 중 3개국(러시아, 브라질, 남아프리카)은 경제문제에 직면해 있다. 정치적으로는 BRICS 국가의 대다수가 민주주의 국가이나, 법치주의와 해양 공유지에 관한 입장에서는 현격한 차이를 보이고 있다. 안보 측면에서는 러시아가 BRICS를 군사동맹으로 전환하자고 제안했으나, 나머지 국가들의 반응은 미적지근하다.

결론

중국의 지역적 다자간 교류는 1990년대 이후 강화되었으며, 지역 및 글로벌 질서의 정치·안보·경제 측면에 영향을 미쳤다. 지역적 다자제도에서 관측되는 중국의 역할은 중국식 외교관행의 6가지 측면을 잘 보여준다.

첫째, 중국이 지역적, 지역 간, 글로벌 다자제도에 꾸준히 참여하고 있는 것은 덩샤오핑의 '저 자세(韬光养晦)' 전략에서 시진핑의 '성취를 위한 분투(奋发有为)' 전략으로 중국의 외교정책이 변화하고 있음을 보여준다. 다자간 상호교류 강화라는 당대회의 지령에 따라 중국은 그 역할과 발자취를 크게 확장하고 있다. 중국이 주도한 다자간 선언의 상당수는 중국이 이전에 국내 청중을 위해 제안한 용어와 개념이 점점 더 많이 포함하고 있다. 여기에는'하나의 중국 원칙',[65] '3대 악',[66] '조화로운 세계', '새로운 유형의 국제관계', '공동 운명의 공동체', 일대일로 등이 포함된다.

둘째, 중국은 지역적 다자주의에 자국의 선호를 반영한다. 이것은 회원자격(포용성 원칙), 평등 및 비차별, 호혜, 분쟁의 평화적 해결 및 기타 규범적 차원과 관련이 있다. 다자제도에 다른 국가를 회원국으로 받아들이는 문제와 관련해 중국의 일관적이지 못한 태도는 논란의 대상이 되어왔다. 중국은 1990년대에 아세안 같은 국제제도를 열렬히 지원했지만, 아세안 주도의 동아시아정상회의에 호주, 뉴질랜드, 인도, 미국 등이 가입하는 것을 달가워하지 않았고, 중국은 BRICS의 싼야(三亞) 회의에서 남아공을 포함하고 싶어 한 반면, 인도의 상하이협력기구 가입에는 상당히 저항했다. 신개발은행의 의결권과 관련해 BRICS 포르탈레자 회의에서는 '일국일표제'를 도입해야 한다는 의견이 제시되었다. 이 때문에 중국은 상당한 압박을 받고 있는데, AIIB 역시 이러한 압박으로부터 자유롭지 못하다.

셋째, 다자주의의 원칙 중 하나는 양자문제, 특히 논쟁적인 주권문제를 제기하지 않는 것이지만, 중국은 많은 다자제도를 통해 의제와 정책을 추진할 수 있었고, 이에 동의하지 않는 발언이나 전체 진술을 성공적으로 차단했다. 이것은 일종의 '거부권 외교'인 셈이다.

넷째, 다자제도가 공고화되는 과정은 회원국들의 다양한 부처 간 사회화로 이어졌는데, 이는 정상회담의 결과를 훨씬 더 예측 가능하게 만들었다. 이를 통해 인도의 상하이협력기구 가입과 같은 다른 국가를 회원국으로 받아들일지 여부를 사전에 결정할 수 있었다. 더욱 의미심장한 것은 공고화 과정이 중국이 발표한 원조나 대출 정책을 구체화하는 데 결정적인 역할을 했다는 점이다.

다섯째, 중국은 지역적 다자제도로부터 막대한 경제적 이득을 보았다. 중국은 수많은 다자간 구상들을 통해 CEEC, SCO, ASEAN, CACF, FOCAC, BRICS의 최대 교역국 중 하나가 되었다. 무역의 많은 부분이 중국에 유리하다. 중국의 해외투자가 늘고 있지만 이들 투자의 상당 부분은 투자대상 지역의 시장조사에 관심이 없거나 재정투명성이 결여된 국영기업이나 중국기업이 주도한 것이어서 '부채외교' 논란이 일고 있다. 그 과정에서 EU, 일본, 인도 등이 다자제도 내에서 제기한 법치주의, 재정 건전성, 환경 보호, 투명성 등의 문제들이 최근 일대일로 프로젝트를 압박하고 있다.

여섯째, 중국은 다자제도를 통해 신흥 세계질서를 형성하는 방법으로 '다극성'을 제안했고, 미국의 영향력에 맞서는 방안 등을 제시했다. 이 과정에서 중국은 브레튼우즈체제(특히 IMF 의결권), 유엔체제 및 기타 오래된 다자제도들을 개혁하는 '수정주의' 안건을 제시했다. 중국은 개발도상국의 입장을 더욱 잘 반영하기 위해 글로벌 거버넌스 규칙의 재조정을 제안했지만, 실제로 다자제도 내에서 중국이 한 일의 대부분은 '때를 기다리거나' 이러한 제도들에서 중국의 지분과 권리를 늘린 것뿐이었다. IMF는 중국의 투표권을 거의 6퍼센트까지 늘렸다 (물론 미 의회가 그러한 증가를 승인하지 않았고 이것이 바로 AIIB가 창립된 주요 이유 중 하나였다). 중국은 백서를 발표하고 성명을 발표하는 것 외에 지금까지 유엔 안전보장이사회의 개혁과 조직개편을 시도하지 않았다. 실제로 중국은 브라질, 독일, 인도네시아, 인도 또는 일본을 상임이사국으로 추가하는 시도를 차단해왔다.

따라서 중국의 지역적 다자주의는 지역적, 세계적 지배력 획득을 위한 과도기적 단계인 것으로 보인다.[67] 이외에도 다자외교는 중국이 향후 몇 년안에 미중 세력전이가 가능하도록 우호국가들과 동반자관계를 구축할 수 있는 기회를 제공한다.

주

1) 국제제도 질서에 중국이 적응하는 진보적 진화에 관한 연구는 다음을 참조. Alastair I. Johnston, *Social States: China and International Institutions, 1980–2000* (Princeton: Princeton University Press, 2008); Elizabeth Economy and Michel Oksenberg, eds., *China Joins the World: Progress and Prospects* (New York: Council on Foreign Relations, 1998); David Shambaugh, *China Goes Global* (New York and Oxford: Oxford University Press, 2016), chapter 4; David Shambaugh, "China and the Liberal World Order," in *The World Turned Upside Down: Maintaining American Leadership in a Dangerous Age*, edited by Nicholas Burns, Leah Bitounis, and Jonathon Price (Washington, DC: Aspen Institute, 2017); Wu Guoguang and Helen Lansdowne, eds., *China Turns to Multilateralism: Foreign Policy and Regional Security* (London: Routledge, 2008); Ann Kent, *Beyond Compliance: China, International Organ-izations, and Global Security* (Stanford, CA: Stanford University Press, 2007); Mark Lanteigne, *China and International Institutions: Alternative Paths to Global Power* (London: Routledge, 2005); 그리고 Gerald Chan, Pak Ki Lee, and Lai-ha Chan, *China Engages Global Governance: A New World Order in the Making?* (London: Routledge, 2015).

2) 저자 미상, "Guoji Diwei" [국제적 지위], *Renmin Ribao* [People's Daily], September 23, 2009.

3) 다음을 참조. Gerald Chan, Pak Ki Lee, and Lai-ha Chan, China Engages Global Governance: A New World Order in the Making? (London: Routledge, 2015); 그리고 David Arase, "Non-Traditional Security in China-ASEAN Cooperation: The Institutionalization of Regional Security Cooperation and the Evolution of East Asian Regionalism," Asian Survey 50, no. 4 (July/August 2010), 808–833.

4) 다음을 예로 참조. Suisheng Zhao, "A Revisionist Stakeholder: China and the Post – World War II World Order," Journal of Contemporary China 27, no. 113 (September 2018): 643–658.

5) Jiang Zemin, "Build a Well-off Society in an All-Round Way and Create a New Situation in Building Socialism with Chinese Characteristics," November 18, 2002, https://www.fmprc. gov.cn/mfa_eng/topics_665678/3698_665962/t18872.shtml.
6) Hu Jintao, "Hold High the Great Banner of Socialism with Chinese Characteristics and Strive for New Victories in Building a Moderately Prosperous Society in All," October 15, 2007, http://www.chinadaily.com.cn/china/2007-10/24/content_6204564.htm.
7) Hu Jintao, "Firmly March on the Path of Socialism with Chinese Characteristics and Strive to Complete the Building of a Moderately Prosperous Society in All Respects," November 8, 2012, http://www.china.org.cn/china/18th_cpc_congress/2012-11/16/content_27137540_11.htm.
8) Xi Jinping, "Secure a Decisive Victory in Building a Moderately Prosperous Society in All Respects and Strive for the Great Success of Socialism with Chinese Characteristics for a New Era," October 18, 2017, http://www.xinhuanet.com/english/download/Xi_Jinping's_report_at_19th_CPC_National_Congress.pdf. 또한 다음을 참조. Chen Yan, "习近平多边外交思想研究" [시진핑의 다자외교사상에 관한 연구] 渭南师范学院学报[웨이난사범대학신문] 32, no. 19 (2017).
9) Wang Yi, "Multilateralism, Shared Peace, and Development," September 28, 2018, https://www.fmprc.gov.cn/mfa_eng/wjdt_665385/zyjh_665391/t1600861.shtml.
10) H. E. Yangjechi의 기조연설, Working for Community with a Shared Future for Mankind by Promoting International Cooperation and Multilateralism," Speech at the 55th Munich Security Conference, February 16, 2019, http://www.xinhuanet.com/english/2019-02/17/c_137827311.htm.
11) https://www.weforum.org/agenda/2017/01/full-text-of-xi-jinping-keynote-at-the-world-economic-forum/.
12) 아세안+1(중국)은 2018년까지 21차례 회의가 개최되었고, 무역 및 투자에서 전통안보 및 비전통안보로 논의대상이 확대되었다. 최신정보는 다음을 참조. "Chairman's Statement of the 21st ASEAN-China Summit to Commemorate the 15th Anniversary of ASEAN-China Strategic Partnership," November 14, 2018, 다음에서 접속 가능. https://asean.org/storage/2018/11/ASEANChinaSummitChairmans Statement Final1.pdf.
13) ARF는 1994년 아세안 10개 회원국과 기타 8개 회원국으로 창립되었다. 2015년 현재 회원국은 27개국으로 확대되었다. 안보대화 메카니즘에는 외교장관들이 참가하며, 그들은 신뢰구축 메카니즘, 예방외교, 건설적인 대화 등을 논의한다. 2018년 8월까지 25건의 회의가 열렸다.
14) ASEAN 국방장관회의(ADMM)은 2008년 시작되었고, 2010년 부터는 8개 대화 상대국까지 매년 참가하는 ADMM+으로 확대되었다.
15) 2005년 출범 이후 EAS는 2018년 11월까지 13차례 회의를 개최했다. 이들 회의에는 18개국의 국가수반 혹은 정부수반이 참석했다. EAS의 목적은 글로벌 규범, 국제법, 법치주의, 국제질서의 강화다.
16) Cheng-Chwee Kuik, "Multilateralism in China's ASEAN Policy: Its Evolution, Char-

acteristics, and Aspirations," *Contemporary Southeast Asia* 27, no. 1 (April 2005): 102– 122; Zhao Suisheng, "China and East Asian Regional Cooper-ation: Institution-building Efforts, Strategic Calculations, and Preference for Informal Approach," in *China and East Asian Strategic Dynamics: The Shaping of a New Regional Order*, edited by Lee Dongmin and Mingjiang Li (Lanham, MD: Lexington Books, 2011).

17) 다음을 참조. Wei Min, "Upgrading China – ASEAN FTA: Related Issues and Future Development," *China International Studies*, March/April 2015, 107–120.

18) 미-중 경제안보검토위원회(UCESRC), *China's Economic Ties with ASEAN: A Country-by-Country Analysis* (Washington, DC: US-China Economic and Security Review Commission, March 17, 2015).

19) "Overview of ASEAN-China Dialogue Relations" (August 2018), http://asean.org/wp-content/uploads/2012/05/Overview-of-ASEAN-China-Relations-August-2018_For-Website.pdf. 또한 다음을 참조. Zhao Hong, *China and ASEAN* (Singapore: ISEAS Yusof Ishak Institute, 2015).

20) ASEAN Secretariat Information Paper, "China," August 2018: https://asean.org/asean/external-relations/china/.

21) Natalie Lichtenstein, "Governance of the Asian Infrastructure Investment Bank in Comparative Context" (2018), https://www.aiib.org/en/about-aiib/who-we-are/year-book/_download/governance-aiib-comparative.pdf.

22) Carry Huang and Andrea Chen, "China to Have 30 Percent Stake, Veto Power under AIIB Deal," *South China Morning Post*, June 14, 2018, https://www.scmp.com/news/china/diplomacy-defence/article/1829342/china-have-30-cent-stake-veto-power-under-aiib-deal.

23) Wang Yu, "The Political Economy of Joining the AIIB," *The Chinese Journal of International Politics* 11, no. 2 (June 1, 2018): 105–130.

24) 다음을 참조. "AIIB," https://www.aiib.org/en/index.html; Daniel Poon, "The AIIB's Creative Spirit: Experiments in Infrastructure Finance," *East Asia Forum*, April 19, 2018, http://www. eastasiaforum.org/2018/04/19/the-aiibs-creative-spirit-experiments-in-infrastructure-finance/.

25) Tamar Gutner, "AIIB: Is the Chinese-Led Development Bank a Role Model?," Council on Foreign Relations, June 25, 2018, https://www.cfr.org/blog/aiib-chinese-led-development-bank-role-model.

26) 1996년 상하이5국이 설립되었을 때 중국 외교부 대변인은 이 새로운 조직의 세 가지 목적을 다음과 같이 밝혔다. "선린관계와 상호신뢰, 테러와의 싸움, 다극화." 다음을 참조. "Spokesperson on the 'Shanghai Five' mecha-nism," June 1, 2001, https://www.fmprc.gov.cn/mfa_eng/wjb_663304/zzjg_663340/gjs_665170/gjzzyhy_665174/2616_665220/2619_665226/t15379.shtml.

27) Pan Guang, "新形势下的上海合作组织:挑战, 机遇和发展前景" [새로운 상황에서 SCO: 과제, 기회 및 개발 전망], *International Studies* [国际问题研究], no. 5 (2002): 38–42.

28) Han Lu, "Deepening Economic Cooperation in the Shanghai Cooperation Organization: Opportunities, Barriers, and Approaches," *China International Studies*, no. 71 (July/August 2018): 39-56.
29) Ministry of Commerce and International Trade and Economic Cooperation, "上海合作组织区域经济合作研究" [SCO 지역경제협력 연구], *Russia, Central Asia, East Europe Research*, no. 1 (2004): 2-13.
30) 이 포럼의 "정상화, 제도화"는 다양한 커뮤니케이션 메커니즘을 통해 볼 수 있다. 가령, 장관회의, 고위관료회의, 기업가 회의 및 투자 세미나, 중국-아랍관계 및 문명 대화 세미나, 중국-아랍 우호회의, 에너지 협력회의, 뉴스 및 언론 협력포럼, 문화 축제, 고위 공무원 보건회의 등 정책. 다음을 참조. Yao Kuangyi, "China-Arab States Cooperation Forum in the Last Decade," *Journal of Middle Eastern and Islamic Studies* 8, no. 4 (2014); Nicola P. Contessi, "Experiments in Soft Balancing: China-led Multilateralism in Africa and the Arab World," *Caucasian Review of International Affairs* 3, no. 4 (Autumn 2009): 404-434.
31) "关于论坛" [포럼에서], November 16, 2018, http://www.chinaarabcf.org/chn/gylt/t540745.htm.
32) "Fruitful Conference in Beijing Ushers In New Chapter of China-Arab Ties: Arab Experts," Xinhua, July 13, 2018, http://www.xinhuanet.com/english/2018-07/13/c_137320612. htm.
33) "Action Plan of the China-Arab Cooperation Forum (2008-2010)," May 22, 2010, https://www.fmprc.gov.cn/mfa_eng/wjb_663304/zzjg_663340/xybfs_663590/xwlb_663592/t466439.shtml.
34) "China's Arab Policy Paper," January 14, 2016, http://www.china.org.cn/world/2016-01/14/content_37573547.htm.
35) Li, 다음에서 인용. "Forum on Cooperation between China and Arab States about to Be Formally Launched," September 13, 2004, https://www.fmprc.gov.cn/mfa_eng/wjb_663304/zzjg_663340/gjs_665170/gjzzyhy_665174/2616_665220/2617_665222/t157698. shtml.
36) China-Arab States Cooperation Forum Research Center (Shanghai), "Joint Development of the 'Belt and Road,' a New Era of Promoting China-Arab Collective Cooperation – Achievements and Prospects of the China-Arab States Cooperation Forum," May 2018, http://mideast.shisu.edu.cn/_upload/article/files/95/d5/159cb85b4c218c71efee-7bb400c9/9b738dd6-d9d1-4217-b989-8c48cf8b12e4.pdf.
37) "China-Arab Forum to Broaden BRI," *Global Times*, July 9, 2018, http://www.globaltimes. cn/content/1110103.shtml.
38) Mohammed Numan Jalal, "The China-Arab States Cooperation Forum: Achievements, Challenges, and Prospects," *Journal of Middle Eastern and Islamic Studies* 8, no. 2, https://www.tandfonline.com/doi/pdf/10.1080/19370679.2014.12023244.
39) 다음을 참조. Lina Benabdallah, "China's Relations with Africa and the Arab World: Shared Trends, Different Priorities," November 2018, https://saiia.org.za/wp-

content/uploads/2019/02/saia_spi_67_-benabdallah_20181129.pdf.

40) 다음을 참조. Weiqing Song, ed., *China's Relations with Central and Eastern Europe: From "Old Comrades" to New Partners* (London: Routledge, 2017).

41) "Wen Outlines Proposals on Building Closer China-Central and Eastern Europe Ties," April 26, 2004, http://www.china-ceec.org/eng/ldrhw_1/2012hs/hdxw/t1410542.htm.

42) Lucrazia Poggetti, "China's Charm Offensive in Eastern Europe Challenges EU Cohesion," MERICS, Berlin, November 27, 2017, https://www.merics.org/de/blog/chinas-charm-offensive-eastern-europe-challenges-eu-cohesion.

43) Jan Gaspers, "Divide and Rule," *Berlin Policy Journal*, March 2, 2018, https://berlinpolicyjour-nal.com/divide-and-rule/; Gaspers, "China's '16+1' Equals Much Ado about Nothing?," December 5, 2017, https://reconnectingasia.csis.org/analysis/entries/chinas-161-equals-much-ado-about-nothing/. 가스퍼스에 따르면, 중국이 해당 국가에 압력을 행사하자 유럽연합의 합의 과정에 문제가 발생했다. 가령, 2017년 3월 헝가리는 구금된 변호사들에 대한 인준을 거부했다. 또한, 2017년 6월 그리스는 중국 인권문제 와 관련된 EU의 결의안에 반대했다.

44) 다음을 참조. Matthew Karnitschnig, "Beijing's Balkans Backdoor," *Politico*, July 13, 2017, http://www.politico.eu/article/china-serbia-montenegro-europe-investment-trade-beijing-balkan-backdoor/.

45) http://www.balkaninsight.com/en/article/serbia-tightens-security-measures-ahead-of-chinese-president-arrival-06-16-2016; http://news.xinhuanet.com/english/2016-06/19/c_135449190.htm.

46) 이러한 방문은 중국 외교부 홈페이지에 다음과 같이 기재되어 있다. http://www.fmprc.gov.cn/mfa_eng/gjhdq_665435/3265_665445/.

47) 많은 예시들은 다음의 Antonela Dhimolea 글에서 인용 인용함, "Chinese Economic Cooperation in the Balkans: Challenges and Future Expectations," http://www.balkanaly-sis.com/blog/2017/05/11/chinese-economic-cooperation-in-the-balkans-challenges-and-future-expectations/. 또한 다음을 참조. Dragan Pavlicevic, "China's Railway Diplomacy in the Balkans," http://www.academia.edu/8933157/Chinas_Railway_Diplomacy_in_the_Balkans.

48) 탕자쉬안(唐家璇) 전 외무장관에 따르면 이 포럼의 제안은 (의심스럽지만) 아프리카 국가들로부터 나왔다고 함. 다음 내용 참조. *Heavy Storm and Gentle Breeze* (World Affairs Press, 2009), 434–435, Zeng Aiping and Shu Zhan이 다음에서 인용한 바대로, "Origin, Achievements, and Prospects of the Forum on China-Africa Co-operation," *China International Studies* (September/ October 2018), 88–108. 또한 다음을 참조. Zeng Qiang, "FOCAC: A Powerful Engine for the Continued Development of Friendship between China and Africa," *Contemporary International Relations* 20, no. 6 (November/ December 2010): 45–61.

49) Osita Eza, "Africa's Perspectives on China-Africa Relations and Forum on China-Africa Cooperation (FOCAC)," *Global Review* 2, no. 2 (September/October 2009): 48–61.

50) "Toward an Even Stronger China-Africa Community with a Shared Future," September 12, 2018, https://www.focac.org/eng/zywx_1/zywj/t1594324.htm.
51) Zeng Aiping and Shu Zhan, "Origin, Achievements, and Prospects of the Forum on China-Africa Cooperation," *China International Studies* (September/October 2018): 88–108.
52) Tang Xiao, "非洲一体化与中非合作" [아프리카 통합 및 중국-아프리카 협력] January 17, 2011, http://waas.cssn.cn/xscg/xslw/fz/201101/t20110117_1944109.shtml; Zhang Zhongxiang, "A Win-Win Forum," *Beijing Review*, October 28, 2010, http://www. bjreview.com/print/txt/2010-10/25/content_305844.htm.
53) Nicola P. Contessi, "Multilateralism, Intervention, and Norm Contestation: China's Stance on Darfur in the UN Security Council," *Security Dialogue* 41, no. 3 (June 2010): 323–344.
54) 에제(Osita C. Eze)는 아프리카의 대중국 수출품 절반 이상이 에너지 자원(광석과 금속은 약 17퍼센트, 농업 원자재는 7퍼센트)인 반면, 중국의 계단식 관세 구조로 인해 아프리카 가공품의 수출은 불리하다고 주장했다. Eze, "African Perspectives on China."
55) Margaret Myers, "JLAG Perspectives: China's Belt and Road Initiative: What Role for Latin America?," *Journal of Latin American Geography* 17, no. 2 (2018), https://digitalcommons. lsu.edu/cgi/viewcontent.cgi?article=1181&context=jlag.
56) Katherine Koleski and Alec Blivas, "China's Engagement with Latin America and the Caribbean," *US-China Economic and Security Review Commission*, October 17, 2018, https://www.uscc.gov/sites/default/files/Research/China%27s%20Engagement%20with%20 Latin%20America%20and%20the%20Caribbean_.pdf.
57) "Ministerial meeting," March 6, 2018, http://www.chinacelacforum.org/eng/zyjz_1/bjzhy/t1539906.htm.
58) "Beijing Declaration," January 23, 2015, http://www.chinacelacforum.org/eng/zywj_3/t1230938.htm.
59) "Declaration of Santiago II Ministerial Meeting of the CELAC-China Forum," http://www.itamaraty.gov.br/images/2ForoCelacChina/Declaration-of-Santiago--II-CELAC-China-Forum-FV-22-01-2018.pdf.
60) "Zeng Qinghong Attends 'China-Caribbean Economic and Trade Cooperation Forum' and Delivers Speech," February 3, 2005, http://ee.china-embassy.org/eng/dtxw/t184238.htm.
61) "12th China-LAC Business Summit Opens with Shared Concern," *China Daily*, November 2, 2018, http://www.chinadaily.com.cn/regional/2018-11/02/content_37187400.htm.
62) "The 4th China-Latin American and Caribbean Countries' Infrastructure Cooperation Forum," June 8, 2018, http://english.mofcom.gov.cn/article/newsrelease/significantnews/201806/20180602756613.shtml.
63) "Fourth China-Latin America High-Level Defense Forum Launched," October 30, 2018, http://eng.chinamil.com.cn/view/2018-10/30/content_9326872.htm.

64) Abdenur는 NDB에 대한 중국의 고려사항은 본질적으로 정치적인 것이라고 주장한다. 다시 말해, 중국은 다자외교를 정당화하고, '책임대국'의 이미지를 제고하며, 개발 분야의 규범 설정에 영향을 주기 위해서라는 것이다. 다음을 참조. Adriana Erthal Abdenur, "China and the BRICS Development Bank: Legitimacy and Multilateralism in South-South Cooperation," *Institute of Development Studies Bulletin* 45, no. 4 (July 2014): 85-101.

65) 중국은 양자관계에서도 '하나의 중국'이라는 원칙을 고수하는 한편, 최근에는 2005년 3월 14일 중국이 채택한 국내법인 반분열국가법도 상대국이 준수해야 한다고 주장했다. 예를 들어, FOCAC에 속한 아프리카의 21개국은 이 같은 취지의 성명을 발표했다.

66) 상하이협력기구는 모든 회원국들이 '3대 악(분리주의, 극단주의, 테러리즘)'에 반대하도록 요구하고 있다 — 이것은 중국에게 특별한 국가적 함의를 갖고 있다. 반면 파키스탄에 근거지를 둔 테러범과 관련해 유엔 1267 테러대책위원회를 준수하는 과정에서 중국이 보여준 이중 잣대에 대한 논란도 있다.

67) 인민대학의 류칭젠 교수는 중국의 다자외교를 종합검토하고 결론을 내리면서 여러 단어로 압축표현했다. 다음을 참조. "挑战, 应对,构 建— 中国多边外交探析" [도전, 대응 및 건설: 중국의 다자외교 분석] 思想理论教育导刊 [사상 및 이론 교육에 대한 주요 저널] 9, Issue 81 (2005): 34-41. 또한, 다음을 참조. Barthélémy Courmont, "Promoting Multilateralism or Searching for a New Hegemony: A Chinese Vision of Multipolarity," *Pacific Focus* 28, no. 2 (August 2012): 184-204.

6부

패턴과 전망

16장

중국과 세계: 향후의 도전과제

데이비드 샴보(David Shambaugh)

이 책에 수록된 각 장들은 모두 중화인민공화국이 세계와 맺고 있는 관계의 폭과 깊이가 얼마나 인상적인지를 보여주는 증거다. 이러한 글로벌 관여의 범위는 국가 및 비국가 행위자 모두를 포함하며, 다양한 기능적 영역(4부) 및 지리적 범위(5부)에 걸쳐 있다. 또한, 중국의 외교정책과 대외관계는 지난 70년의 역사적, 현대적, 국내적, 외부적 요인의 영향(2부와 3부)을 받은 다양한 우여곡절의 결과물이다 (1부). 이 장에서는 앞으로 10년 안에 중국이 직면하게 될 것으로 예상되는 일곱 가지 도전과제들을 규명함으로써 미래를 살펴보고자 한다.[1] 이 10년이 끝나갈 무렵, 이 책의 제2판이 출간될것으로 기대한다. 2판은 중국과 중국의 세계적 위상에 대한 보다 진전된 내용과 분석을 포함하게 될 것이다. 나의 예측은 중단기까지만 유효하고, 접근법은 정성적이지만, 수학적 보간법을 통해 추론할 수 있는 몇 가지 장기적이고 정량적인 지표에도 근거하고 있다. 일부 예측의 차이를 감안한다 하더라도, 그것들은 실재하고도 인상적인 사실일 것이며, 중국의 대외관계 전체에 영향을 미치게 될 것이다.

향후 20년간 중국의 진화에 있어 중요한 요소들

향후 20년 동안 중국이 성장할 것으로 예상되는 몇 가지 측면 즉 GDP, 에너지 소비, 연구 개발비 지출, 군비 지출에 대해 고려해보자. 이 4개 영역은 모두 중국의 글로벌 위상에 독립적이고도 중대한 영향을 미칠 것이다.

노튼(Barry Naughton)이 제6장에서 상세하게 기술하고 있듯이, 중국경제는 이미 세계에 지대한 영향을 끼치고 있다. 최근 몇 년간 성장률의 둔화에도 불구하고 2018년 중국의 국내총생산(GDP)은 구매력평가(PPP) 기준으로 볼 때, 세계 전체의 18.7퍼센트를 차지했다.[2] 2017년 세계성장에서 중국이 차지하는 비율(총 GDP와 별개로)은 27.2퍼센트로[3] 세계경제 발전의 주요 결정 요소이며 앞으로도 그럴 것이다. 도표 16.1은 세 가지 잠재적 기준선(4,5 및 6퍼센트 성장률)을 바탕으로 2040년까지 중국의 GDP 규모에 대한 전망을 보여준다. 이에 따르면, 2025년까지 중국의 GDP는 16조 7,000억 달러(최저)에서 19조 5,000억 달러(최고) 사이가 될 것으로 보인다. 이와는 대조적으로 미의회예산국은 2025년에 미국의 GDP가 약 22조 달러(PPP로 환산되지 않은 명목 GDP)가 될 것으로 전망하고 있다.[4] 이와 같이 2014년 PPP 차원에서 중국은 이미 미국을 앞지른 반면, 명목 GDP는 2020년대 후반까지 미국보다 낮은 수준을 유지할 것이다. 중국경제의 규모와 수출과 투자(해외유출 및 해외유입)의 중요성이 지속되고 있는 점을 감안할 때, 중국경제는 앞으로도 세계경제의 주요 요인이 될 것이다. 중국은 이미 2018년 124개국의 가장 중요한 무역 상대국이었으며,[5] 이러한 현상은 시간이 지날수록 심화될 것이다. '수출다변화'가 미흡한 국가들에게 중

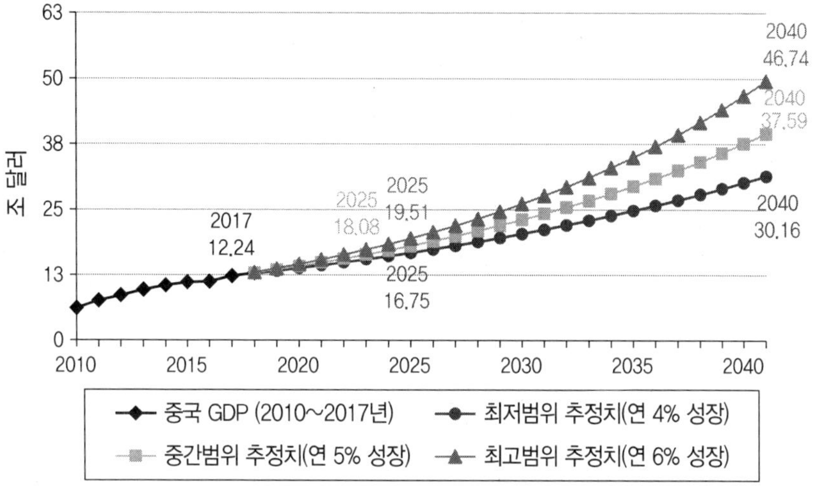

도표 16.1 중국 GDP 성장률 예측

국에 대한 이러한 '무역 의존성'은 이미 심각한 문제가 되고 있으며, 호주, 뉴질랜드, 브라질 및 대부분의 유럽국가의 사례가 그 증거다.

둘째, 중국의 에너지 소비는 석유 수입(도표 16.3)과 마찬가지로 꾸준히 증가할 것이다 (도표 16.2). 이것은 중국이 페르시아만 국가(사우디아라비아, 오만, 아랍에미리트, 이라크, 이란), 아프리카국가(주로 앙골라와 수단), 중앙아시아 국가(주로 카자흐스탄), 러시아, 리비아, 베네수엘라, 인도네시아와 좋은 관계를 유지해야 하는 확실한 이유가 될 것이다. 이 모든 국가들은 중국을 위한 중요한 공급처이며 앞으로도 그러할 것이다.

세계와의 관계에 영향을 미칠 중국 국내 경제발전의 또 다른 핵심 요인은 혁신 프로그램일 것이다. 중국은 '중진국 함정'을 극복하고 완전한 선진 경제가 되기 위한 열쇠로 혁신에 주목하고 있다.[6] '중국제조 2025'프로그램은 중국이 12개 이상의 핵심 기술 부문에서 — 우위는 아니더라도 — 세계적 수준의 지위를 달성하기 위한 청사진이다. 국가 주도 기술 산업정책인 이 프로그램은 이미 전 세계적으로(특히 미국과 EU) 상당한 논란을 불러일

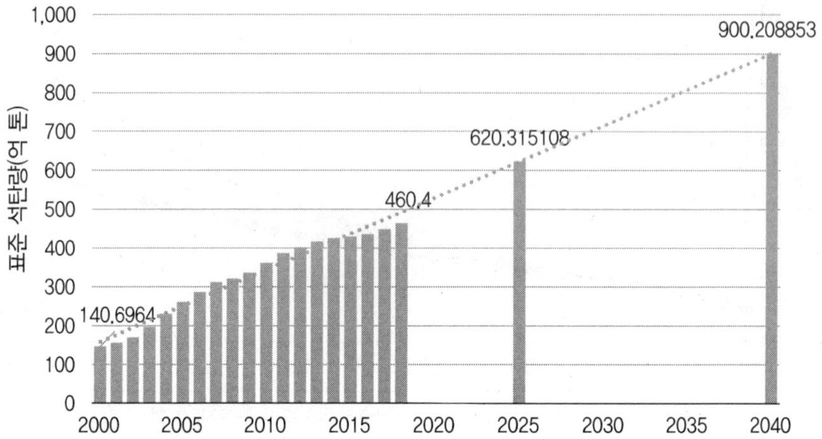

도표 16.2 중국의 에너지 소비 선형 예측

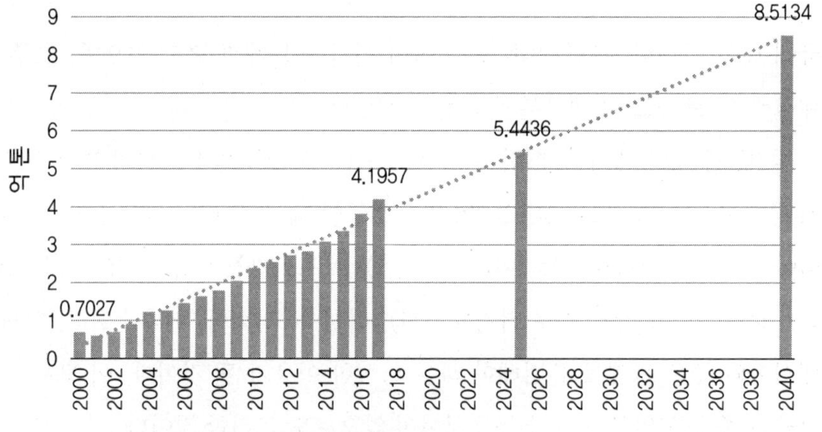

도표 16.3 중국의 원유 수입 선형 예측

으켰다. 결과적으로 중국은 이 프로그램에 대한 공개적인 언급을 중단했지만, 이것이 계속 진행되고 있다는 것에 대해서는 의심할 여지가 없다.[7] 중국은 이미 세계적인 기술 강국이지만 시간이 지날수록, 특히 중국이 우선시하는 분야에서는 더욱 그렇게 될 가능성이 높다. 항공 우주장비, 인공지능, 로봇공학, 나노·생명공학, 의료기기, 전기·에너지 절약형 차량, 첨단 철도장비, 신소재, 정보기술, 클라우드 컴퓨팅, 반도체 등이 그 해당 분야이다. 중국이 이들 분야를 장악하든 그렇지 않든, 글로벌 생산에 미치는 중국의 영향력은 막대할 것이다.

중국의 혁신 우선순위를 측정하는 방법은 여러 가지가 있지만 한 가지 일반적인 방법은 국가의 연구개발(R&D) 지출을 조사하는 것이다. 지방정부(주, 지방, 자치단체)와 개별 기업도 소위 '기업투자'의 방식으로 R&D에 투자하고, 그 외 중요한 투자처들도 있기는 하지만, 보통의 측정 방법은 중앙정부의 지출을 가늠하는 것이다. 현재 중국은 GDP의 약 2.3퍼센트를 R&D에 지출하고 있다.[8] 이는 선진국들의 지출 비율에 크게 못 미친다. 한국(4.3퍼센트)을 필두로 일본, 스웨덴, 덴마크, 핀란드(모두 3.1퍼센트), 독일과 스위스(2.9퍼센트)와 미국(2.7퍼센트) 등에 비하면 그렇다. 그러나 중국경제의 엄청난 규모(현재 13조 2,000억 달러)를 감안할 때 R&D 지출의 2.3퍼센트 또한 엄청난 금액(2017년 4,420억 달러)이다. 중국은 이미 2008년경에 일본을 제치고 세계 2위의 R&D 투자국이 되었다. 도표 16.4에서 알 수 있듯이, 중국의 R&D 지출은 꾸준히 증가해 왔으며 앞으로도 그럴 것이다.

도표 16.5는 향후 중국경제 대비 R&D 부문에 대한 중국정부의 투자 규모에 따라 2040년까지 예측된 총 R&D 지출 추정치 4개를 보여준다.

R&D를 2.5퍼센트만 유지한다고 해도, 2025년까지 중국정부는 여전히 약 4,522억 달러를 R&D에 지출하게 될 것이다. 위에서 언급한 OECD 국가들의 평균인 3퍼센트로 약간 더 높여 잡으면 이 금액은 5,420억 달러에 달할 것이다. 만약 중국이 이를 한국과 유사한 수준인 3.5퍼센트로 늘리면, 그 액수는 2025년에 6,328억 달러 그리고 2040년에는 연간 1조 3,000억 달러에 이르게 될 것이다! 말할 필요도 없이, 혁신에 대한 이러한 수준의 투자는 세계 역사상 유례가 없을 것이다. 심지어 이보다 낮은 수준의 투자만으로도 중국은 괄목할 만한 규모의 기술 초강대국이 될 것이다.

이러한 지출이 영향을 미치게 될 분야 가운데 가장 많은 관심과 우려가

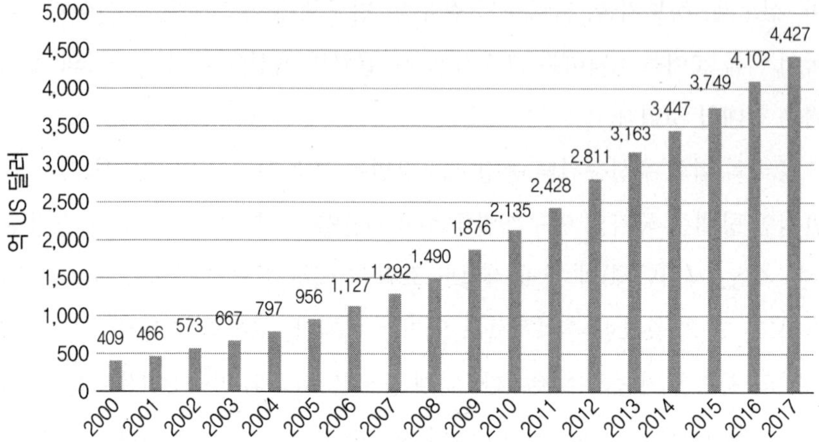

도표 16.4 중국의 연구개발비, 2000~2017년

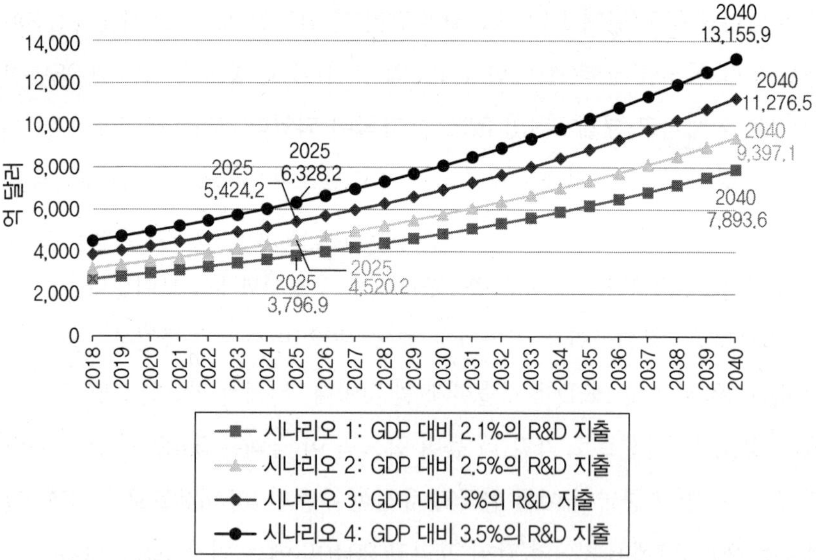

도표 16.5 중국의 R&D 지출 예측, 2018~2040년

집중될 분야는 중국의 미래 군사 현대화 및 역량이다. 시진핑이 19차 당대회 연설에서 명확히 밝힌 대로, 금세기 중반까지 세계적 수준의 군대를 건설하는 것이 중국의 확실한 목표이다. 이 목표를 달성하기 위해서는 투자 이상의 것이 필요하겠지만, 확실히 돈은 (매우) 중요하다. 중국의 현재(2019년) 공식 국방예산은 1조 1,900억 위안화(2019년 가격 기준으로 1,776억 1,000만 달러)에 달한다. 다시 말해, 군비지출에서 중국은 세계 2위이다. 게다가 중국은 공식 예산에 포함되지 않는 상당한 수준의 국방비를 지출하고 있다. 스톡홀름국제평화연구소(SIPRI)는 2017년 중국의 총 국방비 지출 규모를 2,280억 달러로 추산하고 있다.[9] 스톡홀름국제평화연구소가 추정한 중국의 국방비를 GDP의 1.9퍼센트로 보면, 2020년 중국의 국방비 총 지출은 3,000억 달러에 육박한다. 이 추정치와 별도로, 도표 16.6은 연간 GDP 성장률 5퍼센트를 기초로 하여 2040년까지의 중국의 국방비 지출에 대한 세 가지 추정치를 전망하고 있다.

GDP 대비 국방비 지출이 2퍼센트, 2.5퍼센트 혹은 3퍼센트든 간에(실제적인 5퍼센트 성장률을 가정할 때), 중국은 국방비로 상당한 자금을 확보할 수 있게 된다. 따라서 2025년까지 중국은 공식적인 국방비로 3,900억~

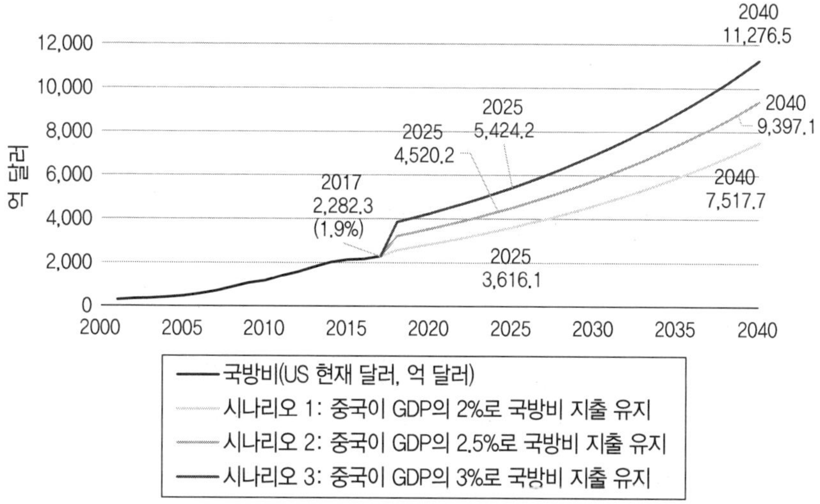

도표 16.6 중국의 국방비 지출 예측

5,850억 달러를 지출하게 될 것이다. 그러나 이것은 공식적으로 집계할 수 있는 수치일 뿐이다. 스톡홀름국제평화연구소가 추정한 바와 같이, 중국은 자국의 군대(인민해방군뿐만 아니라 인민무장경찰부대, 해안경비대, 민병대, 민방위부대까지 포함)에 15~20퍼센트 더 많은 비용을 지출할 가능성이 높으며, 이러한 군사 관련 지출은 다른 예산(국가 과학기술 예산과 같은)에 숨겨져 있을 가능성이 높다. 이 돈으로 무기와 같은 하드웨어는 물론 인적·기술적 능력과 같은 '소프트웨어'도 많이 살 수 있다는 것은 확실하다. 따라서 시간이 지남에 따라 중국의 군사력이 아시아 지역에서 가장 중요하고 강력해질 것이라는 데에는 의심의 여지가 없으며, 손더스(Phillip Saunders)가 제9장에서 언급했듯이, 중국은 아시아 지역을 넘어서게 될 것이다. 중국의 핵무기 능력은 러시아에 버금갈 것이고, 중국의 군사력은 미국에 이어 두 번째가 될 것이다.

이러한 경험적 지표들(GDP 성장, 에너지 소비, R&D 지출 및 군비 지출)을 통해 예상해보건대, 중국의 국제적 외연은 확장될 수밖에 없으며 세계문제에 더 큰 영향을 미치게 될 것이다. 이제부터는 좀 더 구체적으로, 중장기적으로 중국이 직면하게 될 외교정책, 대외관계 및 세계적 위상에 대한 일곱 가지 도전과제들을 살펴보고자 한다.

도전과제 1: 국내문제의 영향

모든 국가의 대외관계는 내정에 의해 크게 좌우된다. 그러나 중국의 경우 대내정책과 대외정책이 확연히 갈라지는 분기(分岐)가 있다고 말하고 싶다. 이러한 이유 가운데 하나는 중국이 매우 권위주의적인 일당독재 국가체제라는 사실과 관련이 있다. 일당독재 체제하에서는 몇몇의 전담 관료(자오[Suisheng Zhao]의 제5장 참조)와 소수의 최고 지도자 (현재는 시진핑)가 독점적으로 중국의 대외관계를 관리한다. 그러나 그리스(Peter Gries)가 풍부한 경험적 증거를 제시했듯이, 중국의 민족주의와 국가정체성은 외교문제를 관리하는 책임자들에게 영향을 미치고 그들을 구속하는 강력한 사회적 힘이다. 더욱이 제1장에서 논의한 바와 같이 외교정책과 대외관계는 상당한 차이가 있다. 즉, 관광객, 유학생, 개인사업가, 민간기업, 국영기업, 지방자치단체 등 해외에서 활동하면서 중국의 대외관계를 형성하는 많은 중국의 행위자들이 있지만, 이들 모두가 외교정책을 총괄하는 당 국가의 (완전한) 통제하에 있는 것은 아니다. 자오의 제5장은 국가 하부(sub-national)의 행위자들에 대한 흥미로운 예를 제공한다. 따라서 미래의 도전과제 중 하나는 이 행위자들의 글로벌한 활동이 중앙정부를 곤혹스럽게 할 수 있는 사건과 연관될 가능성이다. 가령, 중국기업들은 세계 도처에서 심지어 분쟁으로 혼란한 지역에서 임무를 수행하고 있다. 해외에서는 이미 수많은 중국인 납치와 중국기업에 대한 테러공격이 있었다. 중국의 글로벌 입지가 확대됨에 따라 필연적으로 원한과 갈등이 수반될 것이다. 중국은 이러한 사건들을 어떻게 처리할 것인가?

실제로, 이것들은 중국 국경 밖에서 활동하는 개별 중국인과 단체가 이러한 사건들에 연루될 가능성이 높아지고 있다는 외적 징후들이다. 더 직접적으로 표현하자면, 우리는 국내정치가 중국의 대외관계에 어떤 영향을 미칠 것인지를 생각해 보아야 한다.

시진핑(習近平) 통치하의 중국 국내정치가 상당히 경직되고 있는 것은 널리 알려진 사실이다. 오늘날 중국은 1989년 톈안먼사태 이후 그 어느 때보다 정치적 억압 상태에 놓여 있다. 시진핑 정권은 지식인, 언론인, 반체제 인사, 비정부 단체, 종교 활동가, 소수 민족(특히 위구르인과 티베트인), 기타 시민사회 운동가들을 집중 단속해왔다. 놀랍게도, 이렇게 증가하는 억압에 대해 다양한 비정부 기구들이 반대 목소리를 높였음에도 불구하고, 중국은 타국 정부들의 거센 국제적 비난을 받고 있지 않다. 중국은 경제적 불이익을 감수하지 않으려면 이 문제들에 대해 침묵하라고 타국 정부들을 사실상 위협한 것으로 보인다. 이러한 탄압은 중국 정권의 '안정유지(维稳)' 프로그램의 결과로, 내부적으로는 어느 정도 보상 차원의 '안정(稳定)'을 가져왔다. 그러나 만약 중국 본토가 홍콩에서 일어난 것처럼 특정 형태의 집단 시민 불복종이나 반란으로 폭발한다면 어떻게 될까? 1989년 사건이 재연된다면? 중국의 국제적 이미지는 반드시 훼손될 것이다. 하지만 만약 심각한 인명 손실이 일어난다면 타국 정부들이 어떻게 반응할지 보는 것은 흥미로울 것이다. 오늘날의 중국은 1989년의 중국과는 매우 다르고 훨씬 강력하다. 따라서 중국의 보복에 대한 두려움이 다른 국가들을 침묵에 빠뜨릴 수 있다.

중국이라는 당국가가 국경 내부에 있는 외국 행위자들을 다루는 탄압의 징후도 반복적으로 나타나고 있다. 중국 내에서 외국의 행위자들이 활동할 수 있는 공간은 점점 더 제한되고 있다. '외부 적대 세력(境外敌对势力)'에 반대하는 정치운동이 전개되고 있다. 지난 2017년 엄격한 비정부기구법이 통과되면서 모든 해외 비정부기구의 재등록이 강제되었고, 상당수 비정부기구가 퇴출됐다.[10] 마찬가지로, 2015년에 제정된 국가보안법은 중국의 해외 지역연구 및 연구자들에게 심대한 타격을 주었다. 2016년에 제정된 사이버보안법은 이미 엄격하게 통제된 전자정보의 흐름을 더욱 제한하고 있다. 많은 중국 주재 대사관이 공공외교 프로그램을 수행하는 데 큰 어려움을 겪고 있고, 외국인의 대중 강연은 허용되지 않고 있으며, 외국 언론매체의 운영도 심하게 제한되고 있다. 중국에서 광범위한 역량 강화 프로그램을 수행해오던 외국 정부, 국제기구(예: 유럽연합) 및 비정부기구(예: 포드재단) 모두 프로그램을 대폭 축소해야 했으며, 이들은 공안부와 다른 국가 감독 기관들의 위압적인 조사를 받고 있다. 이유는 간단하다. 중국 통치자들은 근본적으로 외부 행위자들에 의한 정치적 전복을 두려워한다. 소비에트 연방과 동유럽 당국가의 붕괴, 유라시아의 '색채 혁명', 아랍의 봄 봉기, 이슬람 테러리즘은 중국이 집단적으로 편집증적인 당국가를 만들어냈다. 이러한 깊은 불안은 과거 중국에서 내부 혼란을 획책했던 서방 국가들과 중국의 관계에 어느 정도 영향을 미쳤다. 따라서 향후에 우리가 제기해야 할 질문은 이러한 엄격한 통제가 유지될지 여부와 이러한 통제가 서방과의 상호작용에 미칠 수 있는 영향에 관한 것이다.

중국의 독재자 시진핑의 미래에 대한 의문도 있다. 현재 시진핑 통치가 가까운 시일 내에 끝날 것이라는 증거는 없지만 이는 여전히 고려해야 할 문제이다. 실제로 2018년 전국인민대표대회에서는 국가주석 임기 제한(5년 연속 2번 가능)을 없앴기 때문에 그는 말 그대로 평생 통치할 수 있게 되었다(그의 중국공산당 총서기 및 중국공산당 중앙군사위원회 위원장직은 임기 제한이 없다). 하지만 그가 병에 걸리거나 공직에서 물러나게 된다면 어떻게 될 것인가? 시진핑은 2019년 4월 이탈리아와 프랑스를 국빈 방문하는 동안 다리를 절뚝거렸고 의자에서 일어날 때 힘들어하는 모습을 보였다.[11] 그가 파킨슨병(퇴행성뇌질환)에 걸렸다는 소문도 있다. 1953년 생인 그의 건강은 중국 정치연구에서 고려해야 할 중대사항이다.

시진핑에 대한 잠재적인 반대도 마찬가지이다. 공산당, 정부, 군부 및 사회 내부적으로 많은 불만세력이 있다는 것은 비밀이 아니다. 그가 자신에 대한 조직적 반대를 용납하지는 않지만, 2012년 집권 이후 그가 이끌어온 중국의 지향점에 대해 상당한 불만이 있는 것은 분명하다. 당, 국가, 감찰기관, 군부의 상위 계층을 제거하기 위해 활용된 반부패 캠페인은 시진핑을 다수의 적으로 만들었다. 2018년 기준으로 반부패 캠페인의 조사대상이 된 당간부들은 약 270만 명으로 추산되며 6만 8,000여 건의 재판이 진행됐고 150만 명이 처벌을 받았다.[12] 여기에는 7명의 국가 지도자급 인사(중앙정치국 위원), 수천 명의 군 간부, 수십 명의 장성, 중앙군사위원회 위원 등이 포함된다. 시진핑 암살 시도에 대한 확인되지 않은 소문도 있다.[13] 체제 전복에 대한 다른 징후는 없고 시진핑 주석이 중앙수비대를 확실히 장악하고 있지만, 중국과 같은 권위주의 체제에서 쿠데타가 일어날 가능성을 절대 배제해서는 안 된다.[14] 실제로 2017년 10월 중앙정치국 위원이자 충칭시(重慶) 총정치국장인 쑨정차이(孫政才)가 돌연 숙청돼 종신형을 선고받았다. 그는 금융비리 외에도 '당과 국가권력 찬탈'[15] 음모 혐의로 기소되었다. 시진핑이 물러나게 된다면, 중국의 국내정치와 외교문제는 근본적으로 다른 방향으로 나아갈 수도 있다. 그 가능성은 내가 다른 문헌에서 언급한바 있는 '관대한 권위주의'[16]처럼 국내적으로 좀 더 자유주의적인 방향으로 회귀하는 것이 될 것이다. 보다 자유주의적인 지도자가 집권한다면, 중국과 이웃 국가들, EU 및 미국과의 긴장이 자연스레 완화되겠지만, 시진핑에 의해 시작된 공세적인 대외정책은 크게 방향 선회를 하지는 않을 것으로 보인다. 물론, 이는 모두 추측이지만 요점은 어떤 중국 연구가도 시진핑의 지위가 확고하고 그가 중국을 무한정 지배할 것이라고 단순히 가정해서는 안 된다는 점이다. 중국 공산당과 중화인민공화국의 정치사는 연속성을 가정하는 것이 잘못된 예측으로 이어질 수도 있다는 충분한 증거를 제공하고 있다.

도전과제 2: 미국과의 관계

중국에게 미국과의 관계보다 더 중요한 관계는 없다. 미국은 중국의 미래와 직결된 많은 요인들과 관련되어 있다. 즉, 경제성장(쌍방 무역과 투자), 기술 혁신, 미국의 대학교와 중등학교에서 수학하고 있는 중국의 젊은이들, 중국과 대만의 관계, 그리고 (이보다는 덜 시급한) 홍콩과의 관계, 중국 국경 주변의 국가안보(특히 서태평양 지역), 중남미 및 기타 지역에서 증가하고 있는 중국의 위상 등이 해당 요인들이다. 이러한 요인들과 기타 다른 중국의 우선순위를 해결하기 위한 "모든 길은 워싱턴으로 통한다." 위의 요인들과 관련하여 중국에 영향을 미칠 수 있는 다른 행위자들이 분명히 있지만, 미국은 중국이 이러한 요인들과 다른 국가적 목표를 달성하는 것을 용이하게 하거나 차단하거나 어렵게 만드는 독특한 능력을 가지고 있다. 세계 모든 국가들이 중국에게 중요하고, 중국은 이들 국가와의 관계에서 "위험 분산형 포트폴리오"를 가지고 있지만, 중국의 세계적 위상이나 국내 발전 등 여러 측면에서 압도적인 영향력을 행사할 수 있는 유일한 국가는 미국이다. 따라서 미국과의 관계를 '정상적'으로 복원하는 것이야말로 중국의 정책적 최우선 순위가 되어야 한다.

불행하게도, 최근 몇 년간 미중관계는 상당히 경색되어 왔다. 이제 양국의 관계는 철저한 경쟁관계가 되었다. 이젠 양국 사이에 갈등, 견해차, 반대 입장이 넘쳐난다. 최근 몇 년간 양국관계가 이토록 악화된 데에는 여러 가지 이유가 있다. 양국관계는 점진적이고 근본적이며 질적인 변화를 겪어왔다.[17] 양국관계는 항상 협력과 경쟁(경쟁이라는 표현은 마찰, 긴장, 대립의 다른 이름일 뿐이다)의 조합이었다. 이제는 경쟁이 협력을 압도하고 있다. 경쟁은 경제, 외교, 군사-안보, 기술, 정치, 시민사회, 일부 교육 및 연구 등 기능적 영역 전반으로 확대되고 있으며, 이러한 경쟁은 인도태평양 지역은 물론 글로벌 차원에서 진행되고 있다. 이러한 포괄적인 경쟁적 성격의 관계가 미중관계를 무기한 특징지을 것이다. 즉, 이것이 '새로운 일상'이 될 것이다.

트럼프 행정부 출범 이후 미국은 중국에 대해 훨씬 더 단호하게 '밀어내기'를 감행했다.[18] 이것은 새로운 마찰을 불러일으켰다 — 미국의 불평에 익숙한 중국은 별다른 대응 조치를 취하지 않고 있다 (중국은 미국을 종이 호랑이라고 믿고 있다). 중국의 무대응에 대한 미국의 도발적인 대응은 여러 영역에서 중국의 또 다른 대응을 낳았고, 이러한 악순환은 양국관계에 상당한 새로운 스트레스를 가져왔다. 따라서 미국은 마찰을 개념화하기 위해 단순히 '경쟁'이라는 용어를 사용하는 것이 아니라, 중국과 명백히 경쟁 중에 있다. 이 새로운 현실은 미국과 중국뿐만 아니라 세계 대부분의 다른 국가에도 영향을 미칠 것이다. 다시 말해, 양국의 경쟁은 글로벌적이라는 의미다. 많은 다른 국가, 특히 아시아 국가들은 미국과 중국 사이에서 이러지도 저러지도 못하고 있는 것처럼 보인다. 모두가 양쪽의 이익을 얻으려고 애쓰기 때문에 어떤 국가도 둘 중 하나를 '선택'하려 하지 않는다.

글로벌 경쟁에 나선 두 국가의 강점과 약점은 다르다. 이것은 승부가 나지 않는 스포츠 경기와도 같을 것이다. 이 시합에서는 끊임없는 흥망성쇠가 되풀이되고, 각각이 전술적 승리를 거두며 약간의 차질을 겪겠지만, 이 시합에 최종 결과는 없을 것이다. 혹자는 미국이 냉전 1.0인 구소련과의 경쟁에서 터득한 오랜 경험과 당시보다 더 강력해진 국력을 앞세워 출전하다고 주장할 수 있다. 중국은 그러한 경험이 없고 이런 세계적인 경쟁에 참가한 적이 없으며, 효율적으로 활용해야 할 자원도 상대적으로 빈약하다. 하지만 중국은 '대리인'을 갖고 있다는 점에서 녹록지 않은 상대임이 분명하다. 광범위한 경제적 존재감과 많은 국가에서 필요로 하는 상품 및 서비스 제공(특히 미국이 상업적으로 경쟁력이 없는 지역에서), 우호적인 정치 및 외교관계를 유지함으로써 명백한 적국이 없다는 점, 공격적이지 않은 이미지와 온건한 수사(修辭), 막대한 재정적 주머니와 해외에 파견할 수 있는 무한한 노동력과 인력이 그것이다. 양측 모두 스스로를 과신할 수도 과소평가할 수도 있지만, 한 가지는 확실하다. (군용기나 함정 충돌 사고와 같은) 작은 사건이 두 강대국 사이의 전쟁으로 확전되지 않는 한, 경쟁은 장기전이 될 것이다. 전면전은 분명히 일어나서는 안 되는 일이다. 많은 이들은 양국 모두 2차 보복능력이 있는 핵보유국이고 승리가 불확실하기 때문에 경쟁이 동적으로 전개된다 하더라도 합리성이 전쟁을 억제시킬 것이라고 가정한다.** 그러나 냉전시대의 미소와 달리 미중은 잠재적인 확전을 통제할 수 있는 강력한 사전적(ex ante) 위기관리 메커니즘을 가지고 있지 않다.

** 역자 주) 2차 핵보복능력의 균형을 통해 미소 간 '오래된 평화'를 유지시켰던 상호확증파괴전략의 합리성을 말한다.

고조된 마찰과 더불어 살아가는 법을 배우고, 포괄적으로 경쟁적이고 스트레스 받는 관계를 공동 관리하는 것이 양국 모두에게 핵심 도전과제가 될 것이다.[19] 실질적인 협력의 영역을 찾는 것도 하나의 돌파구가 될 것이다. 서로를 더 잘 이해하려는 노력과 논쟁을 해소하기 위한 논의도 중요할 것이다. 그러나 여러 가지 이유로, 현재 상호 간 차이점이 공통점을 압도하고 있고, 가뜩이나 높은 상호 불신이 증가하고 있으며, 갈등 관리의 메커니즘이 부재한 완전한 경쟁관계에 갇혀 있다. 아마도 기대할 수 있는 최선은 '경쟁적 공존'관계일 것이다.

도전과제 3: 러시아와의 관계

중국의 세 번째 도전과제는 현재 높은 수준의 긍정적이고 생산적인 러시아와의 관계를 유지하는 것이다. 이것이 도전과제인 이유는 중러 양국의 오래된 좋지 않은 역사적 유산 때문이다. 확실히 중국과 러시아는 최근 몇 년 동안 양국관계를 '역대 최고의 관계'라고 선언했는데, 이는 정확한 상황 인식이었다 — 그러나 항상 그래왔던 것은 아니었다. 세계는 국경이 인접한 거대한 두 강대국이 적대관계에 갇혀 있기를 바라지 말아야 한다. 1960~1980년대 이러한 우려스러운 일이 일어났을 때, 국제정세는 매우 위험하고 불안정했다. 1980년대 중반에 이르러 소련 지도자 고르바초프(Mikhail Gorbachev)와 덩샤오핑(鄧小平)이 관계개선을 위한 일련의 상호신뢰구축 단계를 조율했고, 그 결과 양국관계는 1989년에 재정상화되면서 정점을 찍었다. 소연방의 붕괴 이후 짧은 공백에도 불구하고, 양국은 갈등의 원인을 줄이고 유대관계를 재건하기 위한 노력을 계속했다. 1990년대 중후반에는 일련의 양자 간 합의들이 체결되었는데, 그 가운데 최고의 성과는 2001년의 선린우호협력조약(Treaty of Neighborliness and Friendly Cooperation)이다.

2005년과 2008년에는 오랜 분쟁의 대상이 되어왔던 4,300킬로미터에 달하는 공동 국경선 획정에 대한 공식 합의가 타결됨으로써 중러 관계의 최대 장애물이 제거되었다.

보스크레센스키(Alexei Voskressenski)의 제11장에서 설명하듯, 이러한 타결은 지난 10년 동안 양국관계가 성장하게 된 중요한 계기가 되었다. 무역은 2003년에 미미한 수준인 100억 달러에서 2018년에는 거의 1,000억 달러까지 증가했다. 러시아와의 교역은 EU, 미국, 일본, 한국, 아세안과 견줄 정도는 아니지만 지금은 상당한 수준에 도달하고 있다. 이는 중국의 경제와 에너지 수요가 지속적으로 증가하는 한 앞으로도 꾸준히 성장할 것이다. 두 국가는 경제적으로 상호보완적인 관계이기 때문에 서로에게 필수적인 존재다. 즉, 러시아는 석유, 가스, 원자재를 공급할 수 있고, 중국은 기술과 소비재를 공급할 수 있다. 그러나 중국의 산업경제가 위축되어 에너지 및 원자재 수요가 감소한다면 양국 교역도 축소될 것이다. 러시아 경제의 위축도 한 요인이 될 수 있다. 가령, 중국에 무기를 판매하고 국방 기술을 이전했었던 러시아의 방위산업이 쇠락하자 1990년대에서 2000년대까지 연간 30억 달러에 달했던 방위교역액은 오늘날 10억 달러 미만으로 상당히 감소했다. 큰 진전은 없었지만, 러시아 극동 (시베리아 동부)에 인접한 중국 동북 지역에서 205개의 '주요 협력 프로젝트'를 개발하기 위한 기본 계획도 체결됐다.

외교관계는 더 좋다. 푸틴(Vladimir Putin)과 시진핑 두 정상은 매년 두 차례 정상회담을 개최하고 있으며, 제2차 세계대전 종전을 기념하기 위해 2015년 모스크바와 베이징에서 열린 군사 퍼레이드에 서로 상대측의 귀빈으로 참석했다. 2019년 정상회담을 앞두고 시진핑은 푸틴을 '가장 좋은 친구'라고 선언했다. 두 독재자는 다양한 국제문제에 대해 서로의 의견을 조율하고 전략적 이해관계를 일치시키면, 양국 정부는 긴밀하게 협의하고 조정했다. 최근까지도 워싱턴과 서방은 모스크바와 베이징 간의 강력한 결속력을 과소평가해 왔다. 그러나 최근 미국의 아시아정책연구소(National

Bureau of Asian Research)가 실시한 일련의 연구 덕분에, 현재 중러 동반자관계에 대한 인식과 우려가 높아지고 있다.[20] 현재 그것은 일시적인 전술적 관계가 아니라 점점 더 장기적이고 조정된 전략적 제휴나 축으로 간주되고 있다. 실제로 양국은 2019년에 그들의 관계가 '새로운 시대에 걸맞은 포괄적이고 전략적인 조정된 동반자관계'라고 선언했다. 비록 모스크바가 훨씬 노골적이고 적극적으로 미국을 곤경에 빠트리곤 하지만, 두 국가는 반미주의를 지향한다는 점에서 강력한 공통점이 있다. 양국은 유엔 안전보장이사회에서 정기적으로 입장을 조율한다. 특히, 나머지 P-5 회원국(미국, 영국, 프랑스)이 합의한 결의안, 특히 제3국에 대한 군사적 개입을 수반하는 결의안에 대해서는 주저 없이 거부권을 행사한다. 양국 군은 최근 지중해와 일본해에서 전례 없는 해군 훈련을 실시하는 등 연합훈련을 빈번히 수행하고 있다.

이러한 공통점과 전략적 제휴에도 불구하고, 두 국가 사이에는 현재의 관계를 위태롭게 할 수도 있는 역사적 의혹의 암류(暗流)가 여전히 남아있다. 모스크바의 정책 써클에서는 중국이 중앙아시아에 장기적으로 관여하는 의도가 불순한 것은 아닌지 그리고 중국이 자국의 전략과 개발을 위해 러시아를 조종하고 있는 것은 아닌지에 대한 논쟁이 벌어지고 있다.[21] 일부 관측통들은 중러관계를 전적으로 전술적이고 편의적인 것으로 보고 있으며, 역사적 불신의 잔재가 다시 나타나 유라시아 두 강대국이 서로 대적할 것이라고 예측한다.[22] 미중경쟁이 향후 10년 이상 국제관계에서 무기한의 특징이 되듯이, 미국과 서구의 자유주의 질서에 대응하기 위한 중러 전략적 동반자관계 역시 글로벌 지정학의 핵심적 특징이 될 것이다. '전략적 삼각관계'[**]가 복원되겠지만, 이번엔 미국이 고립될 수도 있다.

** 역자 주) 전략적 삼각관계란 키신저(Henry Kissinger)가 활용한 개념으로, 중소분쟁을 이용하여 미국이 중국과 제휴하고 소련을 고립시키는 관계를 말한다. 이 개념에 따라 미중수교가 이루어졌고, 종국적으로는 소련이 해체되게 된다.

도전과제 4: 아시아 이웃 국가와의 관계

중국의 또 다른 주요 도전과제는 아시아 주변 이웃 국가들과의 관계를 지속적으로 구축하는 것이다. 아시아 국가들이 대중국 견제연합에 나서지 않으면서 중립을 유지하도록 하는 것은 쉬운 일은 아니다.

외교적으로, 중국은 아시아 전역에 적극적으로 관여하고 있다. 정기적으로 이 지역의 지도자들과 양자 및 다자 정상회담을 개최하고 있다. 중국이 관심을 기울이지 않는 작거나 하찮은 국가는 없다. 베이징은 남태평양뿐만 아니라 동남아시아 전역에서도 활발한 외교적 교류를 하고 있다.[23]

아시아 지도자들과 회동을 할 때마다 중국은 막대한 경제적 후원을 제공한다. 돈은 중국의 외교정책에서 가장 중요한 도구이며, 그 활용은 전례 없는 수준이다. 중국은 현재 필리핀을 제외한 모든 아시아 국가에서 최대 교역국이며, 해외 투자가 아시아에 집중돼 있다. 중국이 아시아의 경제활동 및 공급망의 중심이 되었다는 점은 의심할 여지가 없다. 이것은 우연이 아니라 중국의 주도면밀한 설계에 의한 것이다. 중국은 이를 경제적 '연결성'이라고 부른다. 이것은 이 지역 전체에 이익이 되기는 하지만, 비대칭과 불균형의 증가를 초래했다. 이에 따라 주변국들 중 일부는 높아진 대중 의존도 때문에 곤란한 상황에 빠지기 시작했다. 그러나 다른 국가들은 이 과정을 매우 자연스럽고 되돌릴 수 없는 것으로 보고 있다. 2012년 싱가포르의 원로 정치인 리콴유(李光耀)는 다음과 같이 말했다. "중국은 막대한 시장과 구매력 증가 때문에 동남아시아 국가들을 중국의 경제체제로 흡수하고 있다. 일본과 한국도 흡수될 수밖에 없다. 무력을 사용하지 않고 국가들을 흡수할 뿐이다. … 중국이 강조하는 것은 경제를 통한 영향력 확대에 있다. 날로 커져가는 중국의 경제적 흡입력에 저항하는 것은 매우 어려운 일이 될 것이다."[24] 그러나 보다 넓은 맥락에서 본다면, 중국의 역내 무역과 투자 비중이 압도적으로 우세한 것은 아니다. 동남아 여러 국가에 대한 중국의 투자는 일본, EU, 미국보다 낮은 반면, 아시아 개별 국가의 전체 무역에서 중국이 차지하는 비중은 30퍼센트(보통 15~20퍼센트)를 넘지 않는다. 모든 아시아 국가들은 다변화된 상업적 포트폴리오를 유지하고 있다.

그럼에도 불구하고, 아시아 각국에서 열리는 여러 회의에 참석해보면, 많은 이들이 중국의 경제적 지렛대가 다른 목적으로 사용될 가능성에 대해 깊은 우려를 표하는 것을 듣게 된다. 중국도 주변국과의 관계에서 경제관계가 정체성 문제나 논란이 될 수 있는 다른 문제보다 우선한다고 잘못 믿고 있는 것 같다. 경제적 우려와 더불어, 중국의 극적인 군사 현대화와 인도-태평양 전역으로 급속히 확대되고 있는 해군력도 주변국의 우려를 가중시키고 있다. 중국이 인도양 연안과 동아프리카의 많은 국가들과 항만 접근협정을 잇달아 맺으면서 '진주목걸이(string of pearls)'** 구축이 현실화되고 있다. 중국의 최고 지도자 시진핑은 '강력한 해양강국'이 되겠다는 뜻을 매우 분명히 했다. 수상함 척수로만 따지면 인민해방군 해군은 이미 세계 최대 규모(약 370척)이다. 2030년까지 중국 해군은 4~5척의 항공모함을 보유하게 될 가능성이 크다. 중국은 2015년 첫 군사전략 백서를 발간해 '근해방어 및 공해 보호의 전략적 요건'을 명문화했다. 중국인들은 '근해(近海)'와 '원해(远海)'를 구분하는데, 전자는 중국의 해안선에 인접한 바다고, 후자는 공해 즉, 대양이다. 백서는 인민해방군 해군의 초점이 근해에서 원해로 '점점 이동'할 것임을 시사했다.[25] 이어 백서는 다음과 같이 강조했다. "땅이 바다보다 더 중요하다는 전통적인 사고방식은 버려야 한다." 또한, 동중국해에서 일본에 대해 했던 것처럼, 중국은 남중국해에서 인공섬을 조성하고 군사기지를 건설함으로써 남중국해 인접 국가들의 경계심을 자극했다. 이러한

** 역자 주) 중국이 아프리카와 중동에서 석유와 자원 등을 수송해 오기 위해 개발하고 있는 해양수송로를 말한다. 아프리카-중동-중국으로 이어지는 이 수송로를 연결하면 그 모양이 진주목걸이처럼 보인다. 중국은 상업적, 경제적 목적이라고 주장하지만, 많은 국가들은 이것이 중국의 군사거점이 될 수 있다고 우려한다.

우려를 무시하고 있는 중국의 일방주의는 지역 불안을 더욱 부채질하고 있다. 퓨 글로벌태도조사(Pew Global Attitudes Survey)가 실시한 아시아 국가 여론조사에 따르면, 중국의 영토분쟁이 갈등을 촉발할 수 있다는 우려[26]와 중국의 군사력 증강과 중국의 부상에 대한 우려[27]가 아시아 전역에 확산되고 있는 것으로 나타났다.

따라서 야후다(Michael Yahuda)의 제13장이 보여주듯이, 중국과 주변 지역의 관계는 새콤달콤한 조합이지만, 점점 더 신맛이 강해지고 있다. 많은 분석가들은 이러한 추세가 향후 10년 이상 지속될 것으로 본다. 이는 국제관계의 '철칙' 중 하나인 세력균형법칙의 적실성을 보여줄 지도 모른다. 한 국가가 압도적 패권국이 되어 위협으로 다가올 때, 다른 국가들은 자동으로 연대하여 패권국에 맞선다. 오바마 행정부의 '아시아로의 회귀'(또는 재균형정책)가 발표된 것은 우연이 아니었다. 그것은 2009년과 2010년에 미국의 동맹국들과 아시아의 많은 다른 국가들이 점점 더 공세적으로 돌변해가는 중국에 대해 느끼는 초조함이 낳은 직접적인 결과였다. 이러한 대중국 균형행위는 끊임없이 지속될 것이다. 강해진 중국은 더 큰 두려움을 낳고, 따라서 더 큰 반발과 대응방안을 촉발할 것이다. 만약 중국이 21세기판 제국주의적인 '조공(朝貢)체제'를 재현하려 한다면, 다른 아시아 국가들은 중국과 이런 후견인 관계에 다시 빠지는 것을 원치 않기 때문에 실패할 수밖에 없다. 아시아의 중심에 있는 중국의 지리적 위치는 이러한 세력균형 전략과 포위 대응을 가능하게 하기 때문에 사실 큰 약점이 된다.

다른 한편, 중국과 같은 잠재적인 패권국의 등장이라는 동일한 조건하에서도 국제관계에서는 이른바 '편승효과(bandwagoning)'라고 하는 또 다른 경향성이 있다. 이는 자기보호와 안보를 이유로 지배국가와 제휴하는 경향성이지만, 지배국가가 다른 국가에 제공할 수 있는 경제적·외교적 후원의 혜택을 보려는 경향성이기도 하다. 이것은 보통 약소 국가가 선택하는 전략이다. 현재 아시아의 두 국가(캄보디아와 파키스탄)만이 이 전략을 채택하고 있으며, 일부 다른 국가들(라오스, 미얀마, 브루나이)도 중국 쪽으로 기울고 있다. 그러나 대다수의 아시아 국가들(특히 호주, 뉴질랜드, 필리핀, 말레이시아, 싱가포르, 태국, 인도네시아)은 중국 쪽으로 기울지 않고 미중 사이에서 중립을 지키려고 애쓰고 있다. 그러나 편승전략을 지지하는 친(親)중국파는 사회와 외교정책 써클 곳곳에 포진해 있으며, 동남아시아 언론을 통해 이러한 의견이 자주 공론화된다. 다만, 아직까지는 이들이 다수가 아니다. 미국과 긴밀한 관계를 유지하고, 가능한 한 많은 '중견국'과 연대해야 한다는 상쇄적 목소리들도 상당수 있다. 따라서 이 글을 작성하는 시점인 2019년 현재, 아시아 전역에서 '중국 논쟁'이 계속되고 있다. 결과적으로, 중국이 아시아를 자국의 영향권으로 만들었다고 단정하기에는 아직 이르다. 아시아는 여전히 다극적이고 다차원적인 지역으로 남아 있다.[28]

이러한 변동적이고 불확실한 지역 환경에서 중국은 자국에 대한 견제연합이 형성되지 않도록 다른 국가를 위협할 때 신중을 기해야 한다. 우리는 이것이 어떻게 전개되는지 주의 깊게 관찰해야 한다. 과신과 공세적인 행동이 결합되면 중국이 권한을 남용하거나 도를 넘을 수 있다. 이런 점에서 중국이 중대한 위협이 되는 이유는 아시아가 중국의 영향권에 있고, 미국은 아시아에서 합법적인 역할을 맡기 어려운 역외 세력이며, 다른 역내 국가들은 중국의 우월성과 중심적 지위를 묵인해야 한다는 가정 때문이다. 위에서 언급한 바와 같이, 이것은 21세기 판 제국주의 '조공체제'처럼 보일 것이다.[29] 정확한 역사적 복제판은 아니지만 이것은 중국이 재창조하려는 것과 정확히 일치한다는 여러 징후가 있다. 이것은 침략이나 점령에 기초하여 만들어진 체제가 아니다. 이것은 경제적 대중국 의존도, 중국의 문화적 중심성에 대한 수용 강요, 압도적 군사력, 그리고 중국의 이익에 반하는 행동을 감히 하지 못하도록 중국이 역내 모든 국가에 휘두르는 사실상의 '거부권' 등을 중심으로 전개된다. 이를 통해 중국은 아시아 지역 질서를 재편하려는 것처럼 보인다.[30] 그런데 문제는 과연 다른 국가들이 이와 같은 질서 속에서 살 수 있느냐 하는 것이다. 만약 그렇지 않다면, 그들은 무엇을 준비하고 있는가? 저항하는 국가도 있고 묵인하는 국가도 있을 것이며, 뒤에 숨어서 문제가 없는 척하는 국가도 있을 것이다.

도전과제 5: 일대일로

중국의 다섯 번째 도전과제는 일대일로(一帶一路)일 것이다. 이 거대한 프로젝트는 역사상 유례가 없는 것이다. 그 시작은 시진핑이 2013년 9월 카자흐스탄과 10월 인도네시아에서 한 연설에서 비롯되었다. 그러나 공식적인 출범은 2017년 5월에 개최된 제1차 일대일로 포럼을 통해서였다. 이 자리에는 130개국의 관료, 29개국의 국가수반, 70개 국제기구 관계자 등이 이 행사에 초대되었다. 시진핑은 2019년 36개국 정상과 150개국 수많은 관계자들이 참석한 가운데 제2차 일대일로 포럼을 개최했다.

일대일로는 유라시아를 가로지르는 육로('실크로드 경제벨트')와 남중국해에서 인도양과 홍해를 거쳐 지중해로 이어지는 해로('21세기 해상 실크로드')를 통해 아시아와 유럽을 연결하는 광범위한 기반 시설 프로젝트다. 항만, 발전소, 전력망, 철도, 고속도로, 산업 단지, 상업 및 금융 센터, 통신 시설 및 주거용 주택 등을 건설하는 수많은 상업 프로젝트가 이미 진행되고 있으며, 더 많은 사업들이 계획 중에 있다. 일대일로는 또한 '문화적 연계성'의 다른 요소들, 즉 유학생과 학술교류, 싱크탱크 네트워크, 관광, 문화 및 스포츠 교류 등도 포함하고 있다.

내륙과 해상의 실크로드 경제벨트에 위치한 국가들의 긴급한 인프라 수요 때문에 일대일로는 대부분의 국가로부터 환영을 받았다. 현재 중국은 80개국 이상이 수조 달러가 들어가는 다년간에 걸친 일대일로 구상에 참여하고 있다고 주장한다.[31] 그러나 일대일로 구상의 거창한 포부에도 불구하고, 분석가들은 이 구상의 성패를 평가하는데 최소 5년이 걸릴 것으로 보고 있다. 2017년부터 많은 수혜국은 중국이 제공하는 부담스러운 자금 조달 조건에 어려움을 느끼기 시작했는데, 이는 '부채 함정 외교'때문이라는 시각이 지배적이다. 특정 프로젝트의 비용에 대해 불평하는 국가도 있었고, 건설된 인프라의 질이 열악하다는 불만이 제기되기도 했다. 전기·하수처리 등 기본적 필수시설이 우선 순위인데도 중국이 고속철도 등 부적절한 인프라를 추진하는 것에 대해 불만을 토로하는 국가도 있었다. 또 다른 국가는 자국 근로자의 고용이 거의 없거나 전무한 사업에 중국 노동자만 고용하는 것에 불만을 표시했다. 또 어떤 국가는 생태영향 정밀조사 없이 진행된 일대일로 개발사업의 지역환경 훼손에 대해 불평했다. 또 어떤 국가는 일대일로를 유라시아 대륙과 인도양 연안을 지배하기 위해 포장한 지전략적 권력놀이로 간주했다.

이에 2017~2019년 동안 일대일로에 대한 불협화음이 수면 위로 드러나기 시작했다. 따라서 향후의 문제는 중국이 이런 불평에 어떻게 대응할 것인가 하는 것이다. 제2차 일대일로 포럼에 앞서 왕이 중국 외교부장은 각국에 "협력을 하거나 비판을 중단하라"[32]고 비난하며 도전장을 내밀었다. 중국의 자금 조달 관행에 대한 비판이 증가하고 있음을 인식한 중국 중앙은행 총재 이강(易綱)은 포럼에 앞서 사전답변의 형식을 빌어 "개도국의 부채 문제를 객관적으로 평가해야 한다"라고 말했다.[33] 시진핑 주석은 포럼 연설에서 막대한 부채를 진 국가는 다양한 일대일로 프로젝트에 자금을 지원한 중국이라는 역설적인 주장을 했다. 그러면서 그는 다른 지역개발은행 및 기관과의 공동 자금출자를 호소했다. 또 다른 비판에도 응답하면서, 그는 '개방, 녹색, 정정당당한 협력'의 필요성을 언급했다.[34] 공신력 있는 민간 컨설팅 회사인 로듐그룹이 실시한 별도의 연구에 따르면, 중국은 지난 10년 동안 500억 달러의 중국 대출을 재협상하고 재융자 했으며 14건의 부채 탕감을 했다.[35]

과연 중국이 이러한 비판들을 수용하여 정책을 재조정할지는 두고 봐야 한다. 만약 그렇게 한다면, 중국은 많은 국가들과 국제개발기구들의 존경을 받게 될 것이다. 반대로 그렇게 하지 않는다면, 국제적으로 특히 개발도상국들 사이에서 중국의 명성은 크게 훼손될 것이다. 아이젠만(Joshua Eisenman)과 헤긴보담(Eric Heginbotham)의 제14장이 충분히 보여주고 있듯이, 중국은 '글로벌 남부'의 개발도상국들에 많은 투자를 함으로써 명성을 쌓아왔고, 적도 남부에서도 매우 긍정적인 평판을 얻고 있다. 일대일로는 이와 같은 명성을 더욱 공고히 할 수도 있고 훼손시킬 수도 있다. 최종 평가까지는 앞으로 5년이 더 걸릴 것이다. 일대일로 인프라 프로젝트가 실제로 많은 수혜국들로부터 진심어린 환영을 받고 있다는 것이 내 판단이다(나는 일대일로 프로젝트가 진행되고 있는 동남아의 여러 곳을 방문했다). 그러나 위에서 언급한 여러 불만사항들에 대한 진정한 분노도 상존하고 있다. 그래서 프로젝트의 문제점을 숙고하고, 재조정하고, 재협상하고, 시정할 수 있는 의지를 중국이 얼마나 갖고 있는지가 중요한 문제가 될 것이다. 만약 그렇게 할 수 있다면, 중국은 배려하는 초강대국이라는 세계적 위상을 얻게 될 것이다. 그렇게 하지 않는다면, 중국의 세계적인 명성은 크게 손상될 것이다. 중국은 일대일로를 주도했고 이제 일대일로를 '소유'했다. 이는 이라크 침공 당시 파웰(Colin Powell) 전 미 국무장관이 언급한 '포터리반 규칙'**을 떠올리게 한다. "깨뜨리면, 당신이 구매해야 한다" 일대일로는 중국의 중요하고 광범위한 구상이자 시진핑의 대표 정책 중 하나이기 때문에, 이것의 상대적인 성공 또는 실패가 세계 주요 강국인 중국의 명성에 큰 영향을 미칠 것이다.

** 역자 주) 포터리반은 미국의 유명한 주방 및 생활용품 전문 브랜드로, 고객이 매장에 진열된 제품을 파손하면 구매하도록 하는 매장 규칙으로 유명하다.

도전과제 6: 글로벌 거버넌스

중국의 또 다른 미래의 도전과제는 글로벌 거버넌스의 영역에 있다. 시간이 지남에 따라 세계는 중국이 수동적인 행위자에서 선택적인 활동가로, 그리고 이제는 글로벌 거버넌스 업무에 완전히 관여하는 행위자로 점차 진화해 온 것을 목격했다. 관찰자들은 이제 국제기구에서 보다 더 적극적인 규칙제정자가 된 중국의 행동 변화를 목격하고 있는데, 이는 중국의 국력과 자신감을 반영하는 것이다. 특히 시진핑 재임 기간 동안 중국의 참여와 기여가 증가했다. 따라서 중국이 나이(Joseph Nye)가 언급한 '킨들버거 함정'** 을 잘 피해 가고 있다고 볼 수 있다.[36)]

전반적인 추세는 긍정적이지만 최근의 추세가 과장되어서는 안된다. 모튼(Katherine Morton)의 제8장에서 논했듯이 중국은 여전히 양면적이다. 중국은 여전히 특정 문제에 관여하는 것을 매우 꺼리고 있고, 여전히 '선택적 다자주의자'의 태도를 보이고 있다. 중국은 또한 뚜렷한 '거래주의적(transactional)' 유형의 외교를 지속적으로 보여주고 실천하고 있다. 이런 유형의 외교는 집단적인 글로벌 '공공재'에 기여하기보다는, 자원 투입에 대한 국가 비용과 편익을 신중하게 평가한다. 왜냐하면 중국은 이것이 철학적으로나 이타적으로 인류에게 도움이 된다고 믿기 때문이다. 아주 최근까지도 중국은 공공재의 개념을 이해하지 못했고, '책임 있는 이해당사자'가 되어 자신의 역량에 걸맞게 기여도를 높여야 한다는 서방 사회의 요구를 경계했다. 중국은 국제제도 내에서 꾸준하고 집요하게 자국의 이익을 지키면서도, 동시에 다극화, 국제관계의 평등('민주화'), 개발도상국의 권한 강

** 역자 주) 킨들버거 함정은 새롭게 부상한 패권국이 기존 패권국이 가졌던 리더십을 제대로 발휘하지 못할 때 발생하는 위기를 말한다. 미국 경제학자 찰스 킨들버거는 1930년대 발생한 대공황의 원인이 영국을 대체해 신흥 패권국이 되었지만 그 역할을 제대로 하지 못한 미국에 있다고 보았다.

화를 선호하는 외교정책 의제를 오랫동안 제기해왔다. 이것은 숨겨진 의제가 아니었다. 이제 다른 신흥 강대국들이 부상하면서 다극화되고 있는 국제체제의 유동성과 더불어 중국의 국제적 영향력이 커지고 있다. 이 과정에서 세계는 중국이 국제적 권력과 영향력을 재분배하기 위해 취하고 있는 몇몇 온건한 조치들을 목격하기 시작했다.

중국의 양면성이 곳곳에서 뚜렷이 드러나고는 있지만 국제규범에 대한 불복종 행위를 중단하는 등 중국이 글로벌 거버넌스의 거의 모든 분야에서 더 나은 '글로벌 시민'이 된 것도 분명하다. 중국은 유엔 평화유지 활동, 국제 재난 구호, 아덴만에서의 해적 퇴치 활동, 세계 공공보건, 반테러, 법 집행, 핵확산금지, 기후변화 및 환경협력, 글로벌 경제거버넌스, 공적개발원조(ODA) 및 유엔 운영 예산 및 기타 분야에 대한 재정적 후원에 훨씬 더 깊이 관여하고 있다.

그러나 지난 80년 동안 주로 서방에 의해 구축된 자유주의 세계질서에 대해 중국이 여전히 양면성과 불편함을 표출하고 있는 것 역시 명백하다. 자유주의 질서의 핵심 제도와 규칙을 수호하고 심지어 강화한다면, 중국은 확실한 '현상유지'(status quo) 세력이 될 것이다. 그러나 특정 영역에 참여하는 것을 선택적으로 '거부'하거나 새로운 제도를 선도할 경우 중국은 '불만족하는' (유사) 수정주의 세력이 될 것이다 (콘다팔리[Srikanth Kondapalli]의 제15장을 참조).

중국은 의심할 여지 없이 국제제도를 '민주화'하고 다른 개발도상국들의 목소리와 국제적 참여를 대폭 강화하려는 오랜 숙원에 집중할 것이다. 이는 기존 체제 내 개혁과 새로운 대안체제의 구축을 통해 이루어질 것이 분명하다. 중국은 기존의 서구식 글로벌 거버넌스 시스템에 필적할만한 많은 새로운 제도들을 지원할 재원을 보유하고 있다. 이 점에서 중국은 수정주의 세력이며 기존의 자유주의 질서에 도전할 것이다. 그러나 현재까지 중국의 기존 질서에 대한 변경 시도는 '주변부에서' 진행 중이며, 일부 사람들이 앞서 상상했던 것과는 달리 (적어도 아직은) 비자유주의적 질서를 수립하기 위해 정면 도전을 하고 있지는 않다. 다시 말해, 중국은 배타적 블록을 구축하거나 독립된 영향권 혹은 중상주의적 네트워크를 (아직까지는) 구축하지 않았다. 하지만 남아있는 질문은 다음과 같다. 중국이 수정주의 방향으로 나간다면, 다른 국가들이 그 길을 따를 것인가? 다른 국가들이 중국의 주도를 따르지 않거나, 일대일로에 대한 중국의 약속된 지원이 실현되지 않거나, 중국이 대안적인 제도들을 설립하고 기능화하는데 실패한다면, 이는 중국의 신뢰도와 글로벌 강대국 이미지에 어떤 영향을 미칠 것인가? 시진핑 시기에 들어와 새로이 조명받고 있는 중국의 글로벌 거버넌스 주도력은 과연 되돌릴 수 없을 만큼 강력한가? 이는 확실히 환영받을 만하지만, 무한정 지속가능할 것인가? 이러한 것들이 글로벌 거버넌스의 미래에 대한 질문과 도전과제이다.

도전과제 7: 소프트파워

중국과 세계의 관계에서 예상되는 일곱 번째 도전과제는 소프트파워의 영역이다. 세계적인 강대국이 되려면 중국은 소프트파워를 보유하고 투사해야 한다. 소프트파워는 사는 것이 아니라 얻는 것이다. 소프트파워의 모든 핵심은 자발적인 매력이다. 이 개념을 창안한 하버드대 나이(Joseph Nye) 교수는 소프트파워를 '다른 이들이 당신이 원하는 것을 원하도록 유도'함으로써 '다른 사람의 선호도를 형성'하는 '공동 선택'이라고 설명한다.[37] 그에 따르면, 소프트파워는 주로 사회에서 유기적으로 발생하며, 정부로부터는 부분적으로만 생겨난다. 이는 주로 문화, 가치 및 규범에 기반을 두고 있으며, 정책이나 정치체제로부터는 이차적으로만 발생한다 (후자는 전자를 반영함). 소프트파워는 자석과 같다. 다른 이들은 당신이 선호하는 것과 그러한 선호를 실행하는 방식에 매력을 느낀다. 이것이 매력의 힘이다.

브레슬린(Shaun Breslin)의 제7장이 상당히 상세하게 설명하듯이, 중국은 소프트파워, 공공외교, 문화교류 등 다양한 분야에 집중 투자해 왔다. 이러한 투자 중 일부는 1950년대로 거슬러 올라간다. 그러나 2007년 후진타오가 软实力(소프트파워 – 역자 주)라는 용어를 처음 언급하고, 중국공산당과 정부기관에 문화강국 이미지를 대외적으로 제고하기 위한 투자를 촉구한 이후 본격적인 노력이 시작되었다. 시진핑 역시 2012년 집권 이후 이러한 노력을 우선시했다.

그러나 대규모 투자(연간 100억~200억 달러 규모)에도 불구하고 중국의 국제 이미지는 크게 개선되지 않고 있다. 실제로 2018년 퓨 글로벌태도조사(Pew Global Attitudes Survey)에 따르면, 전 세계적으로 중국에 대한 우호적인 견해와 비우호적인 견해는 혼재되어 있다 (도표 16.7).

따라서, 모든 분석가들은 중국의 소프트파워가 최소한의 수준에 불과하다고 평가한다. 그렇다면, 무엇이 문제일까? 한 가지 문제는 소프트파워를 해외에 투사하기 위해 중국공산당과 정부기관이 적극적으로 관여하고 있다는 점이다. 나이는 소프트파워가 한 국가의 사회와 문화로부터 유기적으로 나와야 한다고 분명히 말한다. 그러면서, 정부와 정치체제는 3차적 요소일 뿐, 개방적인 민주체제는 본질적으로 소프트파워가 창출될 수 있는 정치체제인데 반해 권위주의체제는 그렇지 않다고 주장한다. 또 다른 문제는 중국이 소프트파워를 대외선전(對外先戰)으로 잘못 이해하고 있다는 점이다. 해외 서사(敍事)에 영향을 주기 위한 시도 역시 소프트파워와 대외선전을 혼동해서 일어난 것이다. 중국이 하고 있는 것은 공공외교와 대외선전이지 소프트파워가 아니다. 중국공산당은 중국 내에서 하듯이 해외 서사와 외국인들의 사고방식을 통제함으로써 그들의 행동까지 통제할 수 있다고 믿는다. 사회와 시민들이 스스로를 대변하게끔 수동적으로 관망해야 할 때조차도 중국공산당은 통일전선 작전과 영향력 작전을 구사하듯 적극적으로 관여한

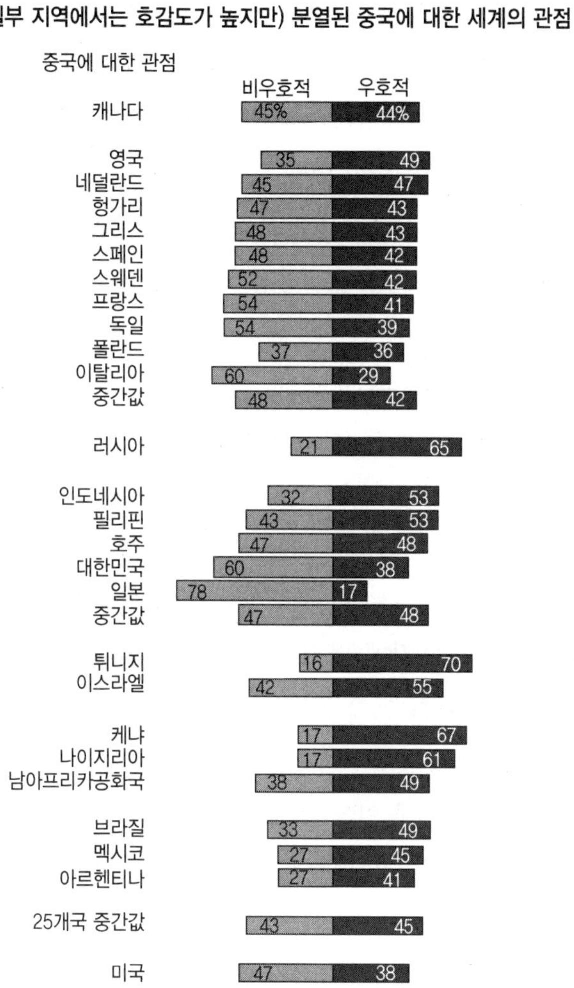

도표 16.7 중국에 대한 국제적 관점

출처: 2Spring 2018 Global Attitudes Survey. Q17b. Pew Research Center.

다.[38] 물론, '중국모델'을 모방하려는 이들도 있을 수 있다. 이외에도 중국식 소프트파워의 또 다른 문제가 있다. 그것은 독특함(보편적이지 않음)이다. 진정으로 소프트파워를 갖고자 한다면, 한 국가의 문화와 가치가 '이동'해야 한다. 문화와 가치는 자국의 국경을 넘어 전파될 수 있을 만큼 보편적이어야 한다. 물론, 중국의 문화와 가치 모두가 보편성이 결여되어 있다는 것은 아니다 (개발도상국, 권위주의 국가, 탈식민 국가에서는 중국의 문화와 가치가 나름 매력이 있을 수 있다). 결국, 중국과 중국공산당의 소프트파워 접근법은 여러 가지 문제를 안고 있다.

진심으로 다른 국가들을 안심시키고 설득하고자 한다면, 중국은 다른 국가들의 우려에 진정으로 반응하고 경청하는 방법을 더 잘 배울 필요가 있다. 위에서 언급한 일대일로 관행에 대한 다른 국가들의 불만과 이에 대한 중국의 반응이 이를 잘 보여주고 있다. 안타깝게도 중국의 해외 서사와 정책에는 내가 '자동항법장치'와 '에코 체임버' 효과[**]라고 부르는 것이 있는 것 같다. 즉, 중국은 유사한 내용의 슬로건들을 비축한 상태에서 이들을 하나씩 하나씩 끊임없이 사람들에게 제시하고, 그와 다른 내용의 서사를 허용하지 않는다. 이렇게 대체 가능한 정보가 없기 때문에 중국의 지도자들, 정책입안자들, 그리고 사회 간에 '에코 체임버' 효과가 나타난다. 이것은 반복적인 구호와 서사를 사람들에게 쏟아붓고, 그들을 무감각하게 만드는 중국공산당 내부 선전체제의 작동 방식이다. 국내정치에서 이러한 밈(meme)[***]의 수신자들은 문자 그대로 이를 반복하게 되는데, 이는 모든 중국인들에게 뱌오타이(表态)라는 익숙한 행동으로 알려져있다. 뱌오타이는 말 그대로 "자신의 기분을 표현하다" 또는 "자신의 입장을 밝히다"라는 의미이다. 이러한 레닌주의-마오주의 선전법은 정치적 충성을 입증하기 위한 것으로, 메시지 훈련을 통해 부지불식간에 '사상을 통일'(统一思想)한다. 이것이 중국 내부에서는 작동하겠지만, 문제는 중국이 외국인들에게도 뱌오타이를 기대한다는 점이다. 그러나 대부분의 외국인들은 이런 선전구호를 이해하지 못

** 역자 주) 반향실 효과로 불리기도 하는데, 단절되고 고립된 공간에서 특정 사상이나 의견이 반복적으로 공유, 확대되는 현상을 말한다.

*** 역자 주) 모방, 복사 등을 통해 사람들에게 전파되는 문화적 요소이다. 예를 들면, SNS 사용자들간에 통용되는 우스운 이미지, 영상, 문자 등이 밈에 속한다.

할뿐더러 생각 없이 앵무새처럼 되풀이하는 것을 싫어한다 (물론, 그렇게 하는 사람들은 '중국의 친구'로 여겨진다).

이것이 중국의 대외관계 및 세계적 위상과 관련 있는 이유는 중국이 내부 선전 방법을 수출하려고 하기 때문이다. 중국 관리들은 타인의 우려를 진정으로 경청하고, 비판을 건설적으로 받아들이는 대신 구호가 무엇이든 앵무새처럼 반사적으로 말하는 경향이 있다. 그리고 그들은 외국인들이 '중국인들의 감정을 억누르고' 중국의 '핵심이익'을 침해한다고 자주 비난한다. 이런 관행은 공허할 뿐, 중국의 불안감을 없애 줄 수 없다. 성숙하고 자신감있고 생존이 안전한 정권은 이러한 관행을 일삼지 않는다. 중국 관료집단의 비판에 대한 무관용, 잘못을 사과하거나 심지어 분명히 이를 인정하지 않는 행태 등은 중국 대외관계의 주요 약점이다. 중국공산당과 중화인민공화국은 지난 70년간 자국민에게 무엇을 사과했는가? 문화대혁명은 규탄 받았지만 사과가 없었다. 최대 4,000만 명이 사망한 대약진운동? 사과는 없었다. 수백만의 중국 시민들을 망치거나 목숨을 앗아간 다른 대중운동들은? 사과는 없었다. 대외적으로도 중국은 인도나 베트남을 상대로 일으킨 전쟁에 대해 사과하지 않았다. 이외에도 수없이 많다. 강대국들이 비난받는 것은 숙명과 같다 — 이것은 권력의 일부이자 속성이다. 그러나 성숙한 권력은 비판을 듣고, 반성하고, 수용하며 이에 따라 정책과 행동을 조정한다. 이런 관점에서 중국이라는 당국가가 갈 길은 아직 요원하다. 중국이 그러한 능력을 보여주지 않는 한, 다른 국가들은 중국의 선언과 행동을 회의적으로 여기게 될 것이다.

이러한 모든 부정적인 성향에도 불구하고, 중국은 여전히 역사, 문화, 예술, 전통, 사회, 사람들에게 녹아있는 잠재적인 소프트파워의 거대한 저장고를 가지고 있다. 중국이 스스로 창조한 사회를 벗어나서 대외적인 이미지를 포장하고 통제하려는 시도를 중단한다면, 중국의 소프트파워는 세계에서 훨씬 더 큰 공감을 불러일으킬 것이다.

성찰

지금까지 살펴본 내용들은 앞으로 5~10년 안에 세계와 국제 공동체에서 중국의 위상과 대외관계에 영향을 줄 것으로 예상되는 일곱 가지 도전과제들이다. 5~10년 후 이 책의 2판이 출판될 때, 중국이 이러한 도전과제들을 어떻게 다루었는지 검토하는 작업은 매우 흥미로울 것이다. 물론, 내가 언급하지 않은 또 다른 도전과제들도 있다. 중국 당국은 의심할 여지없이 그들 자신의 미래 도전과제들을 다르게 재구성할 것이다. 내가 가장 중요하게 생각하는 것들은 여기서 언급한 바로 이 일곱 가지 과제이다.

이 16개의 장이 독자들에게 현재의 중국과 세계에 대한 철저하고, 체계적이고, 넓고도 깊이가 있는 자극이 되기를 희망하며 이 글을 마치겠다.

주

1) 필자의 다른 저서인 *China's Future* (Cambridge: Polity Press, 2016)을 참조.
2) https://www.statista.com/statistics/270439/chinas-share-of-global-gross-domestic-product-gdp/.
3) "China to Remain Major Contributor to Global GDP Growth," *China Daily*, October 30, 2018, http://www.chinadaily.com.cn/a/201810/30/WS5bd7c3a7a310eff30328568e.html.
4) Congressional Budget Office, *The Budget and Economic Outlook, 2019–2029* (Washington, DC: Congressional Budget Office, January 2019), https://www.cbo.gov/system/files/2019-03/54918-Outlook-3.pdf.
5) 다음을 참조. CSIS China Power Project, https://chinapower.csis.org/trade-partner/.
6) 다음의 논의를 참조. David Shambaugh, *China's Future*, chapter 2.
7) 중국제조 2025에 대한 많은 연구가 발표되었지만 최고의 연구 중 하나는 중국의 유럽상공회의소(European Chamber of Commerce in China)가 발간한 자료다. 다음을 참조: *Putting Industrial Policy Ahead of Market Forces* (Beijing: European Chamber, 2017), 다음에서 확인 가능. https://static. europeanchamber.com.cn/upload/documents/documents/CM2025_EN_final_version_ 0301(473).pdf.
8) 다음을 참조. China Power Project, "Is China a Global Leader in Research and De-

velopment?," https://chinapower.csis.org/china-research-and-development-rnd/.

9) SIPRI Factsheet, "Trends in World Military Expenditure," 다음에서 확인 가능. https://www.sipri.org/sites/default/files/2018-04/sipri_fs_1805_milex_2017.pdf.

10) 중국 공안부에 따르면, 2019년 현재 469개의 외국 NGO가 등록하여 중국 본토에서 활동 중이다. 다음을 참조. Chinafile, "The China NGO Project," http://www. chinafile.com/ngo/registered-foreign-ngo-offices-map-full-screen.

11) 다음을 참조. Chun Han Wong, "Xi's Unsteady Steps Revive Worries over Lack of Succession Plan in China," *Wall Street Journal*, April 23, 2019.

12) Gerry Shih, "In China, Investigations and Purges Become the New Normal," *Washington Post*, October 22, 2018 (citing official Chinese anti-corruption statistics).

13) Aaron L. Friedberg, "Just How Secure Is Xi Jinping Really?" *The Diplomat*, September 12, 2014, https://thediplomat.com/2014/09/just-how-secure-is-xi-jinping-really/; 그리고 "Political Rivalry in China Part I: Plots to Overthrow Xi Jinping," *Chinascope*, March 22, 2016, http://chinascope.org/archives/7861.

14) Katsuji Nakazawa, "Power Struggle Has Xi Leery of Coup, Assassination Attempts," *Nikkei Asian* Review, May 23, 2015, https://asia.nikkei.com/Politics/Power-struggle-has-Xi-leery-of-coup-assassination-attempts.

15) Wendy Wu and Choi Chi-yuk, "Coup Plotters Foiled: Xi Jinping Fended Off Threat to Save Communist Party," *South China Moring Post*, October 19, 2017; 그리고 Austin Ramzy, "Ousted Official Is Accused of Plotting against Communist Party," *New York Times*, October 20, 2017.

16) 다음을 참조 David Shambaugh, *China's Future*, chapters 1 and 4.

17) 이 책에 수록된 서터(Robert Sutter)의 제10장 외에도, 미중관계의 이런 변화무쌍한 특징을 상세하게 설명하고 추적한 글이 다수 있다. 예를 들어, 다음을 참조. Robert Sutter, *US-China Relations: Perilous Past, Uncertain Present* (Lanham, MD: Rowman & Littlefield, 2017); Aaron L. Friedberg, "Competing with China," *Survival* 60, no. 3 (2018): 7–64; Friedberg, *A Contest for Supremacy: China, America, and the Struggle for Mastery in Asia* (New York: W. W. Norton, 2012); David Shambaugh, ed., *Tangled Titans: The United States and China* (Lanham, MD: Rowman & Littlefield, 2012); 그리고 Graham Allison, *Destined for War? Can American and China Escape Thucydides's Trap?* (New York: Scribe, 2018).

18) 다음을 참조. Robert Sutter, "Washington's 'Whole-of-Government Pushback' against Chinese Challenges: Implications and Outlook," *Pacific Forum PACNET*, no. 26, April 23, 2019, 다음에서 확인 가능. https://www.pacforum.org/analysis/pacnet-26-–-washingtons-whole-government-pushback-against-chinese-challenges-implications.

19) 다음을 참조. David Shambaugh, *US-China Relations at 40: Where Have We Been and Where Are We Going?* (College Station, TX: The Scowcroft Institute of International Affairs, The Bush School of Government and Public Service, Texas A&M University, Scowcroft Paper No. 15, February 2019), 다음에서 확인 가능. https://bush.tamu.edu/scowcroft/papers/Shambaugh/Shambaugh%20 Scowcroft%20 Paper%20No%2015.pdf.

20) 다음을 참조. "Strategic Implications of China-Russia Relations," National Bureau of Asian Research, https://www.nbr.org/program/strategic-implications-of-russia-china-relations/; Robert Sutter, *China-Russia Relations: Strategic Implications and US Policy Options* (Seattle and Washington, DC: NBR Special Report No. 73, 2018); 그리고 Richard J. Ellings and Robert Sutter, eds., *Axis of Authoritarians: Implications of China-Russia Cooperation* (Seattle and Washington, DC: National Bureau of Asian Research, 2018).
21) 이 논쟁에 대한 자세한 내용은 필자의 *China Goes Global: The Partial Power* (New York: Oxford University Press, 2013), 83–86를 참조.
22) 예를 들어, 다음을 참조. Bobo Lo, "A Partnership of Convenience," *International New York Times*, June 8, 2012, 그리고 그의 또 다른 저서, *Axis of Convenience: Moscow, Beijing, and the New Geopolitics* (London and Washington, DC: Chatham House and the Brookings Institution Press, 2008); Jane Perlez and Neil MacFarquhar, "Rocky Economy Tests Friendship of Xi and Putin," *New York Times*, September 4, 2015.
23) 다음을 참조. David Shambaugh, "US-China Rivalry in Southeast Asia: Power Shift or Competitive Coexistence?," *International Security* 42, no. 4 (Spring 2018): 85–127.
24) Graham Allison and Robert D. Blackwill, *Lee Kuan Yew: The Grand Master's Insights on China, the United States, and the World* (Cambridge, MA: MIT Press for the Belfer Center for Science and International Affairs, 2012), 6–7.
25) The State Council Information Office of the People's Republic of China, *China's Military Strategy* (May 2015), http://www.china.org.cn/china/2015-05/26/content 35661433. htm. 또한 다음을 참조. Peter A. Dutton and Ryan D. Martinson, eds., *Beyond the Wall: Chinese Far Seas Operations* (Newport, RI: US Naval War College China Maritime Studies Institute, May 2015).
26) 예를 들어, 다음을 참조. "Concern about Territorial Disputes with China," https://www.pewglobal.org/2015/09/02/how-asia-pacific-publics-see-each-other-and-their-national-leaders/asia-map/.
27) 다음을 참조. Pew Global Attitudes Survey, "How People in the Asia-Pacific View China," October 2017, https://www.pewresearch.org/fact-tank/2017/10/16/how-people-in-asia-pacific-view-china/.
28) 다음을 참조. David Shambaugh, "International Relations in Asia: A Multidimensional Analysis," in *International Relations of Asia*, edited by Shambaugh and Yahuda, 2nd ed., 3–32 (Lanham, MD: Rowman & Littlefield, 2014).
29) 다음을 참조. Howard W. French, *Everything under the Heavens: How the Past Helps Shape China's Push for Global Power* (New York: Random House, 2017).
30) 또한 다음을 참조. Ashley J. Tellis, Alison Szalwinski, and Michael Wills, eds., *Strategic Asia 2019: China's Expanding Strategic Ambitions* (Seattle and Washington, DC: National Bureau of Asian Research).
31) 다음을 참조. Nadege Rolland, "A Concise Guide to the Belt and Road Initiative,"

NBR *Backgrounder*, April 11, 2019, https://www.nbr.org/publication/a-guide-to-the-belt-and-road-initiative/.

32) Catherine Wong, "'Cooperate or Stop Criticizing,' China's Foreign Minister Wang Yi Says as Belt and Road Summit Nears," *South China Morning Post*, April 19, 2019.

33) Lucy Hornby, "China Pledges to Address Debt Worries over Belt and Road," *Financial Times*, April 24, 2019.

34) Chun Han Wong and James T. Areddy, "Beijing Seeks Partners in Global Program," *Wall Street Journal*, April 27–28, 2019.

35) Agatha Kratz, Allen Feng, and Logan Wright, *New Data on the "Debt Trap" Question* (New York: Rhodium Group, 2019), 다음에서 확인 가능. https://rhg.com/research/new-data-on-the-debt-trap-question/.

36) Joseph S. Nye, "The Kindleberger Trap," Project Syndicate, January 9, 2017.

37) Joseph S. Nye, Jr., *Soft Power: The Means to Success in World Politics* (New York: Public Affairs, 2005).

38) 다음을 참조. Larry Diamond and Orville Schell, eds., *Chinese Influence and American Interests: Promoting Constructive Vigilance – Report of the Working Group on Chinese Influence Activities in the United States* (Palo Alto, CA: The Hoover Institution, 2018), https://www.hoover.org/sites/default/files/research/docs/00_diamond-schell-chinas-influence-and-american-interests.pdf.

찾아보기

저자 소개

편저자 소개

샴보(David Shambaugh)는 조지워싱턴대학교 엘리엇 국제관계대학의 아시아학, 정치학, 국제관계학의 가스톤 시구르(Gaston Sigur) 교수 겸 중국정책프로그램(CPP: China Policy Program)의 책임자이다. 그는 런던대학교 소아즈(SOAS: School of Oriental and African Studies)에서 중국정치학 부교수였으며, The China Quarterly의 편집자로도 활동했다. 국제 미디어에서 활발한 공공 지식인이자 단골 논평가로 활동하고 있는 그는 수많은 편집 위원을 역임하고 있으며, 정부, 연구 기관, 재단, 대학, 기업, 은행, 투자 기금 등의 자문위원을 맡아왔다. 조지워싱턴대(B.A), 존스홉킨스 SAIS(M.A), 미시간대(PhD)에서 수학했고, 전 세계적으로 강연해 왔으며, 호주, 오스트리아, 브라질, 중국, 독일, 홍콩, 이탈리아, 일본, 러시아, 싱가포르, 대만의 대학 및 연구소에서 객원연구원 및 교수를 지냈다. 그의 학문적 연구는 중국의 국내정치, 대외관계, 군사 및 안보, 그리고 아시아의 국제관계에 초점을 맞추었다. 샴보는 30권 이상의 책을 출판했다. 가장 최근 출판된 책들은 *China Goes Global* (2013), *Tangled Titans: The United States and China* (2013), *International Relations of Asia* (2014), *China's Future* (2016), *The China Reader: Rising Power* (2016) 와 *Where great Powers Meet: America & China in Southeast Asia* (2020) 등이 있다.

저자 소개

고드망(François Godement)은 파리 몽테뉴연구소(Institut Montaigne) 선임고문, 워싱턴 DC 카네기 국제평화기금의 재외 선임연구원, 프랑스 외무부 정책기획실 외부 컨설턴트를 맡고 있다. 2008년부터 2018년까지 그는 유럽외교관계이사회(ECFR: European Council on Foreign Relations)의 아시아와 중국 프로그램 이사 겸 ECFR 선임 정책 위원이었다. 그는 프랑스국립 동양어와 문명연구소(1992-2006)와 시앙스포 파리(2006-2014)의 교수를 역임했다. 그의 가장 최근 저서는 *La Chine à nos portes: une stratégie pour l'Europe* (2018), *Contemporary China: Between Mao and Market* (2015)가 있다. ECFR에서의 그의 출판물은 *China's Promotion of New Global Values* (2019), *China at the Gates: A New Power Audit of EU-China Relations* (2017), *Expanded Ambitions, Shrinking Achievements: How China Sees the Global Order* (2017) 등이 있다. 그는 현재 유럽, 중국, 인도의 디지털 프라이버시 문제를 비교하는 프로젝트를 진행 중이다. 그는 또한 아시아와 중국에 대한 언론매체 및 학술 토론에 자주 기고하고 있다.

그리스(Peter Gries)는 리카이홍 석좌교수(Lee Kai Hung Chair) 겸 맨체스터 차이나 연구소 창립 이사, 맨체스터대학교 중국정치학 교수 등을 맡고 있다. 그는 이전에 해럴드 J.와 루스 뉴먼 의장, 오클라호마대 미중문제연구소 설립국장, 콜로라도대 정치학과 조교수를 역임했다. 그는 중국과 미국을 중심으로 국제문제의 정치 심리학을 연구한다. 그는 *The Politics of American Foreign Policy: How Ideology Divides Liberals and Conservatives over Foreign Affairs* (2014), *China's New Nationalism: Pride, Politics, and Diplomacy* (2005)의 저자이며, *State and Society in 21st-Century China* (2004) *and Chinese Politics (2010)*의 수십 개의 학술지 저널의 공동 편집자이다.

노튼(Barry Naughton)은 샌디에이고 캘리포니아대학교 글로벌 정책 및 전략스쿨의 소콴록(So Kwanlok) 교수이다. 중국경제에 대한 그의 연구는 시장 전환, 산업 및 기술, 대외 무역 및 정치경제에 중점을 둔다. 그의 첫 저서인 Growing Out of the Plan은 1996년에 오히라 상(Ohira Prize)을 수상했으며, 2018년에는 *The Chinese Economy: Adaptation and Growth* 신간을 출간했다. 그는 *The China Quarterly*와 *China Leadership Monitor*를 포함하여 수많은 학술지에 발표했으며 수많은 책에 기고했다. 그는 현재 중국의 산업정책에 관한 신간을 집필 중이다.

모튼(Katherine Morton)은 영국 셰필드대학교의 중국 국제관계 위원장 겸 교수로, 이전 아시아태평양대학, 호주 국립대학교의 연구 부학장 및 국제관계학과의 선임 연구원이었다. 그녀의 연구는 세계에서 중국의 역할 변화 뒤에 숨겨진 국내외 동기 및 외교정책과 국제관계 연구에 대한 시사점을 다루고 있다. 그는 *Survival*, *International Affairs*, *Chinese Political Science Review*, *East Asia Forum*, *Asia-Pacific Review*와 the Brown *Journal of World Affairs*를 포함한 수많은 학술 및 공공정책 저널에 글로벌 거버넌스, 초국가적 안보, 환경 및 기후변화, 식량안보, 해양안보, 남중국해에 관해 다수 발표했다. 그녀의 곧 출간될 책은 중국의 국제적 위상이 세계 지배의 진화하는 시스템에 미칠 수 있는 영향에 대해 고찰한다. 그녀의 이전 저작은 *International Aid and China's Environment: Taming the Yellow Dragon* (2005)과 *China and the Global Environment: Learning from the Past, Anticipating the Future* (2009) 등이 있다.

베스타(Odd Arne Westad)는 예일대학교의 역사 및 국제문제학과 엘리후(Elihu) 교수이며, 런던정치경제대학교의 국제 역사학 교수 및 하버드대학교의 미국-아시아 관계 S. T. Lee 교수 등을 역임했다. 그의 저서로는 밴크로프트 상을 수상한 세계 냉전과 중국 내전의 역사인 *Decisive Encounters*가 있다. 그는 *Cambridge History of the Cold War* 3권을 공동 집필하기도 했다. 그의 최근 저서로는 아시아 소사이어티의 베르나르 슈워츠 도서상을 수상한 *Restless Empire: China and the World since 1750*과 The *Cold War: A World History*가 있다. 그의 신간 *Empire and Righteous Nation: 600 Years of China-Korea Relations*이 2020년에 출간될 예정이다.

보스크레센스키(Alexei D. Voskressenski)는 모스크바 국립국제관계대학원(MGIMO University)의 정치학 교수로, 중국종합연구 및 지역사업센터(Center for Comprehensive Chinese and Regional Projects)를 총괄하고 있다. 과학아카데미에서 아시아-아프리카 학부장으로 여러 해 근무한 끝에(1999~2007) MGIMO에 합류했으며, 1999년부터 국제관계학부(MGIMO) 아시아학, 국제관계학, 비교정치학부 교수 등을 역임했다. 그는 MGIMO대학교/베를린자유대학교의 공동 프로그램 "German Studies Russia"를 공동 감독하고 있으며, 피어

리뷰 저널 Comparative Politics Russia (www.comparative politics.org)의 창간 편집장이다. 그는 50권의 책의 저술가, 공동저자, 편집자로 가장 최근 저서는 *Non-Western Theories of International Relations* (2017), *Is Non-Western Democracy Possible?* (2017)과 *The Regional World Order* (2019) 등이 있다. 그는 영국 맨체스터 빅토리아 대학교와 러시아 과학아카데미 극동문제연구소로부터 두 개의 박사 학위를 받았다.

브레슬린(Shaun Breslin)은 영국 워릭대학교의 정치·국제학 교수이자 The Pacific Review의 공동 편집자이다. 그는 현재 리버흄 연구 펠로십(Leverhulme Major Research Fellowship)을 가지고, 강대국으로서의 중국의 본질을 연구하고 있다. 푸단대 사회과학연구소의 뛰어난 초빙교수직을 역임하고 중국외대(外交学院), 런민대(人民大學), 베이징대, 홍콩 시립대, 싱가포르 난양공대 등에서 객원교수직을 맡았다. 그의 연구는 중국의 국내 정치경제, 중국의 국제경제 상호작용의 정치, 그리고 세계질서에서 중국의 역할과 위상 변화에 초점을 맞추고 있다. 그는 또한 지역 통합 과정의 비교 연구에도 부차적인 관심을 가지고 있다. *China and the Global Political Economy* (2007)를 포함한 4권의 저자로 16권의 책과 리더스, 특집 저널 등을 편집하거나 공동 집필했다.

서터(Robert Sutter)는 조지워싱턴대학교(GWU) 엘리엇 국제관계대학의 국제관계학 교수이며, 학부 프로그램 책임자이다. GWU에 임명되기 전 조지타운대학교 아시아연구 초빙교수로 10년간 강의했으며, 버지니아대, 존스홉킨스 SAIS에서도 교수로 재직했다. 33년 동안 미국정부에서 일하면서, 그는 미국 의회조사국 외교국방국장, 국가정보위원회 동아시아태평양 담당관, 미 국무부 정보연구국의 중국 부서장을 역임했다. 그의 최신 저서는 *Axis of Authoritarians: Implications of China-Russia Cooperation* (2018), *The United States and Asia: Regional Dynamics and 21st-Century Relations* (2015) 신판, *Chinese Foreign Relations: Power and Policy since the Cold War* (2016), *US-China Relations: Perilous Past, Uncertain Present* (2017), *Foreign Relations of the PRC: The Legacies and Constraints of China's International Politics since 1949* (2018) 등이 있다.

손더스(Phillip C. Saunders)는 중국 군사연구센터 소장이자 국방대학교 국가전략연구소의 석좌 연구원이다. 그는 이전에 몬테레이 국제문제연구소에서 일했으며, 1999년부터 2003년까지 동아시아 비확산 프로그램 국장을 역임했고, 미

공군 장교로 아시아정책문제를 연구했다. 그의 연구는 중국의 외교정책, 안보정책, 군사문제에 중점을 둔다. 그는 곰퍼트(David Gompert)와 *The Paradox of Power: Sino-American Strategic Restraint in an Era of Vulnerability* (2011)의 공동 저자이자, *Chairman Xi Remakes the PLA* (2019)와 *PLA Influence on China's National Security Policymaking* (2015)의 공동 편집자이다. 그는 또한 중국 비상계획, 중국-대만관계, 중국 해군 및 중국 공군에 관한 NDU(National Defense University Press) 서적을 편집하고, 중국 및 아시아 안보문제에 대한 수많은 기사와 책을 출판했다.

아이젠만(Joshua Eisenman)은 노트르담대학교의 글로벌문제 케우(Keough) 스쿨의 부교수이자 미국 외교정책협의회 중국학과 수석연구원이다. 그의 연구는 중국발전의 정치경제와 미국 및 개발도상국과의 외교관계, 특히 아프리카에 초점을 맞추고 있다. 헤긴보담(Eric Heginbotham)과 함께 *China Steps Out: Beijing's Major Power Engagement with the Developing World* (2018)를 공동 편집했고, 신(David H. Shinn)과 함께 *China and Africa: A Century of Engagement* (2012)를 공동 집필했다. 그의 가장 최근 책은 *Red China's Green Revolution: Technological Innovation, Institutional Change, and Economic Development under the Commune*이다. 아이젠만 교수의 연구는 *World Development*, *Development and Change*, *Journal of Contemporary China*, and Cold War History를 포함한 많은 학술지에 게재되었다. 그는 현재 중국-아프리카의 정치-안보관계를 검토하는 책을 집필 중이다.

야후다(Michael Yahuda)는 런던정치경제학교 국제관계학부 명예교수이며, 조지워싱턴대학교 시구르(Sigur) 아시아연구센터 객원 연구원이다. 지난 60년 동안 그의 연구와 출판은 중국의 외교정책과 동아시아의 국제정치에 초점을 맞춰왔다. 그는 *The Post-Cold War in Asia and the Challenge to ASEAN* (2006), *Sino-Japanese Relations after the Cold War: Two Tigers Sharing a Mountain* (2013), *Hong Kong: China's Challenge* (2018)를 포함해서 여덟 권의 책을 썼고 세 권을 더 편집하거나 공동 편집했다. 그의 최신 저서는 *International Politics of the Asia-Pacific* (2019) 제4판이다. 그는 또한 수많은 글과 기사를 주요 학문 저널에 실었다.

자오(Suisheng Zhao)는 덴버대학교 요제프 코벨(Josef Korbel School) 국제연구대학의 중미협력센터의 교수 겸 연구소장이다. 스탠퍼드대 후버연구소 캠벨

내셔널 펠로(Campbell National Fellow), 메릴랜드주 워싱턴대학교 정치국제학 부교수, 메인주 콜비대 행정 및 동아시아정치학 부교수, UC 샌디에이고 국제관계 및 태평양 연구대학원(IR/PS)의 방문 조교수도 역임했다. 그는 *Journal of Contemporary China*의 창립자이자 편집자이며, 중국 민족주의, 중국 정치/정치경제, 중국외교정책, 미중관계, 대만해협 관계, 동아시아 지역문제 등에 관한 12권 이상의 책과 기사의 저자이자 편집자이다. 그가 편집한 책으로는 *The Making of China's Foreign Policy in the 21st Century* (2018), *Chinese Foreign Policy: Pragmatism and Strategic Behavior* (2016), *China and Democracy* (2014) 등이 있다.

콘다팔리(Srikanth Kondapalli)는 뉴델리 자와할랄 네루(Jawaharlal Nehru)대학교의 중국학 교수로, 그는 또한 국제학과 동아시아연구 센터장을 맡고 있다. 그는 2004년 대만 국립정치대학(國立政治大學)에서 강의했으며, 2007년 5월 베이징에 있는 중국 현대국제관계연구소에서 객원 연구원으로 활동했습니다. 또한, 산둥(山東)대학교 명예교수(2009, 2011, 2013, 2015, 2016), 장춘 지린(吉林)대학교(2014)와 쿤밍 윈난(雲南) 재경대학교 객원교수(2016)를 지냈고, 2014년부터 런민(人民)대학교의 재외 선임연구원이다. 그는 *China's Military: The PLA in Transition* (1999)과 *China's Naval Power* (2001) 이 두 권의 책을 집필했다. 그의 다른 저작들에는 *Asian Security and China* (2004), *China and Its Neighbors* (2010), *China's Military and India* (2012), *China and the BRICS: Setting Up a Different Kitchen* (2016), *One Belt One Road: China's Global Outreach* (2017) 등이 있다.

프리먼(Chas W. Freeman Jr.)은 브라운대학교의 왓슨 국제 및 공공문제연구소의 선임 연구원이다. 그는 전 국방부 국제안보담당 차관보(1993~1994)와 사우디아라비아 대사(1989~1992), 아프리카 담당 차관보(1986~1989)와 방콕(1984~1986)과 베이징(1981~1984)의 대사 직무대행을 역임했다. 또한, 그는 대서양위원회(Atlantic Council)의 부회장(1996~2008년), 미국중국정책재단 공동의장(1996~2009년), 중동정책협의회 회장(1997~2009년)을 역임했다. 그는 닉슨 대통령의 1972년 혁신적인 베이징 방문 당시 미국 측 주요 통역관이었다. 그의 출판물로는 다음과 같은 것들이 있다. 외교에 관한 논문으로 *Encyclopaedia Britannica*와 *America's Continuing Misadventures in the Middle East* (2016), *Interesting Times: China, America, and the Shifting*

Balance of Prestige (2013), *The Diplomat's Dictionary* (2nd ed. 2010), *Arts of Power: Statecraft and Diplomacy* (2nd ed. 2010) 등이 있다. 그의 연설 개요는 chasfreeman.net에서 찾을 수 있다.

헤긴보담(Eric Heginbotham)은 MIT 국제학센터의 수석연구원이자 아시아 안보문제 전문가이다. MIT에 합류하기 전, 그는 랜드(RAND) 사의 선임 정치학자였다. 그는 아이젠만(Joshua Eisenman)과 함께 *China Steps Out: Beijing's Major Power Engagement with the Developing World* (2018)를 공동 편집했으며, 길보이(George Gilboy)와 함께 *Chinese and Indian Strategic Behavior: Growing Power and Alarm* (2012)을 공동 집필했다. 그는 *China's Evolving Nuclear Deterrent* (2017)과 *US-China Military Scorecard* (2015)의 주요 저자였다. 그는 *Foreign Affairs*, *International Security*, *Washington Quarterly* 등 여러 곳에서 출판하였으며, 현재 동아시아의 안정적인 권력 균형 전망에 관한 책을 쓰고 있다.

역자 소개

김지용 (jykim.peacekorea@gmail.com)

연세대학교 경제학과 졸업
연세대학교 국제관계학 석사
뉴욕주립대(SUNY Buffalo) 국제관계학/방법론 박사

현 해군사관학교 국제관계학과 교수
　국방부 현대 군사명저 출간위원회 위원
　한국해양전략연구소 편집위원회 위원
　해양연구소 해양정책/전력연구부 겸임연구원

연세대학교 BK21 연구원, 국립외교원 객원교수, 중앙대학교 강의전담교수 역임

주요 논저
『동아시아 해양안보 정세와 전망』 (공저, 박영사)
『행태적 분쟁: 사람의 동기를 이해하는 것이 미래 분쟁에서 왜 결정적인가?』 (공역, 국방부)
『국제안보의 이해: 이론과 실제』 (공역, 명인문화사)
"민주주의는 왜 수호되어야 하는가? 전쟁수행과 위기대응을 중심으로" (정신전력연구)
"남중국해 미중 충돌 가능성 진단을 위한 네 가지 실마리" (이어도저널)
"21세기 미국은 19세기 영국의 실책을 반복할 것인가?" (Periscope)
"미국 대통령의 여론 민감도와 청중비용" (국방연구)
"세력전이와 해양패권 쟁탈전" (글로벌정치연구)
"야당의 의회 장악력, 지도자의 재임시점, 그리고 청중비용" (국방연구) 외 다수

서윤정 (tliita@hanmail.net)

연세대학교 인문학부(국어국문 · 중어중문과) 졸업
뉴욕주립대(SUNY Buffalo) 비교문학 · 미디어 연구 석사

현 전문번역가로 활동

대기업에서 글로벌 소싱, 트레이딩, 무역분쟁 협상 업무 역임

주요 논저
"Metamorphosis in Science Fiction Film" (석사 논문)

명인문화사 정치학 관련 서적

정치학 분야

정치학의 이해 Roskin 외 지음 / 김계동 옮김

정치학개론: 권력과 선택, 15판
Shively 지음 / 김계동, 민병오, 윤진표, 이유진
최동주 옮김

비교정부와 정치, 제10판
Hague, Harrop, McCormick 지음 / 김계동,
김 욱, 민병오, 윤진표, 이유진 옮김

정치학방법론
Burnham 외 지음 / 김계동 외 옮김

정치이론 Heywood 지음 / 권만학 옮김

정치 이데올로기: 이론과 실제
Baradat 지음 / 권만학 옮김

민주주의국가이론
Dryzek, Dunleavy 지음/ 김욱 옮김

신자유주의
Cahill, Konings 지음 / 최영미 옮김

정치사회학 Clemens 지음 / 박기덕 옮김

복지국가: 이론, 사례, 정책 정진화 지음

포커스그룹: 응용조사 실행방법
Krueger, Casey 지음 / 민병오, 조대현 옮김

문화로 읽는 세계
Gannon, Pillai 지음 / 남경희, 변하나 옮김

거버넌스의 정치학: 한국정치의 새로운
패러다임 모색 김의영 지음

한국현대사의 재조명 한국전쟁학회 편

성공하는 리더십의 조건
Keohane지음 / 심양섭, 이면우 옮김

여성, 권력과 정치
Stevens 지음 / 김영신 옮김

국제관계 분야

국제관계와 세계정치
Heywood 지음 / 김계동 옮김

국제정치경제
Balaam, Dillman 지음 / 민병오 외 옮김

국제개발: 사회경제이론, 유산, 전략
Lanoszka 지음 / 김태균, 문경연, 송영훈 외 옮김

국제관계이론 Daddow 지음 / 이상현 옮김

국제기구의 이해: 글로벌 거버넌스의
정치와 과정, 제3판
Karns, Mingst, Stiles 지음 / 김계동, 김현욱,
민병오, 이상현, 이유진, 황규득 옮김

현대외교정책론, 제3판
김계동, 김태효, 유진석 외 지음

외교: 원리와 실제
Berridge 지음 / 심양섭 옮김

세계화와 글로벌 이슈, 제6판
Snarr 외 지음 / 김계동, 민병오, 박영호,
차재권, 최영미 옮김

세계화의 논쟁: 국제관계 접근에서의 찬성과
반대논리, 제2판
Haas, Hird 엮음 / 이상현 옮김

현대 한미관계의 이해
김계동, 김준형, 박태균 외 지음

현대 북러관계의 이해 박종수 지음

글로벌 환경정치와 정책
Chasek, Downie, Brown 지음 / 이유진 옮김

핵무기의 정치 Futter 지음 / 고봉준 옮김

비핵화의 정치 전봉근 지음

비정부기구(NGO)의 이해
Lewis, Kanji 지음 / 최은봉 옮김

한국의 중견국 외교
손열, 김상배, 이승주 외 지음

자본주의 Coates 지음 / 심양섭 옮김

지역정치 분야

동아시아 국제관계
McDougall 지음 / 박기덕 옮김

동북아 정치: 변화와 지속
Lim 지음 / 김계동 옮김

일본정치론
이가라시 아키오 지음 / 김두승 옮김

현대 중국의 이해, 제3판
Brown 지음 / 김흥규 옮김

현대 미국의 이해
Duncan, Goddard 지음 / 민병오 옮김

현대 러시아의 이해
Bacan 지음 / 김진영 외 옮김

현대 일본의 이해
McCargo 지음 / 이승주, 한의석 옮김

현대 유럽의 이해
Outhwaite 지음 / 김계동 옮김

현대 동남아의 이해, 제2판 윤진표 지음

현대 아프리카의 이해
Graham 지음 / 김성수 옮김

현대동아시아의 이해
Kaup 편 / 민병오, 김영신, 이상율, 차재권 옮김

미국외교는 도덕적인가: 루스벨트부터
트럼프까지 Nye 지음 / 황재호 옮김

미국정치와 정부
Bowles, McMahon 지음 / 김욱 옮김

한국정치와 정부
김계동, 김욱, 박명호, 박재욱 외 지음

미국외교정책: 강대국의 패러독스
Hook 지음 / 이상현 옮김

세계질서의 미래 Acharya지음/마상윤옮김

알자지라 효과 Seib 지음 / 서정민 옮김

일대일로의 국제정치 이승주 편

중일관계 Pugliese&Insisa지음/최은봉 옮김

북한, 남북한 관계 분야

북한의 외교정책과 대외관계: 협상과 도전의
전략적 선택 김계동 지음

북한의 체제와 정책: 김정은시대의 변화와 지속
체제통합연구회 편

북한의 통치체제: 지배구조와 사회통제
안희창 지음

남북한 체제통합론: 이론 · 역사 · 경험 · 정책, 제2판
김계동 지음

한국전쟁, 불가피한 선택이었나
김계동 지음

한반도 분단, 누구의 책임인가?
김계동 지음

한류, 통일의 바람 강동완, 박정란 지음

안보, 정보 분야

국제안보의 이해: 이론과 실제
Hough, Malik, Moran, Pilbeam 지음 /
고봉준, 김지용 옮김

전쟁과 평화
Barash, Webel 지음 / 송승종, 유재현 옮김

국제안보: 쟁점과 해결
Morgan 지음 / 민병오 옮김

전쟁: 목적과 수단
Codevilla 외 지음 / 김양명 옮김

국가정보: 비밀에서 정책까지
Lowenthal 지음 / 김계동 옮김

국가정보의 이해: 소리없는 전쟁
Shulsky, Schmitt 지음/ 신유섭 옮김

테러리즘: 개념과 쟁점
Martin 지음 / 김계동 외 옮김